ରମେଶ ପାଣିଗ୍ରାହୀ:
ଏକ ଆକଳନ

ରମେଶ ପାଣିଗ୍ରାହୀ :
ଏକ ଆକଳନ

ଡ. ଆର୍ଯ୍ୟକୁମାରୀ ପ୍ରଜ୍ଞା ପାରମିତା

ବ୍ଲାକ୍ ଇଗଲ୍ ବୁକ୍ସ
ଭୁବନେଶ୍ୱର, ଓଡ଼ିଶା

BLACK EAGLE BOOKS
Dublin, USA

ରମେଶ ପାଣିଗ୍ରାହୀ : ଏକ ଆକଳନ / ଡ. ଆର୍ଯ୍ୟକୁମାରୀ ପ୍ରଜ୍ଞା ପାରମିତା

ବ୍ଲାକ୍ ଈଗଲ୍ ବୁକ୍ସ : ଭୁବନେଶ୍ୱର, ଓଡ଼ିଶା • ଡବ୍ଲିନ୍, ଯୁକ୍ତରାଷ୍ଟ୍ର ଆମେରିକା

BLACK EAGLE BOOKS

USA address:
7464 Wisdom Lane
Dublin, OH 43016

India address:
E/312, Trident Galaxy, Kalinga Nagar,
Bhubaneswar-751003, Odisha, India

E-mail: info@blackeaglebooks.org
Website: www.blackeaglebooks.org

First International Edition Published by
BLACK EAGLE BOOKS, 2025

RAMESH PANIGRAHI: EKA AKALANA
by Dr. Arya Kumari Pragyan Paramita

Copyright © Arya Kumari Pragyan Paramita

All rights reserved. No part of this publication may be reproduced, stored in a retrieval system, or transmitted, in any form or by any means, electronic, mechanical, photocopying, recording or otherwise without the prior permission of the publisher.

Cover & Interior Design: Ezy's Publication

ISBN- 978-1-64560-709-0 (Paperback)

Printed in the United States of America

ଉତ୍ସର୍ଗ ପତ୍ର

ଯାହାଙ୍କ ପାଇଁ ଏ ସ୍ରଷ୍ଟା

ତାଙ୍କରି କରକମଳରେ ଏ ସୃଷ୍ଟି...

ବାବା ଓ ମମି

ଡ. ଆର୍ଯ୍ୟ (ରୂପା)

ମୁଖବନ୍ଧ

ନାଟ୍ୟକାର ରମେଶ ପ୍ରସାଦ ପାଣିଗ୍ରାହୀଙ୍କର ନାଟକ ସମ୍ପର୍କରେ ଗବେଷଣା କରିବାର ଅନୁଭୂତି ବାସ୍ତବରେ ମୋ ଜ୍ଞାନର ପରିସୀମା ବୃଦ୍ଧିରେ ସହାୟକ ହୋଇଛି। ଓଡ଼ିଆ ନବନାଟ୍ୟ ଆନ୍ଦୋଳନର ଅନ୍ୟତମ ପୁରୋଧା ନାଟ୍ୟକାର ରମେଶ ପ୍ରସାଦ ପାଣିଗ୍ରାହୀ ଓଡ଼ିଆ ନାଟ୍ୟ ସାହିତ୍ୟକୁ ଯେପରି ସମୃଦ୍ଧ କରିଛି ତା'ର ସବିଶେଷ ଆଲୋଚନା ଉକ୍ତ ଗବେଷଣା ନିବନ୍ଧଟିରେ ମୁଁ କରିଛି।

ବହୁମୁଖୀ ପ୍ରତିଭାର ଅଧିକାରୀ ଭାବରେ ସ୍ୱାଧୀନତା ପରବର୍ତ୍ତୀ ନାଟକରେ ବିଭିନ୍ନ ପ୍ରକାର ପରୀକ୍ଷା ନିରୀକ୍ଷା କରନ୍ତି ନାଟ୍ୟକାର ଶ୍ରୀ ପାଣିଗ୍ରାହୀ। ନାଟ୍ୟକାର ଜୀବନର ଆରମ୍ଭକାଳରେ ପ୍ରତିନାୟକ ଓ ନାୟକର ବିକଳ୍ପ ଚରିତ୍ରମାନ ସୃଷ୍ଟିକରି ('ତିମିର ତୃଷ୍ଣା'ର ମୁକ୍ତିକାନ୍ତ ଓ 'ବିନ୍ଦୁ ଓ ବଳୟ'ର ରବର୍ଟ ମହାନ୍ତି) ନାଟ୍ୟ ସାହିତ୍ୟରେ ବିପ୍ଳବ ଆଣିଛନ୍ତି ବୋଲି କହିବାକୁ ପଡ଼ିବ। ତାଙ୍କ ନାଟ୍ୟକାର ଜୀବନର ପ୍ରଥମ କାଳରେ ଅର୍ଥାତ୍ 'ମୁକ୍ତିମଣ୍ଡପ'ଠାରୁ 'ମହାନାଟକ' ପର୍ଯ୍ୟନ୍ତ ସମୟ ଅବଧିର ନାଟକଗୁଡ଼ିକ ପର୍ଯ୍ୟନ୍ତ ନାଟ୍ୟକାର କେବଳ ଚରିତ୍ର ପ୍ରଧାନ ନାଟକ ଲେଖିଛନ୍ତି। ରମେଶ ପ୍ରସାଦ ପାଣିଗ୍ରାହୀ ଏକମାତ୍ର ନାଟ୍ୟକାର ଯିଏ ଅଠରଟି କାହାଣୀ ପ୍ରଧାନ ଯାତ୍ରା ନାଟକ ଲେଖି ଓଡ଼ିଆ ଦର୍ଶକମାନଙ୍କୁ ଆମୋଦିତ କରିଛନ୍ତି ଦୀର୍ଘ ଆଠବର୍ଷ ଧରି। ଯାତ୍ରା ନାଟକରେ କାହାଣୀ ବର୍ଣ୍ଣନା ଓ ଉପସ୍ଥାପନ ଶୈଳୀରେ ସେ ଯେଉଁ ପରୀକ୍ଷା କରିଛନ୍ତି ତାହା ଅନ୍ୟକେହି କରିନାହାନ୍ତି।

ନାଟ୍ୟକାର ରମେଶ ପ୍ରସାଦ ପାଣିଗ୍ରାହୀ ତାଙ୍କ ଜୀବନରେ ପ୍ରଥମ ଦଶବର୍ଷ (୧୯୬୩ରୁ ୧୯୭୩) ମସିହା ପର୍ଯ୍ୟନ୍ତ ଥିଲା ତାଙ୍କ ନାଟ୍ୟକାର ଜୀବନର ପ୍ରସ୍ତୁତିପର୍ବ। ଏହି ସମୟରେ ସେ ଲେଖିଛନ୍ତି ଗୋଟିଏ କାହାଣୀ ପ୍ରଧାନ ନାଟକ 'ମୁକ୍ତିମଣ୍ଡପ'। ଗୋଟିଏ ସେଟ୍‌ର ନାଟକ 'ବିନ୍ଦୁ ଓ ବଳୟ', 'ତିମିର ତୃଷ୍ଣା', 'କମଳପୁର ଡ଼ାକଘର', 'ଗୁଣ୍ଡା', 'ମୁଁ ଆମ୍ଭେ ଆମ୍ଭେମାନେ' ପ୍ରଭୃତି ନୂତନ ଚିନ୍ତାଧାରାର ନାଟକ। ସପ୍ତମଦଶକ (୧୯୭୦-୧୯୮୦) ଠାରୁ ଆରମ୍ଭ ହେଲା ତାଙ୍କର ନାଟକ କ୍ଷେତ୍ରରେ ପ୍ରୟୋଗ ଓ

ପରୀକ୍ଷା । ସପ୍ତମ ଦଶକ ଆରମ୍ଭରେ 'ଧୃତରାଷ୍ଟ୍ରର ଆଖି'ରେ ମିଥ୍ର ପ୍ରୟୋଗ ଓ ଆଦର୍ଶ ମଧ୍ୟବିତ୍ତ ପରିବାରର ପତନର କଥା, 'ଦୁର୍ଘଟଣାବଶତଃ'ରେ ମାନସିକ ନର୍କର ଯନ୍ତ୍ରଣା କଥା, 'ପକା କମ୍ବଳ ପୋତ ଛତା'ରେ କାଳ୍ପନିକ ଅବୋଲକରା କାହାଣୀର ପ୍ରୟୋଗ, 'ଗୁଣ୍ଡା'ରେ ଜଣେ ଅସାମାଜିକ ଯୁବକର କଥା, 'ଆତ୍ମଲିପି'ରେ ନାଟକ ମଧ୍ୟରେ ଆଉ ଏକ ନାଟକର ଗଠନକଳା, 'ମହାନାଟକ'ରେ ଫାର୍ସ ସହିତ ଅତିକଳ୍ପନାର ସଂଯୋଗ ପ୍ରଭୃତି ପରୀକ୍ଷା ଓଡ଼ିଆ ନାଟ୍ୟ ସାହିତ୍ୟରେ କରାଯାଇଛି ।

ନାଟ୍ୟକାରଙ୍କ କହିବା ଅନୁଯାୟୀ ସେ The splinterd self: character and vision in sam shepard's plays ଉପରେ ଯେଉଁ ଗବେଷଣା କରିଛନ୍ତି ତାହା ଉତ୍ତର ଆଧୁନିକ ମାର୍କିନ ନାଟକ ସମ୍ପର୍କରେ । ନାଟକର ଆଙ୍ଗିକ ଓ ଆତ୍ମିକରେ ସ୍ୱର ଝଙ୍କାର ସାଙ୍ଗକୁ ଲୋକ ଉପାଦାନର ପ୍ରୟୋଗ ତାଙ୍କର ନାଟ୍ୟକୃତି ଗୁଡ଼ିକୁ ଗୌରବମଣ୍ଡିତ କରିଛି ।

ନାଟ୍ୟକାର ପାଣିଗ୍ରାହୀଙ୍କର ନାଟ୍ୟରୀତିକୁ ସାମଗ୍ରିକ ଭାବରେ ଅନୁସରଣ କରି ତାଙ୍କ ନାଟ୍ୟ କଳାର ମହତ୍ତ୍ୱ ପ୍ରତିପାଦନ କରିବା ହେଉଛି ମୋ ଗବେଷଣାର ଉଦ୍ଦେଶ୍ୟ । ଆଲୋଚନାର ସୁବିଧା ଅନୁଯାୟୀ ନିବନ୍ଧଟିକୁ ୫ଟି ପରିଚ୍ଛେଦର ବିଭକ୍ତ କରାଯାଇଛି । ଯଥା–

ପ୍ରଥମ ଅଧ୍ୟାୟରେ ସ୍ୱାଧୀନତା ପରବର୍ତ୍ତୀ ନୂତନ ନାଟଧାରା ସମ୍ପର୍କରେ ଆଲୋଚନା କରାଯାଇଛି । ସ୍ୱାଧୀନତା ପରବର୍ତ୍ତୀ ସମୟର ନାଟକରେ କେବଳ ମଞ୍ଚସଜ୍ଜାରେ ପରିବର୍ତ୍ତନ ଆସିନାହିଁ ନାଟକର ଭାବକଳ୍ପ ଓ ଆଙ୍ଗିକର ମଧ୍ୟ ବହୁ ପରିବର୍ତ୍ତନ ଆସିଛି । ସେହି ପରିବର୍ତ୍ତନର ସୂଚନା ଏହା ମାଧ୍ୟମରେ ଦିଆଯାଇଛି ।

ଦ୍ୱିତୀୟ ଅଧ୍ୟାୟରେ ରମେଶ ପାଣିଗ୍ରାହୀଙ୍କର ଜୀବନୀ ଓ ପ୍ରତିଭା ସମ୍ପର୍କରେ ଆଲୋଚନା କରିବା ସମୟରେ ପାଣିଗ୍ରାହୀଙ୍କ ଜୀବନୀ, ନାଟ୍ୟକାରିତାର ଉନ୍ମେଷ କାଳ ଓ ବୃତ୍ତିଗତ ଜୀବନ ସଂପର୍କରେ ଆଲୋଚନା କରାଯାଇଛି ।

ତୃତୀୟ ଅଧ୍ୟାୟରେ ରମେଶ ପାଣିଗ୍ରାହୀଙ୍କ ନାଟକ ସମ୍ଭାରର ସବିଶେଷ ଆଲୋଚନା କରାଯାଇଛି । ଯେପରି ତାଙ୍କ ନାଟକାବଳୀର କାଳାନୁକ୍ରମିକ ଆଲୋଚନା, ନାଟ୍ୟ ବକ୍ତବ୍ୟରେ ନୂତନତାର ସଞ୍ଚାର, ପ୍ରୟୋଗ ଓ ପରୀକ୍ଷାଧର୍ମୀ ଦୃଷ୍ଟିକୋଣ, ଅଙ୍ଗୀକାରବଦ୍ଧତା, ବିଦ୍ରୋହ ଓ ପ୍ରତିବାଦର ସ୍ୱର ପ୍ରଭୃତିକୁ ବିଶ୍ଳେଷଣର ଅନ୍ତର୍ଭୁକ୍ତ କରାଯାଇଛି ।

ଚତୁର୍ଥ ଅଧ୍ୟାୟରେ ଯାତ୍ରା ସାହିତ୍ୟରେ ରମେଶ ପାଣିଗ୍ରାହୀ କିପରି ସଫଳ ଯାତ୍ରାକାର ତାହା ପ୍ରତିପାଦନ କରାଯାଇଛି ।

ଏକାଙ୍କିକାର ସ୍ରଷ୍ଟା ଭାବରେ ରମେଶ ପାଣିଗ୍ରାହୀ କିପରି ଏହା ପଞ୍ଚମ ଅଧ୍ୟାୟରେ ବର୍ଣ୍ଣିତ। ଏହି ପର୍ଯ୍ୟାୟରେ ଏକାଙ୍କିକା ସମ୍ଭାରର ଆଲୋଚନା କରିବା ସହିତ ଶୈଳୀ ଓ ବକ୍ତବ୍ୟରେ କିପରି ସେ ପରୀକ୍ଷା ନିରୀକ୍ଷା କରିଛନ୍ତି ସେ ବିଷୟରେ ଆଲୋଚନା କରାଯାଇଛି।

ଶେଷକୁ ଉପସଂହାରରେ ନାଟ୍ୟକାର ପାଣିଗ୍ରାହୀଙ୍କର ନାଟକ ଯାତ୍ରା, ଏକାଙ୍କିକା ସମ୍ପର୍କରେ ଯାହାସବୁ ବିଶଦ ସମୀକ୍ଷା କରାଯାଇଛି ତାହାର ନିର୍ଯ୍ୟାସ ଗୁଡ଼ିକୁ ଉପସ୍ଥାପନ କରି ତାଙ୍କ ନାଟ୍ୟ ବକ୍ତବ୍ୟ ମଧ୍ୟରେ ଅନ୍ତର୍ନିହିତ ଥିବା ଜୀବନ ଦର୍ଶନ ସମ୍ପର୍କରେ ଆଲୋଚନା କରାଯାଇଛି।

ଏହି ଗବେଷଣାଧର୍ମୀ ପୁସ୍ତକଟି ବିଜ୍ଞ ପାଠକର ଜିଜ୍ଞାସୁକୁ ତିଳେ ମାତ୍ର ସ୍ପର୍ଶ କରିପାରିଲେ ଏ ଲେଖିକାର ଶ୍ରମ ସାର୍ଥକ ହେବ।

ମୋର ଗବେଷଣା କାର୍ଯ୍ୟ ସମ୍ପୂର୍ଣ୍ଣ କରିବାରେ ସମ୍ମାନନୀୟ ଦିଗ୍‌ଦର୍ଶକ ବ୍ରହ୍ମପୁର ବିଶ୍ୱବିଦ୍ୟାଳୟର ସହକାରୀ ପ୍ରଫେସର ଡ. ଦେବୀପ୍ରସାଦ ଶତପଥୀ ମହୋଦୟଙ୍କ ନିକଟରେ ମୁଁ ଚିର କୃତଜ୍ଞ। ଲବ୍ଧପ୍ରତିଷ୍ଠ ନାଟ୍ୟକାର ଡ. ରମେଶ ପ୍ରସାଦ ପାଣିଗ୍ରାହୀଙ୍କ ଆଶୀର୍ବାଦର ହାତ ମୋ ମୁଣ୍ଡ ଉପରେ ଆରମ୍ଭରୁ ଶେଷ ପର୍ଯ୍ୟାୟ ପର୍ଯ୍ୟନ୍ତ ରହି ଆସିଛି। ଆବଶ୍ୟକ ବିବରଣୀ ଦେବା ତଥା ଶୀଘ୍ର କାମ କରିବାର ପ୍ରେରଣା ମୁଁ ସର୍ବଦା ମନେ ରଖିବି। ତେଣୁ ଏହି ଅବସରରେ ମୁଁ ତାଙ୍କୁ ଭକ୍ତିପୂତ ପ୍ରଣାମ ଜଣାଇ ଆଶୀର୍ବାଦ କାମନା କରୁଅଛି।

ଯାହାଙ୍କ ପାଇଁ ମୁଁ ଯେଉଁମାନଙ୍କ ବିନା ନିଃସ୍ୱ ସେ ହେଉଛନ୍ତି ମୋ ବାବା ଓ ମମି ; ସେମାନଙ୍କୁ କୃତଜ୍ଞତା ଜଣାଇ ହେବନି ବରଂ ମୋ ସଫଳତା ଭିତରୁ ସେମାନେ ସେମାନଙ୍କର ସ୍ଥାନ ବାଛି ନେବେ ବୋଲି ଆଶା କରୁଛି।

ପାଣ୍ଡୁଲିପିଟିକୁ ଅତ୍ୟନ୍ତ ଶ୍ରଦ୍ଧା ଓ ଆଗ୍ରହର ସହ ପ୍ରକାଶ କରିବାର ଦାୟିତ୍ୱ ନେଇଥିବାରୁ ପ୍ରକାଶକ ସତ୍ୟ ପଟ୍ଟନାୟକ ଓ ବ୍ଲାକ୍ ଇଗଲ୍ ବୁକ୍‌ସ, ୟୁଏସ୍‌ଏଙ୍କ ନିକଟରେ କୃତଜ୍ଞ।

ସର୍ବଶେଷରେ ଏହି ପୁସ୍ତକର ଅଙ୍ଗସଜ୍ଜା ଓ କଭରପେଜ୍ ଦାୟିତ୍ୱରେ ଥିବା ସନ୍ତୋଷ ଭାଇ ଯେକି ପ୍ରତିଥର ପରି ସ୍ୱଳ୍ପ ସମୟ ମଧ୍ୟରେ ପୁସ୍ତକଟିର ପ୍ରସ୍ତୁତି କରିପାରିଛନ୍ତି ତେଣୁ ତାଙ୍କୁ ମୁଁ ହୃଦୟରୁ ଧନ୍ୟବାଦ ଅର୍ପଣ କରୁଛି।

ଏହି ଗବେଷଣାଧର୍ମୀ ପୁସ୍ତକଟି ସାହିତ୍ୟାନୁରାଗୀ ପାଠକର ଜିଜ୍ଞାସାକୁ ତିଳେ ମାତ୍ର ସ୍ପର୍ଶ କରିପାରିଲେ ଏ ଲେଖିକାର ଶ୍ରମ ସାର୍ଥକ ହେବ।

ଆର୍ଯ୍ୟକୁମାରୀ ପ୍ରଜ୍ଞା ପାରମିତା

ସୂଚିପତ୍ର

ପ୍ରଥମ ଅଧ୍ୟାୟ:	୧୩
ସ୍ୱାଧୀନତା ପରବର୍ତ୍ତୀ ନୂତନ ନାଟ୍ୟଧାରା	
ଦ୍ୱିତୀୟ ଅଧ୍ୟାୟ :	୫୨
ରମେଶ ପାଣିଗ୍ରାହୀଙ୍କ ଜୀବନୀ ଓ ପ୍ରତିଭା	
(କ) ବାଲ୍ୟ ଓ କୈଶୋର ଜୀବନ	
(ଖ) ବୃତ୍ତିଗତ ଜୀବନ	
(ଗ) ନାଟ୍ୟକାରିତାର ଉନ୍ମେଷ କାଳ	
ତୃତୀୟ ଅଧ୍ୟାୟ :	୮୬
ରମେଶ ପାଣିଗ୍ରାହୀଙ୍କ ନାଟକ ସମ୍ଭାର	
(କ) ନାଟକାବଳୀର କାଳାନୁକ୍ରମିକ ଆଲୋଚନା	
(ଖ) ରମେଶ ପାଣିଗ୍ରାହୀଙ୍କ ନାଟ୍ୟ ବକ୍ତବ୍ୟରେ ନୂତନତାର ସଞ୍ଚାର	
(ଗ) ପ୍ରୟୋଗ ଓ ପରୀକ୍ଷାଧର୍ମୀ ଦୃଷ୍ଟିକୋଣ	
(ଘ) ଅଙ୍ଗୀକାରବଦ୍ଧତା, ବିଦ୍ରୋହ ଓ ପ୍ରତିବାଦ	
ଚତୁର୍ଥ ଅଧ୍ୟାୟ :	୧୭୮
ଯାତ୍ରାକାର ରମେଶ ପାଣିଗ୍ରାହୀ	
(କ) ଯାତ୍ରାକାର ଭାବେ ନୂତନତାର ଦିଶାରି	
(ଖ) ରମେଶ ପାଣିଗ୍ରାହୀଙ୍କ ଯାତ୍ରାନାଟକ ଗୁଡ଼ିକର ପରିଚୟ ଓ ଆଲୋଚନା	
ପଞ୍ଚମ ଅଧ୍ୟାୟ :	୨୧୪
ଏକାଙ୍କିକାକାର ରମେଶ ପାଣିଗ୍ରାହୀ	
(କ) ରମେଶ ପାଣିଗ୍ରାହୀଙ୍କ ଏକାଙ୍କିକା ସମ୍ଭାରର ଆଲୋଚନା	
(ଖ) ଶୈଳୀ ଓ ବକ୍ତବ୍ୟରେ ପରୀକ୍ଷାଧର୍ମୀ ଦୃଷ୍ଟିକୋଣ	
ଉପସଂହାର	୨୫୮
ପରିଶିଷ୍ଟ	୨୬୨
ସହାୟକ ଗ୍ରନ୍ଥସୂଚୀ	୨୭୪

ପ୍ରଥମ ଅଧ୍ୟାୟ

ସ୍ୱାଧୀନତା ପରବର୍ତ୍ତୀ ନୂତନ ନାଟ୍ୟଧାରା

ସ୍ୱାଧୀନତା ପ୍ରାପ୍ତିର ଠିକ୍ ଚାରିଦିନ ଆଗରୁ, ଅର୍ଥାତ୍ ୧୧ ଅଗଷ୍ଟ ୧୯୪୭ ଦିନ ମଞ୍ଚସ୍ଥ ହେଲା ମନୋରଞ୍ଜନ ଦାସ (୧୯୨୧-୨୦୧୩)ଙ୍କ 'ଅଗଷ୍ଟ ନ'। ଅଗଷ୍ଟ ନ' ଦିନ ମଞ୍ଚସ୍ଥ ହୋଇପାରିଲା ନାହିଁ ଅନିର୍ବାର୍ଯ୍ୟ କାରଣ ହେତୁ। ନାଟକଟି ଦୁଇଦିନ ପରେ ୧୧ ତାରିଖରେ ମଞ୍ଚସ୍ଥ ହେଲା। ନାଟକଟି ସଂପୂର୍ଣ୍ଣ ରାଜନୈତିକ ପ୍ରେକ୍ଷାପଟରେ ଲିଖିତ। ୧୯୪୨ ମସିହା ଅଗଷ୍ଟ ୮ ତାରିଖରୁ ଆରମ୍ଭ ହୋଇଥିବା 'ଭାରତଛଡ଼ା ଆନ୍ଦୋଳନ' ପାଇଁ ଜାତୀୟ କଂଗ୍ରେସ ଆହ୍ୱାନ ଦେଇଥିଲା। ଆକୁମାରୀ ହିମାଚଳ ଏଇ ଆନ୍ଦୋଳନର ତରଙ୍ଗ ସାରା ଭାରତବର୍ଷକୁ ପ୍ରକମ୍ପିତ କରିଥିଲା ଓ ଇଂରେଜୀ ଶାସକମାନଙ୍କର ସିଂହାସନ ଦୋହଲି ଯାଇଥିଲା। ଅଗଷ୍ଟ ନ' ଥିଲା ରାଜନୈତିକ ବାସ୍ତବବାଦର ନାଟକ।

କିନ୍ତୁ ଦୁଃଖର କଥା, ନାଟକଟି ମଞ୍ଚସ୍ଥ ହେଲା ବେଳକୁ ଦେଶ ସ୍ୱାଧୀନ ହୋଇ ନଥିଲା। ୧୯୪୭ ଅଗଷ୍ଟ ୧୫ ପରେ କାଳିଚରଣଙ୍କର 'ରକ୍ତମାଟି' (୧୯୪୭), 'ଫଟାଭୂଇଁ' (୧୯୪୭) ଓ 'ଯୁଗେ ଯୁଗେ ଉତ୍କଳ' (୧୯୪୭)- ଏହି ତିନୋଟି ନାଟକ ମଞ୍ଚସ୍ଥ ହୋଇଛି ଓଡ଼ିଶା ଥିଏଟରସ୍‌ର ମଞ୍ଚରେ। ସ୍ୱାଧୀନତା ପ୍ରାପ୍ତିର ଆନନ୍ଦ ଉଚ୍ଛ୍ୱାସକୁ କାଳିଚରଣ ଅଭିବ୍ୟକ୍ତ କରିଛନ୍ତି ତିନୋଟି ଯୁଗାନ୍ତକାରୀ ରାଜନୈତିକ ନାଟକ ମଞ୍ଚସ୍ଥ କରାଇ। ସେଇ ବର୍ଷର ସବୁ ସାଂସ୍କୃତିକ ଅଭିବ୍ୟକ୍ତିରେ ଜାତୀୟ ମୁକ୍ତି ଆନ୍ଦୋଳନ, ଗାନ୍ଧୀ ଦର୍ଶନ ଓ ସ୍ୱାଧୀନତା ପରର ଗ୍ରାମ୍ୟ ପୁନର୍ଗଠନ ଏବଂ ବିନୋବାଙ୍କ ଭୂଦାନ ଆନ୍ଦୋଳନର ପ୍ରଭାବ ଥିଲା। ସ୍ୱାଧୀନତା ପରବର୍ତ୍ତୀ ଏଇ ନାଟକକୁ ଏଇ ଦର୍ଶନଗୁଡ଼ିକ ପ୍ରଭାବିତ କରିଛି। 'ଅଗଷ୍ଟ ନ', 'ରକ୍ତମାଟି', 'ଫଟାଭୂଇଁ' ଓ 'ଯୁଗେ ଯୁଗେ ଉତ୍କଳ' ତା'ର ପ୍ରମାଣ।

ଏଇ ରାଜନୈତିକ ପ୍ରେକ୍ଷାପଟର ଉନ୍ମେଷବିନ୍ଦୁ ପାଖରେ ପହଞ୍ଚିବା ପାଇଁ ଆମକୁ ସ୍ୱାଧୀନତା ପ୍ରାପ୍ତିର ୧୦/୧୨ ବର୍ଷ ପଛକୁ ଯିବାକୁ ପଡ଼ିବ। ଆଉ ଟିକିଏ ପଛକୁ ଫେରି ଚାହିଁଲେ ନାଟ୍ୟ ଦିଗନ୍ତଟି ସ୍ପଷ୍ଟ ହୋଇ ଉଠିବ। କାରଣ ଓଡ଼ିଶା ପ୍ରଦେଶ ଗଠିତ ହେଲା ସ୍ୱାଧୀନତା ପ୍ରାପ୍ତିର ଏଗାର ବର୍ଷ ଆଗରୁ, ୧୯୩୬ ମସିହାରେ। ସେଇ ବର୍ଷ କାଳିଚରଣ ଓଡ଼ିଶା ଥିଏଟର୍ ଗଠନ କଲେ। ଓଡ଼ିଶାରେ ଆଗରୁ ଯେଉଁ ରାସ ଓ ଲୀଳା ନାଟକ ପ୍ରଚଳିତ ଥିଲା ତାକୁ ପରିବର୍ତ୍ତନ କରି କାଳିଚରଣ ବାସ୍ତବବାଦୀ / ପ୍ରକୃତିବାଦୀ ନାଟକ ପ୍ରଚଳନ କରାଇଲେ। କିନ୍ତୁ ବ୍ୟବସାୟିକ ରଙ୍ଗମଞ୍ଚରେ ଲିପ୍ତ ରହି ଗଣପ୍ରିୟ ନାଟକ ରଚନା କରିବାକୁ ସେ ବାଧ୍ୟ ହେଉଥିଲେ। ଏଣୁ ନୂତନ ନାଟ୍ୟରୀତିର ଉନ୍ମେଷ ଓ ବିକାଶ ସଂପର୍କରେ ଚିନ୍ତା କରିବା ତାଙ୍କ ପକ୍ଷରେ ସମ୍ଭବ ହେଲା ନାହିଁ। ଏ ଦୃଷ୍ଟିରୁ ତାଙ୍କ ସଂପର୍କରେ ବିଶଦ ଆଲୋଚନା କରିବା ଅନାବଶ୍ୟକ।

ନୂଆକରି ଗଢ଼ା ହେଇଥିବା ଏଇ ପ୍ରଦେଶରେ କିନ୍ତୁ ଏଇ ସମୟ ଖଣ୍ଡରେ ରଙ୍ଗମଞ୍ଚ ଓ ନାଟକ ପ୍ରତି ଏକ ଅଭୂତପୂର୍ବ ଆକର୍ଷଣର ସ୍ପନ୍ଦନ ଅନୁଭୂତ ହୋଇଛି। ଏହାର ପ୍ରମାଣ ମିଳୁଛି ଓଡ଼ିଶା ପ୍ରଦେଶ ଗଠନ ହେବା ପରବର୍ତ୍ତୀ ସମୟରୁ - ଯେତେବେଳେ ଅନ୍ନପୂର୍ଣ୍ଣା ଗ୍ରୁପ୍-୨, ଭାରତୀ ଥିଏଟର୍ସ, ସାରଥୀ ଥିଏଟର୍ସ, ରୂପଶ୍ରୀ, ଜନତା ଥିଏଟର, କଳାଶ୍ରୀ, ଅନ୍ନପୂର୍ଣ୍ଣା -ଗ୍ରୁପ୍ ସି ଉତ୍କଳ ଥିଏଟର, ନ୍ୟୁ ଓଡ଼ିଶା ଥିଏଟର, ଆବଲ ଥିଏଟର, ବ୍ରଜସୁନ୍ଦର କଳା ସଂସଦ, ଉତ୍କଳ ଥିଏଟର, ବ୍ରହ୍ମପୁର, ଏକାମ୍ର ଥିଏଟର, ଶାନ୍ତି ଥିଏଟର, ଓ ଶ୍ରୀ ମା'ଥିଏଟର, ଇତ୍ୟାଦି ପ୍ରତିଷ୍ଠା ହେଲା। [୧]

ଏଇ ଦୀର୍ଘ ତାଲିକାକୁ ଦେଖିଲେ ଜଣାଯାଏ ଯେ ସ୍ୱାଧୀନତା ପରବର୍ତ୍ତୀ ନୂତନ ଓଡ଼ିଶାରେ ନିଜସ୍ୱ ରଙ୍ଗମଞ୍ଚ ପାଇଁ ଓ ନାଟକ ପ୍ରତି ସାଧାରଣ ଦର୍ଶକ ମାନଙ୍କର ଆଗ୍ରହ ଥିଲା ତୀବ୍ର। ସମସ୍ତେ ଜାଣନ୍ତି, ଯେଉଁ ଦେଶର ରଙ୍ଗମଞ୍ଚ ଯେତେ ସମୃଦ୍ଧ, ତାର ସଭ୍ୟତା ସେତେ ରୁଚିମନ୍ତ, କଳାର ଦେଶ ଉତ୍କଳ ତାର କଳାତ୍ମକ ବୈଭବ ପାଇଁ ବିଶ୍ୱରେ ପ୍ରତିଷ୍ଠିତ।

ଏଇ ଦୀର୍ଘ ତାଲିକାରୁ ଅନୁମାନ କରାଯାଇପାରୁଛି ଯେ, ପ୍ରାୟ ଏକ ହଜାର ନଟନଟୀଙ୍କର ପଟୁଆରରେ ଓଡ଼ିଶାର ରଙ୍ଗମଞ୍ଚ ଜୀବନ ଓ ସ୍ୱାଧୀନୋତ୍ତର ଓଡ଼ିଶାର ନାଟ୍ୟମଞ୍ଚ ଅନୁରଣିତ ହେଉଥିଲା। ଏଗୁଡ଼ିକ ସବୁ ମୁକ୍ତ ମଞ୍ଚରୁ ଉଦ୍‌ବର୍ତ୍ତିତ ଏକମୁଖୀ ମଞ୍ଚର ଉନ୍ମେଷ କାଳ। ଏହାର ପ୍ରକୃଷ୍ଟ ଉଦାହରଣ ଅନ୍ନପୂର୍ଣ୍ଣା ରଙ୍ଗମଞ୍ଚ। ମୁକ୍ତମଞ୍ଚର ଯାତ୍ରାଦଳ ରୂପାନ୍ତରିତ ହୋଇ ତିଆରି ହେଇଥିଲା ଅନ୍ନପୂର୍ଣ୍ଣା। ଏହା ଏକମୁଖୀ ବା ପ୍ରସେନିୟମ୍ ମଞ୍ଚ। ଏଗୁଡ଼ିକ ପରଦା ମଞ୍ଚ ଓ ଏଥିରେ ଚିତ୍ରିତ ପରଦା ବ୍ୟବହାର କରାଯାଉଥିଲା। ସ୍ୱର୍ଗତ ଲକ୍ଷ୍ମୀନାରାୟଣ ଆଚାରୀ ଏଇ ପରଦାମାନଙ୍କର ଚିତ୍ର ଶିଳ୍ପୀ

ଥିଲେ। ଅଳିନ୍ଦ, ନିଳୟ, ରାସ୍ତା ଓ ସେଟ୍- ଏପରି ବିଭକ୍ତ କରାଯାଉଥିଲା ମଞ୍ଚକୁ ଓ ଦୃଶ୍ୟକ୍ରମକୁ ନିର୍ଦ୍ଦେଶକ ସଜାଉଥିଲେ।

୧୯୪୫ ମସିହା ଅର୍ଥାତ୍ ସ୍ୱାଧୀନତା ପ୍ରାପ୍ତିର ଦୁଇବର୍ଷ ଆଗରୁ କାଳିଚରଣଙ୍କ 'ଓଡ଼ିଶା ଥିଏଟରସ୍' ଭାଙ୍ଗିଗଲା। ଓଡ଼ିଶା ସଙ୍ଗୀତ ନାଟକ ଏକାଡ଼େମୀରେ ଗଚ୍ଛିତ ଏକ ଭିଡ଼ିଓ କ୍ୟାସେଟ୍‌ରେ କଟକ ବକ୍‌ସି ବଜାରରେ ଥିବା ଅନ୍ନପୂର୍ଣ୍ଣା 'ବି' ଦଳର ମୁଖ୍ୟ ନାୟକ ସାମୁଏଲ୍ ସାହୁ ବାବିଙ୍କର ସାକ୍ଷାତ୍‌କାର ନେଇଥିଲେ ରମେଶ ପାଣିଗ୍ରାହୀ। ସେଥିରେ ବାବି କହିଛନ୍ତି, "କାଳିବାବୁ ଦରମା ବଢ଼ାନ୍ତି ନାହିଁ। ତେଣୁ ଆମେ ଚାଲି ଆସି ଅନ୍ନପୂର୍ଣ୍ଣାରେ ରହିଲୁ।" ଡ.ହେମନ୍ତ କୁମାର ଦାସ ଏ ଘଟଣାର ସତ୍ୟାସତ୍ୟ ସମ୍ପର୍କରେ ସନ୍ଦେହ ପ୍ରକାଶ କରିଛନ୍ତି। କାରଣ କାଳିବାବୁ 'କୁମ୍ଭାର ଚକ' ଗ୍ରନ୍ଥରେ ଏ ପ୍ରସଙ୍ଗଟିକୁ ଏଡ଼ାଇ ଦେବାକୁ ଚେଷ୍ଟା କରିଛନ୍ତି। ତେବେ ଏଇ ପରିଚ୍ଛେଦର ସ୍ୱାଧୀନତା ପରବର୍ତ୍ତୀ ନୂତନ ନାଟକର ସୃଷ୍ଟି ପାଇଁ ରଙ୍ଗମଞ୍ଚ ସମ୍ପର୍କୀୟ ଏଇ ରାଜନୀତିର କୌଣସି ସମ୍ପର୍କ ନାହିଁ।

ଓଡ଼ିଶା ଥିଏଟର୍ସ ଭାଙ୍ଗିବା ପୂର୍ବରୁ ବାଙ୍କାବଜାରକୁ ଚାଲି ଆସିଥିଲା। ଆକାଶବାଣୀ କଟକର 'ଗାଁ ଗହଳି' କାର୍ଯ୍ୟକ୍ରମରେ ଅଂଶଗ୍ରହଣ କରିଥିବା କଳାକାର ଦୀନବଂଧୁ ଦାସ (ଟିମା) ଗୋଟିଏ ପ୍ରବନ୍ଧରେ ତାଙ୍କର ଓଡ଼ିଶା ଥିଏଟର ଅନୁଭୂତି ବର୍ଣ୍ଣନା କରିଛନ୍ତି:

ବାଙ୍କାବଜାରରେ ନୂଆ ରଙ୍ଗମଞ୍ଚ ଉଦ୍‌ଘାଟନ କରାଗଲା ଏବଂ ସେହି ମଞ୍ଚରେ ପ୍ରଥମେ ନୂତନ ନାଟକ କରାନଯାଇ ପୁରୁଣା ବହି ଗାର୍ଲସ୍କୁଲ, ପରିବର୍ତ୍ତନ, ଆହୁତି, ଚକ୍ରୀ ଇତ୍ୟାଦି କରାଗଲା। କ୍ରମେ କ୍ରମେ ଦର୍ଶକ ମାନଙ୍କର ଆଗ୍ରହ ଓଡ଼ିଶା ଥିଏଟର୍ସର କଳା ପରିବେଷଣ ପ୍ରତି ଯେ ବଢ଼ି ଉଠୁଥିଲା ସେକଥା ସେତେବେଳର ଯେକୌଣସି ଲୋକ, ଥରକ ଲାଗି ପ୍ରେକ୍ଷାଳୟକୁ ପ୍ରବେଶ କରୁଥିଲେ, ସହଜରେ ଜାଣି ନେଉଥିଲେ।

ପ୍ରେକ୍ଷାଳୟଟି ଥିଲା ଛଣ ଛପର ଘର। ତା'କାନ୍ଥ ଥିଲା ବାଉଁଶ ବତାରେ ତିଆରି ଏବଂ ତା'ଉପରେ ଗୋବର ଓ ମାଟି ଲେସି ଚୂନ ଧଉଳା ଯାଇଥିଲା। ଦର୍ଶକ ମାନଙ୍କ ଲାଗି ଯେଉଁ ଆସନର ବ୍ୟବସ୍ଥା କରାଯାଇଥିଲା, ତାହାଥିଲା ଅତ୍ୟନ୍ତ ରଚିଶୂନ୍ୟ ଓ ସଂକୀର୍ଣ୍ଣ। ଧୂଳି ବାଲି ପୂର୍ଣ୍ଣ ଖାତ (ପିଟ୍) ଭିତରେ ଛୋଟ ଛୋଟ ଚୌକୀ ଓ ବେଞ୍ଚ ଗୁଡ଼ିକ ଏଭଳି ଅବସ୍ଥାରେ ଲଗାଲଗି ହୋଇ ରହିଥିଲା, ସେଥିରେ ବସି ତିନିଘଣ୍ଟାକାଳ ଅଭିନୟ ଉପଭୋଗ କରିବା ଦେଖଣାହାରୀଙ୍କ ପକ୍ଷରେ ଥିଲା ଯନ୍ତ୍ରଣାଦାୟକ।[୨]

ଅନ୍ନପୂର୍ଣ୍ଣା ଗ୍ରୁପ୍ 'ଏ', ଗ୍ରୁପ୍ 'ବି' ମଧ୍ୟ ସ୍ୱାଧୀନତା ପୂର୍ବରୁ ସୃଷ୍ଟି। ସ୍ୱାଧୀନତା ପ୍ରାପ୍ତିପରେ ଏଥିରେ ଦୁର୍ଲଭ ସିଂହ, ଲକ୍ଷ୍ମୀ, ଦୁଃଖିରାମ ସ୍ୱାଇଁ, କୁମୁଦ, ମେନା ପ୍ରଭୃତି

ଯୋଗଦେଲେ। ସେତେବେଳକୁ ଏହା ଏକ ଭ୍ରାମ୍ୟମାଣ ଦଳଥିଲା ଓ ଲକ୍ଷ୍ମୀନାରାୟଣ ପାତ୍ରଙ୍କ ନିର୍ଦ୍ଦେଶିତ 'ଲକ୍ଷହୀରା' ନାଟକଟି ଅନ୍ନପୂର୍ଣ୍ଣାର ସବୁଠାରୁ ବେଶୀ ସଫଳ ନାଟକ ରୂପେ ପୁରୀରେ ମଞ୍ଚସ୍ଥ ହେଉଥିଲା।

ଅନ୍ନପୂର୍ଣ୍ଣାର ଅଭିନେତା-ନିର୍ଦ୍ଦେଶକ-ନୃତ୍ୟ ନିର୍ଦ୍ଦେଶକ ଦୁର୍ଲଭଚନ୍ଦ୍ର ସିଂ "ଅନ୍ନପୂର୍ଣ୍ଣା ଥିଏଟର ସୃଷ୍ଟି" ନାମରେ ଏକ ସ୍ମୃତିଚାରଣ ଲେଖିଛନ୍ତି: "୧୯୩୫ ମସିହାର ଶେଷ ଭାଗରେ ବାଉରିବନ୍ଧୁ ବାବୁ ଏହି ଦଳଟିର ଦାୟିତ୍ୱ ଗ୍ରହଣ କରି ଏହାର ସର୍ବବିଧ ଉନ୍ନତି ସାଧନରେ ଲାଗି ପଡ଼ିଲେ। ଏହି ସମୟକୁ 'ବନମାଳୀ ଆର୍ଟ ଥିଏଟର'(ବଲଙ୍ଗା) ଦଳଟି ଭାଙ୍ଗି ଯାଇଥାଏ। ସେ ଦଳର ମାଷ୍ଟର ରାମଚନ୍ଦ୍ର ମାଣିଆଙ୍କୁ ଆଣି ବାଉରିବନ୍ଧୁ ବାବୁ ଏହି 'ଅନ୍ନପୂର୍ଣ୍ଣା ନାଟ୍ୟ ମଣ୍ଡଳୀ'ର ଶିକ୍ଷକ ରୂପେ ନିଯୁକ୍ତି ଦେଲେ। ଅନ୍ନପୂର୍ଣ୍ଣା ନାଟ୍ୟମଣ୍ଡଳୀକୁ 'ଅନ୍ନପୂର୍ଣ୍ଣା ଥିଏଟର'ବୋଲି ନାମିତ କରାଗଲା, ମୁକ୍ତ ଆକାଶ ଯାତ୍ରା ଦଳରୁ ରଙ୍ଗମଞ୍ଚ ପ୍ରସ୍ତୁତ କରି, ସିନ୍‌ସିନେରୀ ତିଆରି ହୋଇ ଅଭିନୟ କରାଗଲା। ପୂର୍ବରୁ ଗଞ୍ଜାମର ରଘୁନାଥ ପଣ୍ଡାଙ୍କ ରାସଦଳରେ ଅଭିନୟ କରୁଥିବା ଶ୍ରୀ ଲକ୍ଷ୍ମୀନାରାୟଣ ପାତ୍ର ଓ ତାଙ୍କର ଆଉ ତିନିଭାଇ ଆଦି ନାରାୟଣ ପାତ୍ର, ଶ୍ରୀ ବୃନ୍ଦାବନ ପାତ୍ର ଓ ଶ୍ରୀ ସତ୍ୟନାରୟଣ ପାତ୍ର ମଧ୍ୟ ଆସି ଏହି ଦଳରେ ଯୋଗଦେଲେ। ସୁଶିକ୍ଷିତ କଳାକାର ମାନଙ୍କୁ ପାଇ ଏହି ଦଳଟି କ୍ରମେ ସୁସଙ୍ଗଠିତ ହୋଇ ଉଠିଲା, କେତେବେଳେ ପୁଅ ପିଲାମାନେ ନାରୀ ଚରିତ୍ରରେ ଅଭିନୟ କରୁଥିଲେ। ଶ୍ରୀ ଲିଙ୍ଗରାଜ ବଳବନ୍ତରାୟ, ଶ୍ରୀ ନଟବର ସେଣ, ଶ୍ରୀ ବଟସେଣ ଓ ଆଦି ନାରାୟଣ ପାତ୍ର ନାରୀ ଭୂମିକାରେ ଅଭିନୟ କରୁଥିଲେ। ,,,, ୧୯୩୯ ମସିହାରେ ବାଉରିବଂଧୁ ବାବୁ ପ୍ରଥମ କରି କେତୋଟି ଅଭିନେତ୍ରୀ ଆଣି ଅନୁଷ୍ଠାନରେ ରଖାଇଲେ, ଶ୍ରୀମତୀ କାନନ ବାଳା, ଶ୍ରୀମତୀ ରାଧାରାଣୀ, ଓ ଶ୍ରୀମତୀ ବୁଦ୍ଧିମତୀ ଇତ୍ୟାଦି ସେ ସମୟର ଅଭିନେତ୍ରୀ। ,,, ବହୁବର୍ଷ ଏହିପରି ଭ୍ରାମ୍ୟମାଣ ଅବସ୍ଥାରେ କଟାଇବା ପରେ ବାଉରିବଂଧୁ ଚେଷ୍ଟାକଲେ ପୁରୀ ଓ କଟକରେ ଦୁଇଟି ସ୍ଥାୟୀ ରଙ୍ଗମଞ୍ଚ ତିଆରି କରିବା ପାଇଁ। ୧୯୪୪ ମସିହାରେ କଟକରେ ଅନ୍ନପୂର୍ଣ୍ଣା ରଙ୍ଗମଞ୍ଚ ଘରଟି ଭଡ଼ାରେ ନିଆଯାଇ ମଞ୍ଚ ପ୍ରସ୍ତୁତ କରାଗଲା।[୩]

ଗୋଟାଏ ପଟେ କାର୍ତ୍ତିକ ଘୋଷ, ଭୁବନେଶ୍ୱର ମହାପାତ୍ର, ନୀଳକଣ୍ଠ ମିଶ୍ର ଓ ଅନ୍ୟପଟେ କଟକ ଅନ୍ନପୂର୍ଣ୍ଣା ପାଇଁ ଭଞ୍ଜକିଶୋର, ଗୋପାଳ ଛୋଟରାୟ ଓ ଆନନ୍ଦଶଙ୍କର ଦାସ ଲେଖୁଥିଲେ। ଏ ସମସ୍ତେ ମେଲୋଡ୍ରାମା ହିଁ ଲେଖୁଥିଲେ। 'ମେଲୋଡ୍ରାମା' ଆଳଙ୍କାରିକ ନାଟକ। ଅଙ୍ଗସଜ୍ଜା, ଚରିତ୍ରଚିତ୍ରଣ ଏବଂ ସଂଳାପରେ ଅର୍ଥାଳଙ୍କାର ଓ ଶବ୍ଦାଳଙ୍କାର ପୂର୍ଣ୍ଣ ହୋଇ ରହୁଥିଲା। ଏଗୁଡ଼ିକର ବର୍ଣ୍ଣ ବିଭବ ଏବଂ ଅଳଙ୍କାର ପଣ୍ଡିତ କଳେବର ସ୍ରଷ୍ଟା ଏବଂ ସଙ୍ଗୀତ ନୃତ୍ୟ କଳାର ପ୍ରବୀଣ ଦର୍ଶକ

ମାନଙ୍କର ଚିଦାକାଶକୁ ମଧ୍ୟ ବର୍ତ୍ତିଳ କରୁଥିଲା । ଆନନ୍ଦ ବ୍ରହ୍ମଯୁକ୍ତ ହୋଇ ବ୍ରହ୍ମାନନ୍ଦରେ ରୂପାନ୍ତରିତ କରୁଥିଲା ଦର୍ଶକର ଅଭ୍ୟନ୍ତରର ଆକାଶକୁ । (୪)

ପୁରୀରେ ଅବସ୍ଥିତ ଅନ୍ନପୂର୍ଣ୍ଣା ଦଳଟିକୁ ବାଉରୀବନ୍ଧୁ ମହାନ୍ତି ପରିଚାଳନା କରୁଥିଲେ ଓ ଦଳଟିକୁ ଏକ ଭ୍ରାମ୍ୟମାଣ ସଂସ୍ଥାରେ ପରିଣତ କରି ଦେଇଥିଲେ । ଆଗରୁ ସେ ବାଳକୃଷ୍ଣ ମହାନ୍ତିଙ୍କ ଯାତ୍ରାଦଳ ପରିଚାଳନା କରୁଥିବାରୁ ତାଙ୍କର ମଞ୍ଚ ବ୍ୟବସାୟ ଉପରେ ଧାରଣା ଥିଲା । ତାଙ୍କ ପରିଚାଳନାରେ ନାଟ୍ୟକାର ବ୍ୟୋମକେଶ ତ୍ରିପାଠୀ, ଦୁଃଖିରାମ ସ୍ୱାଇଁ ଓ ଦୁର୍ଲଭ ସିଂହଙ୍କ ପରି ଅଭିନେତା, ନିର୍ଦ୍ଦେଶକ, ମେଲୋଡ୍ରାମା ଓ ରୋମାନ୍ସ ପରିବେଷଣ ଉପରେ ଗୁରୁତ୍ୱ ଆରୋପ କରୁଥିଲେ ଓ ଭ୍ରାମ୍ୟମାଣ ଦଳଟି ସମଗ୍ର ଓଡ଼ିଶା ଏବଂ କଲିକତା ପ୍ରବାସୀ ମାନଙ୍କୁ ନାଟକ ପ୍ରଦର୍ଶନ କରି ଆମୋଦିତ କରୁଥିଲେ ।

ଅପରପକ୍ଷରେ କଟକ ସ୍ଥିତ ଅନ୍ନପୂର୍ଣ୍ଣା ପାଇଁ ଗୋପାଳ ଛୋଟରାୟ, ଭଞ୍ଜକିଶୋର ପଟ୍ଟନାୟକ, ଆନନ୍ଦ ଶଙ୍କର ଦାସ, ବିମଳ ଲୋଚନ ମହାନ୍ତି, ଓ ପ୍ରଫୁଲ୍ଲଚନ୍ଦ୍ର ରଥ ଲେଖୁଥିଲେ । ଏହା ଏକ ସ୍ଥାୟୀ ଦଳ ଏବଂ ଗୋଟିଏ ନାଟକ ଛ'ରୁ ଆଠ ମାସ ପର୍ଯ୍ୟନ୍ତ ଅର୍ଥାତ୍ ୨୫୦ଟି ମଞ୍ଚନ ପାଇଁ ଯୋଗ୍ୟ ହୋଇଥିଲେ ଯାଇ ମଞ୍ଚସ୍ଥ କରିବା ପାଇଁ ନିର୍ବାଚନ କରାଯାଉଥିଲା । ପରେ ଶ୍ରୀରାମଚନ୍ଦ୍ର ମିଶ୍ର ଏହି ଦଳ ପାଇଁ ଘର ସଂସାର (୧୯୫୦), ମଉଡ଼ମଣି (୧୯୫୨), ସାଇପଡ଼ିଶା (୧୯୫୩), ଭାଇଭାଉଜ(୧୯୫୪), ଗୋଧୂଳି ଲଗ୍ନ (୧୯୫୬), ସେବିକା (୧୯୫୫) ଇତ୍ୟାଦି ରଚନା କରିଛନ୍ତି । ତୁଳନାତ୍ମକ ବିଷୟଟି ହେଲା କଟକର ଅନ୍ନପୂର୍ଣ୍ଣା -ଗ୍ରୁପ୍- 'ବି' ଦଳ କାଳ୍ପନିକ / ପୌରାଣିକ ମେଲୋଡ୍ରାମା ନକରି ବାସ୍ତବବାଦ ବା ପ୍ରକୃତିବାଦ ଉପରେ ଗୁରୁତ୍ୱ ଦେଲେ । ଏହାର ମୁଖ୍ୟ ନାୟକ ଓ ନିର୍ଦ୍ଦେଶକ ସାମୁଏଲ ସାହୁ (ବାବି) କଟକ ଇଞ୍ଜିନିୟରିଂ ସ୍କୁଲରୁ ପାଠପଢ଼ା ସାରି ଅଭିନୟ ଜଗତକୁ ଆସିଥିଲେ । ଏଣୁ ସେ ଫ୍ରାନ୍ସର ବାସ୍ତବବାଦୀ ପ୍ରବକ୍ତା ଏମିଲି ଜୋଲା (Emily zola, 1840-1902)ଙ୍କୁ ପଢ଼ିଥିଲେ । କଲିକତା ଯାଇ ବାସ୍ତବଧର୍ମୀ ନାଟକ ଦେଖୁଥିଲେ ।

ଗୋଟିଏ ଭ୍ରାନ୍ତିକୁ ସତ୍ୟବୋଲି ମନେକରି ବାସ୍ତବତାକୁ ଜୀବନର ଏକ ଖଣ୍ଡିତ ଅଂଶ (Slice of life) ବୋଲି ପ୍ରମାଣ କରିବାକୁ ଚାହୁଁଥିଲେ ଏମିତିଲି ଜୋଲା । Coubert ନାମକ ଜଣେ ଚିତ୍ରଶିଳ୍ପୀ ଊନବିଂଶ ଶତାବ୍ଦୀର ମଧ୍ୟଭାଗରେ Barbizone ଚିତ୍ର ବିଦ୍ୟାଳୟ ସ୍ଥାପନ କରି ଶିଳ୍ପୀମାନଙ୍କୁ ପ୍ରକୃତିର ଲ୍ୟାଣ୍ଡସ୍କେପ (Land scape) ଚିତ୍ରଣ କରିବାକୁ ପଠାଉଥିଲେ । ୧୮୪୦ ମସିହା ବେଳକୁ Jean jacques Rousseau, Piaz, corot ଏବଂ Millet ପ୍ରଭୃତି ଦାର୍ଶନିକ ମାନେ ପ୍ରାକୃତିକ ଦୃଶ୍ୟର

ଅନୁକୃତି ଆଙ୍କିବା ପ୍ରଣାଳୀକୁ ସାହିତ୍ୟରେ ପ୍ରୟୋଗ କଲେ। ଫଳରେ ଲେଖାହେଲା ମାଡାମ୍ ବୋଭାରୀ (Madam Bovary) ଉପନ୍ୟାସ। ଏହି ଉପନ୍ୟାସଟିକୁ Flaubert ନାମକ କଥାକାର ୧୮୫୬ ମସିହାରେ ଲେଖିଲେ।

ଏମିଲି ଜୋଲା କହୁଥିଲେ କଳ୍ପନାର ଉତ୍ତେଜନା ପରିତ୍ୟାଗ କରି ଥଣ୍ଡା ମସ୍ତିଷ୍କରେ ଏକ ବୈଜ୍ଞାନିକ ମନୋଭାବ ନେଇ ସମାଜ ଓ ମଣିଷର ଚିତ୍ର ତଥା କାହାଣୀ ଲିଖିତ ହେବା ଆବଶ୍ୟକ। ତାଙ୍କ ମତରେ ଜଣେ ଚିକିତ୍ସିକଙ୍କ ଭୂମିକା ଯାହା ଜଣେ ଔପନ୍ୟାସିକକଙ୍କ ଭୂମିକା ସେୟା ହେବା ଉଚିତ। ଏ ଦୃଷ୍ଟିରୁ ଅନ୍ନପୂର୍ଣ୍ଣା – 'ବି' ଦଳ ନାଟ୍ୟ କାହାଣୀର ମାନଦଣ୍ଡ ନିର୍ମାଣ କରିଛନ୍ତି: "What matters most to me is to be purey naturalistice, purey physiological, Instead of having principle of royalism, catholicism I shall have laws (hereclity, atavism)...I am satisfied to be a scientist, to teell of that which exists, while seeking the underlying reasons...A simple expose of the facts of a family by showing the interior mechanisms which direct them." [୫]

ଏପରି ଏକ ସୃଜନ ଦର୍ଶନର ପ୍ରଭାବରେ କଟକ ବକ୍ସିବଜାରରେ ଅବସ୍ଥିତ ଅନ୍ନପୂର୍ଣ୍ଣା 'ବି' ଦଳର 'ଘର ସଂସାର' ଓ 'ଅତିଥି' ପ୍ରଭୃତି ନାଟକ ମଞ୍ଚସ୍ଥ ହେଲା। ଚିତ୍ରିତ ପରଦା ଦ୍ୱାରା ବାସ୍ତବତାକୁ ଚିହ୍ନଟ କରିବା ପୁରୁଣା ହୋଇଗଲା। ତିନି ଆୟତନ ବିଶିଷ୍ଟ କୋଠରୀ ଏବଂ ପ୍ରାସାଦ ନିର୍ମିତ ହେଲା। ମଞ୍ଚର ଶେଷ ଭାଗରେ, ଅର୍ଥାତ୍ ସାଇକ୍ଲୋରାମା ପରଦାକୁ ଲାଗି ତିନିଆୟତନ ବିଶିଷ୍ଟ (ଲମ୍ବ, ପ୍ରସ୍ଥ ଓ ମୋଟେଇ ଥିବା) 'ସେଟ୍' (Stage Set) ନିର୍ମାଣ କରାଗଲା। ଆଉ ପରଦା ବାନ୍ଧିବା ଆବଶ୍ୟକ ହେଲା ନାହିଁ।

"ବାସ୍ତବବାଦ ସମସ୍ତ ପ୍ରକାର ନୀତି, ସଂସ୍କାର, ପରମ୍ପରା ଏବଂ ମୂଲ୍ୟବୋଧକୁ ଅସ୍ୱୀକାର କରି କେବଳ ନିଛକ, ସିଧା ସଳଖ ବର୍ଣ୍ଣନାରେ ବ୍ରତୀ ହେବା ଆବଶ୍ୟକ ବୋଲି କହିଲା। କଳ୍ପନା ପ୍ରବଣତା, ରାଣା ପ୍ରତାପ କିମ୍ବା ଶିବାଜୀ ଚରିତ୍ରକୁ ନେଇ ଗୋଥିକ୍ କାହାଣୀ (Gothic)କୁ ପରିତ୍ୟାଗ କରାଗଲା। ଭୂତପ୍ରେତ ସମନ୍ୱିତ ରହସ୍ୟ ଗଳ୍ପାୟନ ଇତ୍ୟାଦିର ସ୍ଥାନ ସେଠାରେ ନଥିଲା।"[୬]

ବ୍ୟବସାୟିକ ମଞ୍ଚ ମାନଙ୍କରେ ମେଲୋଡ୍ରାମା ଓ ବାସ୍ତବବାଦୀ ମଞ୍ଚାୟନ ସମ୍ପର୍କୀୟ ଏଇ ଦ୍ୱନ୍ଦ୍ୱ ଚାଲିଥିଲା ବେଳେ ମଞ୍ଚ ଓ ଦର୍ଶକ ମାନଙ୍କ ସମ୍ପର୍କ ପରିବର୍ତ୍ତିତ ହେବାକୁ ଲାଗିଲା ଏବଂ ସ୍ୱାଧୀନତା ପରବର୍ତ୍ତୀ ସମୟର ନାଟ୍ୟ ରଚନାରେ ବୈପ୍ଳବିକ ପରିବର୍ତ୍ତନ ପରିଲକ୍ଷିତ ହେଲା।

ସ୍ୱାଧୀନତା ପ୍ରାପ୍ତିର ପରବର୍ଷ ୧୯୪୮ ମସିହାରେ ମଞ୍ଚସ୍ଥ ହେଲା ଲକ୍ଷ୍ମୀଧର ନାୟକ (୧୯୪୩-୨୦୦୪)ଙ୍କ 'ଜମିଦାର' ଏବଂ ସେଇବର୍ଷ ୫ ଜୁନ୍ ୧୯୪୮ରେ ମଞ୍ଚସ୍ଥ ହେଲା ମନୋରଞ୍ଜନ ଦାସଙ୍କ ବକ୍ସି ଜଗବନ୍ଧୁ ନାଟକ। ୧୯୪୯ରେ ଲକ୍ଷ୍ମୀଧର ନାୟକଙ୍କ 'ଲାଲ ଚାବୁକ୍' ଏବଂ ୧୯୫୦ରେ ମନୋରଞ୍ଜନ ଦାସଙ୍କ 'ଆଗାମୀ' ଓ ରାମଚନ୍ଦ୍ର ମିଶ୍ରଙ୍କ 'ଘର ସଂସାର'।

ରାମଚନ୍ଦ୍ର ମିଶ୍ରଙ୍କ ସହ ନିଆଯାଇଥିବା ଏକ ସାକ୍ଷାତ୍କାରରୁ ଜଣାଯାଏ ରାମଚନ୍ଦ୍ର ଓ ମନୋରଞ୍ଜନ ଉଭୟେ ବନ୍ଧୁ ଏବଂ ଆଇନ କଲେଜରେ ସେମାନେ ଏକାଠି ପଢୁଥିଲେ। ରାମଚନ୍ଦ୍ର ଜୋବ୍ରାରେ ଏବଂ ମନୋରଞ୍ଜନ ଆଇନ କଲେଜ ଗଳିରେ ରହୁଥିଲେ ଏବଂ କାଳିଚରଣଙ୍କ ଓଡ଼ିଶା ଥିଏଟର୍ସ ଦେଖିବା ପାଇଁ ଶହୀଦ ଭବନ ପାଖକୁ ଯାଇ ନାଟକ ଦେଖି ରାତି ଅଧରେ ଚାଲି ଚାଲି ଫେରିଲାବେଳେ ଖୁବ୍ ବଡ଼ ପାଟିରେ ହସୁଥିଲେ। ମନୋରଞ୍ଜନ ରେଭେନ୍ସାରେ ପଢ଼ିଲା ବେଳେ ଓ ରାମଚନ୍ଦ୍ର ଦଶପଲ୍ଲାରେ ଥିଲା ବେଳେ ସୌଖିନ ନାଟକରେ ଅଭିନୟ କରୁଥିଲେ।[୭]

ସୁରଞ୍ଜନ ଲେଙ୍କାଙ୍କ ଦ୍ୱାରା ସମ୍ପାଦିତ 'ସ୍ମୃତିରେ ନାଟ୍ୟକାର ମନୋରଞ୍ଜନ' ଗ୍ରନ୍ଥ (୨୦୧୩)ରୁ ଜଣାଯାଏ ଉଭୟେ ୧୯୪୨ ମସିହାରେ ନାଟକ ଲେଖିବା ଆରମ୍ଭ କରିଛନ୍ତି। ଭାରତୀ ଥିଏଟର ପାଇଁ ଲିଖିତ ୧୯୪୨ ମସିହାର ନାଟକର ନାମ 'ଅଭିମାନ' ଓ ୧୯୪୨ରେ ଲିଖିତ ମନୋରଞ୍ଜନଙ୍କ 'ଯୌବନ' ୧୯୪୫ରେ ମଞ୍ଚସ୍ଥ ହୋଇଥିଲା। ଏଗୁଡ଼ିକ ସ୍ୱାଧୀନତା ପୂର୍ବରୁ ଲେଖା ହୋଇଥିବାରୁ ଏ ଆଲୋଚନାର ପରିସର ଭୁକ୍ତ ନୁହନ୍ତି। କିନ୍ତୁ 'ଆଗାମୀ' ଓ ଘର ସଂସାର ୧୯୫୦ ମସିହାର ଏବଂ ଉଭୟ ନାଟକ ସ୍ୱାଧୀନତା ପରବର୍ତ୍ତୀ ନାଟକର ଦୁଇଟି ଭିନ୍ନ ମାର୍ଗରେ ଥିବା ମାଇଲ ଖୁଣ୍ଟ।

କିନ୍ତୁ ସ୍ୱାଧୀନତା ପରବର୍ତ୍ତୀ ସମୟରେ 'ଘର ସଂସାର' ଅପେକ୍ଷା 'ଆଗାମୀ' ବେଶୀ ସମାଲୋଚକୀୟ ଦୃଷ୍ଟି ଆକର୍ଷଣ କରିଛି। ଏହାର କାରଣ ମନୋରଞ୍ଜନଙ୍କ 'ବକ୍ସି ଜଗବନ୍ଧୁ' ଓ 'ଆଗାମୀ' ନାଟକ ଦୁଇଟି ଅନେକ ଦିନ ପର୍ଯ୍ୟନ୍ତ ପାଠ୍ୟକ୍ରମରେ ଅନ୍ତର୍ଭୁକ୍ତ ହୋଇଥିଲା। ଦ୍ୱିତୀୟତଃ ସ୍ୱାଧୀନତା ପରବର୍ତ୍ତୀ କାଳରେ ଅନ୍ନପୂର୍ଣ୍ଣାର ନାଟକ ଅପେକ୍ଷା ସୌଖୀନ ମଞ୍ଚର ନାଟକ ଗୁଡ଼ିକୁ ଅଧିକ ଶ୍ରେୟ ଦିଆଯାଉଥିଲା।

ମନୋରଞ୍ଜନଙ୍କ 'ଆଗାମୀ' ହେଉଛି ଚତୁର୍ଥ ନାଟକ: ଯୌବନ (୧୯୪୨-୪୫), କବି ସମ୍ରାଟ ଉପେନ୍ଦ୍ର ଭଞ୍ଜ (୧୯୪୭), ଅଗଷ୍ଟ ନ'(୧୯୪୭) ପରେ ଲେଖା ଯାଇଛି 'ଆଗାମୀ' ଏବଂ ଏହା ୧୯୪୨ରେ ରଚିତ ହୋଇ ୟୁନାଇଟେଡ୍ ଆର୍ଟିଷ୍ଟଙ୍କ ଦ୍ୱାରା ମଞ୍ଚସ୍ଥ ହୋଇଛି ୧୯୫୦ରେ।[୮] ଅଗଷ୍ଟ ନ'ପରେ ନାଟ୍ୟକାର

ଆଗାମୀ ଓ ଅବରୋଧ (୧୯୫୧) ପର୍ଯ୍ୟନ୍ତ ରାଜନୈତିକ ବାସ୍ତବବାଦକୁ ବାରମ୍ବାର ପୁନରାବୃତ୍ତି କରୁଛନ୍ତି। ଏ ସମ୍ପର୍କରେ ନାଟ୍ୟକାର କୁହନ୍ତି : "xxx ଲେଖାଟିଏ ଶେଷ କଲାବେଳେ ମୋର ମନେହୁଏ - ଆଉ ଯେମିତି କିଛି ରହିଗଲା - ଅନ୍ୟ ଭାଷାରେ: ନିଜ ଭିତରେ ମୁଁ ଅନୁଭବ କରେ ଏକ ଅପୂର୍ଣ୍ଣତାର ପ୍ରତିଫଳନ, ଏକ ଅସମ୍ପୂର୍ଣ୍ଣବୋଧତା। ଏଇ ଅସମ୍ପୂର୍ଣ୍ଣବୋଧତା ଯଦି ନଥାନ୍ତା, ହୁଏତ ମୁଁ ଆଉ ଗୋଟିଏ ନାଟକ ଲେଖିବାକୁ ସମର୍ଥ ହୋଇପାରୁନଥାନ୍ତି। ଏଇ ଅସମ୍ପୂର୍ଣ୍ଣବୋଧତା ନୂତନ ଅନ୍ୱେଷଣ ପାଇଁ ହୋଇପାରୁନଥାନ୍ତି। ଏଇ ଅସମ୍ପୂର୍ଣ୍ଣବୋଧତା ନୂତନ ଅନ୍ୱେଷଣ ପାଇଁ ମତେ ଜାଗରିତ କରେ - ମତେ ଯୋଗାଏ ଥ୍ରୀଲ୍।"[୯]

ପ୍ରଫେସର ଶରତ ଚନ୍ଦ୍ର ପ୍ରଧାନ ପ୍ରଦାନ କରିଥିବା ତଥ୍ୟ ଅନୁଯାୟୀ ମନୋରଞ୍ଜନଙ୍କ ପ୍ରୟୋଗଧର୍ମୀ ନାଟକ ଗୁଡ଼ିକ ରୂପଶ୍ରୀ ଥିଏଟରରେ ପରିବେଷିତ ହୋଇ "ଆମ ମାନଙ୍କ ମନରେ ନୂତନ ରୁଚି ସୃଷ୍ଟି କରିଥିଲା। ତହିଁରେ ଆଧୁନିକ ଜୀବନ ଓ ଜିଜ୍ଞାସା ସମ୍ପର୍କିତ ବାର୍ତ୍ତା ହେତୁ ଆଗାମୀ ପିଢ଼ିକୁ ଚିହ୍ନିବାର ଭୂମି ଓ ଭୂମିକା ରହିଥିଲା। ଏ ସମୟରେ ମନୋରଞ୍ଜନ ବିଭିନ୍ନ ନାଟକ ଲେଖି ଓଡ଼ିଶାର ଜନମାନସ ଓ ସୁଧୀ ସମାଜରେ ଆଧୁନିକ ଓଡ଼ିଆ ନାଟକର ମନ୍ତ୍ରଦ୍ରଷ୍ଟା ଶିଳ୍ପୀ ବନି ଯାଇଥିଲେ।"[୧୦]

'ଆଗାମୀ'ରେ ଶ୍ୱଶୁର ଓ ଜ୍ୱାଇଁ ମଧ୍ୟରେ ଯେଉଁ ରାଜନୈତିକ ଦର୍ଶନର ଦ୍ୱନ୍ଦ୍ୱ ନାଟ୍ୟାୟିତ ସେଥିରେ ବାମପନ୍ଥୀ କବି ରଘୁନାଥ ଦାସ (ଜଟାୟୁ)ଙ୍କ ଜଉଘର (୧୯୪୧), 'ନାଟକର ପ୍ରଭାବ ସ୍ପଷ୍ଟ', (ରମେଶ ପାଣିଗ୍ରହୀ, ମୁକ୍ତଧାରାରନାଟକ, ୨୦୧୬, ପୃ-୧୫୪), 'ଅବରୋଧ'ରେ ମଧ୍ୟ ଗଣଚେତନାକୁ ଉନ୍ମେଷିତ କରିବାର ଚେଷ୍ଟାଟିଏ ମିଳିବ (ପାଣିଗ୍ରାହୀ, ତତ୍ରୈବ, ପୃ-୧୫୪)। ପ୍ରଫେସର ବିଜୟ ଶତପଥୀଙ୍କ ମତରେ 'ଆଗାମୀ ଅପେକ୍ଷା' 'ଅବରୋଧ'ର କଥାବସ୍ତୁ ଅଧିକ ପରିମାଣରେ ରାଜନୀତି ପ୍ରଣୋଦିତ। ଦୁଇ ରାଜନୈତିକ ମତାଦର୍ଶର ସଂଘର୍ଷ ସହିତ ମୁଖ୍ୟମନ୍ତ୍ରୀ ଶ୍ରୀଯୁକ୍ତ ଦାସଙ୍କର ଚିତ୍ତସଂଘର୍ଷ ନାଟକର ରୂପ ନେଇଛି। ସେ ଅନୁଭବ କରିଛନ୍ତି ଯେ ଯେଉଁ ଦରିଦ୍ର ଜନସାଧାରଣଙ୍କ ପାଇଁ ସେ ଚିନ୍ତିତଥିଲେ, ଯେଉଁ ମାନଙ୍କ ସ୍ୱାର୍ଥପାଇଁ ସେ କାର୍ଯ୍ୟ କରିବେ ବୋଲି ଶପଥ ନେଇଥିଲେ, ତାହା ହୋଇପାରିନାହିଁ, ତାଙ୍କ ମନ୍ତ୍ରୀମଣ୍ଡଳର ଦଳେ ନ୍ୟସ୍ତ ସ୍ୱାର୍ଥ ସଦସ୍ୟଙ୍କର ହସ୍ତକ୍ଷେପ ଫଳରେ। ତେଣୁ ତାଙ୍କର 'ପ୍ରାପ୍ୟଚାହୁଁ' ସଙ୍ଗଠନ ପ୍ରତି ଦରଦ ଓ ସହାନୁଭୂତି ଥିଲେ ମଧ୍ୟ ସେ ନିରୁପାୟ। ମନ୍ତ୍ରୀ ମଣ୍ଡଳର ଅନ୍ୟାନ୍ୟ ସଦସ୍ୟ, ପାର୍ଲାମେଣ୍ଟାରୀ ସେକ୍ରେଟାରୀ ପ୍ରମୁଖ ସେହି ସଙ୍ଗଠନକୁ ବେଆଇନ୍ ଘୋଷଣା କରି ତାର ଅଗ୍ରଗଣ୍ୟ ନେତା ମାନଙ୍କ ଉପରେ ପ୍ରଚଣ୍ଡ ଦମନଲୀଳା ଚଳେଇବା ପାଇଁ ଆଗ୍ରହୀ। ନାଟକର ପରିସମାପ୍ତିରେ ମୁଖ୍ୟମନ୍ତ୍ରୀ ଶ୍ରୀ ଦାସଙ୍କ ବିରୋଧରେ ଅନାସ୍ଥା ପ୍ରସ୍ତାବ ଅଣାଯାଇ

ତାଙ୍କୁ ଆନୁଷ୍ଠାନିକ ଭାବରେ କ୍ଷମତାଚ୍ୟୁତ କରାଯାଇଛି। କିନ୍ତୁ ପୋଲିସ ଦମନଲୀଳା ଚଳେଇଛି ଏବଂ ଶ୍ରେଣୀହୀନ ସମାଜ ପ୍ରତିଷ୍ଠାକୁ କେହି ଅଟକାଇ ପାରିନାହିଁ। [୧୧]

ମନୋରଞ୍ଜନଙ୍କ ଏଇ ପ୍ରଗତିବାଦୀ ଚିନ୍ତାଧାରା ସ୍ୱାଧୀନତା ପ୍ରାପ୍ତିର ୧୭ବର୍ଷ ଆଗରୁ ୧୯୩୦ ମସିହା ପାଖରୁ ଆରମ୍ଭ ହେଲାଣି। 'ସାରଥୀ', 'କୃଷକ' ଓ 'ଆଧୁନିକ' ପତ୍ରିକା ଗୁଡ଼ିକର ଆବେଗ ବାମପନ୍ଥୀ। ୧୯୩୯ରେ ସଚିରାଉତରାୟ ଓ ଅନନ୍ତ ପଟ୍ଟନାୟକଙ୍କ ଯୌଥ ସୃଜନରେ ପ୍ରକାଶିତ ରକ୍ତଶିଖା (୧୯୩୯) କବିତା ବହିଟି (ଇଂରେଜ ସରକାରଙ୍କ ଦ୍ୱାରା ନିଷିଦ୍ଧ କରାଯାଇଥିଲା। 'ଅବରୋଧ' ନାଟକର ପ୍ରଗତିବାଦୀମାନେ ଯେଉଁ ଦମନଲୀଳାର ଶିକାର, ସ୍ୱାଧୀନତା ପୂର୍ବରୁ ଅନନ୍ତ ପଟ୍ଟନାୟକ ଓ ଭଗବତୀଚରଣ ସେଇ ଦମନ ଲୀଳାର ଶିକାର ହୋଇଛନ୍ତି। ଇଂରେଜ ସରକାର କମ୍ୟୁନିଷ୍ଟ ଦଳକୁ ନିଷିଦ୍ଧ ଘୋଷଣା କରିଛନ୍ତି, ଅବଶ୍ୟ ଏ ସବୁର ଆରମ୍ଭ ୧୯୩୫ ବେଳକୁ -ସ୍ୱାଧୀନତା ପ୍ରାପ୍ତିର ଦଶ/ବାର ବର୍ଷ ପୂର୍ବରୁ।

ଏ ସମ୍ପର୍କରେ କବି ଅନନ୍ତ ପଟ୍ଟନାୟକଙ୍କ 'ରାବଣ' ନାଟକଟିକୁ ଉଦାହରଣ ରୂପେ ନିଆଯାଇପାରେ। 'ରାବଣ' ନାଟକଟି ଅନନ୍ତ ଜେଲରେ ଥିଲାବେଳେ ଲେଖିଛନ୍ତି। ୧୯୪୦ରେ ତାଙ୍କୁ ନ'ମାସ ଓ ୪ମାସ ଅ-ଶ୍ରମ କାରାଦଣ୍ଡ ଭୋଗିବାକୁ ପଡିଥିଲା କଟକ ଓ ଅନୁଗୋଳ ଜେଲରେ। ରାବଣ ନାଟକର ମୁଖବନ୍ଧ ଲେଖିଛନ୍ତି ନାଟ୍ୟକାର ରମେଶ ପାଣିଗ୍ରାହୀ, ମୁଖବନ୍ଧର ଶୀର୍ଷକ: 'ରାବଣ' : ସାଂସ୍କୃତିକ ଅପରହସ୍ୟୀକରଣର ପ୍ରଥମ ଦସ୍ତାବିଜ"। ଏଥିରେ ଡ.ପାଣିଗ୍ରାହୀ ଲେଖିଛନ୍ତି: "ଚତୁର୍ଥ ଦଶକର ଆଦ୍ୟ ଭାଗରେ ଲିଖିତ 'ରାବଣ' ନାଟକ ଗୋଟିଏ ପୌରାଣିକ ନାଟକ ନୁହେ। ଯଦିଓ ଏହା ଅଶ୍ୱିନୀ କୁମାରଙ୍କ ଶକ୍ତ ପୌରାଣିକ ନାଟକ ଯୁଗର ରଚନା ଓ ବଲଙ୍ଗା ଆର୍ଟ ଥିଏଟରର ଅବକ୍ଷୟର ସମୟ। ଏହାପୁଣି କାଳିଚରଣଙ୍କ ଓଡ଼ିଶା ଥିଏଟରର ସୁବର୍ଣ୍ଣ ସମୟ, xxxତାଙ୍କ ମୁଣ୍ଡ ଭିତରେ ଥିଲା ରାବଣ ମାନଙ୍କର ରାଜତ୍ୱର ଅନୁଭୂତି। ଏଣୁ 'ରାବଣ' ନାଟ୍ୟକାରଙ୍କର ରହିଛି ତିନୋଟି ଯୁଦ୍ଧର ଅନୁଭୂତି : (କ) ପ୍ରଥମଟି ଦ୍ୱିତୀୟ ବିଶ୍ୱଯୁଦ୍ଧର, (ଖ) ଦ୍ୱିତୀୟଟି ସମ୍ଭ୍ରାନ୍ତ ଶୋଷକ ମାନଙ୍କ ବିରୁଦ୍ଧରେ ଯୁଦ୍ଧ ଓ (ଗ) ତୃତୀୟଟି ନାଟ୍ୟକାରଙ୍କ ମାନସିକ ଅଭ୍ୟନ୍ତରର ଚାଲିଥିବା ଅନ୍ତର୍ଯୁଦ୍ଧ।"[୧୨]

ଏଠାରେ 'ରାବଣ' ନାଟକ ସମ୍ପର୍କରେ ଉଲ୍ଲେଖ କରାଯିବାର ମୁଖ୍ୟ କାରଣ ହେଲା ଏହା ଏକ ରାଜନୈତିକ ନାଟକ। ଏଥିରେ ୪ର୍ଥ ଅଙ୍କର ଦ୍ୱିତୀୟ ଦୃଶ୍ୟରେ ରାବଣ ଓ ମନ୍ଦୋଦରୀଙ୍କ କଥୋପକଥନକୁ ଦେଖନ୍ତୁ:

ମନ୍ଦୋଦରୀ: xxx ରାଜନୀତିର ଅର୍ଥ ଶୋଷଣ ନୁହେ, ଅନର୍ଥକ ଯୁଦ୍ଧ ନୁହେ, ନାରୀ ନିର୍ଯ୍ୟାତନା ନୁହେ। ରାଜନୀତିର ଅର୍ଥ –

ରାବଣ : ନାରୀ! ତମେ କଣ ଜାଣ ରାଜନୀତିର ଅର୍ଥ? ତମେ କଣ ଜାଣ ରାଜନୀତିର ନିୟମ? ଶତ୍ରୁ ଯେତେବେଳେ ଦ୍ୱାର ଦେଶରେ....ସେ ସେତେବେଳେ (ଈଷତ୍ ହସି) ରାବଣ ବେଶ୍ ଜାଣେ ରାଜନୀତିର ପଦକ୍ଷେପ..କେଉଁ ଦିଗରେ। ସେ ଠିକ୍ ଦିଗ ନର୍ଣ୍ଣୟ କରିବ, ଏଇନେ ନାରୀର କାକୁତି ଶୁଣିବାକୁ ସମୟ ନାହିଁ - ଯାଅ [୧୩]

ଅନନ୍ତ ପଟ୍ଟନାୟକ ସ୍ୱାଧୀନତା ପ୍ରାପ୍ତି ବେଳକୁ ପୁରାକଳ୍ପିକ ରୂପକ ଭିତରେ ଆଧୁନିକତାକୁ ସଂଯୁକ୍ତ କରି ସାରିଲେଣି କିନ୍ତୁ ଏ କଥା ବି ସତ ଯେ ସ୍ୱାଧୀନତା ପ୍ରାପ୍ତି ପରେ ରାଜନୈତିକ ନାଟକକୁ ଛାଡ଼ି ଅନ୍ୟ ନାଟକ ମଞ୍ଚସ୍ଥ ହୋଇ ଗଣପ୍ରିୟ ହୋଇଛି। ଏ କଥା ଜଣାପଡୁଛି ୫-୧୧-୧୯୫୦ ଦିନ ମଞ୍ଚସ୍ଥ ଅନ୍ନପୂର୍ଣ୍ଣା ବି-ଦଳର ନାଟକ 'ଘର ସଂସାର' ପାଖରୁ। ଏହାର ନାଟ୍ୟକାର ରାମଚନ୍ଦ୍ର ମିଶ୍ର (୧୯୨୦-୧୯୯୨) ମନୋରଞ୍ଜନଙ୍କ ସହପାଠୀ, ବନ୍ଧୁ ଓ ଉଭୟେ ଏକାଠି ଓକିଲାତି କରୁଥିଲେ କଟକରେ। 'ଘର ସଂସାର' ନାଟକର ମୁଖବନ୍ଧ 'ପଦେ ଅଧେ'ରେ ସେ ଲେଖିଛନ୍ତି, "ରାଜନୈତିକ ପରିବର୍ତ୍ତନ ଯେତେ ଦ୍ରୁତ, ମାନସିକ ଓ ସାମାଜିକ ପରିବର୍ତ୍ତନ ସେତେ କ୍ଷିପ୍ର ଗତିରେ ସମ୍ଭବ ନୁହେ। କିନ୍ତୁ ପରିବର୍ତ୍ତନ ସୁନିଶ୍ଚିତ ଏବଂ ସେଥି ନିମିତ୍ତ ବିପ୍ଳବ ଅବଶ୍ୟମ୍ଭାବୀ। ସମାଜର ପରିବର୍ତ୍ତନ ଆଣିବାକୁ ହେଲେ, ଆମର ଆଦର୍ଶକୁ ଆଖି ଆଗରେ ରଖି, ଆମର ଘର, ଆମର ଦୈନନ୍ଦିନ ଜୀବନର ପ୍ରତ୍ୟେକ କାର୍ଯ୍ୟ ପରୀକ୍ଷା କରି ଦେଖିବାକୁ ହେବ। ସେଥିପାଇଁ ଏହି ନାଟକଟି କେତେକ ସାଧାରଣ ଚରିତ୍ର ଓ କେବଳ ଅତି ସାଧାରଣ ଦୈନନ୍ଦିନ ଘଟଣା ଘେନି ରୂପାୟିତ, ଏହି କେତୋଟି ଚରିତ୍ର ଓ ଘଟଣାର ସଂଘର୍ଷ ମଧ୍ୟରେ ଆମର ସମାଜ ଓ ଦେଶରେ ଏକ ସନାତନ ଆଦର୍ଶ ପ୍ରତିଷ୍ଠାର ଚେଷ୍ଟା କରି କେତେଦୂର କୃତକାର୍ଯ୍ୟ ହୋଇଛି ତାହା ନାଟ୍ୟପ୍ରେମୀ ମାନଙ୍କର ବିଚାର୍ଯ୍ୟ।"[୧୪]

'ଘର ସଂସାର' ବିଂଶ ଶତାବ୍ଦୀର ପଞ୍ଚମ ଦଶକରେ ଓଡ଼ିଶା ସାରା ବହୁଳ ଭାବେ ମଞ୍ଚସ୍ଥ ହୋଇଥିଲା ବେଳେ 'ଆଗାମୀ' ଓ 'ଅବରୋଧ' ଥରେ ଦୁଇଥର ଅଭିନୀତ ହୋଇଛି। ତଥାପି ଯଶସ୍ୱୀ କଥାକାର ଗୋପିନାଥ ମହାନ୍ତି କହିଥିଲେ - "ଏକ ଲମ୍ଫରେ ମଧ୍ୟଯୁଗରୁ ନାଟକ ଯାଇ ଆଧୁନିକ ଯୁଗରେ ପ୍ରବେଶ କଲା।" ସବୁବେଳେ ଦର୍ଶକ ଏକ ନିର୍ଦ୍ଦିଷ୍ଟ ଧାରାର ନାଟକ ଦେଖିବାକୁ ପସନ୍ଦ କରନ୍ତି ନାହିଁ। ଦର୍ଶକ ଚାହୁଁଥିବା ରୁଚିକୁ ନେଇ ନାଟକ ବା ଅଭିନୟ ନହେବା - ରଙ୍ଗମଞ୍ଚ ନ ଆଗେଇବା ମଧ୍ୟ ଏକ କାରଣ। ଶସ୍ତା ହାସ୍ୟରସ ପରି ନିର୍ଦ୍ଦିଷ୍ଟ ଧାରାକୁ ଦୀର୍ଘକାଳ ଦର୍ଶନ ଆପଣାଇବାକୁ ପ୍ରସ୍ତୁତ ନଥିବା ଏ କ୍ଷେତ୍ରରେ ମଧ୍ୟ ପ୍ରତିବନ୍ଧକ ସୃଷ୍ଟି କରିଥିଲା। ନାଟକ ମଧ୍ୟ ଚଳଚ୍ଚିତ୍ର ସହ ପ୍ରତିଦ୍ୱନ୍ଦ୍ୱିତା କରି ପଛରେ ପଡିଗଲା। ବୌଦ୍ଧିକ ଚିନ୍ତାଧାରା,

ଯାହା ଆବଶ୍ୟକ ହେଉଥିଲା - ତାହାର ଅଭାବ ମଧ୍ୟ ରହୁଥିଲା, ତେବେ ବିସ୍ତାରିତ ଦିଗନ୍ତକୁ ପୁଞ୍ଜି କରି ଆଗକୁ ବଢ଼ିବା ସମ୍ଭବ ହୋଇନଥିବାରୁ, ନିର୍ଦ୍ଦିଷ୍ଟ ଫର୍ମୁଲାର ନାଟକ ଦର୍ଶକ ପାଇଁ ଦୀର୍ଘକାଳ ଆକର୍ଷଣୀୟ ହୋଇପାରିଲା ନାହିଁ। (ଚାନ୍ଦ, ଗୋବିନ୍ଦ ଚନ୍ଦ୍ର; "ସାରସ୍ୱତ ଜୀବନ ସମ୍ପର୍କରେ ନିଜେ ମନୋରଞ୍ଜନ", ସ୍ମୃତିରେ ନାଟ୍ୟକାର, ସଂ.ସୁରଞ୍ଜନ ଲେଙ୍କା, ୨୦୧୩-ପୃ-୧୨୨-୧୨୬)

ସ୍ୱାଧୀନତା ପ୍ରାପ୍ତିର ତିନିବର୍ଷ ପରେ, ଅର୍ଥାତ୍ ୧୯୫୦ ମସିହାରେ ଦୁଇ ନାଟ୍ୟକାର ବନ୍ଧୁ ମନୋରଞ୍ଜନ ଦାସ ଓ ରାମଚନ୍ଦ୍ର ମିଶ୍ରଙ୍କ ଦୁଇଟି ନାଟକ 'ଆଗାମୀ' ଓ 'ଘର ସଂସାର'କୁ ଦେଖିଲେ ଜଣାଯାଏ - ସ୍ୱାଧୀନତା ପରବର୍ତ୍ତୀ ଓଡ଼ିଶାରେ ନୂତନ ନାଟକ ସମ୍ପର୍କରେ ଦୁଇଟି ସ୍ପଷ୍ଟ ମତ ଥିଲା। ଗୋଟିଏ ଧାରା ହେଲା ବ୍ୟବସାୟିକ ମଞ୍ଚରେ ନାଟକଟି ଯଦି ବହୁଦିନ ଧରି ଚାଲେ, ତା'ହେଲେ ତାହା ହେବ ଯୁଗାନ୍ତକାରୀ ନାଟକ, ଅନ୍ୟଟି ହେଲା- "ଶଗଡ଼ଗୁଳାର ଗତାନୁଗତିକତା ଠାରୁ ଯଥା ସମ୍ଭବ ନିଜକୁ ଦୂରରେ ରଖି ନିଜପାଇଁ ଏକ ସ୍ୱତନ୍ତ୍ର ପଥ ନିର୍ମାଣର ପ୍ରୟାସ"[୧୫]

ଗଣପ୍ରିୟ ସାହିତ୍ୟ ଧାରା ବିରୁଦ୍ଧରେ ସ୍ୱର ଉତ୍ତୋଳନ କରୁଥିବା ବିଦ୍ରୋହୀ ବୁଦ୍ଧିଜୀବୀମାନଙ୍କ ଗୋଷ୍ଠୀରେ ଥିଲେ ମନୋରଞ୍ଜନ। ଗୋପୀନାଥ ମହାନ୍ତି ତାଙ୍କୁ ପ୍ରୋତ୍ସାହନ ଦେଉଥିଲେ। ତାଙ୍କ ନାଟକରୁ ସଙ୍ଗୀତ ଓ ନୃତ୍ୟ ତଥା ରସ ପ୍ରସଙ୍ଗ ଉଠିଗଲା। ନାଟକ ସମ୍ପର୍କରେ ଭାରତୀୟ ଧାରଣା ଗୁଡ଼ିକୁ ପୁରୁଣା ମେଲୋଡ୍ରାମା ବୋଲି ପରିତ୍ୟାଗ କରି ସେ ପାଶ୍ଚାତ୍ୟ ନାଟକର ଧାରାକୁ ଆପଣାଇ ନେଇଥିଲେ।

କିନ୍ତୁ ତାଙ୍କର ସହପାଠୀ ରାମଚନ୍ଦ୍ର ମିଶ୍ର 'ଘର ସଂସାର' ଲେଖିଛନ୍ତି ବୋଲି ଯେ ପ୍ରାଚୀନପନ୍ଥୀ ଏହା କହିହେବ ନାହିଁ। କାରଣ ୧୯୫୩ ମସିହା ବେଳକୁ ନାଟକର ପାଣିପାଗ ବଦଳି ଗଲାଣି। ବ୍ୟବସାୟିକ ମଞ୍ଚରେ ଅନ୍ନପୂର୍ଣ୍ଣା -ଏ-ଦଳ ଓ ଅନ୍ନପୂର୍ଣ୍ଣା -ବି-ଦଳର ନାଟକ ଆଉ ଚାଲୁନଥିଲା। ବହୁ ସଂଗ୍ରାମ କରି ଅଭିନେତା ନିର୍ଦ୍ଦେଶକ ନିରଞ୍ଜନ ଶତପଥୀଙ୍କ ପ୍ରଚେଷ୍ଟାରେ ୧୯୫୩ ମସିହା ଅକ୍ଟୋବର ୧୬ ତାରିଖ ଦିନ କଟକ ବାଙ୍କା ବଜାରରେ ହରେକୃଷ୍ଣ ମହତାବ ଉଦ୍‌ଘାଟନ କଲେ ଆଉ ଏକ ନୂତନ ମଞ୍ଚ: ଜନତା ରଙ୍ଗମଞ୍ଚ।

ନୂତନ ନାଟ୍ୟମଞ୍ଚ ସୃଷ୍ଟି କଲା ତିନିଜଣ ନୂତନ ନାଟ୍ୟକାର: 'ଚଉଠି ରାତି'ର ନାଟ୍ୟକାର ଧର୍ମାନନ୍ଦ ମହାନ୍ତି, ବାରିପଦାର ନାଟ୍ୟକାର ଆନନ୍ଦ ଶଙ୍କର ଦାସ ଏବଂ ପରେ ୧୯୫୪ରେ ନରସିଂହ ମହାପାତ୍ର ଓ ଗୋପାଳ ଛୋଟରାୟ। ଗୋପାଳ ଛୋଟରାୟଙ୍କ ଭରସା (୧୯୫୪) ଓ ପରକଲମ (୧୯୫୫), ବ୍ୟବସାୟିକ ମଞ୍ଚ ପାଇଁ ଲେଖାଯାଇଥିଲେ ସୁଦ୍ଧା ଦିଲ୍ଲୀରେ ପୁରସ୍କୃତ ହୋଇ ଭାରତୀୟ ନାଟ୍ୟ ମାନଚିତ୍ରରେ

ଓଡ଼ିଶାର ନାମ ଯୋଡ଼ିଲା। ପରୀକ୍ଷାମୂଳକ ନାଟକ ପାଇଁ ଅନ୍ନପୂର୍ଣ୍ଣା, ରୂପଶ୍ରୀ ଇତ୍ୟାଦି ଥିଏଟରମାନେ ଯାହା କରି ପାରିନଥିଲେ, ଜନତା ଥିଏଟର ତାହା ୧୯୫୩-୫୬ ଭିତରେ କରି ଦେଖାଇଲା। 'ଆଗାମୀ' ଓ 'ଅବରୋଧ' ନାଟକ ଦୁଇଟି ରାଜନୈତିକ ବାସ୍ତବବାଦକୁ ବଞ୍ଚାଇ ରଖିବା ପାଇଁ ଯାହା କରିପାରିନଥିଲେ ଗୋପାଳ ଛୋଟରାୟଙ୍କ 'ପରକଲମ' ଏକାଥରକେ ତାହା କରିବା ପାଇଁ ସକ୍ଷମ ହେଲା।

'ପରକଲମ'ର ନିର୍ଦ୍ଦେଶକ ନିରଞ୍ଜନ ଶତପଥୀ ସ୍ମୃତିଚାରଣ କରି ଲେଖିଛନ୍ତି, "ସେତେବେଳେ 'ପରକଲମ' ନାଟକ ଭାରତର ବିଭିନ୍ନ ଜାଗାରେ ହଇଚଇ ସୃଷ୍ଟି କରିଥିଲା ଓ ୧୯୫୪ ମସିହାରେ ଭାରତର ପ୍ରଥମ ଜାତୀୟ ନାଟକ ଉତ୍ସବରେ ଦିଲ୍ଲୀରେ ଭାରତର ସବୁ ପ୍ରଦେଶର ବିଭିନ୍ନ ଭାଷାର ନାଟକ ମଧ୍ୟରେ ଉତ୍କୃଷ୍ଟ ନାଟକ ହିସାବରେ ସ୍ୱତନ୍ତ୍ର ସ୍ଥାନ ଅଧିକାର କରିଥିଲା। ଡ଼କ୍ଟର ମହତାବ ନାଟକ ଦେଖିସାରି ଗୋପାଳ ବାବୁଙ୍କୁ ବଧେଇ ଜଣେଇ "ପରକଲମ" ବହି ଛପେଇଲାବେଳେ ତାଙ୍କ ମନ୍ତବ୍ୟ ଛାପିବାକୁ ଅନୁରୋଧ କରିଥିଲେ। ତାହା ବହିରେ ଛାପା ହୋଇ ରହିଛି, ତାଙ୍କର ମନ୍ତବ୍ୟ ହେଲା, ପରକଲମ ନାଟକ ଖାଲି ରାଜନୀତିଜ୍ଞଙ୍କୁ ନୁହେଁ, ମନ୍ତ୍ରୀ ମଣ୍ଡଳର ସଭ୍ୟମାନଙ୍କୁ ମଧ୍ୟ ଯଥେଷ୍ଟ ଶିକ୍ଷା ଦେବ।" [୧୬]

୧୯୫୪-୫୫ରେ ଏପରି ଏକ ସୁନାମ ଆସିବା ପୂର୍ବରୁ ୧୯୫୩ ମସିହାରେ ଆଉ ଏକ ଉଲ୍ଲେଖନୀୟ ନାଟ୍ୟ ଘଟଣା ଘଟିଥିଲା। ଏହା ଜଣାପଡ଼ିଲା ୧୯୮୦ ମସିହାରେ ରାମଚନ୍ଦ୍ର ମିଶ୍ରଙ୍କ 'ନାଟକ ରୀତିମତ୍' ପ୍ରକାଶ ପାଇଲା ପରେ। ନାଟକଟି ୨୮/୧୧/୧୯୫୩ ମସିହାରେ ଶ୍ରୀରାମଚନ୍ଦ୍ର ଭଞ୍ଜ ମେଡ଼ିକାଲ କଲେଜରେ ମଞ୍ଚସ୍ଥ ହୋଇଥିଲା। ରାମଚନ୍ଦ୍ର ମିଶ୍ର ସେତିକି ବେଳକୁ ୩୨ ବର୍ଷର ଯୁବକ ଓ କଟକରେ ସେ ଓକିଲାତି କରୁଥିଲେ। ଆଗରୁ ମେଡ଼ିକାଲ କଲେଜ ପାଇଁ ସେ 'ଅସ୍ତରାଗ' ନାଟକ ଲେଖିଥିଲେ। ଡା.ଜଗତମୋହନ ସୁବୁଦ୍ଧି ରାମଚନ୍ଦ୍ରଙ୍କ ଗ୍ରାମ ଦଶପଲ୍ଲାର ଲୋକ ଓ ୧୯୫୩ ମସିହା ମେଡ଼ିକାଲ କଲେଜ ନାଟ୍ୟ ସଂସଦ ସମ୍ପାଦକ ଥିବାରୁ ନାଟ୍ୟକାର ମିଶ୍ରଙ୍କୁ ଖଣ୍ଡେ ନୂଆ ନାଟକ ଲେଖିଦେବା ପାଇଁ ଅନୁରୋଧ କରିଥିଲେ। କିନ୍ତୁ ଅନ୍ନପୂର୍ଣ୍ଣା-'ବି' ଦଳ ପାଇଁ 'ଭାଇଭାଉଜ' ନାଟକ ଲେଖୁଥିବାରୁ ସେ ମେଡ଼ିକାଲର ନାଟକ ଲେଖି ପାରିନଥିଲେ। ଦିନେ ଜଗତ ମୋହନ ସୁବୁଦ୍ଧି ଶେଷ ଜବାବ ଦେଲେ - 'କାଲି ଯଦି ପାଣ୍ଡୁଲିପି ନ ମିଳେ ଏ ବର୍ଷ ନାଟକ ବନ୍ଦ।"

'ନାଟକ ରୀତିମତ' ପ୍ରକାଶ କାଳରେ ନାଟ୍ୟକାର ମିଶ୍ର ମୁଖବନ୍ଧ 'ନାଟକ ଲେଖାର କଥା'ରେ ଲେଖିଛନ୍ତି: 'ନାଟକ ବନ୍ଦ-କାହିଁକି ବନ୍ଦ' ଯେ କଣ ନାଟକର ବିଷୟବସ୍ତୁ ହେଇପାରେନା ? ତାପରେ ଡାକ୍ତରୀ କଲେଜ ପାଇଁ ଡାକ୍ତରୀ ବିଷୟ ଥିବା

ଲେଖାଟିଏ ଭଲ ହୁଅନ୍ତା ଭାବି ୧୮।୧୧।୫୩ ଦିନ ସକାଳ ବେଳା ଅନ୍ନପୂର୍ଣ୍ଣା ଥିଏଟରର ରିହାରସଲ ପରେ ଏହି ନାଟକ ଆରମ୍ଭ କଲି ଏବଂ ଏକ ନିଃଶ୍ୱାସରେ ପ୍ରାୟ ୨୦ମିନିଟ୍ ସମୟ ଗଲା ପରେ କିଛିଟା ଲେଖା ହେଇଗଲା। ମନରେ ସାହସ ଆସିଲା। ପ୍ରତିଦିନ ଦି ପହରେ ଏହି ନାଟକ ଲେଖାହୁଏ - ସଞ୍ଜବେଳେ ଶ୍ରୀମାନ୍ ସୁବୁଦ୍ଧି କିମ୍ବା ତାଙ୍କ ବନ୍ଧୁ ଆସି ଯାହା ଲେଖା ହୋଇଥାଏ ତାକୁ ନେଇଯାନ୍ତି। ରାତି ଦଶଟା ବେଳେ ରିହାରସଲ ହୁଏ ରାତି ବାରଟା ପର୍ଯ୍ୟନ୍ତ। ସାତ ଦିନରେ ବହିଲେଖା ସରିଲା। ଦଶଦିନରେ ମଞ୍ଚସ୍ଥ ହେଲା।"[୧୭]

ପରୀକ୍ଷାମୂଳକ ନାଟକ ହିସାବରେ 'ନାଟକ ରୀତିମତ'ର ଏକ ସ୍ୱାତନ୍ତ୍ୟ ରହିଛି। କାରଣ ଏହା ନାଟକ ସମ୍ପର୍କରେ ଲେଖା ଯାଇଥିବା ଏକ ନାଟକ, ଏବଂ ଏହାକୁ ସ୍ୱୟଂବାଚକ ନାଟକ ବା ଆତ୍ମ-ସଚେତନ ଧର୍ମୀ ନାଟକ ବୋଲି କୁହାଯାଏ। ମଜାର କଥା ହେଲା ରାମଚନ୍ଦ୍ର ମିଶ୍ର ଯେଉଁ ବର୍ଷ ଜନ୍ମ (୧୯୨୧) ସେଇବର୍ଷ ଲୁଇଜି ପିରାନ୍ଦେଲୋ (Luigi Pirandello) Six Characters in search of an Authur ନାମକ ଏକ ନାଟକ ମଞ୍ଚସ୍ଥ କରାଇଥିଲେ ଇଟାଲୀରେ। ଗୋଟିଏ ନାଟ୍ୟଦଳ ତାଙ୍କ ନାଟକର ରିହାରସଲ କଲାବେଳେ ଗୋଟିଏ ବୟସ୍କ ବାପା ଚରିତ୍ର ପଶିଆସି ନିର୍ଦ୍ଦେଶକଙ୍କୁ ପ୍ରଶ୍ନ ପଚାରୁଛି। ନିର୍ଦ୍ଦେଶକ ରାଗିଯାଇ ତାଙ୍କୁ ରିହାରସଲ ଛାଡ଼ି ଚାଲିଯିବା ପାଇଁ ଆଦେଶ କରୁଛନ୍ତି। ସେତେବେଳେ ସେ ବୟସ୍କ /ବାପା ଚରିତ୍ରଟି କହୁଛି ସେ ଆଉ ତାଙ୍କ ପରିବାରର ଅନ୍ୟ ପାଞ୍ଚ ଜଣ ଚରିତ୍ର ଅସମ୍ପୂର୍ଣ୍ଣ ଅବସ୍ଥାରେ ଅଛନ୍ତି। ତେଣୁ ସେମାନେ ଜଣେ ନାଟ୍ୟକାରଙ୍କୁ ଖୋଜୁଛନ୍ତି। ସେମାନଙ୍କ ଚରିତ୍ରକୁ ସମ୍ପୂର୍ଣ୍ଣ କରିବା ପାଇଁ ଏଇଠୁ ନାଟକର ଆରମ୍ଭ। ପିରାନ୍ଦେଲୋ ଏଇ ନାଟକ ପାଇଁ ୧୯୩୪ ମସିହାରେ ନୋବେଲ ପୁରସ୍କାର ପାଇଥିଲେ। ନାଟ୍ୟକାର ରାମଚନ୍ଦ୍ର ମିଶ୍ର ୧୯୫୩ରେ ଏଠାରେ ଏକ ନାଟକ ସମ୍ପର୍କରେ ନାଟକ ଲେଖିଛନ୍ତି। ଉତ୍ତର ଆଧୁନିକ ନାଟ୍ୟତତ୍ତ୍ୱ ଅନୁଯାୟୀ ଏହାକୁ ମେଟା ଥିଏଟର (Meta Theatre) କୁହାଯାଏ। ସ୍ୱାଧୀନତା ପରବର୍ତ୍ତୀ ସମୟର ଏହି ଅନନ୍ୟ ନାଟକଟି ସମ୍ପର୍କରେ ଓଡ଼ିଆ ସମାଲୋଚକମାନେ ସମ୍ପୂର୍ଣ୍ଣ ନିରବ।

'ନାଟକ ରୀତିମତ'ର ଅନ୍ୟ ଏକ ବିଶେଷତ୍ୱ ହେଲା ଯେ ନାଟ୍ୟକାର ଏହି ନାଟକ ମାଧ୍ୟମରେ ରଙ୍ଗମଞ୍ଚ ଓ ଦର୍ଶକଙ୍କ ମଧ୍ୟରେ ଏକ ନୂତନ ସମ୍ପର୍କ ସ୍ଥାପନ କରୁଛି। ଏଠାରେ ପ୍ରକାଶ କରାଯାଇପାରେ ଯେ ବିଶ୍ୱନାଟଦଳର ପ୍ରେକ୍ଷାରେ ଦର୍ଶକମାନେ ସବୁବେଳେ ନିଷ୍କ୍ରିୟ ଭୂମିକାରେ ଥାଆନ୍ତି। କିନ୍ତୁ ନାଟ୍ୟ ରଚନାରେ ଯେଉଁ ଯେଉଁ ସମୟରେ ପରିବର୍ତ୍ତନ ଆସିଛି ସେତିକିବେଳେ ରଙ୍ଗମଞ୍ଚ ଓ ଦର୍ଶକର ସମ୍ପର୍କ ପରିବର୍ତ୍ତିତ ହୋଇଛି। ନାଟ୍ୟକାର ରାମଚନ୍ଦ୍ର 'ନାଟକ ରୀତିମତ'ର ମୁଖବନ୍ଧରେ ଲେଖିଛନ୍ତି:

"ଦର୍ଶକମାନେ ଏହି ନାଟକର ଏକ ମୁଖ୍ୟ ଭୂମିକା ଗ୍ରହଣ କରୁଛନ୍ତି । କୌଣସି କୌଣସି ନାଟକରେ ଏହାର ପରବର୍ତ୍ତୀ କାଳରେ ନାଟକ ଆରମ୍ଭ ବା ମଝିରେ ଦର୍ଶକମାନଙ୍କ ମଧ୍ୟରୁ କୌଣସି ଚରିତ୍ର ରଙ୍ଗମଞ୍ଚରେ ପ୍ରବେଶ କରିବା ବା ଦର୍ଶକ ମାନଙ୍କ ସହିତ କେବଳ କଥୋପକଥନ ହେବାର ଲକ୍ଷ୍ୟ କରାଯାଇଛି । କିନ୍ତୁ ଏହି ନାଟକରେ ମୂଳରୁ ଶେଷଯାଏଁ ଦର୍ଶକ ମାନଙ୍କ ସହିତ ପ୍ରତ୍ୟକ୍ଷ ସମ୍ପର୍କ ରଖାଯାଇଛି । ଏଥିରେ ଦେଖାଯାଇଛି ଯେ ଦର୍ଶକମାନେ ଗୋଟିଏ ନାଟକର ଅପରିହାର୍ଯ୍ୟ ଅଙ୍ଗ ।"(୧୮)

'ନାଟକ ରୀତିମତ'ରେ ଦୃଶ୍ୟାରମ୍ଭ ଏକ ସ୍ୱତନ୍ତ୍ର ଶୈଳୀର ଉଦ୍‌ଘାଟନ କରେ । ନାଟ୍ୟକାର ନାଟକଟିକୁ ଆରମ୍ଭ କରୁଛନ୍ତି ଏହିପରି (ରଙ୍ଗମଞ୍ଚରେ ନାଟକ ପ୍ରଦର୍ଶନର ସମୟ ଅତିବାହିତ ହୋଇଥିଲେ ମଧ୍ୟ ଦୃଶ୍ୟପଟ ଅପସାରିତ ହୋଇନଥାଏ । ଘନଘନ କରତାଳି ମଧ୍ୟରେ ଦୃଶ୍ୟପଟ ସମ୍ମୁଖରେ ପ୍ରବେଶ କଲେ ସେକ୍ରେଟାରୀ)

ସେକ୍ରେଟାରୀ- ନମସ୍କାର, ବହୁତ ବିଳମ୍ବ ହେଲା, ଆମର ପୂର୍ବ ପରମ୍ପରା ବାହାରକୁ ଚାଲିଗଲା । ପୌରାଣିକ, କିମ୍ବା ଐତିହାସିକ ବିଷୟବସ୍ତୁକୁ ଛାଡ଼ି, ଆମର ଡ୍ରାମାଟିକ ସୋସାଇଟି ଇତିହାସ ସୃଷ୍ଟି କରିବାକୁ ଭାବିଥିଲା । ଆମ ଭାବନାହେଲା ପ୍ରକାରେ, କାର୍ଯ୍ୟତଃ ହେଲା ଅନ୍ୟ ପ୍ରକାରେ ... ଆପଣ ମାନଙ୍କୁ ଆପଣମାନଙ୍କ ଆସନ ଯାଏଁ ପାଛୋଟି ଆଣିଲା ପର୍ଯ୍ୟନ୍ତ ଆପଣମାନେ କିଛି ବ୍ୟତିକ୍ରମ ଦେଖିପାରିନଥିବେ, ରଙ୍ଗମଞ୍ଚ ଅଭ୍ୟନ୍ତରରୁ ପ୍ରଥମ ଘଣ୍ଟି, ଦ୍ୱିତୀୟ ଘଣ୍ଟି ବାଜିଲା ପର୍ଯ୍ୟନ୍ତ ମଧ୍ୟ ସେ ସାହସ ମୁଁ ହରାଇ ନଥିଲି । କିନ୍ତୁ ବର୍ତ୍ତମାନ ସେ ଦମ୍ଭ ମୋର ନାହିଁ, ସେ ସାହସ ମୋର ହଜି ଯାଇଛି । କେବଳ ଆପଣମାନଙ୍କଠାରେ କ୍ଷମା ପ୍ରାର୍ଥନା କରିବା ଛଡ଼ା ଉପାୟ ନାହିଁ । ଯଦି ଏପରି ଦୁର୍ଘଟଣାରେ ସୂଚନା ଆମେ ପୂର୍ବରୁ ପାଇଥାନ୍ତୁ ତାହେଲେ ଆପଣ ମାନଙ୍କ ବିରକ୍ତି ଭାଜନ ହେବାକୁ କେବେ ମନ ବଳାଇନଥାନ୍ତୁ... ଏ ଯେଉଁ ଶୁଭ ସନ୍ଧ୍ୟାର ଆୟୋଜନ ହୋଇଥିଲା, ସବୁ ଚୁରମାର କରିଦେଲା । ଜନତା ଏକ୍ସପ୍ରେସ- ସେତ ଯାହା ଚୁରମାର ହେଇଚି, ତାର ଖବର ନେଇ ବଡ଼ ବଡ଼ ଅକ୍ଷରରେ ଖବର କାଗଜ ପୃଷ୍ଠାରେ ସ୍ଥାନ ପାଇବ । କିନ୍ତୁ ତାର ଧକ୍କାଟା ଯେ କେମିତି ଆମ ଅନୁଷ୍ଠାନକୁ ଆଘାତ କରି ମୁମୂର୍ଷୁ ଅବସ୍ଥାରେ ପକାଇ ଦେଇଛି, ତା'ହୁଏତ କୌଣସି ଖବର କାଗଜ ଛାପିବ ନାହିଁ କି ଆପଣମାନେ କ୍ଷମା କରିବେ ନାହିଁ । ... କଲିକତାରୁ ଡ୍ରେସ୍‌ର, ପେଣ୍ଟର, ଲାଇଟ୍‌ମ୍ୟାନ ତ ନିଶ୍ଚୟ ଆସି ପାରୁନାହାନ୍ତି, ତା'ଛଡ଼ା ସେହି ଗାଡ଼ିରେ ଆଜି ଆମ ନାଟକର ପ୍ରଧାନ ନାୟକ ଭୂମିକାରେ

ଯିଏ ଅଭିନୟ କରିବାର କଥା ଥିଲା, ସେହି ଉଦୟ ବାବୁଙ୍କର ଆସିବାର ଥିଲା, ଟେଲିଗ୍ରାମ ସହିତେ ପାଇଥିଲୁ, କିଛିଦିନ ପାଇଁ ତାଙ୍କ ବନ୍ଧୁଙ୍କର ଅନୁରୋଧ ଏଡ଼ାଇ ନପାରି ସେ ତାଙ୍କର ରୁଗ୍‌ଣ ଭଉଣୀଙ୍କୁ ଦେଖିବାକୁ ଯାଇଥିଲେ। ତାଙ୍କର ଆଜି ଫେରିବାର ଥିଲା, କିନ୍ତୁ ହଠାତ୍ ଏ ଦୁର୍ଘଟଣା...”[୧୯]

ସତଭଳି ମନେହେଉଥିବା ଗୋଟାଏ ମିଥ୍ୟା ବା କାଳ୍ପନିକ କାହାଣୀକୁ ଏଠାରେ ପରା ନାଟକୀୟ ଶୈଳୀ ବା (Meta Theater) ଶୈଳୀରେ ଉପସ୍ଥାପନା କରାଯାଇଛି। ୧୯୪୨ ଠାରୁ ବ୍ୟବସାୟିକ ମଞ୍ଚ ପାଇଁ ଲେଖୁଥିବା ନାଟକ ଗୁଡ଼ିକ ଠାରୁ ଏହି ନାଟକ ଭିନ୍ନ। ଏହା ମଧ୍ୟ ନାଟ୍ୟକାରଙ୍କର ପ୍ରଥମ ସୌଖୀନ ଦଳ ପାଇଁ ଲେଖା ହୋଇଥିବା ନାଟକ। ନାଟ୍ୟକାର ରମେଶ ପାଣିଗ୍ରାହୀଙ୍କ ମତ ଅନୁଯାୟୀ, ବଙ୍ଗଳା, ଆସାମୀ ଓ ହିନ୍ଦୀ ଭାଷାରେ ନାଟକ ସମ୍ପର୍କୀୟ ନାଟକ ବା ମେଟା ଥିଏଟର ୧୯୫୩ ମସିହା ବେଳକୁ ଲେଖାଯାଇନାହିଁ। ଅତଏବ ‘ରୀତିମତ ନାଟକ’ ସମଗ୍ର ଦେଶର ପ୍ରଥମ ପରୀକ୍ଷାମୂଳକ ପରା-ନାଟକ, କେବଳ ସ୍ୱାଧୀନତା ପ୍ରାପ୍ତିର ଷଷ୍ଠ ବର୍ଷରେ ଲିଖିତ ଏହି ନାଟକଟି ସମଗ୍ର ଦେଶର ଉଗ୍ର ନାଟ୍ୟ ପରୀକ୍ଷା ମାନଙ୍କ ମଧ୍ୟରୁ ଗୋଟିଏ।[୨୦]

ଏ ଦୃଷ୍ଟିରୁ ସ୍ୱର୍ଗତ ମିଶ୍ରଙ୍କୁ ଯେଉଁ ଶ୍ରେୟ ମିଳିବା କଥା, ତାହା ଆମର ବରିଷ୍ଠ ନାଟ୍ୟ ସମାଲୋଚକ ଡ.ହେମନ୍ତ କୁମାର ଦାସ ଦେଇ ନାହାନ୍ତି। କାରଣ ‘ରାମଚନ୍ଦ୍ର ରଚନାବଳୀ’ - ୪ର୍ଥ ଖଣ୍ଡରେ ଏହି ନାଟକ ପ୍ରଥମେ ପ୍ରକାଶିତ। ହୋଇପାରେ ‘ରୀତିମତ ନାଟକ’ ମଞ୍ଚସ୍ଥ ହେବାର ୨୭ବର୍ଷ ପରେ, ଡିସେମ୍ବର ୧୯୮୦ ମସିହାରେ ନାଟ୍ୟକାର ଏହାର ମୁଖବନ୍ଧ ‘ନାଟକ ଲେଖାର କଥା’ରେ ଲେଖିଛନ୍ତି :

“ତେଣୁ ଏ ଗୋଟିଏ ନାଟକ- ନାଟକ ଲେଖା ମଝିରେ ଲେଖାଗଲା, ଯେଉଁ ଅନୁଷ୍ଠାନ ଉଦ୍ଦେଶ୍ୟରେ ଲିଖିତ, ତାର ଆବହାୱା ସହିତ ବେଶ ମେଳ ହୋଇପାରିଲା, ମେଡ଼ିକାଲ କଲେଜର ଛାତ୍ରଛାତ୍ରୀ ମିଶି ଏକତ୍ର ଯେ ନାଟକ ପରିବେଷଣ କଲେ - ଏହା ପ୍ରଥମ, ଏମିତିଗୁଡ଼ାଏ ଦୃଷ୍ଟିରୁ ଏହା ଅନେକ ଦର୍ଶକ, ଅଭିନେତା ମାନଙ୍କର ମନେ ପଡୁଥିଲା କାହିଁକି ବହି ଛପା ହେଉନାହିଁ ବୋଲି, ମତେ କୈଫିୟତ ଦେବାକୁ ପଡ଼ିଚି, xxx ଏହି ନାଟକର କୌଣସି ନାମ କରଣ କରାନଯାଇ ରଖାଯାଇଥିଲା - ନାଟକ।

ତେଣୁ ସେ ଦୋଷ କଟାଇବାକୁ ବର୍ତ୍ତମାନ ଏହାର ନାମକରଣ କରାଗଲା। “ନାଟକ ରୀତିମତ।[୨୧]

ସ୍ୱାଧୀନତା ପରବର୍ତ୍ତୀ ନାଟକ ପ୍ରସଙ୍ଗ ଆଲୋଚନା କାଳରେ ଆମର ପରବର୍ତ୍ତୀ

ନାଟ୍ୟକାର ହେଲେ ଗୋପାଳ ଛୋଟରାୟ (୧୯୧୬-୨୦୦୩)। ବୟସରେ ରାମଚନ୍ଦ୍ର ମିଶ୍ରଙ୍କଠାରୁ ୪ବର୍ଷ ବଡ଼ ଓ ରାମଚନ୍ଦ୍ରଙ୍କ ପ୍ରଥମ ନାଟକ ଅଭିମାନ(୧୯୪୨)ର ନାୟକ ଭୂମିକାରେ ସେ ଅଭିନୟ କରିଥିଲେ। ଜନତା ରଙ୍ଗମଞ୍ଚ ତିଆରି ପରେ ତାଙ୍କର ଦୁଇଟି ନାଟକ ଭରସା ଓ 'ପରକଲମ' ସ୍ୱାଧୀନତା ପରବର୍ତ୍ତୀ ଓଡ଼ିଆ ନାଟକର ଦୁଇଟି ମାଇଲଖୁଣ୍ଟ କହିଲେ ଅତ୍ୟୁକ୍ତି ହେବ ନାହିଁ। ଡ.ହେମନ୍ତ କୁମାର ଦାସଙ୍କ ଗ୍ରନ୍ଥର ସେହି ନାଟକ ଦୁଇଟି ବିଷୟରେ ସେପରି କିଛି ଉଲ୍ଲେଖଯୋଗ୍ୟ ମନ୍ତବ୍ୟ ଉପଲବ୍ଧ ନୁହେ। ଏଣୁ ଆମେ ଏଇ ଦୁଇଟି ନାଟକର ନିର୍ଦ୍ଦେଶକ/ ଅଭିନେତା ସ୍ୱର୍ଗତ ନିରଞ୍ଜନ ଶତପଥୀଙ୍କ ମନ୍ତବ୍ୟକୁ ଅଧିକ ପ୍ରାଧାନ୍ୟ ଦେଲେ ଏ ସନ୍ଦର୍ଭଟି ଅଧିକ ପ୍ରାମାଣିକ ମନେ ହେବ। ନିରଞ୍ଜନଙ୍କ କହିବା ଅନୁଯାୟୀ, "ଯେତେ ନାଟ୍ୟକାରଙ୍କ ସହିତ ନିର୍ଦ୍ଦେଶକ ଓ ପରିଚାଳକ ହିସାବରେ କାମ କରିଛି, ସବୁଠୁ ବେଶୀ ତୃପ୍ତି ଲାଭ କରିଛି ଗୋପାଳବାବୁଙ୍କ ସହ କାର୍ଯ୍ୟ କରିବାରେ। ସିଏ ମୋ'କଥା ବୁଝି ପାରୁଥିଲେ ଓ ମୁଁ ତାଙ୍କ କଥା ବୁଝିପାରୁଥିଲି। ଦିହେଁ ମିଶି ମିଶି ନାଟକ ଉପରେ ବହୁ ପରୀକ୍ଷା ନିରୀକ୍ଷା କରିଛୁ, ନାଟକର ପ୍ରଥମ ଦୃଶ୍ୟ ଲେଖା ଆରମ୍ଭଠୁ ନେଇ ତାକୁ ରିହାରସଲ କରି ଅନ୍ୟ ଦୃଶ୍ୟ ଆମ ମଧ୍ୟରେ ଆଲୋଚନା ପରେ ଲେଖା ହେଉଥିଲା।"[୨୨]

ଗୋପାଳ ଛୋଟରାୟ ଜଣେ ଅଭିନେତା ହୋଇଥିବାରୁ ଓ ବ୍ୟବସାୟିକ ରଙ୍ଗମଞ୍ଚ ସହିତ ପ୍ରତ୍ୟକ୍ଷ ସଂପୃକ୍ତି ଥିବାରୁ ତାଙ୍କ ନାଟକ ସ୍ୱାଧୀନତା ପରବର୍ତ୍ତୀ ସମୟରେ ସାରା ଭାରତରେ ଚହଳ ପକାଇଥିଲା। ନିରଞ୍ଜନ ଶତପଥୀ ଲେଖିଛନ୍ତି: "ଭରସା ପରେ ମଞ୍ଚସ୍ଥ ହେଲା ଗୋପାଳ ବାବୁଙ୍କ ଯୁଗାନ୍ତକାରୀ ନାଟକ 'ପରକଲମ'। 'ଭରସା' ଓ 'ପରକଲମ' ଉନ୍ନତ ଋଚିର ନାଟକ ହିସାବରେ ପରେ ସର୍ବଭାରତୀୟ ସ୍ତରରେ ପ୍ରଶଂସିତ ଓ ପୁରସ୍କୃତ ହେଲା 'ପରକଲମ' ନାଟକ। ଗଣତନ୍ତ୍ର ଶାସନ ଉପରେ ଏକ ବ୍ୟଙ୍ଗାତ୍ମକ କଟାକ୍ଷ ଆରମ୍ଭ ଆସେମ୍ବ୍ଲି କକ୍ଷରୁ। ମନ୍ତ୍ରୀମଣ୍ଡଳ ଭଙ୍ଗ, ବିଧାନସଭା ନିର୍ବାଚନ, ବିରୋଧୀ ଦଳର ନିର୍ବାଚନରେ ଜିତି ମନ୍ତ୍ରୀମଣ୍ଡଳ ଗଠନ ଓ ନାଟକ ଶେଷହୁଏ ରାଜ୍ୟପାଳଙ୍କ ଦ୍ୱାରା ଦୁର୍ନୀତିଗ୍ରସ୍ତ ମୁଖ୍ୟମନ୍ତ୍ରୀଙ୍କ ବିତାଡ଼ନରେ। ଏପରି ବିଷୟ ବସ୍ତୁକୁ ନାଟକରେ ଆମୂଳଚୂଳ ଗ୍ରହଣ କରି ବ୍ୟବସାୟିକ ରଙ୍ଗମଞ୍ଚରେ; ତା'ପୁଣି ଭାରତ ସ୍ୱାଧୀନ ହେବା ପରେ ପରେ ମଞ୍ଚସ୍ଥ କରିବା ଭାରତର ଅନ୍ୟକୌଣସି ମଞ୍ଚ ପାଇଁ କଳ୍ପନାନୀତ ଥିଲା। ଖାଲି ସେତିକି ନୁହେ, ଆଜି ପର୍ଯ୍ୟନ୍ତ ମଧ୍ୟ ଓଡ଼ିଶା କାହିଁକି ସାରା ଭାରତରେ କୌଣସି ଭାଷାରେ ପ୍ରଦର୍ଶିତ ହୋଇପାରିନି। ପରକଲମର ବିଷୟବସ୍ତୁ ଓ ଗଣତନ୍ତ୍ର ଶାସନର ତ୍ରୁଟିବିଚ୍ୟୁତି ସମ୍ବନ୍ଧୀୟ ସମାଲୋଚନା ଆଜି ମଧ୍ୟ ଭାରତୀୟ ଗଣତନ୍ତ୍ର ପାଇଁ ଚେତାବନୀ ହୋଇ ରହିଯାଇଛି।

ସେତେବେଳେ 'ପରକଲମ' ନାଟକ ଭାରତର ବିଭିନ୍ନ ଜାଗାରେ ହଇଚଇ ସୃଷ୍ଟି କରିଥିଲା ଓ ୧୯୫୪ ମସିହାରେ ଭାରତର ପ୍ରଥମ ଜାତୀୟ ନାଟକ ଉତ୍ସବରେ ଦିଲ୍ଲୀରେ ଭାରତର ସବୁ ପ୍ରଦେଶର ବିଭିନ୍ନ ଭାଷାର ନାଟକ ମଧ୍ୟରେ ଉତ୍କୃଷ୍ଟ ନାଟକ ହିସାବରେ ସ୍ୱତନ୍ତ୍ର ସ୍ଥାନ ଅଧିକାର କରିଥିଲା। ଡ.ମହତାବ ନାଟକ ଦେଖିସାରି ଗୋପାଳ ବାବୁଙ୍କୁ ବଧେଇ ଜଣେଇ 'ପରକଲମ' ବହି ଛପେଇଲା ବେଳେ ତାଙ୍କ ମନ୍ତବ୍ୟ ଛାପିବାକୁ ଅନୁରୋଧ କରିଥିଲେ ଓ ତାହା ବହିରେ ଛାପା ହେଇ ରହିଛି। ତାଙ୍କର ମନ୍ତବ୍ୟ ହେଲା, 'ପରକଲମ' ନାଟକ ଖାଲି ରାଜନୀତିଜ୍ଞଙ୍କ ନୁହେଁ, ମନ୍ତ୍ରୀମଣ୍ଡଳର ସଭ୍ୟମାନଙ୍କୁ ମଧ୍ୟ ଯଥେଷ୍ଟ ଶିକ୍ଷା ଦେବ।" (ଶତପଥୀ, ଜନତା ରଙ୍ଗମଞ୍ଚ, ନିଶାନ୍ତ, କଟକ, ୨୦୨୨)

ସ୍ୱାଧୀନତା ପରବର୍ତ୍ତୀ ଓଡ଼ିଆ ନାଟକରେ ପରୀକ୍ଷା ନିରୀକ୍ଷା ପ୍ରସଙ୍ଗ ଆଲୋଚନାକଲାବେଳେ 'ପରକଲମ'ର ପରବର୍ତ୍ତୀ ନାଟକ ହେଲା କବି, ଚିତ୍ରନାଟ୍ୟ ଲେଖକ ଓ ସପ୍ତଶଯ୍ୟା ଚଳଚ୍ଚିତ୍ରର ସହନିର୍ଦ୍ଦେଶକ ଅନନ୍ତ ପଟ୍ଟନାୟକ(୧୯୧୨-୧୯୮୨)ଙ୍କ ଲିଖିତ ଚିରି ଅନ୍ଧାର ରାତି (୧୯୫୬) ପ୍ରକାଶ ଥାଉକି ଓଡ଼ିଆ ନାଟକ ସମ୍ପର୍କରେ ସବୁଠାରୁ ବେଶୀ ସମାଲୋଚନା ଓ ଇତିହାସ ଗ୍ରନ୍ଥ ଲେଖିଥିବା ଡ.ହେମନ୍ତ କୁମାର ଦାସ ଶ୍ରୀ ଅନନ୍ତ ପଟ୍ଟନାୟକ ନାମ ହିଁ ଉଲ୍ଲେଖ କରିନାହାନ୍ତି। ଅଥଚ ଡ.ରମେଶ ପ୍ରସାଦ ପାଣିଗ୍ରାହୀ ତାଙ୍କର ଉତ୍ତର ଆଧୁନିକ ଓଡ଼ିଆ ନାଟକ ଗ୍ରନ୍ଥରେ ଗୋଟିଏ ପ୍ରବନ୍ଧ ଲେଖିଛନ୍ତି। ଶୀର୍ଷକ "ଆଧୁନିକ ଓଡ଼ିଆ ନାଟକର ଆରମ୍ଭ: ଅନନ୍ତ ପଟ୍ଟନାୟକଙ୍କ ଚିରି ଅନ୍ଧାର ରାତି"। ଅନନ୍ତ ପଟ୍ଟନାୟକ ମନୋରଞ୍ଜନ ଦାସଙ୍କଠାରୁ ନ'ବର୍ଷ ବଡ଼ ଓ ସାହିତ୍ୟର ଯେଉଁ ବିଭାଗରେ ହାତ ଦେଇଛନ୍ତି ତାହା ହେଇଯାଇଛି ଆଧୁନିକତା, ପ୍ରଗତିବାଦ ଓ ପରୀକ୍ଷା ନିରୀକ୍ଷାର ଉଦାହରଣ। ଓଡ଼ିଆ ଚଳଚ୍ଚିତ୍ର ସହିତ ସେ ନିବିଡ଼ ସମ୍ପର୍କ ରକ୍ଷା କରିଥିଲେ ଏବଂ ୧୯୩୯-୪୦ରେ 'ରାବଣ' ନାମକ ଏକ ନାଟକ ଲେଖି ସମଗ୍ର ଭାରତବର୍ଷରେ ପୁରାକଳ୍ପଧର୍ମୀ ନାଟକର ଭିତ୍ତିସ୍ଥାପନ କରିଥିଲେ। ଏହା ଆକାଶବାଣୀ କଟକରୁ ମଧ୍ୟ ପ୍ରଚାରିତ। ଏହାର ମୁଖବନ୍ଧରେ ଡ.ରମେଶ ପ୍ରସାଦ ପାଣିଗ୍ରାହୀ ଲେଖିଛନ୍ତି: xxx ମୁଁ ବୃତ୍ତିଗତ ସମୀକ୍ଷକ ଭାବରେ ପଢ଼ି ଅନୁଭବ କରୁଚି ଏହା ଏକ ଉତ୍ତର ସଂରଚନାବାଦୀ (post structuralist) ନାଟକ। ,,, ରାବଣ ନାଟକରେ ତିନୋଟି ଯୁଦ୍ଧର ଅନୁଭୂତି ,,, ରାବଣ ଲିପ୍ତଥିବା ଯୁଦ୍ଧଟି ଆଉ ଏକ ସାଂସ୍କୃତିକ ଓ ରାଜନୈତିକ ଯୁଦ୍ଧ ସମ୍ପର୍କରେ, ସେତିକି ବେଳକୁ 'ଆଧୁନିକ' ପତ୍ରିକାର ସମ୍ପାଦନା ସହିତ ସେ ଜଡ଼ିତ।"(୨୩)

ବିଡ଼ମ୍ବନାର ବିଷୟ ଯେ ଡ.ହେମନ୍ତ କୁମାର ଦାସଙ୍କ ପରି ଜଣେ ପ୍ରଖ୍ୟାତ

ସମାଲୋଚକ ଅନନ୍ତ ପଟ୍ଟନାୟକ ଜଣେ ନାଟ୍ୟକାର ବୋଲି ଜାଣିନାହାନ୍ତି। ଏଠାରେ ତାଙ୍କର ୧୯୫୬ ମସିହାରେ ପ୍ରକାଶିତ 'ଚିରି ଅନ୍ଧାର ରାତି'କୁ ସ୍ୱାଧୀନତା ପରବର୍ତ୍ତୀ ଓଡ଼ିଆ ନାଟକର ଏକ ବିଶିଷ୍ଟ ପରୀକ୍ଷା ବୋଲି ପ୍ରମାଣ ଦେବା ପୂର୍ବରୁ କହି ରଖିବା ଉଚିତ ଯେ ଅନନ୍ତ ଏହାପରେ 'ପଞ୍ଚଶୀଳ' ନାଟକ ଲେଖିଛନ୍ତି ଓ ଶୂଦ୍ରକଙ୍କର 'ମୃଚ୍ଛକଟିକ'କୁ ଅନୁବାଦ କରି ପ୍ରକାଶ କରିଛନ୍ତି। ଅନନ୍ତଙ୍କ କନିଷ୍ଠ ଭ୍ରାତା କେନ୍ଦ୍ର ସାହିତ୍ୟ ଏକାଡ଼େମୀ ବିଜେତା ଗୁରୁଚରଣ ପଟ୍ଟନାୟକଙ୍କ ବକ୍ତବ୍ୟ ଅନୁଯାୟୀ, "ଏ ଦୁଇଟିକୁ ଛାଡ଼ିଦେଲେ ଆଉ କିଛି ନାଟକର ଲେଖାମାନ ଦରଖଣ୍ଡିଆ ଅବସ୍ଥାରେ ମିଳୁଥିବାରୁ ଏଇ ଭାଗର ରଚନା ସମଗ୍ରରେ ଦିଆଯାଇପାରୁନାହିଁ।"(ପୃ-ଗ, ରଚନା ସମଗ୍ର-୩ୟ ଭାଗ, ୨୦୦୦)। ଏତଦ୍‌ବ୍ୟତୀତ ସ୍ୱର୍ଗତ ପଟ୍ଟନାୟକ ସେତିକି ବେଳର ସର୍ବଭାରତୀୟ ନାଟ୍ୟସଂସ୍ଥା Indian People's Theater Association(IPTA) ର ସଭ୍ୟ ଓ ସେମାନେ ତାଙ୍କ ନାଟକ କରିବା ପୂର୍ବରୁ ସରକାର ତାକୁ ବନ୍ଦ କରିଦେଇଥିଲେ। 'ପଞ୍ଚଶୀଳ' ନାଟକର ମଧ୍ୟ ଅବସ୍ଥା ସେୟା ହେଲା। "ଡ୍ରପସିନ୍ ଉଠିଲା ବେଳକୁ ତା'ଉପରେ ସରକାରୀ ଚଡ଼କ ପଡ଼ିଲା। 'ଚିରିଅନ୍ଧାର ରାତି' (୧୯୫୬)ର ମୁଖବନ୍ଧରେ ଅଧ୍ୟାପକ ଅବନୀ କୁମାର ବରାଳ ଲେଖିଛନ୍ତି।

ଇପ୍‌ଟାର ନାଟକ ଦଳ ପାଇଁ ନାଟକ ଖୋଜା ପଡ଼ିଲା। ନବନାଟ୍ୟ ଆନ୍ଦୋଳନର ପୁରୋଧା ହେବା ପାଇଁ ଓଡ଼ିଆ ଭାଷାରେ ବିଜନ ଭଟ୍ଟାଚାର୍ଯ୍ୟ କାହାନ୍ତି ....ନା ନବାନ୍ନ କାହିଁ? ଅନେକ ଦିନ ଧରି ଇପ୍‌ଟାର ସଭାପତି ଅନନ୍ତ ପଟ୍ଟନାୟକଙ୍କର ଅନ୍ତରଙ୍ଗ ବାଲ୍ୟବନ୍ଧୁ ଅଶୋକ ରାଓଙ୍କ ବୈଠକ ଘରେ ଆଲୋଚନା ଚାଲିଲା। ଅଶୋକ ବାବୁ ହଠାତ୍ ଦିନେ କହିଲେ - "ଅନନ୍ତକୁ କହିଲେ ହୁଅନ୍ତା ସିଏ ଏଇଠି ନାହିଁ-ଚଣାହାଟରେ ରହୁଛି, ଚାଲ ଯିବା- ତାକୁ ଧରି ଆଣି ବସାଇ ନାଟକ ଲେଖିବା।[୨୪]

ଅବନୀ ବରାଳ ପୁନଶ୍ଚ ଲେଖିଛନ୍ତି: "ଚିରି ଅନ୍ଧାର ରାତି'ର ନାମକରଣ, ତାଙ୍କର କବିତ୍ୱରୁ ପଦଟିଏ ଉଠାଇ ଆଣି ମୁଁ କରିଥିଲି। ସେତେବେଳର ଭାଗଚାଷୀ ଆନ୍ଦୋଳନ, ଅଞ୍ଚଳ ଅଧିକାରୀ (ବ୍ଲକ୍‌ର ପୂର୍ବବର୍ତ୍ତୀ ଅବସ୍ଥା), ତହସିଲଦାରଙ୍କ ଅତ୍ୟାଚାର ଓ ସେମାନଙ୍କ ବିରୁଦ୍ଧରେ କୃଷକ ସଂଗ୍ରାମର କାହାଣୀ 'ଚିରି ଅନ୍ଧାର ରାତି'ରେ ବର୍ଣ୍ଣିତ।" ଜମିଦାରୀ ଉଚ୍ଛେଦ ହେଲା ପରେ ନୂଆ ଅମଲାତାନ୍ତ୍ରିକ ଜମିଦାର ମାନଙ୍କର ନିପୀଡ଼ନ ଓ ନିଜ ଜୀବନ ବଳିଦାନ ଦେଇ, ରକ୍ତ ଢ଼ାଳି ଚାଷୀ ନିଜ ଜମିକୁ ରକ୍ଷା କରିବାର କାହାଣୀ କୃଷକଙ୍କୁ ସଂଗ୍ରାମ ମଇଦାନକୁ ଅଣାଇନେବାର ଆହ୍ୱାନ ନାଟକଟିରେ ଦେଇଥିଲେ।"[୨୫]

'ଚିରି ଅନ୍ଧାର ରାତି' (IPTA)ର ପ୍ରଯୋଜନା କାଳରେ ଭକ୍ତକବି ମଧୁସୁଦନ ରାଓଙ୍କ ନାତି ଅଶୋକ ରାଓଙ୍କ ଦାଣ୍ଡଘରେ ଏହି ନାଟକର ରିହରସାଲ କରାଯାଇଥିଲା। ଶ୍ରୀ ଗୋପାଳ ଘୋଷ ଓ ଜନତା ରଙ୍ଗମଞ୍ଚର ପ୍ରଖ୍ୟାତ ନିର୍ଦ୍ଦେଶକ ଓ ଅଭିନେତା ନିରଞ୍ଜନ ଶତପଥୀଙ୍କୁ ନିର୍ଦ୍ଦେଶନା ଦାୟିତ୍ୱ ଦିଆଗଲା। ରାମଚନ୍ଦ୍ର ରାମ, ବିଶ୍ୱଜିତ ଦାସ, ଚଳଚ୍ଚିତ୍ର ପ୍ରଡ୍ୟୁସର ନିରଞ୍ଜନ ପଟ୍ଟନାୟକ, ସ୍ୱର୍ଗତ ବିନୟ ପାତ୍ର, ରାଧାରାଣୀ ବୋଷ ଓ ଆଦରମଣି ବରାଳ ପ୍ରଭୃତି ଏଥିରେ ଅଭିନୟ କରୁଥିଲେ। କିନ୍ତୁ ନାଟକର ଖର୍ଚ୍ଚ ଉଠାଇବା ପାଇଁ 'ପଞ୍ଚଶୀଳ' ଏକାଙ୍କିକାଟି ମଞ୍ଚସ୍ଥ ହେବାର ଥିଲା। ଅଭିନେତା ଅଭିନେତ୍ରୀ ମାନେ ମୁହଁରେ ରଙ୍ଗ ବୋଳି ସାରିଥିଲେ। ନଡ଼ିଆ ଭାଙ୍ଗି ତୃତୀୟ ବେଲ୍ ବଜେଇଲା ବେଳକୁ ପୋଲିସ ଆସି ଚଢ଼ାଉ କଲା। ୧୮୬୦ ନାଟକ ପ୍ରଦର୍ଶନ ଆଇନ ଅନୁଯାୟୀ ଉଦ୍ୟୋକ୍ତାମାନେ ପୋଲିସର ଅନୁମତି ନେଇ ନାହାନ୍ତି। ଏଣୁ ନାଟକ ମଞ୍ଚସ୍ଥ ହୋଇପାରିବ ନାହିଁ। ଅଧ୍ୟାପକ ଅବନୀ କୁମାର ବରାଳଙ୍କ ଭାଷାରେ, "ହଲରେ ହଲଭର୍ତ୍ତି ଲୋକ। କାହିଁକି ବିଳମ୍ବ ହେଉଚି ବୋଲି ହୁଇସିଲ ବାଜୁଚି, ଚିତ୍କାର ଶୁଭୁଛି। ଏଣେ ଗ୍ରୀନ୍ ରୁମ୍ ଭିତରେ ଆମେ ସମସ୍ତେ ମିଶି ପୋଲିସ ବାବୁ ମାନଙ୍କୁ ବୁଝେଇ ଚାଲିଛୁ, ସ୍କ୍ରିପଟ୍ ତାଙ୍କୁ ଯଥା ସାଧ୍ୟ ପଢ଼ାଇ ଚାଲିଛନ୍ତି ରାମ ଭାଇ (ରାମଚନ୍ଦ୍ର ରାମ), ଗୋପାଳ ଦା'(ଗୋପାଳ ଘୋଷ ଓ ଅନନ୍ତ ପଟ୍ଟନାୟକ। ପ୍ରଧାନମନ୍ତ୍ରୀଙ୍କ ପଞ୍ଚଶୀଳ ନୀତିକୁ ସମର୍ଥନ ଜଣାଇ ଏ ନାଟକ ଓ ଏଥିରେ କୌଣସି କମ୍ୟୁନିଷ୍ଟ ଗନ୍ଧ ନାହିଁ ବୋଲି ଯେତେ ବୁଝାଇଲେ ମଧ୍ୟ ପୋଲିସ ବାଲା ବୁଝିଲା ନାହିଁ।

ପରଦା ଆଡ଼େଇ ଦର୍ଶକମାନଙ୍କୁ କହିବାକୁ ପଡ଼ିଲା ଯେ "ପୋଲିସ ନାଟକ କରିବାକୁ ଅନୁମତି ଦେଉନାହିଁ।" ଏଣୁ ନାଟକ ଅଭିନୟ କରି ନପାରି ଆମ୍ଭେମାନେ ଦୁଃଖିତ।" ଲୋକେ ବି ପାଟି କଲେ, ବହୁ କାକୁତି ମିନତି ହୋଇ ଅଯଥା ଲାଠି, ରକ୍ତପାତ ନ କରାଇବାକୁ ଅନୁରୋଧ ଜଣାଇ ଫେରାଇଦେଲୁ। ପ୍ରତ୍ୟେକ ଅଭିନେତା ଅଭିନେତ୍ରୀ ଲୁହ ଛଳଛଳ ଆଖିରେ (ଝିଅମାନେ କାନ୍ଦିଲେ) ପୋଷାକପତ୍ର ଓହ୍ଲାଇ, ମୁହଁରୁ ରଙ୍ଗ ଲିଭାଇ, ମନରେ ମନେ ଗ୍ଲାନି ନେଇ, ଅଭିମାନ ନେଇ ଗ୍ରୀନ୍‌ରୁମ୍‌ରୁ ବାହାରି ଆସିଲୁ।"(୨୬)

'ପଞ୍ଚଶୀଳ' ଏକାଙ୍କିକା ଶହୀଦ ଭବନ, କଟକ ଠାରେ ମଞ୍ଚସ୍ଥ ହୋଇପାରିଲା ନାହିଁ। ଏବଂ (IPTA)ର ପଇସା ଆସି ନପାରିବାରୁ 'ଚିରି ଅନ୍ଧାର ରାତି'ମଞ୍ଚସ୍ଥ ହୋଇପାରିଲା ନାହିଁ। କିନ୍ତୁ ଡ.ହେମନ୍ତ କୁମାର ଦାସଙ୍କ ନାଟ୍ୟ ଇତିହାସରେ ଅନନ୍ତ ପଟ୍ଟନାୟକଙ୍କ ନାମ କିପରି ଉଭେଇଗଲା ତାହା ତାଙ୍କ ଗ୍ରନ୍ଥର ପ୍ରାମାଣିକ ସତ୍ୟ ଉପରେ ପ୍ରଶ୍ନବାଚୀ ସୃଷ୍ଟି କରେ। ବାମପନ୍ଥୀ ଚିନ୍ତାଧାରାର ଟିକିଏ ଛିଟା ଥିବା 'ଆଗାମୀ' ଓ

'ଅବରୋଧ' ସମ୍ପର୍କରେ ସେ ବିଶଦ ଆଲୋଚନା କରିଛନ୍ତି। ଅଥଚ ପ୍ରଗତିବାଦୀ କବି ଓ ନାଟ୍ୟକାର ଅନନ୍ତ ପଟ୍ଟନାୟକଙ୍କ ବିଷୟରେ ଆଦୌ ଉଲ୍ଲେଖ ନାହିଁ। ସେହିପରି ଶ୍ରୀ ଗୌରାଙ୍ଗ ଚରଣ ଦାସଙ୍କ ଦ୍ୱାରା ସମ୍ପାଦିତ 'ଓଡ଼ିଶାର ଥିଏଟର'(୧୯୯୧) ଖ୍ରୀ.ଅରେ ପ୍ରଫେସର ବିଜୟ କୁମାର ଶତପଥୀଙ୍କର ଗୋଟିଏ ପ୍ରବନ୍ଧ ସନ୍ନିବିଷ୍ଟ ଅଛି। ପ୍ରବନ୍ଧଟିର ଶୀର୍ଷକ "ସ୍ୱାଧୀନତା ପରବର୍ତ୍ତୀ ଓଡ଼ିଆ ନାଟକର ପ୍ରୟୋଗ ଓ ପରୀକ୍ଷା"(ପୃ.୧୦୬-୧୩୧)। ଏହି ଦୀର୍ଘ ପ୍ରବନ୍ଧରେ ମଧ୍ୟ ପ୍ରଫେସର ଶତପଥୀ ଅନନ୍ତ ପଟ୍ଟନାୟକଙ୍କ ନାଟକ ସମ୍ପର୍କରେ (ରାବଣ, ପଞ୍ଚଶୀଳ, ଚିରି ଅନ୍ଧାର ରାତି ଓ ମୃଚ୍ଛକଟିକ) ଆଦୌ ଉଲ୍ଲେଖ କରିନାହାନ୍ତି। ସେ 'ନବଯୁଗ ସାହିତ୍ୟ ସଂସଦ' ଓ 'ଆଧୁନିକ' ସମ୍ପର୍କରେ ଲେଖି ଅନନ୍ତ ପଟ୍ଟନାୟକଙ୍କୁ କିପରି ନାଟକର ପ୍ରୟୋଗଶାଳାରୁ ନିର୍ବାସନ କରିଛନ୍ତି, ତାହା ଏହି ଗବେଷିକାକୁ ସ୍ତମ୍ଭୀଭୂତ କରିଛି। ରାଜନୀତି ଓ ମନସ୍ତତ୍ତ୍ୱର ମଧୁର ସମନ୍ୱୟ ଯଦି ମନୋରଞ୍ଜନଙ୍କ ନାଟକର ଆସିଛି, (IPTA)ର ଓଡ଼ିଶା ଶାଖାର ନାଟକ ସମ୍ପର୍କରେ ଆଲୋଚନା କରାଯାଇନାହିଁ କାହିଁକି ?

ଅନ୍ୟ ପକ୍ଷରେ 'ଉତ୍ତର ଆଧୁନିକ ଓଡ଼ିଆ ନାଟକ' ପ୍ରବନ୍ଧ ଗ୍ରନ୍ଥରେ ନାଟ୍ୟକାର ରମେଶ ପ୍ରସାଦ ପାଣିଗ୍ରାହୀ ଗୋଟିଏ ପ୍ରବନ୍ଧ ସ୍ଥାନିତ କରିଛନ୍ତି। ଶୀର୍ଷକ : ଆଧୁନିକ ଓଡ଼ିଆ ନାଟକର ଆରମ୍ଭ: ଅନନ୍ତ ପଟ୍ଟନାୟକଙ୍କ ଚିରି ଅନ୍ଧାର ରାତି, ସେଥିରେ ସେ ଲେଖିଛନ୍ତି, "କବି ଅନନ୍ତ ପଟ୍ଟନାୟକଙ୍କ ଚିତ୍ରାନୁଭବ ଏବଂ ମଞ୍ଚ କଳ୍ପନାର ନାନ୍ଦନିକତା ମନୋରଞ୍ଜନ ଦାସଙ୍କ ନାଟକରେ ଅନୁପସ୍ଥିତ। ପରବର୍ତ୍ତୀ ପର୍ଯ୍ୟାୟରେ ପ୍ରାଣବନ୍ଧୁଙ୍କଦ୍ୱାରା ପ୍ରତିଷ୍ଠିତ ମନସ୍ତାତ୍ତ୍ୱିକ ଶୈଳୀଟି ମଧ୍ୟ ଭିନ୍ନ ରୂପରେ 'ଚିରି ଅନ୍ଧାର ରାତି' ନାଟକରେ ଲକ୍ଷ୍ୟ କରାଯାଇପାରେ। (ପାଣିଗ୍ରାହୀ, ପୃ-୭୩)

ଡ. ପାଣିଗ୍ରାହୀଙ୍କ ମତରେ 'ଚିରି ଅନ୍ଧାର ରାତି'ରେ ଗୋଟିଏ ଆବେଗ ଭରା କାହାଣୀ ନାହିଁ। କାହାଣୀ କହିବା ଦରକାର ପଡୁଥିଲା ଅନ୍ନପୂର୍ଣ୍ଣା ଓ ଜନତା ଥିଏଟରର ବ୍ୟବସାୟିକ ନାଟକରେ। କାଳିଚରଣ, ରାମଚନ୍ଦ୍ର, ଗୋପାଳ ଛୋଟରାୟ, ଭଞ୍ଜକିଶୋର, ଆନନ୍ଦ ଶଙ୍କର ଓ ଧର୍ମାନନ୍ଦଙ୍କ ନାଟକ ଗୁଡ଼ିକ ସେଥିପାଇଁ ମେଲୋଡ୍ରାମା ପର୍ଯ୍ୟାୟର। ଅନନ୍ତ ପଟ୍ଟନାୟକଙ୍କ ଭଳି ଜଣେ ସକ୍ରିୟ ରାଜନୀତିଜ୍ଞ ଓ କବିଙ୍କ ପାଖରେ ସ୍ୱାଧୀନତା ପରବର୍ତ୍ତୀ ସମାଜର ନୂତନ ଶୋଷଣ ନୀତି ବିଷୟରେ ଅନେକ ପ୍ରସଙ୍ଗ କହିବାର ଥିଲା।

ଦ୍ୱିତୀୟତଃ, 'ଚିରି ଅନ୍ଧାର ରାତି'ର ଦୃଶ୍ୟ କଳ୍ପନା ମନୋରଞ୍ଜନ, ରାମଚନ୍ଦ୍ର, ଗୋପାଳ ଛୋଟରାୟ ଏବଂ ଭଞ୍ଜ କିଶୋରଙ୍କ କାହାଣୀ କଥନ ଶୈଳୀଠାରୁ ଅଲଗା। ୧୯୪୩ ମସିହାରେ (IPTA) ଗଠିତ ହେଲା ପରେ ସେଥିରେ ବମ୍ବେରୁ ପୃଥ୍ୱୀରାଜ

କପୁର, ପଶ୍ଚିମ ବଙ୍ଗରୁ ବିଜନ ଭଟ୍ଟାଚାର୍ଯ୍ୟ, ବମ୍ବେରୁ ଖ୍ୱାଜା ଅହମ୍ମଦ ଆବ୍‌ବାସ, ଚଳଚ୍ଚିତ୍ରରୁ ବଲରାଜ ସାହାନୀ, ଋତ୍ୱିକ ଘଟକ, ସଙ୍ଗୀତ ନିର୍ଦ୍ଦେଶକ ସଲୀଲ୍ ଚୌଧୁରୀ, ଓ ସୀତାର ବାଦକ ପଣ୍ଡିତ ରବି ଶଙ୍କର, ନାଟ୍ୟ ନିର୍ଦ୍ଦେଶକ ଉତ୍ପଳ ଦତ୍ତ ଓ ଗାୟକ ଭୂପେନ ହଜାରିକା ପ୍ରଭୃତି ତାର ସଭ୍ୟ ରହିଲେ। ଏହାର ଓଡ଼ିଶା ଶାଖାରେ ଅଶୋକ ରାଓ ଓ ଅନନ୍ତ ପଟ୍ଟନାୟକ ଥିଲେ।

(IPTA) ଗଠନ ହେବାର ୧୦ବର୍ଷ ପରେ ୧୯୫୩ ମସିହାରେ ସଙ୍ଗୀତ ନାଟକ ଏକାଡ଼େମୀ ଗଠିତ ହେଲା। ଭାରତୀୟ ରଙ୍ଗମଞ୍ଚର ଏହା ସୁବର୍ଣ୍ଣ ଯୁଗ। ବହୁରୂପୀ (୧୯୪୮), ରଙ୍ଗକର୍ମୀ, ଧୂମକେତୁ ଓ ସ୍ୱପ୍ନସନ୍ଧାନୀ ପ୍ରଭୃତି ନାଟ୍ୟଦଳ ମାନ ବଙ୍ଗଦେଶରେ ଗଢ଼ି ଉଠିଲା ବେଳେ ଓଡ଼ିଶାରେ ଅନନ୍ତ ପଟ୍ଟନାୟକ ଓ ତାଙ୍କ ବନ୍ଧୁମାନେ ପ୍ରଗତିବାଦୀ ଆଧୁନିକ ନାଟକ ମଞ୍ଚସ୍ଥ କରାଇଥିଲେ।

ଏହି ପ୍ରେକ୍ଷାପଟରେ 'ଚିରି ଅନ୍ଧାର ରାତି'ର ପରିକଳ୍ପନାରେ ଚଳଚ୍ଚିତ୍ରର ପରିକଳ୍ପନା ଦେଖିବାକୁ ମିଳେ। ନାଟକର ଆରମ୍ଭକୁ ଦେଖାଯାଉ।

ନାଟକର ଆରମ୍ଭ ହୁଏ ଗୋଟିଏ ସିଲହୁଟ୍‌ରୁ। ଡ. ରମେଶ ପାଣିଗ୍ରାହୀଙ୍କ ବିଶ୍ଳେଷଣ ଅନୁଯାୟୀ ନାଟକର ଗୋଚର କଳ୍ପନା ବା ଦୃଶ୍ୟ ସଂରଚନା ପ୍ରତି ଦୃଷ୍ଟିପାତ କରାଯାଇପାରେ। ଡ.ପାଣିଗ୍ରାହୀଙ୍କ ମତରେ "ଆଲୋକ ସଂପାତର ବିଜ୍ଞାନ ଅନୁଯାୟୀ ଏକ ଦୂରନ୍ତ ପ୍ରେକ୍ଷାପଟର ବିଚ୍ଛୁରିତ ଆଲୋକ ସାମ୍ନାରେ ଦଣ୍ଡାୟମାନ ହେଲେ ବସ୍ତୁ (object) ଘଟଣା (event) ଇତିହାସ ଓ ଚରିତ୍ରମାନେ ସିଲ୍‌ହୁଟ୍ ହୋଇଯାଆନ୍ତି। ସେମାନେ ଦେଖାଯାଆନ୍ତି ଅନ୍ଧାର ରାତିର ବସ୍ତୁ ସଂଯୋଜନା ପରି। ସାଧାରଣତଃ ସୂର୍ଯ୍ୟାସ୍ତର ସାମ୍ନାରେ ଯାତାୟତ କରୁଥିବା ଆକାରମାନେ ସିଲ୍‌ହୁଟ୍ (Silhouette) ପାଲଟିଯାଆନ୍ତି। ଏଠାରେ ଲକ୍ଷ୍ୟ କରିବା କଥା ଯେ ଦୃଶ୍ୟବିମ୍ବଟି ନାଟକର ଶୀର୍ଷକଟିକୁ ପ୍ରତୀକାତ୍ମକ ଭାବରେ ଉପସ୍ଥାପନ କରୁଛି। ବହୁ ଦିନରୁ କେବଳ ଅନ୍ଧାରରାତି ଏ ଦେଶକୁ ରାଜତ୍ୱ କରୁଥିଲା। ବର୍ତ୍ତମାନ ସେଇ ଅନ୍ଧାର ରାତି (ସିଲ୍‌ହୁଟ୍)କୁ ବିଦୀର୍ଣ୍ଣ କରି ଏକ ସକାଳ ଆସିଲା ପରି ଏ ନାଟକର ପ୍ରଥମଦୃଶ୍ୟ ଆରମ୍ଭ ହେଉଛି।

ଏପରି ଏକ ଦୃଶ୍ୟକୁ ଭାବରେ ପରିଣତ କରିବା ପାଇଁ ସଙ୍ଗୀତର ଆବଶ୍ୟକତା ଅଛି। ଅତୀତର ଅନ୍ଧାର ରାତିକୁ ଚିରିବାର ପ୍ରକ୍ରିୟାକୁ ନାଟ୍ୟାୟିତ କରିବା ପାଇଁ ଗୋଟିଏ ଗଣନାଟ୍ୟର ଡେଙ୍ଗୁରା ବାଜିବାର ଆଭାସ ଦିଆଯାଇଛି। [(୧୭)]

ଏହା ପୂର୍ବରୁ ଓଡ଼ିଆ ନାଟକ ଭାଷା ସର୍ବସ୍ୱ ଥିଲା ଓ ଦୃଶ୍ୟ ନିର୍ମାଣ ପ୍ରତି ଆଦୌ ଦୃଷ୍ଟି ଦିଆଯାଇନଥିଲା। 'ଗୋପୀନାଥବଲ୍ଲଭ'ଠାରୁ ଗୋଦାବରୀଶ ମିଶ୍ରଙ୍କ ମୁକୁନ୍ଦ ଦେବ ଓ ମାୟାଧର ମାନସିଂ ଠାରୁ ମନୋରଞ୍ଜନଙ୍କ ପର୍ଯ୍ୟନ୍ତ ସମସ୍ତେ ଶବ୍ଦ ଉପରେ ହିଁ

ଗୁରୁତ୍ୱ ଦେଇଛନ୍ତି। ମନୋରଞ୍ଜନ ଆକାଶବାଣୀର ନାଟ୍ୟ ପ୍ରଯୋଜକ ଥିବାରୁ ନାଟକକୁ ଏକ ଶାବ୍ଦିକ କ୍ରୀଡ଼ା ବୋଲି ମନେ କରିଛନ୍ତି। ଡ.ରମେଶପ୍ରସାଦ ପାଣିଗ୍ରାହୀ ତାଙ୍କର ପ୍ରବନ୍ଧରେ ପ୍ରଥମଥର ପାଇଁ 'ଚିରି ଅନ୍ଧାର ରାତି'ର ଗୋଚର ବିମ୍ବ ପ୍ରସଙ୍ଗ ଆଲୋଚନା କରିଛନ୍ତି। ତାଙ୍କ ଭାଷାରେ କହିବାକୁ ଗଲେ, "ଏହି ଗୋଚର ବିମ୍ବ ଦର୍ଶକର ଆଖିକୁ ଟାଣିନିଏ ଏକ ଦୂରନ୍ତ ସିଲହୁଟ୍ ଆଡ଼କୁ। ଶୋଷଣ (ଅନ୍ଧାର ରାତି)ର ପ୍ରଥମ ମିଥିକ୍ (mythic) ବର୍ଣ୍ଣନା ଆଡ଼କୁ ସେଇଠି ରାବଣ ମାନେ ମଧ୍ୟ ସିଲ୍‌ହୁଟ୍। ରାମାୟଣର ସାତକାଣ୍ଡ ଏକା ପଲକରେ ସିଲ୍‌ହୁଟ୍। ତେଣୁ ଡେଙ୍ଗୁରା ବା ସେ କାଳର ଯୁଦ୍ଧ ଆହ୍ୱାନ ପାଖରୁ ଆସି ସ୍ପଷ୍ଟତର ଏ କାଳର ଖଜଣା ଆଦାୟକାରୀ ଅଞ୍ଚଳ ଅଧିବାସୀମାନଙ୍କର ହୁଂକାର ପାଖରେ। ତା'ଅର୍ଥ ଅନ୍ଧାର ରାତିର ରୈଖିକ ଲମ୍ବ ରାମାୟଣର ଶୋଷଣ ଠାରୁ (ରାବଣ ନାଟକରେ ରାମଚନ୍ଦ୍ର ମାନେ ରାବଣକୁ ଆଦିବାସୀ କହି, ଅନାର୍ଯ୍ୟ କହି ଯେପରି ଆକ୍ରମଣ କରନ୍ତି) ସ୍ୱାଧୀନତା ପରବର୍ତ୍ତୀ ସମୟର ଯୁବ ଓ.ଏ.ଏସ୍ ଅଫିସର ସଖୀ ଓ ସଖୀ ବୋଉଙ୍କର ସରାଗାତ ଭାଙ୍ଗି ଖଜଣା ନେବା ପର୍ଯ୍ୟନ୍ତ ବୋଲି ଇତିହାସ ନିଜକୁ ପୁନରାବୃତ୍ତି କରି ଶୁଭୁଛି ଡେଙ୍ଗୁରା ଶବ୍ଦର ଭାଷାହୀନ ଭାଷାରେ।" [୨୮]

'ଚିରି ଅନ୍ଧାର ରାତି'ରେ ଅନ୍ୟତମ ପରୀକ୍ଷା ହେଲା ମାଇମ୍ ବା ମୂକ ଅଭିନୟର ପ୍ରୟୋଗ ଉଦାହରଣ ସ୍ୱରୂପ ୨ୟ ଅଙ୍କର ୪ର୍ଥ ଦୃଶ୍ୟଟିକୁ ନିଆଯାଉ। ଏଇଠି ସୁଧାକର ସଖୀ ହାତରୁ ପାଣି ପିଇବାର ଦୃଶ୍ୟଟି ଏବଂ ପାଣି ପିଇଲା ବେଳେ ଦୁଇଚାରି ଜଣ ଛାନିଆ ହୋଇ ରହିଗଲେ ଓ ଭୟକାତର ଦୃଷ୍ଟିରେ ଚାଲିଗଲେ। ଡେଙ୍ଗୁରା ଶବ୍ଦ ଶୁଭିଲା ଏବଂ ସଖୀ କାନ ଡେରି ଟିକିଏ ଅନ୍ୟ ମନସ୍କ ହେବାରୁ ମାଠିଆ ହଲିଗଲା। [୨୯]

ଅଭିନୟ ବର୍ଣ୍ଣନାର ଉପରୋକ୍ତ ଦୃଶ୍ୟଟିରେ ସଂଳାପ ନାହିଁ। କାଳ୍ପନିକ ମାଠିଆରୁ କାଳ୍ପନିକ ପାଣି ଢାଳୁଛି ସଖୀ ଓ ସୁଧାକର କାଳ୍ପନିକ ପାଣି ପିଉଛି। ଲୋକେ ଆସିଛନ୍ତି ଓ ଦୃଶ୍ୟଟିକୁ ଦେଖି ଛାନିଆରେ 'ଫ୍ରିଜ୍' ହୋଇଯାଉଛନ୍ତି। ୧୯୫୬ ମସିହାରେ ଅନନ୍ତ ପଟ୍ଟନାୟକ ଓଡ଼ିଆ ନାଟକରେ ପ୍ରଥମଥର ପାଇଁ ଫ୍ରିଜ୍ ଅଭିନୟ ପ୍ରୟୋଗ କରିଛନ୍ତି। କିନ୍ତୁ ସମାଲୋଚକ ଡ.ହେମନ୍ତ କୁମାର ଦାସ ଏଇ ନାଟକଟିକୁ ପଢ଼ିନାହାନ୍ତି, ତାଙ୍କ ମତରେ ବିଜୟମିଶ୍ର 'ଶବବାହକମାନେ' ନାଟକରେ ପ୍ରଥମେ 'ଫ୍ରିଜ୍' ଶୈଳୀ ପ୍ରୟୋଗ କରିଛନ୍ତି, କିନ୍ତୁ 'ଶବବାହକମାନେ' ଷଷ୍ଠ ଦଶକର ଶେଷ ଭାଗର ରଚନା।

ସ୍ୱାଧୀନତା ପରବର୍ତ୍ତୀ ନାଟକରେ ପ୍ରୟୋଗ ଓ ପରୀକ୍ଷା ସମ୍ପର୍କରେ ଆଲୋଚନା କଲାବେଳେ ଡ.ହେମନ୍ତ କୁମାର ଦାସ ସ୍ୱର୍ଗତ ମନୋରଞ୍ଜନଙ୍କ ସଂଳାପ ରଚନା

ସମ୍ପର୍କରେ ବିଶେଷ ପ୍ରାଧାନ୍ୟ ଦେଇ ଆଲୋଚନା କରିଛନ୍ତି। କ୍ଷୁଦ୍ର ସଂଳାପ ଓ ଏକପଦୀୟ ସଂଳାପ କିପରି ଓଡ଼ିଆ ନବନାଟ୍ୟ ଆନ୍ଦୋଳନକୁ ଅଧିକ ପ୍ରୟୋଗାତ୍ମକ ନାଟକ ଦେଇଛି ସେ ସମ୍ପର୍କରେ ଉଲ୍ଲେଖ କରିଛନ୍ତି। ଏଣୁ ନାଟ୍ୟକାର ଅନନ୍ତ ପଟ୍ଟନାୟକଙ୍କ ସଂଳାପ ସମ୍ପର୍କରେ ବିଚାର କରାଯିବା ଉଚିତ। ମମତା ଓ ସୁଧାକର ମଧ୍ୟରେ ନିମ୍ନୋକ୍ତ ପ୍ରେମର ସଂଳାପକୁ ଲକ୍ଷ୍ୟ କରାଯାଇପାରେ।

ସୁଧାକର : ଆପଣଙ୍କ ଆକାଶରେ ଗୋଟାଏ ନୀଳ ବାଷ୍ପର ତୋଫାନ, ସ୍ୱପ୍ନର। ସ୍ୱପ୍ନର ତଳେ ଆଗ୍ନେୟ ଆଶାର ଶୀତଳ ପ୍ରକମ୍ପ ସ୍ମୃତିର।

ମମତା : ନା...ନା....ମୁଁ ...ମୁଁ....

ସୁଧା : ଅବାସ୍ତବ ଆପଣ....ଉଦ୍ଭଟ କଳ୍ପନାର ସ୍ୱର୍ଗରେ ଥାଇ ବିଚିତ୍ର ଆପଣ...ବିଚିତ୍ର। ନିଜକୁ ଆପଣ ଦେଖିଛନ୍ତି କେବେ ? କେତେ ଯୁଗର ପୁଞ୍ଜିଭୂତ ଅସିଗୁଡ଼ାର ପ୍ରକାଶ ଆପଣ...(୩୦) (ପୃ-୫୧)

ଅନନ୍ତ ମୁଖ୍ୟତଃ କବି। ତେଣୁ ତାଙ୍କ ସଂଳାପ ରଚନାରେ କବିତାର ଭାଷା ଫୁଟି ଉଠିଥିବା ଏଇ ଉଦାହରଣଟିରେ ସ୍ୱାତନ୍ତ୍ର୍ୟ ଥିବା ବଡ଼ କଥା ନୁହେ। 'ଚିରି ଅନ୍ଧାର ରାତି'ର ଗୋଚର ପରିକଳ୍ପନା ଅନନ୍ୟ। ସଖୀ ହାତରୁ ସୁଧାକର ପାଣି ପିଇବା ଦୃଶ୍ୟ ସହିତ ଦୁଇ ଚାରିଜଣ ଛାନିଆ ହେବା ପ୍ରତିକ୍ରିୟା ଗୋଟିଏ ଦୃଶ୍ୟରେ ସ୍ଥାନିତ। ଏହି ପ୍ରତିକ୍ରିୟା ପାଇଁ ଆବହ ସଙ୍ଗୀତରେ ଢେଙ୍ଗୁରା ବାଜିବା ପରି କଳ୍ପନାଟି ମଧ୍ୟ ଅତ୍ୟାଧୁନିକ। ପ୍ରଥମତଃ ଏହି ଦୃଶ୍ୟରେ ସଂଳାପ ନାହିଁ। ଦ୍ୱିତୀୟତଃ ଏହାର ଅଭିନୟ ସ୍ଥାନ ଦୁଇଟି। ଆଲୋକସଂପାତ ଦୁଇ ସ୍ଥାନରେ। ଏହାକୁ 'ସହାବସ୍ଥାନିକ ଦୃଶ୍ୟ' (Juxtaposition) କୁହାଯାଏ। ଏକା ଦୃଶ୍ୟରେ ଗୋଟିଏ ମୂକ ଅଭିନୟ ଓ ଅନ୍ୟଟିରେ ତାର ପ୍ରତିକ୍ରିୟା। ଅର୍ଥାତ୍ ଦୃଶ୍ୟଟି କ୍ରିୟା ଓ ପ୍ରତିକ୍ରିୟାର ନାଟକୀୟ ସହାବସ୍ଥାନ। ଏହି ପ୍ରୟୋଗଟି ୧୯୫୬ ମସିହାରେ ସର୍ବାଧୁନିକ ପରି ମନେହୁଏ।

ଡ.ହେମନ୍ତ କୁମାର ଦାସ ମନୋରଞ୍ଜନ ଦାସଙ୍କୁ ଏକ ସଫଳ ମନସ୍ତାତ୍ତ୍ୱିକ ନାଟ୍ୟକାର ରୂପେ ପ୍ରତିଷ୍ଠା କରିଛନ୍ତି। କିନ୍ତୁ ୧୯୩୯-୪୦ ମସିହାରେ ଲିଖିତ 'ରାବଣ' ନାଟକର ମନସ୍ତାତ୍ତ୍ୱିକ ଉପସ୍ଥାପନା ଦେଖିଲେ ଯେକେହି ସ୍ତମ୍ଭୀଭୂତ ହେଇଯିବ। ଦୃଶ୍ୟଟି ଏହିପରି।

ସୀତାଙ୍କୁ ଅପହରଣ କରି ନେଲାପରେ ୨ୟ ଅଙ୍କର ୫ମ ଦୃଶ୍ୟରେ ରାବଣର ପ୍ରତିକ୍ରିୟାରେ ଦ୍ୱୈତବ୍ୟକ୍ତିତ୍ୱ ବା ସ୍କିଜୋଫ୍ରେନିଆ'ର ସଫଳ ଉଦାହରଣ ମିଳୁଛି। କେତେବେଳେ ସେ ସୀତାଙ୍କୁ ପ୍ରେମିକା ରୂପରେ ଦେଖୁଛନ୍ତି, କେତେବେଳେ ମାତା ରୂପରେ।

ଦୃଶ୍ୟଟି ଘଟୁଛି ରାବଣର ଶୟନ କକ୍ଷରେ। ସମୟ ସକାଳର ପୂର୍ବାବସ୍ଥା, ରାତ୍ରିର ଶେଷ ପ୍ରହର। ମନ୍ଦୋଦରୀ ଅଳ୍ପ ସମୟହେଲା ଉଠି ଯାଇଛନ୍ତି ଓ ଗବାକ୍ଷ ପଥରୁ ଶେଷ ଜ୍ୟୋତ୍ସ୍ନାର ଆଲୋକ ପଡ଼ିଲା ରାବଣର ମୁହଁରେ। କିଛି ଆଲୁଅ ଉପାଧାନ ଉପରେ। ଦର୍ଶକ ବୁଝୁଛନ୍ତି, ରାବଣ ବର୍ତ୍ତମାନ ସ୍ୱପ୍ନ ଦେଖୁଛି।

ରାବଣ : କି ଦୁସ୍ୱପ୍ନ ଦେଖୁଥିଲି। ନିଜର ମୃତ୍ୟୁ! ଅସମ୍ଭବ, ରାବଣର ଜରା ଆଉ ମୃତ୍ୟୁ? xxx ଯାହା ତୋର ଗୌରବ ଥିଲା ସୀତାଙ୍କୁ ଆଣିବା ଦିନ ସେ ଲୁପ୍ତ ହୋଇଛି। ସୀତାଙ୍କୁ ଫେରାଇ ଦେ'। କିଏ ଜଣେ, ରାବଣ। ତୁ ପର୍ବତର ଶିଖରେ ଠିଆ ହେଇଛୁ। ପଡ଼ିବୁ।

ରାବଣ : ବେଶ ତା'ହେଉ।

ତୋର ସୃଷ୍ଟ ସଭ୍ୟତାର ସୌଧ ଟଳି ପଡ଼ିବ। ସଂସ୍କୃତିର ସୁରଧୁନୀ ମରୁରେ ପରିଣତ ହେଇଯିବ। ହାଃ ହାଃ।

(ରାବଣ ଉଠି ପଡ଼ିଲା)

ମିଥ୍ୟା ମିଥ୍ୟା, ସ୍ୱପ୍ନର ବିକାର। (ଠିଆ ହୋଇ ଆଇନାକୁ, ନିଜ ବିକୃତ ମୁହଁଟାକୁ ଚାହିଁ) ରାବଣ! ପ୍ରକୃତରେ କଣ ରସାତଳକୁ ଚାଲିଛୁ? ନା-ନା-ରାବଣ...ସତେ କଣ ତୋର ସ୍ଖଳନ ଘଟିଛି? (ପଦଚାଳନା କରି) ନା-ନା ଆଜିମଧ ରାବଣକୁ ଦେବ-ଦାନବ-ମନୁଷ୍ୟ ସମସ୍ତେ ପୂଜା କରନ୍ତି xxx (ରହି) କିଏ....? ସୀତା? ତମେ? (ଚାହିଁଛି) ଆସ...ଆସ ସୁନ୍ଦରୀ! ତମେ ମୋ' ବାହୁ ପାଶରେ ବିଦ୍ୟ ହୁଅ। ସୀତା! ଏ କଣ? ହଠାତ୍ ଏ କି ରୂପ ତମର? ଏକି ଅଗ୍ନିତମ ନୟନରୁ ଝଲସି ଆସୁଛି? xxx ତୁ କଣ ପ୍ରକୃତରେ ଅନ୍ୟାୟ କରୁଛୁ ରାବଣ? କିନ୍ତୁ ଅନ୍ୟାୟ କଣ କଲୁ? xxx ଦେବ ରାଜ୍ୟରେ ବି ପ୍ରତ୍ୟେକ ଦେବତା ମଦ୍ୟପ ଓ ସ୍ତ୍ରୀ ଲିପ୍‌ସୁ। ତୋର ଏଥିରେ ସ୍ଖଳନ ଘଟିଲା କେଉଁଠି? ନା-ରାବଣ.....ମାନବ ଦେହରେ ଦେବ ଭାବ ଆଣିବାକୁ ଯାଇ ତୁ ନିଜେ ଦାନବ ହେଇଛୁ xxx ସୀତାଙ୍କ ସୀତା..ତୁ' ମୋର ଚିତା।" (ରାବଣ, ପୃ-୨୭୪-୭୫)

ଏ ସଂଳାପ ଓଡ଼ିଆ ନାଟ୍ୟ ସାହିତ୍ୟରେ ବିରଳ। ରାବଣର ବ୍ୟକ୍ତି ସତ୍ତା ଭିତରେ ଦୁଇଟି ପରସ୍ପର ବିରୋଧୀ ଚରିତ୍ର ଅବସ୍ଥାନ କରୁଛନ୍ତି। ତେଣୁ ସେ ଦୁଇଟି ବିରୋଧୀ ଚରିତ୍ରର ସଂଘର୍ଷ ନାଟକୀୟ ଦ୍ୱନ୍ଦ୍ୱ ସୃଷ୍ଟି କରୁଛି। ମନୋରଞ୍ଜନ ଓ ପ୍ରାଣବନ୍ଧୁ କରଙ୍କ ମନସ୍ତାତ୍ତ୍ୱିକ ନାଟକ ଗୋଟିଏ ସ୍ତରର ହେଲେ ଅନନ୍ତ ପଟ୍ଟନାୟକଙ୍କ ମନସ୍ତାତ୍ତ୍ୱିକ ବିଶ୍ଳେଷଣ ଆଉ ଏକ ସ୍ତରର।

ଅନନ୍ତ ପଟ୍ଟନାୟକ କେବଳ ରାବଣର ଦ୍ୱୈତ ବ୍ୟକ୍ତିତ୍ୱର ଚିତ୍ରଣ କରୁନାହାନ୍ତି

ସେ ଓଡ଼ିଆ ସାହିତ୍ୟରେ ପ୍ରଥମଥର ପାଇଁ ଅଭିବ୍ୟଞ୍ଜନାବାଦ ବା Expressionism ର ପ୍ରୟୋଗ କରୁଛନ୍ତି । ପ୍ରଫେସର M.H.Abrams ତାଙ୍କର ପ୍ରଖ୍ୟାତ ଗ୍ରନ୍ଥ A Glossary of Literary Terms(7th Edition 1999) ରେ Expressionsim ଶୈଳୀଟିକୁ ନିମ୍ନମତେ ବ୍ୟାଖ୍ୟା କରିଛନ୍ତି: -

"The Expressionist artist or writer undertakes to express a personal vision-usally a truoubled or tensey emotional vission-of human life and human society. This is one by exaggerating and distorting what according to the norms of artistic reaction, are objective features of the world, and by embodying violent extremeties of mood and feeling." (୩୨)

ଜର୍ମାନ ଚିତ୍ର ଶିଳ୍ପୀ ଭାନ୍ ଗଫ୍ (Van Gough) ପ୍ରଥମ ବିଶ୍ୱଯୁଦ୍ଧ ପରବର୍ତ୍ତୀ ସମୟରେ ଏହି ଶୈଳୀଟିକୁ ଚିତ୍ରକଳାରେ ବ୍ୟବହାର କରିଥିଲେ ଏବଂ ପରେ ଏହା ଜର୍ମାନୀ କବିତାରେ ପ୍ରୟୋଗ କରାଗଲା । ପରେ Frank wede kind ନାମକ ଜଣେ ନାଟ୍ୟକାର ଏହାକୁ ନାଟ୍ୟକଳାରେ ବ୍ୟବହାର କଲେ । Wedekind ଇବ୍‌ସନ ଓ ଷ୍ଟ୍ରୀଣ୍ଡବର୍ଗ ପ୍ରଭୃତି ବାସ୍ତବବାଦୀ ନାଟ୍ୟକାର ମାନଙ୍କୁ ସମାଲୋଚନା କରି ଅଭିବ୍ୟଞ୍ଜନାବାଦ ଶୈଳୀ ବ୍ୟବହାର କଲେ । ପରେ ଏହା ଆମେରିକା, ସ୍ପେନ, ଚୀନ ଓ ଇଂଲଣ୍ଡର ନାଟ୍ୟ ରଚନାରେ ପ୍ରୟୋଗ କରାଗଲା । Eugene O' Neil ତାଙ୍କର Hairy Ape ଓ Elmer Rice ତାଙ୍କର Adding Machineନାଟକରେ ଏହି ଶୈଳୀ ପ୍ରୟୋଗ କରିଛନ୍ତି । ଓନୀଲଙ୍କ Emperor Jones ରେ ମଧ୍ୟ ଅଭିବ୍ୟଞ୍ଜନାବାଦୀ ଶୈଳୀର ସଫଳ ପ୍ରୟୋଗ କରାଯାଇଛି । ଓଡ଼ିଶାରେ ୧୯୩୯-୪୦ ମସିହାରେ ଅନନ୍ତ ପଟ୍ଟନାୟକ ଏହି ଶୈଳୀର ସଫଳ ପ୍ରୟୋଗ କରିଛନ୍ତି । ଫଳରେ ଓଡ଼ିଆ ନାଟକ ବିଶ୍ୱସ୍ତରୀୟ ହେବାର ସୌଭାଗ୍ୟ ଲାଭ କରିଛି ।

ସ୍ୱାଧୀନତା ପରବର୍ତ୍ତୀ ସମୟର ନାଟକ ଅନେକ । କିନ୍ତୁ ନାଟକର ପ୍ରୟୋଗ ପ୍ରସଙ୍ଗ ଆଲୋଚନା କଲେ ଗୋପାଳ ଛୋଟରାୟଙ୍କ ଅର୍ଦ୍ଧାଙ୍ଗିନୀ ନାଟକକୁ ମଧ୍ୟ ଏ ଗବେଷିକା ଗ୍ରହଣ କରିବା ପାଇଁ ଦ୍ୱିଧାଗ୍ରସ୍ତ । କିନ୍ତୁ ୧୯୫୭ରେ ଆଇନ କଲେଜ, କଟକ ଦ୍ୱାରା ଅଭିନୀତ ବିଶ୍ୱଜିତ ଦାସ (୧୯୩୬-୨୦୦୪)ଙ୍କ 'ନିଶିପଦ୍ମ' ନାଟକଟିକୁ ବିଚାରକୁ ନିଆଯାଇପାରେ । ପାହାଡ଼ିଆ ରାସ୍ତାରେ ଗୋଟିଏ ବସ୍ ଖରାପ ହେଇଯିବା ପରେ ତାଙ୍କର ଯାତ୍ରୀମାନେ କିପରି କ୍ଷୁଧା ଓ ଅନ୍ୟାନ୍ୟ ସମସ୍ୟାର ସହଭାଗୀ ହୋଇ ଏକାଠି ଯନ୍ତ୍ରଣା ପାଉଛନ୍ତି ଏବଂ ଏପରି ଏକ ପ୍ରେକ୍ଷାପଟରେ ମଣିଷର ଅନ୍ତର୍ଜଗତକୁ

ଚିହ୍ନିବାର ପ୍ରୟାସ କରାଯାଉଛି । ନିଶିପଦ୍ମ ନାଟକରେ ନାଟ୍ୟକଥା, ଚରିତ୍ର ଚିତ୍ରଣ ଓ ସଂଳାପ -ସବୁ ଦୃଷ୍ଟିରୁ ନିଶିପଦ୍ମ ସ୍ୱାଧୀନତା ପରବର୍ତ୍ତୀ ନାଟକ ମାନଙ୍କ ମଧ୍ୟରେ ଏକ ସଫଳ ପ୍ରୟୋଗ ।

ପରବର୍ତ୍ତୀ ପ୍ରୟୋଗାତ୍ମକ ନାଟକ ହିସାବରେ ବ୍ୟୋମକେଶ ତ୍ରିପାଠୀଙ୍କ 'ଏକ, ଦୁଇ, ତିନି' ନାଟକଟିକୁ ନିଆଯାଇପାରେ । ସ୍ୱାଧୀନତା ପରବର୍ତ୍ତୀ ଓଡ଼ିଆ ନାଟ୍ୟଜଗତରେ ସ୍ୱର୍ଗତ ବ୍ୟୋମକେଶ ତ୍ରିପାଠୀଙ୍କ ଆବିର୍ଭାବ ଏକା ସାଙ୍ଗରେ ବହୁ ବିସ୍ମୟକର ପରୀକ୍ଷା ଓ ପ୍ରୟୋଗର ସୂଚନା ଦିଏ । କଲିକତା ବିଶ୍ୱବିଦ୍ୟାଳୟରୁ ବି.ଏ.ପାଶ କରି ଏସିଆନ୍ ଥିଏଟର ଇନ୍‌ଷ୍ଟିଚ୍ୟୁଟ୍, ନୂଆଦିଲ୍ଲୀରୁ ପ୍ରଶିକ୍ଷଣ ପାଇ ଓଡ଼ିଶାରେ ନାଟକ କରିବା ପାଇଁ ଜୀବନ ଉତ୍ସର୍ଗ କରିଥିଲେ ବ୍ୟୋମକେଶ (୧୯୨୯-୧୯୯୬) । ଓଡ଼ିଶା ବାହାରେ ପିଲାଦିନ କଟାଇଥିବା ବ୍ୟୋମକେଶ ଅନ୍ନପୂର୍ଣ୍ଣା - 'ଏ' ଦଳରେ ଅଭିନେତା, ନିର୍ଦ୍ଦେଶକ, ନାଟ୍ୟକାର ଓ ମଞ୍ଚଶିଳ୍ପୀ ରୂପରେ ଯୋଗ ଦେବା ପୂର୍ବରୁ ସେ ସେକ୍‌ସପିୟରଙ୍କ ବହୁ ଇଂରେଜୀ ନାଟକ ଓ ହିନ୍ଦୀ ଏବଂ ବଙ୍ଗଳା ନାଟକରେ ଅଭିନୟ କରିଥିଲେ । ଓଡ଼ିଶା ଆସିଲା ପରେ ପ୍ରଥମେ ସ୍ୱର୍ଗତ ଅନନ୍ତ ପଟ୍ଟନାୟକଙ୍କ କାହାଣୀ-ଚିତ୍ରନାଟ୍ୟ-ସଂଳାପରେ ପ୍ରଯୋଜିତ 'ସପ୍ତଶଯ୍ୟା' ଚଳଚ୍ଚିତ୍ରରେ ନାୟକ ଭୂମିକାରେ ୧୯୪୯ ମସିହାରେ ଅଭିନୟ କରିଥିଲେ ବ୍ୟୋମକେଶ ତ୍ରିପାଠୀ [୩୩]

ଡ. ରମେଶପ୍ରସାଦ ପାଣିଗ୍ରାହୀ ବ୍ୟୋମକେଶଙ୍କୁ ଏକ ପ୍ରଚଣ୍ଡ, ପ୍ରତିଭାଧର ନାଟ୍ୟ ବ୍ୟକ୍ତିତ୍ୱ ରୂପେ ଉପସ୍ଥାପନ କରିଛନ୍ତି । ଫଳରେ ମୁକ୍ତଧାରାର ନାଟକ (୨୦୧୬)ଗ୍ରନ୍ଥରେ, ବ୍ୟୋମକେଶ ୧୯୫୧ ମସିହାରେ ବି.ଏସ୍.ସି. ପାଶ୍ କରିବା ପରେ ସଙ୍ଗୀତ ନାଟକ ଏକାଡ଼େମୀର ବୃତ୍ତି ପାଇ ୧୯୫୮ ମସିହାରେ ଏସିଆନ୍ ଥିଏଟର ଇନଷ୍ଟିଚ୍ୟୁଟ୍‌ରେ ଯୋଗଦେଲେ ଏବଂ ଫ୍ରାନ୍ସର ଏରିକ୍ ଏଲ୍‌ମୋର ଓ ଇଂଲଣ୍ଡର ମାଇଲସ୍‌ଙ୍କ ଠାରୁ ନାଟକର ବୈଷୟିକ ଦିଗ ସମ୍ପର୍କରେ ଜ୍ଞାନ ଆହରଣ କରିଥିଲେ ।[୩୪]

ଏପରି ଏକ ସମ୍ବାଦ ଜାଣିଲାପରେ ଯେକୌଣସି ଓଡ଼ିଆ ନାଟ୍ୟପ୍ରେମୀ ସ୍ୱାଧୀନତା ପରବର୍ତ୍ତୀ ଓଡ଼ିଆ ନାଟକରେ ପ୍ରୟୋଗ ଓ ପରୀକ୍ଷା କହିଲେ କେବଳ ବ୍ୟୋମକେଶ ତ୍ରିପାଠୀଙ୍କୁ ହିଁ ବୁଝିବ । କିନ୍ତୁ ଡ.ହେମନ୍ତ କୁମାର ଦାସଙ୍କ (୧୯୩୭-୨୦୧୭) ନାଟ୍ୟ ଇତିହାସରେ ତାଙ୍କ ସମ୍ପର୍କରେ ବିଶେଷ କିଛି ଉପାଦାନ ଉପଲବ୍ଧ ନୁହେ ।

ବ୍ୟୋମକେଶଙ୍କ ୧୯ ଖଣ୍ଡ ନାଟକ ଓ ୪ଖଣ୍ଡ ଯାତ୍ରା ନାଟକ ସମ୍ପର୍କରେ କିଛି କୁହାଯାଉ କି ନଯାଉ, ତାଙ୍କର ୧୯୫୯ ମସିହାରେ ଅନ୍ନପୂର୍ଣ୍ଣା 'ଏ' ଦଳରେ ମଞ୍ଚସ୍ଥ ନାଟକ 'ଏକ, ଦୁଇ, ତିନି' ନାଟକ ସମ୍ପର୍କରେ ଲେଖିବା ନିହାତି ଆବଶ୍ୟକ ।

କାରଣ ଏହି ନାଟକ ପାଖରୁ ଓଡ଼ିଆ ନାଟକ କାଳିଚରଣଙ୍କ ରୋମାଣ୍ଟିକ ବାସ୍ତବବାଦକୁ ପରିତ୍ୟାଗ କରି ନାଟକରେ ବୌଦ୍ଧିକତାର ପ୍ରଥମ ପ୍ରଲେପ ଦେଲା। ଜର୍ଜ ବର୍ଣ୍ଣାଡ଼ ଶ'ଙ୍କ ନାଟକ ଯେପରି ସମାଜବାଦୀ ଚିନ୍ତାଧାରାର ପ୍ରସାର ପାଇଁ ଲେଖା ଯାଇଥିଲା, ସେହିପରି ଏକ, ଦୁଇ, ତିନି ତଥାକଥିତ ରୋମାଣ୍ଟିକ୍ ନାଟକ ରୂପେ ପ୍ରକାଶ ପାଇଲା।

ନାଟକର ମୁଖ୍ୟଚରିତ୍ର ମଣ୍ଟୁ ଜଣେ ପ୍ରଗତିବାଦୀ କବି, ପ୍ରାବନ୍ଧିକ ଓ ସମାଜ ସଚେତନ ଯୁବକ। ତାଙ୍କର ଜଣେ ବନ୍ଧୁ ଅଛନ୍ତି ହଟ କିଶୋର। ସେ ଜଣେ ପ୍ରେମିକ ଓ ପ୍ରତିଦିନ ସନ୍ଧ୍ୟା ଭ୍ରମଣରେ ଆସିଥିବା ଗୋଟେ ଝିଅ ପଛରେ ଗୋଡ଼ାଇ ପାଗଳ। ମଣ୍ଟୁ ଗୋଟିଏ ବାସ୍ତବବାଦୀ ଓ ପ୍ରଗତିବାଦୀ ଯୁବକ ହୋଇଥିବାରୁ ରୋମାଣ୍ଟିକ ପ୍ରେମିକ ହଟ କିଶୋରକୁ ଥଟ୍ଟା କରନ୍ତି। ହଟ କିଶୋର ଟୁସୀ ବୋଲି ଯୋଉ ଝିଅଟାକୁ ଭଲ ପାଉଛନ୍ତି ତା'ବାପା ଡମ୍ବରୁବାବୁ ଜଣେ ଗୁଇନ୍ଦା ଉପନ୍ୟାସ ଲେଖକ ଓ ସବୁବେଳେ ନିଜକୁ ଦସ୍ୟୁ ରବୀନ୍, ଗୁଇନ୍ଦା ଯତୀନ୍ ମନେ କରନ୍ତି ଓ ପକେଟରେ ଖେଳଣା ପିସ୍ତଲ ଧରି ଚଲାବୁଲା କରନ୍ତି, ପୋଲିସ୍ ଦେଖିଲେ 'ହ୍ୟାଣ୍ଡସ୍ ଅପ୍' କହି ଖେଳଣା ପିସ୍ତଲ ଦେଖାନ୍ତି।

ହଟ କିଶୋର କିନ୍ତୁ ଜବରଦସ୍ତ ପ୍ରେମିକ। ଟୁସୀ ସାଂନ୍ଧ୍ୟ ଭ୍ରମଣରେ ଯାଉ ଯାଉ ଗୋଟିଏ କଦଳୀ ଖାଇ ଚୋପାଟାକୁ ରାସ୍ତାରେ ଫୋପାଡ଼ି ଦେଇଥିଲା। ପ୍ରିୟାର ଓଠ ବାଜିଚି ବୋଲି ହଟକେଶର ସେ କଦଳୀ ଚୋପାଟିକୁ ପ୍ରିୟବସ୍ତୁ ମନେ କରି ପକେଟରେ ରଖିଛି ଏବଂ ଚାକର ସତିଆ ଆଗରେ କହୁଛି: "ନାଇଁରେ ଏଇଟାକୁ ସଯତ୍ନେ ବାନ୍ଧି ସାଇତି ରଖିବି। ଜାଣୁ, ସେ ରାସ୍ତାରେ ଗଲାବେଳେ ତାଙ୍କ Hand bagରୁ ଏଇ ସୁନ୍ଦର ଜିନିଷଟି କାଢ଼ି, ଅତି ଯତ୍ନରେ ତାର ପାଖୁଡ଼ାଗୁଡ଼ିକ ଖୋଲି କଦଳୀଟି ଅତି ମନୋରମ ଭାବରେ ଦାନ୍ତେଇ ଦାନ୍ତେଇ ଖାଇଲେ। ଖାଇବାର ସେଇ ସୁନ୍ଦର ଭଙ୍ଗୀ ଦେଖି ମୁଁ ମୁଗ୍ଧ ହେଇଗଲି। ତାଙ୍କରି ହାତ ଆଉ ଓଠର ସ୍ପର୍ଶ ପାଇଚି ଏଇ ଭାଗ୍ୟବାନ। ତାକୁ ମୁଁ ସାଉଁଟି ଆଣିଲି ସଡ଼କ ଉପରୁ। ସତିଆ....ସେ ଯେ ପ୍ରିୟାର ବିମ୍ବ ଅଧର ଛୁଇଁଛି।" (ଏକ, ଦୁଇ, ତିନି, ପୃ-୪୬) ହଟ କିଶୋର ସେଇ କଦଳୀ ଚୋପାକୁ ନାଲିସୂତାରେ ଗୁଡ଼େଇ ସ୍ମୃତିଚିହ୍ନ ପରି ରଖିଛି। ବନ୍ଧୁ ମଣ୍ଟୁ ନିହାତି ବେରସିକ ପ୍ରଗତିବାଦୀ। ସେ Love at first sight ରେ ବିଶ୍ୱାସ କରେନା। "ମୁଁ ଆଉ ପ୍ରେମ? ଆମ ଦେଶର ହଜାର ହଜାର ଯୁବକ ଯେପରି ଧଡ଼ାଧଡ଼ ପ୍ରେମରେ ପଡ଼ି ମଜନୁ ହୋଇଯାଉଛନ୍ତି, ମୁଁ ସେଭଳି ନୁହେରେ ହଟିଆ, ମୋ ଜୀବନ ଗଢ଼ା ଅନ୍ୟ ଉପାଦାନେ... Love at first sight କଥାକୁ ବିଶ୍ୱାସ କରେନି(ପୃ-୪୯)

ହଟ କିନ୍ତୁ ଜଣେ ଚିତ୍ରକର। ପ୍ରକୃତିର ସୌନ୍ଦର୍ଯ୍ୟ ତା'ପାଇଁ ପ୍ରୀତିଦାୟକ।

ମଣ୍ଟୁର ଦାଦା ଡିଟେକ୍‌ଟିଭ୍ ଉପନ୍ୟାସ ଲେଖକ। ହଟ ଓ ମଣ୍ଟୁ ରହୁଥିବା ମରହଛିଆ ଅନ୍ଧାରୁଆ ମେନ୍ ଘରକୁ ମଝିରେ ମଝିରେ ଆସନ୍ତି। ଘରଟି ସହର ବାହାରେ। ଡକେଇତି ମାନଙ୍କର ଆଡ୍‌ଡା ହେବାକୁ ଯୋଗ୍ୟ ମନେକରି ସେ ସେଠାକୁ ଆସନ୍ତି। ଡିଟେକ୍‌ଟିଭ ଉପନ୍ୟାସ ଲେଖିବାର ଅନୁଭୂତି ସଂଗ୍ରହ କରିବା ପାଇଁ, "ହାଃହାଃହାଃ ! ସେଇଠିତ ଆଧୁନିକ ଡିଟେକ୍‌ଟିଭ ନଭେଲ୍ ଲେଖିବାର ବାହାଦୂରୀ। ଗଳ୍ପ ତିଆରି କରିବାକୁ ଗୋଟିଏ ଦିନ ସମୟ ଲାଗେ। ଆଉ ସମୁଦାୟ ଉପନ୍ୟାସ ଲାଗି ଗୋଟିଏ ସପ୍ତାହ। ବୁଝିଲୁ ମଣ୍ଟୁ: ଏଥିଲାଗି ବହୁମୁଖୀ ପ୍ରତିଭା ଦରକାର। କଲମକୁ ବିଜୁଳି ଉପରେ ବସେଇ କାଗଜ ଉପରେ ଛାଡ଼ିଦେ'। ଦେଖ କଣ ହେଉଛି।"(ପୃ-୫୧) ,,, ଏମିତି ଘରେ ନ ରହିଲେ କଣ ଗୁଇନ୍ଦା ଉପନ୍ୟାସ ଲେଖିହବ ? ଏଇଭଳି ଘରେ ହେଡକ୍ୱାର୍ଟର କରିବ ମୋର ଦସ୍ୟୁ ନାୟିକା ମୀରା। ଏଇଠି ସେ ମରିବ ଦସ୍ୟୁ ଯତୀନ୍‌ର ଗୁଳିରେ।" (ପୃ-୫୧)

'ଏକ, ଦୁଇ, ତିନ୍' ନାଟକରେ ମେଲୋଡ୍ରାମା ଧର୍ମୀ ଚରିତ୍ର ଅଛନ୍ତି, କିନ୍ତୁ କାହାଣୀ ଅନୁପସ୍ଥିତ ଦ୍ୱନ୍ଦ୍ୱ ଅଛି, କିନ୍ତୁ ତାହା ଆଦର୍ଶଗତ। ଏ ଆଦର୍ଶ ବା ବିଶ୍ୱାସଗତ ଦ୍ୱନ୍ଦ୍ୱ ନାଟ୍ୟାୟିତ ହୋଇଛି ମଣ୍ଟୁ ଓ ହଟର ବିଗତ ବାରବର୍ଷର ବନ୍ଧୁତ୍ୱ ଭିତରେ। ପ୍ରଗତିବାଦୀ କବି ମଣ୍ଟୁ କୁସ୍ତି କସରତ କରି ଶରୀରର ମାଂସପେଶୀ ଟାଣ କରୁଥିଲା ବେଳେ ରୋମାଣ୍ଟିକ୍ ହଟକିଶୋର ନରମ।

ମିସେସ୍ ମନ୍ଦାକିନୀ ଦାସଙ୍କୁ ଏ ପ୍ରଭେଦଟା ଜଣାଇବାକୁ ଚେଷ୍ଟା କରୁଛି ମଣ୍ଟୁ।

ମଣ୍ଟୁ : "କୁହନ୍ତୁନି, ମିସେସ୍ ଦାସ ! ସମସ୍ତେ ଯେତେବେଳେ back ward march କରୁଛନ୍ତି....ଆମେ କେତେଜଣ quick forward march କରି ଏକାବେଳକେ ଏକ ଘରିଆ ହେଇଯାଉଛୁ। ଏଇ ଦେଖନ୍ତୁ, ହଟ ମୋର ବାରବର୍ଷର ବନ୍ଧୁ। ହେଲେ ସେ ଆଜି ପର୍ଯ୍ୟନ୍ତ ପ୍ରଗତି କଣ ବୁଝିଲାନି। ମୁଁ ବିଂଶ ଶତାବ୍ଦୀର ଶେଷାର୍ଦ୍ଧରେ ପହଞ୍ଚି ଫେରି ଦେଖେତ ହଟ ଯାଇ ପହଞ୍ଚିଛି ଊନବିଂଶ ଶତାବ୍ଦୀର ପ୍ରଥମାର୍ଦ୍ଧରେ।

ମନ୍ଦାକିନୀ : Exactly ! ଅନ୍ୟ ଦେଶର ଲୋକେ ଏକବିଂଶ ଶତାବ୍ଦୀର କଳ୍ପନା କରୁଛନ୍ତି। ମାତ୍ର ଆମେ ? ଫୁ- (ପୃ-୮୬)

ମନ୍ଦାକିନୀଙ୍କ ସ୍ୱାମୀ ମି.ଦାସ ଜଣେ ଇତିହାସ ଗବେଷକ। ସବୁବେଳେ ଗବେଷଣାରତ। ମିସେସ୍ ମନ୍ଦାକିନୀଙ୍କ ଭାଷାରେ, "ମୁଁ Sky scraperର ସ୍ୱପ୍ନ ଦେଖିଲାବେଳେ ସେ ପାହାଡ଼ ଗୁମ୍ଫା ଖୋଜି ବୁଲନ୍ତି।" (ପୃ-୮୭)

ଏ ପ୍ରକାର ଚରିତ୍ର ଚିତ୍ରଣରୁ ଜଣାଯାଏ ଯେ ବ୍ୟୋମକେଶ ଜର୍ଜ ବର୍ଣ୍ଣିତ

ଶ'ଙ୍କ ସମସ୍ୟା ନାଟକ (Problem Plays) ଓ ବିଶ୍ୱାସ / ଧାରଣାର ନାଟକ (Play of Ideas) କୁ ଅନୁକରଣ କରି ଏକ ନୂତନ ହାସ୍ୟରସ ସୃଷ୍ଟି କରୁଛନ୍ତି। ଏ ବିଷୟରେ Googleରେ ଖୋଜିଲା ପରେ ଜଣାଗଲା, "Drama of ideas, pioneered by George Bernard shaw, is a type of discussion play in which the clash of ideas and hostile ideologies reveals the most acute problems of social and personal morality (Litraturemisi.com)"

ହାସ୍ୟରସର ଏଇ ନାଟକରେ ଐତିହାସିକ ମି.ଦାସ ଛଦ୍ମବେଶରେ ଅଛନ୍ତି। ପ୍ରତିହାରୀ ନାମକ ଜଣେ ପୋଲିସ ଏ.ଏସ୍.ଆଇ ରୂପରେ ନାଟକରେ ବିଚରଣ କରି ଐତିହାସିକ କିଙ୍କର ଦାସ ଇତିହାସର ଗୂଢ଼ ରହସ୍ୟମାନଙ୍କୁ ଆବିଷ୍କାର କରୁଛନ୍ତି।

ମଣ୍ଟୁ ଓ ହଟ କିଶୋର ପ୍ରଭୃତି ସହର ବାହାରେ ଥିବା ଯେଉଁ ଭଙ୍ଗା ଅନ୍ଧାରିଆ ପରିତ୍ୟକ୍ତ ଘରକୁ ମାଡ଼ିବସି ଗୋଟାଏ ମେସ୍‌ରେ ପରିଣତ କରିଛନ୍ତି, ତାର କାନ୍ଥରୁ ଚୂନ ଖସିଯାଇଛି ଓ କାନ୍ଧରେ ବାଘମୁଣ୍ଡ, ହରିଣ ମୁଣ୍ଡ ଟଙ୍ଗା ଯାଇଛି। ହଟ କିଶୋରଙ୍କ କହିବା ଅନୁଯାୟୀ "ଏ ଘରେ କଙ୍କଡ଼ାବିଛା, ସାପ, ମୂଷା...ସବୁ ପ୍ରକାର ଜୀବ ବାହାରନ୍ତି ,,, ଓ ରାତି ହେଲେ ଏ ଘରୁ ଭୂତ ବାହାରେ।(ପୃ-୬୮) ହଠାତ୍ ଦିନେ ହଟ କିଶୋରଙ୍କ ହାତ ବାଜିଯାଏ କାନ୍ଥରେ ଟଙ୍ଗା ହୋଇଥିବା ହରିଣ ମୁଣ୍ଡରେ ଏବଂ ତା'ଭିତରେ ଥିବା ଗୋଟିଏ ତମ୍ବାପଟା ତଳେ ପଡ଼ିଯାଏ। ହଟ କିଶୋର କୁହନ୍ତି, "ୟେ ଗଜପତି ମୁକୁନ୍ଦଦେବଙ୍କ ସନଂଦ। ସେ ଇଂରେଜ ସାଙ୍ଗରେ ଯୁଦ୍ଧରେ ପରାସ୍ତ ହୋଇ ପଳାଇଥିଲା ବେଳେ ଏଇ ଘରେ ପାଞ୍ଚଦିନ ଥିଲେ ଓ ବାପ୍‌ରେ! ଏଇ ଘରେ। ଜାଣିଚ, ଜାଣିଚ ଟୁସୀ? ତାଙ୍କର ସବୁ ହୀରା ନୀଳା ମୋତି ମାଣିକ୍ୟ ସେ ଏଇ ଘରେ ଲୁଚେଇ ଦେଇ ଯାଇଛନ୍ତି।

ଟୁସୀ : ଏଇ ଘରେ ହୀରା, ନୀଳା, ମୋତି ମାଣିକ୍ୟ?

ହଟ : ହଁ, ଟୁସୀ, ହଁ, ଏଇ ଦେଖୁନୁ, ତମ୍ବାପଟା ସେଇଥିଲାଗି ରଖି ଯାଇଛନ୍ତି। ସେ ଲେଖିଯାଇଛନ୍ତି - ଯଦି ବଞ୍ଚି ରହନ୍ତି ତେବେ ଆସି ସେ ଧନରତ୍ନ ବାହାର କରି ନେଇଯିବେ। ନଚେତ ତାଙ୍କ ଅନ୍ତେ ସିଏ ସବୁ ପାଇବ - ଓ, ବାପ୍‌ରେ। ସେ ସବୁ ତାରି ହେଇଯିବ। ଓଃ, ବାପ୍! ଓଃ ବାପ୍!" (ପୃ-୬୮)

ତମ୍ବା ପଟାର ସନନ୍ଦରେ ଗଜପତି ମୁକୁନ୍ଦ ଦେବ ହୀରାନୀଳା ରଖାଯାଇଥିବା ସ୍ଥାନ ସମ୍ପର୍କରେ ବିଶଦ ବିବରଣୀ ଅଛି। ଏକଥାର ଟେର ପାଇଛନ୍ତି ମଣ୍ଟୁର ଦାଦା ଡିଟେକ୍‌ଟିଭ୍ ଔପନ୍ୟାସିକ ଡମ୍ବରୁ। ସେ ରାତିରେ ଆସି ତମ୍ବା ପଟାର ସନନ୍ଦ ପଢ଼ିବାକୁ ଚେଷ୍ଟା କରୁଛନ୍ତି।

ସେ ଭଙ୍ଗା ଘରେ ରହୁଥିବା ତାଙ୍କର ସତିଆ ଗୋଟେ ଚୋର। ପୂର୍ବରୁ ଜେଲରେ ଥିଲା। ସିଏ ମଧ୍ୟ ଏ ସନନ୍ଦର ରହସ୍ୟ ଜାଣିଥିଲା। ଟୁସୀ ଏତେଗୁଡ଼ାଏ ହୀରାନୀଳାର ଖବର ଜାଣିଲାପରେ ଗୁପ୍ତରେ ଆସି ସେ ଘରସାରା ଖୋଜୁଛି ଏବଂ ହଟକିଶୋର ତାର ପ୍ରେମିକା ଟୁସୀର ପ୍ରକୃତ ରୂପ ଦେଖି ବିସ୍ମିତ ହେଉଛି। "ଆଜି ମୁଁ ତୁମର ପ୍ରକୃତ ରୂପ ଦେଖିଚି। ଧନ ରତ୍ନର ଲୋଭ ତୁମକୁ କରିଛି ଅମଣିଷ। ତୁମର ସ୍ନେହ ସୌହାର୍ଦ୍ଦ୍ୟ ଅନ୍ତରାଳରେ ଜାଗି ଉଠିଚି ବିଶ୍ୱାସଘାତକତା, ସ୍ୱାର୍ଥପରତା। (ପୃ-୭୫)

ହଟ କିଶୋରଙ୍କ ଏ ପରାଭବ ଶୁଣି ଡମ୍ବୁରୁ ଓ ତାଙ୍କ ଝିଅ ଟୁସୀ ଚାଲିଯାଇଛନ୍ତି।

ତା'ପରେ ହଟ କିଶୋର ଧରିଛି ସତିଆକୁ। ସତିଆ ଗୋଟେ ଚୋର ଓ ଜେଲ୍‌ରେ ଥିଲା ବୋଲି ହଟ ତାକୁ ସନ୍ଦେହ କରି ଚାକିରୀରୁ ବାହାର କରିଦେଇଛନ୍ତି। ସେ କିନ୍ତୁ ସେ ଭଙ୍ଗାଘର ଛାଡ଼ି ଯିବାକୁ ନାରାଜ। "ଆପଣ ଭୁଲିଯାଉଛନ୍ତି ବାବୁ, ଏ ଘର ଆପଣଙ୍କର ନୁହେ। ଏ ଘର କାହାରି ନୁହେ। କୋଉ ଯୁଗରୁ ଖାଲି ପଡିଥିଲା। ଆପଣ ଆସି ଦୁଆର ଝରକା ଲଗେଇ ଏଠି ଅଛନ୍ତି। ଏ ଘର ଆପଣଙ୍କର ହେଲା କେମିତି ?"(ପୃ-୭୬)

ମୁକୁନ୍ଦଦେବଙ୍କ ମଣିମୁକ୍ତହୀରା ପାଇବା ପାଇଁ ଡିଟେକ୍‌ଟିଭ୍ ଡମ୍ବୁରୁ ସତିଆକୁ ଧରିଛନ୍ତି ଓ ବହୁ ହାସ୍ୟକର ନାଟ୍ୟ ଘଟଣା ଦେଇ ପୋଲିସ-ଐତିହାସିକ ପ୍ରତିହାରୀ ଆସି ଉଭୟଙ୍କୁ ଧରିଛନ୍ତି। ତାପରେ ମଣ୍ଟୁ ଓ ମନ୍ଦାକିନୀ ଆସିଛନ୍ତି। ମଣ୍ଟୁ ତମ୍ବା ସନନ୍ଦର ପଛପଟେ ଲେଖା ହୋଇଥିବା ଗୋଟେ କବିତା ପଢ଼ିଛି। "ଏକ ଛାଡ଼ିବୁ, ଦୁଇ ଛାଡ଼ିବୁ, ଧରିବୁ ତିନି ଅଶୀ / ଭାବିଚିନ୍ତି ବାବୁ ନ ପାରିଲେ ଧରି ଯାଇଥିବ ହାତୁ ଖସି।"(ପୃ-୮୪) ଏ କବିତାର ବିଭିନ୍ନ ଜଟିଳ ଅର୍ଥ ଭିତରେ ପ୍ରତ୍ୟେକ ଚରିତ୍ର ହୀରା, ନୀଳାର ଲୋଭରେ ପରସ୍ପରଙ୍କୁ ଠକିବା ପାଇଁ ଚେଷ୍ଟା କରି ଐତିହାସିକ ଏ.ଏସ୍.ଆଇ ପ୍ରତିହାରୀ ହାତରେ ଧରାପଡୁଛନ୍ତି। ଶେଷରେ ମଣ୍ଟୁ 'ଏକ, ଦୁଇ, ତିନି'ର ଅର୍ଥ ବୁଝାଉଛନ୍ତି: "ପ୍ରକୃତରେ ମନ୍ଦାକିନୀ, ଏ ସଂସାରରେ ମନୁଷ୍ୟର ପ୍ରକୃତି ଅପରିବର୍ତ୍ତନୀୟ ହେଇ ରହିଛି। ପ୍ରସ୍ତର ଯୁଗରୁ ଏଇ ମନୁଷ୍ୟ ସମାଜ ଆସି ଆଣବିକ ଯୁଗରେ ପହଞ୍ଚିଲାଣି। ମାତ୍ର ଧନ, ସ୍ତ୍ରୀ, ଆଉ ସୁଖଶାନ୍ତି ପ୍ରତି ତାର ଯୋଉ ଆକର୍ଷଣ ସେ ଯୁଗରେ ଥିଲା, ଏ ଯୁଗରେ ମଧ୍ୟ ସେଥିରେ କୌଣସି ପରିବର୍ତ୍ତନ ହେଇନି। ମନୁଷ୍ୟ ତାର ପ୍ରକୃତି ୧-୨-୩ ସଂଖ୍ୟାଗୁଡ଼ିକ ପରି ଚିରନ୍ତନ ଓ ସ୍ଥାୟୀ ହୋଇରହିଚି।"(ପୃ-୧୧୧)

୧୯୫୯ ମସିହାରେ ବ୍ୟବସାୟିକ ରଙ୍ଗମଞ୍ଚର ନାଟକ କେବଳ ମେଲୋଡ୍ରାମା ମଧ୍ୟରେ ସୀମିତ ଥିଲା। ସେତିକିବେଳେ ହାସ୍ୟ ରସକୁ ଆଲମ୍ବନ କରି

ଗୋଟିଏ ଦର୍ଶନ ଭିତ୍ତିକ ନାଟକର ପରିକଳ୍ପନା ଓଡ଼ିଆ ନାଟକର ପ୍ରୟୋଗଶାଳାର ଏକ ମଣି ସଦୃଶ୍ୟ।

ଦେଢ଼ଶହ ବର୍ଷତଳର ଅପନ୍ତରାରେ ଥିବା ଗୋଟିଏ ଅନ୍ଧାରୁଆ ଅପରିଷ୍କାର ପରିତ୍ୟକ୍ତ ଘର ଦେଖି ଚିତ୍ରଶିଳ୍ପୀ ହଟକିଶୋର କବାଟ ଝରକା ଲଗାଇ ରହିବା ଆରମ୍ଭ କଲା। କ୍ରମେ ମଣ୍ଟୁ ଓରଫ ମାନବରାୟ ଆସିଲା ପରେ ଘରଟା ମେସ୍‌ରେ ପରିଣତ ହେଲା ଓ ସତିଆ ନାମକ ଏକଦା ଜେଲରେ ଥିବା ଚାକରଟି ଆସିଲାପରେ ପରିତ୍ୟକ୍ତ ଘରଟି ବାସସ୍ଥଳୀରେ ପରିଣତ ହେଲା। ଗୁଇନ୍ଦା ଉପନ୍ୟାସ ଶୈଳୀରେ ଲିଖିତ ନାଟ୍ୟ କାହାଣୀରେ ହଠାତ୍ ଏକ ଗୁପ୍ତଧନର ସନ୍ଧାନ ମିଳିଲା। ଅଜସ୍ର ହୀରା, ନୀଳା, ମଣି ଓ ମୁକ୍ତାର ଭଣ୍ଡାର ସେଇ ପରିତ୍ୟକ୍ତ ଘରେ କୋଉଠି ଥିଲା ତାର ଠିକଣା ଜାଣିବା ପାଇଁ ସମସ୍ତେ ବ୍ୟଗ୍ର ହୋଇଉଠିଲେ। ଧନର ଠିକଣାଟି ସନଂଦରେ ଲେଖାନଥିଲା, କିନ୍ତୁ ସନଂଦଟି କାନ୍ଥରେ ଟଙ୍ଗା ହେଇଥିବା ଗୋଟିଏ ବାଘମୁଣ୍ଡର ପଛପଟେ ଲୁଚାଇ ରଖାଯାଇଥିଲା। ପରେ ଜଣାପଡ଼ିଲା ସନଂଦଟି ଓଡ଼ିଶାର ଶେଷ ସ୍ୱାଧୀନ ସମ୍ରାଟ ମୁକୁନ୍ଦଦେବଙ୍କର। ଏଇ ଐତିହାସିକ ଗୁପ୍ତଧନ ହଟକିଶୋର, ତାର ପ୍ରେମିକା ଟୁସୀ ଓ ଟୁସୀର ବାପାଙ୍କ ମଧ୍ୟରେ ଥିବା ପ୍ରେମର ସମ୍ପର୍କକୁ ଲୋଭର ଆବିଳତାରେ ପ୍ରଦୂଷିତ କରିଛି। ହଟବାବୁ ପ୍ରକୃତିର ଚିତ୍ର ଆଙ୍କିବାକୁ ଏ ଭଙ୍ଗା ଘରକୁ ଆସିଥିଲେ; କିନ୍ତୁ ମଣିମୁକ୍ତାର ଲୋଭ ମଣିଷର ପ୍ରବୃତ୍ତିକୁ କିପରି ବିକାର ଗ୍ରସ୍ତ କରିଦିଏ ତାର ଏକ ପ୍ରତ୍ୟକ୍ଷ ଅନୁଭବ ପାଇଲେ। ଗୋଟାଏ ପଟେ ଗୁଇନ୍ଦା ଔପନ୍ୟାସିକ ଡମ୍ବୁରୁ ଓ ତାଙ୍କ ଝିଅ ଟୁସୀ, ଆଉ ଗୋଟାଏ ପଟେ ଐତିହାସିକ ଏ.ଏସ୍.ଆଇ ପ୍ରତିହାରୀ, ଏବଂ ତା'ଭିତରେ ଛଦ୍ମ ବେଶୀନୀ ମନ୍ଦାକିନୀ ଓ ପ୍ରଗତିବାଦୀ ମାନବରାୟ ସମସ୍ତେ ଗୁପ୍ତଧନ ପାଇବା ପାଇଁ ନିଜନିଜର ଅନ୍ୱେଷଣ ଜାରିରଖିଛନ୍ତି। ତାରି ଭିତରେ ଚରିତ୍ରମାନଙ୍କର ଅବଚେତନର ଚିତ୍ର ପ୍ରାପ୍ତ ହୁଏ।

ଗୁପ୍ତଧନର ସନ୍ଧାନ ପାଇଲା ପରେ ମାନବିକ ସମ୍ପର୍କ ଗୁଡ଼ିକ ଏପଟ ସେପଟ ହୋଇଯାଇଛି। ଲୋଭ ମଣିଷପଣିଆ ଉପରେ ପରଦା ଢ଼ାଙ୍କିଦିଏ। ସମସ୍ତେ ସମସ୍ତଙ୍କ ବିରୁଦ୍ଧରେ ଷଡ଼ଯନ୍ତ୍ର କରୁଛନ୍ତି। ମଣିଷ ଭିତରର ଏ ଆସନ୍ନ ପଶୁତ୍ୱ ଏକ-ଦୁଇ-ତିନି ପରି ଚିରନ୍ତନ ଓ ଅପରିବର୍ତ୍ତନୀୟ। ନାଟକଟି ପରବର୍ତ୍ତୀ ସମୟରେ ବହୁ ନାଟ୍ୟକାରଙ୍କୁ ପ୍ରଭାବିତ କରିଛି।

ତେବେ 'ଏକ, ଦୁଇ, ତିନି'ର ମଞ୍ଚାୟନରୁ ସ୍ପଷ୍ଟ ହୋଇଚି ଯେ ସ୍ୱାଧୀନତା ପରବର୍ତ୍ତୀ ସମୟର ପ୍ରୟୋଗବାଦୀ ନାଟକ କେବଳ ସୌଖୀନ ନାଟ୍ୟଦଳ ମାନଙ୍କ ଦ୍ୱାରା ସମ୍ଭବ ହୋଇଯାଇଛି- ତାହା ନୁହେ, ବ୍ୟବସାୟିକ ନାଟ୍ୟଦଳ ଗୁଡ଼ିକ ମଧ୍ୟ

ପରୀକ୍ଷାଧର୍ମୀ ଓ ପ୍ରୟୋଗବାଦୀ ନାଟକ ମଞ୍ଚସ୍ଥ କରିଛନ୍ତି । ତେବେ ସ୍ୱାଧୀନତା ପ୍ରାପ୍ତିପରେ ଆକାଶବାଣୀ କଟକର ପ୍ରତିଷ୍ଠା ଓ କ୍ଷୁଦ୍ର ନାଟକ ତଥା ଏକାଙ୍କିକାର ପ୍ରସାରଣ ସମ୍ପର୍କରେ ଆଲୋଚନା କରିବାର ଅବସର ମିଳିନାହିଁ । ମନୋରଞ୍ଜନ ଦାସ ମଧ୍ୟ 'ଅବିବାହିକାର ସ୍ୱପ୍ନ' ପରି ଏକାଂକିକା ଲେଖି ପ୍ରଶସ୍ତି ପାଇଛନ୍ତି, କିନ୍ତୁ ଏ ପର୍ଯ୍ୟନ୍ତ ଆମେ ବରିଷ୍ଠ ଏକାକିଂକାର ପ୍ରାଣବନ୍ଧୁ କର (୧୯୧୪-୧୯୯୮) ଏବଂ ଅବଦାନ ସମ୍ପର୍କରେ ଆଲୋଚନା କରିନାହୁଁ ।

ଓଡ଼ିଶା ପ୍ରଦେଶ ଗଠିତ ହେଲା ପରେ ପରେ ତାଙ୍କର ପ୍ରସିଦ୍ଧ ଏକାକିଂକା 'ପାଗଳ ଜନତାର ବାହାରେ'(୧୯୩୮) ଓଡ଼ିଆ ନାଟ୍ୟ ସାହିତ୍ୟର ଏକ ଗ୍ରାମୀଣ ପରିବେଶ ମଧ୍ୟରେ ଦୁଇଜଣ ତରୁଣ ତରୁଣୀଙ୍କର ପ୍ରେମପ୍ରୀତିକୁ ମନସ୍ତାତ୍ତ୍ୱିକ ଦୃଷ୍ଟିକୋଣରୁ ଆଲୋଚନା କରାଯାଇଛି ଏଇ ଏକାକିଂକାରେ । କ୍ଷଣିକ ଉତ୍ତେଜନାରେ ସେମାନେ ପରସ୍ପର ଝଗଡ଼ା କରିଥିଲେ ସୁଦ୍ଧା ସେମାନଙ୍କ ହୃଦୟର ଆକର୍ଷଣ ସମସ୍ତ ପ୍ରକାର ପ୍ରତିବନ୍ଧକକୁ ଏଡ଼ାଇ ଦେଇଛି । ଏକ ସାକ୍ଷାତ୍‌କାରରେ ସ୍ୱର୍ଗତ କର କହିଛନ୍ତି ଯେ ଟମାସ୍ ହାର୍ଡିଙ୍କ ଉପନ୍ୟାସ Far From the madding crowd ର ନାମକରଣ ଦ୍ୱାରା ପ୍ରଭାବିତ ହୋଇ ସେ ଏକାଙ୍କିକାଟିର ନାମକରଣ କରିଛନ୍ତି । ଏହି ଏକାଙ୍କିକାଟି National book trust of india. ଦ୍ୱାରା ସମ୍ମିଳିତ ବିଭିନ୍ନ ଭାଷାଭାଷି ଏକାଙ୍କିକା ସଙ୍କଳନରେ ପ୍ରକାଶ ପାଇଛି ଏବଂ ଚଉଦଟି ଭାରତୀୟ ଭାଷାରେ ଅନୁଦିତ ହୋଇଛି । ତାଙ୍କର ମହ୍ୟା(୧୯୩୯),ଶିଳ୍ପୀର ମୃତ୍ୟୁ(୧୯୪୧), ପ୍ରବୀର ଦାସ (୧୯୪୧), ଓ ବାପୁଜୀ ପ୍ରଭୃତି ଏକାଙ୍କିକା ସ୍ୱାଧୀନତା ପୂର୍ବର । କିନ୍ତୁ ଦଶବର୍ଷ ପରେ (୧୯୪୮), କିଛିନାହିଁ ସେଥିରେ, ସଞ୍ଚୟ ସମସ୍ୟା, ଶୋଭାବର୍ଦ୍ଧନ, ରାମଚନ୍ଦ୍ରର ସାଧନା, ଅକିଞ୍ଚନ, ସଂଧ୍ୟା ଆସରର ଭୂତ, ବିପ୍ଳବୀ, ଶ୍ୱେତପଦ୍ମା(୧୯୫୮), ହତାଶ ମେଘର ହସ, ଅଥର୍ବ ଇତ୍ୟାଦି ବହୁ ଏକାଙ୍କିକା ସ୍ୱାଧୀନତା ପରବର୍ତ୍ତୀ ସମୟର ।

ଏଇ ଅଧ୍ୟାୟରେ ୧୯୬୩ ପର୍ଯ୍ୟନ୍ତ ଲେଖାଯାଇଥିବା ନାଟକମାନଙ୍କ ସମ୍ପର୍କରେ ହିଁ ଆଲୋଚନା କରାଯିବ । କାରଣ ୧୯୪୪ରେ ଜନ୍ମ ଗ୍ରହଣ କରିଥିବା ରମେଶ ପ୍ରସାଦ ପାଣିଗ୍ରାହୀ ୧୯୬୩ରେ ତାଙ୍କର ପ୍ରଥମ ନାଟକ 'ମୁକ୍ତିମଣ୍ଡପ' ରଚନା କରିଛନ୍ତି । ଏ ଦୃଷ୍ଟିରୁ ତାଙ୍କ ନାଟ୍ୟ ମଞ୍ଚନ ଆରମ୍ଭ ହେବା ପୂର୍ବରୁ ସ୍ୱାଧୀନତା ପରବର୍ତ୍ତୀ ନାଟକର ପ୍ରୟୋଗ ଓ ପରୀକ୍ଷାର ବିବରଣୀ ସମାପ୍ତ ହେବା ଆବଶ୍ୟକ । ଏ ପର୍ଯ୍ୟନ୍ତ ଆମେ ୧୯୫୯ ମସିହାରେ ମଞ୍ଚସ୍ଥ 'ଏକ, ଦୁଇ,ତିନି' ପର୍ଯ୍ୟନ୍ତ ନାଟକ ଗୁଡ଼ିକର ସର୍ବେକ୍ଷଣ କରିଛୁ ।

୧୯୬୦ ରେ ମଞ୍ଚସ୍ଥ ହେଲା ପ୍ରାଣବନ୍ଧୁ କରଙ୍କ 'ଅଶାନ୍ତ' । ତାହା ଅଞ୍ଚଳରେ

ରହୁଥିବା ଜଣେ ନାଟ୍ୟକାରଙ୍କ ଜୀବନର ଏହା ଏକ ଆଲେଖ୍ୟ। ଏହି ନାଟକଟିରେ ପରଦା ବ୍ୟବହାର କରାନଯାଇ ଗୋଟିଏ ସେଟ୍ ବ୍ୟବହାର କରାଯାଇଛି। ଏଥିରେ ଗୋଟିଏ ବତୀଖୁଣ୍ଟ କଳାକାର ଶୁଭେନ୍ଦୁର ସାମାଜିକ ଓ ମନସ୍ତାତ୍ତ୍ୱିକ ଅବସ୍ଥାକୁ ପ୍ରତୀକିତ କରୁଛି।

ଗରିବ ନାଟ୍ୟକାର ଶୁଭେନ୍ଦୁ ସହ ସମ୍ଭ୍ରାନ୍ତ ଧନିକ କନ୍ୟା ରୂପାର ପରିଚୟ ହୁଏ ଓ ସେ ଶୁଭେନ୍ଦୁର ପ୍ରତିଭାକୁ ସମାଜ ଆଖିରେ ପରିଚୟ କରାଏ। ନାଟକର ଅନ୍ୟାନ୍ୟ ଚରିତ୍ରମାନଙ୍କ ମଧ୍ୟରେ ମଦୁଆ, ଗୁଣ୍ଡା, ଚାନ୍ଦା ମାଗିବା ଲୋକ ଶୁଭେନ୍ଦୁ ଘରକୁ ଆସନ୍ତି। ଏମାନଙ୍କ ମାଧ୍ୟମରେ ଶୁଭେନ୍ଦୁର କଳାକାର ଜୀବନ ଉଜ୍ଜ୍ୱଳ ହୋଇଉଠେ। 'ଅଶାନ୍ତ'ର କଥାବସ୍ତୁ କିଛିଇ ମାତ୍ରାରେ ଆତ୍ମଜୀବନୀ ଧର୍ମୀ ଓ ଗୋପାଳ ଛୋଟରାୟଙ୍କ 'ଭରସା'କୁ ଛାଡ଼ିଦେଲେ ଶିଳ୍ପୀ/ ନାଟ୍ୟକାରର ଜୀବନୀକୁ ନେଇ ଏହା ଏକ ସଫଳ ନାଟ୍ୟାୟନ। ଏହାର ସଂଳାପରେ ଲେଖକର ଆଦର୍ଶ ଓ ସାମାଜିକ ଅଙ୍ଗୀକାରବଦ୍ଧତା ସ୍ପଷ୍ଟ ଭାବେ ପ୍ରତିଫଳିତ। ୧୯୫୨ରେ ମଧୁସୂଦନ ଆଇନ ମହାବିଦ୍ୟାଳୟରେ ମଞ୍ଚସ୍ଥ 'ନିଶିପଦ୍ମ' ନାଟକ ପରେ 'ଅଶାନ୍ତ' ହିଁ ଓଡ଼ିଆ ପରୀକ୍ଷାମୂଳକ ନାଟକର ପ୍ରକୃଷ୍ଟ ଉଦାହରଣ।

୧୯୬୦ ପରଠାରୁ ବିଜୟ ମିଶ୍ର 'ଜନନୀ' ନାଟକ ଲେଖି ଅନ୍ନପୂର୍ଣ୍ଣା -ଏ ଦଳ ସହିତ ସମ୍ପୃକ୍ତ ହୁଅନ୍ତି। ୧୯୬୩ରେ ପ୍ରଥମ ନାଟକ ଲେଖନ୍ତି ରମେଶ ପାଣିଗ୍ରାହୀ। ୧୯୬୪ ମସିହା ଜୁଲାଇ ୬ ତାରିଖରେ ସୃଜନୀର ପ୍ରଥମ ନାଟକ 'ସାଗର ମନ୍ଥନ' ମଞ୍ଚସ୍ଥ ହୁଏ। ମନୋରଞ୍ଜନଙ୍କ ଭାଷାରେ, "ଏହାର ସ୍ୱନକ୍ଷତ୍ରରୁ ଆମେ ଠିକ୍ କରି ନେଇଥିଲୁ...ସଂକଳ୍ପ କରିଥିଲୁ....ସୃଜନୀକୁ ଏକ ସାମୟିକ ସୌଖୀନ ନାଟ୍ୟଗୋଷ୍ଠୀ ରୂପେ ନ ଚଳେଇ, ଚଳାଇବୁ ଏକ ନାଟ୍ୟ ଆନ୍ଦୋଳନ ରୂପେ, ସୃଜନୀର ଆଦ୍ୟ ସଂକଳ୍ପର ବିଚ୍ୟୁତି ଶେଷ ପର୍ଯ୍ୟନ୍ତ ଘଟି ନଥିଲା।"(୩୫)

୧୯୬୪ରେ ସୃଜନୀ ଗଠିତ ହେଲା ବର୍ଷ ବିଜୟ ମିଶ୍ର ଅନ୍ନପୂର୍ଣ୍ଣା ପାଇଁ ଲେଖୁଛନ୍ତି 'ଅଶାନ୍ତ ଗ୍ରହ' ଏବଂ ରମେଶ ପ୍ରସାଦ ପାଣିଗ୍ରାହୀ ଲେଖିଛନ୍ତି 'ନିଶୀଥ ସୂର୍ଯ୍ୟ', 'ଅଶାନ୍ତ ଗ୍ରହ' ଅନ୍ନପୂର୍ଣ୍ଣା – 'ଏ' ଦଳ ପାଇଁ ଓ 'ନିଶୀଥ ସୂର୍ଯ୍ୟ', ରେଭେନ୍ସା କଲେଜର ବାର୍ଷିକ ନାଟକ ପାଇଁ। ମଜାର କଥା ହେଲା – 'ଅଶାନ୍ତ ଗ୍ରହ'ର ନାଟକ ହେମନ୍ତର ଜନ୍ମ ବିବରଣୀ ରହସ୍ୟାଚ୍ଛନ୍ନ। ତେଣୁ ସମାଜର ପ୍ରତ୍ୟେକ ସ୍ତରରେ ସେ ଲାଞ୍ଛିତ। 'ନିଶୀଥ ସୂର୍ଯ୍ୟ'ର ନାୟକ ମୁକ୍ତିକାନ୍ତର ଜନ୍ମ ବୃତ୍ତାନ୍ତ ଦ୍ୱାରା ପ୍ରତ୍ୟେକ ସ୍ତରରେ ସେ ଲାଞ୍ଛିତ। 'ନିଶୀଥ ସୂର୍ଯ୍ୟ'ର ନାୟକ ମୁକ୍ତିକାନ୍ତର ଜନ୍ମ ବୃତ୍ତାନ୍ତ ମଧ୍ୟ ରହସ୍ୟମୟ। ସ୍ପଷ୍ଟ ଭାବରେ କହିବାକୁ ଗଲେ ଉଭୟ ନାଟକ ଚରିତ୍ର ପ୍ରଧାନ ଏବଂ ଉଭୟ ନାଟକର

ନାୟକ ଜାରଜ ସନ୍ତାନ। ନାଟକର ନାୟକ ହେବା ପାଇଁ ଯେଉଁ ଲକ୍ଷଣ ଆବଶ୍ୟକ, ହେମନ୍ତ ଓ ମୁକ୍ତିକାନ୍ତ ପାଖରେ ତାହା ନାହିଁ। ଗୋଟିଏ ଦୃଷ୍ଟିରୁ ଉଭୟେ ନାୟକ କୁହନ୍ତି – ପ୍ରତିନାୟକ।

୧୯୬୫ ମସିହାରେ ରମେଶ ପ୍ରସାଦଙ୍କର 'ନିଶୀଥସୂର୍ଯ୍ୟ' ନାଟକର ନାମ ପରିବର୍ତ୍ତନ କରାଯାଇ 'ତିମିରତୃଷ୍ଣା' ନାମରେ ବ୍ରହ୍ମପୁର ମହାରାଜା କୃଷ୍ଣଚନ୍ଦ୍ର ଗଜପତି ମେଡ଼ିକାଲରେ ଅଭିନୀତ ହେଲା ବର୍ଷ ବିଜୟ ମିଶ୍ରଙ୍କ ତିମିରତୀର୍ଥ ଅଭିନୀତ ହେଉଛି ଅନ୍ନପୂର୍ଣ୍ଣାରେ। 'ତିମିରତୀର୍ଥ'ରେ ପରଦା ମଞ୍ଚରେ ନାଟ୍ୟାଭିନୟ ହୋଇଥିଲା ବେଳେ ନିଶୀଥ ସୂର୍ଯ୍ୟରେ ତିନୋଟି ମଞ୍ଚରେ ମଞ୍ଚ କଳ୍ପନା କରାଯାଇଛି। ରେଭେନ୍ସା ମହାବିଦ୍ୟାଳୟର ନାଟ୍ୟ ସଂସଦର ବାର୍ଷିକ ଉତ୍ସବରେ ଏ ନାଟକ ଦେଖିବା ପାଇଁ ସାମୁଏଲ ସାହୁଙ୍କଠାରୁ ଆରମ୍ଭ କରି ନାଟ୍ୟକାର ବଳରାମ ମିଶ୍ର ଓ ନିର୍ଦ୍ଦେଶକ ନିତାଇ ପାଲିତଙ୍କ ପର୍ଯ୍ୟନ୍ତ ସମସ୍ତେ ଯାଇଥିଲେ ବୋଲି ଏକ ସାକ୍ଷାତ୍‌କାରରେ ନାଟ୍ୟକାର ରମେଶ ପାଣିଗ୍ରାହୀ କହିଛନ୍ତି।

୧୯୬୬ ମସିହାରେ ବିଜୟ ମିଶ୍ରଙ୍କ 'ଆର୍ତ୍ତନାଦ' ଓ ପ୍ରତୀକ୍ଷା ଲେଖା ହେଲା ବେଳେ ରମେଶ ପାଣିଗ୍ରାହୀଙ୍କ 'ବିନ୍ଦୁ ଓ ବଳୟ' ମଞ୍ଚସ୍ଥ ହେଉଛି ଗଞ୍ଜାମ କଳାପରିଷଦ, ବ୍ରହ୍ମପୁରଠାରେ। 'ଆର୍ତ୍ତନାଦ' ଓ 'ପ୍ରତୀକ୍ଷା' ଉଭୟ ପରଦା ମଂଚସ୍ଥ ହେଲାବେଳେ ଗୋଟିଏ ଡାକବଙ୍ଗଳାରେ ସେଟ୍ ଉପରେ ଛ'ଗୋଟି ଅଭିନୟ ଇଲାକା ତିଆରି କରାଯାଇ ମଞ୍ଚସ୍ଥ ହେଉଛି ବିନ୍ଦୁ ଓ ବଳୟ। ଏ ଗୁଡ଼ିକରେ ଆଙ୍ଗିକ ପରିବର୍ତ୍ତନ ଲକ୍ଷଣୀୟ। ରମେଶ ପାଣିଗ୍ରହୀଙ୍କ ନାଟକ ବିନ୍ଦୁ ଓ ବଳୟରେ 'କଭରସିନ୍' ଆଦୌ ବ୍ୟବହାର କରାଯାଇନଥିଲା। ନାଟକ ଆରମ୍ଭରେ ପରଦା ଖୋଲି ନାଟକ ଶେଷରେ ପଡୁଥିଲା।

'ବିନ୍ଦୁ ଓ ବଳୟ' ନାଟକର ସଂଳାପ ରଚନାରେ ଏକ ବଡ଼ଧରଣର ପରିବର୍ତ୍ତନ ଦେଖାଗଲା। ମନୋରଞ୍ଜନଙ୍କର କ୍ଷୁଦ୍ର ନାଟକର ସଂଳାପରେ କବିତ୍ୱର ଛିଟା ମିଳିବ। ବିଜୟ ମିଶ୍ରଙ୍କ ସଂଳାପରେ ବଙ୍ଗୀୟ ପ୍ରଭାବର ପ୍ରତିଧ୍ୱନି ଶୁଭୁଥିଲା ବେଳେ ୧୯୬୬ ମସିହାରେ ରମେଶ ପାଣିଗ୍ରାହୀଙ୍କ ସଂଳାପ ସ୍ୱତନ୍ତ୍ର ମନେହୁଏ।

ବିନ୍ଦୁ ଓ ବଳୟରେ ରବର୍ଟ ମହାନ୍ତି ନାମକ ଏକ ଚରିତ୍ର ଜଙ୍ଗଲକୁ ବାଘ ଶିକାର କରିବାକୁ ଆସି ଲୋଚନପୁର ଡାକ ବଙ୍ଗଳାରେ ରାତ୍ରିଯାପନ କରନ୍ତି। ସେ ସର୍ବଦା ଏକ କାଳ୍ପନିକ ଜଗତରେ ଥାଆନ୍ତି ଓ ବାସ୍ତବଜୀବନ ତାଙ୍କୁ ଏକ ଜୀବନ୍ତ ମିଥ୍ୟା ପରି ମନେହୁଏ। ଯୌବନ ଚାଲିଯାଇଥିଲେ ସୁଦ୍ଧା ସେ ବିବାହ କରି ନାହାନ୍ତି। ହଠାତ୍ ସେ ଡାକବଙ୍ଗଳାରେ ତାଙ୍କର ଦେଖା ହୋଇଯାଏ ବହୁଦିନର ପୁରୁଣା ପ୍ରେମିକା ସହିତ। ଉଭୟଙ୍କ ମଧ୍ୟରେ ବିନିମୟ ହୋଇଥିବା ସଂଳାପକୁ ପରୀକ୍ଷା କରାଯାଉ।

(ସୁଚରିତା ରବର୍ଟଙ୍କୁ ଚିହ୍ନି ପାରିଛନ୍ତି, ତାଙ୍କ ମୁହଁରୁ ଆପେ ଆପେ ବାହାରି ଆସିଛି)

ସୁଚରିତା : ରବର୍ଟ।

ମି. ମହାନ୍ତି: ହୁଇଜ୍ ଦେର୍ ?

ସୁଚରିତା : ମୁଁ...ସୁଚରିତା

ମି.ମହାନ୍ତି : ତମେ, ତମେ ଏ ଯାଏଁ ବଞ୍ଚିଛ ?

ସୁଚରିତା : ତମେ ବଦଳିଗଲ।

ମି.ମହାନ୍ତି : ନା, ତମେ ! ...କାରଣ ତମ ଆଖିତଳେ କଳା ଦାଗ....ତମର ସେ ଉଦ୍ଦାମ ଯୌବନ...ଆଉ ନାହିଁ।

ସୁଚରିତା : ତମକୁ ଦେଖିଲେ...ତମ ସାଙ୍ଗରେ କଥାହେଲେ....ଠିକ୍ ସେମିତି ଆଗଭଳି ଲାଗୁଚି, ଗୋଟେ ନାଟକକୁ ଦି'ଥର ଦେଖିଲା ଭଳି।(ହସିଲା)

ମି.ମହାନ୍ତି : ଆଶ୍ଚର୍ଯ୍ୟ ! ହସିଲେ ତମେ ଏବେ ବି ସୁନ୍ଦର ଦିଶୁଚ। ଆଚ୍ଛା, ତମେ ଏବେ ବି କଣ ହସ ମାଡ଼ିଲେ ହସ....ଭୋକ ହେଲେ ଖାଅ ଆଉ ନିଦ ମାଡ଼ିଲେ ଶୁଅ ? ଏବଂ ଇଚ୍ଛା ହେଲେ ପୁରୁଷ ବନ୍ଧୁମାନଙ୍କୁ ଡାକି..ଯାହା ଇଚ୍ଛା ତାହା କର ?

ସୁଚରିତା : ଛି ! ତମେ ଠିକ୍ ସେମିତି ଆଗଭଳି ଅଭଦ୍ର ଅଛ।

ମି.ମହାନ୍ତି : ତମେ ମଧ୍ୟ ସେମିତି ଆବହମାନ। ସେମିତି ଅପରିବର୍ତ୍ତିତ ...ମନେ ପଡୁଚି ମୋର...ସେଇ ଦଶବର୍ଷତଳର ଅତୀତ...ଯୋଉ ଦିନ ତମେ ମତେ ଛାଡ଼ି ଗୋଟେ ଆମେଚର ଆର୍ଟିଷ୍ଟ ସାଙ୍ଗରେ ଚାଲିଗଲ।

ସୁଚରିତା : ଆସ ବାହାରେ ସେଇ ବେଞ୍ଚ ଉପରେ ବସିବା, ଗପିବା।

ମି.ମହାନ୍ତି : କି ଗପ ?

ସୁଚରିତା : ଆଈବୁଢ଼ୀ ଗପ, ଅବୋଲକରା କାହାଣୀ...ରାଜକନ୍ୟା ଗପ...

ମି.ମହାନ୍ତି : ପକ୍ଷୀରାଜ ଘୋଡ଼ା ଆଉ ଦୌଡ଼ିପାରୁନି ସୁଚରିତା, ବୟସ ହେଲାଣି।

ସୁଚରିତା : ଚାଲିଚାଲି ଯିବା ସେଇ ଜଙ୍ଗଲ ଭିତରକୁ। ଡର ମାଡ଼ିବନିମ..ଡର କାହିଁକି ମାଡ଼ିବ ? ତମ କାନ୍ଧରେ ତ ବନ୍ଧୁକଟେ ଝୁଲୁଛି।

ମି.ମହାନ୍ତି : ଦିନେ ତମ ଜୀବନର ଅରଣ୍ୟ ଭିତରେ ବାଟ ହଜେଇ ଦେଇଥିଲି। ସେଇଥିପାଇଁ ଆଜି ଶିକାରୀ ହେଇ ନିଜକୁ ଖୋଜୁଚି....
(Bank jewel ...କୁଳମଣି ...ହଟ୍ କେଶ୍‌ରେ ରୁଟି ଅଛି....ଖାଇନିଅ)

ସୁଚରିତା : ସାଙ୍ଗମାନେ କହୁଥିଲେ....ତମେ କୁଆଡ଼େ ଆଜିକାଲି ଜମା ସତ କଥା କହୁନାହଁ...ଖାଲି ବ୍ଲଫ୍ କରୁଚ ?

ମି.ମହାନ୍ତି : ଜୀବନଟା ହିଁ ଗୋଟେ big bluff ସୁଚରିତା...ଆମେ ସବୁ ଗୋଟେ ଗୋଟେ...(ହଠାତ୍ ଅଟକି ଯାଇ) ଆଛା, ତମେ ଏବେ ବି ଅଭିନୟ କରି ପଇସା ରୋଜଗାର କରୁଚ ?

ସୁଚରିତା : କରୁଥିଲି, ଏବେ ବିତୃଷ୍ଣା ଆସି ଗଲାଣି ।

ମି.ମହାନ୍ତି : ଏତେ ମର୍ଯ୍ୟାଦା, ଏତେ ସମ୍ମାନ ପରେ ବି ବିତୃଷ୍ଣା ଆସେ ?

ସୁଚରିତା : ଆସେ । କାରଣ ମତେ ସମସ୍ତେ ସମ୍ମାନ ଦେଲେ, କେହି ଚିହ୍ନିଲେନି ।

ମି.ମହାନ୍ତି : ଚିହ୍ନିଲେନି, କାରଣ ପୃଥିବୀର ଏଇ ମଧ୍ୟାହ୍ନ ଅନ୍ଧକାର ଭିତରେ କେହି କାହାରିକୁ ଚିହ୍ନେନା...ଅତି ଆଶ୍ଚର୍ଯ୍ୟ....ଅତି Peculiar Almighty ର ମଣିଷ ସାର୍ଥକ ସୃଷ୍ଟି ....ତେଣୁ ସେ କାହାରିକୁ ଚିହ୍ନେନା....ଆଫ୍ରିକାର ଜଙ୍ଗଲ ଭଳି ତାର ମନ...ଅନ୍ଧକାର ଭିତରେ...ଦେହ ସଙ୍ଗେ ଦେହର ଘର୍ଷଣରେ ତାର ଜନ୍ମ....ଆଦରର ଅନ୍ଧାର ଭିତରେ ତାର ଦଶମାସ ପାଳନ....ଆଉ ଜନ୍ମ ପରେ ବୁକୁଫଟା କ୍ରନ୍ଦନ (ରଚନା ସମଗ୍ର-୧, ପୃ-୩୨୮-୩୨୯)

୧୯୬୬ ମସିହାରେ ମନୋରଞ୍ଜନ ଓ ବିଶ୍ୱଜିତ ଦାସଙ୍କ ନାଟକରେ ଏପରି ସଂଳାପ ଦେଖାଯିବା ବିରଳ । ବିଜୟ ମିଶ୍ର ବ୍ୟବସାୟିକ ମଞ୍ଚ ପାଇଁ ଲେଖୁଛନ୍ତି । ଦଳର ଅଭିନେତା ଅଭିନେତ୍ରୀଙ୍କୁ ସୁହାଇଲା ଭଳି ସଂଳାପ ଲେଖିଲେ ଯାଇ ବ୍ୟବସାୟିକ ଦଳ ନାଟକ ଗ୍ରହଣ କରନ୍ତି ।

ସ୍ୱାଧୀନତା ପରବର୍ତ୍ତୀ ଓଡ଼ିଆ ନାଟକରେ ସଂଳାପର ଏ ପରୀକ୍ଷା ଗୁଡ଼ିକୁ ଉଚିତ ସମ୍ମାନର ସହ ଗ୍ରହଣ କରାଯାଇନାହିଁ । ଏପରି ଅସ୍ତିତ୍ୱବାଦୀ ସଂଳାପ ବିଜୟ ମିଶ୍ରଙ୍କ ନାଟକରେ ଆସିଛି- ୧୯୬୬ରେ ନୁହେ- ୧୯୭୨ ମସିହାର ଦୁଇଟି ସୂର୍ଯ୍ୟଦଗ୍ଧ ଫୁଲଙ୍କୁନେଇ ଏବଂ ୧୯୭୪ ମସିହାର 'ଯାଦୁକର' ନାଟକରେ ।

ବିଜୟ ମିଶ୍ର, ମନୋରଞ୍ଜନ ଦାସ ଓ ବିଶ୍ୱଜିତ ଦାସ ପ୍ରଭୃତିଙ୍କୁ ଆମେ ନବନାଟ୍ୟ ଆନ୍ଦୋଳନର ତିନିଜଣ ମୁଖ୍ୟ ନାଟ୍ୟକାର ରୂପେ ଗ୍ରହଣ କରୁ । ରମେଶ ପାଣିଗ୍ରାହୀ ଏମାନଙ୍କଠାରୁ କନିଷ୍ଠ । କିନ୍ତୁ ୧୯୬୫ ମସିହାରୁ ୧୯୭୦ ମସିହା ପର୍ଯ୍ୟନ୍ତ ପାଞ୍ଚବର୍ଷ ସେ ତାଙ୍କ ବରିଷ୍ଠ ମାନଙ୍କ ସାଙ୍ଗରେ ତାଳ ଦେଇ ନୂତନ ପ୍ରୟୋଗବାଦୀ ନାଟକ ସୃଷ୍ଟି କରିଚାଲନ୍ତି ।

ଉଦାହରଣ ସ୍ୱରୂପ ୧୯୬୮ ମସିହାକୁ ନିଆଯାଉ । ୫ ଏପ୍ରିଲ୍ ୧୯୬୮ ଦିନ ମଞ୍ଚସ୍ଥ ହୋଇଥିଲା ଶବବାହକମାନେ । ଜୁନ୍ ୨ରେ ମନୋରଞ୍ଜନଙ୍କ 'ବନହଂସୀ' ଏବଂ ସେହିବର୍ଷ ୧୭ ଅକ୍ଟୋବର ଦିନ 'ମୁଁ, ଆମ୍ଭେ ଓ ଆମ୍ଭେମାନେ' । ନୂତନ

ନାଟ୍ୟରୀତିର ଉନ୍ମେଷ ଓ ବିକାଶ, ଆଙ୍ଗିକରେ ନୂତନ ପ୍ରୟୋଗ ଓ ନାଟ୍ୟ ବକ୍ତବ୍ୟରେ ନୂତନତାର ଆବାହନ ଦୃଷ୍ଟିରୁ ଉପରୋକ୍ତ ତିନୋଟି ନାଟକ ନବନାଟ୍ୟ ଆନ୍ଦୋଳନର ତିନୋଟି ମାଇଲ୍ ଖୁଣ୍ଟି ।

ଏମାନଙ୍କୁ ଛାଡ଼ିଦେଲେ ଏଇ ସମୟ ଖଣ୍ଡରେ ନାଟକ ଲେଖୁଥିଲେ କାର୍ତ୍ତିକରଥ, ଓ ରତ୍ନାକର ଚଇନି, ହରିହର ମିଶ୍ର, ଦାଶରଥି ପ୍ରସାଦ ଦାସ ଓ ପରେ କବି ଡ. ପ୍ରସନ୍ନ ମିଶ୍ର । କିନ୍ତୁ ସଂଶିତ ଏଇ ଗବେଷଣା ନିବନ୍ଧରେ ନାଟ୍ୟକାର ରମେଶ ପାଣିଗ୍ରାହୀଙ୍କ କୃତି ସମ୍ପର୍କରେ ଆଲୋଚନା କରିବାର ପ୍ରସ୍ତାବ ରହିଛି । ନାଟ୍ୟକାର ଶ୍ରୀ ପାଣିଗ୍ରାହୀ ୧୯୬୩ମସିହାରୁ ୧୯୬୮ ମଧ୍ୟରେ ଲେଖିଥିବା ନାଟକ ଗୁଡ଼ିକ ସମ୍ପର୍କରେ ଏକ ଆଭାସ ଦିଆଗଲା । ତାଙ୍କର ଜୀବନୀ, ସୃଷ୍ଟି ସମ୍ଭାର ଓ ନାଟ୍ୟକାରିତା ସମ୍ପର୍କରେ ଏ ସ୍ୱତନ୍ତ୍ର ଅଧ୍ୟାୟରେ ଆଲୋଚନା କରାଯିବ ।

ସଂକେତ ସୂଚୀ:

୧. ଦାସ, ହେମନ୍ତ କୁମାର; ଓଡ଼ିଶା ରଙ୍ଗମଞ୍ଚର ବିକାଶ ଧାରା, ଓଡ଼ିଶା ସଙ୍ଗୀତ ନାଟକ ଏକାଡ଼େମୀ, ସଂସ୍କୃତିଭବନ, ଭୁବନେଶ୍ୱର, ୧୯୯୭, ସୂଚୀପତ୍ର

୨. ଦାସ, ଦୀନବଂଧୁ; 'ଓଡ଼ିଶା ଥିଏଟରର୍ସରେ ଯୋଗଦାନ', ନିଶାନ୍ତ, ପ୍ରଜ୍ଞାର ପରିଭାଷା, ରଙ୍ଗମଞ୍ଚ, ଶରତ,୨୦୧୬, କଟକ, ପୃ-୪୫

୩. ସିଂହ,ଦୁର୍ଲ୍ଲଭଚଂଦ୍ର; 'ଅନ୍ନପୂର୍ଣ୍ଣା ଥିଏଟରର ସୃଷ୍ଟି', ନିଶାନ୍ତ: ପ୍ରଜ୍ଞାର ପରିଭାଷା -ରଙ୍ଗମଞ୍ଚ, ଶରତ, ୨୦୧୬, କଟକ, ପୃ-୧୦୧-୧୧୧

୪. ପାଣିଗ୍ରାହୀ, ରମେଶ ପ୍ରସାଦ; ମୁକ୍ତଧାରାର ନାଟକ, ଫ୍ରେଣ୍ଡସ୍ ପବ୍ଲିକେଶନ, କଟକ, ୨୦୧୬, ପୃ-୭୬

୫. Josephson, Matthew, Zola and His time, New York, The Book Lovers' Monthly, I.(i) Nov, 1928 P-97-98

୬. ପାଣିଗ୍ରାହୀ,ରମେଶପ୍ରସାଦ; ମୁକ୍ତଧାରାର ନାଟକ, ୨୦୧୬, ପୃ-୧୩୫

୭. ମିଶ୍ର, ରାମଚନ୍ଦ୍ର; ସାକ୍ଷାତକାର, ରାମଚନ୍ଦ୍ର ନାଟ୍ୟମାନସ, ସଂ.ବ୍ରଜମୋହନ ମହାନ୍ତି, ଆର୍ଯ୍ୟ ପ୍ରକାଶନ, କଟକ, ୧୯୯୩, ପୃ-୯୨-୯୯

୮. ପଟ୍ଟନାୟକ, ସୁବୋଧ; "କେହି ରହିନାହିଁ ରହିବେ ନାହିଁ", ସ୍ମୃତିରେ ନାଟ୍ୟକାର ମନୋରଞ୍ଜନ, ସଂ.ସୁରଞ୍ଜନ ଲେଙ୍କା, ବିଜୟିନୀ ପବ୍ଲିକେଶନ, କଟକ, ୨୦୧୩, ପୃ-୧୦୫-୧୦୮

୯. ଦାସ,ମନୋରଞ୍ଜନ; "କାହିଁକି ମୁଁ ଲେଖିଲି", ସ୍ମୃତିରେ ନାଟ୍ୟକାର

ମନୋରଞ୍ଜନ, ସଂ.ସୁରଞ୍ଜନ ଲେଙ୍କା, ବିଜୟିନୀ ପବ୍ଲିକେଶନ୍, ୨୦୧୩, ପୃ-୧୬

୧୦. ପ୍ରଧାନ,ଶରତଚଂଦ୍ର; "ପରଲୋକଗତ ସେହି ଦିଶାରୀ", ସ୍ମୃତିରେ ନାଟ୍ୟକାର ମନୋରଞ୍ଜନ, ତତ୍ରୈବ, ପୃ-୧୯

୧୧. ଶତପଥୀ,ବିଜୟ କୁମାର; "ସ୍ୱାଧୀନତା ପରବର୍ତ୍ତୀ ନାଟ୍ୟକାର : ପ୍ରୟୋଗ ଓ ପରୀକ୍ଷା", ଓଡ଼ିଶାର ଥିଏଟର ସଂ.ଶ୍ରୀ ଗୌରାଙ୍ଗ ଚରଣ ଦାଶ, ଫ୍ରେଣ୍ଡସ୍ ପବ୍ଲିଶର୍ସ, କଟକ, ୧୯୯୧, ପୃ-୧୧୪

୧୨. ପାଣିଗ୍ରାହୀ,ରମେଶ ପ୍ରସାଦ; 'ରାବଣ': ସାଂସ୍କୃତିକ ଅପରହସ୍ୟୀକରଣର ପ୍ରଥମ ଦସ୍ତାବିଜ", ଅନନ୍ତ ପଟନାୟକଙ୍କ ରଚନା ସମଗ୍ର, ତୃତୀୟ ଭାଗ (ନାଟକ ବିଶେଷାଙ୍କ), (୨୦୦୦, (ଆର୍ଯ୍ୟପ୍ରକାଶନ, କଟକ, ପୃ-ଜ)

୧୩. ପଟ୍ଟନାୟକ, ଅନନ୍ତ; ନାଟକ ସମଗ୍ର-୩, ପୃଷ୍ଠା-୧୦୩

୧୪. ମିଶ୍ର, ରାମଚନ୍ଦ୍ର; 'ପଦେଅଧେ', ଘର ସଂସାର, ନାଟ୍ୟକାର ରାମଚନ୍ଦ୍ର ରଚନାବଳୀ, ସମ୍ପାଦକ: ଡ.ଗିରୀଶଚନ୍ଦ୍ର ମିଶ୍ର, ଆର୍ଯ୍ୟପ୍ରକାଶନ, କଟକ, ୨୦୦୦, ପୃ-୫

୧୫. ଦାସ,ହେମନ୍ତ କୁମାର; "ସ୍ମୃତିରେ ନାଟ୍ୟକାର ମନୋରଂଜନ", ସଂ.ସୁରଂଜନ ଲେଙ୍କା, ୨୦୧୩, ପୃ-୩୬

୧୬. ଶତପଥୀ,ନିରଞ୍ଜନ; ଜନତାରଙ୍ଗମଞ୍ଚ ନିଶାନ୍ତ, ପ୍ରଜ୍ଞାର ପରିଭାଷା, ରଙ୍ଗମଞ୍ଚ, ସମ୍ପାଦନା: ଡ.ସଂଗ୍ରାମ ଜେନା, କଟକ, ୨୦୧୬, ପୃ-୮୩

୧୭. ମିଶ୍ର, ରାମଚନ୍ଦ୍ର; 'ନାଟକ ଲେଖାର କଥା', ନାଟକ ରୀତିମତ, ନାଟ୍ୟକାର ରାମଚନ୍ଦ୍ର ରଚନାବଳୀ, ୧୯୮୦, ଆର୍ଯ୍ୟପ୍ରକାଶନ, କଟକ, ପୃ-୧୦୦)

୧୮. ମିଶ୍ର, ରାମଚନ୍ଦ୍ର; ତତ୍ରୈବ, ପୃ.୧୦୦

୧୯. ମିଶ୍ର, ରାମଚନ୍ଦ୍ର; ତତ୍ରୈବ, ପୃ.୧୦୩-୧୦୪

୨୦. ପାଣିଗ୍ରାହୀ, ରମେଶପ୍ରସାଦ; ନାଟକ ରୀତିମତ, ଚରିତ୍ର ଚରିତ, ସଂ.ଡ.ଗିରୀଶଚନ୍ଦ୍ର ମିଶ୍ର, (ନାଟ୍ୟକାର ରାମଚନ୍ଦ୍ର ମିଶ୍ର, ଜନ୍ମଶତକ ବିଶେଷାଙ୍କ) ଆର୍ଯ୍ୟପ୍ରକାଶନ, କଟକ, ୨୦୨୧, ପୃ. ୮୮-୩୦୬

୨୧. ମିଶ୍ର, ରାମଚନ୍ଦ୍ର; 'ନାଟକଲେଖାର କଥା', ନାଟକରୀତିମତ, ନାଟ୍ୟକାର : ରାମଚନ୍ଦ୍ର ରଚନାବଳୀ-୪, ୧୯୮୦, ଆର୍ଯ୍ୟପ୍ରକାଶନ, କଟକ, ପୃ.୧୦୧

୨୨. ଶତପଥୀ, ନିରଞ୍ଜନ; ଜନତା ରଙ୍ଗମଞ୍ଚ, ନିଶାନ୍ତ, ରଙ୍ଗମଞ୍ଚ, ସଂ.ସଂଗ୍ରାମ ଜେନା,. ନିଶାନ୍ତ, କଟକ, ପୃ-୮୨

୨୩. ପାଣିଗ୍ରାହୀ, ରମେଶ ପ୍ରସାଦ; 'ରାବଣ': ସାଂସ୍କୃତିକ ଅପରହସ୍ୟୀକରଣର ପ୍ରଥମ ଦସ୍ତାବିଜ, ଅନନ୍ତ ପଟ୍ଟନାୟକ, ରଚନା ସମଗ୍ର-୩ୟ ଭାଗ, (ନାଟକ) ଆର୍ଯ୍ୟପ୍ରକାଶନ, ୨୦୦୦

୨୪. ବରାଳ, ଅବନୀ କୁମାର; "ଚିରି ଅନ୍ଧାର ରାତିର ଗ୍ରୀନ୍ ରୁମ୍", ଅନନ୍ତ ପଟ୍ଟନାୟକ ରଚନା ସମଗ୍ର -୩ୟ ଭାଗ, ୨୦୦୦, ପୃ-୧୩୫

୨୫. ତତ୍ରୈବ, ପୃ-୧୩୬

୨୬. ବରାଳ, ଅବନୀକୁମାର; ତତ୍ରୈବ, ପୃ-୧୩୭

୨୭. ପାଣିଗ୍ରାହୀ,ରମେଶ ପ୍ରସାଦ; "ଆଧୁନିକ ଓଡ଼ିଆ ନାଟକର ଆରମ୍ଭ", ଅନନ୍ତ ପଟ୍ଟନାୟକଙ୍କ 'ଚିରି ଅନ୍ଧାର ରାତି', ଉତ୍ତର ଆଧୁନିକ ଓଡ଼ିଆ ନାଟକ, ଗାୟତ୍ରୀ, ଭୁବନେଶ୍ୱର,୨୦୨୧

୨୮. ପାଣିଗ୍ରାହୀ,ରମେଶପ୍ରସାଦ; ପୃ- ୮୯

୨୯. ପଟ୍ଟନାୟକ, ଅନନ୍ତ; "ଚିରି ଅଂଧାର ରାତି", ପ୍ରିୟଦର୍ଶୀ, କଟକ, ପୃ-୫୪

୩୨. Abrams, M.H. A Glossary of Literary Terms, Seventh Edition, Thomson Aswin Pvt Ltd, Singapor, 1999, Expressionism, P.85

୩୩. ପାଣିଗ୍ରାହୀ, ରମେଶପ୍ରସାଦ; ମୁକ୍ତଧାରାର ନାଟକ, ଫ୍ରେଣ୍ଡସ ପବ୍ଲିଶର୍ସ, କଟକ, ପୃ.୧୭୩

୩୪. ତ୍ରିପାଠୀ,ବିଶ୍ୱକେଶ; ସଂ.ବ୍ୟୋମକେଶ ତ୍ରିପାଠୀ, ନାଟକାବଳୀ, ଜ୍ଞାନଯୁଗପବ୍ଲିକେଶନ, ଭୁବନେଶ୍ୱର, ୨୦୦୮, ପୃ-୧୨

୩୫. ଦାସ, ମନୋରଞ୍ଜନ; "ସୃଜନୀର ଅୟମାରମ୍ଭ", ନିଶାନ୍ତ, ଶରତ, ୨୦୧୬, ସଂ.ସଂଗ୍ରାମ ଜେନା, କଟକ, ୨୦୧୬, ପୃ-୧୫୯

ଦ୍ୱିତୀୟ ଅଧ୍ୟାୟ

ରମେଶ ପାଣିଗ୍ରାହୀଙ୍କ ଜୀବନୀ ଓ ପ୍ରତିଭା

ଉକ୍ତ ଅଧ୍ୟାୟରେ ରମେଶ ପ୍ରସାଦ ପାଣିଗ୍ରାହୀଙ୍କ ଜୀବନୀ ଓ ପ୍ରତିଭା ସଂପର୍କରେ ଯେଉଁ ଆଲୋଚନା ହୋଇଛି ସେ ସଂପର୍କୀୟ ତଥ୍ୟଗୁଡ଼ିକ ସଂଗୃହୀତ ହୋଇଛି ବିଭିନ୍ନ ସମୟରେ ତାଙ୍କ ସହ ସାକ୍ଷାତକାରରୁ । ଉଲ୍ଲେଖଯୋଗ୍ୟ ଯେ ୨୦୧୬ ମସିହାରେ 'ଉତ୍କଳ ପାଠକ ସଂସଦ' ତାଙ୍କ ଜୀବନୀ ଆଧାରିତ ଏକ କ୍ଷୁଦ୍ର ପୁସ୍ତିକା ପ୍ରକାଶ କରିଥିଲା । ଏହାର ଲେଖିକା ଥିଲେ ସୁଜାତା ମହାପାତ୍ର ।[୧] ୨୦୧୮ ମସିହା ନଭେମ୍ବର ମାସରେ କେନ୍ଦ୍ର ସାହିତ୍ୟ ଏକାଡ଼େମୀ 'Through my Window' ଶୀର୍ଷକ ଏକ କାର୍ଯ୍ୟକ୍ରମରେ ନାଟ୍ୟକାର ରମେଶ ପ୍ରସାଦ ପାଣିଗ୍ରାହୀଙ୍କର ଏକ କାର୍ଯ୍ୟକ୍ରମ ପ୍ରସ୍ତୁତ କରିଥିଲା । ଏଥିରେ ଏକ ପ୍ରବନ୍ଧ ପାଠ କରିଥିଲେ ପ୍ରଫେସର ସଂଘମିତ୍ରା ମିଶ୍ର । ପରବର୍ତ୍ତୀ କାଳରେ ଏହି ପ୍ରବନ୍ଧଟି 'ପକ୍ଷୀଘର' ପତ୍ରିକାରେ 'ଜଣେ ନାଟୁଆର ନାନାବାୟା: ପାହିଲା ପାହିଲା ରାତିର ଖବର ଶୁଣ' ଶିରୋନାମାରେ ପ୍ରକାଶ ପାଇଥିଲା ।[୨]

ଏହା ବ୍ୟତୀତ ଅନୁଗୁଳ ମହାବିଦ୍ୟାଳୟ ସ୍ନାତକୋତ୍ତର ଓଡିଆ ବିଭାଗ ଆନୁକୁଲ୍ୟରେ ପ୍ରଫେସର ଗୌରାଙ୍ଗ ଚରଣ ଦାଶ ବହୁବର୍ଷଧରି ସୃଜନଶୀଳ ପ୍ରତିଭା ଚିତ୍ତରଂଜନ ଦାସ, ମନୋଜ ଦାସ, ଫତୁରାନନ୍ଦ, ଭାବଗ୍ରାହୀ ମିଶ୍ର ଓ ରମେଶ ପାଣିଗ୍ରାହୀ ଇତ୍ୟାଦିଙ୍କ ଜୀବନ ଚରିତ ଆଧାରିତ ଏବଂ ବକ୍ତୃତା ମାଳା ଆୟୋଜନ କରିଥିଲେ । ଏ ବକ୍ତୃତା ଗୁଡିକର ଶୀର୍ଷକ ଥିଲା 'ମୋ ଜୀବନ, ମୋ ସାହିତ୍ୟ' । ରମେଶ ପ୍ରସାଦ ପାଣିଗ୍ରାହୀ ତାଙ୍କର ଜୀବନ ଓ ସାହିତ୍ୟ ପାଇଁ ଯେଉଁ ଶୀର୍ଷକ ରଖିଥିଲେ ତାହାହେଲା 'ମୁଁ ଏକ ଚଳମାନ ବିଶୃଙ୍ଖଳା'। ଏହି କ୍ରମରେ ନିଜର ଭାଷଣ ଆରମ୍ଭରୁ ନାଟ୍ୟକାର ରମେଶ ପ୍ରସାଦ କହିଛନ୍ତି- "ବାହାରେ, ସୁସ୍ଥ ନାଗରିକ ମାନଙ୍କର ଜୀବନ ବଞ୍ଚିବା ପ୍ରଣାଳୀରେ ଯେଉଁ ଶୃଙ୍ଖଳା , ନିୟମ ଭିତ୍ତିକ ନାଟ୍ୟ ସାହିତ୍ୟ

ତିଆରି ହୁଏ ଏବଂ ତାଙ୍କୁ ଭିତ୍ତି କରି ପୁରସ୍କାର ଜିତିବାର ଘୋଡା ଦୌଡ ଚାଲେ, ଏବଂ ପୁରସ୍କାର ପାଇଲା ପରେ ନିଜକୁ ସାହିତ୍ୟ ଓ ସମାଜ ପାଇଁ ଉତ୍ସର୍ଗ କରି ଦେଇଥିବାର ମୁଖା ପିନ୍ଧି ଆତ୍ମ ପ୍ରଚାର କରିବାର ପାଗଳାମୀ ଦେଖିବାକୁ ମିଳେ, ମୁଁ ସେଇ ଜୀବନ ଧାରା ଠାରୁ ଅନେକ ଦୂରରେ। ମୋର ଯାହା ମନେ ହୁଏ- ଶୃଙ୍ଖଳା ଓ ବଞ୍ଚିବାର ବ୍ୟାକରଣ ନିୟମକୁ ଲଂଘନ କରିବା ହିଁ ମୋ ପାଇଁ ଏକ ଆକର୍ଷଣ।"(୩) ଏଇ ଯେଉଁ କଥାଟି କହିଛନ୍ତି ସେଥିରୁ ଆମେ ଜାଣି ପାରିଛୁ, ସମସ୍ତେ ଯେପରି ବଞ୍ଚିଛନ୍ତି, ରମେଶ ପାଣିଗ୍ରାହୀ ସେପରି ବଞ୍ଚିନାହାନ୍ତି। ତାଙ୍କ ଜୀବନର କୈଶୋର, ଯୌବନ ସହିତ ବିକାଶ ଓ ପ୍ରତିଷ୍ଠାର ପର୍ବ ରହିଛି ସତ ମାତ୍ର ବିକାଶର ମାର୍ଗରେ ମାପିଚୁପି ଚାଲିବାର ହିସାବ ତାଙ୍କ ପାଖରେ ନାହିଁ। ସେ ପୁଣି କୁହନ୍ତି, "ତେଣୁ ମତେ ଲାଗେ ବିଶୃଙ୍ଖଳା ହିଁ ଅନନ୍ୟତା ନିର୍ମାଣ କରେ, ଶୃଙ୍ଖଳା ନୁହେଁ; ଜଙ୍ଗଲ ହିଁ ସତ୍ୟ, ଉଦ୍ୟାନ ନୁହେଁ; ଆଦିମତା ହିଁ ସତ୍ୟ, ସଭ୍ୟତା ନୁହେଁ। ତେଣୁ ସଭ୍ୟତା ମୂଲ୍ୟବୋଧ ଓ ଧର୍ମ ରକ୍ଷା ପାଇଁ ଯେତେ ପ୍ରବଚନ ଓ ପ୍ରଚାର ବାଣୀ ଶୁଣା ଯାଉଅଛି ତା ତୁଳନାରେ ପୃଥିବୀ ସୁନ୍ଦରରୁ ସୁନ୍ଦରତର ହେଉ ନାହିଁ, ବରଂ ଏ ସବୁ ପ୍ରବଚନର ଆବରଣ ଭିତରେ ନିଜସ୍ୱ ଆଦିମତା ହିଁ ପ୍ରକାଶ ପାଉଛି। 'ମୋ ଜୀବନ, ମୋ' ସାହିତ୍ୟ' ଏଇ ବିଶୃଙ୍ଖଳା ଉପରେ ଆଧାରିତ କିଛି ସୃଷ୍ଟି କିଛି ପ୍ରତିକ୍ରିୟା ବୋଲି ମୁଁ ଭାବୁଛି। ନୀତି, ଆଦର୍ଶ, ଧର୍ମ, ନ୍ୟାୟ ପ୍ରଭୃତି ତତ୍ତ୍ୱ ଗୁଡିକ ଏକ ଅସ୍ଥିର ଅର୍ଥନୈତିକ ସମାଜର ସ୍ୱପ୍ନ। ଗୋଟାଏ କ୍ଷୁଧାର୍ତ୍ତ ସଂଗ୍ରାମୀ ଜୀବନର ବ୍ରତ ନୁହନ୍ତି।"(୪)

(କ) ବାଲ୍ୟ ଓ କୈଶୋର ଜୀବନ

ଜୀବନ ଓ ସାହିତ୍ୟ ପ୍ରତି ଏପରି ଏକ ଅଙ୍ଗୀକାରବଦ୍ଧ ଧାରଣା ରଖିଥିବା ରମେଶ ପ୍ରସାଦଙ୍କର ଜନ୍ମ ହୋଇଥିଲା ୧୨ ଏପ୍ରିଲ ୧୯୪୪ ମସିହାରେ। ଜନ୍ମସ୍ଥାନ ଗଂଜାମ ଜିଲ୍ଲାର ଧରାକୋଟ ଗଡ ଯେଉଁଠି ୮ମ ଓ ୯ମ ଶତାବ୍ଦୀ ମଧ୍ୟରେ ଭୌମକର ବଂଶର ରାଜାମାନେ ଶାସନ କରୁଥିଲେ ଏବଂ ତାପରେ ନାଗ ବଂଶର ରାଜାମାନେ ଏବଂ ଶେଷରେ ଖ୍ରୀ ୯୦୦ରୁ ୯୩୬ ମଧ୍ୟରେ ନଳ ବଂଶର ରାଜାମାନେ ରାଜୁତି କରୁଥିଲେ। ୨୦୧୫ ମସିହାରେ ଡ. ରମେଶ ପ୍ରସାଦ ପାଣିଗ୍ରାହୀ ଇଂରାଜୀରେ ଗୋଟିଏ ପ୍ରବନ୍ଧ ପ୍ରକାଶ କରିଥିଲେ, ଯେଉଁ ପ୍ରବନ୍ଧଟିରେ ଧରାକୋଟର ଇତିହାସ ବର୍ଣ୍ଣନା କରାଯାଇଛି।(୫) ସେଇ ପ୍ରବନ୍ଧରେ ଉଲ୍ଲେଖ କରାଯାଇଛି ଯେ ଶୈଳୋଦ୍ଭବ ବଂଶର ରାଜା ଧର୍ମରାଜ ଦକ୍ଷିଣ କୋଶଳର ଖିଡିଙ୍ଗିହାରରେ ଶାସନ କରୁଥିଲେ। ଏହାପରେ ଭୌମକର ବଂଶର ରାଜା ଶୁଭଙ୍କର ଦେବ ୮୩୯ ଖ୍ରୀଷ୍ଟାବ୍ଦରେ

ଲେଖିଥିବା ତାମ୍ର'ଳକରେ ଲିଖିତ ଅଛି ଯେ ସେ ଜଣେ ବ୍ରାହ୍ମଣଙ୍କୁ ସେ ଗୁଳଟ ନାମକ ଗ୍ରାମ ଦାନ କରିଥିଲେ। ଧରାକୋଟରେ ଇତିହାସ ଉପରେ ଗବେଷଣା ନିବଂଧ ଲେଖି ପି.ଏଚ୍‌ଡି ଉପାଧି ପାଇଥିବା ଡ. ବିମଳ ପ୍ରସାଦ ପଟ୍ଟନାୟକଙ୍କ ଅଧ୍ୟୟନ ଅନୁସାରେ ଆଧୁନିକ 'ଗୁଣ୍ଡୁରିବାଡି' ଗ୍ରାମ (ଧରାକୋଟର)ର ପ୍ରାଚୀନ ନାମ 'ଗୁଳଟ' ଥିଲା ।

ଖ୍ରୀଷ୍ଟାବ୍ଦ ୯୦୦ ବେଳକୁ ଧରାକୋଟରେ ଭୌମକର ଶାସନର ଅବକ୍ଷୟ ଘଟିଥିଲା ଏବଂ ନାଗବଂଶୀ ରାଜ ଖିଣ୍ଡିରିଶୃଙ୍ଗ (ଧରାକୋଟ) ଗଡର 'ମହାରାଜାଧିରାଜ' ହୋଇଗଲେ। ଏମାନେ ଖ୍ରୀ ୯୦୦ ରୁ ଖ୍ରୀ ୯୩୬ ମଧ୍ୟରେ ଧରାକୋଟକୁ ଶାସନ କଲେ। ଓଡିଶା ମ୍ୟୁଜିୟମରେ ସଂରକ୍ଷିତ ଛପଲି ସରନଉତି ତାମ୍ରପତ୍ର ଅନୁଯାୟୀ ପୃଥ୍ୱୀ ଭଞ୍ଜଦେଓ, ରିପୁ ଧବଳ ଓ ନରେନ୍ଦ୍ର ଧବଳ ପ୍ରଭୃତି ଧରାକୋଟର ରାଜା ରୂପେ ଶାସନ କରିଛନ୍ତି ଖ୍ରୀଷ୍ଟାବ୍ଦ ୯୩୬ ପରେ, ଦଶମ ଶତାବ୍ଦୀ ଠାରୁ ନଳ ବଂଶର ରାଜାମାନେ ଧରାକୋଟ ବିଜୟ କରି ସେଠାକାର ରାଜା ରୂପରେ ଶାସନ କରି ଆସୁଅଛନ୍ତି।[୬]

ନାଟ୍ୟକାର ରମେଶ ପ୍ରସାଦ ପାଣିଗ୍ରାହୀଙ୍କର ଜୀବନୀ ଆଲୋଚନା କାଳରେ ଇତିହାସର ଏଇ ପଦକ୍ଷେପ ଗୁଡିକ ଉପରେ ଆଲୋକପାତ କରିବା ଅବାନ୍ତର ମନେ ହୋଇପାରେ, କିନ୍ତୁ ଧରାକୋଟ ଇତିହାସ ସଂପର୍କରେ ୨୦୧୫ ମସିହାରେ ପ୍ରକାଶିତ ଏହି ପ୍ରବଂଧଟି ଧରାକୋଟ ଇତିହାସ ସଂପର୍କରେ ଓ ନାଟ୍ୟକାରଙ୍କ ଜନ୍ମମାଟି ସଂପର୍କରେ ଅନେକ ତଥ୍ୟ ହସ୍ତଗତ ହୁଏ। ପ୍ରଥମତଃ ସେ ଜଣେ ଇତିହାସ ପ୍ରିୟ ନାଟ୍ୟକାର, ଦ୍ୱିତୀୟତଃ ତାଙ୍କର ବାଲ୍ୟ ଏବଂ କୈଶୋର ସମୟ ଧରାକୋଟର ସମୃଦ୍ଧ ପରମ୍ପରା ଭିତରେ ବିତିଛି। ଶୈଳୋଦ୍ଭବ, ଭୌମଙ୍କର, ନାଗବଂଶ ଓ ନଳବଂଶ ପରି ପ୍ରଖ୍ୟାତ ଭାରତୀୟ ରାଜାମାନେ ଏଠାରେ ଶାସନ କରିଥିବାରୁ ଧରାକୋଟର କଳା, ସାହିତ୍ୟ, ସଂଗୀତ ବିଭାଗରେ ବହୁ ପ୍ରତିଷ୍ଠା ଲାଭ କରିଥିବା ପଣ୍ଡିତ ମାନଙ୍କ ସହ ତାଙ୍କର ଦେଖା ହୋଇଛି। ପିଲାଦିନେ କବି ସୂର୍ଯ୍ୟ ବଳଦେବ ରଥ ତାଙ୍କର ସମସ୍ତ ସଂଗୀତ ଓ ସାହିତ୍ୟ ଗ୍ରନ୍ଥର ପାଣ୍ଡୁଲିପି ଯେଉଁ ଭୁବନେଶ୍ୱର ମିଶ୍ର କବି ବଲ୍ଲଭଙ୍କ ଘରେ ଛାଡିଦେଇ ପ୍ରାଣତ୍ୟାଗ କରିଥିଲେ, ସେ ପ୍ରାୟ ସଂନ୍ଧ୍ୟାବେଳେ ସବୁଦିନ ଧରାକୋଟ ଆସୁଥିଲେ ଓ ତାଙ୍କ ନନାଙ୍କ (ବାପାଙ୍କ) ସହ ସାହିତ୍ୟ ଚର୍ଚ୍ଚା କରୁଥିଲେ।

ରମେଶ ପ୍ରସାଦଙ୍କ ପିତା ରାଧାମୋହନ ପାଣିଗ୍ରାହୀ (୧୯୦୫-୧୯୭୬) ଧରାକୋଟ ରାଜାଙ୍କ ରାଜସ୍ୱ ବିଭାଗର ଜଣେ କର୍ମକର୍ତ୍ତା ଥଲେ। ସେ ଥିଲେ ସେକାଳର ଜଣେ କବି ଓ ନାଟ୍ୟକାର। ପ୍ରଫେସର ସଂଘମିତ୍ରା ମିଶ୍ର କେନ୍ଦ୍ର ସାହିତ୍ୟ ଏକାଡେମୀ

ଦ୍ୱାରା ଆୟୋଜିତ 'Through my Window' କାର୍ଯ୍ୟକ୍ରମରେ ରମେଶ ପ୍ରସାଦ ପାଣିଗ୍ରାହୀଙ୍କ ସଂପର୍କରେ କହିଛନ୍ତି- "ପିତା ରାଧାମୋହନ ପାଣିଗ୍ରାହୀ ଧରାକୋଟ ରାଜାଙ୍କ ଦରବାରରେ ରାଜସ୍ୱ ବିଭାଗରେ କାର୍ଯ୍ୟ କରୁଥିଲେ। ସେ ରାଜାଙ୍କ ଦ୍ୱାରା ପ୍ରତିଷ୍ଠିତ କିଶୋର ଚନ୍ଦ୍ର ନାଟ୍ୟ ସଂଘର ସଭ୍ୟଥିଲେ, ନିଜେ ସେ 'ବିଶ୍ୱାବସୁ' 'ହରିଶ୍ଚନ୍ଦ୍ର' ଓ 'ଧ୍ରୁବ' ନାମକ ତିନିଗୋଟି ନାଟକର ରଚୟିତା ଥିଲେ। ଅଜା ନଟବର ସାହୁ ଦେବଭୂମି ଗ୍ରାମର କୃଷ୍ଣଲୀଳା ଦଳର ନିର୍ଦ୍ଦେଶକ ଥିଲେ ଓ ପ୍ରତି ବର୍ଷ ଶୀତଳ ଷଷ୍ଠୀରେ ଧରାକୋଟରେ ଲୀଳା ପରିବେଷଣ କରୁଥିଲେ। ଜେଜେମା ସେ ସମୟରେ ପଞ୍ଚମଶ୍ରେଣୀ ଯାଏଁ ପାଠ ପଢ଼ିଥିଲେ ଓ ଇଂରାଜୀ ବୁଝି ପାରୁଥିଲେ। ବୋଉଙ୍କ ଦୌଡ ଥିଲା ଭାଗବତ ଓ ଓଷାବ୍ରତ କଥା ଯାଏଁ। ଧରାକୋଟ ରାଜଉଆସ ପାଠଗାରର ସମସ୍ତ ପୁସ୍ତକ କିଶୋର ରମେଶ ପ୍ରସାଦ ପଢ଼ିସାରିଥିଲେ। ଷଷ୍ଠ ଓ ସପ୍ତମ ଶ୍ରେଣୀରେ ପଢ଼ିଲାବେଳେ ସେ ଧରାକୋଟରୁ ମୁଣ୍ଡମରାଇ ପର୍ଯ୍ୟନ୍ତ ସାଇକେଲ ଚଲାଇ ମୋହନ ସୁନ୍ଦର ଗୋସ୍ୱାମୀଙ୍କ 'ରାସଲୀଳା' ଓ 'ମାନଭଞ୍ଜନ' ପ୍ରଭୃତି ଲୀଳା ନାଟକ ଦେଖିଥିଲେ। ଧରାକୋଟରେ ସେତେବେଳେ ମାଣିକ ଯୋଡି, ଘର ସଂସାର, ଭରସା ଓ ମୂଲିଆ ଭଳି ନାଟକ ଗୁଡିକ ଅଭିନୀତ ହେଉଥିଲା ।"(୭)

ଏ ସମୟର ରମେଶ ପାଣିଗ୍ରାହୀ ସବୁବେଳେ ସନ୍ଧ୍ୟାରେ ରେଡିଓ ଶୁଣୁଥିଲେ। ସମସ୍ତଙ୍କ ଘରେ ରେଡିଓ ନଥିଲା। ସେଇ ସମୟରେ ବାହାର ପୃଥିବୀ ସଂପର୍କରେ ଜ୍ଞାନ ପାଇବା ପାଇଁ ରେଡିଓ ହିଁ ଥିଲା ଏକ ମାତ୍ର ମାଧ୍ୟମ । ଯେଉଁମାନେ ଚିତ୍ତ ବିନୋଦନ କରିବାକୁ ଚାହୁଁଥିଲେ, ସେମାନେ ଗ୍ରାମୋଫୋନ ବଜାଉଥିଲେ। କିନ୍ତୁ ୧୯୪୮ ମସିହାରେ ଆକାଶବାଣୀ ସ୍ଥାପିତ ହେଲା ବେଳକୁ ରମେଶ ପ୍ରସାଦ ଚାରି ବର୍ଷର ଶିଶୁ। ଚଳଚ୍ଚିତ୍ର ଦେଖିବା ପାଇଁ ସିନେମା ହଲ ନଥିଲା କି ଟେଲିଭିଜନ ଭାରତକୁ ଆସିନଥିଲା। ଏପରି ଏକ ଅବସ୍ଥାରେ ସେ ପଲ୍ଲୀ ତଥା କୃଷି ସଂପର୍କୀୟ ସମସ୍ତ କାର୍ଯ୍ୟକ୍ରମ କେବଳ ରେଡ଼ିଓ ମାଧ୍ୟମରୁ ହିଁ ଶୁଣୁଥିଲେ। ସେହିଠାରୁ ହିଁ ନାଟକର ଉପସ୍ଥାପନ ପ୍ରଣାଳୀ, କଣ୍ଠ ସ୍ୱରରେ ନାଟକୀୟତା ଏବଂ ଅଭିନୟ କରିବାର ବାଚିକ ପ୍ରଣାଳୀ ଗୁଡିକ ଅତି କମ୍ ବୟସରେ ଶିଖିବାର ସେ ସୁଯୋଗ ପାଇଥିଲେ। ଗୀତର ଶ୍ରେଣୀ ବିଭାଗ ଯଥା : ଆଧୁନିକ ଗୀତ, ପଲ୍ଲୀ ଗୀତ, ଭଜନ, କୀର୍ତ୍ତନ ଏବଂ ଦେଶାତ୍ମବୋଧକ ଗୀତ ଗୁଡିକ ଜାଣିବା ପାଇଁ ରେଡିଓ ହିଁ ସେତେବେଳେ ଏକମାତ୍ର ମାଧ୍ୟମ ଥିଲା। ସେତେବେଳେ ଶିଶୁ ରମେଶ ପାଣିଗ୍ରାହୀ 'ଆକାଶ ବାଣୀ –କଟକ' ନାମରେ ଏକ ଅଭିନୟ କ୍ରୀଡାରେ ଅଂଶ ଗ୍ରହଣ କରୁଥିଲେ।

ତାଙ୍କୁ ଯେତେବେଳେ ସାତ ବର୍ଷ ବୟସ ସେ ଧରାକୋଟ ବଜାର

ସାହିରେ ଗୋଟିଏ 'ଶିଶୁନାଟ୍ୟ ସଂଘ' ଗଠନ କଲେ। 'କୃଷକ ଓ ମହାଜନ' ନାମକ ତାଙ୍କର ଏକାଙ୍କିକାଟିକୁ ଦୋଳ ପୂର୍ଣ୍ଣିମା ଦିନ ସେ ସେଠାରେ ମଞ୍ଚସ୍ଥ କରିଥିଲେ। ନାଟକଟି ନିର୍ବାଚନ କରି ନିର୍ଦ୍ଦେଶନା ଓ ସଂଗୀତ ପରିଚାଳନା କରୁଥିଲେ ରମେଶ ପାଣିଗ୍ରାହୀ। ସେଥିରେ ୭ମ ଶ୍ରେଣୀର ପିଲାମାନେ ମଧ୍ୟ ଅଭିନୟ କରିଥିଲେ। କୃଷକ ଭୂମିକାରେ ଅଭିନୟ କରୁଥିବା ଦୁର୍ଗାଚରଣ ବରାଡ ଓ ମହାଜନ ଭୂମିକାରେ ଅଭିନୟ କରିଥିବା ଶ୍ୟାମସୁନ୍ଦର ପାତ୍ର ସପ୍ତମ ଶ୍ରେଣୀର ଛାତ୍ରଥିଲେ। ପରବର୍ତ୍ତୀ ସମୟରେ ନାଟ୍ୟକାର ତାଙ୍କର ବିଭିନ୍ନ ସାକ୍ଷାତକାର ରେ ଏଇ ପ୍ରସଙ୍ଗଟି ମନେ ପକାଇ ବିବରଣୀ ଦେଇଛନ୍ତି। ଶୈଶବ ଅବସ୍ଥାରେ ରମେଶ ପ୍ରସାଦ ତାଙ୍କ ଜେଜେମାଙ୍କ ଠାରୁ ରାଗ ଚୋଖି, ରାଗ ରାମକେରୀ, ବଂଗଳାଶ୍ରୀ ଓ ନବାକ୍ଷରୀ ଓଡିଆ ଗୀତ ଗୁଡିକ ସ୍ୱର ଶିକ୍ଷା କରି ଗୀତ ଗାଉଥିଲେ, ରଥଯାତ୍ରା ସମୟରେ ଘଣ୍ଟା ବଜାଇବାର ଅଭିନୟ କରି ତାଳ ଓ ଲୟ ସଂପର୍କରେ ସାଂଗୀତିକ ଜ୍ଞାନ ଅର୍ଜନ କରୁଥିଲେ।

ନାଟ୍ୟକାରଙ୍କ କୈଶୋର

ରମେଶପ୍ରସାଦଙ୍କ ପ୍ରଥମ କବିତାଟି 'ଦୁର୍ବାଦଳ' ନାମକ ପତ୍ରିକାରେ ପ୍ରଥମେ ପ୍ରକାଶ ପାଇଥିଲା। ସେତେବେଳେ ତାଙ୍କୁ ୧୧ ବର୍ଷ ବୟସ ହୋଇଥିଲା ଓ ସେ ସପ୍ତମ ଶ୍ରେଣୀର ଛାତ୍ର ଥିଲେ। କବିତାଟି ତାଙ୍କ ହେଡମାଷ୍ଟର ପଢ଼ିଲେ। କବିତାର ଶୀର୍ଷକ ଥିଲା 'ଅଲୋଡା ଜୀବନ'। କବିତାଟିକୁ ପାଠ କରିସାରିବା ପରେ ରମେଶ ପ୍ରସାଦଙ୍କୁ ତାଙ୍କ ଅଫିସକୁ ଡାକି ହେଡମାଷ୍ଟର ପଚାରିଲେ, "କିରେ ଟୋକା, ଜୀବନ ତ ଆରମ୍ଭ ହୋଇଛି ଏବେଠୁ, ଅଲୋଡା କେମିତି ହେଲା ?" ରମେଶ ପାଣିଗ୍ରାହୀ ଏହି ପ୍ରଶ୍ନର ଉତ୍ତର ଦେଇ ପାରିନଥିଲେ ବରଂ ପ୍ରଧାନ ଶିକ୍ଷକଙ୍କ ଠାରୁ ଗୋଟିଏ ଚଟ୍‌କଣା ଖାଇଥିଲେ। (୮)

କୈଶୋର ସମୟରେ ହିଁ ସେ ହାଇସ୍କୁଲ ପରିବର୍ତ୍ତନ କରି ବୃନ୍ଦାବନ ବିଦ୍ୟାପୀଠକୁ ଆସିଲେ। ଏହି ବିଦ୍ୟାଳୟର ସାହିତ୍ୟ ପତ୍ରିକା 'ଅରୁଣ' ବର୍ଷକୁ ଚାରିଥର ପ୍ରକାଶ ପାଉଥିଲା, ପ୍ରତି ସଂଖ୍ୟାରେ ରମେଶ ପ୍ରସାଦ ପାଣିଗ୍ରାହୀଙ୍କର କବିତା ଓ କ୍ଷୁଦ୍ରଗଳ୍ପ ପ୍ରକାଶ ପାଉଥିଲା। ମାଟ୍ରିକ ପାଶ କଲାବେଳକୁ ଶ୍ରୀଯୁକ୍ତ ପାଣିଗ୍ରାହୀଙ୍କର ଦଶଟି କବିତା ଏବଂ ଚାରିଗୋଟି କ୍ଷୁଦ୍ରଗଳ୍ପ ପ୍ରକାଶ ପାଇ ସାରିଥିଲା। ଏଥି ମଧ୍ୟରୁ ଗୋଟିଏ ଇଂରାଜୀ ଭାଷାରେ ଲିଖିତ ଗଳ୍ପ ମଧ୍ୟ ଥିଲା।

ମାଟ୍ରିକ ପାଶ୍ କଲାପରେ ତାଙ୍କର ଚାରି / ପାଞ୍ଚୋଟି ଗଳ୍ପ ବ୍ରହ୍ମପୁରରୁ ପ୍ରକାଶିତ 'ନବୀନ' ପତ୍ରିକାରେ ପ୍ରକାଶ ପାଇଲା। ପ୍ରକାଶ ଥାଉକି ଏହି 'ନବୀନ' ପତ୍ରିକାରେ ସଚ୍ଚି ରାଉତରାୟ, ରଘୁନାଥ ଦାସ (ଜଟାୟୁ) ମାୟାଧର ମାନସିଂ,

କପିଳେଶ୍ୱର ଦାସ ଏବଂ ଗୋପାଳ ମିଶ୍ର ପ୍ରଭୃତିଙ୍କ ଲେଖା ପ୍ରକାଶ ପାଉଥିଲା। ପରବର୍ତ୍ତୀ ସମୟରେ ରମେଶ ପ୍ରସାଦଙ୍କ ଗଳ୍ପ , ଆଭାସ ଗଳ୍ପ ଓ କବିତା 'ଆସନ୍ତା କାଲି', 'ନବରବି', 'ଝଂକାର', 'ସମାବେଶ' ପ୍ରଭୃତି ପତ୍ରିକାରେ ପ୍ରକାଶ ପାଇଛି। ୧୯୬୫ ମସିହା ବେଳକୁ ସେ ଶହେ ଖଣ୍ଡ ଗୀତି କବିତା ଲେଖି ଆକାଶବାଣୀ କଟକ କେନ୍ଦ୍ରର ନିର୍ବାଚିତ ଗୀତି କବିର ମର୍ଯ୍ୟାଦା ପାଇସାରିଥିଲେ। ସ୍ୱର୍ଗତ କାଳିନ୍ଦୀଚରଣ ପାଣିଗ୍ରାହୀ ତାଙ୍କ ଲିଖିତ ଗୀତି କବିତାଗୁଡିକୁ ଯୋଗ୍ୟ ନିର୍ବାଚନ କରିଥିଲେ।

୧୯୬୩ ମସିହା ବେଳକୁ ରମେଶ ପ୍ରସାଦ ୧୯ ବର୍ଷର କିଶୋର। ସେଇ ବର୍ଷ ନାଟ୍ୟକାର ଭୁବନେଶ୍ୱର ମହାପାତ୍ରଙ୍କର ଆଦେଶରେ 'ମୁକ୍ତିମଣ୍ଡପ' ନାମକ ଏକ ନାଟକ ସେ ଲେଖିଥିଲେ। ନାଟକଟି ନାଟ୍ୟକାରଙ୍କର ଜଣେ ବନ୍ଧୁ ଦାମୋଦରଙ୍କ ପ୍ରେମବିବାହ ସଂପର୍କିତ ଏକ ସତ୍ୟ ଘଟଣାକୁ କେନ୍ଦ୍ର କରି ରଚନା କରାଯାଇଛି । ୧୯୬୩ ମସିହା ବେଳକୁ ଓଡିଶାରେ ଶିକ୍ଷିତ ଲୋକଙ୍କ ସଂଖ୍ୟା ଖୁବ୍ କମ୍ ଥିଲା ଏବଂ ପୁଅ କିମ୍ବା ଝିଅମାନେ ଅନ୍ୟ ଜାତିରେ ବିବାହ କରୁନଥିଲେ। ଏହି ନାଟକରେ ଏପରି ଏକ ସାମାଜିକ ଓ ସାଂସ୍କୃତିକ ପରିବେଷ୍ଟନୀରେ ଜଣେ ବୈଷ୍ଣବ ବ୍ରାହ୍ମଣ ଘରର ପୁଅ ମାରୱାଡି ଘରେ ବିବାହ କରି ନିଜଘରୁ ବାଛନ୍ଦ ହୋଇଥିଲେ ଓ ପିତାଙ୍କ ଅଜସ୍ର ସଂମ୍ପତ୍ତି ଭୋଗ କରିବାର ସୌଭାଗ୍ୟରୁ ବଞ୍ଚିତ ହୋଇ ଦରିଦ୍ର ଜୀବନଯାପନ କରୁଥିଲେ।

ଏପରି ଏକ କାହାଣୀ ଉପରେ ଆଧାରିତ ଥିଲା ତାଙ୍କର କୈଶୋର ଜୀବନରେ ରଚିତ ପ୍ରଥମ ନାଟକ 'ମୁକ୍ତି ମଣ୍ଡପ'। ସେଇ ସମୟରେ ପୁରୀର 'ଅନ୍ନପୂର୍ଣ୍ଣା ରଙ୍ଗମଞ୍ଚ' ଭ୍ରାମ୍ୟମାଣ ନାଟକ କଂମ୍ପାନୀ ରୂପେ ପ୍ରସିଦ୍ଧି ଲାଭ କରିଥିଲା। ସ୍ୱର୍ଗତ ବ୍ୟୋମକେଶ ତ୍ରିପାଠୀ ବମ୍ବେରୁ ନାଟକ ସଂପର୍କରେ ସ୍ୱତନ୍ତ୍ର ତାଲିମ ପାଇ 'ଅନ୍ନପୂର୍ଣ୍ଣା ରଙ୍ଗମଞ୍ଚ'ରେ ନିର୍ଦ୍ଦେଶକ ରୂପେ ଯୋଗ ଦେଇଥିଲେ। ଶ୍ରୀଯୁକ୍ତ ଭୁବନେଶ୍ୱର ମହାପାତ୍ରଙ୍କ ସୁପାରିଶ କ୍ରମେ 'ମୁକ୍ତିମଣ୍ଡପ ' ନାଟକଟି ବ୍ୟୋମକେଶ ତ୍ରିପାଠୀଙ୍କୁ ସଂଶୋଧନ ପାଇଁ ଦିଆଗଲା। ବ୍ୟୋମକେଶ କହିଲେ ନାଟକରେ କାହାଣୀ ସଂଯୋଜନାରେ ଜଟିଳତା ଆବଶ୍ୟକ। ଅର୍ଥାତ ଗୋଟିଏ ମୁଖ୍ୟ କାହାଣୀ ସହିତ ଯୋଡି ହୋଇ ଦୁଇ/ ତିନୋଟି ଉପ କାହାଣୀ (sub plot) ଆବଶ୍ୟକ।

ନାଟ୍ୟକାର ରମେଶ ପ୍ରସାଦ ପାରମ୍ପରିକ ନାଟ୍ୟ ଶୈଳୀରେ ନାଟ୍ୟ କାହାଣୀ ଲେଖିବା ସପକ୍ଷରେ ନଥିଲେ। ଏଣୁ ଉପ କାହାଣୀ ନଲେଖି ବରଂ ନାଟକଟିକୁ ଡାକ ଓ ତାର ବିଭାଗର ଚିତ୍ତ ବିନୋଦନ କେନ୍ଦ୍ର ବିଭାଗ ତରଫରୁ ମଞ୍ଚସ୍ଥ କରାଇଥିଲେ।

୧୯୬୩ ମସିହାରେ ଏହାର ୨୨ ବର୍ଷ ପରେ ୧୯୮୫ ମସିହାରେ ଏଇ ନାଟକଟିର ନାମ ବଦଳାଇ ଲେଖକ ପୁନଶ୍ଚ ମଞ୍ଚସ୍ଥ କରାଇଥିଲେ ଭୁବନେଶ୍ୱରର ଜନତା ଗଣନାଟ୍ୟରେ । ଜନତା ଗଣନାଟ୍ୟରେ ଏହି ନାଟକର ଶୀର୍ଷକ ଥିଲା 'ଝରଣା ଝୁରେ ସାଗର ପାଇଁ' ଓ ଏହାର ନିର୍ଦ୍ଦେଶକ ଥିଲେ ସଚ୍ଚି ଦାସ। ନାଟକଟି 'ଜନତା ଗଣନାଟ୍ୟ'ରେ ଏକାଦି କ୍ରମେ ଦଶବର୍ଷ ଧରି ଚାଲିଲା। ସାକ୍ଷାତକାର ବେଳେ ନାଟ୍ୟକାର ପାଣିଗ୍ରାହୀ କୁହନ୍ତି- 'ମୁକ୍ତିମଣ୍ଡପ'ର ଗଳ୍ପରେ ଉପଗଳ୍ପ ଯୋଡି ନହୋଇ 'ଝରଣା ଝୁରେ ସାଗର ପାଇଁ' ତିଆରି ହୋଇଥିଲା । ରମେଶ ପାଣିଗ୍ରାହୀଙ୍କ କୈଶୋରରେ ଲେଖା ଯାଇଥିବା ଏହି ନାଟକ ପ୍ରଥମ ବିଫଳତା ଓ ବାଇଶି ବର୍ଷ ପରର ସଫଳତା ତାଙ୍କ ଜୀବନୀ ଆଲୋଚନା ସନ୍ଦର୍ଭରେ ଗୁରୁତ୍ୱପୂର୍ଣ୍ଣ।

ରମେଶପ୍ରସାଦ ତାଙ୍କ କୈଶୋରରେ କବିତା ଓ ଗୀତି କବିତା ପାଖରୁ କ୍ରମଶଃ ଦୂରେଇ ଆସି ଗଳ୍ପ ଲିଖନ ଉପରେ ଅଧିକ ମନୋନିବେଶ କରିଛନ୍ତି ଏବଂ ଗୋଟିଏ ନାଟକ ଲେଖି ମାତ୍ର ୧୯ ବର୍ଷ ବୟସରେ ମଂଚସ୍ଥ କରାଇଛନ୍ତି। ପରବର୍ତ୍ତୀ ୨୨ ବର୍ଷ ପରେ ମଧ୍ୟ ନାଟକଟିରେ ସେ ବ୍ୟୋମକେଶ ତ୍ରିପାଠୀଙ୍କ ପରିବର୍ତ୍ତନର ପ୍ରସ୍ତାବଟିକୁ ମାନି ନାହାନ୍ତି। ଏଥିରୁ ଅନୁମାନ କରାଯାଏ ନାଟ୍ୟକାର ଅନ୍ନପୂର୍ଣ୍ଣା ରଂଗମଞ୍ଚର ବ୍ୟବସାୟିକ ଗଳ୍ପାୟନ ପଦ୍ଧତିକୁ ନାଟ୍ୟ ରଚନା କୌଶଳ ରୂପେ ସେ ଗ୍ରହଣ କରି ନାହାନ୍ତି। ତାପରେ ଜୀବନ କାଳ ମଧ୍ୟରେ ସେ କେବେହେଲେ ବ୍ୟବସାୟିକ ରଂଗମଞ୍ଚର ଦ୍ୱାରସ୍ଥ ହୋଇନାହାନ୍ତି। ତାଙ୍କର ବରିଷ୍ଠ ଓ ସମସାମୟିକ ନାଟ୍ୟକାର ସ୍ୱର୍ଗତ ମନୋରଞ୍ଜନ ଦାସ ଏବଂ ବିଜୟ ମିଶ୍ର ପ୍ରଭୃତି ବ୍ୟବସାୟିକ ରଙ୍ଗମଞ୍ଚ ପାଇଁ ଯଥେଷ୍ଟ ନାଟକ ଲେଖିଥିବା ବେଳେ ରମେଶ ପାଣିଗ୍ରାହୀ କିନ୍ତୁ ଏ ଧାରାକୁ ଆଦୌ ପସନ୍ଦ କରିନାହାନ୍ତି।

ଅବଶ୍ୟ ୨୫/୨୬ ଖଣ୍ଡ ନାଟକ ଲେଖି ଓଡିଆ ସାହିତ୍ୟ ଏକାଡେମୀ ପୁରସ୍କାର ପାଇଲା ପରେ ପ୍ରାବନ୍ଧିକ ସ୍ୱର୍ଗତ ଚିତ୍ତରଂଜନ ଦାସ ଗୋଟିଏ ସାହିତ୍ୟ ସଭାରେ ପ୍ରତିବାଦ ଜଣାଇ କହିଥିଲେ, "ଏହି ପୁରସ୍କାର ବିଜେତା ନାଟ୍ୟକାର ମାନେ ଯାତ୍ରାଦଳ ପାଇଁ ନାଟକ ଲେଖି ପାରିବେ କି ? ଏକା ସଂଗରେ ପାଞ୍ଚହଜାର ଦର୍ଶକଙ୍କୁ ପାଞ୍ଚଘଣ୍ଟା ଧରି ସମ୍ମୋହିତ କରି ରଖିପାରିବେ କି ?" ଏହାର ଉତ୍ତର ଦେବାକୁ ଚାହିଁଥିଲେ ନାଟ୍ୟକାର କିନ୍ତୁ ସେ ପର୍ଯ୍ୟନ୍ତ ସେ ଯାତ୍ରା ନାଟକ ଦେଖିନଥିଲେ କିମ୍ବା ଯାତ୍ରା ନାଟକ କିପରି ଲେଖାଯାଉଛି ଜାଣି ନଥିଲେ।

ମୁଖ୍ୟତଃ, ରମେଶ ପାଣିଗ୍ରାହୀଙ୍କ କୈଶୋର ବିତିଛି ପାଠ ପଢ଼ାରେ। ଓଡିଆ ସାହିତ୍ୟରେ ଯେତେ ଗ୍ରନ୍ଥାବଳୀ ପ୍ରକାଶ ପାଉଥିଲା ସବୁକୁ ସେ ପାଠ କରିଥିଲେ।

ଏହି ସମୟ ମଧ୍ୟରେ ରାଧାନାଥ ଓ ଗଙ୍ଗାଧରଙ୍କ ରଚିତ କାବ୍ୟଗୁଡ଼ିକ ତାଙ୍କର ଅତି ପ୍ରିୟ ଥିଲା। ଏତଦ୍ ବ୍ୟତୀତ ଓଡିଆରେ ପ୍ରକାଶ ପାଇଥିବା ସମସ୍ତ ଉପନ୍ୟାସଗୁଡ଼ିକୁ ଶ୍ରୀ ପାଣିଗ୍ରାହୀ ପାଠ କରିଥିଲେ। ପ୍ରଥମ ଉପନ୍ୟାସ 'ପଦ୍ମମାଳୀ' ଠାରୁ ଆରମ୍ଭ କରି କାହ୍ନୁଚରଣ ଗୋପୀନାଥ, ବିଭୂତି ଓ ଚନ୍ଦ୍ରମଣି ଦାସ ତଥା କସ୍ତୁରୀଚରଣ ଦାସଙ୍କ ଡିଟେକଟିଭ୍ ଉପନ୍ୟାସ ପାଠ କରିବା ସହିତ କାଳୀଚରଣ ପଟ୍ଟନାୟକ, ଅଶ୍ୱିନୀ କୁମାର ଘୋଷ, ଭଞ୍ଜ କିଶୋର, ଗୋପାଳ ଛୋଟରାୟ, ରାମଚନ୍ଦ୍ର ମିଶ୍ର, ଭୁବନେଶ୍ୱର ମହାପାତ୍ର, ବ୍ୟୋମକେଶ ତ୍ରିପାଠୀ, ପ୍ରଫୁଲ୍ଲ ଚନ୍ଦ୍ର ରଥ, କମଳ ଲୋଚନଙ୍କ ରଚିତ ସମସ୍ତ ନାଟକଗୁଡ଼ିକୁ ମଧ୍ୟ ଅଧ୍ୟୟନ କରିଥିଲେ।

ଏହି କୈଶୋର ବେଳରେ ଆଉ ଏକ ବିଶେଷ ଅନୁଭୂତି ହେଲା ଚଳଚ୍ଚିତ୍ରର ଚିତ୍ର ନାଟ୍ୟ ଲେଖିବା ପ୍ରଶିକ୍ଷଣ। 'ମୁକ୍ତିମଣ୍ଡପ' ଲେଖିବା ଆଗରୁ ସେ ଉତ୍କଳ ଚଳଚ୍ଚିତ୍ର ପ୍ରତିଷ୍ଠାନ (ଆସ୍କା, ଗଞ୍ଜାମ)ରେ ଚିତ୍ରନାଟ୍ୟ ଲେଖକ ହେବା ପାଇଁ ଜଣେ ଶିକ୍ଷାନବିସ ରୂପେ ଦୁଇବର୍ଷ କାର୍ଯ୍ୟ କରିଥିଲେ। ଏତିକି ବେଳେ ତାଙ୍କର କାମ ଥିଲା, ପ୍ରତିଦିନ ସଂନ୍ଧ୍ୟାରେ ତେଲୁଗୁ ଓ ହିନ୍ଦୀ ସିନେମାଗୁଡିକ ଦେଖି ତାର ଚିତ୍ରନାଟ୍ୟ ଲେଖିବା । ଏହି କ୍ରମରେ ସେ ସତ୍ୟଜିତ୍ ରାୟ, ଋତ୍ୱିକ୍ ଘଟକ ଓ ପ୍ରଭାତ ମୁଖାର୍ଜୀଙ୍କର କିଛି ଚିତ୍ରନାଟ୍ୟ ପାଣ୍ଡୁଲିପି ମଧ୍ୟ ପଢ଼ିଥିଲେ। 'ଉତ୍କଳ ଚଳଚିତ୍ର ପ୍ରତିଷ୍ଠାନ'କୁ ସେ ସମୟରେ ବହୁ ବିଶିଷ୍ଟ ନିର୍ଦ୍ଦେଶକ, କ୍ୟାମେରାମେନ୍ ଓ ସଙ୍ଗୀତ ନିର୍ଦ୍ଦେଶକ ଆସୁଥିଲେ। ସେମାନଙ୍କ ଠାରୁ ଚଳଚିତ୍ର କ୍ୟାମେରାର କୌଶଳ ଗୁଡିକୁ ଶିକ୍ଷା କରିବା ସହିତ ସଂଳାପ ଗୁଡିକ ସୁନ୍ଦର ଏବଂ ବାସ୍ତବଧର୍ମୀ ହେବ ତାର ଅଭ୍ୟାସ ମଧ୍ୟ କରୁଥିଲେ। ନାଟ୍ୟକାର ଗୋପାଳ ଛୋଟରାୟଙ୍କର ପ୍ରତିଟି ନାଟକର ସଂଳାପ ସଂଯୋଜନା ଥିଲା ସେ ସମୟର କୈଶୋର ଶ୍ରୀଯୁକ୍ତ ପାଣିଗ୍ରାହୀଙ୍କର ଅତି ପ୍ରିୟ।

ଅବଶ୍ୟ କିଶୋର ବୟସରୁ ହିଁ, ଅର୍ଥାତ ସ୍କୁଲରେ ନବମ/ଦଶମ ଶ୍ରେଣୀରେ ପଢ଼ିବା ଦିନରୁ ହିଁ ରମେଶ ପ୍ରସାଦଙ୍କର ସିନେମା ଦେଖିବା ପ୍ରତି ଆଗ୍ରହ ଥିଲା। ଆଗ୍ରହ ଥିଲା ବମ୍ବେର ଚଳଚ୍ଚିତ୍ର ଅଭିନେତା /ଅଭିନେତ୍ରୀମାନଙ୍କୁ ଫଟୋରୁ ଚିହ୍ନିବା। ଏହାଛଡା ସ୍କୁଲ ବେଳରୁ ହିଁ ସାଇକେଲ ଚଲାଇ ୧୦/୧୫ କିଲୋମିଟର ଯାଇ ପୁଣି ଫେରିଆସିବା ଥିଲା ତାଙ୍କର ଅଭ୍ୟାସ। ସିନେମା ଦେଖିବା ସହ କେଉଁ ଗୀତଟି କେଉଁ ସିନେମାର ଓ କିଏ ସେ ଗୀତର ଗାୟକ ତାହା ଜାଣିବା ମଧ୍ୟ ତାଙ୍କର ଗୋଟିଏ ସଉକ ଥିଲା। ୧୯୫୭/୧୯୫୮ ମସିହାରେ ଗଞ୍ଜାମ ଜିଲ୍ଲାର ଗ୍ରାମାଞ୍ଚଳରେ ହିନ୍ଦୀ ଗୀତ ଗାଇବା ଓ ସିନେମା ଦେଖିବା ଛାତ୍ରଙ୍କୁ ଛତରା ଓ ବଜାରୀ କୁହାଯାଉଥିଲା। ରମେଶପ୍ରସାଦ ଭଲ ପାଠ ପଢୁଥିଲେ ମଧ୍ୟ ସିନେମା ଦେଖିବା ଓ ହିନ୍ଦୀ ଗୀତ ଗାଉଥିବା

ଯୋଗୁଁ ସିଏ ଛତରା ଓ ବଜାରୀ ପର୍ଯ୍ୟାୟର ଛାତ୍ର ଥିଲେ। ପାଠରେ ଏତେଟା ଭଲ ନଥିବା ଯୋଗୁ ଶ୍ରେଣୀର ଅନ୍ୟ ଛାତ୍ରମାନେ ତାଙ୍କୁ ନିମ୍ନ ଦୃଷ୍ଟିରେ ଦେଖୁଥିଲେ।

ଏଇ ସମୟରେ 'ରେଡିଓ ସିଲୋନ' ଏବଂ 'ବିବିଧ ଭାରତୀ' ଷ୍ଟେସନରୁ ଭଲ ଭଲ ନୂଆ ସିନେମାର ଗୀତ ବାଜେ। ତେଣୁ ସକାଳେ ସେ ଅଙ୍କ କଷିଲା ବେଳେ ସେ ନିଶ୍ଚୟ ରେଡିଓ ସିଲୋନର 'ଆପକେ ଫରମାଇସ'ର କାର୍ଯ୍ୟକ୍ରମଟିକୁ ଶୁଣନ୍ତି । ସକାଳ ୮ଟାରୁ ୯ଟା ପର୍ଯ୍ୟନ୍ତ ଘଣ୍ଟାଏ କାଳ ଏହା ବାଜିଥାଏ ରେଡ଼ିଓରେ। ସେହିପରି ବୁଧବାର ରାତି ୮ଟାରୁ ରାତି ୯ଟା ଯାଏଁ ଚାଲିଥାଏ 'ବିନାକା ଗୀତମାଲା' ରେଡିଓ ସିଲୋନ୍‌ରେ। ପନ୍ଦରଟା ସର୍ବାଧୁନିକ ଗୀତ ବାଜେ ସେହି କାର୍ଯ୍ୟକ୍ରମରେ। ସେଇ ସପ୍ତାହରେ ରେଡିଓ ସିଲୋନରେ ଯେତେ ଗୀତ ବାଜିଥାଏ ସେଗୁଡିକର ଜନପ୍ରିୟତା କ୍ରମରେ ସେଗୁଡିକୁ ସଜାଇ ଦିଆଯାଇଥାଏ। ସବୁଠାରୁ ଅଧିକ ଜନପ୍ରିୟ ଗୀତଟି 'ବିନାକା ଗୀତମାଲା'ର ଶେଷରେ ବାଜେ। ଗୀତଟି କାହିଁକି ପ୍ରଥମ ହେଲା , ଏହାର ସଂଗୀତ ନିର୍ଦ୍ଦେଶକ କିଏ ଏବଂ ଗାୟକ କେଉଁ ନୂତନତାର ପ୍ରୟୋଗ କରିଥିବା ହେତୁ ପ୍ରଥମ ସ୍ଥାନରେ ଗୀତଟି ନିର୍ବାଚିତ ହେଲା ଏଗୁଡିକ ବିଶ୍ଲେଷଣ କରିବା ଥିଲା ୧୯୫୭/୫୮ ମସିହାର ରମେଶ ପ୍ରସାଦଙ୍କ ନାମ। ଯେଉଁ ଛାତ୍ର ଏ ବିଶ୍ଲେଷଣ କାର୍ଯ୍ୟକ୍ରମରେ ଭାଗ ନେଉଥିଲେ ସମସ୍ତେ ଛତରା। ଶ୍ରେଣୀରେ ପ୍ରଥମ ହେଉଥିବା ପିଲାମାନେ କେବଳ ପାଠ ଘୋଷୁଥିଲେ। ରେଡିଓଟା କିପରି ବାଜେ ଜାଣି ନଥିଲେ,ଏପରିକି ସେମାନଙ୍କୁ ଗ୍ରାମୋଫୋନ ମଧ୍ୟ ବଜାଇବା ଜଣା ନଥିଲା।

ଡ. ସଂଘମିତ୍ରା ମିଶ୍ର 'ଜଣେ ନାଟୁଆର ନାନାବୟା' ପ୍ରବନ୍ଧରେ ଲେଖିଛନ୍ତି- "ବିନାକା ଗୀତମାଲା' ଶୁଣିବାରେ ଆଗ୍ରହୀ ରମେଶ ପ୍ରସାଦ ପାଣିଗ୍ରାହୀ ଲୁଚି ଲୁଚି ବ୍ରହ୍ମପୁର ଆସି ସିନେମା ମଧ୍ୟ ଦେଖୁଥିଲେ। ଇଂରାଜୀରେ ବଂନ୍ଧୁଙ୍କ ପାଖକୁ ଚିଠି ଲେଖ ବୋଲି ପ୍ରଧାନ ଶିକ୍ଷକ ଗୋଟିଏ ପ୍ରଶ୍ନର ଉତ୍ତର ଲେଖିବା ପାଇଁ କହିଥିଲେ। ଉତ୍ତର ଲେଖିବା ବେଳେ ଦୁଃସାହାସୀ କିଶୋର ରମେଶ ପ୍ରସାଦ ଚିଠିଟି ତତ୍କାଳୀନ ଲୋକ ପ୍ରିୟ ଅଭିନେତ୍ରୀ ନୂତନଙ୍କ ପାଖକୁ ଲେଖିଥିଲେ। ସ୍କୁଲ ପରିଦର୍ଶନ କରିବା ପାଇଁ ଆସିଥିବା ଇନ୍ସପେକ୍ଟରଙ୍କ ହାତକୁ ରମେଶ ପ୍ରସାଦଙ୍କ ଖାତାଟି ଆସିବା ପୂର୍ବରୁ ପ୍ରଧାନ ଶିକ୍ଷକଙ୍କ ହାତରେ ପଡିଲା। ସେଥିପାଇଁ ସେ ସ୍କୁଲରୁ ବହିଷ୍କୃତ ହୋଇଥାନ୍ତେ। ମାତ୍ର ତରୁଣ ଗୋଷ୍ଠୀର ଶିକ୍ଷକମାନେ ତାଙ୍କ ସପକ୍ଷରେ ଯୁକ୍ତି କରିବାରୁ ସେହି ଘଟଣା ସେଇଠାରେ ରହିଗଲା।"

କିଶୋର ବୟସର ରମେଶ ପ୍ରସାଦ ୧୯୫୭-୫୮ ବେଳକୁ ଦୁଇଟି ଇଂରାଜୀ ପତ୍ରିକା ନିୟମିତ ଭାବେ ପଢୁଥିଲେ। ଗୋଟିଏ ଥିଲା The Illustrated

Weekly of India ଏବଂ ଅନ୍ୟଟି Film Fare। ଏହି ଦୁଇଟି ଯାକ ମାଗାଜିନ୍ ବମ୍ବେରୁ ପ୍ରକାଶିତ ହେଉଥିଲା ଏବଂ ଏହି ପତ୍ରିକାଗୁଡିକର ଇଂରାଜୀ ଜଣେ ନବମ ଶ୍ରେଣୀ ଛାତ୍ର ପାଇଁ ନିଶ୍ଚିତ କଷ୍ଟକର ଥିଲା।

ସପ୍ତମ ଶ୍ରେଣୀର ଛାତ୍ର ଥିବା ଅବସ୍ଥାରେ ସେ ଡିକ୍ସିନାରୀ ଦେଖି ଇଂରାଜୀ ଖବର କାଗଜ ପଢୁଥିଲେ। ତାଙ୍କର ଜଣେ ଶିକ୍ଷକ ଢେଙ୍କାନାଳର ଶ୍ରୀ ଗଣେଶ୍ୱର ମିଶ୍ର 'ଗୀତାଞ୍ଜଳୀ'ର ଇଂରାଜୀ ଅନୁବାଦ କରୁଥିଲେ। ବୋଧହୁଏ ରବୀନ୍ଦ୍ରନାଥ ନିଜେ ତାଙ୍କର 'ଗୀତାଞ୍ଜଳୀ'ର ଅନୁବାଦ କରିଛନ୍ତି ଏବଂ W.B. Yeates ସେଇ ଅନୁଦିତ ଗ୍ରନ୍ଥର ମୁଖବନ୍ଧ ଲେଖିଛନ୍ତି ବୋଲି ତାଙ୍କର ଧାରଣା ନଥିଲା । ସେ ତାଙ୍କର ଅନୁଦିତ କବିତାଗୁଡିକୁ ଗୋଟିଏ ଭଲଖାତାରେ ଉତ୍ତାରିବାକୁ ରମେଶପ୍ରସାଦଙ୍କୁ ଦେଇଥିଲେ। ତେଣୁ ଅଚିହ୍ନା ଶବ୍ଦମାନଙ୍କୁ ଚିହ୍ନିବା ପାଇଁ ରମେଶ ପ୍ରସାଦ ବାରମ୍ବାର ଡିକ୍ସିନାରୀ ଦେଖୁଥିଲେ। ଏହା ତାଙ୍କର ସପ୍ତମ ଶ୍ରେଣୀରୁ ଅଭ୍ୟାସ ଥିଲା।

୧୯୫୭-୫୮ ମସିହାର ଗ୍ରାମାଞ୍ଚଳ ହାଇସ୍କୁଲଗୁଡିକରେ ଡିକ୍ସନାରୀ କିଣିବା ପିଲାଙ୍କର ଅଭ୍ୟାସ ନଥିଲା। ପାଠ ବହି ଛାଡିଦେଲେ ଅନ୍ୟ ପୁସ୍ତକ ପଢ଼ିବାର ଅଭ୍ୟାସ କାହାର ପ୍ରାୟ ନଥିଲା। କିନ୍ତୁ ରମେଶ ପ୍ରସାଦ ପ୍ରାୟତଃ ସିନେମା ଦେଖି, ଉପନ୍ୟାସ, ଡିଟେକ୍‌ଟିଭ୍, କବିତା ଓ ଗଳ୍ପ ପଢ଼ି ଫିଲ୍ମ ଫେୟାରରେ ସିନେମାଗୁଡିକର ମୂଲ୍ୟାୟନ ପଢ଼ି ସମୟ କାଟୁଥିଲେ।

ମ୍ୟାଟ୍ରିକ ପରୀକ୍ଷା ପରେ ସେ 'ଛିନ୍ନ ବୀଣାର ତାରେ' ବୋଲି ଗୋଟିଏ ଉପନ୍ୟାସ ଲେଖିଥିଲେ। ମାତ୍ର ଉପନ୍ୟାସଟି ମୁଦ୍ରିତ ହୋଇ ପାରିଲା ନାହିଁ। ଅନେକ ଦିନ ପରେ ତାଙ୍କର 'ଧୂପକାଠିର ଘର' ଶୀର୍ଷକ ଗୋଟିଏ ଉପନ୍ୟାସ ମଧ୍ୟ ପ୍ରକାଶ ପାଇଥିଲା। ସେ କଥା ଅଲଗା। ପ୍ରଥମେ ବଙ୍ଗଳା ସିନେମା ନିର୍ଦ୍ଦେଶକମାନଙ୍କ ଠାରୁ ଚିତ୍ରନାଟ୍ୟ ଲେଖିବା ଶିକ୍ଷା କରି ସେ ନାଟକ ଲେଖିବା ପାଇଁ ମନ ବଳାଇ ଥିଲେ। ନାଟକ ଏକ ଦୃଶ୍ୟ ବହୁଳ ସାହିତ୍ୟ। ଏଥିରେ ଯଥାସମ୍ଭବ କମ ଶବ୍ଦ ବ୍ୟବହାର କରାଯାଏ। ରମେଶ ପ୍ରସାଦ ଚଳଚ୍ଚିତ୍ରର ଚିତ୍ରନାଟ୍ୟ ଲେଖିବା ଶିକ୍ଷା କଲାବେଳେ ଆବଶ୍ୟକତା ଅନୁଯାୟୀ ସଂଳାପ ବିଦ୍ୟାଟି ଶିକ୍ଷା କରିଥିଲେ। ତେଣୁ ତାଙ୍କର ପ୍ରଥମ ନାଟକ 'ମୁକ୍ତିମଣ୍ଡପ' ବ୍ୟୋମକେଶ ତ୍ରିପାଠୀଙ୍କ ଦ୍ୱାରା ମନୋନୀତ ହୋଇ ନ ପାରିଲେ ସୁଦ୍ଧା ସେ ଖାତିର ନକରି ନାଟକଟିର ନାମ ବଦଳାଇ (ଝରଣା ଝୁରେ ସାଗର ପାଇଁ) ଜନତା ଗଣନାଟ୍ୟକୁ ଦେଇଥିଲେ ଏବଂ ନାଟକଟି ଦଶବର୍ଷ ଧରି ବ୍ୟବସାୟିକ ମଞ୍ଚରେ ତିଷ୍ଠି ରହି ପାରିଥିଲା।

ରମେଶ ପ୍ରସାଦ ତାଙ୍କର ସମଗ୍ର କୈଶୋରରେ ଚଳଚ୍ଚିତ୍ରର କାହାଣୀ ଓ

ଚିତ୍ରନାଟ୍ୟ ଲେଖିବାର ସ୍ୱପ୍ନ ଦେଖୁଥିଲେ। କାହାଣୀ, ଚିତ୍ରନାଟ୍ୟ ଓ ସଂଳାପ ସଂପର୍କରେ ଚିନ୍ତା କରୁଥିଲେ। ନିଛକ ଏବଂ ଖାଣ୍ଟି କାହାଣୀ ପାଇବା ପାଇଁ ସେ ଓଡିଆ ଉପନ୍ୟାସ ପଢୁଥିଲେ। କିଶୋର ବୟସରେ ପ୍ରତିଦିନ ପଢ଼ିବା ପାଇଁ ଗୋଟିଏ ଗୋଟିଏ ଉପନ୍ୟାସ ଆବଶ୍ୟକ ହେଉଥିଲା । ଏହା ୧୯୬୦ ରୁ ୧୯୬୨ ମସିହା ବେଳର କଥା। କାହ୍ନୁ ଚରଣ ମହାନ୍ତି ଏହି ସମୟର ବଡ ଲେଖକ। ଗୋପୀନାଥ ମହାନ୍ତି ମଧ୍ୟ ଲେଖୁଥିଲେ। ଏମାନଙ୍କର ସବୁ ଉପନ୍ୟାସ ରମେଶ ପ୍ରସାଦ ପଢ଼ି ସାରିଥିଲେ।

ଉତ୍କଳ ଚଳଚ୍ଚିତ୍ର ପ୍ରତିଷ୍ଠାନରେ କାହାଣୀ ଚୟନର ଯେଉଁ କମିଟି ଥିଲା,ତାର ସଦସ୍ୟ ମାନେ ପ୍ରାୟତଃ ପୌରାଣିକ କାହାଣୀ ହିଁ ଶ୍ରେଷ୍ଠ କାହାଣୀ ବୋଲି ମନେକରୁଥିଲେ। କାରଣ 'ଶ୍ରୀ ଶ୍ରୀ ମହାଲକ୍ଷ୍ମୀ ପୂଜା' ଓ 'ଦସ୍ୟୁରତ୍ନାକର' ସିନେମା ଦୁଇଟି ସେ ସମୟରେ ବେଶ୍ ବ୍ୟବସାୟିକ ସଫଳତା ପାଇଥିଲା। ଏତଦ୍‌ବ୍ୟତୀତ ସେମାନେ ତେଲୁଗୁ ଓ ତାମିଲ୍ ଭାଷାରେ ପୌରାଣିକ ସିନେମା ବେଶୀ ଦେଖୁଥିଲେ।

ରମେଶ ପ୍ରସାଦ ବାଲ୍ୟକାଳରେ 'ଶିଶୁ ନାଟ୍ୟ ସଂଘ' ଗଢିଲା ବେଳକୁ ସଂଗୀତ ଓ ବାଦ୍ୟ ପ୍ରଭୃତିରେ ମଜ୍ଜି ଯାଇପାରୁଥିଲେ। ଯଦିଓ ତାଙ୍କର ସଂଗୀତ ବିଦ୍ୟାରେ କୌଣସି ପ୍ରଶିକ୍ଷଣ ନଥିଲା। ପୌରାଣିକ କାହାଣୀର ଯୁଗ ସରିଯାଇଥିଲେ ମଧ୍ୟ ସେ 'ଜହ୍ନମାମୁଁ' ପ୍ରତ୍ରିକା ଗୁଡିକ ଅତି ଆଗ୍ରହରେ ପଢୁଥିଲେ। ତାଂକ ବଡ ଭଉଣୀ ୧୦/ ୧୫ ବର୍ଷର 'ଜହ୍ନମାମୁଁ' ପତ୍ରିକା ଏକାଠି ବଂଧେଇ କରି ରଖିଥିଲେ। ସେଥିରେ କାଳ୍ପନିକ କାହାଣୀ ଓ ପୌରାଣିକ କାହାଣୀ ପ୍ରକାଶ ପାଉଥିଲା ଏବଂ ରମେଶ ପ୍ରସାଦ ସେ ଗୁଡିକୁ ନିୟମିତ ପାଠ କରୁଥିଲେ।

'ଉତ୍କଳ ଚଳଚ୍ଚିତ୍ର ପ୍ରତିଷ୍ଠାନ'ର ପ୍ରଯୋଜନା ବିଭାଗରେ କାର୍ଯ୍ୟ କରୁଥିବା ସମୟରେ କାହାଣୀ ନିର୍ବାଚନ ପାଇଁ ଗଢ଼ା ହୋଇଥିବା କମିଟି ମଧ୍ୟରେ ଯେଉଁ ଆଧୁନିକ ଗ୍ରାଜୁଏଟ୍ ଏବଂ ଏମ୍.ଏ. ପଢିଥିବା ପ୍ରଯୋଜକ ଥିଲେ, ସେମାନେ ସାମାଜିକ ସିନେମା ନିର୍ମାଣ କରିବା ସପକ୍ଷରେ ଥିଲେ। କିଶୋର ରମେଶ ପ୍ରସାଦଙ୍କ ପାଇଁ ସଭ୍ୟମାନଙ୍କ ଯୁକ୍ତି ଅତି ବଳିଷ୍ଠ ଥିଲା। କିନ୍ତୁ ପୌରାଣିକ ଦଳ ଓ ସାମାଜିକ ଦଳ ମଧ୍ୟରେ ନିଜେ ରମେଶ ପ୍ରାଣିଗ୍ରାହୀ ସାମାଜିକ ଦଳ ସହିତ ସାମିଲ ଥିଲେ।

ସାମାଜିକ କାହାଣୀ ଆଲୋଚନା କରିବା ପାଇଁ କଲିକତାରୁ ନିର୍ଦ୍ଦେଶକ ପ୍ରଭାତ ମୁଖାର୍ଜୀ ଆସୁଥିଲେ ଏବଂ ସମୟେ ସମୟେ କଟକରୁ ଧୀରେନ୍ଦ୍ରନାଥ ବିଶ୍ୱାଳ, କାଳୀଚରଣ ପଟ୍ଟନାୟକ ଏବଂ ଆକାଶବାଣୀ, କଟକରୁ ଗୀତିକାର ଓ ନାଟ୍ୟକାର ନରସିଂହ ମହାପାତ୍ର ଆସୁଥିଲେ। ପୁରୀ କଲେଜର ଓଡିଆ ଅଧ୍ୟାପକ ବାସୁଦେବ ପାଠୀ ମଧ୍ୟ ସାମାଜିକ କାହାଣୀ ଚୟନ ପ୍ରକ୍ରିୟାରେ ଅଂଶଗ୍ରହଣ କରୁଥିଲେ।

ରମେଶ ପ୍ରସାଦ ସେତେବେଳକୁ ୧୭/୧୮ ବର୍ଷର କିଶୋର। ସେ ପ୍ରତିଦିନ ସଂଧ୍ୟାରେ ସିନେମା ଦେଖି ଚିତ୍ରନାଟ୍ୟ ଟିପି ଆଣୁଥିଲେ ଏବଂ କ୍ୟାମେରା ଚାଳନାର ମୁଖ୍ୟ କୌଶଳଗୁଡିକ ମଝିରେ ମଝିରେ ଉତ୍କଳ ଚଳଚ୍ଚିତ୍ର ପ୍ରତିଷ୍ଠାନକୁ ଆସୁଥିବା ଶରତ ପଟ୍ଟନାୟକଙ୍କ ପାଖରୁ ଶିଖି ନେଉଥିଲେ।

ନିଜର ଦୃଢ଼ ଇଚ୍ଛାଶକ୍ତି ବଳରେ ରମେଶ ପ୍ରସାଦ ସୃଜନଶୀଳ ନାଟ୍ୟରଚନା, ଦୃଶ୍ୟ ସଂରଚନା, ନାଟ୍ୟଶୀର୍ଷ ଗଠନ, ପ୍ରଥମ ଦୃଶ୍ୟର ଉପଯୋଗିତା ଇତ୍ୟାଦି ସଂପର୍କରେ ବିଶେଷ ଜ୍ଞାନ ଲାଭ କରିଥିଲେ। ଚିତ୍ରନାଟ୍ୟଟିକୁ ସରଳ ରୈଖିକ ଗତିରେ ଘଟଣାଶୀର୍ଷ (climax)ରେ ପହଞ୍ଚାଇବା ପାଇଁ ତିନି ଚାରି ଘଣ୍ଟା ଲାଗିଯାଉଥିଲା ବେଳେବେଳେ। ପ୍ରଭାତ ମୁଖାର୍ଜୀ ସେ ସମୟର ଇଂରାଜୀରେ ଏମ୍.ଏ. ଏବଂ ଚଳଚ୍ଚିତ୍ରରେ ସ୍ୱତନ୍ତ୍ର ପ୍ରଶିକ୍ଷଣ ପାଇଥିବା ବିଖ୍ୟାତ ନିର୍ଦ୍ଦେଶକ ପ୍ରଥମଥର ପାଇଁ ଅଣରୈଖିକ (nonlinear) କାହାଣୀ ବର୍ଣ୍ଣନା କଥା କହିଲେ।

ସେତିକିବେଳକୁ 'ହରିବଂଶ' ଇତ୍ୟାଦି ପୁରାଣ ପଢ଼ି, ରାଧାଙ୍କ ଜୀବନୀ ସଂର୍ପକରେ ଅବଗତ ହୋଇ 'ମାନଭଂଜନ' ଚଳଚ୍ଚିତ୍ର ପାଇଁ ରମେଶ ପ୍ରସାଦ ଚିତ୍ରନାଟ୍ୟ ଲେଖିଥାନ୍ତି। ଶ୍ରୀଯୁକ୍ତ ପ୍ରଭାତ ମୁଖାର୍ଜୀ (ନିର୍ଦ୍ଦେଶକ)ଙ୍କ ସହ ଚିତ୍ରନାଟ୍ୟ ଆଲୋଚନା କରି ସାରିଲା ପରେ ଏହା ସୁଟିଂ ପାଇଁ ଯାଇଥାନ୍ତା। ରୈଖିକ ଶୈଳୀରେ ଚିତ୍ରନାଟ୍ୟଟି ଲେଖାଯାଇଥାଏ, ଅର୍ଥାତ୍ ରାଧାଙ୍କ ଜନ୍ମଠାରୁ ପ୍ରେମିକା ହେବାଯାଏଁ ଏହାର କାହାଣୀ ପରିବ୍ୟାପ୍ତ ଥିଲା। କିନ୍ତୁ କାହାଣୀଟି ବଡ ହେଇ ଯାଉଛି ବୋଲି ପ୍ରଭାତ ମୁଖାର୍ଜୀ କାହାଣୀଟିକୁ ମଝିରୁ ଆରମ୍ଭ କରି 'ଫ୍ଲାସ୍‌ବ୍ୟାକ୍'ରେ ପଛକୁ ଯାଇ ଏପଟ ସେପଟ କରି ସେ କାହାଣୀଟିକୁ ଦୁଇଘଣ୍ଟାରେ ସାରିଲେ। ବର୍ଣ୍ଣନା ଶୈଳୀ ରମେଶ ପ୍ରସାଦଙ୍କ ମନକୁ ପାଇଲା ନାହିଁ। ତାପରେ ସେ କହିଲେ, 'ଅଣରୈଖିକ ଚିତ୍ରନାଟ୍ୟ ବୁଝିବା ପାଇଁ ତୁମକୁ ଇଂରାଜୀ ସାହିତ୍ୟରେ ଏମ୍.ଏ.ଟା କରିବାକୁ ହେବ।' ସେତେବେଳେକୁ ରମେଶ ପ୍ରସାଦ pearl s. buck ଙ୍କର ଉପନ୍ୟାସ ଓ ଓମାର ଖୟାମଙ୍କ କବିତା ଏବଂ ସମରସେଟ୍ ମମ୍‌ଙ୍କ ଉପନ୍ୟାସ ପଢୁଥିଲେ। ଜାଣିନଥିଲେ ଏଗୁଡିକ ଉନବିଂଶ / ବିଂଶ ଶତାବ୍ଦୀର ହେଲେ ମଧ୍ୟ ପୁରୁଣା କାଳିଆ ବୋଲି। ଖାଲି ଏତିକି ମନେ ରହିଲା ଯେ ଚିତ୍ରନାଟ୍ୟ ଓ ନାଟକ ଲେଖିବାକୁ ହେଲେ ଇଂରାଜୀରେ ଏମ୍.ଏ.ଟା କରିବାକୁ ହେବ ଏବଂ ପ୍ରଚୁର ନାଟକ ପଢିବାକୁ ହେବ। ପ୍ରଭାତ ମୁଖାର୍ଜୀ ଆହୁରି କହିଥିଲେ– 'ସଂଭବ ହେଲେ ଫରାସୀ ଭାଷାଟା ଶିଖିନିଅ। ବହୁତ କାମରେ ଲାଗିବ।'

ଏ ଘଟଣାଟି ସଂପର୍କରେ ସୁଜାତା ମହାପାତ୍ର ଲେଖନ୍ତି: "ସେତିକି ବେଳେ ରମେଶ ପ୍ରସାଦ ସଚେତନ ହେଲେ ଯେ ସେ ଯେକୌଣସି ମତେ ଇଂରାଜୀରେ

ଏମ୍.ଏ. କରିବେ। କିନ୍ତୁ ଏମ୍.ଏ, ପାଶ କରି ପିଏଚ୍‌ଡି କଲା ବେଳକୁ ପ୍ରଭାତ ମୁଖାର୍ଜୀ ଇହଧାମରେ ନଥିଲେ। ରମେଶ ପ୍ରସାଦ ସିନେମାର ଗ୍ଲାମର ଦେଖି ଯେମିତି ଆକର୍ଷିତ ହୋଇଯାଇଥିଲେ, ତାହା ମିଛ ବୋଲି ମନେ କଲେ। ପ୍ରତ୍ୟେକ ମଣିଷ ନିଜର ଶିଖର ଅବସ୍ଥାକୁ ପହଂଚିବା ପାଇଁ ବହୁତ ପାଠ ପଢ଼ିବାକୁ ପଡେ ବୋଲି ପ୍ରଥମଥର ପାଇଁ ସେ ଅନୁଭବ କଲେ।"(୯)

ସାରା ଜୀବନ ରମେଶ ପ୍ରସାଦ ବିଭିନ୍ନ ନାଟକ, କବିତା ଓ ସମାଲୋଚନା ଗ୍ରନ୍ଥ ପାଠ କରିବା ସହିତ ଇଂରାଜୀରେ ୧୦/୧୨ ଖଣ୍ଡ ଗ୍ରନ୍ଥ ମଧ ରଚନା କରିଛନ୍ତି। ନିଜ ନାଟକ ଗୁଡିକୁ ଇଂରାଜୀ ଭାଷାରେ ଅନୁବାଦ କରିଛନ୍ତି। ଏଗୁଡିକ ସବୁ ପରବର୍ତ୍ତୀ ସମୟର କଥା।

କିନ୍ତୁ ୧୯୬୩ ମସିହାରେ ଯେତେବେଳେ ସେ 'ମୁକ୍ତି ମଣ୍ଡପ' ନାଟକ ଲେଖି ବ୍ୟୋମକେଶ ତ୍ରିପାଠୀଙ୍କୁ ସଂଶୋଧନ କରିବାକୁ ଦେଲେ, ସେତେବେଳେ ଉପକାହାଣୀ ଯୋଡିବାକୁ କହିଦେଇ ନାଟକଟିକୁ ଫେରାଇ ଦେଇଥିଲେ। କିନ୍ତୁ ବିନା ଉପକାହାଣୀରେ 'ମୁକ୍ତି ମଣ୍ଡପ' ମଂଚସ୍ଥ ହୋଇଥିଲା।୧୯୬୪ ମସିହାରେ ସେ ତାଙ୍କର ଦ୍ୱିତୀୟ ନାଟକ 'ନିଶୀଥ ସୂର୍ଯ୍ୟ' ଲେଖିଲେ ରେଭେନ୍ସା ମହାବିଦ୍ୟାଳୟର ନାଟ୍ୟ ସଂସଦ ପାଇଁ। ୧୯୬୫ ମସିହାରେ ଏଇଥର ମଧ ପ୍ରଫେସର ପ୍ରଫୁଲ୍ଲ ଚନ୍ଦ୍ର ପତି ଓ ତ୍ରିଲୋଚନ ମିଶ୍ର 'ନିଶୀଥ ସୂର୍ଯ୍ୟ'ର ପାଣ୍ଡୁଲିପି ପଢ଼ି ନାକ ଟେକିଲେ। ଉପକାହାଣୀ ନଥିଲେ ନାଟକ କିପରି ହେବ ବୋଲି ପଚାରିଲେ। ବିଖ୍ୟାତ ନାଟ୍ୟକାର ସେକ୍ସପିୟରଙ୍କ ଉଦ୍ଧାର କରା କାହାଣୀଗୁଡିକର ଉଦାହରଣ ଦେଇ ସୁଜାତା ମହାପାତ୍ର ଲେଖିଛନ୍ତି- "ସିନିୟର ଅଧ୍ୟାପକଙ୍କ ଉପକାହାଣୀ ସଂପର୍କୀୟ ଉପଦେଶଗୁଡିକୁ ସେ ଶୁଣିଲେ। କିନ୍ତୁ ରମେଶ ପ୍ରସାଦ ତାଙ୍କର ଏଇ ବୟୋଜ୍ୟେଷ୍ଠମାନଙ୍କର କୌଣସି କଥା ମାନିଲେ ନାହିଁ। ତାଙ୍କର ମନେହେଲା ଏଇ ପୁରୁଣା କଥା ଶୁଣିଲେ ସେ 'ସେକ୍‌ସପିଅର' ହୋଇଯିବେ। 'ରମେଶ ପାଣିଗ୍ରାହୀ' ହୋଇ ପାରିବେ ନାହିଁ। ୧୯୬୫ ମସିହାର ହୋଇ ୧୬୨୦ ମସିହାର ନାଟ୍ୟକାର ଭଳି ଲେଖିବେ କାହିଁକି ? ସେ ସର୍ବଦା ନିଜକୁ ନିଜେ ସାନ୍ତ୍ୱନା ଦେଲେ। ଉପକାହାଣୀ ନଥାଇ କ'ଣ ନାଟକ ଲେଖାଯାଇ ପାରିବ ନାହିଁ ? ପ୍ରଫେସର ପତି ଓ ବ୍ୟୋମକେଶ ତ୍ରିପାଠୀ ପୁରୁଣା ପିଢ଼ିର ଲୋକ। ରଢ଼ିବାଦୀ, ଉପକାହାଣୀ ନାହିଁ ବୋଲି କ'ଣ ନାଟକଟାକୁ ରେଭେନ୍ସା ନାଟ୍ୟ ସଂସଦର ବାର୍ଷିକୋତ୍ସବରେ କରେଇ ନ ଦେବାର ମସୁଧା କରୁଛନ୍ତି, ତେଣୁ ପ୍ରଫେସରଙ୍କୁ ଭେଟି ଉପକାହାଣୀ ଲେଖିବେ ବୋଲି ମିଛ ପ୍ରତିଶ୍ରୁତି ଦେଇ ରହିଗଲେ।"(୧୦)

ପ୍ରତ୍ୟେକ ସୃଜନଶୀଳ ସାହିତ୍ୟ ଦୁଇ ପ୍ରକାର। ସେଥିମଧ୍ୟରୁ ନାଟକ ବାଦ୍

ପଢ଼ିବା ବା କିପରି ? ଗୋଟିଏ ପ୍ରକାର ନାଟକରେ ଗତାନୁଗତିକତାର କ୍ରମ ରହିବା ସହିତ ପାଞ୍ଚ ଅଙ୍କ ବିଶିଷ୍ଟ ହୋଇଥାଏ, ଏବଂ କାହାଣୀ ବର୍ଣ୍ଣନାରେ ରସର ପରିବର୍ତ୍ତନ ସହିତ ଚରିତ୍ର ଚିତ୍ରଣ ଏପରି ହୋଇଥାଏ ଯେ ଦଳର ଅଭିନେତା / ଅଭିନେତ୍ରୀ ମାନେ ସ୍ୱଚ୍ଛନ୍ଦରେ ଅଭିନୟ କରିଥାଆନ୍ତି। ଆଉ ଗୋଟିଏ ପ୍ରକାର ଧାରା ରହିଛି। ତାହା ହେଉଛି ସମସ୍ତେ ଯେଉଁ ବାଟ ଦେଇ ଯାଅନ୍ତି, ନୂଆନାଟକଟିକୁ ତା'ଠାରୁ ଅଲଗା କରିବାକୁ ହେବ। ଏଇ ସୃଜନରେ ସମାନତା ଅପେକ୍ଷା ଭିନ୍ନତା ବେଶୀଥିବ। ରମେଶ ପ୍ରସାଦ ନିଜ ନାଟକରେ ଏପରି ଏକ ଭିନ୍ନତା ଖୋଜୁଥିଲେ। ତାହା ରଚନାରେ ହେଉ କିମ୍ବା ପରିବେଷଣରେ ହେଉ କିଛି ଯାଏ ଆସେ ନାହିଁ। ଶ୍ରୀ ପାଣିଗ୍ରାହୀ ଏଇ ୨୦/୨୧ ବର୍ଷ ବୟସରେ ସବୁବେଳେ କିଛି ନୂଆ କରିବାକୁ ଚାହୁଁଥିଲେ। ସେ ବୁଝୁଥିଲେ ଯେ ଓଡିଆ ନାଟକକୁ ଆଗକୁ ନେଇଯିବାକୁ ହେଲେ ସବୁଠି ରତିବାଦୀ ଚିନ୍ତାଧାରାକୁ ବର୍ଜନ କରିବାକୁ ପଡିବ। ସୁଜାତା ମହାପାତ୍ରଙ୍କ ଭାଷାରେ, "ମହାଜନ ମାନେ ଯେଉଁ ପନ୍ଥାରେ ଯାଇଛନ୍ତି, ତାହା ଏକ ମାତ୍ର ବାଟ ନୁହେଁ, ସେ ଅମଡା ବାଟରେ ହିଁ ଚାଲିବେ। ପାଦରେ କଣ୍ଟା ଫୁଟୁ, ଚାଲିବା ବାଟ ପାଦରୁ ବାହାରିଥିବା ରକ୍ତରେ ଲାଲ୍ ହେଇଯାଉ, କ୍ଷତି ନାହିଁ। ଅମଡା ବାଟରେ ଚାଲୁଥିବା ଲୋକ ହିଁ ଗୋଟିଏ ଜାତିର ସାହିତ୍ୟକୁ, ନାଟକକୁ ଗୋଟାଏ ପାଦ ଆଗକୁ ଆଗେଇ ନେବେ।[୧୧]

ଏହାର ଅର୍ଥ ନୁହେଁ ଯେ ରମେଶ ପ୍ରସାଦ କେବଳ ପାଶ୍ଚାତ୍ୟ ଆଧୁନିକତାକୁ ଗ୍ରହଣ କରି ଓଡିଶାର ପାରଂପରିକ ଲୋକଶୈଳୀ, ଲୋକ ସଂଗୀତ ଓ ଲୋକ କାହାଣୀ ପ୍ରଭୃତିକୁ ପଛେଇ ନେଇଛନ୍ତି। ଓଡିଶାର ଆଧୁନିକତାରେ ଲୋକ ଉପାଦାନର ପ୍ରୟୋଗ କରାଯିବା ଦୃଷ୍ଟିରୁ ସେ ଏକ ଅନନ୍ୟ ସ୍ରଷ୍ଟା। ଧରାକୋଟର ପଲ୍ଲୀ ପରିବେଶରେ କଟିଛି ତାଙ୍କର ବାଲ୍ୟ ଓ କୈଶୋର। ତାଙ୍କ ନନା ରାଧାମୋହନ ପାଣିଗ୍ରାହୀ ଯେପରି ତିନିଖଣ୍ଡ ନାଟକର ସ୍ରଷ୍ଟା (ଧ୍ରୁବ, ପ୍ରହଲ୍ଲାଦ ଓ ବିଶ୍ୱାବସୁ') ସେହିପରି ତାଙ୍କ ଅଜା ନଟବର ସାହୁ ଗୋଟିଏ କୃଷ୍ଣଲୀଳା ଦଳର ନିର୍ଦ୍ଦେଶକ ଥିଲେ। ସେ ସମୟରେ ଗଂଜାମରେ ଦୁଇ ପ୍ରକାର କୃଷ୍ଣଲୀଳା ପ୍ରଚଳିତ ଥିଲା। ଏଥିରେ ନଦୀୟା ସଂକୀର୍ତ୍ତନର ପ୍ରଭାବ ସ୍ପଷ୍ଟ ଭାବେ ପଡିଥିବାବେଳେ, କୃଷ୍ଣଲୀଳାର ଭାଷାରେ ମଧ୍ୟ 'ଆଇଆ', ଖାଇଆ', ଯାଇଆ' ପ୍ରଭୃତି ଶବ୍ଦର ପ୍ରୟୋଗ କରାଯାଉଥିଲା। ଶ୍ରୀକୃଷ୍ଣ ଏବଂ ଶ୍ରୀ ରାଧା ଏବଂ କଳାକାର ମାନେ ବଙ୍ଗଳା ଛନ୍ଦରେ ନୃତ୍ୟ କରୁଥିଲେ। ଗୁରୁ ନଟବର ସାହୁଙ୍କ ଲୀଳା ନାଟକରେ ରାୟରାମାନନ୍ଦଙ୍କ ପ୍ରଭାବ ସ୍ପଷ୍ଟ ଥିଲା। ସେ ଆନ୍ଧ୍ରପ୍ରଦେଶର ହୋଇଥିବାରୁ ତାଙ୍କର କୃଷ୍ଣଲୀଳାରେ କର୍ଣ୍ଣାଟକୀ ଶାସ୍ତ୍ରୀୟ ସଂଗୀତର ପ୍ରୟୋଗ କରାଯାଇଥିଲା। ନଟବର ସାହୁ (୧୮୮୫-୧୯୫୫) ଊନବିଂଶ ଶତାବ୍ଦୀର ବ୍ୟକ୍ତି

ଥିଲେ । ଓଡିଶା ଇଂରାଜୀ ଶାସନାଧୀନ ଥିଲାବେଳେ ସେ କୃଷ୍ଣଲୀଳା ଶିଖୁଥିଲେ ଦକ୍ଷିଣୀ ବୈଷ୍ଣବମାନଙ୍କ ଠାରୁ । ତେଣୁ ଲୀଳାର ଗୀତ ଗୁଡ଼ିକରେ ଶାସ୍ତ୍ରୀୟ ସଂଗୀତ(କର୍ଣ୍ଣାଟକୀ)ର ବହୁଳ ପ୍ରୟୋଗ କରାଯାଉଥିଲା । ସେ ଆସ୍କା ପାଖ ଦେବଭୂମି ଗ୍ରାମରେ ଜନ୍ମ ଗ୍ରହଣ କରିଥିଲେ ଓ ଆସ୍କା ଚିନିକଳର ମ୍ୟାନେଜିଂ ଡାଇରେକ୍ଟର ମିଞ୍ଚିନ୍ ସାହେବ ଥିଲେ ତାଙ୍କ କଳାର ପୃଷ୍ଠପୋଷକ । ସେ ରାଜା ମହାରାଜାମାନଙ୍କ ପାଟ ଅଗଣାମାନଙ୍କରେ କୃଷ୍ଣଲୀଳା ପରିବେଷଣ କରି ପୁରସ୍କୃତ ହୋଇଥିଲେ । ରମେଶ ପ୍ରସାଦ ପାଣିଗ୍ରାହୀ ତାଙ୍କ ଅଜାଙ୍କୁ ମନେପକାଇ କୁହନ୍ତି: ସେ କାନରେ ସୁବର୍ଣ୍ଣ କୁଣ୍ଡଳ ଏବଂ ହାତରେ ସୁବର୍ଣ୍ଣ କଙ୍କଣ ପିନ୍ଧିଥାନ୍ତି ।

ପିଲାବେଳେ ଅଜାଘର ଗଲେ ବାଳୁତ ରମେଶ ପ୍ରସାଦ ଲକ୍ଷ୍ୟ କରନ୍ତି ତାଙ୍କଘରେ ୨୦/୨୫ ଟି ଶିକାରେ ଛୋଟ ଛୋଟ ଠେକି ଓହଳି ଥାଏ । ଆଇଙ୍କୁ ପଚାରିଲେ ସେ କୁହନ୍ତି, ଠେକି ମାନଙ୍କରେ ଗୁଆ ଘିଅ ଅଛି । ପ୍ରତିଦିନ ସକାଳୁ ଅଜା ପାଏ ଗୁଆଘିଅ ତରଳାଇ ପିଅନ୍ତି । ଏହାଦ୍ୱାରା ତାଙ୍କର ଗଳା ସଂରକ୍ଷିତ ହୋଇ ରହିଥାଏ ଓ ଗଳା ପଡିଯାଏ ନାହିଁ । ଏହା ସେ କାଳର ପ୍ରଥା । କୃଷ୍ଣଲୀଳା କରୁଥିବା ଯୋଗୁ ମୋ ଅଜାଘରେ ମାଛ, ମାଂସ ପିଆଜ ରସୁଣ ଆଦି ନ ଖିଆଯିବା ସହିତ ବୈଷ୍ଣବ ସଂପ୍ରଦାୟ ସଂଶ୍ଳିଷ୍ଟ ସମସ୍ତ ଉତ୍ସବ ପାଳନ ମଧ୍ୟ କରାଯାଉଥିଲା ।

ପ୍ରତିବର୍ଷ 'ଶୀତଳଷଷ୍ଠୀ' ବେଳକୁ ଧରାକୋଟରେ ଲୋକ ଯାତ୍ରା ଅନୁଷ୍ଠିତ ହୁଏ । ବଭିନ୍ନ ଅଂଚଳରୁ ୧୫/୨୦ ଟି ଲୋକ ନାଟ୍ୟ ଦଳ ଆସନ୍ତି । ରମେଶ ପ୍ରସାଦ ରାତି ଅନିଦ୍ରା ନ ରହି ବରଂ ସକାଳୁ ପ୍ରତ୍ୟେକ ଦଳର ଅଭିନୟର ପ୍ରସ୍ତୁତିକୁ ବୁଲିବୁଲି ଦେଖନ୍ତି ଓ ମୁଖ୍ୟ ଅଭିନେତାଙ୍କ ଅଭିନୟ 'କପି' କରି ନିଜେ ଅଭିନୟ କରନ୍ତି । ତାଙ୍କୁ ସବୁଠୁ ଭଲ ଲାଗେ 'ଭାରତଲୀଳା'ର ଦ୍ୱାରୀ ଚରିତ୍ର । ଗୋଟିଏ ଢୋଲକି ଥାଏ ତାଙ୍କ ସାଂଗ ବିପିନ୍ ପଟ୍ଟନାୟକଙ୍କ ଘରେ । ସେଇଠିକି ଯାଇ ଢୋଲ୍‌କୀ ବଜାଇ ସିଏ ନାଚ କରନ୍ତି ।ସେଇ ବିପିନ୍ ପଟ୍ଟନାୟକ ଘରେ ଆରମ୍ଭ ହୋଇଥିଲା 'ଶିଶୁ ନାଟ୍ୟ ସଂଘ' ଓ ଦୋଳ ପୂର୍ଣ୍ଣିମାରେ ମଂଚସ୍ଥ ହୋଇଥିଲା 'କୃଷକ ଓ ମହାଜନ' ନାଟକ ।

ଏଥିରୁ ଅନୁମାନ କରାଯାଇପାରେ ଯେ ପରବର୍ତ୍ତୀ ପର୍ଯ୍ୟାୟରେ ଏହି ଲୋକନାଟ୍ୟ ଶୈଳୀ ତାଙ୍କୁ କିପରି ଏବଂ କେତେମାତ୍ରାରେ ପ୍ରଭାବିତ କରିଛି । ଯାହାଫଳରେ ସେ ତାଙ୍କ 'ମହାନାଟକ' (୧୯୭୧)ରେ ଏହାର ପ୍ରୟୋଗ କରିଛନ୍ତି । ଏହି ପ୍ରୟୋଗ ବୌଦ୍ଧିକ ପ୍ରୟୋଗ ନୁହେଁ । ଏହା ତାଙ୍କ ନିଜର ଶୈଶବର ଅନୁଭୂତି ଓ ଲୋକନାଟ୍ୟ ସହ ତାଙ୍କର ସଂପୃକ୍ତି । ଧରାକୋଟର ବଜାରକୁ ଲାଗି ରହିଛି କୁମ୍ଭାର ସାହି । କୁମ୍ଭାର ସାହିରେ ଗାଁରେ ଥାଏ 'ଦଣ୍ଡନାଟ ଆଖଡାଘର' । ସେଇଠି ପ୍ରତି ସଂଧ୍ୟା

ଓ ପ୍ରତି ସକାଳେ ଦଣ୍ଡନାଟର ରିହାରସାଲ କରାଯାଏ। ଏଇ ଆଖଡା ଘରଟି ରମେଶ ପ୍ରସାଦଙ୍କ ଘର ପାଖରୁ ଅତିନିକଟ। ୧/୪ ଫର୍ଲଙ୍ଗ ଦୂରତା। ସେ ସେଇଥିପାଇଁ ମଝିରେ ମଝିରେ ଯାଇ ସେ ଆଖଡାରେ ଗୀତ ନାଚର ରିହାରସଲ୍ ଦେଖନ୍ତି। ସବୁ ଗୀତ ଓ ନାଚ ଭଲ ଲାଗେ ତାଙ୍କୁ ରାତି। ୯ ଟା ବାଜିଲେ ଗ୍ରାମଫୋନରୁ ନିମାଇଁ ଚରଣ ହରିଚଂନ୍ଦନ ଓ ବାଳକୃଷ୍ଣ ଦାସ ପ୍ରଭୃତିଙ୍କ ଗୀତ ଶୁଣନ୍ତି।୧୯୫୧-୫୨ ବେଳକୁ ଗଂଜାମରେ ଗ୍ରାମଫୋନର ବେଶ୍ ଚାହିଦା ଥିଲା। ବେଶୀ ଲୋକଙ୍କ ଘରେ ରେଡିଓ ଥିଲା। ରମେଶ ପ୍ରସାଦଙ୍କ ଘରେ ଏକ ହାତ ତିଆରି ରେଡିଓ ଥିଲା। ବିଭିନ୍ନ କଂପାନୀ ରେଡିଓର ଯନ୍ତ୍ରାଂଶ କିଣି ସେଗୁଡିକୁ ଏକାଠି କରି ତାଙ୍କ ଭିଣେଇ ଗୋଟେ ରେଡିଓ ତିଆରି କରିଦେଇଥାନ୍ତି। ପିଲାଦିନେ ସେ ଚତୁର୍ଥ ଶ୍ରେଣୀ ପରୀକ୍ଷା ଦେଇ ସାରି ଗୋଟିଏ ଉପନ୍ୟାସ ପଢିଲେ। ବିଷ୍ଣୁ ପ୍ରସାଦ ବାହାଲିଆଙ୍କ 'ଧରମ ଝିଅ' ଉପନ୍ୟାସ, ତାପରେ 'ମାଟିର ମଣିଷ' ଓ 'ଅପବାଦ', ସହିତ ସେ ଭଗବତୀଚରଣ, କାଳନ୍ଦୀଚରଣ ପାଣିଗ୍ରାହୀ ଇତ୍ୟାଦିଙ୍କର କିଛି କିଛି ଗପ ପଢ଼ିଲେ।

ରମେଶ ପ୍ରସାଦ ପାଣିଗ୍ରାହୀଙ୍କର ବାଲ୍ୟକାଳରେ ପ୍ରତିଦିନ ସଂଧ୍ୟାରେ ତାଙ୍କ ଘର ଦାଣ୍ଡ ବାରଣ୍ଡାରେ ଗୋଟିଏ ଛୋଟ ସାହିତ୍ୟ ଆସର ବସୁଥିଲା। ନନାଙ୍କ ସାଙ୍ଗରେ ବଡ ଦାଣ୍ଡ ସାହିରୁ ଚ୍ୟାଉ ପଟ୍ଟନାୟକ,ନରସିଂହ ରଥେ ଇତ୍ୟାଦି ସାହିତ୍ୟରେ ରୁଚି ରଖିଥିବା ଭଦ୍ରଲୋକ ଏକାଠି ହୁଅନ୍ତି। ରମେଶ ପ୍ରସାଦଙ୍କ ବୟସ ସେତେବେଳକୁ ଆଠ/ଦଶ ହେବ। ସେ ଦାଣ୍ଡରୁ ଖେଳି ଆସି ଗୋଡ ହାତ ଧୁଆଧୁଇ ହୋଇ ପ୍ରାର୍ଥନା ସାରି ଖଣ୍ଡେ ବହି ଧରି ଲଣ୍ଠନ ପାଖରେ ବସି ଯାଉଥିଲେ ସନ୍ଧ୍ୟା ହେଲେ।

ନରସିଂହ ରଥେ ପଚାରିଲେ, "ରମେଶ, କୋଉ ବହି ପଢୁଛୁ?" ସେ କହିଲେ " ଏଇଟା ଗୋଟେ ଗପ ବହି, ମୁଁ ୟା' ଭିତରେ ଦୁଇଟା ଉପନ୍ୟାସ ପଢ଼ି ସାରିଲିଣି।"

ନରସିଂହ ରଥେ ପୁଣି ପଚାରିଲେ, ଉପନ୍ୟାସ ଆଉ ଗପ ପଢୁଛୁ, ସେ ଦୁଇଟା ଭିତରେ ପ୍ରଭେଦ କଣ କହିଲୁ? ଏହାର ଉତ୍ତରରେ ରମେଶ ପ୍ରସାଦ କହିଥିଲେ "ଉପନ୍ୟାସରେ ମଣିଷ ଜୀବନର କାହାଣୀ ଥିବାବେଳେ ଗପରେ ଥାଏ ଗୋଟିଏ ମୁହୂର୍ତ୍ତ କିମ୍ବା ଗୋଟିଏ ଦିନର ସଂକ୍ଷିପ୍ତ ଘଟଣା।" (୧୨)

ରମେଶ ପ୍ରସାଦ ତାଙ୍କର ଗୋଟିଏ ସାକ୍ଷାତ୍କାରରେ ଏହି ଘଟଣାଟି କହିଛନ୍ତି। ଘଟଣାଟିରୁ ସୂଚନା ମିଳୁଛି ଯେ ୮/୧୦ ବର୍ଷ ବୟସରୁ ସେ ସାହିତ୍ୟର ବିଭିନ୍ନ ବିଭାଗ ମାନଙ୍କୁ ଚିହ୍ନିବାର ଅବକାଶ ପାଇଥିଲେ। ଧରାକୋଟରେ ବିତିଥିବା ସେଇ ପିଲାଦିନ ତାଙ୍କ କୈଶୋର ଓ ଯୌବନରେ ଉପନ୍ୟାସ ଓ ଗଳ୍ପର ଜଣେ ଭଲ ପାଠକ

ହେବା ପାଇଁ ସାହାଯ୍ୟ କରିଥିଲା। ତାଙ୍କର ବାଲ୍ୟ ଓ କୈଶୋରର ପାଠପଢା ପରବର୍ତ୍ତୀ ସମୟରେ ନାଟକ ଲେଖିବାର ବିଭିନ୍ନ ଉପାଦାନ ଯୋଗାଇ ଥିଲା।

ରମେଶ ପ୍ରସାଦ ତାଙ୍କର ଯୌବନର ଆଦ୍ୟ ପର୍ବରେ ନାଟ୍ୟ ପରୀକ୍ଷା ଅପେକ୍ଷା ମାନସିକ ସ୍ତରରେ ବେଶୀ ପରୀକ୍ଷା କରିଛନ୍ତି। ଏହାପରେ 'ହେ ପୃଥିବୀ ବିଦାୟ' ନାଟକରେ ଏକ ସ୍ପଷ୍ଟ ମଧ୍ୟବିତ୍ତ ଘରର ସେଟ୍, 'କମଳପୁର ଡ଼ାକଘର' ନାଟକରେ ଗୋଟିଏ ଡାକଘରର ସେଟ୍ ଓ 'ମୁଁ ଆମ୍ଭେ ଓ ଆମ୍ଭେମାନେ' ନାଟକ ପାଇଁ ଗୋଟିଏ ଗ୍ରାମାଞ୍ଚଳର ବସ୍ ରହିବା ସ୍ଥାନ ଥିଲା। ରମେଶ ପ୍ରସାଦ ନିଜେ ମଂଚ ନିର୍ମାଣ ଓ ସେଟ୍ ନିର୍ମାଣ କାମରେ ଯୋଗ ଦେଇ ଅନେକ ଶିକ୍ଷା ପାଇଥିଲେ। ଗଂଜାମ କଳା ପରିଷଦର ତାଲିମ ପ୍ରାପ୍ତ ମଂଚ ପରିଚାଳକ ବିପିନ ବିହାରୀ ସାହୁ ଓ କେଦାର ଆପ୍ତେଙ୍କ ସହ ବଂଧୁତା କରି ସେ ମଂଚରେ ସେଟ୍ ନିର୍ମାଣ କରିବା ଶୈଳୀ ସେତେବେଳକୁ ଶିଖି ଯାଇଥିଲେ।

ଗଂଜାମ କଳାପରିଷଦ ପାଖରେ ଚନ୍ଦ୍ରପ୍ରଭା ସାହିରେ ବିପିନ ବିହାରୀ ସାହୁଙ୍କ ଷ୍ଟୁଡ଼ିଓ 'ଚିତ୍ରଲେଖା' ଅବସ୍ଥାପିତ ହୋଇଥିଲା। ସେଠାରେ ସେମାନଙ୍କ ସାଙ୍ଗରେ ବସି 'ବିନ୍ଦୁ ଓ ବଳୟ' ନାଟକର ସେଟ୍‌ର ଡ଼ିଜାଇନ୍ ପ୍ରସ୍ତୁତ ହୋଇଥିଲା। ତା ପରଠୁ 'ହେ ପୃଥିବୀ ବିଦାୟ' 'କମଳପୁର ଡ଼ାକଘର', 'ଗୁଣ୍ଡା' ଓ 'ମୁଁ ଆମ୍ଭେ ଓ ଆମ୍ଭେମାନେ' ନାଟକ ଗୁଡ଼ିକର ସେଟ୍ ନିର୍ମାଣ କାର୍ଯ୍ୟରେ ନିଜେ ନାଟ୍ୟକାର ଅଂଶଗ୍ରହଣ କରିଥିଲେ। ଅତଏବ 'ଗଂଜାମ କଳାପରିଷଦ' ତାଙ୍କର ନାଟ୍ୟ ପ୍ରଶିକ୍ଷଣର କେବଳ ଏକ୍ସୁଡ଼ିଶାଳ ନଥିଲା, ସେଠାରେ ସେ ଅତି ସହଜ ଓ ସରଳ ଭାବରେ ବଂଧୁମାନଙ୍କଠାରୁ ଚିତ୍ରିତ ପରଦା ନିର୍ମାଣ, ପେଟିକା ମଂଚ (box set) ନିର୍ମାଣ ଓ ପ୍ରତୀକାତ୍ମକ ସେଟ୍ ନିର୍ମାଣ ସଂପର୍କରେ ମଧ୍ୟ ପ୍ରଶିକ୍ଷଣ ନେଲେ। ଏହା ୧୯୬୫ ରୁ ୧୯୭୦ ଭିତରର କଥା। ଏହି ସମୟ ଭିତରେ ଅନ୍ନପୂର୍ଣ୍ଣା (କ) ଓ (ଖ), ଜନତା ଥିଏଟର ଓ କଳାଶ୍ରୀ ଥିଏଟର ମଧ୍ୟ ଓଡ଼ିଶାରେ ଭ୍ରାମ୍ୟମାଣ ବ୍ୟବସାୟିକ ଦଳ ରୂପେ ନାଟକ ପରିବେଷଣ କରୁଥିଲେ।

'ମୁକ୍ତିମଣ୍ଡପ' ଓ 'ତିମିରତୃଷ୍ଣା' ପରେ 'ବିନ୍ଦୁ ଓ ବଳୟ' ନାଟକ ପାଖରୁ ଶ୍ରୀ ପାଣିଗ୍ରାହୀଙ୍କ ଯୌବନ ଆରମ୍ଭ ବୋଲି କୁହାଯାଇ ପାରେ । ୨୨ବର୍ଷ ବୟସରେ ୧୯୬୬ ମସିହାରେ ସେ ବ୍ରହ୍ମପୁରର ଗଞ୍ଜାମ କଳା ପରିଷଦ ଭିତରେ ପ୍ରବେଶ କଲେ। 'ବିନ୍ଦୁ ଓ ବଳୟ' ଲେଖା ହେଲା ବେଳକୁ ସୌଖୀନ ରଂଗମଞ୍ଚ ମାନଙ୍କରେ ପରଦା ନାଟକ ଆଉ ଚାଲୁନଥିଲା। ପ୍ରତ୍ୟେକ ନାଟକ ସ୍ଥାନ କୈନ୍ଦ୍ରିକ ଥିଲା। 'ମୁକ୍ତିମଣ୍ଡପ'ରେ ପରଦା ମଂଚଥିଲା। 'ତିମିର ତୃଷ୍ଣା' ହେଲାବେଳକୁ ତାହା ଗୋଟିଏ ସେଟରେ ପରିବର୍ତ୍ତିତ ହୋଇଗଲା। ତଥାପି ରେଭେନ୍ସା ମହାବିଦ୍ୟାଳୟରେ ଏହି

ନାଟକ ହେଲାବେଳକୁ ତିନୋଟି ମଞ୍ଚ ତିଆରି ହେଲା। ଏହା ଫଳରେ ଦୃଶ୍ୟ ଓ ଦୃଶ୍ୟାନ୍ତର ମଧ୍ୟରେ ସମୟର ବ୍ୟବଧାନ ରହିଲା ନାହିଁ। ଏହା ଦର୍ଶକ ମାନଙ୍କ ପାଇଁ ଅଧିକ ଉପଭୋଗ୍ୟ ହେଲା।

'ବିନ୍ଦୁ ଓ ବଳୟ' ବେଳକୁ ଗୋଟିଏ ଡାକବଙ୍ଗଳା ସେଟରେ ନାଟକ ଲେଖା ହେବା ପାଇଁ ଯୋଜନା ଚାଲିଲା। ନିର୍ଦ୍ଦେଶକ ଡ. ସୁରେନ୍ଦ୍ର ପ୍ରସାଦ ଦାସ ଡାକ ବଂଗଳା ସେଟଟା ବୁଝାଇଦେଇଥିଲେ ତାଙ୍କୁ। ଆଉ ଟିକିଏ ରଙ୍ଗୀନ କରିବା ପାଇଁ ଏବଂ କାହାଣୀର ଆବଶ୍ୟକତା ଅନୁଯାୟୀ ମଂଞ୍ଚର ବାମ ପଟକୁ ଡାକବଙ୍ଗଳାର ଦୁଇଟି କଠୋରୀ ଓ ବାରଣ୍ଡାକୁ ସ୍ଥାନିତ କରି ଡାହାଣପଟେ ରଖାଗଲା। ଡାକବଂଗଳା ଚୌକିଦାରର ଘର , ବାହାରେ ସେଇ ଡାହାଣପଟ ଖୋଲା ମଞ୍ଚରେ ରହିଲା ତୁଳସୀ ଚଉରା ଓ ଉପରେ ବରଗଛ, ଡାକବଙ୍ଗଳାକୁ ଲାଗି ନିମ୍ନ ମଞ୍ଚରେ ରାସ୍ତା । ଅତଏବ ମଞ୍ଚରେ ଛ' ଗୋଟି ଅଭିନୟ ଇଲାକା ସୃଷ୍ଟି ହେଲା।

(୧) ଡାକ ବଙ୍ଗଳାର କୋଠରୀ-୧ (୨) ଡାକ ବଙ୍ଗଳାର କୋଠରୀ-୨ (୩) ଡାକ ବଂଙ୍ଗଳାର ବାରଣ୍ଡା (୪) ତୁଳସୀ ଚଉରା (୫) ଚୌକିଦାର ବଂଶୀର ଚାଳଘର (୬) ଡାକ ବଙ୍ଗଳା ସାମ୍ନା ରାସ୍ତା। ୧୯୬୬ ମସିହା ବେଳକୁ ଏ ପ୍ରକାର ମଞ୍ଚ ଓଡିଶାର ଆଉ କେଉଁଠି ହୋଇନଥିଲା। 'ଅନ୍ନପୂର୍ଣ୍ଣା' 'ଜନତା' ପ୍ରଭୃତି ବ୍ୟବସାୟିକ ରଂଗମଞ୍ଚରେ କେବେ ଏପରି ମଞ୍ଚର ପରି କଳ୍ପନା କରାଯାଇନାହିଁ।

ଏହି ସମୟ ଭିତରେ ଅନ୍ନପୂର୍ଣ୍ଣା (କ) ଓ (ଖ) ଜନତା ଥିଏଟର ଓ କଳାଶ୍ରୀ ଥିଏଟର ମଧ୍ୟ ଓଡିଶାର ଭ୍ରାମ୍ୟମଣ ବ୍ୟବସାୟିକ ଦଳ ରୂପେ ନାଟକ ପରିବେଷଣ କରୁଥିଲେ। ଭ୍ରାମ୍ୟମାଣ ବ୍ୟବସାୟିକ ଦଳମାନେ ପରଦା ବ୍ୟବହାର କରିବା ସହ ସେଟ୍ ମଧ୍ୟ ନିର୍ମାଣ କରୁଥିଲେ। କିନ୍ତୁ ରମେଶ ପ୍ରସାଦ ଗଞ୍ଜାମ କଳା ପରିଷଦରେ କେବଳ ଗୋଟିଏ ସେଟ୍ ଉପରେ ନାଟକ ଲେଖି ମଂଚସ୍ଥ କରାଉଥିଲେ।

୧୯୭୦ ମସିହା ବେଳକୁ ଅର୍ଥାତ 'ମୁଁ, ଆମ୍ଭେ ଓ ଆମ୍ଭେମାନେ' ନାଟକର ସଫଳ ମଞ୍ଚାୟନ ପରେ ପରେ ଓଡିଶାର ସାହିତ୍ୟକ ପାଣିପାଗରେ ପରିବର୍ତ୍ତନ ଆସିଲା। ଓଡିଆ ଯୁବ ଲେଖକ ସମ୍ମିଳନୀ ପ୍ରତିବର୍ଷ ଗ୍ରାମାଞ୍ଚଳରେ ସାହିତ୍ୟ ସଭା ଆୟୋଜନ କରି କବିତା, ଗଳ୍ପ ଏବଂ ଉପନ୍ୟାସ ଇତ୍ୟାଦିରେ ନୂତନତାର ସଂଧାନ କଲେ। ସେତିକିବେଳକୁ ସମଗ୍ର ପୃଥିବୀରେ ନୂତନତାର ସ୍ୱର ଶୁଭୁଥିଲା। ବାସ୍ତବବାଦୀ ସାହିତ୍ୟ ପୁରୁଣା ହୋଇଯାଇଥିଲା ଜୀବନର ବାହ୍ୟସ୍ତରକୁ ଚିତ୍ରଣ କରୁଥିବା ସାହିତ୍ୟକୁ ପରିତ୍ୟାଗ କରି ଲେଖକମାନେ ଭିତରର ମନସ୍ତତ୍ତ୍ୱ ଉପରେ ବେଶୀ ପ୍ରାଧାନ୍ୟ ଦେଲେ। ଏହାକୁ ମନସ୍ତାତ୍ତ୍ୱିକ ବାସ୍ତବତା ବୋଲି କୁହାଗଲା।

ମନସ୍ତାତ୍ତ୍ୱିକ ବାସ୍ତବତା ପ୍ରସଙ୍ଗ ପ୍ରଥମେ ଆସିଲା ଚିତ୍ରକଳାରେ ଏବଂ ତା'ପରେ କଥା ସାହିତ୍ୟରେ।

ମାନବିକ ସଂପର୍କରେ ଏଇ ଅନ୍ତର୍ନିହିତ ପ୍ରତିକ୍ରିୟା ଗୁଡ଼ିକୁ ଯେତେବେଳେ ନାଟକରେ ଦେଖାଇବା ଆବଶ୍ୟକ ହେଲା, ତାକୁ କୁହାଗଲା ଅଭିବ୍ୟଂଜନାବାଦୀ ଶୈଳୀ ବା expressionistic drama । ରମେଶ ପ୍ରସାଦଙ୍କ 'ମୁଁ, ଆମ୍ଭେ ଓ ଆମ୍ଭେମାନେ' ନାଟକ ପଞ୍ଚମଥର ପାଇଁ ଅଭିନୀତ ହେଲା୧୯୭୦ ମସିହାରେ। ଏହା ମଞ୍ଚସ୍ଥ ହେବାର ପନ୍ଦର ଦିନ ପରେ ପରେ ରମେଶ ପ୍ରସାଦଙ୍କ ବିବାହ ହେଲା ଭୁବନେଶ୍ୱରରେ ।

ରମେଶ ପ୍ରସାଦଙ୍କ ବିବାହ ପରର ପ୍ରଥମ ନାଟକ 'ଧୃତରାଷ୍ଟ୍ରର ଆଖି' ପ୍ରଥମେ ବ୍ରହ୍ମପୁର ବିଶ୍ୱବିଦ୍ୟାଳୟ ଠାରେ ଡ. ସୁବୋଧ ପଟ୍ଟନାୟକଙ୍କ ନିର୍ଦ୍ଦେଶନାରେ ଅଭିନୀତ ହୋଇଥିଲା। ଏହି ନାଟକରେ ସବୁ ଚରିତ୍ର ଭୁବନେଶ୍ୱର ମଧ୍ୟବିତ୍ତ ସମାଜର ସାମାଜିକ ବ୍ୟବସ୍ଥାର। ପିତା ଚରିତ୍ରଟିକୁ ସନ୍ତାନମାନେ ପଛ ଘରେ ବସେଇ ଦେଇଛନ୍ତି। ଆଗଘରକୁ ଅର୍ଥାତ ଆଧୁନିକ ଯୁଗ ଭିତରକୁ ପଶିବା ପାଇଁ ତାଙ୍କୁ ମନା।

ପିତା ପୁତ୍ରମାନଙ୍କ ମଧ୍ୟରେ ଥିବା ପାରିବାରିକ ସଂପର୍କ ଛିନ୍ନ ହେବାର ନାଟକ, ପରିବର୍ତ୍ତିତ ସାମାଜିକ ବ୍ୟବସ୍ଥା ଭିତରେ ପରଂମ୍ପରାକୁ କିପରି କବର ଦିଆହେଉଛି ତାହାର ଏକ ମନସ୍ତାତ୍ତ୍ୱିକ ଚିତ୍ର । ଶେଷ ଦୃଶ୍ୟରେ ବାପା ସୀତାନାଥଙ୍କ ମୃତ୍ୟୁ ପରେ ପୁତ୍ର ଓ ପୁତ୍ରବଧୂମାନେ ଭିତରେ ଭିତରେ କିପରି ହାଲୁକା ଅନୁଭବ କରୁଛନ୍ତି ତାହାର ଶ୍ଳେଷାତ୍ମକ ଉପସଂହାର ହେଉଛି ନାଟକର ବକ୍ତବ୍ୟ।

(ଖ) ବୃତ୍ତିଗତ ଜୀବନ

୧୯୭୧ ରୁ ୧୯୮୦ ମସିହା ଭିତରେ ରମେଶ ପ୍ରସାଦ ନାଟ୍ୟ ରଚନାରେ ଯେଉଁ ପରିବର୍ତ୍ତନ ଆଣିଛନ୍ତି ତାହା ଓଡ଼ିଆ ନାଟ୍ୟ ସାହିତ୍ୟ କାହିଁକି ସମଗ୍ର ଭାରତୀୟ ନାଟ୍ୟ ପ୍ରେକ୍ଷାପଟରେ ଅନନ୍ୟ। ଏହି ସମୟ ଖଣ୍ଡରେ ତାଙ୍କର ବିବାହ ହୋଇଛି। ସେ ଅଧ୍ୟାପକ ଚାକିରୀରେ ମଧ୍ୟ ପାଇଛନ୍ତି ଓ ସରକାରୀ ଚାକିରୀରେ ଯୋଗ ଦେଇଛନ୍ତି। ସରକାରୀ ଚାକିରୀ କାଳ ମଧ୍ୟରେ ସେ ଭଲ ଭଲ ପାଠାଗାର ସହ ସଂପୃକ୍ତ ହୋଇ ୟୁରୋପୀୟ ନାଟକ ସଂପର୍କରେ ଯଥେଷ୍ଟ ଜ୍ଞାନ ଲାଭ କରିଛନ୍ତି। ଏହି ସମୟ ଖଣ୍ଡରେ ଲିଖିତ ନାଟକଗୁଡ଼ିକରୁ ତାର ପ୍ରମାଣ ମିଳିବ।

ଚାକିରୀ କାଳମଧ୍ୟରେ ପ୍ରଥମେ ସେ ୧୯୬୯ ମସିହାରେ ଟିଟିଲାଗଡର ଡି.ଏ.ଭି ମହାବିଦ୍ୟାଳୟରେ ଇଂରାଜୀ ଅଧ୍ୟାପକ ଭାବେ ସେ ନିଯୁକ୍ତି ପାଇଲେ। ସେଠାରେ ନାଟକ ଓ ସଂଗୀତର ବିକାଶପାଇଁ ଥିଲା ପ୍ରକୃଷ୍ଟ କ୍ଷେତ୍ର। କଲେଜରେ

ସମବେତ ସଂଗୀତ ଲେଖିବା ସହିତ ସେଥିରେ ସ୍ୱର ସଂଯୋଜନା କରିବା ଓ ପିଲାଙ୍କୁ ଶିଖାଇବା କାମ ଥିଲା ରମେଶ ପ୍ରସାଦଙ୍କର। କଲେଜର ନାଟକରେ ନିର୍ଦ୍ଦେଶନା ଦେବା ଦାୟିତ୍ୱ ଥିଲା ରମେଶ ପ୍ରସାଦଙ୍କର । ଅଧ୍ୟାପକ ମାନଙ୍କର ନାଟକରେ ସେ ଅଭିନୟ କରୁଥିଲେ।

ଟିଟିଲାଗଡ କଲେଜରେ ଅବସ୍ଥାନ କାଳରେ ସେ ଭାଟିପଡା କଲୋନୀରେ ରହୁଥିଲେ। ସନ୍ଧ୍ୟାରେ ଭାଟିପଡା ନାମକ ସେଇ ଆଦିବାସୀ ଗ୍ରାମକୁ ଯାଇ ସେଇଠି ହାରମୋନିୟମ୍ ବଜାଉଥିଲେ। ଗାଁ ଲୋକେ ତାଙ୍କ ପାଇଁ ଗୋଟିଏ ଦଉଡିଆ ଖଟ ପକାଇ ଦିଅନ୍ତି ଓ ରମେଶ ପ୍ରସାଦ ହାରମୋନିୟମ୍‌ରେ ସିନେମା ଗୀତ ବଜାଇ ଦର୍ଶକ ଗ୍ରାମବାସୀଙ୍କର ମନୋରଞ୍ଜନ କରନ୍ତି, ଫେରିଲାବେଳେ ୧୦ଟଙ୍କାରେ ପରିବା ନେଇ ଆସନ୍ତି। ଗାଁଲେକେ ଚିହ୍ନା ଥିବାରୁ ଦଶ ଟଙ୍କାର ପରିବାରେ ଗୋଟେ ବିରାଟ ବ୍ୟାଗ୍ ଭର୍ତ୍ତି ହୋଇଯାଏ।

ଟିଟିଲାଗଡରୁ ବଦଳି ହୋଇ ରମେଶ ପ୍ରସାଦ ୧୯୭୧ ମସିହାରେ ନଭେମ୍ବର ମାସରେ ଆସିଲେ ଜୟପୁର। ପବ୍ଲିକ୍ ସର୍ଭିସ କମିଶନଙ୍କ ଇଣ୍ଟରଭ୍ୟୁରେ ପାଶ କରି ଗେଜେଟେଡ୍ ଅଫିସର ରୂପେ ସେ ବିକ୍ରମ ଦେବ ମହାବିଦ୍ୟାଳୟରେ ଯୋଗଦେଲେ ନଭେମ୍ବର ୯ ତାରିଖରେ।

ଚାରି ଛମାସ ପରେ ରମେଶ ପ୍ରସାଦଙ୍କର ପୂର୍ବ ଜୀବନ ପୁଣିଥରେ ଆରମ୍ଭ ହୋଇଗଲା। କଲେଜରେ ସପ୍ତାହବ୍ୟାପୀ ସାଂସ୍କୃତିକ ଉତ୍ସବ ସେ ସଂଗଠିତ କରୁଥିଲେ। ପ୍ରତି ଶ୍ରେଣୀରୁ ଗୋଟିଏ ଗୋଟିଏ ନାଟକ ପରିବେଷଣ କରାଯାଉଥିଲା । ଏଣୁ ସାଂସ୍କୃତିକ ଉତ୍ସବରେ ପାଞ୍ଚଟି ନାଟକ ଓ ଦିନେ ମହାବିଦ୍ୟାଳୟର ନାଟ୍ୟ ସଂସଦର ନାଟକ - ଏପରି ଛ'ଟି ନାଟକ ରଚନା କରି ନିର୍ଦ୍ଦେଶନା ଦେଇ ସେ ମଞ୍ଚସ୍ଥ କରାଉଥିଲେ। ନାଟ୍ୟକାର ଗଞ୍ଜାମ କଳା ପରିଷଦରୁ ଯେଉଁ ଅଭିଜ୍ଞତା ହାସଲ କରିଥିଲେ ସେଗୁଡିକ ବିନିଯୋଗ କରି ସଂଗୀତ ଓ ନାଟକ କ୍ଷେତ୍ରରେ ବିଭିନ୍ନ ପରୀକ୍ଷଣ କରୁଥିଲେ।

(ଗ) ନାଟ୍ୟକାରିତାର ଉନ୍ମେଷକାଳ

ଜୟପୁର ବିକ୍ରମଦେବ ମହାବିଦ୍ୟାଳୟରେ ୧୯୭୪ ମସିହାରେ ରମେଶ ପ୍ରସାଦ 'ସ୍ୱଗତୋକ୍ତି' ଶୀର୍ଷକ କ୍ଷୁଦ୍ର ନାଟକଟି ଲେଖିଥିଲେ। 'ସ୍ୱଗତୋକ୍ତି'ରେ ଗୋଟିଏ ଚରିତ୍ର ଏବଂ ସେଇ ଯୁବକ ଚରିତ୍ରର ଭୂମିକାରେ ଅଭିନୟ କରୁଥିଲେ ଓଡିଆ ଚଳଚ୍ଚିତ୍ରର ନାୟକ ଶ୍ରୀରାମ ପଣ୍ଡା। ସେ ଯେଉଁ ଭୂମିକାରେ ଅବତୀର୍ଣ୍ଣ ହୋଇଥିଲେ ତାହା ଗୋଟିଏ ବିପ୍ଳବୀ ଯୁବକର କ୍ଷୋଭ ଉପରେ ଆଧାରିତ ନାଟକ। ଅଭିନୟ ପ୍ରଦର୍ଶନ ହେବାର

ପରଦିନ କଲେଜର ଅଧ୍ୟାପକ ମାନେ ଅଧ୍ୟକ୍ଷଙ୍କୁ ଭେଟି ଅଧ୍ୟାପକ ପାଣିଗ୍ରାହୀଙ୍କର ଟ୍ରାନ୍ସଫର ଏବଂ ଶ୍ରୀରାମ ପଣ୍ଡାଙ୍କୁ କଲେଜରୁ ବହିଷ୍କାର କରିବା ପାଇଁ ଦାବୀ କରିଥିଲେ। ଘଟଣାଟି ଶୁଣି ଜୟପୁର ଡି.ଏସ୍. ପି କୁମାର ମହାନ୍ତି କହିଲେ, "ମୋତେ ଲେଖାଟି ଦିଅ ମୁଁ ଅନାମ ପତ୍ରିକାରେ ଛାପି ଦେବି।" 'ସ୍ୱଗତୋକ୍ତି' ନାମକ ସେହି ନାଟକ 'ଅନାମ'ରେ ପ୍ରକାଶ ପାଇଥିଲା ।

ସେଇବର୍ଷ ଅଧ୍ୟକ୍ଷ ତାଙ୍କର ବଦଳି ପାଇଁ ସରକାରଙ୍କୁ ସୁପାରିଶ କରିଥିଲେ ଏବଂ ରମେଶ ପ୍ରସାଦ ବଦଳି ହୋଇ ଆସିଲେ ପୁରୀ ସାମନ୍ତ ଚନ୍ଦ୍ରଶେଖର ମହାବିଦ୍ୟାଳୟକୁ। ସେଇଠି ବିକ୍ରମଦେବ ମହାବିଦ୍ୟାଳୟ ଶୈଳୀରେ ସେ ଆନ୍ତଃ ଶ୍ରେଣୀୟ ନାଟ୍ୟ ପ୍ରତିଯୋଗିତା ଆରମ୍ଭ କଲେ। ପୁରୀ ରହଣୀ କାଳରେ ସେ ୨୭ଟି ଅନାଟକ, କ୍ଷୁଦ୍ର ନାଟକ ଲେଖିଛନ୍ତି। 'ଆତ୍ମଲିପି' ଓ 'ଆନନ୍ଦ ନଗରକୁ ଯାତ୍ରା'ର ରଚନା ପୁରୀର ସାମନ୍ତ ଚନ୍ଦ୍ରଶେଖର ମହାବିଦ୍ୟାଳୟରେ ଅଧ୍ୟାପନା ସମୟର କଥା। ପୁରୀରେ ଥିବାବେଳେ ସେ (କ) ମନ୍ଦିର ପଶ୍ଚିମ ଦ୍ୱାରରେ ନାଟକ 'ମୁକ୍ତିମଣ୍ଡପ'ର ପରିବେଷଣ। (ଖ) ବେଳା ଭୂମିରେ 'ବିଶ୍ୱମ୍ଭର ସେନାପତି ଓ ଦର୍ପଣ ଉପାଖ୍ୟାନ' ପରିବେଷଣ (ଘ) ଟାଉନ୍ ହଲରେ ହାପେନିଂ (ଙ) ରିକ୍ସାରେ ବସି ଚଳମାନ କବିତା ପାଠୋତ୍ସବ କରି ବଡଦାଣ୍ଡରେ ବୁଲିବା ଭଳି ନୂଆ ନୂଆ କାର୍ଯ୍ୟ ସଂପାଦନ କରିଥିଲେ ।

ଏ ଗୁଡିକ ସେ ସମୟର ଥିଲା ଗୋଟିଏ ଗୋଟିଏ ବିପ୍ଳବାତ୍ମକ ଘଟଣା। ରମେଶ ପ୍ରସାଦଙ୍କ ବିପ୍ଳବ ଥିଲା ନାଟ୍ୟ ମଞ୍ଚାୟନରେ ସ୍ଥାନିକ ପରିବର୍ତ୍ତନ। ନାଟକ ମଞ୍ଚସ୍ଥ ହେବା ପାଇଁ ମଞ୍ଚ ହିଁ ଏକମାତ୍ର ସ୍ଥାନ ନ ହୋଇପାରେ । ସମୁଦ୍ରକୂଳରେ, ରାସ୍ତାଉପରେ କିମ୍ବା ଛାତ ଉପରେ ମଧ୍ୟ ମଞ୍ଚସ୍ଥ କରାଯାଇପାରେ। ସେ କହୁଥିଲେ ପାରମ୍ପରିକ ମଞ୍ଚ ନିର୍ମାଣ କରିବା ଅର୍ଥ ଔପନିବେଶିକ ମଞ୍ଚର ପ୍ରଭାବକୁ ସ୍ୱୀକାର କରିବା । ଅବଶ୍ୟ ଭାରତୀୟ ପ୍ରେକ୍ଷାପଟ୍ଟରେ ତ୍ରିମୁଖୀ ଓ ଚତୁର୍ମୁଖୀ ମଞ୍ଚ ପ୍ରଚଳିତ ଥିଲା। ତଥାପି ସେ ମଞ୍ଚ ଓ ଦର୍ଶକ ମଧ୍ୟରେ ଥିବା ସଂପର୍କକୁ ଅଧିକ ବ୍ୟାପକ କରିବାକୁ ସେ ଚାହୁଁଥିଲେ। ଦର୍ଶକ ମାନେ ଯଦି ନାଟକକୁ ଉପଭୋଗ କରିବାକୁ ଆସିବେ ତାହେଲେ ନାଟକ ଠାରୁ ଦୂରେଇ ରହିବେ। ସମୁଦ୍ରକୂଳ, ବଡଦାଣ୍ଡ ଓ ହଷ୍ଟେଲ ଛାତ ଉପରେ ନାଟକ କରି ସେ ଦର୍ଶକମାନଙ୍କୁ ନାଟ୍ୟ ପ୍ରଯୋଜନାର ଅଂଶରୂପେ ଗ୍ରହଣ କରୁଥିଲେ। ଏହି ସବୁ ସ୍ଥାନମାନଙ୍କର ନାଟ୍ୟ ପରିବେଷଣ କରାଯିବା ପରେ ଦର୍ଶକମାନେ ମଞ୍ଚର ଅନ୍ତରଙ୍ଗ ହେବାର ସୁଯୋଗ ପାଇଲେ।

ଟାଉନ୍ ହଲରେ ଯେଉଁ happening କରାଯାଇଥିଲା ତାହା ଥିଲା ଓଡିଶାର ଏକ ପ୍ରମୁଖ ପରିବେଷଣାତ୍ମକ ପରୀକ୍ଷା। ୧୯୫୯ ମସିହାରେ ବସନ୍ତ ଋତୁରେ aallow kaprow ନାମକ ଜଣେ ମାର୍କିନ ଶିଳ୍ପୀ ଗୋଟିଏ ପିକ୍‌ନିକ୍‌ରେ କରାଯାଉଥିବା ସମସ୍ତ ଚିତ୍ତ ବିନୋଦନ ବ୍ୟବସ୍ଥାକୁ ଏକ happening ବୋଲି ଘୋଷଣା କରିଥିଲେ ଓ ପରେ ଆମେରିକା, ଜର୍ମାନୀ ଓ ଜାପାନ ପ୍ରଭୃତି ଦେଶରେ happening ମାନ ଅନୁଷ୍ଠିତ ହୋଇଥିଲା। ୧୯୫୦ ମସିହାରୁ ୧୯୬୦ ମସିହା ଭିତରେ ୟୁରୋପର ବିଭିନ୍ନ ସ୍ଥାନରୁ happening କରାଯାଉଥିବା ସଂବାଦ ପ୍ରଚାରିତ ହୋଇଛି। ୧୯୭୮ ମସିହା ରେ ରମେଶ ପାଣିଗ୍ରାହୀ ଦୋଳ ପୂର୍ଣ୍ଣିମା ଦିନ ଟାଉନ ହଲ ସାମ୍ନା ସିମେଣ୍ଟ ଚଟାଣ ଉପରେ ଆୟୋଜନ କରିଥିଲେ ତାଙ୍କ ଜୀବନର ପ୍ରଥମ ହାପେନିଙ୍ଗ୍। ତାଙ୍କୁ ସହଯୋଗ କରିଥିଲେ ରସାୟନ ବିଭାଗର ଅଧ୍ୟାପକ ଜ୍ୟୋତି ପ୍ରକାଶ ମିଶ୍ର ଓ ଚିତ୍ରଶିଳ୍ପୀ ପ୍ରଭାତ ରଥ।ଅଧ୍ୟାପକ ଜ୍ୟୋତି ପ୍ରକାଶ ମିଶ୍ର ଜଣେ ଅତ୍ୟାଧୁନିକ ଚିତ୍ର ଶିଳ୍ପୀ ଏବଂ ସେ ମଧ୍ୟ ଜଣେ ଶାସ୍ତ୍ରୀୟ ସୀତାର ବାଦକ । ପ୍ରଭାତ ରଥ ଜର୍ଣେ ଚିତ୍ର ଶିଳ୍ପୀ ଓ ସାଂସ୍କୃତିକ ସଂଗଠକ।

ସେଦିନ ମୁଖ୍ୟ ଅତିଥି ରୂପେ ଯୋଗଦେଇଥିଲେ ସବୁଜ ଯୁଗର ପ୍ରଖ୍ୟାତ କବି ହରିହର ମହାପାତ୍ର। ତାଙ୍କ ସମ୍ମୁଖରେ ପ୍ରଥମେ ରାସାୟନିକ ପ୍ରକ୍ରିୟାରେ ଆପେ ଆପେ ଅଗ୍ନି ନିର୍ଗତ ହୋଇ ପ୍ରଦୀପ ପ୍ରଜ୍ୱଳନ କରାଗଲା, ପରେ ଆରମ୍ଭ ହେଲା ରାଜ୍ୟସ୍ତରୀୟ ଚିତ୍ର ପ୍ରଦର୍ଶନୀ। ପ୍ରଦର୍ଶନୀ ସମୟରେ ଶାସ୍ତ୍ରୀୟ ରାଗରେ ଯନ୍ତ୍ର ସଂଗୀତ ପରିବେଷଣ କରାଯାଇ ଚିତ୍ରକଳା ଓ ନୃତ୍ୟର ଏକ ସମନ୍ୱୟ ସ୍ଥାପନ କରାଗଲା।

ଜଷ୍ଟିସ, ସବୁଜ କବି ହରିହର ମହାପାତ୍ର ଏହି ସମାରୋହରେ ଉପସ୍ଥିତ ରହି ହାପେନିଙ୍ଗ୍ (happening) ର ସଂପୂର୍ଣ୍ଣ ସମୀକ୍ଷା କରିଥିଲେ । କାନାଡାର ଜଣେ ହାପେନିଙ୍ଗ ଲେଖକ Gary Botting 1972 ମସିହାରେ ଅନେକ ହାପେନିଙ୍ଗ୍ କରାଇଛନ୍ତି। ତାଙ୍କ ମତରେ "Happenings abandoned the matrix of story and plot for the equally complex matrix of incedent and the equally complex matrix of incident and event."(୧୩) ଏହି ନାଟକରେ କାହାଣୀ ନଥାଏ। ଥାଏ କିଛି ସାଧାରଣ ଘଟଣା, ଯାହା ନାନ୍ଦନିକ ଘଟଣାର ସମନ୍ୱୟ।

୧୯୭୮ ମସିହାରେ ପୁରୀରେ ଅବସ୍ଥାନ କରୁଥିବା ସମୟରେ ଅଧ୍ୟାପକ ରମେଶ ପ୍ରସାଦ ପାଣିଗ୍ରାହୀ ତାଙ୍କର ଦ୍ୱିତୀୟ ପୁତ୍ର ଅରଣାଂଶୁ ପାଣିଗାହୀଙ୍କର ପିତା ହେଲେ । ଏହି ବର୍ଷ ଦୋଳ ପୂର୍ଣ୍ଣମୀରେ ସେ 'ହାପେନିଙ୍ଗ୍' ଆୟୋଜନ କରି ଓଡିଶାର ପ୍ରେକ୍ଷାପଟରେ ସାଂସ୍କୃତିକ ଘଟଣାଟିକୁ ପରୀକ୍ଷା କଲେ। ସେହି ବର୍ଷ ଗ୍ରୀଷ୍ମ ଅବକାଶରେ ହାଇଦ୍ରାବାଦର ଓସ୍ ମାନିଆ ବିଶ୍ୱବିଦ୍ୟାଳୟରେ ଥିବା ଆମେରିକା ବୈଦେଶିକ ବ୍ୟାପାର ମନ୍ତ୍ରଣାଳୟ ଦ୍ୱାରା ପ୍ରତିଷ୍ଠିତ ପାଠାଗାରର ସଭ୍ୟହେଲେ ଏବଂ ସେଇଠି ଏସିଆ

ମହାଦେଶର ସର୍ବବୃହତ ଲାଇବ୍ରେରୀରେ ପଢ଼ାପଢ଼ି କରିବାର ସୁଯୋଗ ପାଇଲେ। ସେଠାରେ ଡାଇରେକ୍ଟର ପଦବୀରେ ଆମେରିକାର ବିଶ୍ୱବିଦ୍ୟାଳୟ ପ୍ରଫେସର ମାନେ ନିଯୁକ୍ତି ପାଉଥାନ୍ତି। ରମେଶ ପ୍ରସାଦ ପାଣିଗ୍ରାହୀ ନିଜ ଗବେଷଣା ପ୍ରକଳ୍ପ ସଂପର୍କରେ ସେମାନଙ୍କ ସହ ଆଲେଚନା କରି ଆବଶ୍ୟକୀୟ ଗ୍ରନ୍ଥଗୁଡିକ ମଗାଇବାରେ ସମର୍ଥ ହେଲେ।

American Studies Research Centre ମଝିରେ ମଝିରେ ଉଜ୍ଜୀବନ ପାଠ୍ୟକ୍ରମ, ସମ୍ମିଳନୀ ଓ ଆନ୍ତର୍ଜାତିକ ସେମିନାର କାର୍ଯ୍ୟକ୍ରମକୁ ପୃଥିବୀର ବିଭିନ୍ନ ବିଶ୍ୱବିଦ୍ୟାଳୟରୁ ପ୍ରଫେସର ମାନଙ୍କୁ ଡକାଇ ତିନି/ ଚାରି ଦିନ ପାଇଁ ଏକତ୍ର କରାନ୍ତି। ରମେଶ ପାଣିଗ୍ରାହୀ ଏଇ ସବୁ ସଭା ସମିତିରେ ଯୋଗଦାନ କରୁଥିଲେ ଓ ଗବେଷଣା ନିବନ୍ଧ ମଧ୍ୟ ପାଠ କରୁଥିଲେ।

ଏହି ସମ୍ମିଳନୀ ମାନଙ୍କରେ ଯୋଗଦାନ କରି ସେ ବହୁ ପ୍ରଭାବଶାଳୀ ବିଦ୍ୱାନ ମାନଙ୍କ ସଂସ୍ପର୍ଶରେ ଆସିଥିଲେ। ଭାରତ ତଥା ବିଶ୍ୱର ବରିଷ୍ଠ ପ୍ରଫେସର ମାନେ ଗବେଷଣା ପାଇଁ କିପରି ବିଷୟବସ୍ତୁ ଚୟନ କରାଯିବ ଓ କିପରି ଗବେଷଣା ନିବଂଧ ଲେଖାଯିବ ସେ ସଂପର୍କରେ ପ୍ରଶିକ୍ଷଣ ଦେଉଥିଲେ।

ହାଇଦ୍ରାବାଦର ଆମେରିକାନ୍ ଷ୍ଟଡ଼ିଜ୍ ସେଣ୍ଟରରରେ ମାର୍କିନ୍ ନୂତନ ନାଟକ ଗୁଡିକର ରିହାରସାଲ, ନାଟ୍ୟକର୍ମଶାଳା ଓ ପରିବେଷଣର ଭିଡ଼ିଓ ଦେଖିବାକୁ ମିଳୁଥିଲା। ସେଗୁଡ଼ିକ ଦେଖିସାରିଲାପରେ ନାଟ୍ୟକାର ପାଣିଗ୍ରାହୀ କିଛି କିଛି ପରିବର୍ତ୍ତନ ଆଣୁଥିଲେ ନିଜ ନାଟ୍ୟ ରଚନା ଓ ନିର୍ଦ୍ଦେଶନାରେ। ତେଣୁ ଏହି ସଂସ୍ଥାର ସଭ୍ୟ ହୋଇ ସେ ପୃଥିବୀର ବଡ଼ ବଡ଼ ନାଟ୍ୟ ସମାଲୋଚକ- ଯଥା Gerald Weales, Ronald Hayman, John V. Hagopian ପ୍ରଭୃତିଙ୍କ ସାଙ୍ଗରେ କଥାବାର୍ତ୍ତା ହେବାର ସୁଯୋଗ ପାଇଥିଲେ। ଗୋଟାଏ ଆନ୍ତର୍ଜାତୀୟ ସେମିନାରରେ ଭାଷଣ ଦେବା ଅବସରରେ ପ୍ରସିଦ୍ଧ ଭାରତୀୟ କବି ନିସିମ୍ ଇଜେକିଲଙ୍କ ସହିତ ଯୁକ୍ତିତର୍କ କରିବାର ସୁଯୋଗ ପାଇଥିଲେ। ଅପରାହ୍ନରେ ଯୁକ୍ତିର ସମାପ୍ତି ଘଟିଲା ଏବଂ ନିସିମ୍ ଜାଣିବାକୁ ପାଇଲେ ଯେ ରମେଶ ପ୍ରସାଦ ଜଣେ ସାହିତ୍ୟ ଏକାଡ଼େମୀ ପୁରସ୍କାର ପ୍ରାପ୍ତ ନାଟ୍ୟକାର। ସେଦିନ ସଂଧ୍ୟାରେ ସେ ତାଙ୍କୁ ଭେଟି ଚକୋଲେଟ୍ ଡ୍ରିଙ୍କ୍ ଖାଇବାକୁ ଦେଇଥିଲେ।

ଏପରି ଏକ ବୌଦ୍ଧିକ ପରିବେଶ ମଧରେ ନାଟ୍ୟକାର ବିଂଶ ଶତାବ୍ଦୀର ଅଷ୍ଟମ ଦଶକରେ ଗବେଷଣା ଜାରି ରଖିବା ସହ ନାଟ୍ୟ ରଚନା କ୍ଷେତ୍ରରେ ବହୁ ପରୀକ୍ଷା ଜାରି ରଖିଥିଲେ। ସପ୍ତମ ଦଶକର ଆରମ୍ଭରେ ତାଙ୍କର ଲୋକନାଟକ ଆଡ଼କୁ ପ୍ରତ୍ୟାବର୍ତ୍ତନ ଓଡ଼ିଆ ନାଟ୍ୟ ସାହିତ୍ୟର ମୋଡ଼ ପରିବର୍ତ୍ତନ କରିଥିଲା। ତାପରେ ସେ

ଆସିଲେ ଅନାଟକ, ଅଣୁନାଟକ ଓ ପ୍ରତିନାଟକ ଆଡ଼କୁ। ଅଷ୍ଟମ ଦଶକର ୧୯୮୪ ମସିହାରେ ତାଙ୍କୁ 'ମହାନାଟକ'ପାଇଁ ଓଡ଼ିଶା ସାହିତ୍ୟ ଏକାଡ଼େମୀ ପୁରସ୍କାର ମିଳିଲା ଏବଂ ସେଇବର୍ଷ ସେ ଲୋକନାଟକ ରୂପେ ପରିଗଣିତ ହେଉଥିବା ଯାତ୍ରାନାଟକ ଆଡ଼କୁ ସେ ମୁହାଁଇଲେ। ଯାତ୍ରାରେ ତାଙ୍କର ପ୍ରଥମ ନାଟକ 'ଭିନ୍ନ ଏକ ରାମାୟଣ ଅନ୍ୟ ଏକ ସୀତା' ଅଭିନୀତ ହେଲାପରେ ସେ ଦ୍ୱିତୀୟ ନାଟକ 'ଯେ ପକ୍ଷୀ ଉଡ଼େ ଯେତେଦୂର'ର ନିର୍ଦ୍ଦେଶନା ଦେଲେ।

ନାଟ୍ୟ ନିର୍ଦ୍ଦେଶନା ଦେବାର ସମସ୍ତ ଅନୁଭୂତି ରମେଶ ପାଣିଗ୍ରାହୀ ବ୍ରହ୍ମପୁର ଗଂଜାମ କଳା ପରିଷଦରୁ ପାଇଥିଲେ। ସରକାରୀ କଲେଜମାନଙ୍କରେ ଚାକିରୀ କରିବା ସମୟରେ ସେ ପ୍ରାୟତଃ କଲେଜର ନାଟ୍ୟପରିଷଦର ଉପସଭାପତି ରହୁଥିଲେ ଏବଂ ନାଟକ ଲେଖି, ନିର୍ଦ୍ଦେଶନା ଦେଇ ନାଟକ ମଂଚସ୍ଥ କରାଉଥିଲେ। ଏତଦ୍ ବ୍ୟତୀତ ପୁରୀ ସାମନ୍ତଚଂନ୍ଦ୍ରଶେଖର ମହାବିଦ୍ୟାଳୟରେ ଅଧ୍ୟାପକ ଥିବା ଅବସରରେ ପ୍ରତ୍ୟେକ ଛାତ୍ରାବାସର ବାର୍ଷିକ ଉତ୍ସବପାଇଁ ସେ ଗୋଟିଏ ଗୋଟିଏ ନାଟକ ଲେଖି ନିର୍ଦ୍ଦେଶନା ଦେଇ ମଂଚସ୍ଥ କରାଉ ଥିଲେ।

ଏହି ସବୁ ଅନୁଭୂତିକୁ ପୁଞ୍ଜିକରି ନାଟ୍ୟକାର ପାଣିଗ୍ରାହୀ ଯାତ୍ରାଗୁଡିକ ଲେଖି ନିର୍ଦ୍ଦେଶନା ଦେବା ଆରମ୍ଭ କଲେ। ନାଟକ ଗୁଡ଼ିକ ଖୁବ୍ ସଫଳ ହେଲା ଏବଂ ପ୍ରଯୋଜକମାନେ ଖୁବ୍ ପଇସା ପାଇଲେ। ଯାତ୍ରାରେ ନିର୍ଦ୍ଦେଶନା ଦେବା ପାଇଁ କଲେଜରୁ ଛୁଟି ନେଇ ବିନା ଦରମାରେ ଖଟୁଥିଲେ। କିନ୍ତୁ ସେହି ଅନୁପାତରେ ଯାତ୍ରା ଦଳମାନେ ନାଟ୍ୟକାରଙ୍କୁ ତାଙ୍କର ଉପଯୁକ୍ତ ପ୍ରାପ୍ତ ଦେଲେନାହିଁ । ତେଣୁ ସେ ଯାତ୍ରା ନାଟକରୁ ମୁହଁ ଫେରେଇ ଆଣିବାକୁ ବାଧ୍ୟ ହୋଇଥିଲେ। ପୁନର୍ବାର ପରୀକ୍ଷାମୂଳକ ନାଟକ ଲେଖି ଓଡ଼ିଆ ନାଟକକୁ ସମୃଦ୍ଧ କରିବାକୁ ଲାଗିଲେ।

ରମେଶ ପ୍ରସାଦଙ୍କ ଜୀବନ ବଂଚିବା ଶୈଳୀ ତାଙ୍କର ସମସାମୟିକ ବରିଷ୍ଠ ନାଟ୍ୟକାରମାନଙ୍କ ଠାରୁ ଅଲଗା। ମନୋରଞ୍ଜନ ଦାସ, ବିଜୟ ମିଶ୍ର ଓ ବିଶ୍ୱଜିତ୍ ଦାସ ପ୍ରଭୃତି ବରିଷ୍ଠ ନାଟ୍ୟକାରମାନଙ୍କ ସମସାମୟିକ ନାଟ୍ୟକାର ରୂପେ ରମେଶ ପ୍ରସାଦ ସଂଗୀତ ନାଟକ ଏକାଡ଼େମୀର ନାଟକ ଉତ୍ସବ, ରାଉରକେଲାର ଲୋକନାଟକ ଉତ୍ସବ ତଥା ଆଞ୍ଚଳିକ ନାଟ୍ୟ ପ୍ରତିଯୋଗିତା ମାନଙ୍କ ପାଇଁ ପ୍ରାୟତଃ ଲେଖୁଥିଲେ। କିନ୍ତୁ କୌଣସି ପ୍ରତିଯୋଗିତାର ବିଚାରକମାନେ ତାଙ୍କୁ କେବେ ପ୍ରଥମ ସ୍ଥାନର ନାଟ୍ୟକାର ରୂପେ ନିର୍ବାଚନ କରିନାହାନ୍ତି। ବାସ୍ତବରେ ଏହା ଅତ୍ୟନ୍ତ ଦୁଃଖଦ ଏବଂ ପରିତାପର ବିଷୟ।

ଅଥଚ ନାଟ୍ୟକାର କୌଣସି ନିର୍ଦ୍ଦିଷ୍ଟ ରାଜନୈତିକ ଆଦର୍ଶରେ ବିଶ୍ୱାସ

କରନ୍ତିନାହିଁ। ସାମାଜିକ ଅଂଗୀକାର ନାମରେ କୌଣସି ବାର୍ତ୍ତା ପ୍ରଚାର କରିବାକୁ ଚାହାନ୍ତି ନାହିଁ। ଓଡ଼ିଶାର ନାଟ୍ୟ ସମାଲୋଚକ ମାନେ କିନ୍ତୁ ସେମାନଙ୍କ ପ୍ରବଂଧରେ ତାଙ୍କର ସାମାଜିକ ପ୍ରତିବଦ୍ଧତା ଅଛି ବୋଲି କହିଛନ୍ତି। କିନ୍ତୁ ନାଟ୍ୟକାର କୁହନ୍ତି ସାମାଜିକ ପ୍ରତିବଦ୍ଧତା ବା ଅଙ୍ଗୀକାରର ନାଟକ ବୋଲି ସ୍ୱତନ୍ତ୍ର କିଛି ନାହିଁ। ଅଙ୍ଗୀକାରର ନାଟକ ଲେଖିବେ ବୋଲି ପ୍ରାକ୍ ଯୋଜନା କରି ସେ କିଛି ଲେଖିନାହାନ୍ତି। କିନ୍ତୁ ସେ ସାଧାରଣ ମଣିଷର, ସାଧାରଣ ଜୀବନର, ସାଧାରଣ ଭାଷାର ସାଧାରଣ ଦେହ ସ୍ତରର କଥା ହିଁ କହିଛନ୍ତି ନାଟକରେ।

ଡ. ବଟକୃଷ୍ଣ ସ୍ୱାଇଁ ରମେଶ ପ୍ରସାଦଙ୍କ ଯାତ୍ରା ନାଟକ ଉପରେ ଗବେଷଣା କରି ଉତ୍କଳ ବିଶ୍ୱବିଦ୍ୟାଳୟରୁ ପିଏଚ୍.ଡି. ଡିଗ୍ରୀ ପାଇଛନ୍ତି। ତାଙ୍କର ଅପ୍ରକାଶିତ ନିବଂଧରେ ସେ ରମେଶ ପାଣିଗ୍ରାହୀଙ୍କ ନାଟକ ସଂପର୍କରେ କୁହନ୍ତି– "ତାଙ୍କର ପ୍ରତ୍ୟେକ ନାଟକ କଳ୍ପନାର ଲୀଳାମାତ୍ର ନୁହେଁ, ବାସ୍ତବତାର କଳ୍ପନାକାନ୍ତ ରୂପ, କାରଣ ତାହା ନାଟକ, ସେଥିରେ ବାସ୍ତବତା ସହିତ କଳ୍ପନା, ଆବେଗ ଓ ସୌନ୍ଦର୍ଯ୍ୟବୋଧ ସଂପୃକ୍ତ। ଆଧୁନିକ ସମାଜର ରାଜନୈତିକ ବ୍ୟକ୍ତିମାନଙ୍କର ଛଳନା, ପ୍ରତାରଣା ଏବଂ ଭ୍ରଷ୍ଟାଚାରକୁ ତାଙ୍କ ନାଟକଗୁଡ଼ିକରେ ଦେଖାଇଦେଇ ସେ ଜନଚେତନା ଉଦ୍ରେକ କରିବାରେ ଯେତିକି ସମର୍ଥ ହୋଇପାରିଛନ୍ତି ସେପରି ମାନବିକ ମୂଲ୍ୟବୋଧ ମଧ୍ୟ ପ୍ରତିଷ୍ଠା କରିଛନ୍ତି। ଆଧୁନିକ ମଣିଷର ଯୌନ ବିକ୍ଷୁବ୍ଧ ଚିନ୍ତାଧାରାକୁ ମଧ୍ୟ ପ୍ରକାଶ କରିଛନ୍ତି। ସେହିପରି ପିଢ଼ିଗତ ପାର୍ଥକ୍ୟ ଜନିତ ମାନସିକ ଚିନ୍ତନକୁ ମଧ୍ୟ ନାଟକରେ ରୂପ ପ୍ରଦାନ କରିଛନ୍ତି। ଫ୍ରଏଡ଼୍ଙ୍କ ଚେତନ, ଅବଚେତନ ଓ ଅଚେତନ ପ୍ରସଙ୍ଗ ମନ ଭିତରେ ରଖି ନାଟକ ଗୁଡ଼ିକରେ ନରନାରୀଙ୍କ ପ୍ରବୃତ୍ତିଭିତ୍ତିକ ସହଜାତ ମାନସିକସ୍ତର (Id) ବାସ୍ତବମୁଖୀ ସହଜାତ ସ୍ୱର (Ego), ନୈତିକ ସତ୍ତାରୁ ଜାତ ମାନସିକ ସ୍ତର (Super ego), ପ୍ରସଙ୍ଗକୁ ବେଶ୍ ଚମତ୍କାର ଭାବରେ ଦର୍ଶାଇ ଦେଇଛନ୍ତି। ସେ ତାଙ୍କ ନାଟକରେ ବାସ୍ତବତା ଭିତ୍ତିକ ଆଦର୍ଶ ଓ ବିବେକ ଉପରେ ନୈତିକ ସତ୍ତାକୁ ଅବସ୍ଥାପିତ କରାଇଅଛନ୍ତି।"(୧୪)

ଡ. ସ୍ୱାଇଁଙ୍କର ଏହି ନିରୀକ୍ଷଣର ସତ୍ୟତା ସଂପର୍କରେ ଏହି ଗବେଷିକା ଜାଣିବାକୁ ପ୍ରୟାସ କରିଛି। ଏହି ପ୍ରୟାସ କାଳରେ ଜଣାଗଲାଯେ ନାଟ୍ୟକାର ହାଇଦ୍ରାବାଦରେ ଥିବା ଆମେରିକାନ୍ ରିସର୍ଚ୍ଚ ସେଣ୍ଟରରେ ଯେଉଁ ଗବେଷଣା କରିଥିଲେ ତାହାଉତ୍ତର ଆଧୁନିକ ନାଟକ ସଂପର୍କରେ ହୋଇଥିଲେ ସୁଦ୍ଧା ତାଙ୍କ ଗବେଷଣାର ଭିତ୍ତିଭୂମି ଥିଲା 'ବିଭକ୍ତ ବ୍ୟକ୍ତିସତ୍ତା'। ତାହା ସ୍ଥିତିବାଦୀ ମନସ୍ତତ୍ୱ ଉପରେ ଆଧାରିତ ଏବଂ ସେ ଗବେଷଣା କାଳରେ ଫ୍ରଏଡ୍, ୟୁଙ୍ଗ୍, ଆଡ଼ଲର୍,ଏରିକ୍ ଫ୍ରମ୍, କେରେନ୍ ହର୍ଣ୍ଣି ପ୍ରଭୃତି ସବୁ ମନସ୍ତାତ୍ତ୍ୱିକ ମାନଙ୍କର ମୂଳଗ୍ରନ୍ଥ ଗୁଡ଼ିକ ପଢ଼ିଛନ୍ତି। ଏଣୁ ଡ. ବଟକୃଷ୍ଣ

ସ୍ୱାଇଁଙ୍କର ଦୃଷ୍ଟି ଭଙ୍ଗୀରେ କୌଣସି ଭ୍ରାନ୍ତି ନାହିଁ।

ଯାତ୍ରାନାଟକ ଲେଖିବା ସମୟରେ ଅର୍ଥାତ୍ ୧୯୮୪ ମସିହାରୁ ୧୯୯୨ ମସିହା ମଧ୍ୟରେ ଏକାଦିକ୍ରମେ ଆଠବର୍ଷ ପର୍ଯ୍ୟନ୍ତ ରମେଶ ପାଣିଗ୍ରାହୀ ଯାତ୍ରା ନାଟକ କ୍ଷେତ୍ରରେ ବହୁ ପରୀକ୍ଷା କରିଛନ୍ତି। ୧୯୮୫ ମସିହାରେ ତୁଳସୀ ଗଣନାଟ୍ୟର 'ଲକ୍ଷ୍ମଣର ତିନିଗାର' ନାଟକ କଲାବେଳେ ସେ ୧ମ ମଂଚ ଓ ୨ୟ ମଂଚ ମଝିରେ ଆଉ ଗୋଟିଏ ଚଳମାନ ୩ୟ ମଂଚ ର ପ୍ରଚଳନ କରାଇଥିଲେ।

ରମେଶ ପାଣିଗ୍ରାହୀ ଯାତ୍ରାନାଟକ ଲେଖିବା ଆରମ୍ଭ କରନ୍ତି ମାତ୍ର ୪୦ବର୍ଷ ବୟସରେ । ସେତିକି ବେଳକୁ ସେ ୨୫ଖଣ୍ଡ ନାଟକ ଓ ୩୦ ଖଣ୍ଡ ଏକାଙ୍କିକା, ଅନାଟକ, ଅଣୁନାଟକ ଓ ପ୍ରତିନାଟକର ରଚୟିତା। ଯେଉଁବର୍ଷ ସେ ଯାତ୍ରାକୁ ଗଲେ ସେହିବର୍ଷ ତାଙ୍କୁ ଓଡ଼ିଶା ସାହିତ୍ୟ ଏକାଡ଼େମୀ ପୁରସ୍କାର ମିଳିଥିଲା। କିନ୍ତୁ ଗୋଟିଏ ସଂବର୍ଦ୍ଧନା ସଭାରେ ପ୍ରାବଂଧିକ ଓ ସମାଜସେବୀ, ଚିତ୍ତରଂଜନ ଦାସ ତାଙ୍କୁ କହିଲେ, "ରମେଶ ପାଣିଗ୍ରାହୀ ଦୁର୍ବୋଧ ନାଟକ ଲେଖି ସାହିତ୍ୟ ଏକାଡ଼େମୀ ପୁରସ୍କାର ପାଇଛନ୍ତି। ସେ କଣ ନାଟକ ଲେଖି ଦର୍ଶକମାନଙ୍କୁ ରାତିସାରା ବାନ୍ଧି ରଖି ପାରିବେ? ଯାତ୍ରା ନାଟକ ଲେଖି ଏକା ସାଙ୍ଗରେ ପାଞ୍ଚ ହଜାର ଦର୍ଶକଙ୍କୁ ସନ୍ତୁଷ୍ଟ କରିପାରିବେ?"

ନାଟ୍ୟକାର ପାଣିଗ୍ରାହୀ ସେ ପର୍ଯ୍ୟନ୍ତ ଯାତ୍ରା ନାଟକ ଦେଖିନଥିଲେ। ଥରେ କଟକର ସହିଦ ଭବନ ଆଗରେ ଜନତା ଗଣନାଟ୍ୟ ନାଟ୍ୟ ମଂଚସ୍ଥ କରୁଥାନ୍ତି। ରମେଶ ପାଣିଗ୍ରାହୀ ଯାତ୍ରା ନାଟକ ଦେଖିବାକୁ ଯାଇଥାନ୍ତି। ନିର୍ଦ୍ଦେଶକ ସଚ୍ଚି ଦାସ୍ ତାଙ୍କଠାରୁ ଟିକଟ ଖଣ୍ଡିକ ନେଇ କାଉଣ୍ଟରରେ ଫେରାଇ ଆଣି ପଇସାତକ ଫେରାଇଦେଲେ ଏବଂ ତାଙ୍କୁ ନେଇ ଜନତା ଗଣନାଟ୍ୟର ମାଲିକ ଇଂଜିନିୟର ବୈଷ୍ଣବ ଚରଣ ମହାନ୍ତିଙ୍କ ସହିତ ପରିଚୟ କରାଇଦେଲେ। ବୈଷ୍ଣବ ବାବୁ ଜଣେ ଇଂଜିନିୟର ଏବଂ ନାଟକ ରଚନା କ୍ଷେତ୍ରରେ ତାଙ୍କର ଖୁବ୍ ଆଗ୍ରହ ଥିଲା। ସେଥିପାଇଁ ଜନତା ଗଣନାଟ୍ୟ ଗଢ଼ିଥିଲେ। ରମେଶଙ୍କୁ ଦେଖୁ ଦେଖୁ ସେ ତାଙ୍କ ପାଇଁ ଯାତ୍ରା ନାଟକଟେ ଲେଖନ୍ତୁ ବୋଲି କହିଥିଲେ। ତା ପର ଦିନ ରମେଶ ପାଣିଗ୍ରାହୀ ଜନତା ଗଣନାଟ୍ୟକୁ ଗଲେ ଓ ବୈଷ୍ଣବଙ୍କୁ ଡାକିଆଣି ଦୁଇଟି କାହାଣୀ ଶୁଣାଇ କେଉଁ କାହାଣୀଟା ଲେଖିବେ ବୋଲି ପଚାରିଲେ। ବୈଷ୍ଣବ ମହାନ୍ତି କହିଲେ ଯେକୌଣସି ଗୋଟିଏ ଲେଖନ୍ତୁ। ମାତ୍ର କିଛିଦିନର ବ୍ୟବଧାନ ମଧ୍ୟରେ ନାଟ୍ୟକାର ପାଣିଗ୍ରାହୀ ଚାରିଘଣ୍ଟାର ନାଟକଟି ଲେଖି ତାହାକୁ ପୂର୍ଣ୍ଣ ରୂପ ଦେଇଥିଲେ।

ସଚ୍ଚି ଦାସ କହିଲେ ରିହାରସାଲ ବେଳେ ଆସିବାକୁ। ମଝିରେ ମଝିରେ ଛୁଟି ନେଇ ରମେଶ ପାଣିଗ୍ରାହୀ ରିହାରସାଲକୁ ଯାଉଥାନ୍ତି ଓ ନିଜେ ସଂଳାପ ଗୁଡ଼ିକ କିପରି କୁହାଯିବ ତାହା ମଧ୍ୟ ବତାଇ ଦିଅନ୍ତି। ଫଳରେ ଚରିତ୍ରମାନେ ନିଜର ସ୍ୱଭାବ

ଏବଂ ଅଭିନୟ ବୁଝିବା ପାଇଁ ସୁବିଧା ହେଲା। ରମେଶ ପାଣିଗ୍ରାହୀ ଯାତ୍ରା ନିର୍ଦ୍ଦେଶନା ସହିତ ପରିଚିତ ହେଲେ। ଏହା ୧୯୮୪ ମସିହାର କଥା। ଏହି ନାଟକଟି ଏତେ ସଫଳ ହେଲା ଯେ ୧୯୮୫ ମସିହାରେ ଦୁଇ ତିନୋଟି ଦଳ,ଯଥା ତୁଳସୀ ଗଣନାଟ୍ୟ, ତାରିଣୀ ଗଣନାଟ୍ୟ ଏବଂ ଓଡିଶାର ଅପେରାର ମାଲିକମାନେ ଆସି ତାଙ୍କୁ ନାଟକ ଲେଖିବା ପାଇଁ ହଜାରେ ଦୁଇହଜାର ଟଙ୍କା ଅଗ୍ରୀମ ଦେଇଗଲେ। ଦ୍ୱିତୀୟ ବର୍ଷ ରମେଶ ପାଣିଗ୍ରାହୀ ଗଣନାଟ୍ୟ ପାଇଁ ଚାରିଖଣ୍ଡ ନାଟକ ଲେଖିଲେ ଓ ଚାରୋଟି ଯାକ ନାଟକ ଦର୍ଶକୀୟ ସଫଳତା ପାଇଲା। ଗଣନାଟ୍ୟରେ ଏହାହିଁ ନାଟକର ସଫଳତା ବୋଲି ରମେଶ ପାଣିଗ୍ରାହୀ ଜାଣି ପାରିଲେ।

ଯାତ୍ରଦଳର କଳାକାରମାନେ ଏତେ ଶୀଘ୍ର ସଂଳାପ ଓ ଅଭିନୟ ମନେ ରଖୁଥିଲେ ଯେ ନାଟ୍ୟକାର/ନିର୍ଦ୍ଦେଶକ ପାଣିଗ୍ରାହୀ ସେମାନଙ୍କୁ ବଂଧୁ ଓ ପ୍ରିୟଜନ ପରି ବ୍ୟବହାର କରିବା ଆରମ୍ଭ କଲେ। ତାଙ୍କର ମନେ ହେଲା କଲେଜର ଛାତ୍ରମାନେ ତାଙ୍କୁ ଯେତିକି ସମ୍ମାନ ଦେଖାନ୍ତି ଯନ୍ତ୍ର ସଂଗୀତ ଓ କଣ୍ଠ ସଂଗୀତ ଶିଳ୍ପୀ ଏବଂ ନୃତ୍ୟ ଶିଳ୍ପୀମାନେ ମଧ୍ୟ ତାଙ୍କଠାରୁ ଅଧିକ ସମ୍ମାନ ଦିଅନ୍ତି ଏବଂ ସାଙ୍ଗେ ସାଙ୍ଗେ ନିଜ ନିଜର ଭୂମିକାରେ ଦରକାର ପଡୁଥିବା ସବୁ ବିଦ୍ୟା ଶିଖି ନିଅନ୍ତି। କ୍ରମଶଃ ସେ ଯାତ୍ରା ନାଟକ ଲେଖି ନିର୍ଦ୍ଦେଶନା ଦେବାକୁ ଭଲ ପାଇଲେ।

ତାଙ୍କୁ ତାଙ୍କର ସମୀକ୍ଷକମାନେ ଏଣିକି କହିବାକୁ ଆରମ୍ଭ କଲେ ସେ ଜଣେ 'ଯାତ୍ରବାଲା'। ତାଙ୍କୁ ଇଂରାଜୀ ଆସେ ନାହିଁ। ପାଠ ପଢେଇବା ଜଣା ନାହିଁ। ତେଣୁ ଶ୍ରେଣୀ ଗୃହରେ ସିଏ ଯାତ୍ରାକରନ୍ତି। କ୍ରମଶଃ ଏପରି ଘଟଣା ଏମ୍.ଏ. ଶ୍ରେଣୀରେ ମଧ୍ୟ ଘଟିଲା। ତାଙ୍କ ବ୍ୟକ୍ତିତ୍ୱ ଦେଖି ଈର୍ଷା କରୁଥିବା ସହକର୍ମୀମାନେ ଏମ୍.ଏ. ଛାତ୍ରମାନଙ୍କୁ ମଧ୍ୟ ଏକଥା କହିଲେ। ବାହାରେ ବଂଧୁମାନେ ଓ ମାନ୍ୟଗଣ୍ୟ ଲୋକେ ପ୍ରଧାପକ ରମେଶ ପାଣିଗ୍ରାହୀ ଜଣେ 'ଯାତ୍ରାବାଲା' ବୋଲି ଏକ ଲୋକ ଅପବାଦ ସୃଷ୍ଟି ହେଲା।

ଏଣେ ଯାତ୍ରା ପାଇଁ ଲେଖିବା ସମୟରେ ପ୍ରଯୋଜକମାନଙ୍କର ଚାପ ପଡିଲା ନାଟକରେ କିପରି ଦୃଶ୍ୟ ରହିବ, କିଏ କେଉଁ ଭୂମିକାରେ ଅଭିନୟ କରିବ । ମୋଟାମୋଟି ନାଟ୍ୟକାର ଓ ନିର୍ଦ୍ଦେଶକ ହେବାରେ ଯେଉଁ ସୃଜନାତ୍ମକ ସ୍ୱାଧିନତା ମିଳେ, ତାକୁ ଯାତ୍ରାର ମାଲିକମାନେ ଲୁଟିନେଲେ। ଶେଷରେ ନାଟକ କରି ସାରିଲା ପରେ ମଧ୍ୟ ପଇସାଟିଏ ଦେଲେନାହିଁ। ରମେଶ ପାଣିଗ୍ରାହୀ ତେଣୁ କରି ଯାତ୍ରା ପାଇଁ ଲେଖିବା ଓ ନିର୍ଦ୍ଦେଶନା ଦେବା ବଂଦ କରିଦେଲେ।

ଯାତ୍ରାନାଟକ ଲେଖିବା ଏକ ସାମାଜିକ, ରାଜନୈତିକ, ସାଂସ୍କୃତିକ ଏବଂ ଆର୍ଥନୀତିକ ପ୍ରଶ୍ନବାଚୀ ହୋଇ ଠିଆ ହେଲା ନାଟ୍ୟକାର ଶ୍ରୀ ପାଣିଗ୍ରାହୀଙ୍କ କ୍ଷେତ୍ରରେ।

ଓଡିଶାର ଅଭିଜାତ ସଂପ୍ରଦାୟ ଯାତ୍ରା ନାଟକକୁ କଳାତ୍ମକ ଦୃଷ୍ଟିରୁ ବିଚାର ନକରି ଏକ ଘୃଣ୍ୟ,ଅମାର୍ଜିତ ସୂକ୍ଷ୍ମତା ବିହୀନ ସ୍ଥୁଳ ଅଭିବ୍ୟକ୍ତି ବୋଲି ବିଚାର କରନ୍ତି।

ରମେଶ ପ୍ରସାଦ ପାଣିଗ୍ରାହୀ ରେଭେନ୍ସାରେ ପାଠ ପଢାଉଥିବା ବେଳେ ମହତାବଙ୍କ eastern times ପାଇଁ ଅନେକ ସଂବାଦ ଧର୍ମୀ ଇଂରାଜୀ ପ୍ରବଂଧ ଲେଖୁଥିଲେ। କଟକ କ୍ଲବ୍ ଆନେକ୍ସରେ berry bermange ଙ୍କ 'no quarters' ନାଟକରେ ଅଭିନୟ କରୁଥିବା ପର୍ଯ୍ୟନ୍ତ ଅଭିଜାତ ଶ୍ରେଣୀର ମଣିଷ ରୂପେ ପରିଗଣିତ ହେଉଥିଲେ। ଆକାଶବାଣୀ କଟକ ସହିତ ତାଙ୍କର ଭଲ ସଂପର୍କ ଥିଲା। କିନ୍ତୁ ଯାତ୍ରା ସହ ସଂପୃକ୍ତ ହୋଇଯିବା ପରେ ହଠାତ୍ ତାଙ୍କର ସମ୍ମାନ ହାନି ହେବାକୁ ଲାଗିଲା।

କିନ୍ତୁ ସାଧାରଣ ଲୋକ ତାଙ୍କୁ ପ୍ରଚୁର ଭଲ ପାଆନ୍ତି। ରମେଶ ପ୍ରସାଦ ପାଣିଗ୍ରାହୀଙ୍କ ଜନପ୍ରିୟତା ସଂର୍ପକରେ ଅନେକ ରୋମାଞ୍ଚକର ତଥ୍ୟ ମିଳେ। ୧୯୮୫ ମସିହାରେ ମଂଗଳାବାଗରେ ତାଙ୍କର ନାଟକ 'ଭିନ୍ନ ଏକ ରାମାୟଣ ଅନ୍ୟ ଏକ ସୀତା' ଜନତା ଗଣନାଟ୍ୟରେ ମଂଚସ୍ଥ ହେଉଥାଏ। ସମସ୍ତେ ଜାଣିଲେ ଯେ ଏଇ ନାଟକର ଲେଖକ ରେଭେନ୍ସା କଲେଜର ଇଂରାଜୀ ଅଧ୍ୟାପକ ଶ୍ରୀଯୁକ୍ତ ପାଣିଗ୍ରାହୀ। ତାପରେ ସିଏ ରେଭେନ୍ସାରୁ ମଂଗଳାବାଗ ପର୍ଯ୍ୟନ୍ତ ଯେତେଥର ଚାଲିଚାଲି ଯାଇଛନ୍ତି ସେତେଥର ରାସ୍ତାକଡର ଚା ଦୋକାନୀ ମାନେ ତାଙ୍କୁ ମାଗଣାରେ ଚା' ପାନ ଓ ସିଗାରେଟ ଖାଇବାକୁ ଦେଇ ଚର୍ଚ୍ଚା କରନ୍ତି ଓ ସମ୍ମାନ ଦେଇଛନ୍ତି।

ପରବର୍ତ୍ତୀ ସମୟରେ ଅର୍ଥାତ୍ ୧୯୮୭-୮୮ ବେଳକୁ ରମେଶ ପାଣିଗ୍ରାହୀ ସିନେମାର ଚିତ୍ରନାଟ୍ୟ ଓ ସଂଳାପ ଲେଖିବା ପାଇଁ ଖୋଜାପଡିଲେ। ଚଳଚ୍ଚିତ୍ରର ସଂଳାପ ଲେଖି ସେ ଚଳଚିତ୍ର ପୁରସ୍କାର ଦୁଇ / ଚାରି ଥର ପାଇଲେ। ତଥାପି ତାଙ୍କୁ ଯାତ୍ରା ନାଟ୍ୟକାର ଓ ଯାତ୍ରା ନିର୍ଦ୍ଦେଶକ ରୂପେ ତାଙ୍କୁ ଲୋକ ଚିହ୍ନିଲେ। ଯାତ୍ରା ନାଟକ ଛାଡି ରମେଶ ପ୍ରସାଦ ତାଙ୍କ ଚାକିରୀ ଜୀବନର ଶେଷ ପର୍ଯ୍ୟାୟରେ ଇଂରେଜୀ ଭାଷାରେ ଲେଖିବା ଆରମ୍ଭ କଲେ। ଇଂରେଜୀରେ ତାଙ୍କର ପ୍ରଥମ ବହି ଓଡିଆ ସଂସ୍କୃତିର ଇତିହାସ: Face, Surface, Interface : Ontology of Odia Culture. ତାପରେ ସେ ଇଂରେଜୀରେ ଓଡିଆ ସାହିତ୍ୟର ଇତିହାସ ତିନିଭାଗରେ ତିନୋଟି ବହିରେ ଲେଖିଛନ୍ତି। History of Ancient Odia Literature, Colonial Odia Litrature ଏବଂ Modern Odia Literature. ଏହା ପରେ ଓଡିଶା ସାହିତ୍ୟ ଏକାଡେମୀ ପାଇଁ Signboard on the Marquee :Physiology and Trajectory of Odia Jatra, ଓଡିଶା ସଂଗୀତ ନାଟକ ଏକାଡେମୀ ପାଇଁ Perspectives on Odissi Theatre ଲେଖିଛନ୍ତି। ଓଡିଆ ସାହିତ୍ୟ,ସଂସ୍କୃତି ଓ ନାଟକକୁ ଓଡିଶା ବାହରେ ଲୋକେ କିପରି

ଜାଣିବେ ସେଥିପାଇଁ ନିଜପକ୍ଷରୁ ପ୍ରୟାସ କରିଛନ୍ତି। ଯେଉଁ ଇଂରାଜୀ ଅଧ୍ୟାପକମାନେ ତାଙ୍କୁ ଇଂରେଜୀ ଆସେନାହିଁ ବୋଲି ବିଦ୍ରୂପ କରୁଥିଲେ ସେମାନେ ନାଟ୍ୟକାର ରମେଶ ପ୍ରସାଦଙ୍କର ୧୦/୧୨ ଖଣ୍ଡ ଇଂରେଜୀ ବହି ଦେଖି ଚୁପ୍ ହୋଇ ଯାଇଥିଲେ। ଡ. ପାଣିଗ୍ରାହୀ ଦୀନନାଥ ପାଠୀଙ୍କ ସହ ମିଶି ଓଡିଶାର ଚିତ୍ରକଳା ଉପରେ ଖଣ୍ଡେ ବହି ଦିଲ୍ଲୀରୁ ପ୍ରକାଶ କରିଛନ୍ତି। ବହିଟିର ନାମ ହେଲା Oddiyan: Six Contemporary Painters from Odishaö ଏହାପରେ ଓଡିଆ ସଂସ୍କୃତିର ବିଭିନ୍ନ ଦିଗ ଉପରେ ଖଣ୍ଡେ ବହି Continuty in the Flux ମଧ୍ୟ ସେ ପ୍ରକାଶ କରିଛନ୍ତି।

ମୋଟ ଉପରେ ଯାହା ଅନୁମାନ କରାଯାଏ, ଯାତ୍ରା ନାଟକରେ ନିର୍ଦ୍ଦେଶନା ଦେଇ ସେ ଓଡିଶାର ପୁରପଲ୍ଲୀରେ ଅନେକ ବୁଲୁଛନ୍ତି।ଏପରି ଘଟିଛି ଯେ ଗ୍ରୀଷ୍ମଛୁଟି, ଦଶହରା ଛୁଟି ଓ ଶୀତ ଛୁଟିରେ ସେ ହାଇଦ୍ରାବାଦ ଯାଇ ପାଠ ପଢିଛନ୍ତି, ଅଥବା ଟ୍ରକ ଉପରେ ଯାତ୍ରା କଳାକାର ମାନଙ୍କ ସାଂଗରେ ବସି ଓଡିଶାର ଗ୍ରାମାଞ୍ଚଳରେ ବୁଲିବୁଲି ଯାତ୍ରା ପରିବେଷଣରେ ଭାଗ ନେଇଛନ୍ତି।

ମାଲାକାନଗିରି ଜିଲ୍ଲାର ଗୋବିନ୍ଦ ପାଲି କଲେଜର ଅଧ୍ୟାପକ ଡ. ଅଜୟ କୁମାର ସୂତାର 'ରମେଶ ପାଣିଗ୍ରାହୀଙ୍କ ଯାତ୍ରା ନାଟକରେ ପ୍ରୟୋଗ ଓ ପରୀକ୍ଷା' ଶୀର୍ଷକ ଏକ ଗବେଷଣା ନିବଂଧ ଲେଖି ଉତ୍କଳ ବିଶ୍ୱବିଦ୍ୟାଳୟରୁ ପି.ଏଚ୍‌ଡି ଡିଗ୍ରୀ ପାଇଛନ୍ତି। ଏଥିରେ ଡ. ସୂତାର ଲେଖିଛନ୍ତି, "ଅନାବଶ୍ୟକ ତତ୍ତ୍ୱଦର୍ଶୀ ମାନେ ଯାତ୍ରା ନାଟକକୁ ଊନବିଂଶ ଶତାବ୍ଦୀର ମାନଦଣ୍ଡରେ ପରୀକ୍ଷା କରି ସେଗୁଡିକୁ ଶସ୍ତା ବୋଲି କୁହନ୍ତି। ଆଜିର ପ୍ରେକ୍ଷାପଟରେ ସଂଭ୍ରାନ୍ତ ଜଗତରୁ ତଥା କଥିତ ମୁଖ୍ୟ ମୁଖ୍ୟ ନାଟ୍ୟକାର ମାନେ ଯାତ୍ରାକୁ ଯାଇ ନାଟକ ଦେଇ ପରୀକ୍ଷା କରିଛନ୍ତି। କିନ୍ତୁସେମାନେ ବଜାରରେ ତିଷ୍ଠି ରହି ପାରୁନାହାନ୍ତି। ଏହାର କାରଣ ଖୋଜିବାକୁ କେହି ନାହାନ୍ତି।"[୧୫]

ଡ. ପାଣିଗ୍ରାହୀ ତାଙ୍କର ଅନେକ ସାକ୍ଷାତ୍‌କାରରେ ଯାତ୍ରା ନାଟକ ବିଷୟରେ ବହୁ ଗଂଭୀର ତତ୍ତ୍ୱ କଥା କହିଛନ୍ତି। ପ୍ରସେନିୟମ ମଂଚର ନାଟକ ଲେଖିବା ସହଜ। କିନ୍ତୁ ଏକଶହରୁ ପାଞ୍ଚଶହ ଟଙ୍କା ପର୍ଯ୍ୟନ୍ତ ଟିକଟ କାଟି ଯେଉଁ ଦର୍ଶକ ମାନେ ଯାତ୍ରା ନାଟକ ଦେଖିବାକୁ ଆସନ୍ତି, ସେମାନଙ୍କୁ ଚାରି ପାଞ୍ଚଘଣ୍ଟା ବସାଇ ରଖିବା ଅତ୍ୟନ୍ତ କଷ୍ଟକର ବ୍ୟାପାର। ସେଥିପାଇଁ ନାଟ୍ୟକାର ବିଜୟ ଶତପଥୀ, ସୁବୋଧ ପଟ୍ଟନାୟକ, ରଣଜିତ୍ ପଟ୍ଟନାୟକ ଶଙ୍କର ତ୍ରିପାଠୀ ଓ ରତିରଂଜନ ମିଶ୍ର ପ୍ରଭୃତି ଯାତ୍ରା ଜଗତ ପାଇଁ ଗୋଟିଏ ଗୋଟିଏ ନାଟକ ଲେଖି ତା ପରବର୍ଷ ପାଇଁ ଆଉ ଯାତ୍ରା ଜଗତକୁ ଯାଇ ପାରିନାହାନ୍ତି। ଯାତ୍ରା ପାଇଁ ଯେପରି ବଳିଷ୍ଠ କାହାଣୀ ଏବଂ ଚରିତ୍ର ଚିତ୍ରଣ ତଥା ଘଟଣା ବିନ୍ୟାସ ଆବଶ୍ୟକ, ତାହା ନିର୍ମାଣ କରିବା ସବୁ ନାଟକାର ମାନଙ୍କ ଦ୍ୱାରା

ସମ୍ଭବ ନୁହେଁ। କିନ୍ତୁ ନାଟ୍ୟକାର ପାଣିଗ୍ରାହୀ ୧୯୮୪ ରୁ ୧୯୯୨ ପର୍ଯ୍ୟନ୍ତ ଯାତ୍ରାନାଟକେ ଲେଖିଛନ୍ତି। ଏବଂ ସେ ସମୁଦାୟ ଅଠରଟି ନାଟକ ଲେଖିଛନ୍ତି ଯାତ୍ରା ଜଗତ ପାଇଁ।

'ପ୍ରବୁଦ୍ଧ କଳିଙ୍ଗ' ନାମକ ଏକ ସାହିତ୍ୟ ପତ୍ରିକା 'ଅନ୍ତରଙ୍ଗ ଆଳାପ' ନାମରେ ରମେଶ ପାଣିଗ୍ରାହୀଙ୍କର ଏକ ସାକ୍ଷାତକାର ପ୍ରକାଶ କରିଛନ୍ତି। ସେହି ସାକ୍ଷାତକରରେ ତାଙ୍କର ଯାତ୍ରାଜୀବନ ଉପରେ ପ୍ରଶ୍ନ ପଚରା ଯାଉଛି। ତାର ଉତ୍ତରରେ ଶ୍ରୀଯୁକ୍ତ ପାଣିଗ୍ରାହୀ କହିଛନ୍ତି:

"୧୯୭୦ ମସିହା ବେଳକୁ ଓଡିଶାର ଯାତ୍ରାପାର୍ଟିମାନେ ବଂଗଳାରୁ ଅନୁବାଦ କରି ନାଟକ କରୁଥିଲେ ଓ ଲାଭବାନ ହେଉଥିଲେ। ମୁଁ ଯାତ୍ରାରେ ପ୍ରବେଶ କଲି ୧୯୮୩ ମସିହାରେ ନାଟ୍ୟକାର ଭାବରେ ଏବଂ ୧୯୮୪ ମସିହାରେ ଲେଖକ ନିର୍ଦ୍ଦେଶକ ଭାବରେ XXX ସେତିକି ବେଳକୁ ମୁଁ ଛ'ବର୍ଷ କାଳ ଏସିଆ ମହାଦେଶର ସର୍ବବୃହତ ପାଠାଗାରରେ ପାଠପଢି ଉତ୍ତର ଆଧୁନିକ ମାର୍କିନ୍ ନାଟକ ଉପରେ ଗବେଷଣା କରୁଥିଲି। ପୃଥିବୀର ସବୁ ଦେଶର ପରିବେଷଣାତ୍ମକ ଶୈଳୀ ଗୁଡିକୁ ନାଟ୍ୟ ମଂଚାୟନ ବେଳେ ପ୍ରୟୋଗ କରୁଥିଲି ଏବଂ ସେହି ଶୈଳୀ ଗୁଡିକ କ୍ରମଶଃ ଗଣପ୍ରିୟ ଶୈଳୀ ରୂପେ ବିବେଚିତ ହେଉଥିଲେ। ଏ ସଂପର୍କରେ ମୁଁ ମୋ' ଗବେଷଣା ସମୟରେ ଜାଣିଥିଲି। ଏହି ଦୃଷ୍ଟିରୁ ଯାତ୍ରା ନାଟକ ମୋ' ଗବେଷଣାର ଏକ ପ୍ରାୟୋଗିକ ଅଂଗ ଥିଲା। ଏହି ସମୟରେ ହାଇଦ୍ରାବାଦରେ peter brooksଙ୍କର The empty space ନାମକ ଖଣ୍ଡେ ଗ୍ରନ୍ଥ। ଉତ୍ତର ଆଧୁନିକ ନାଟ୍ୟନିର୍ଦ୍ଦେଶକ ମାନେ କୌଣସି ମଂଚ ସଜ୍ଜା ନଥାଇ କିପରି ନାଟ୍ୟ ପରିବେଷଣ କରୁଥିଲେ, ସେ ସଂପର୍କରେ ଏ ଗ୍ରନ୍ଥଟି ରଚିତ XXX ଯାତ୍ରା ନାଟକର ମଂଚଟି ଗୋଟିଏ empty space ବୋଲି ମୁଁ ଆବିଷ୍କାର କଲି। ଯାତ୍ରା ନାଟକ ନିର୍ଦ୍ଦେଶନା ଦେବା ଅବସରରେ ମୁଁ ମଂଚର ଶୂନ୍ୟସ୍ଥାନ ଉପରେ ଅଧିକ ବିସ୍ତାର ସହିତ କାମ କରିବାର ସୁଯୋଗ ପାଇଲି। ପରବର୍ତ୍ତୀ ସମୟରେ ମୁଁ ଯାତ୍ରା ନାଟକରେ ଅନ୍ତେନିନ୍ ଆର୍ତ୍ତୋ (Antinin Artaud)ଙ୍କର ନିର୍ଦ୍ଦେଶନା ଓ ପରିବେଷଣ ଶୈଳୀକୁ ମୁକ୍ତ ଭାବରେ ଯାତ୍ରାରେ ପ୍ରୟୋଗ କଲି।"[୧୬]

ନାଟ୍ୟକାର ରମେଶ ପାଣିଗ୍ରାହୀଙ୍କର ଏପରି ଏକ ଉକ୍ତିରୁ ଜଣାଯାଏ ଯେ ସେ ଯାତ୍ରାନାଟକ ଉପରେ ତାଙ୍କର ଗବେଷଣା ମଧ୍ୟ ଜାରି ରଖିଥିଲେ। ଯାତ୍ରାର ନିର୍ଦ୍ଦେଶନାରେ ବିଭିନ୍ନ ପାଶ୍ଚାତ୍ୟ ଶୈଳୀ ପ୍ରୟୋଗ କରି ନୂତନତାର ସନ୍ଧାନ କରୁଥିଲେ। ଯାତ୍ରା ଦଳ ଥିଲା ତାଙ୍କ ନାନ୍ଦନିକ ପରୀକ୍ଷାର ଲାବୋରେଟରୀ। ସେ ଭୁଲିଯାଇଥିଲେ ଯେ ଯାତ୍ରାଦଳ ମାନେ ତାଙ୍କ ପରୀକ୍ଷା ସଂପର୍କରେ ଆଦୌ କିଛି ଜାଣିନଥିଲେ। ସେମାନେ କେବଳ ନିଜର ବ୍ୟବସାୟ ସଂପର୍କରେ ସଚେତନ ଥିଲେ। କିନ୍ତୁ ନାଟ୍ୟକାର ଯାତ୍ରାର

ବ୍ୟବସାୟିକ ଦିଗ ସଂପର୍କରେ ଆଦୌ ସଚେତନ ନଥିଲେ। ଏପଟେ ନାଟ୍ୟକାରଙ୍କ ସାହିତ୍ୟକ ନାଟକଗୁଡିକୁ ଲକ୍ଷ୍ୟ କଲେ ଜଣାଯାଏ ଯେ ସେ 'ଶେଷ ପାହାଚ', 'ଅନ୍ଧ ନଦୀର ସୁଅ', 'ଆନନ୍ଦ ନଗରକୁ ଯାତ୍ରା' ଓ 'ହାତୀକୁ ହୋମିଓ ପାଥି' ନାଟକ ଲେଖି ସେଗୁଡିକ ମଂଚସ୍ଥ କରାଇଲା ପରେ ଯାତ୍ରାନାଟକ ଲେଖିବାକୁ ବିଚାର କରିଛନ୍ତି।

ଡ ଅଜୟ କୁମାର ସୂତାରଙ୍କୁ ଦେଇଥିବା ଏକ ସାକ୍ଷାତ କାରରେ ନାଟ୍ୟକାର କହିଛନ୍ତି, "ମୁଁ ନାଟକଟିଏ ଲେଖି, ତାର ପାଣ୍ଡୁଲିପି ପ୍ରସ୍ତୁତ କରି ଯାତ୍ରା ଦଳରେ ଶିଖାଇବାକୁ ନେଇକି ଯାଏ ନାହିଁ। କାରଣ ଗଳ୍ପ, ଉପନ୍ୟାସ ଓ କବିତା ପରି ନାଟକକୁ ଘରେ ବସି ଲେଖାଯାଏ ନାହିଁ। ସେପରି ଲେଖି ଶିଖାଇଲେ କେଉଁ ଦଳ କିପରି କରିବ ତାର କୌଣସି ଭାଗମାପ ମିଳିବ ନାହିଁ। ତେଣୁ ଦଳରେ ଥିବା ଅଭିନେତା, ଅଭିନେତ୍ରୀ ମାନଙ୍କୁ ଦେଖି ସେମାନଙ୍କୁ ସୁହାଇଲା ଭଳି ଚରିତ୍ର ତିଆରି କରି ସେମାନଙ୍କୁ ଧରେଇଦେଲେ ସେମାନେ ସହଜରେ ସେଇ ଭୂମିକା ଗୁଡିକରେ ଅଭିନୟ କରି ପାରିବେ । XXX ତେଣୁ ମୁଁ କଳାକାରଙ୍କୁ ଦେଖି ଚରିତ୍ର ଲେଖି ଦିଏ ଓ ଦଶଦିନ ଭିତରେ ନିର୍ଦ୍ଦେଶନା ଦେଇ ମଂଚସ୍ଥ କରିବାକୁ ଛାଡିଦିଏ।" (୧୭)

ରମେଶ ପ୍ରସାଦ ପାଣିଗ୍ରାହୀ ଯାତ୍ରା ନାଟକ ଲେଖି ମଂଚସ୍ଥ କଲାବେଳକୁ ସୌଖିନ ନାଟକ ଏକ ସଂକଟ ଦେଇ ଗତି କରୁଛି। ପଇସା ଦେଇ ତେଣୁ ନାଟକ କରିବା ସମ୍ଭବପର ନଥିଲା। ଯେଉଁ ପଚାଶ ହଜାରରୁ ଲକ୍ଷେ ଟଙ୍କା ଆବଶ୍ୟକ ତାହା ଉପଲବ୍ଧ ହେଉନଥିବା ଯୋଗୁଁ ନାଟକ ମଞ୍ଚସ୍ଥ ହେଉ ନଥିଲା। ଏପରି ସମୟରେ ଯାତ୍ରା ନାଟକ ମାଧ୍ୟମରେ ଶ୍ରୀ ପାଣିଗ୍ରାହୀ ନିୟମିତ ଲେଖିବା ଓ ନାଟକ ମଂଚସ୍ଥ କରିବାର ସୁଯୋଗ ପାଉଥିଲେ। ଅଧ୍ୟାପକ ଜୀବନରୁ ଛୁଟି ନେଇ ସେ ଯାତ୍ରାଦଳ ମାନଙ୍କ ସହିତ ଅଧିକ ସମୟ ବିତାଉଥିଲେ। ଯାତ୍ରା ପାର୍ଟି ସହିତ ଅଳ୍ପଦିନ କାମକରି ସଂଗୀତ ନିର୍ଦ୍ଦେଶକ ଓ ନୃତ୍ୟ ନିର୍ଦ୍ଦେଶକ ମାନେ ଚାଲିଯାଉଥିଲେ। ତେଣୁ ଶ୍ରୀଯୁକ୍ତ ପାଣିଗ୍ରାହୀ ନିଜେ ନିର୍ଦ୍ଦେଶକ ରୂପେ ସଂଗୀତ ଓ ନୃତ୍ୟ ବିଭାଗ ଗୁଡିକୁ ଯାତ୍ରାର ନାଟ୍ୟଗ୍ରନ୍ଥ ସହିତ ମିଶାଇ ଏକ ନାଟକ ପ୍ରସ୍ତୁତ କରୁଥିଲେ। ଏତଦ୍ ବ୍ୟତୀତ ସେ କଥାବସ୍ତୁ ସଂଯୋଜନା, ଚରିତ୍ର ଚିତ୍ରଣ, ସଂଳାପ ଏବଂ ନାଟ୍ୟ 'ବାର୍ତ୍ତା'ରେ ବିଭିନ୍ନ ପରୀକ୍ଷା ପ୍ରୟୋଗ କରି ପରିବର୍ତ୍ତନ ଆଣିଥିଲେ, ଏବଂ ଏତଦ୍ ବ୍ୟତୀତ ସେ ଚଳମାନ ମଂଚର କଳ୍ପନା କରି ତାକୁ ପ୍ରଥମେ ତୁଳସୀ ଗଣନାଟ୍ୟରେ ପ୍ରୟୋଗ କରି ଅପୂର୍ବ ସଫଳତା ଲାଭ କରିଥିଲେ।

ଡ ଅଜୟ କୁମାର ସୂତାରଙ୍କୁ ଦେଇଥିବା ଏକ ସାକ୍ଷାତକାରରେ ରମେଶ ପାଣିଗ୍ରାହୀ ପୁଣି କହିଛନ୍ତି, "ଲେଖିବା ପାଇଁ କିଛି ନୂଆ ବିଷୟ ନଥିଲେ ମୁଁ ନାଟକ ଲେଖେ ନାହିଁ। ଯାହା ସବୁ ଲେଖା ହେଇଚି,ସେଇ ବିଷୟ ଉପରେ ମୁଁ ନାଟକ

ଲେଖେ ନାହିଁ। ଯାହା ସବୁ ଲେଖା ହେଇଚି,ସେଇ ବିଷୟ ବସ୍ତୁ / ସମସ୍ୟା ଗୁଡିକ ସଂପର୍କରେ ମୋର ଭିନ୍ନମତ ଥିଲେ ତାହା ଆପେ ଆପେ ମୋ' ନାଟକ ଭିତରକୁ ଚାଲି ଆସେ। ସମସ୍ତଙ୍କ ଠାରୁ ମୋ' ମତ ଭିନ୍ନ ହେବା ଆବଶ୍ୟକ। ଆଉ ଗୋଟେ କଥା ହେଲା ମୁଁ ନାଟକଟି ଲେଖିବା ପୂବରୁ ଅତି ବିସ୍ତାରିତ ଭାବେ ଚିନ୍ତା କରିଥାଏ ଏବଂ ଚରିତ୍ର ମାନଙ୍କ ସହିତ ଏକାତ୍ମ ହୋଇଯାଇଥାଏ ।ଏଣୁ ବାସ୍ତବରେ ନାଟକଟି ଲେଖା ହେଲା ବେଳକୁ ଶୀଘ୍ର ଲେଖା ହୋଇଯାଏ। କେଉଁଠି ଅଟକାଇବା ପ୍ରସଙ୍ଗ ଉଠେ ନାହିଁ। ନିରବଚ୍ଛିନ୍ନ ଭାବେ ଏବଂ ଅତି କମ ସମୟରେ ମଧ୍ୟରେ ଲେଖିବା ସଂଭବପର ହୁଏ। ପ୍ରତିଦିନ ପାଞ୍ଚୋଟି ଦୃଶ୍ୟ ଲେଖି ନିର୍ଦ୍ଦେଶନା ଦେଇ ନାଟକଟିକୁ ୧୦ ଦିନ ମଧ୍ୟରେ ସାରିବାକୁ ହୁଏ। ନାଟକ ଲେଖା ସରିଲା ପରେ ଗୀତ ଓ ନୃତ୍ୟ ତଥା ପାଇଟିଙ୍ଗ୍‌କୁ ଯୋଡି ପୁରା ନାଟକ କରିବାକୁ ହୁଏ।"

ଯାତ୍ରାନାଟକ କରିବା ସମୟ କାଳ ମଧ୍ୟରେ ରମେଶ ପାଣିଗ୍ରାହୀଙ୍କର ଜୀବନ ବଂଚିବା ଶୈଳୀରେ ମଧ୍ୟ ପରିବର୍ତ୍ତନ ଆସିଥିଲା। ଦିନ ୧୨ରୁ ଆରମ୍ଭ କରି ଅପରାହ୍ନ ତିନିଟା ପର୍ଯ୍ୟନ୍ତ ଏବଂ ପୁଣି ସନ୍ଧ୍ୟାରୁ ଆରମ୍ଭ କରି ରାତି ୧୨ ପର୍ଯ୍ୟନ୍ତ ଯାତ୍ରା ନାଟକ ରିହାରର୍ସଲ କରାଇବା ବାସ୍ତବରେ କାଠିକର ପାଠ ଥିଲା ଶ୍ରୀଯୁକ୍ତ ପାଣିଗ୍ରାହୀଙ୍କ ପାଇଁ।

କ୍ରମଶଃ ବୟସ ବଢ଼ିବା ସଂଗେ ସଂଗେ ସ୍ୱାସ୍ଥ୍ୟଗତ କାରଣରୁ ଏବଂ ନିଜ ପ୍ରତିଭାକୁ ଯାତ୍ରାପାର୍ଟି ମାଲିକ ପାଖରେ ବିକ୍ରୀ କରିବାକୁ ଇଚ୍ଛା ନଥିବାରୁ ରମେଶ ପାଣିଗ୍ରାହୀ ଯାତ୍ରାନାଟକ ଛାଡ଼ି ପୁଣିଥରେ ମଂଚନାଟକ ପାଖକୁ ଫେରି ଆସିବାକୁ ବାଧ୍ୟ ହୋଇଥିଲେ। ୟା ଭିତରେ ପ୍ରାୟ ଦଶଖଣ୍ଡ ନାଟକ ଲେଖିସାରିଲେଣି। ପୁଣିଥରେ ସେ ରେଡ଼ିଓ ନାଟକ ଲେଖୁଛନ୍ତି ଏବଂ ତାହା ପ୍ରଚାରିତ / ପ୍ରସାରିତ ହେଉଛି। 'ବୁନ୍ଦାଏ ପାଣିରେ ସମୁଦ୍ର' ଓ 'ଗୋପବଂଧୁଙ୍କ ଗଛ' ଆକାଶବାଣୀ କାର୍ଯ୍ୟକ୍ରମରେ ବେଶ୍ ନାଁ କରିଛି। ମଂଚ ଉପରେ ତାଙ୍କର ନୂତନ ନାଟକ ଗୁଡ଼ିକ, ଯଥା- 'ପରାହତ ମୂର୍ଚ୍ଛନା', 'ମହାନାଟକ-୨', 'ଯେସନେ କୀଟ ଉର୍ଣ୍ଣନାଭି' ଓ 'ଉର୍ମିଳା' ପ୍ରଭୃତି ନାଟକ ମଂଚସ୍ଥ ଅପେକ୍ଷାରେ ।

ଶ୍ରୀମତୀ ସୁଜାତା ମହାପାତ୍ର ରମେଶ ପ୍ରସାଦ ପାଣିଗ୍ରାହୀଙ୍କ ଜୀବନୀ 'ଜୀବନ ନାଟକରେ ରମେଶ ପାଣିଗ୍ରାହୀ' ପ୍ରକାଶ କରିଛନ୍ତି ୨୦୧୭ରେ। ସେଥିରେ ସେ ଲେଖିଛନ୍ତି, "ବୋଧହୁଏ ସାହିତ୍ୟ ଓ ସନ୍ୟାସ ଭିତରେ ବେଶୀ କିଛି ଫଂରକ ଦେଖନ୍ତି ନାହିଁ ରମେଶ ପାଣିଗ୍ରାହୀ। ସନ୍ୟାସୀର ଜୀବାନାନୁଭବ ସାଧାରଣ ନୁହେଁ, ନାଟ୍ୟକାରର ମଧ୍ୟ। ସେ ଛାଞ୍ଚମରା ମଣିଷ ହୋଇପାରିବ ନାହିଁ। ଲେଖିବା ପାଇଁ ଆକାଶକୁ ଯିବା ତା ପାଇଁ ମନା। ଜହ୍ନ ଆଉ ତାରା ତାଙ୍କର ଦରକାର ନାହିଁ। ଖାଲି ମଣିଷ ଦରକାର ନାଟକ

ପାଇଁ। ଭଲ ଓ ଖରାପର ଊର୍ଦ୍ଧ୍ୱରେ। ମଣିଷ ଖୋଜିବାର ଏହି ଅନନ୍ତ ଅନ୍ୱେଷା ହିଁ ହେଉଛି ତାଙ୍କ ପାଇଁ ଜୀବନ। ତାହା ହିଁ ତାଙ୍କ ପାଇଁ ନାଟକ।"(୧୮)

ସଂକେତ ସୂଚୀ

୧. ମହାପାତ୍ର ସୁଜାତା : 'ଜୀବନନାଟକରେ ରମେଶ ପାଣିଗ୍ରାହୀ', ଜୀବନଶଂଖ, ସଂପାଦନା: ସୁବ୍ରତ ପ୍ରିୟବ୍ରତ ମହାନ୍ତି, ଓଡ଼ିଶା ବୁକ୍ ଷ୍ଟୋର, କଟକ, ୨୦୧୭, ପୃ-୧-୩୨।

୨. ମିଶ୍ର ସଂଘମିତ୍ରା : 'ଜଣେ ନାଟୁଆର ନାନାବାୟା : ପାହିଲା ପାହିଲା ରାତିର ଖବର ଶୁଣ', ପକ୍ଷୀଘର, ମହାପୂଜା, ୨୦୧୮, ପୃ- ୩୯୧-୩୯୮।

୩. ପାଣିଗ୍ରାହୀ ରମେଶ ପ୍ରସାଦ : 'ମୁଁ ଏକ ଚଳମାନ ବିଶୃଙ୍ଖଳା', ଆତ୍ମକଥନିକା, ସଂପାଦନା, ଗୌରାଙ୍ଗ ଚରଣ ଦାଶ, ହଂସ ପେପର୍ ବ୍ୟାକ୍ ଓ ହଂସ ପ୍ରକାଶନୀ, ନରସିଂହପୁର, କଟକ, ୧୯୯୧।

୪. ତତ୍ରୈବ :

୫. Panigrahi Ramesh P. : Space, Cultural Politics and the Ganjam ingrained in Dharakote' A historical Report, Ganjam, Edtd. Dinanath Pathy, Rajkamal, New Delhi-2015.

୬. ତତ୍ରୈବ :

୭. ମିଶ୍ର ସଂଘମିତ୍ରା : 'ନାଟୁଆର ନାନାବାୟା: ପାହିଲା ପାହିଲା ରାତିର ଖବର ଶୁଣ' ପକ୍ଷୀଘର, ମହାପୂଜା, ୨୦୧୮।

୮. ମହାପାତ୍ର ସୁଜାତା : 'ଜୀବନ ନାଟକରେ ରମେଶ ପାଣିଗ୍ରାହୀ', ଜୀବନ ଶଂଖ ସଂ : ସୁବ୍ରତ ପ୍ରିୟବ୍ରତ ମହାନ୍ତି, ଓଡ଼ିଶା ବୁକ୍ ଷ୍ଟୋର, କଟକ, ୨୦୧୭।

୯. ତତ୍ରୈବ :

୧୦. ତତ୍ରୈବ :

୧୧. ତତ୍ରୈବ :

୧୨. 'ବିଜୟିନୀ ପବ୍ଲିକେଶନ୍' କଟକର ସଂପାଦକ ଦିଲ୍ଲୀପ ବେଉରାଙ୍କ ସହ ସାକ୍ଷାତକାର, ପୂଜାସଂଖ୍ୟା, ୨୦୦୩।

୧୩. Botting Gary : 'Happenings' in the Theatre of Protest in America, Edmonton, Harden House, 1972, P- 16-17.

୧୪. ସ୍ୱାଇଁ ଡ଼. ବଟକୃଷ୍ଣ : ରମେଶ ପାଣିଗ୍ରାହୀଙ୍କ ଯାତ୍ରାନାଟକ :ଏକ ଅଧ୍ୟୟନ

(ଅପ୍ରକାଶିତ ଗବେଷଣା ସଂଦର୍ଭ) ଉତ୍କଳ ବିଶ୍ୱବିଦ୍ୟାଳୟ, ୨୦୦୧, ପୃ-୭୦।

୧୫. ସୂତାର ଡ. ଅଜୟ କୁମାର : ରମେଶ ପାଣିଗ୍ରାହୀଙ୍କ ଯାତ୍ରାନାଟକରେ ପ୍ରୟୋଗ ଓ ପରୀକ୍ଷା (ଅପ୍ରକାଶିତ ଗବେଷଣା ନିବଂଧ), ଉତ୍କଳ ବିଶ୍ୱବିଦ୍ୟାଳୟ, ୨୦୧. ପୃଷ୍ଠା-୧୧୦-୧୧୧।

୧୬. ପାଣିଗ୍ରାହୀ ରମେଶ ପ୍ରସାଦ: 'ପ୍ରବୁଦ୍ଧ କଳିଙ୍ଗ', ୨ୟବର୍ଷ, ନବବର୍ଷ ସଂଖ୍ୟା, ୨୦୦୯ରେ ପ୍ରକାଶିତ 'ଅନ୍ତରଂଗ ଆଳାପର'ର ୧୦ମ ପ୍ରଶ୍ନର ଉତ୍ତର ପୃ- ୨୩।

୧୭. ସୂତାର ଡ ଅଜୟ କୁମାର: ରମେଶ ପାଣିଗ୍ରାହୀଙ୍କ ସହ ସାକ୍ଷାତକାର ତା ୦୬/୦୭/୨୦୦୯, ରମେଶ ପାଣିଗ୍ରାହୀଙ୍କ ଯାତ୍ରା ନାଟକରେ ପ୍ରୟୋଗ ଓ ପରୀକ୍ଷା (ଅପ୍ରକାଶିତ ଗବେଷଣା ନିବଂଧ) ଉତ୍କଳ ବିଶ୍ୱବିଦ୍ୟାଳୟ, ୨୦୧୦, ପୃ-୧୧୩।

୧୮. ମହାପାତ୍ର ସୁଜାତା : 'ଜୀବନ ନାଟକରେ ରମେଶ ପାଣିଗ୍ରାହୀ', ଜୀବନଶଂଖ, ସଂପାଦନା, ସୁବ୍ରତ ପ୍ରିୟବ୍ରତ ମହାନ୍ତି, ଓଡ଼ିଶା ବୁକ୍‌ଷ୍ଟୋର, କଟକ, ୨୦୧୭।

ତୃତୀୟ ଅଧ୍ୟାୟ

ରମେଶ ପାଣିଗ୍ରାହୀଙ୍କ ନାଟକ ସମ୍ଭାର

(କ) ନାଟକାବଳୀର କାଳାନୁକ୍ରମିକ ଆଲୋଚନା

ଷଷ୍ଠ ଦଶକର ପରବର୍ତ୍ତୀ କାଳରେ ଓଡ଼ିଶାରେ ଯେଉଁ ସାମାଜିକ, ରାଜନୈତିକ ଏବଂ ସାଂସ୍କୃତିକ ସଂକଟ ଦେଖାଦେଇଛି, ତା ଦ୍ୱାରା ଆମର ପ୍ରଚଳିତ ସାମାଜିକ ଏବଂ ପାରିବାରିକ ମୂଲ୍ୟବୋଧଗୁଡ଼ିକ ବିପୁଳ ଭାବରେ କ୍ଷତିଗ୍ରସ୍ତ ହୋଇଛି। ସରଳ ଗ୍ରାମୀଣ ଜୀବନ ରାଜନୀତିର ଘନଘଟା ମଧ୍ୟରେ ପେଷି ହୋଇ ଅଣନିଃଶ୍ୱାସୀ ହୋଇପଡ଼ିଛି। ସଂସ୍କୃତି ନାମରେ ଆତ୍ମପ୍ରକାଶ କରିଛି ଯଥେଚ୍ଛାଚାରିତା। ସବୁଠି ଦେଖାଦେଇଛି ପୁଞ୍ଜିର ନିରଙ୍କୁଶ ଆଧିପତ୍ୟ। ଆମ ପାଇଁ ଗୃହ, ପରିବାର, ସମାଜ ଯେମିତି ନର୍କରେ ପରିଣତ ହୋଇଯାଇଛି। ମଣିଷ ମାନସିକ ସ୍ତରରେ ଧିରେ ଧିରେ ଜଟିଳ ହେବା ଆରମ୍ଭ କରିଛି। ବୁଦ୍ଧିକୁ ନେଇ ସେ ନିଜର ଅହଂଭାବ ଦେଖାଇଛି। ମଣିଷର ଅନ୍ତର୍ମନର ବିଶ୍ଳେଷଣ ଏ ସମୟରେ ନାଟକର ମୁଖ୍ୟ ଉପଜୀବ୍ୟ ହୋଇପଡ଼ିଛି। ଅନ୍ୟ ନାଟ୍ୟକାରଙ୍କ ପରି ରମେଶ ପ୍ରସାଦ ପାଣିଗ୍ରାହୀ ନିଜର ନାଟ୍ୟକାର ଜୀବନ ପ୍ରଥାବଦ୍ଧ ନାଟ୍ୟଶୈଳୀରୁ ଆରମ୍ଭ କରିଥିଲେ ମଧ୍ୟ ଷଷ୍ଠ ଦଶକ ପରେ ପରେ ସେ ଗତାନୁଗତିକତାର ଧାରାକୁ ପରିହାର କରି ନୂତନ ପ୍ରୟୋଗ ପରୀକ୍ଷାଧର୍ମୀ ନାଟକର ସନ୍ଧାନୀ ହୋଇଛନ୍ତି। କିନ୍ତୁ ୧୯୭୦ ମସିହା ପରଠାରୁ ଶ୍ରୀଯୁକ୍ତ ପାଣିଗ୍ରାହୀଙ୍କ ନାଟକ ସମୂହ ହୋଇଛି ଏକ ଏକ ଭିନ୍ନ ସ୍ୱାଦଯୁକ୍ତ। ନିଜର ନାଟ୍ୟଧାରାରେ ବିପ୍ଳବାତ୍ମକ ପରିବର୍ତ୍ତନମାନ ଆଣି ସେଥିରେ ସାମାଜିକ ଅଙ୍ଗୀକାରକୁ ଅଧିକ ସ୍ପଷ୍ଟ କରିଛନ୍ତି ଶ୍ରୀଯୁକ୍ତ ପାଣିଗ୍ରାହୀ। ନାଟକରେ ମୁକ୍ତଧାରା ଶୈଳୀର ଅନୁବର୍ତ୍ତନ ସଙ୍ଗକୁ ଆମ ନାଟ୍ୟଧାରାରେ ପ୍ରୟୋଗ ଓ ପରୀକ୍ଷାର ନୂତନ ଦିଗନ୍ତ ଉନ୍ମୋଚିତ କରିଛନ୍ତି। ତେଣୁ ତଥାକଥିତ ଉଦ୍‌ଭଟତା, ନିଃସଙ୍ଗ ବ୍ୟକ୍ତିସତ୍ତାର ଆତୁର ଆର୍ତ୍ତନାଦ ଏବଂ ବିଭିନ୍ନ ଇଜିମ୍‌ର ଘନଘଟା ଓ ଆରୋପ ଆଉ ଦେଖିବାକୁ ମିଳିନାହିଁ ନାଟ୍ୟକାରଙ୍କ ନାଟକରେ ଏହି ପରିଚ୍ଛେଦଟିରେ

ନାଟ୍ୟକାର ଶ୍ରୀଯୁକ୍ତ ପାଣିଗ୍ରାହୀଙ୍କର ପ୍ରଥାବଦ୍ଧ ଶୈଳୀର ନାଟକଗୁଡ଼ିକ ସହ ନୂତନ ନାଟ୍ୟଧାରାର ନାଟକଗୁଡ଼ିକ ସଂପର୍କରେ ଆଲୋଚନା କରିବା ପାଇଁ ଯଥାସାଧ୍ୟ ଉଦ୍ୟମ କରାଯାଇଅଛି ।

ମୁକ୍ତିମଣ୍ଡପ

'ମୁକ୍ତିମଣ୍ଡପ' ନାଟକରୁ ସେ ଖୋଜିବସନ୍ତି ନିଜ ଆତ୍ମ ସ୍ୱୀକୃତି । ୧୯ ବର୍ଷ ବୟସରେ ସେ 'ମୁକ୍ତିମଣ୍ଡପ' ନାଟକ ରଚନା କରିଥିଲେ । ଏହା 'ଝରଣା ଝୁରେ ସାଗର ପାଇଁ' ଯାତ୍ରା ନାଟକ ଭାବେ ତୁଳସୀ ଗଣନାଟ୍ୟ ଦ୍ୱାରା ମଞ୍ଚସ୍ଥ ହୋଇଥିଲା । ଏଥିରେ ପ୍ରାଚୀନ ଅଳଙ୍କାରଧର୍ମୀ ରୀତିଯୁଗୀୟ ବାତାବରଣ ସାଥେସାଥେ ମେଲୋଡ୍ରାମାର ଆଭାସ ଦେଖିବାକୁ ମିଳେ । ଦୁର୍ଭାଗ୍ୟବଶତଃ ଏହା ଅନ୍ନପୂର୍ଣ୍ଣା ରଙ୍ଗମଞ୍ଚରେ ନାଟକ ଭାବରେ ନିର୍ବାଚିତ ହୋଇପାରିନଥିଲା । କିନ୍ତୁ ନାଟକଟି ମଞ୍ଚସ୍ଥ ହୋଇଥିଲା । 'ମୁକ୍ତିମଣ୍ଡପ' ନାଟକଟିର ନାମଟି ଶ୍ରୀମନ୍ଦିର ସଂସ୍କୃତିରୁ ଆନୟନ କରାଯାଇଛି । ୧୯୬୩ରୁ ୧୯୭୮ ମସିହାମଧ୍ୟରେ ନାଟ୍ୟକାରଙ୍କର ନିର୍ଦ୍ଦେଶରେ ଟିଟିଲାଗଡ଼, ପୁରୀ ବ୍ରହ୍ମପୁର ଇତ୍ୟାଦି ସହରରେ ସମୁଦାୟ ଚାରିଥର ମଞ୍ଚସ୍ଥ ହେବା ସହିତ ନାଟ୍ୟକାର ନିଜେ ଏଥିରେ ମଧ୍ୟ ମୁଖ୍ୟ ଭୂମିକା ନିର୍ବାହ କରିଛନ୍ତି । ଏହି ନାଟକ ସ୍ୱାଧୀନତା ପୂର୍ବ ଓ ପରର ମୂଲ୍ୟବୋଧଭିତ୍ତିକ ସଂଘର୍ଷକୁ ଆଧାରକରି ରଚନା କରାଯାଇଥିବା ନାଟ୍ୟକାରଙ୍କ ପ୍ରଥମ ନାଟକ। ନାଟକର କାହାଣୀ ସଂଯୋଜନା ସତେ ଯେମିତିକି ଭାଗ୍ୟଧର୍ମୀ ମନେହୁଏ । ଲାଗେ ଯେମିତି ଚରିତ୍ରଗୁଡ଼ିକ ସହ ଭାଗ୍ୟ ଯେପରି ଗୋଟିଏ ପରେ ଗୋଟିଏ ଆକସ୍ମିକ ଖେଳ ଖେଳି ଚାଲିଛି । ଏଥିରେ ବହୁ ସାମାଜିକ ସମସ୍ୟା ସ୍ଥାନ ପାଇଛି। ଯେପରି କି ମାର୍କ୍ସୀୟ ଚିନ୍ତାଧାରା, ଦୁଇଟି ପିଢ଼ିର ମୂଲ୍ୟବୋଧର ସଂଘର୍ଷ, ସ୍ୱାଧୀନତା ପରବର୍ତ୍ତୀ ଜମିଦାରୀ ଉଚ୍ଛେଦ ସମୟର ଦୃଶ୍ୟ, ଅବକ୍ଷୟଗ୍ରସ୍ତ ଆଭିଜାତ୍ୟ ପରମ୍ପରାର ଦୃଶ୍ୟ ଇତ୍ୟାଦି । ଏହି ନାଟକରେ ସମୁଦାୟ ୧୬ଟି ଚରିତ୍ର ସ୍ଥାନିତ ହୋଇଛନ୍ତି । ଚାରିଟି ନାରୀ ଚରିତ୍ର (ମାୟା, ଝରଣା, ଚପଳା, ଲୁସି) ଏବଂ ଅବଶିଷ୍ଟ ପୁରୁଷ ଚରିତ୍ର । ପଚିଶିଟି ଦୃଶ୍ୟ ସହ ପାରିବାରିକ ହସ, ଲୁହ, କାନ୍ଦର ତେଲ ଲୁଣ ସଂସାର ତଥା ପାଇ କରି ହରାଇବା ଏବଂ ହରାଇ ପାରିବାର ସାର୍ଥକ ନାଟକ 'ମୁକ୍ତିମଣ୍ଡପ' ଅଟେ। ମୁକ୍ତିମଣ୍ଡପ ଶ୍ରୀଜଗନ୍ନାଥଙ୍କର କେବଳ ପବିତ୍ର ସ୍ଥାନ ନୁହେଁ, ବରଂ ଏଠାରେ ସମାଜର ବିଭିନ୍ନ ପବିତ୍ରାଦି କର୍ମ ମଧ୍ୟ ସମାପନ ହୋଇଥାଏ। ଏହା ଆମର ସାମାଜିକ ପ୍ରଥା ତଥା ପରମ୍ପରାର ନିୟାମକ ଅଟେ ।

ନାୟକ ସାଗର ଜମିଦାର ରାମନାରାୟଣଙ୍କ ପୁତ୍ର । ସହରରେ ବିଦ୍ୟା ଅଧ୍ୟୟନ କରି ସେ ଉଚ୍ଚଶିକ୍ଷିତ । ସମୟ ସହ ତାଳ ଦେଇ ବେଶ୍ ଚାଲିପାରେ । ସମୟ ସୁଅରେ

ପଡ଼ି ସେ ତାର ସାଙ୍ଗ ସରୋଜର ଭଉଣୀ ଝରଣାକୁ ବିବାହ କରେ। ଝରଣା ହେଉଛି ଗରୀବ ଘରର ଏବଂ ସେ କୌଣସି ସମ୍ଭ୍ରାନ୍ତ ଶ୍ରେଣୀର ନୁହେଁ । ସାଗର ଓ ଝରଣା ମଧ୍ୟରେ ସାମାଜିକ ଏବଂ ଅର୍ଥନୈତିକ ପାର୍ଥକ୍ୟ ଯଥେଷ୍ଟ ରହିଛି। ଯାହାକୁ ବି ଜମିଦାର ରାମନାରାୟଣ ସ୍ୱୀକାର କରିବା ପାଇଁ ଅରାଜି। କାରଣ ସେ ତାଙ୍କ ସାମନ୍ତବାଦୀ ବନ୍ଧୁ କିଶୋରଚନ୍ଦ୍ରଙ୍କ କନ୍ୟା ଲୁସି ସହ ବିବାହ ଠିକ୍ କରିଥିଲେ ସାଗରର। ଯାହାଫଳରେ କି ତାଙ୍କ ଭଉଣୀ ମାୟା ଓ ତାର ପଥଚ୍ୟୁତ ପୁତ୍ର ପ୍ରତାପର ପ୍ରରୋଚନାରେ ସେ ତାଙ୍କର ପୁତ୍ର ସାଗରକୁ ପ୍ରତ୍ୟାଖ୍ୟାନ କରିଥିଲେ। ଝରଣା ଏବଂ ଲୁସି ଗୋଟିଏ ମୁଦ୍ରାର ଦୁଇଟି ପାର୍ଶ୍ୱ । ଝରଣା ସରଳ, ନିଷ୍କପଟ ଗରୀବ ବ୍ରାହ୍ମଣ ଘରର କିନ୍ତୁ ଲୁସି ଉଗ୍ର ସାମନ୍ତବାଦୀ ଧନଲିପ୍ସୁ ତଥା ପ୍ରାକ୍‌ସ୍ୱାଧୀନତା କାଳର ଆଧୁନିକା ନାରୀ । ବୋଧେ ସେଥିପାଇଁ ନାୟକ ସାଗର ଝରଣାକୁ ସବୁ ହରାଇ ମଧ୍ୟ ସ୍ୱୀକାର କରିଛି । ସେପଟେ ଲୁସି ଡାକ୍ତର ସୁବ୍ରତଙ୍କୁ ବିବାହ କରିଛି । କିନ୍ତୁ ସମୟ ପରିବର୍ତ୍ତନ ହେବା ସହିତ ସାଗର ଜୀବନ ଉପରେ ଆସିଛି ଝଡ଼। କଷ୍ଟ ଯନ୍ତ୍ରଣାରେ ଜୀବନ ଅତିବାହିତ କରି ସେ ଚାକିରି ଆଶାରେ ଡାକ୍ତର ସୁବ୍ରତଙ୍କ ଦ୍ୱାରସ୍ଥ ହୋଇଛି ଏବଂ ସେଠାରେ ସେ ଲୁସିକୁ ଆବିଷ୍କାର କରିଛି ଏବଂ ତା'ଠାରୁ କଟୁ ମନ୍ତବ୍ୟ ମଧ୍ୟ ପାଇଛି । ଲୁସି ତାକୁ କହିଛି- "ତମର ଅବସ୍ଥାଟା ଏମିତି କେମିତି ହେଲା ? କ'ଣ ଦାରିଦ୍ର୍ୟ ? ପ୍ରେମ କରି ବାହାହେଲେ ରାଜପୁତ୍ରମାନେ ଏମିତି ଭିକାରୀ ହୋଇଯାଆନ୍ତି ।"[୧]

ପରିବର୍ତ୍ତନଶୀଳ ପୃଥିବୀ ପରି ଭାଗ୍ୟ ମଧ୍ୟ ପରିବର୍ତ୍ତିତ ହୁଏ । ଦାରିଦ୍ର୍ୟର କଷାଘାତରେ ପଡ଼ି ଝରଣା କୁନିପୁଅ ରାଜାକୁ ଧରି ଭିକ୍ଷା ମାଗିବା ଏବଂ ଦୁର୍ଭାଗ୍ୟବଶତଃ ରାମନାରାୟଣଙ୍କ ଘରେ ଚାକରାଣୀ ହୋଇ କାମ କରିବା ଏବଂ ପୁତ୍ରର ଅଭାବରେ ରାମନାରାୟଣଙ୍କ ଭଗ୍ନୀପୁତ୍ର ଦ୍ୱାରା ଅତ୍ୟାଚାରିତ ହେବା ସବୁ ଯେମିତି ଭାଗ୍ୟର ବିଡମ୍ବନା। ଅତଏବ ରାମନାରାୟଣ ଇଂରେଜ ଅମଳର ନିଷ୍ଠୁର ଜମିଦାର ନୁହଁନ୍ତି ବରଂ ଏକ କୋମଳ ହୃଦୟ ଥିବା ପିତା। କିନ୍ତୁ ଭଗ୍ନୀ ତଥା ଭଗ୍ନୀ ପୁତ୍ରର ଚକ୍ରାନ୍ତରେ ପଡ଼ି ସେ କ୍ରୋଧିତ ହୋଇଯାଇଥିଲେ। କିନ୍ତୁ ନାଟକର ଶେଷ ପର୍ଯ୍ୟାୟରେ ସେ ସାଗରକୁ ଖୋଜି ବୁଲିଛନ୍ତି । ସେ ସେଥିପାଇଁ କହିଛନ୍ତି- "ସାଗର.... । ତୁ କୋଉଠି ଅଛୁରେ ବାବା ? ତୁ କ'ଣ ଜାଣି ପାରୁନାହୁଁ ତତେ ବାରବର୍ଷ ହେଲା ନ ଦେଖି ଏ ବୁଢାଟା କେମିତି ଛଟପଟ ହେଉଛି ? ସାଗର ! ସାଗର ! (କାନ୍ଦିଲେ) ସତରେ ଯଦି ତୁ କୋଉଠି ହଜିଯାଉ ସମାଜର ମୁକ୍ତିମଣ୍ଡପ ଆଗରେ ମୁଁ କି କୈଫିୟତ ଦେବି ?"[୨]

ଜମିଦାର ରାମନାରାୟଣ ଆଜୀବନ ତାଙ୍କର ପ୍ରତ୍ୟେକ କଥାକୁ ସମାଜର ମୁକ୍ତିମଣ୍ଡପ ଦ୍ୱାରା ସମର୍ଥନ କରାଇ ଅଛନ୍ତି। ଏବଂ ତାଙ୍କର ଶେଷପର୍ଯ୍ୟାୟରେ ପୁତ୍ରପାଇଁ

ଅଧିକ ଭାବବିହ୍ୱଳ ହୋଇ ପଡ଼ିଛନ୍ତି ଯାହାକି ନାଟକର ମୁଖ୍ୟ ଉପଜୀବ୍ୟ। ସାଗରର ପ୍ରେମ ବିବାହ, ରାମନାରାୟଣଙ୍କ ନିଜ ପୁତ୍ରକୁ 'ତ୍ୟାଜ୍ୟ' କରିବା, ଦୁଇଟି ପିତା ପୁତ୍ରର ମୂଲ୍ୟବୋଧର ସଂଘର୍ଷ ଗୁଡ଼ିକୁ ନାଟକରେ ଦେଖାଇ ଦିଆଯିବା ସହ ରାମନାରାୟଣ ଏବଂ ସାଗର ଦୁହେଁ ଭିନ୍ନ ଭିନ୍ନ ମୂଲ୍ୟବୋଧର ଚରିତ୍ର ଭାବେ ଉଭା ମଧ୍ୟ ହୋଇଛନ୍ତି 'ମୁକ୍ତିମଣ୍ଡପ' ନାଟକରେ। ସ୍ୱାଧୀନତା ପୂର୍ବ ଓ ପରର ମୂଲ୍ୟବୋଧଭିତ୍ତିକ ସଂଘର୍ଷ ଜନିତ ଘଟଣା ହେଉଛି ନାଟକର ମୁଖ୍ୟ ଉପଜୀବ୍ୟ ।

ତିମିର ତୃଷ୍ଣା

ନାଟ୍ୟକାରଙ୍କ ଦ୍ୱିତୀୟ ନାଟକଟି ହେଉଛି 'ତିମିର ତୃଷ୍ଣା' ଯାହାକି ୧୯୬୫ ମସିହାରେ ଲିଖିତ । ଏହା 'ନିଶୀଥ ସୂର୍ଯ୍ୟ' ନାମରେ ରେଭେନ୍‌ସା ମହାବିଦ୍ୟାଳୟରେ ମଞ୍ଚସ୍ଥ ହୋଇଥିଲା। ପାଶ୍ଚାତ୍ୟ ଜୀବନଶୈଳୀ ଓ ଓଡ଼ିଆ ମୂଲ୍ୟବୋଧ ମଧ୍ୟରେ ସଂଗ୍ରାମର ସୂତ୍ରପାତ ଘଟିଛି ଏହି ନାଟକରେ । ପ୍ରତିଟି ଚରିତ୍ର ଯେପରି ବିପ୍ଳବୀ ହୋଇଉଠିଛନ୍ତି ଏହି ନାଟକରେ । ବିବାଦରେ ସତ୍ତା ଖୋଜିବାରେ ବ୍ୟସ୍ତବିବ୍ରତ ନାଟକର ନାୟକ ତଥା ଅନ୍ୟାନ୍ୟ ଚରିତ୍ରଗଣ। ମୁକ୍ତିକାନ୍ତ ପ୍ରତିନାୟକ ମନେ ହେଉଥିଲେ ହେଁ ସେ ହେଉଛି ଜଣେ କବି ତଥା ଦାର୍ଶନିକ। ଷଷ୍ଠ ଦଶକର ସାମାଜିକ, ସାଂସ୍କୃତିକ ତଥା ଦାର୍ଶନିକ ଦୃଷ୍ଟିଭଙ୍ଗୀ ସଂପର୍କରେ ଆଲୋଚନା କରାଗଲେ ମୁକ୍ତିକାନ୍ତ ପ୍ରତିନାୟକ ପରି ମନେହୁଏ । କାହାଣୀର ଆରମ୍ଭରୁ ଏ ଚରିତ୍ରଟି ସତେ ଯେମିତି ଅପରିପକ୍ୱ ମନେହୁଏ । ପିତୃମାତୃ ପରିଚୟହୀନ ପ୍ରତିଟି ବ୍ୟକ୍ତିସତ୍ତାଙ୍କ ମସ୍ତିଷ୍କ ଅପରିପକ୍ୱ ହିଁ ଲାଗନ୍ତି । କିନ୍ତୁ ମୁକ୍ତିକାନ୍ତ ମୁକ୍ତିର ଅନ୍ୱେଷଣରେ ବର୍ଷ ବର୍ଷ ଧରି ରାଞ୍ଚି ମାନସିକ ଚିକିତ୍ସାଳୟରେ ଡା. ବାସୁଙ୍କ ତତ୍ତ୍ୱାବଧାନରେ ଚିକିତ୍ସିତ ହୋଇଛନ୍ତି ସତ କିନ୍ତୁ କୌଣସି ପ୍ରକାର ଫଳପ୍ରଦ ହେବାର ଗୁଣ ତାଙ୍କଠାରେ ଲକ୍ଷ୍ୟ କରାଯାଇନାହିଁ । ୨୦ ତଥା ୨୭ ବର୍ଷରେ ପଦାର୍ପଣ କଲାବେଳକୁ ମୁକ୍ତିକାନ୍ତ ପାଖରେ ଥିବା ଏକ ଲକେଟରୁ ଡାକ୍ତର ତାର ଠିକଣା ପାଇ ଉପଯୁକ୍ତ ସ୍ଥାନକୁ ପ୍ରେରଣ କରିଦେଇଛନ୍ତି। ସମାଜରେ ମୁକ୍ତିକାନ୍ତ ପିଲାଦିନରୁ ସାମାଜିକ ବ୍ୟଙ୍ଗ ବିଦ୍ରୂପର ଶିକାର ହୋଇ ନିଜର ଆତ୍ମପରିଚୟ ଖୋଜିବାକୁ ଚେଷ୍ଟା କରିଛି ଏହି ନାଟକରେ।

ବୟସ୍କ ଚରିତ୍ର ମେଜର ବର୍ମା ଅତ୍ୟାଧୁନିକ ମୂଲ୍ୟବୋଧକୁ ନେଇ ସଂଗ୍ରାମ କରୁଥିବା ସୈନିକ ଯେ କି ଭାରତ-ଚୀନ ଯୁଦ୍ଧରେ ଆଘାତ ପାଇ ଫେରିଆସିଛନ୍ତି ଘରକୁ ଏବଂ ତାଙ୍କର ମନରେ ଏକ ଭୁଲ ଧାରଣା ରହିଯାଇଛି ଯେ ଯଦି ଭାରତ ପାଖରେ ଚୀନ୍ ଭଳି ଅତ୍ୟାଧୁନିକ ଅସ୍ତ୍ରଶସ୍ତ୍ର ଥାନ୍ତା, ତାହା ହେଲେ ଭାରତ କଦାଚିତ୍ ହାରି ନଥାନ୍ତା । ଏହା ଯେମିତି ଏକ ସର୍ବସାଧାରଣ ସତ୍ୟ, ଏଭଳି ଏକ ସତ୍ୟ ସହ

ସେ ନିଜ ପାରିବାରିକ ସଂପର୍କକୁ ମଧ୍ୟ ସେହି ଧାରଣା ଦେଇ ପଙ୍ଗୁ କରାଇ ଦେଇଛନ୍ତି । ଶତ୍ରୁମାନଙ୍କୁ ପରାସ୍ତ କରି ସତ୍ୟଧର୍ମ ଓ ନ୍ୟାୟର ପ୍ରତିଷ୍ଠା କରିବା ସତେ ଯେମିତି କି ତାଙ୍କ ଚରିତ୍ରର ମୁଖ୍ୟ ବିଷୟବସ୍ତୁ। ଏଥିପାଇଁ ପୁତ୍ର ତପନ ବର୍ମାଙ୍କ ଉପରେ ମଧ୍ୟ ସେ କଡ଼ା ନଜର ରଖିଛନ୍ତି। ପୁତ୍ରକୁ ସେ ଶାସନ କରିବା ପାଇଁ ବ୍ୟଗ୍ର। କାରଣ ପୁତ୍ର ଯଦି ଶାସିତ ହୋଇ ରହେ ତାହା ପରେ ନିଜ ସ୍ତ୍ରୀକୁ ନିଜ ଆୟତ୍ତରେ ରଖିପାରିବ। କିନ୍ତୁ ବିନା ଶାସନରେ ରିକ୍ତା ନିଜ ସ୍ୱାମୀ ପାଖରେ ଦୋଷୀ। କାରଣ ଅତ୍ୟଧିକ ପୂଜାପାଠ ତଥା ଭକ୍ତି ଧର୍ମ ତପନ ବର୍ମାଙ୍କୁ ପସନ୍ଦ ନୁହେଁ। ରିକ୍ତା ଭଳି ଚରିତ୍ର ସମାଜରେ ବହୁତ ଦୃଷ୍ଟିଗୋଚର ହୁଅନ୍ତି । ଆଧୁନିକା ନାରୀ ଫ୍ୟାଶନ୍ ଦୁନିଆରେ ବ୍ୟସ୍ତ ରହୁଥିବା ବେଳେ ରିକ୍ତା କିନ୍ତୁ ପୂଜାପାଠ, ବ୍ରତ ଇତ୍ୟାଦିରେ ମଗ୍ନ। ଫଳସ୍ୱରୂପ ସ୍ୱାମୀ ସ୍ତ୍ରୀଙ୍କ ମଧ୍ୟରେ ପ୍ରାୟତଃ ମନୋମାଳିନ୍ୟ ଘଟିଛି ।

ଆଧୁନିକ ସମାଜରେ ଥିବା ଛଳନା ମୁଖାବନ୍ଧା ମଣିଷ ଭାବରେ ନାଟ୍ୟକାର ତପନ ବର୍ମାଙ୍କୁ ଛିଡ଼ା କରିଛନ୍ତି । ନିଜସ୍ୱ ସ୍ୱାର୍ଥ ହିଁ ସବୁ କିଛି ଏବଂ ଏଥିପାଇଁ ପରିବାର ବଳୀ ପଡ଼ିଲେ ବି କିଛି ଫରକ୍ ନାହିଁ । କାରଣ ନିଜର ଲାଭ ଉଠାଇବା ଉଦ୍ଦେଶ୍ୟରେ ସେ ତାର ନଷ୍ଟଚରିତ୍ର ତଥା ବଦମାସ ବନ୍ଧୁ କଣ୍ଟ୍ରାକ୍ଟର ଶ୍ରୀକାନ୍ତ ହାତରେ ନିଜ ଭଗ୍ନୀ ଶିଖାକୁ ବିବାହ ଦେବା ପାଇଁ ପଶ୍ଚାତ୍‌ପଦ ହୋଇନାହିଁ । ଯାହା ଫଳରେ କି ଶିଖା ଏହି ଅନ୍ୟାୟ ବିରୁଦ୍ଧରେ ସ୍ୱରଉତ୍ତୋଳନ କରିଛି ଏବଂ ମାନସିକ ବ୍ୟାଧିଗ୍ରସ୍ତ ସରଳ ନିଷ୍କପଟ ଛଳନା ପ୍ରବଞ୍ଚନାହୀନ ନିରୀହ ମୁକ୍ତିକାନ୍ତକୁ ବିବାହ କରିବାକୁ ପଶ୍ଚାତ୍‌ପଦ ହୋଇନାହିଁ। ଯାହା ଫଳରେ କି ତପନ ବର୍ମାର ଶିକାର ପାଲଟି ଯାଉଛି ପ୍ରତିନାୟକ ମୁକ୍ତିକାନ୍ତ। ସେ ମେଜର ବର୍ମାଙ୍କ ଘରୁ ଚାଲିଯାଇଛି। ଏଥିରେ କିନ୍ତୁ ମେଜର ବର୍ମା ନିଃସ୍ୱ ତଥା ଅସହାୟ। ସେ ଚାହିଁଲେ ମଧ୍ୟ ତପନ ବର୍ମା ଭଳି ଖଳ ପ୍ରକୃତିର ଲୋକକୁ କିଛି ପ୍ରତ୍ୟୁତ୍ତର କରିପାରୁନାହାନ୍ତି। ତେଣୁ ମୁକ୍ତିକାନ୍ତ ଚାଲିଗଲାବେଳେ ସେ ଏକ ବିଧଗ୍ଧ କଣ୍ଠରେ ପଚାରିଛନ୍ତି- "ଅସହାୟ ମୁକ୍ତିକାନ୍ତକୁ ଆଦର୍ଶଟିଏ କଣ ନିହାତି ଦରକାର ? ଅନ୍ଧାରକୁ ଆଦର୍ଶ କରୁନା ? (ହସିଲେ) ... ଯାଅ... ଯାଅ ମୁକ୍ତିକାନ୍ତ ... ଖୋଜ... ଆହରଣ କର ... My blessed Angel ଆଉ ପଛକୁ ଚାହିଁବ ନାହିଁ, ଯାଅ।"(୩)

ସମସ୍ତଙ୍କ ଅଲକ୍ଷ୍ୟରେ ତପନ ବର୍ମା ମୁକ୍ତି ଚାହିଁଛି। କିଞ୍ଚିତ ସମୟ ପାଇଁ ନିଜେ ନିଜକୁ ପ୍ରଶ୍ନ କରିଛି ସତ କିନ୍ତୁ ଉତ୍ତର ପାଇନି ସଠିକ ଭାବରେ। ନିଜକୁ ହରାଇ ଦେଇଛି ସବୁ କିଛି ପାଇବା ମଧ୍ୟରେ। ସବୁ ଥାଇ ଏତେ ଅସହାୟ କାହିଁକି ବୋଲି ନିଜେ ନିଜକୁ ପ୍ରଶ୍ନ କରିଛି। ସେ କହିଛି- "ଓଃ ଏମିତି ଆଉ କେତେଦିନ ? କେତେଦିନ ଆଉ ଏମିତି ନିଜ ଛାତିରେ ଛୁରୀ ଚଳେଇ ମୁଁ ବଞ୍ଚିବି ? ମତେ ଟେବୁଲ ଉପରେ

ଶୁଆଇ ଦେଇ ମୁଁ ନିଜକୁ ଟିକ୍ ଟିକ୍ କରି କାଟୁଛି ଆଉ ପରୀକ୍ଷା କରୁଛି ମୋର ବ୍ୟକ୍ତିତ୍ୱକୁ... ଆଃ! ମୁଁ କେତେ ସହସ୍ର ଖଣ୍ଡରେ ବିଭକ୍ତ। ସବୁ ଜାଣି, ସବୁ ଅନୁଭବ କରି ମଧ୍ୟ ମୁଁ ପଥର। ମୋର ଆଖି ଆଗରେ ମୋର ମୃତ୍ୟୁ ହେବ... ଧିରେଧିରେ ... ଅନ୍ଧାରକୁ ପାଇବା ପାଇଁ ଖସିଯିବ ଗୋଟିଏ ଅଜଣା ବିବର ଭିତରକୁ ... ଅନ୍ଧାରର ବିବର... ମୁଁ ଅନ୍ଧାରକୁ ପିଇବି... ଅନ୍ଧାର ମୋ ଭିତରେ ଚରିଯିବ... ତାପରେ ଅନ୍ଧାର ମତେ ସେଇ ପଙ୍କ ଭିତରେ ବୁଡ଼େଇ ଦେବ।"[(୪)]

ସଭ୍ୟତା ଓ ସଂସ୍କୃତିର ବନ୍ଧନ ମଧ୍ୟରେ ଥାଇ ମଧ୍ୟ ଫିଟି ଯାଇଛି ତପନ ବର୍ମା ତଥା ତା ଭଳି କିଛି ଚରିତ୍ର, ଯେଉଁମାନେ କି ଆମ ସମାଜରେ ଚଳପ୍ରଚଳ କରୁଛନ୍ତି। ବସ୍ତୁବାଦୀ ଜୀବନକୁ ଆପଣେଇ ନେଇ ମଧ୍ୟ ସେ ଆଜି ଭାରାକ୍ରାନ୍ତ ଯୁଗଯନ୍ତ୍ରଣାକୁ ଅତି ସହଜରେ ମୁଣ୍ଡାଇ ଚାଲିପାରୁନି। ବିଶାଳକାୟ ସମୁଦ୍ର ମଧ୍ୟରେ ଅବସ୍ଥାନ କରୁଥିବା ତିମି ଯେପରି ତୃଷ୍ଣାରେ ଛଟପଟ ଠିକ୍ ସେହିପରି ସମସ୍ତ ଐଶ୍ୱର୍ଯ୍ୟ ମଧ୍ୟରେ ଥାଇ ସୁଦ୍ଧା ତପନ ଭଳି ଚରିତ୍ର ଦିଗହଜା ପ୍ରାଣୀଟିଏ ଭଳି ମନେ ହୁଅନ୍ତି।

ଅତି ଚାତୁର୍ଯ୍ୟ ଭଙ୍ଗୀରେ ପ୍ରତିଟି ଚରିତ୍ରର ମନସ୍ତାତ୍ତ୍ୱିକ ବିଶ୍ଳେଷଣ କରିଛନ୍ତି ନାଟ୍ୟକାର। ଏଠାରେ ଏକ ସାଂସ୍କୃତିକ ସଂଘର୍ଷକୁ ପାରିବାରିକ ଏବଂ ବ୍ୟକ୍ତିଗତ ମୂଲ୍ୟବୋଧ ମଧ୍ୟରେ ସଂଘର୍ଷ ଜନିତ ଉତ୍କଣ୍ଠାକୁ ଉପସ୍ଥାପନ କରାଯାଇଛି। ତପନ ବର୍ମା ଭଳି ଚରିତ୍ରର ଯେଉଁ ମାନସିକ ସ୍ଖଳନ ଘଟିଛି ତାହା କେବଳ ନାଟକ ମଧ୍ୟରେ ସୀମିତ ନୁହଁ ବରଂ ଷଷ୍ଠଦଶକର ଓଡ଼ିଆ ସମାଜରେ ଯେଉଁ ନବଶିକ୍ଷିତ ଗୋଷ୍ଠୀ ଦେଖାଦେଇଥିଲେ ସେ ସମସ୍ତଙ୍କର ପ୍ରତିନିଧିତ୍ୱ କରୁଛି ତପନ ବର୍ମା ଭଳି ଚରିତ୍ର। ପ୍ରତିଟି ଚରିତ୍ରର ଭିନ୍ନ ଏକ ଇଲାକା। ଯେ ଯା ଦୁନିଆରେ ମସଗୁଲ। ବାସ୍ତବ ଅପେକ୍ଷା ସ୍ୱପ୍ନରେ ବଞ୍ଚିବାକୁ ଶ୍ରେୟ ମଣନ୍ତି ନାଟ୍ୟକାରଙ୍କର ଏହି ଚରିତ୍ରଗୁଡ଼ିକ। କିନ୍ତୁ 'ମୁକ୍ତିକାନ୍ତ' ଭଳି ଚରିତ୍ର ହିଁ କେବଳ ତାଙ୍କର ନିଜ ଇଲାକାର ପରୀକ୍ଷାର ସ୍ୱରୂପ । ଯେକି ଭିନ୍ନ ଧରଣର ମୁକ୍ତିର ଅନ୍ୱେଷାରେ ପରିଚାଳିତ।

ବିନ୍ଦୁ ଓ ବଳୟ

ଏହି ନାଟକ ୧୯୬୬ ମସିହା ଏପ୍ରିଲ ମାସ ୧୩ ତାରିଖ ଦିନ ବ୍ରହ୍ମପୁର ଅଗ୍ରଣୀ 'ଗଞ୍ଜାମ କଳାପରିଷଦ'ର ବାର୍ଷିକ ଉତ୍ସବରେ ମଞ୍ଚସ୍ଥ ହୋଇଥିଲା ଏବଂ ଏହା ନାଟ୍ୟକାରଙ୍କୁ ସମଗ୍ର ସହରରେ ପ୍ରତିଷ୍ଠିତ କରାଇ ପାରିଥିଲା। ଏହି ନାଟକର ନାଟ୍ୟକାର ବ୍ରେଖ୍ଟୀୟ ଶୈଳୀକୁ ଆପଣେଇ ନେଇଛନ୍ତି। ଏହି ଶୈଳୀ ଓଡ଼ିଆ ନବନାଟ୍ୟ ସାହିତ୍ୟରେ ସର୍ବପ୍ରଥମ ପରୀକ୍ଷା। ଏହି ନାଟକରୁ ପାଣିଗ୍ରାହୀଙ୍କ ନାଟ୍ୟ ଶୈଳୀରେ ନୂତନ ପରିବର୍ତ୍ତନ ଲକ୍ଷ୍ୟ କରାଯାଏ।

'ବିନ୍ଦୁ ଓ ବଳୟ' ନାଟକର କଥାବସ୍ତୁ ଲୋଚନପୁର ଗ୍ରାମର ଡାକବଙ୍ଗଳା ଠାରୁ ଆରମ୍ଭ ହୋଇଛି। ଏହି ନାଟକର ମୁଖ୍ୟ ଉପଜୀବ୍ୟ ପ୍ରେମ। ନାଟକର ନାୟକ ସୀତାଂଶୁ ଶିଳ୍ପପତି ଉଦୟଶଙ୍କରଙ୍କର ଏକମାତ୍ର ପୁତ୍ର। ଏହି ନାଟକଟି ସ୍ୱାଧୀନତା ପରବର୍ତ୍ତୀ ସମୟର। ଏହି ସମୟ ନିର୍ବାଚନ ସମୟ, ଯେଉଁ ପରିପ୍ରେକ୍ଷୀରେ ବିଭିନ୍ନ ଧରଣର ଚରିତ୍ର ଏହି ଡାକବଙ୍ଗଳାକୁ ପ୍ରବେଶ କରନ୍ତି। ଡାକବଙ୍ଗଳାର ତଦାରଖ ଦାୟିତ୍ୱରେ ନ୍ୟସ୍ତ ଥିବା ବଳୟର ବିନ୍ଦୁ ଥିଲା ବୃଦ୍ଧ ଚୌକିଦାର ବଂଶୀ। ସମସ୍ତ ଆଗନ୍ତୁକମାନଙ୍କ ଦାୟିତ୍ୱକୁ ସୁଚାରୁରୂପେ ନିର୍ବାହନ କରେ ବଂଶୀ। ସଭ୍ୟତାର ଜଣେ ଦରଦୀ ମନୁଷ୍ୟ। ନା କାହାପ୍ରତି ଅଭିଯୋଗ ନା ଅଭିମାନ। ଏହି ନାଟକ ଗୋଟିଏ ନିର୍ଦ୍ଦିଷ୍ଟ କାହାଣୀକୁ ନେଇ ଗତି କରିନି ବରଂ ଗୁଡ଼ାଏ ଘଟଣାକୁ ନେଇ ବଳୟ ମଧ୍ୟରେ ଆବଦ୍ଧ ହୋଇଛି, ଏବଂ କେଉଁ ମୁହୂର୍ତ୍ତରେ ଏହାର ବିନ୍ଦୁ କିଏ ବି ହୋଇପାରେ। ଏଠାରେ ମୁଁ ବି ହୋଇପାରେ ଆପଣମାନେ ବି ହୋଇ ପାରନ୍ତି। କାରଣ ବିନ୍ଦୁର କୌଣସି ନିର୍ଦ୍ଦିଷ୍ଟତା ନଥାଏ। ଅକସ୍ମାତ ବିନ୍ଦୁ ଆବିଷ୍କୃତ ହୁଏ ଜନସମାଗମ ଭିଡ଼ମଧ୍ୟରୁ।

ମାଳିନୀ କୌଣସି ସମ୍ଭ୍ରାନ୍ତ ଶ୍ରେଣୀୟ ନାୟିକା ନୁହେଁ ବରଂ ଏହି ସମାଜର ଚଳପ୍ରଚଳ କରୁଥିବା ମନୁଷ୍ୟମାନଙ୍କ ମଧ୍ୟରୁ ସାଧାରଣ ପରିବାରର ଝିଅଟିଏ। ସମାଜର ବନ୍ଧନରେ ସେ ପଡ଼ି ନିଃସ୍ୱ ଅର୍ଥାତ୍ ପିତୃମାତୃହୀନ ବାଲ୍ୟବିଧବା ଯାହାକୁ କି ଏହି ଘୃଣ୍ୟ ସମାଜ୍ୟ ଘୃଣାଚକ୍ଷୁରେ ଦେଖେ। ତଥାପି ବି ସେ ଭାଙ୍ଗି ପଡ଼ିନି। ଆଧୁନିକ କାହାଣୀର ନାରୀନାୟକ ଭଳି ନିଜର ଜୀବନ ସଂଗ୍ରାମ ଚଳାଇଛି। ଇତି ମଧ୍ୟରେ ନାୟକ ସୀତାଂଶୁ ସହ ତାର ସାକ୍ଷାତ ହୋଇଛି ଏବଂ ଦୁହେଁ ପ୍ରେମରେ ମଧ୍ୟ ପଡ଼ିଛନ୍ତି। ସମାଜର କୁଚକ୍ରୀଗଣ ଏମାନଙ୍କ ସଂପର୍କକୁ ହୀନ ଦୃଷ୍ଟିରେ ଦେଖିଛନ୍ତି।

ତେଣୁ ମାଳିନୀ ସୀତାଂଶୁକୁ ବାରଣ କରିଛି ମିଶିବା ପାଇଁ ଏବଂ ସେ ଚାହେଁନା ଆଦରର ସୀତାଂଶୁ ସମାଜରେ ଘୃଣାର ପାତ୍ର ହେଉ କେବଳ ତା'ରି ପାଇଁ ତେଣୁ ସେ ପରିବାରର ମୁଖ୍ୟ ସ୍ରୋତ୍ରୁ ଫେରିଯିବାକୁ ସୀତାଂଶୁକୁ ବହୁବାର ବାଧ୍ୟ କରିଛି। କିନ୍ତୁ ସୀତାଂଶୁ ନିଜ ଜିଦ୍‌ରେ ଅଟଳ। ପ୍ରତ୍ୟୁତ୍ତରରେ ସେ କହେ-

ସୀତାଂଶୁ: ସେ ଯାହା ଯିଏ କୁହନ୍ତୁ ପଛେ, ମୁଁ କେତେ ଅଧାବାଟରେ ଛାଡ଼ି ଦେଇ ଯାଇପାରିବିନି। ମୁଁ ମୋର ପ୍ରାଣ ରକ୍ଷା କରିବି !

ମାଳା: କିନ୍ତୁ ଏ ସଭ୍ୟ ସଭ୍ୟ ସମାଜ ତମର ଆଦର୍ଶ ବୁଝି ପାରିବନି ସୀତୁ ଭାଇ ! ବରଂ ସମସ୍ତେ କହିବେ ତମେ ଗୋଟିଏ ବିଧବା ଝିଅର ଯୌବନ ନିଆଁରେ ପତଙ୍ଗ ଭଳି ପୋଡ଼ି ମରୁଚ !

ସୀତାଂଶୁ: ମାଳା !

ମାଳା: ହଁ ସୀତୁ ଭାଇ ତମେ ଫେରିଯାଅ। ମୋ ପାଇଁ ତମର ସୁନାର ଚରିତ୍ରଟିକୁ କଳଙ୍କିତ କରନାହିଁ। ମୁଁ ହୁଏତ କାନ୍ଦିବି, ହେଲେ ମୋ ଲୁହରେ ତ ଏ ସୃଷ୍ଟିଟା ଭାସିଯିବନି !"(୫)

ଦିନେ ଝଡ଼ର ଗୁରୁ ଗମ୍ଭୀରତାକୁ ଭେଦ କରି ସୀତାଂଶୁ ମାଳିନୀକୁ ନେଇ ଆସିଛି ଡାକବଙ୍ଗଳାକୁ ଏବଂ ବଂଶୀର ହେପାଜତରେ ଛାଡ଼ି ଦେଇଛି। ବଂଶୀର ଝିଅ ମରିଯାଇଥିଲା ଏବଂ ମାଳା ମଧ୍ୟ ଦେଖିବାକୁ ଠିକ୍ ତା' ପରି ତେଣୁ ସେ ତାକୁ ନିଜ ଝିଅ ଭାବରେ ଗ୍ରହଣ କରିଛି। ଉଦୟ ଶଙ୍କର ନାଟକର ଖଳନାୟକ କହିଲେ ଅତ୍ୟୁକ୍ତି ହେବ ନାହିଁ। ଖଳନାୟକ ବୋଲି ନାମିତ ନହୋଇ ମଧ୍ୟ ସେ ଖଳନାୟକ ଭଳି ପ୍ରତୀୟମାନ ହୁଅନ୍ତି। ମାନବିକତାର ସ୍ୱର ତାଙ୍କ ପାଖରେ ଯେମିତି ତୁଚ୍ଛ। ଜମିଦାରୀ ଉଚ୍ଛେଦ ପରେ ସେ ଯେମିତି ଅସହିଷ୍ଣୁ ଶିଳ୍ପପତି ହୋଇଯାଇଛନ୍ତି। ଅତ୍ୟାଚାରୀ ଓ ପ୍ରତିପତ୍ତିଶାଳୀ ବ୍ୟକ୍ତି ଭାବରେ ସେ ସାଧାରଣରେ ଜଣାଶୁଣା। ମନ୍ତ୍ରୀ, କ୍ଷମତା ଓ କେନ୍ଦ୍ରମାନଙ୍କ ସହ ସଂପର୍କ ତାଙ୍କର ବେଶ ନିବିଡ଼ କିନ୍ତୁ ମାଳିନୀ ପ୍ରତି ତାଙ୍କର ଦୃଷ୍ଟି ଅତି ନିମ୍ନ। ସେ ତାକୁ ଜମା ପସନ୍ଦ କରନ୍ତି ନାହିଁ ଏବଂ ତା ପାଖରୁ ନିଜ ପୁତ୍ର ସୀତାଂଶୁକୁ କ୍ରୟ କରିବା ପାଇଁ ପଇସାର ଲୋଭ ଦେଖାଇଛନ୍ତି। କିନ୍ତୁ ମାଳିନୀ ତା ପ୍ରେମକୁ ବିକ୍ରି କରିବାକୁ ରାଜି ହୋଇ ନାହିଁ, ତେଣୁ ସେ ଉଦୟ ଶଙ୍କରଙ୍କର କ୍ରୋଧର ବଶବର୍ତ୍ତୀ ହୋଇଛି । ଯେପରି "ତୋର ଭାଷଣ ଶୁଣିବାକୁ ଏଇଠିକି ମୁଁ ଆସିନି । ଆସନ୍ତା ଏପ୍ରିଲ୍ ଏକୋଇଶି ତାରିଖରେ ସୀତାଂଶୁର ବାହାଘର। ତା ପୂର୍ବରୁ ଯେମିତି ଏଇ ଡାକବଙ୍ଗଳାରେ ତୋର ଛାୟା ସୁଦ୍ଧା ନଥାଏ,... ଯଦି ନ ଯାଉ ପରିମାଣ ପାଇଁ ଦାୟୀ ରହିବୁ। ଏଇଟା ମୋର ଶେଷ ନିଷ୍ପତ୍ତି ।"(୬)

ଏହା ହେଉଛି ନାଟ୍ୟକାର ଶ୍ରୀ ପାଣିଗ୍ରାହୀଙ୍କର ୧୯୬୬ ମସିହା ପର୍ଯ୍ୟନ୍ତ ରଚିତ ନାଟକମଧ୍ୟରେ ଗୋଟିଏ ସଂଭ୍ରାନ୍ତ ବୃଦ୍ଧ ଚରିତ୍ର । ଏହି ଚରିତ୍ର ସେ ସମୟର ଏକ ପ୍ରତିନିଧି ସ୍ଥାନୀୟ ସାମନ୍ତବାଦୀ ଚରିତ୍ର। ଏମାନେ ସାଧାରଣତଃ ସମାଜର ଉଚ୍ଚବର୍ଗରେ ରହିଥାନ୍ତି ଏବଂ ଏମାନଙ୍କର ମୁଖ୍ୟ ବିଷୟ ଭୋଗବିଳାସ ଏବଂ ପିଲାଛୁଆଙ୍କ ଖୁସି ଏମାନଙ୍କ ସାମ୍ନାରେ ଯେମିତି ତୁଚ୍ଛ। ତେଣୁ ସୀତାଂଶୁ ଚୟନ କରିଥିବା ମାଳୀକୁ ଅପହରଣ କରି ନେଇଛନ୍ତି ।

ନାଟକ ଶେଷରେ ମାଳିନୀ ଦର୍ଶକମାନଙ୍କୁ ଗୋଟିଏ ପତ୍ର ମାଧ୍ୟମରେ କହିଛି ଯେ, ଦିନେ ଆତ୍ମହତ୍ୟା କରିଛି କିନ୍ତୁ ତା ମୃତ୍ୟୁ ପାଇଁ କୌଣସି ଦର୍ଶକ ସମ୍ବେଦନା ଜଣାଇବା କିମ୍ବା ଲୁହ ଗଡ଼ାଇବା ଆବଶ୍ୟକ ନାହିଁ। ଏହି ଶୈଳୀ ନାଟ୍ୟକାରଙ୍କ ଶ୍ରେଷ୍ଠ

ଶୈଳୀ ତଥା ସମ୍ପୂର୍ଣ୍ଣ ନୂତନ ଅଟେ। ନାଟ୍ୟକାର ଏହି ନାଟକର ଶୈଳୀ ନିର୍ମାଣ ପାଇଁ ଜର୍ମାନୀ ନାଟ୍ୟକାର ବେରଟୋଲ୍ଟ୍ ବ୍ରେଖଟ୍‌ଙ୍କ ଦ୍ୱାରା ପ୍ରଭାବିତ ହୋଇଛନ୍ତି। ନାଟକର ପ୍ରତ୍ୟେକ ଚରିତ୍ର କାହାଣୀ ବିନ୍ଦୁ ଏବଂ ସେମାନଙ୍କର ଜୀବନ ତଥା ଘଟୁଥିବା ପ୍ରତିଟି ଘଟଣା ସେଇ ବିନ୍ଦୁଉପରେ ବଳୟ ଭଳି ପ୍ରତୀୟମାନ ହୁଏ। ରବର୍ଟ ମହାନ୍ତି ଏହି ନାଟକର ଏକପ୍ରତି ଚରିତ୍ର। ସେ ଜଣେ ମିଥ୍ୟାବାଦୀ ଓ ଛଳନା ବିଚ୍ଛିନ୍ନତାବାଦୀ ଶୈଳୀକୁ ସ୍ଥାନ ଦିଆଯାଉଛି। ଏକ ସାମାଜିକ ସଚେତକ ଭାବେ ମାଳିନୀ ନାରୀର ବଞ୍ଚିବାର ଅଧିକାରକୁ ଦର୍ଶାଇ ଦେଇଛି।

ହେ ପୃଥିବୀ ବିଦାୟ

ନାଟ୍ୟକାର ରମେଶ ପାଣିଗ୍ରାହୀଙ୍କ ନାଟକ ମଧ୍ୟରେ ଏହି ନାଟକଟି ଭିନ୍ନ ସ୍ୱାକ୍ଷର ବହନ କରେ। ଜଣେ ସ୍ୱାଧୀନତା ସଂଗ୍ରାମୀ ସ୍କୁଲ ଶିକ୍ଷକଟି କିପରି ପୁଞ୍ଜିବାଦୀ ସମାଜରେ ଅବହେଳିତ ହୋଇ ଅଗଷ୍ଟ ୧୫ ଦିନ ମୃତ୍ୟୁବରଣ କରିଛନ୍ତି, ତାହାର ଏକ ନିଖୁଣ ଚିତ୍ର ପ୍ରଦାନ କରାଯାଇଛି ଏହି ନାଟକରେ। ଧନତାନ୍ତ୍ରିକ ସମାଜ ଓ ମଣିଷର ଆଧ୍ୟାତ୍ମିକ ବିପର୍ଯ୍ୟୟର କଥା କୁହାଯାଇଛି। ନାଟକର ମୁଖ୍ୟ ଚରିତ୍ର ହେଉଛନ୍ତି ଜଣେ କଲେଜର ଅଧ୍ୟାପକ ଯେ କି ଜଣେ ଆଦର୍ଶ ତଥା ନୀତିବାନ। ନିଜର ସମାଜ ଓ ସଂସ୍କୃତି ପ୍ରତି ସର୍ବଦା ସଜାଗ। ଆଧ୍ୟାପକ ନିଶିକାନ୍ତ ସତ୍ୟ, ଧର୍ମ ଓ ନ୍ୟାୟର ମୂର୍ତ୍ତିମନ୍ତ ପ୍ରତୀକ କିନ୍ତୁ ଏ ସମାଜ ତାଙ୍କୁ ଶାନ୍ତିରେ ରହିବାକୁ ଦେଇନି ବରଂ ଭୋଗ ଓ ତ୍ୟାଗର ସଂଘର୍ଷ ଭିତରେ ଆଦର୍ଶର ଏବଂ ମାନବବାଦର ମୃତ୍ୟୁ ହୋଇଛି।

ଶିକ୍ଷକ ଶବ୍ଦଟି ସମାଜରେ ଯେପରି ଗୋଟିଏ କ୍ରୟ ଦ୍ରବ୍ୟ ହୋଇଯାଇଛି। କାରଣ ଛାତ୍ରମାନଙ୍କ ଅଭିଭାବକମାନେ ଭାବନ୍ତି କିଛିଟା ପଇସା ଫିଙ୍ଗିଲେ ଶିକ୍ଷକ ଛାତ୍ର ଘରେ ଆସି ବିଦ୍ୟାଦାନ କରିବେ। କିନ୍ତୁ ସେମାନେ ଶିକ୍ଷା ସହିତ ଆଦର୍ଶ ଓ ମୂଲ୍ୟବୋଧକୁ ଭୁଲିଯାନ୍ତି। ଏଠାରେ ଅଧ୍ୟାପକ ନିଶିକାନ୍ତ ସତେ ଯେମିତି ଗୋଟିଏ ବସ୍ତୁ କାରଣ ନାଟକର ଖଳନାୟକ ତାଙ୍କ ବାଳୁଙ୍ଗା ପୁଅ ପାଇଁ ତାଙ୍କୁ ଟ୍ୟୁସନ ମାଷ୍ଟର କରି ରଖିବେ ଏବଂ କଣ୍ଟ୍ରୋଲ ଦୋକାନରୁ ଚିନି ଆଉ କିରୋସିନି ଆଣିବା କାର୍ଯ୍ୟରେ ଆଧ୍ୟାପକଙ୍କୁ ନିୟୋଜିତ କରିବା ପାଇଁ ଚାହିଁଛନ୍ତି । ନାଟକର ଛତ୍ରେଛତ୍ରେ ଶିକ୍ଷା ଓ ଶିକ୍ଷକ ସଂପର୍କର ଭାବକଳ୍ପକୁ ନିର୍ମାଣ କରାଯାଇଛି।

ଷଷ୍ଠ ଦଶକର ଉତ୍ତରାର୍ଦ୍ଧରେ ଲେଖାଯାଇଥିବା ପ୍ରଥମ ନାଟକ ହେଲେ 'ହେ ପୃଥିବୀ ବିଦାୟ' ନାଟକଟି ୧୯୭୬ ମସିହା ଅଗଷ୍ଟ ୧୫ ଦିନ ମଞ୍ଚସ୍ଥ ହୋଇଥିଲା ଗଞ୍ଜାମ କଳା ପରିଷଦର କବିସୂର୍ଯ୍ୟ ରଙ୍ଗମଞ୍ଚରେ। ଏହି ନାଟକର ନାୟକ ନିଶିକାନ୍ତ ଜଣେ ଅଧ୍ୟାପକ ଏବଂ ଖଳନାୟକ ସଂଜୟ ଜଣେ ଆଇ.ଏ.ଏସ୍ ଅଫିସର। ସୂଚନା

ଥାଉ କି ୧୯୭୬ ମସିହା ବେଳକୁ ନାଟ୍ୟକାର ଅଧ୍ୟାପକ ଚାକିରୀ କରିନାହାଁନ୍ତି ଏବଂ ସେ ଏମ୍.ଏ. (ଇଂରାଜୀ) ଶ୍ରେଣୀର ଛାତ୍ର। ନାଟକର ଏକ ଦୀର୍ଘ ଉପକ୍ରମଣିକାରେ ନାଟ୍ୟକାର ଲେଖୁଛନ୍ତି- "ଏ ନାଟକଟି ଆଇ.ଏ.ଏସ୍ ଅଫିସରଙ୍କ ଔଦ୍ଧତ୍ୟ ଏବଂ ଅହଂକାରକୁ କେନ୍ଦ୍ର କରି ରଚିତ। ନାଟକର ମୁଖ୍ୟ ଚରିତ୍ରଟି କଲେଜର ଜଣେ ଅଧ୍ୟାପକ ଏବଂ ସେଇ ଚରିତ୍ରଟି ପ୍ରତି ମୋର ଯଥେଷ୍ଟ ବ୍ୟକ୍ତିଗତ ଦୁର୍ବଳତା ଥିଲା ବୋଲି ଅବବୋଧ ହେଉଅଛି। ଏଠାରେ ଜଣେ ଅଧ୍ୟାପକଙ୍କ ମୂଲ୍ୟବୋଧଭିତ୍ତିକ ଜୀବନ ଜଣେ ଆଇ.ଏ.ଏସ୍. ଅଫିସରଙ୍କ ଅସ୍ମିତାର ଚକ୍ରତଳେ ଯେମିତି ପେଷି ହୋଇ ଯାଇଛି। ଅଧ୍ୟାପକ ନିଶିକାନ୍ତ ସାରା ଜୀବନର ନିଜ ସଂଚିତ ମୂଲ୍ୟବୋଧଗୁଡ଼ିକର ଅବକ୍ଷୟ ଦେଖି ଯେତିତି ମର୍ମାହତ ହୋଇଛନ୍ତି, ତା'ଠାରୁ ବରଂ ଅଧିକ ମାନସିକ ଚାପର ଶିକାର ହୋଇଛନ୍ତି। ସେଇ ମୂଲ୍ୟବୋଧଗୁଡ଼ିକ ତାଙ୍କ ସମଗ୍ର ପରିବାରକୁ ସେତିକିବେଳେ ଧ୍ୱଂସ କରୁଛି। ସ୍ୱାଧୀନତା ଦିବସର ସକାଳେ ସେଇ ବୟସ୍କ ଲୋକଟା ନିଜ ମାନସିକ ଚାପଦ୍ୱାରା ଚାପଗ୍ରସ୍ତ ହୋଇ ହୃଦରୋଗରେ ପ୍ରାଣତ୍ୟାଗ କରିଛି। ୧୯୬୭ ମସିହା ଅଗଷ୍ଟ ପନ୍ଦର ସନ୍ଧ୍ୟାରେ ଏଇ ନାଟକ ମଞ୍ଚସ୍ଥ ହେଲାବେଳେ ଦର୍ଶକମାନେ ଆଦର୍ଶର ମୃତ୍ୟୁକୁ ଏକ ଦୁଃଖଦ ଘଟଣା ବୋଲି ଗ୍ରହଣ କରିବେ ନାହିଁ। ଏହାକୁ ଏକ ବିୟୋଗାତ୍ମକ ନାଟକର ଆଖ୍ୟା ଦେଲେ ମଧ୍ୟ କେହି ସଂବେଗାତ୍ମକ ଅନୁଭବ ପାଇବେ ନାହିଁ।"[୭]

ଏଠାରେ ଶିକ୍ଷା ଓ ସାମାଜିକ କ୍ଷମତାର ଟକ୍କର ମୁଖ୍ୟ ଭାବକଳ୍ପ ନୁହେଁ। ଏହା ନାୟକର ପରିଚୟ ପ୍ରସଙ୍ଗଟିକୁ ଉତ୍‌ଥାପନ କରୁଛି। ଗଣତାନ୍ତ୍ରିକ ସମାଜରେ ନାୟକ କିଏ କହୁ କହୁ ନାଟ୍ୟକାର ୮ ପ୍ରକାର ନାୟକ ଆବିଷ୍କାର କରୁଛନ୍ତି: (କ) ଆତ୍ମତ୍ୟାଗ କରୁଥିବା ନାୟକ (ଖ) କ୍ରିଡ଼ାବିତ୍ ନାୟକ (ଗ) ଚଳଚ୍ଚିତ୍ରର ନାୟକ (ଘ)ଅନ୍ତରୀକ୍ଷର ବୈଜ୍ଞାନିକ ନାୟକ (ଙ) ଧର୍ମଗୁରୁ ନାୟକ (ଛ) କ୍ଷମତାଲୋଭି ନାୟକ (ଜ) ବିପ୍ଳବୀ ନାୟକ।

ସ୍ୱାଧୀନତା ପରବର୍ତ୍ତୀ ସମୟରେ ଥିଲା ଶିକ୍ଷା ଓ ମାନବିକ ମୂଲ୍ୟବୋଧର ଅବନତି ସମୟ। ସେହି ସମୟର ଛାପ ନାଟକରେ ମଧ୍ୟ ପଡ଼ିଛି। ନାଟକରେ ଆଦର୍ଶ ଓ ସ୍ୱପ୍ନଭଙ୍ଗର ଚିତ୍ର ଦେଖାଇ ଦିଆଯାଇଛି। ବିଂଶ ଓ ଏକବିଂଶ ଶତାବ୍ଦୀର ଏକ ଓଲଟ ପ୍ରତାରଣାତ୍ମକ ଆଦର୍ଶ ତଥା ଶିକ୍ଷକ ଭଳି ଏକ ନିଷ୍ପାପ ଚରିତ୍ରକୁ ନାଟକର ଶୀର୍ଷକ ରଖି ନାଟକକୁ ଭାବଗର୍ଭକ କରିଛନ୍ତି ନାଟ୍ୟକାର।

କମଳପୁର ଡାକଘର

ଓଡିଆ ନାଟ୍ୟ ସାହିତ୍ୟରେ ଡାକଘରକୁ ନେଇ ଲେଖା ହୋଇଥିବା ଏହା ହେଉଛି ପ୍ରଥମ ନାଟକ । ଡାକଘରର ଜୀବନକୁ ନେଇ ରଚିତ କାହାଣୀ ଏବଂ ସତ୍ୟ

ମିଥ୍ୟାର ସଂଘର୍ଷ ଓଡିଆ ନାଟକ ପାଇଁ ଏହି ନାଟକଟି ଯୁଗାନ୍ତକାରୀ ଅନୁଭବ । ଏହି ନାଟକରେ ନାୟକ ପ୍ରତିବାଦର ସ୍ୱର ଉତ୍ତୋଳନ କରିଛି। ନାଟକର ନାୟକ ଦୋଳଗୋବିନ୍ଦ ପୋଷ୍ଟମାଷ୍ଟର ସାଥେ ସାଥେ ସ୍ୱାଧୀନଚେତା ମଣିଷ ଓ କର୍ତ୍ତବ୍ୟପରାୟଣ ମିଲିଟାରୀ ଅଫିସର। ଶୃଙ୍ଖଳା, ନୀତି ସେବା ମନୋବୃତ୍ତି ପାଇଁ ସେ ସମସ୍ତଙ୍କର ଆଦର୍ଶର ପ୍ରତୀକ ହୋଇଯାନ୍ତି। ନୂଆରେ ସେ କମଳପୁରକୁ ଆସନ୍ତି ପୋଷ୍ଟମାଷ୍ଟର ଭାବେ । ସେ ଗାଁକୁ ନିଜର ଭାବି ଗାନ୍ଧୀବାଦର ପ୍ରଚାରକ ଭଳି ଜାତିଭେଦ ତଥା ବର୍ଣ୍ଣବୈଷମ୍ୟହୀନ ଏକ ସୁସ୍ଥ, ସବଳ ଓ ସୁନ୍ଦର ସମାଜ ଗଠନ ଉଦ୍ଦେଶ୍ୟରେ ସେଠାରେ ସ୍ୱର ଉତ୍ତୋଳନ କରିଛନ୍ତି। କିନ୍ତୁ ନାଟକର ଖଳନାୟକ କମ୍ବୁ ମିଶ୍ର ତାଙ୍କୁ କୌଣସି ମତେ ସହ୍ୟ କରିପାରି ନାହାନ୍ତି। କାରଣ ସେ ସେହି ଗ୍ରାମର ବ୍ରାଞ୍ଚ ପୋଷ୍ଟ ମାଷ୍ଟର ଥିଲେ କିନ୍ତୁ କୋଣସି କାରଣବଶତଃ ତାଙ୍କୁ ସେଠାରୁ କାଢ଼ି ଦିଆଯାଇଛି। ଫଳସ୍ୱରୂପ ସେ ବିଦ୍ରୋହୀ ହୋଇ ଉଠିଛନ୍ତି ଏବଂ ସାମାଜିକ ସଂଘର୍ଷ ସୃଷ୍ଟି କରିଛନ୍ତି।

ଅନ୍ୟ ଏକ ଚରିତ୍ର ପ୍ରଫୁଲ୍ଲ ଡାକଘରର କିରାଣୀ। ସେ ଏମ୍.ଏ. ପାଶ୍ କରିଥିବା ଶିକ୍ଷିତ ଯୁବକ ତଥାପି ମାନବିକ ମୂଲ୍ୟବୋଧର ଅଭାବ ସ୍ପଷ୍ଟ ପରିଲକ୍ଷିତ ହୁଏ ଏହି ଯୁବକ ପାଖରେ। ଶିକ୍ଷିତ ହେଲେ ମଧ୍ୟ ସେ ଷଷ୍ଠ ଦଶକର ଜଣେ ବିଶୃଙ୍ଖଳିତ ଯୁବସମାଜର ପ୍ରତୀକଟିଏ। ତେଣୁ ଦୋଳଗୋବିନ୍ଦ ସାଙ୍ଗେ ପ୍ରାୟତଃ ତାଳ ମେଳ ଖାଏନି କିରାଣୀ ବାବୁଙ୍କର। ତେଣୁ ଏହି ସମୟକୁ ସଦୁପଯୋଗ କରିଛି କମ୍ବୁ ମିଶ୍ର। ତାଙ୍କୁ ନିଜର କରିବା ପାଇଁ ଏବଂ ଦୋଳଗୋବିନ୍ଦ ବିରୁଦ୍ଧରେ ଲଗାଇବା ପାଇଁ ରାଣୀ ପାଟଣା ବେଶ୍ୟା ବସ୍ତି ଭଳି ବିଭିନ୍ନ ପ୍ରକାର ପ୍ରଲୋଭନ ସେ ଦେଖାଇଛନ୍ତି। ଯୁବକମାନ କଣ କରାଯାଇପାରେ। ଚାରିତ୍ରିକ ସ୍ଖଳନ ରହିବା ସ୍ୱାଭାବିକ କଥା।

ଡାକଘରର ଅନ୍ୟ ଏକ କର୍ମଚାରୀ ତଥା ନାଟକର ଗୌଣଚରିତ୍ର ବଟକୃଷ୍ଣ ଯେ ସମସ୍ତଙ୍କର କିନ୍ତୁ କାହାର ନୁହେଁ। ନିଜର ସୁବିଧା ଅନୁଯାୟୀ ଶରୀରର ରଙ୍ଗ ପରିବର୍ତ୍ତନ କରିପାରୁଥିବା ବହୁରୂପୀ ଏଣ୍ଟୁଅଟି କହିଲେ ତାକୁ କିଛି ଅତ୍ୟୁକ୍ତି ହେବ ନାହିଁ। ଲୋକ ହିସାବରେ ଏତେଟା ଖରାପ ବି ନୁହଁନ୍ତି ସେ। ମଝିରେ ମଝିରେ କମ୍ବୁମାଷ୍ଟ୍ରଙ୍କୁ ଚେଙ୍ଗା ଦେବାଭଳି କଥା କୁହନ୍ତି ଏବଂ କମ୍ବୁପାଣି ରାଗିଯାଇ ଝିଙ୍ଗାସୀ ଉଠନ୍ତି ଏବଂ କହନ୍ତି– "ମୁଁ କଣ ଭିକାରୀ ହେଇଚି ନା ମାଗିଖିଆ ? ମୁଁ ଏ ଗାଁର ୱାର୍ଡ ମେମ୍ବର, ଶହେ ବାଉନ ଜଣ କୁଲିଙ୍କୁ ମୁଁ ପେଟ ପାଟଣା ଯୋଗାଇଛି। ଧାର କରଜ କରିବା ପାଇଁ ଏଇ ଆଖ ପାଖ ପାଞ୍ଚଖଣ୍ଡ ଗାଁର ଲୋକେ ମୋ ପାଖକୁ ଆସନ୍ତି। କଣ କରି ପାଇଲୁ କିରେ ମତେ ? ଗୋବିନ୍ଦ ମାଷ୍ଟ୍ରର ଚେଲା ହେଇଛୁ ? ତୁ ଆଉ ତୋ ଗୋବିନ୍ଦ ମାଷ୍ଟ୍ରର, ଦିଜଣ ଯାକଙ୍କୁ ଏଇଠୁ ସଫା କରିଦେବି। xxxଆଉ ତମ ପୋଷ୍ଟ ମାଷ୍ଟର କେଉଁଠି ମିଲିଟାରୀରେ

ପଠାଣ ଖ୍ରୀଷ୍ଟିଆନ ମେଳରେ ରହି କାୟା ନଷ୍ଟ କରି ଆସିଚି। ଏଇଠି ଭାବୁଚି, ଜାତି ଭେଦ ଉଠାଇଦେବି।"(୮)

ଇତିମଧ୍ୟରେ କମ୍ବୁପାଣି ବହୁ କୁଚକ୍ରାନ୍ତ କରି ଦୋଳଗୋବିନ୍ଦକୁ ଫସାଇବା ଉଦ୍ଦେଶ୍ୟରେ ପ୍ରଫୁଲ୍ଲ ପଟ୍ଟନାୟକ ଦ୍ୱାରା ପୋଷ୍ଟ ଅଫିସରୁ ପାଞ୍ଚହଜାର ଟଙ୍କା ଚୋରି କରି ତାହା ଦୋଳଗୋବିନ୍ଦ ନାଁରେ ଅଠା ବୋଲି ଦେଇଛି। ଯାହାଫଳରେ ଦୋଳଗୋବିନ୍ଦ ଜେଲ୍ ଯିବା ପାଇଁ ବାଧ ହୋଇଛନ୍ତି। ଏହି କାମ ଦୋଳଗୋବିନ୍ଦ ଝିଅ ବାହାଘରର ଉଦ୍ଦେଶ୍ୟରେ ବୋଲି ଅପପ୍ରଚାର ହୋଇଛି। ଯାହାଫଳରେ ଦୋଳଗୋବିନ୍ଦ ଦୁଃଖରେ ମ୍ରିୟମାଣ ହୋଇ ଭାଙ୍ଗି ପଡିଛନ୍ତି ଏବଂ ନାଟକର ଶେଷ ଦୃଶ୍ୟରେ ଆରେଷ୍ଟ ହୋଇ ଜେଲ ଯିବା ଅବସରରେ ସେ ପ୍ରଫୁଲ୍ଲ ପଟ୍ଟନାୟକଙ୍କୁ ପଚାରୁଛନ୍ତି-

ଦୋଳ : "ତମେ ସବୁ ମୋ ନାଁ ରେ ମିଛ ସତ ରିପୋର୍ଟ ଲେଖିଚ ... ନହେଲେ...

XXX

ଦୋଳ : କୋଉଟା ସତ ? ଅଫିସରୁ ମୁଁ ପାଞ୍ଚ ହଜାର ଚୋରାଇ ଆଣି ଝିଅ ବାହାଘର କରିଛି ? ମୁଁ ଏ ଗାଁ ଇଲେକସନରେ ଭାଗ ନେଇଥିଲି ? ରାଣୀ ପାଟଣାରେ ମୁଁ ବେଶ୍ୟା ରଖିଚି ? କେଉଁଟା ସତ ? କୁହନ୍ତୁ ।"(୯)

ସତେ ଯେମିତି ଏକ ନିରୀହ ଆଦର୍ଶର ମୃତ୍ୟୁ ଘଟୁଛି ଏବଂ ମୃତ୍ୟ ହେଉଛି ମାନବବାଦର । ଆମମାନଙ୍କ ପୂର୍ବପୁରୁଷ ଆମମାନଙ୍କୁ ଏକାଠି କରି ସ୍ୱାଧୀନତା ଆଣିଥିଲେ ଏକ ସୁସ୍ଥ ସବଳ ଓ ଆଦର୍ଶ ମୂଳବୋଧ ଥିବା ସମାଜ ଗଠନ ଉଦ୍ଦେଶ୍ୟରେ। ପରନ୍ତୁ କିଛି ଅସାମାଜିକ ବ୍ୟକ୍ତି କାରଣରୁ ସମାଜର ନୈତିକ ମୂଲ୍ୟବୋଧ ଲୋପ ପାଇଛି। ଦୋଳଗୋବିନ୍ଦ ଚରିତ୍ର ଥିଲା ଅନ୍ୟାୟ ବିରୁଦ୍ଧରେ ସ୍ୱର ଉତ୍ତୋଳନରେ ଏକ କ୍ଷୀଣ ସ୍ୱର ଯାହାକି ଶେଷଦୃଶ୍ୟରେ ନିଜର ମିଲିଟାରୀ ବନ୍ଧୁକରୁ ଶହୀଦ ସମ୍ମାନ ଉଦ୍ଦେଶ୍ୟରେ ଉଠାଇଲା ଭଳି ସ୍ୱର ଦେଇ ନିଜର ଗାନ୍ଧୀବାଦୀ ଦର୍ଶନକୁ ଦର୍ଶାଇ ସତେ ଯେମିତି 'ଫ୍ରିଜ୍' ହୋଇଯାଇଛି।

ମୁଁ ଆମ୍ଭେ ଓ ଆମ୍ଭେମାନେ

ସାଂପ୍ରତିକ ନାଟକ ତଥା ବିଂଶଶତକ ଷଷ୍ଠ ଓ ସପ୍ତମ ଦଶକରେ ଓଡିଆ ନାଟକର ଉତ୍ତରଣ ପଥରେ 'ମୁଁ ଆମ୍ଭେ ଓ ଆମ୍ଭେମାନେ' ଶୁଭଶଙ୍ଖ ବାଦନ କରିଥିଲା। ଚିତ୍ରକଳ୍ପ ତଥା ପ୍ରତୀକର ମଞ୍ଜୁଳ ସମନ୍ୱୟ ଘଟିଛି ଏହି ନାଟକରେ। ଏଥିରେ ସ୍ଥାନ ପାଇଛି ଚା ଦୋକାନୀ, ରାଜନୈତିକ ନେତା, ଗାଉଁଲି ଟାଉଟର, ଦରିଦ୍ର ଶିକ୍ଷକ, ଗ୍ଲାମରସ୍ ଅଭିନେତ୍ରୀ ଇତ୍ୟାଦି। ମୁକ୍ତଧାରାର ନାଟକ ଭାବରେ ନବନାଟ୍ୟ ଆନ୍ଦୋଳନର ନାଟ୍ୟ ଶୈଳୀରେ ପରିବର୍ତ୍ତନର ସ୍ୱର ଆଣିଥିଲା 'ମୁଁ ଆମ୍ଭେ ଓ ଆମ୍ଭେମାନେ'।

୧୯୬୮ ମସିହାର ଏହି ନାଟକରେ ମୁଁ ଅଛି, ଆମ୍ଭେ ଦୁହେଁ ଅଛେ, ଏବଂ ଆମ୍ଭେ ସମସ୍ତେ ରହିଛେ ସହରର ଉପକଣ୍ଠରେ ଥିବା ସେହି ଛୋଟିଆ ବସ୍‌ଷ୍ଟାଣ୍ଡରେ ଆମେ ସମସ୍ତେ ପହଞ୍ଚୁଛେ। ଆମପାଖରେ ସରଳତା ଭଣ୍ଡାମିର ମୂକସାକ୍ଷୀ ଅଛି। ଆମେ ଅନ୍ୟକୁ ଠକୁଛେ ଏବଂ ନିଜେ ମଧ୍ୟ ଠକି ହେଉଛେ। ଏହି ନାଟକର ପ୍ରତ୍ୟେକଟି ଚରିତ୍ର ଆମ ଚଳନ୍ତି ସମାଜର ଗୋଟିଏ ଗୋଟିଏ ପ୍ରତିନିଧି। ଏମାନେ କୌଣସି ବୌଦ୍ଧିକ ଚିନ୍ତାଧାରାର ପ୍ରତିବିମ୍ବ ନୁହନ୍ତି। ଏମାନେ ସମସ୍ତେ ନିଜର ସୂକ୍ଷ୍ମ ଜୀବନାନୁଭୁତିକୁ ଆମ ଆଗରେ ଉପସ୍ଥାପନା କରିବା ପାଇଁ ସେହି ତଥାକଥିତ ବସ୍‌ଷ୍ଟାଣ୍ଡରେ ଉପସ୍ଥିତ। ଆମେ ସମସ୍ତେ ଠିଆ ହୋଇଛେ କମ୍ ଗହଳିପୂର୍ଣ୍ଣ ଛୋଟିଆ ବସ୍‌ଷ୍ଟାଣ୍ଡର ତ୍ରିଛକିରେ। ଏ ତ୍ରିଛକି ହୋଇପାରେ ଆମମାନଙ୍କ ବାସ୍ତବ ଜୀବନର ତ୍ରିଛକି ଯେଉଁଠାରେ କି ମନୁଷ୍ୟର ମନଗହନର ସମସ୍ତ ଦ୍ୱନ୍ଦ୍ୱ ପ୍ରତିଫଳିତ ହୋଇଥାଏ। ଏଠାରେ ଗୋବିନ୍ଦ ସାହୁ ଯେ କି ଚା ଦୋକାନର ମାଲିକ ତାଙ୍କୁ ଆମ୍ଭେ ଏହି ତ୍ରିଛକିର ଟ୍ରାଫିକ୍ ପୋଲିସ୍ ଭାବରେ ମଧ୍ୟ ନେଇ ପାରିବା ଏବଂ ଯାକୁ ଆଜିର ଯୁଗର ବୈଷୟିକ ବିଜ୍ଞାନର ପ୍ରତିଫଳନ ସିସି ଟିଭି କ୍ୟାମେରାର ଅବିକଳ ରୂପ ଭାବେ ମଧ୍ୟ ବର୍ଣ୍ଣନା କରିପାରିବା।

ନାଟକର ଚରିତ୍ର କହିଲେ ମାତ୍ର ନଅଟି ପୁରୁଷ ଚରିତ୍ର ଓ ଏକମାତ୍ର ନାରୀ ଚରିତ୍ର 'ବନ୍ୟା' । ପୁରୁଷ ଚରିତ୍ରମାନଙ୍କ ମଧ୍ୟରେ ଅଧ୍ୟାପକ ବିଚିତ୍ରାନନ୍ଦ, ଚା ଦୋକାନୀ ଗୋବିନ୍ଦ ସାହୁ, ଗୋବିନ୍ଦର ନାବାଳକ ପୁତ୍ର ଗୁରୁବାରିଆ, ମୁକୁନ୍ଦ ବାରିକ, ଗାଁ ଟାଉଟର ଚକ୍ରଧର, ଅବସରପ୍ରାପ୍ତ ଶିକ୍ଷକ ବିଶ୍ୱମୋହନ, କବି ଅତନୁ, ଚଳଚିତ୍ର ନିର୍ଦ୍ଦେଶକ ସୁରଜିତ୍, ଲଟେରୀ ବିକ୍ରେତା ଦୋଳଗୋବିନ୍ଦ।

ତାରୁଣ୍ୟର ସୁନେଲି ସ୍ୱପ୍ନ ମଧ୍ୟରେ ରସିକତା ଇନ୍ଦ୍ରଧନୁ ଫଟାଇବାର ପ୍ରୟାସରେ ପ୍ରତିଦିନ ମୁଖରେ ଗଜୁରିନଥିବା ଦାଢ଼ିକୁ ଖୁର ବୁଲାଇ ମୁହଁକୁ ଚିକ୍କଣ କରିବାର ପ୍ରୟାସରେ ଲାଗିଥାଏ ଗୁରୁବାରିଆ। ସେ ହେଉଛି ଆମ ସମାଜକୁ ପ୍ରତିନିଧିତ୍ୱ କରୁଥିବା ସେଇ ଚରିତ୍ର ଯେକି ବିଫଳ ହେବା ପରେ ମଧ୍ୟ ସମସ୍ତଙ୍କ ଅଲକ୍ଷ୍ୟରେ ସଫଳତାକୁ ଖୋଜି ବୁଲୁଥାଏ। ଆମ ସମାଜରେ ମଧ୍ୟ ଏମିତି କିଛି ଚରିତ୍ର ଅଛନ୍ତି। ମୁକୁନ୍ଦ ବାରିକ ବୃତ୍ତିରେ ନାପିତ କିନ୍ତୁ ତାର ଉପସ୍ଥିତି ସୁଦୂରପ୍ରସାରୀ। ସେ କେବଳ କୁଟୁମ୍ବ ପୋଷେନି ବରଂ ବହୁସ୍ଥାନରେ ତାର ଉପସ୍ଥିତି, ଦାଢ଼ି ଘୋଡାଇ ହୋଇଥିବା ଚର୍ମକୁ ଯେପରି ଲୋକଲୋଚନକୁ ଆଣେ ଠିକ୍ ସେହିପରି ନିଜ ଚତୁରତାର ପରିଚୟ ଦେଇ ଦୁନିଆର ସବୁ ଖବରକୁ ନିଜ ଅକ୍ତିଆରକୁ ଆଣି ଦେଇଥାଏ। ସେ କୌଣସି ନ୍ୟୁଜ୍ ଚ୍ୟାନେଲଠାରୁ କମ୍ ନୁହେଁ । ନାଟକର ପ୍ରତିଟି ଚରିତ୍ର ଅତ୍ୟନ୍ତ ମଜାଦାର। କିଏ ଜୀବନର ମଜା

ଉଠେଇଛି ତ ଜୀବନ କାହାକୁ ଠକି ଦେଇଛି। ଏପରି ଏକ ଜୀବନ ଯୁଦ୍ଧର ଗୁରୁ ଦ୍ରୋଣାଚାର୍ଯ୍ୟ ହେଉଛନ୍ତି ଶିକ୍ଷକ ବିଶ୍ୱମୋହନ ଅସହାୟ ସରକାରୀ ଶିକ୍ଷକ। ଜୀବନଟା ସତେ ଯେମିତି ତାଙ୍କ ସହିତ ଲୁଚକାଳି ଖେଳ ଖେଳିଚାଲିଛି। ସହାନୁଭୂତି ପାଇବା ଆଶାରେ ନିଜ ଛାତ୍ରମାନଙ୍କ ଠାରୁ ମଧ୍ୟ ନାସ୍ତିସୂଚକ ବାଣୀ ପାଇଛନ୍ତି ଏବଂ ସେ ନିଜ ସ୍ତ୍ରୀ ବି ହରାଇଛନ୍ତି। ସତେ ଯେମିତି ପୃଥିବୀ ରୂପକ କଡେଇରେ ବିଶ୍ୱମୋହନଙ୍କ ଜୀବନ ଜଳିଯାଉଛି ଯନ୍ତ୍ରଣାର ଇନ୍ଧନ ଦ୍ୱାରା। ଇତିମଧ୍ୟରେ ବିଚିତ୍ରାନନ୍ଦ ବିଶ୍ୱମୋହନଙ୍କ ଉଦ୍ଦେଶ୍ୟରେ କହିଛନ୍ତି – "ଜୀବନ ଯୁଦ୍ଧରେ ଏ ଦେଶର ଶ୍ରେଷ୍ଠ ସୈନିକ ବିଶ୍ୱମୋହନ ଯାଅ ! ଜୀବନ ସହିତ ଅବିଶ୍ରାନ୍ତ ଯୁଦ୍ଧ କର । ତମ ସଂଗ୍ରାମ ଆଗରେ ମୁଣ୍ଡ ମୋର ନଇଁ ଯାଉଛି I salute you ! I salute you !"(୧୦)

କାହାଣୀର ନାୟିକା ବନ୍ୟା ନାଟ୍ୟକାରଙ୍କ ସୃଷ୍ଟିର କେନ୍ଦ୍ରବିନ୍ଦୁ। ଆଧୁନିକ ଉଗ୍ରନାରୀ ଯାହାର ଜୀବନର ମୁଖ୍ୟ ଉଦ୍ଦେଶ୍ୟ ଦେହ ଓ ମନର କ୍ଷୁଧା ନିବାରଣ ଯେଉଁଥି ପାଇଁ କି ପ୍ରଜାପତି ଭଳି ଉଡି ବୁଲୁଥାଏ। ବହୁରୂପୀ ଏଣ୍ଡୁଅ ନିଜରୂପ ପରିବର୍ତ୍ତନ କଲାପରି ସେ କେତେବେଳେ ଶାନ୍ତସ୍ନିଗ୍ଧା ଶକୁନ୍ତଳା ତ କେତେବେଳେ ମହାବାତ୍ୟାର ପ୍ରଳୟଙ୍କରୀ ପରବର୍ତ୍ତୀ ରୂପ ବନ୍ୟା ପୁଣି ସେ କେତେବେଳେ ସୁରଜିତର ଅଭିନେତ୍ରୀ ବନ୍ୟା। ବନ୍ୟା ବିଂଶ ଶତାବ୍ଦୀର ଅବକ୍ଷୟ ନାରୀତ୍ୱର ସାର୍ଥକ ସ୍ୱରୂପ। ସେ ଭାରତମାତା ହେବା ପାଇଁ ଇଚ୍ଛା କରିନି କି ମାତୃତ୍ୱର ସୀମାମଧ୍ୟରେ ଆବଦ୍ଧ ହେବାକୁ ଚାହେନି। ସେ ନିଜର ହସ, ଠାଣି ଓ ପ୍ରସାଧାନର ମହକରେ ଅନ୍ୟର ଆକର୍ଷଣର କେନ୍ଦ୍ରବିନ୍ଦୁ ହେବାକୁ ଚାହେଁ। ସେ ବିଚିତ୍ରାନନ୍ଦ ତଥା କବି ଅତନୁଙ୍କ ଜୀବନ ସହ ଖେଳି ଚାଲି ଆସିଛି ରିଲ୍ ଜୀବନର ଅଭିନେତ୍ରୀ ହୋଇ ଅଭିନୟ କରିବା ପାଇଁ । ନାଟକର ଦ୍ୱିତୀୟ ଅଙ୍କରେ ସେଇ ସିନେମାଟି ଶୁଟିଂ ହେଇଛି ଚା ଦୋକାନ ପାଖରେ । କାହାଣୀରେ ପ୍ରଥମେ ବନ୍ୟା ଅଧ୍ୟାପକ ବିଚିତ୍ରାନନ୍ଦଙ୍କ ସ୍ତ୍ରୀ। ତାଙ୍କର ଦାର୍ଶନିକ ଜୀବନ ସହିତ ବନ୍ୟାର ପାର୍ଥିବ ଜୀବନ ସହ ତାଳମେଳ ନ ରହିବାରୁ ସେ ସୁରଜିତର ଚଳଚ୍ଚିତ୍ରର ନାୟିକା ବନ୍ୟା। ନିର୍ଦ୍ଦେଶକ ସୁରଜିତ୍ ବନ୍ୟାକୁ ନାଟକର ଶେଷଦୃଶ୍ୟରେ ସେଠାରେ ଶୁଟିଂ କରିବାକୁ ଥିବା ଦୃଶ୍ୟଟିର ଘଟଣାବଳୀକୁ ବୁଝାଉଛି। ସେ କହିଛି–

ବନ୍ୟା – ସମୟ କାହିଁକି ନଷ୍ଟ କରିବା ଯେ ? ସୁରଭାଇ ସିକ୍ୱେନ୍ସଟା ଟିକିଏ ଥରେ ବୁଝାଇ ଦିଅନା ।

ସୁରଜିତ୍ – ଓକେ ଓକେ ! ତେବେ ଶୁଣ – କାହାଣୀର ବର୍ତ୍ତମାନ ଅଂଶଟା ହେଲା, ତମେ ଘର ଛାଡି ଦେଇ ଚାଲି ଆସିଛ। ଡିଭୋର୍ସ କରିଛ ସ୍ୱାମୀକୁ । ତମେ ଭୁଲିଯାଇଛ ସେଇ ଗାଁର ସ୍ମୃତି ..... ସେଇ

ବିଲ ସେଇ ବନ ତୋଟାର ସ୍ମୃତି । ଅନେକ ଦିନ ପରେ... ଧରିନିଅ ଅ ...ନେ...କ.... ଅ...ନେ...କ.... ଘଟଣାଚକ୍ରରେ ତମେ ପିକ୍‌ନିକ୍ ଯାଉ ଯାଉ ତୁମର ଗାଡି ଖରାପ ହୋଇଯାଇଛି ଏମିତି ଗୋଟେ ବସ୍‌ଷ୍ଟପ ପାଖରେ, ଏବଂ ତମେ ଗୋଟାଏ କପ୍ କଫି ଖାଇବା ପାଇଁ ଆସିଛ ଏମିତି ଗୋଟେ ଚା ଦୋକାନକୁ ।

ବନ୍ୟା- ସୁରଭାଇ । ଏ ସ୍କ୍ରିପ୍‌ଟା କିଏ ଲେଖିଛି ? ମୋ ଜୀବନ କାହାଣୀ କିଏ ଜାଣିଛି ? କିନ୍ତୁ ଏଇଟା ତ ମୋ ଜୀବନର କାହାଣୀ ।

ସୁରଜିତ୍- ତା'ମାନେ ? ଯା ଭିତରେ ତମେ ଚରିତ୍ର ଭିତରେ ମିଶିଗଲଣି ? ତମେ ଏଣିକି ଆଉ ବନ୍ୟା ନୁହଁ... ଗୋଟିଏ କାହାଣୀର ନାୟିକା । ବର୍ତ୍ତମାନ କଣ କରିବ, ଶୁଣ । ତା' ପରେ ବସ୍‌ଷ୍ଟପ୍‌ରେ ତମେ କଫି ଖାଇଚ, କଫି ଖାଇ ଦେଇ ମୁହଁ ଫେରେଇଲା ବେଳକୁ ତୁମ ଆଖି ଆଗରେ ପଡିଚି ଗୋଟିଏ ପାଗଳ ଏବଂ ସେଇ ପାଗଳଟା କିଏ ଜାଣିଛ ? (ପ୍ରବେଶ କରିଛନ୍ତି ବିଚିତ୍ରାନନ୍ଦ)

ବନ୍ୟା- କିଏ ?

ସୁରଜିତ୍- ତମ ସ୍ୱାମୀ !

ବନ୍ୟା- ନା.. ନା..ନା (ହଠାତ୍ ବନ୍ୟା ଦେଖିଚି ବିଚିତ୍ରାନନ୍ଦଙ୍କୁ ଓ ଚିତ୍କାର କରିଛି) ନା !

ସୁରଜିତ୍- ଅନେକ ଦିନ ବିତିଯାଇଛି । ଅନେକ ଝଡ ବହିଯାଇଛି ତମ ମନ ଉପରେ । ତୁମେ ହୁଏତ ସଭ୍ୟତାର ଶୀର୍ଷସୀମାରେ ପହଞ୍ଚିବାକୁ ଯାଇ ନିଜେ ହାରିଯାଇଛ । ତୁମେ ଦେହର କ୍ଷୁଧାକୁ ମେଣ୍ଟେଇ ପାରିଚ । ଜୀବନର ବାସ୍ତବତା ଭିତରୁ ଏ ଶତାବ୍ଦୀର ଅଧିକାଂଶଙ୍କ ଭଳି ଉଡି ପଳେଇ ଯାଇଛ କାପୁରୁଷ ପରି ଅନେକ ଦୂରକୁ । କିନ୍ତୁ ଜୀବନ ତମକୁ ଗୋଡେଇଚି ।

ବନ୍ୟା- ନା ମୁଁ କ୍ଳାନ୍ତ ! ମୁଁ ଆଉ ଅଭିନୟ କରିପାରିବିନି ସୁରଭାଇ ! ଯେତିକି ଚାହିଁଚି ଅଭିନୟର ଖେଳ ଭିତରେ ମୁଁ ମୋର ପୁରୁଣା ବ୍ୟକ୍ତିତ୍ୱର ସରହଦ ଡେଇଁ ଆଗକୁ ଚାଲିଯିବି... ସେତିକି ସେତିକି ଜୀବନ ମତେ ଜାବୁଡି ଧରୁଚି ।"[୧୧]

ବନ୍ୟାର ପ୍ରତ୍ୟୁତ୍ତରରେ ସୁରଜିତ୍ ମୁଖରେ ନାଟ୍ୟକାର କିଛି ଏଭଳି କହିବାର ପ୍ରୟାସ କରିଛନ୍ତି-

ସୁରଜିତ୍- "ଶୁଣ ! ହିଅର ମି ! ତମ ରୋଲ୍‌ଟା ପ୍ରାୟ ଏମିତି: ମନେକର- ତମେ ବିଂଶ ଶତାବ୍ଦୀର ଏକ ଦିଗହରା ନାରୀ । ମନେକର ତମେ ଭାରତମାତାର ଏକ ନଷ୍ଟ ରୂପକଳ୍ପ । ତମ ମାତୃତ୍ୱ ଆଜି ବଜାରର ପଣ୍ୟ .... ଆଉ ତମର ସୃଷ୍ଟି କେବଳ ଭ୍ରୃଣ ହତ୍ୟା ପର୍ଯ୍ୟନ୍ତ ସୀମିତ ।"(୧୨)

'ମୁଁ ଆମ୍ଭେ ଓ ଆମ୍ଭେମାନେ'ର ସମସ୍ତ ଚରିତ୍ର ପ୍ରାୟ ଜୀବନ ରୂପକ ତ୍ରିଛକିରେ ଉପସ୍ଥିତ । ଯୁଗ ଯନ୍ତ୍ରଣାର କ୍ଷତାକ୍ତ ଦୁଇଟି ସମଧର୍ମୀ ଚରିତ୍ର ହେଉଛନ୍ତି ବିଚିତ୍ରାନନ୍ଦ ଓ ଯୁବକବି ଅତନୁ ଦାସ । ଏ ଦୁହେଁ ବନ୍ୟା ରୂପକ ନଦୀର ଦୁଇଟି କୂଳ । କିନ୍ତୁ ବନ୍ୟାର ରୂପ ସୌନ୍ଦର୍ଯ୍ୟ ଓ କ୍ଷୁଧାକୁ ସମ୍ଭାଳିବା ଏ ଦୁହିଁଙ୍କ ପକ୍ଷରେ କଷ୍ଟକର ବ୍ୟାପାର ହୋଇ ପଡ଼ିଛି । ବିଚିତ୍ରାନନ୍ଦ ହେଉଛନ୍ତି ରମେଶ ପାଣିଗ୍ରାହୀଙ୍କ ଏକ ସୁନ୍ଦର ସୃଷ୍ଟି ଯେ କି ସମସ୍ତ କାହାଣୀର ଦ୍ରଷ୍ଟା କିନ୍ତୁ ସଂପୂର୍ଣ୍ଣ ନୀରବ ସାଧକ । ସମୟ ଓ ପରିବର୍ତ୍ତନଶୀଳ ସମାଜକୁ ସେ ବିଶ୍ୱାସ କରିପାରିନାହାନ୍ତି । ସେ କହିଛନ୍ତି- "ମୁଁ ଟାଇରେସିସ୍, ମୁଁ ବେଲାରସେନ ? ମୁଁ କେବଳ ଏକ ଦର୍ଶକ, ମୁଁ ଦେଖୁଛି ଆଧୁନିକତା ହିଁ ମୁକ୍ତିବୋଧ ।"(୧୩)

ଅତନୁ ଚରିତ୍ର ମାଧ୍ୟମରେ ପ୍ରତିଫଳିତ ହୋଇଛି ଆଜିର ଲେଖକମାନଙ୍କ ସଂଘର୍ଷମୟ ଜୀବନ । ଶ୍ରେଷ୍ଠ କବି ହୋଇ ମଧ୍ୟ ବହୁ ସଂଘର୍ଷ କରିବାକୁ ପଡିଛି ଆଜିର ସମାଜରେ । ଯାହା ପାଖରେ ପଇସା ଆଉ ଶକ୍ତି ରହିଛି ସେ ହିଁ ପ୍ରତିଷ୍ଠିତ ନ ହେଲେ ଜ୍ଞାନୀ ଗୁଣୀଙ୍କୁ ପଚାରେ ବା କିଏ ? ବନ୍ୟାର ଛଳନା ପ୍ରବଂଚନାର ଶିକାର ହୋଇ ଫ୍ରଷ୍ଟେସନ୍ ମଧ୍ୟରେ ନିଜର ରୋମାଣ୍ଟିକ୍ ଅତୀତକୁ ଭୁଲିବାର ସଂପୂର୍ଣ୍ଣ ପ୍ରୟାସ କରିଛନ୍ତି ଅତନୁ ।

ଚକ୍ରଧର ପରିଡା ଚରିତ୍ର ଆମ ସମାଜରେ କୁଜିନେତାଙ୍କ ପରିଚୟ ବହନ କରେ । ସ୍ୱାଧୀନତା ପ୍ରାପ୍ତିର ଦୀର୍ଘ ବର୍ଷ ବିତିଯାଇଥିଲେ ବି ରାଜନୀତିକ ଜୀବନ ଯେ କଳୁଷିତ ତାହା ଏଠାରେ ଚକ୍ରଧର ଚରିତ୍ର ମାଧ୍ୟମରେ ପ୍ରତିଫଳିତ ।

'ମୁଁ ଆମ୍ଭେ ଓ ଆମ୍ଭେମାନେ' ନାଟକରେ ନାଟ୍ୟକାର ସମାଜର ପ୍ରତିଟି ଚରିତ୍ରକୁ ଉଠାଇଆଣି ନିଜର ଭାବ ଓ ଶୈଳୀରେ ଅତି ସୁନ୍ଦର ଭାବରେ ଉପସ୍ଥାପନା କରିଛନ୍ତି । ଆଜିର ସମାଜର ପଳାୟନବାଦୀ, କିଂକର୍ତ୍ତବ୍ୟବିମୂଢ଼, ଅସହାୟ, ଅନାମଧେୟ, ସାମାଜିକ ଅସମତା, ସର୍ବଗ୍ରାସୀ ଲୋଭ, ଟାଉଟରୀ, ନିଷ୍ଠୁରତା, ପ୍ରତିହଂସା, ତିତିକ୍ଷା, ଯୌନର ଦୁର୍ବାର କାମନା ପ୍ରଭୃତି ସ୍ଥାନ ପାଇଛି ନାଟକର କଳେବର ମଧ୍ୟରେ । ଅତି କରୁଣ ଭାବରେ ନିଜର ଅସହାୟତାକୁ ଉପସ୍ଥାପିତ କରି ମଣିଷ ଯେଉଁ ବାହାଦୂରି ନେବାକୁ ଚାହୁଁଛି ତାର ଏକ ଜ୍ୱଳନ୍ତ ଆଲେଖ୍ୟ ହେଉଛି ଏହି ନାଟକ ।

ଧୃତରାଷ୍ଟ୍ରର ଆଖି

ନାଟକଟି ୧୯୭୦ ମସିହାର ନାମକରଣ। ଏଠାରେ ସ୍ପଷ୍ଟ କରିଦିଏ ଯେ ନାଟକରେ ମିଥ୍‌ର ଆଧୁନିକ ପ୍ରୟୋଗ ହୋଇଛି। ଭୁବନେଶ୍ୱରର ଏକ ସାଧାରଣ ପରିବାର ଉପରକୁ ଉଠିବାର ପ୍ରୟାସ କରିଛନ୍ତି ଯଦ୍ୱାରା ଏଠାରେ ଦୁଇଟି ପିଢ଼ି ସୃଷ୍ଟି ହୋଇଛି। ସେହି ପିଢ଼ିକୁ ନେଇ ମଞ୍ଚଟି ପ୍ରତୀକାତ୍ମକ ଏବଂ ଆଗଘର ଓ ପଛଘର ଭାବରେ ଦର୍ଶାଇ ଦିଆଯାଇଛି। ସାଧାରଣ ସୀତାନାଥଙ୍କ ଆଖି ଲାଲ ଥିଲା। କିନ୍ତୁ ତାଙ୍କୁ ପଛଘରକୁ ପଠେଇ ଦିଆଯାଇଛି ଯାହାଫଳରେ ମହାଭାରତର ଧୃତରାଷ୍ଟ୍ର ଭଳି ସେ ଅନ୍ଧ ସାବ୍ୟସ୍ତ ହୋଇ ଯାଇଛନ୍ତି ଏବଂ ତାଙ୍କ ଘରଟା ହୋଇଛି ସତେ ଯେମିତି ମହାଭାରତର ରଣକ୍ଷେତ୍ର। ଦୁଇଟି ପିଢ଼ିର ସାଂସ୍କୃତିକ ଚିନ୍ତାଧାରାର ସଂଘର୍ଷକୁ ନେଇ ପ୍ରତିଦିନ ଅସନ୍ତୋଷର ବହ୍ନି ଜଳେ।

ଦୁଇଟି ଘର ଦେଖାଇ ଦିଆଯାଇଛି ନାଟକରେ ଆଗଘର ଆଉ ପଛ ଘର। ଆଗଘର ଆଧୁନିକତାର ପ୍ରତୀକ। ପ୍ରତିଟି ଚରିତ୍ର ନିଜକୁ ଆଧୁନିକତା ସହ ଖାପଖୁଆଇ ରହିବାକୁ ଚେଷ୍ଟା କରୁଥିବା ବେଳେ କେତେବେଳେ ବିପଥଗାମୀ ହୋଇଛନ୍ତି ସେମାନେ ଅଜ୍ଞ। ଏପଟେ ପଛଘର ହେଉଛି ସତେ ଯେମିତି ପ୍ରାଚୀନ ଓ ଆଦିମତା। ସେଠାରେ ରହୁଥିବା ଚରିତ୍ର ସତେ ଯେମିତି ପରମ୍ପରାର ପ୍ରତୀକ। ଏହି ଘରର ମୂରବୀ ଅବସରର ସରକାରୀ କର୍ମଚାରୀ ଅନ୍ଧ ଧୃତରାଷ୍ଟ୍ର ଭଳି ସବୁ ଦେଖୁଛନ୍ତି। ଦେଖୁଛନ୍ତି ଆଧୁନିକ ସଭ୍ୟତାର ଲୀଳା, ସ୍ୱର ଉତ୍ତୋଳନ କରିବାକୁ କିନ୍ତୁ ସାହସ କରିପାରିନାହାନ୍ତି। ଏହି ନାଟକରେ ଚରିତ୍ର କହିଲେ ବୟୋଜ୍ୟେଷ୍ଠ ସୀତାନାଥ, ଦୁଇପୁଅ ଓ ଝିଅ। ବଡପୁଅ ସଂତାପ ମହାନ୍ତି, ସାନପୁଅ ସଂବିତ୍ ମହାନ୍ତି, ଝିଅ ବର୍ଷା ଏବଂ ବୋହୂ ସିକ୍‌ତା । ଆଉ କିଛି ଗୌଣ ଚରିତ୍ରକୁ ନେଇ ନାଟକୁ ଆଗକୁ ଗତି କରିଛି। ପ୍ରେମଦତ୍ତ ଓ ଜୋସେଫ୍ ଏପରି ଗୌଣ ଚରିତ୍ର ଯେଉଁମାନଙ୍କ ପାଖରେ ସଭ୍ୟତାର ନଗ୍ନତା ପରିଲକ୍ଷିତ କରାଯାଏ।

'ଧୃତରାଷ୍ଟ୍ରର ଆଖି'ରେ ସୀତାନାଥଙ୍କ ଗ୍ରାମୀଣ ପାରମ୍ପରିକ ଘରର ଲୋକମାନେ ଆଗଘର ଓ ପଛଘରକୁ ନେଇ ସାଂପ୍ରତିକତା ଓ ପରଂପରା ଭେଦରେ ବିଭକ୍ତି। ପୁରୁଣା ପିଢ଼ିର ବାପା ସୀତାନାଥଙ୍କୁ ପଛଘରକୁ ଠେଲି ନଦେଲେ ଆଧୁନିକ ପିଢ଼ିର ସଂତାପ, ସଂବିତ୍, ସିକ୍‌ତା ଓ ବର୍ଷା ପ୍ରଭୃତି ପ୍ରେମଦତ୍ତ ଓ ଜୋସେଫ୍‌ମାନଙ୍କର ସଭ୍ୟତାରେ ଚଳି ପାରିବେ ନାହିଁ। ସୀତାନାଥ ଆଧୁନିକତାର ଅସହ୍ୟ କାର୍ଯ୍ୟକଳାପ ଦେଖି ମଧ୍ୟ ଆଖିବୁଜି ରହିବେ ଧୃତରାଷ୍ଟ୍ର ଭଳି। କାରଣ ସେମାନେ ତାଙ୍କୁ ପ୍ରତିବାଦ କରି କହିବେ- "ନାଁ... ଏଇ ନୀତି, ଅଦର୍ଶ ଚରିତ୍ରର ମୁଖାପିନ୍ଧି ତମେ ଏ ଘରେ କଥାବର୍ତ୍ତା କରିପାରିବେ ନାହିଁ। କାହିଁକି ? ସେଗୁଡାକ କଣ ଏ ଘରୁ ଉଠିଗଲା ? ଅନେକ ଦିନରୁ ଉଠିଗଲାଣି।

ଯେଉଁଦିନରୁ ତମ ବାପାଙ୍କୁ ସେ ପଛ ଘରଟା ଛାଡିଦେଇଛ । ଆଉ ଆଗ ଘରଟା ଆମର – ଆମ ସମସ୍ତଙ୍କର ପଛଘର ପାଇଁ ଚିନ୍ତା, ଦାନ କିଛି ନାହିଁ।"(୧୪)

ଆଗଘର ଓ ପଛଘର, କୌରବ, ପାଣ୍ଡବ ଭେଦରେ ବିଭକ୍ତ ହୋଇଥିଲେ ବି ଗୋଟିଏ ଦଳ ମଧ୍ୟରେ ପରସ୍ପରର ମୂଲ୍ୟବୋଧ ଜନିତ ଦୂରତ୍ୱ ରହିଛି । ତିନି ଭାଇଭଉଣୀ ତଳ ଉପର ହୋଇ ଆଧୁନିକତାକୁ ସ୍ପର୍ଶ କରିଥିଲେ ବି ସଂତାପ (ବଡ଼ଭାଇ) ଓ ସଂବିତ୍ ଓ ବର୍ଷା ଯେପରି ତିନୋଟି ନଦୀ ଏବଂ ଏମାନେ ଦୂରକୁ ଗତି କରିଛନ୍ତି କିନ୍ତୁ ପରସ୍ପର ସହ ମିଳନ ଅସମ୍ଭବ । ସଂତାପ ସ୍ୱାଧୀନତା ପରବର୍ତ୍ତୀ ଓଡିଶାର ଶିକ୍ଷା ପଦ୍ଧତିକୁ ସ୍ୱୀକାର କରୁଥିଲା । ସେ ବାମପନ୍ଥୀ ଆଦର୍ଶରେ ସାମାଜିକ ପରିବର୍ତ୍ତନ ଆସିବ ବୋଲି ବିଶ୍ୱାସ କରୁଥିଲା । ତେଣୁ ସେ ଜଣେ ଛାତ୍ର ନେତା ଥିଲା । କିନ୍ତୁ ସାନଭାଇ ସଂବିତ୍ ୧୯୨୦ ମସିହାରେ ଏହି ନାଟକ ଲେଖା ହେଲା ବେଳକୁ ବି.ଏ. ପଢୁଥିଲେ ଏବଂ ପାଠରେ ତାର ଆଦୌ ବିଶ୍ୱାସ ନଥିଲା । ସଂତାପର ମୂଲ୍ୟବୋଧ ଏବଂ ଆଧୁନିକତା ସଂପର୍କରେ ଥିବା ଧାରଣାଗୁଡିକ ସେ ଆଦୌ ଚିହ୍ନି ନଥିଲା । ଏଥିପାଇଁ ସଂତାପ ଓ ସଂବିତ୍ ମଧ୍ୟରେ ଦ୍ୱନ୍ଦ । ଭଉଣୀ ବର୍ଷା କିପରି ବଂଚିବ ସେ ସଂପର୍କରେ ସଂତାପ ଓ ସଂବିତ୍ର ମଧ୍ୟରେ ଯେଉଁ ଦ୍ୱନ୍ଦ୍ୱ ଉପୁଜିଛି ସେଥିରୁ କିଛି ଉଦାହରଣ ନିମ୍ନରେ ପ୍ରଦାନ କରାଯାଇଛି –

ସଂତାପ – ବର୍ଷାର ଅଧଃପତନ ପାଇଁ ତୁ ଦାୟୀ ।

ସଂବିତ – ସେଇଟାକୁ ତମେ ଅଧଃପତନ କହୁଚ । ଅକାରଣରେ ।

ସଂତାପ – ଅକାରଣରେ ନୁହେଁ ! ତମ ସମାଜ କହିବ !

ସଂବିତ୍ – ସେଇଥିପାଇଁ ହିପ୍ପୀ ହୋଇଗଲୁ ବୋଲି କହୁଥିଲି !

ସଂବିତ୍ – ତମ ଭଳି ବହିପଢ଼ି ମୁଁ ପଣ୍ଡିତ ହେଇନି କି ଫିଲସଫି ବହି ଘୋଷିନି ।

ସଂତାପ – ସେଇଟା ତୋ ଜୀବନର ବଡ଼ ଭୁଲ ।

ସଂବିତ – କଣ ବହି ଘୋଷି, କପି କରି ପାଶ୍ କରି ପାରିଲିନି ବୋଲି ?

ସଂତାପ – ଖୁବ୍ ହାଲୁକା ଭାବରେ କଥାଟାକୁ କହି ପାରୁଛୁ ତ ?

ସଂବିତ – ଦେଢ଼ଶ ବର୍ଷ ତଳେ ମାକାଲେ ସାହେବ ଯୋଉ ପାଠ ତିଆରି କରି ମରିଗଲା ସେଇ ପଚାସଢ଼ା ଦର୍ଶନ ପଢ଼ିବା ପାଇଁ ମୋର ଆଗ୍ରହ ନାହିଁ।(୧୫)

ଦୁଇଭାଇଙ୍କ ବାର୍ତ୍ତାଳାପରେ କୌଣସି ତାଳମେଳ ନାହିଁ । ଦୁହିଁଙ୍କ ଚିନ୍ତାଧାରା ମଧ୍ୟରେ ଶହଶହ ବର୍ଷର ଦୂରତା । ଘରର ବୋହୂ ଘରକୁ ଆସିବା ଧନୀ ଯୁବକମାନଙ୍କୁ ଯୌନତାର ପ୍ରଲୋଭନ ଦେଖାଇ କିଛି ଅର୍ଥ ଆଦାୟ କରିବା ମତଲବ୍‌ରେ ଅଛି । ଏପଟେ ସନ୍ତାପ ସେକ୍ରେଟେରିଏଟ୍‌ରେ କିରାଣୀ ଚାକିରି କରିଛି । ଯେଉଁ ଚାକିରୀ କି ସିକ୍‌ତାକୁ ପସନ୍ଦ ଆସିନି । କୌଣସି କାରଣବଶତଃ ସଂତାପ ଚାକିରିରୁ ସସ୍‌ପେଣ୍ଡ

ହୋଇଛି। ଯାହାଫଳରେ ସେ ଘରେ ବେକାର ହୋଇ ବସିଛି। ଯେହେତୁ ସିକ୍ତା ଚାକିରି କଲେ ଘରକୁ ଚଳାଇବା ପାଇଁ ଏବଂ ସେ ଇଂଲିଶ୍ ମିଡ଼ିୟମ୍ ଝିଅ ତେଣୁ ସେ ସଂତାପକୁ ପ୍ରାୟତଃ ଖାତିର୍ କରେନି। ତେଣୁ ଦୁହିଁଙ୍କି ଭିତରେ ପ୍ରବଳ ଝଗଡ଼ା ହୁଏ। ସଂତାପ ସିକ୍ତାର ଚରିତ୍ରକୁ ବାରମ୍ବାର ସନ୍ଦେହ କରେ। ଯେପରି-

ସଂତାପ – ତମକୁ ମୁଁ ଅନେକ ଦିନ ଆଗରୁ କହିଚି ନା ସିକ୍ତା! ତମେ ଚାହିଁଲେ ଯାଇପାର।

ସିକତା – ମୁଁ ଆହୁରି ଯିବା ପାଇଁ ଇଚ୍ଛା କରିନି।

ସଂତାପ – ଆଉ କେତେ ଦିନ ମତେ ଦୟା ଦେଖେଇ ରହିବ?

ସିକତା – ହାଇକୋର୍ଟ ଡେସିସନଟା ଆସୁ; ତମେ ଚାକିରିରେ ପୁଣିଥରେ ଯୋଗଦିଅ। ନିଜ ଗୋଡ଼ରେ ଠିଆ ହୁଅ ମୁଁ ଯିବି।

ସଂତାପ – ସିକତା! ଛଳନାର ଗୋଟେ ଶେଷ ଅଛି।

ସିକତା – ମୁଁ ଛଳନା କରୁଚି ବୋଲି କେମିତି ଜାଣିଲ?

ସଂତାପ – ଜାଣିବାର ପ୍ରଶ୍ନ ଉଠୁନି। ମୁଁ ଟିକିଏ ତଳେ ସବୁ ଶୁଣିଚି।

ସିକତା – ବାଃରେ! ଲୁଚି ଲୁଚି ସବୁ ଶୁଣି ପକେଇଚ ତା ହେଲେ ।

ସଂତାପ – କିଛି ଅସୁବିଧା ନାଇଁ।

ସିକତା – ସଂତାପ! ଆଜିକାଲି ତମର କଣ ହଉଚି?

ସଂତାପ – ମୁଁ ସନ୍ୟାସୀ ନୁହେଁ କି ମହାପୁରୁଷ ନୁହେଁ। ଜଣେ ସାମାନ୍ୟ ମଣିଷ।

ସିକତା – ଜଣେ ସାମାନ୍ୟ ମଣିଷ କଣ ଏମିତି କଥାରେ କଥାରେ ସନ୍ଦେହ କରେ?

ସଂତାପ – କି ଆଶ୍ଚର୍ଯ୍ୟ! ତମେ ମିନିଟ୍‌କ ତଳେ ଜୋସେଫ୍ ସାଙ୍ଗରେ ଦିଲ୍ଲୀ ପର୍ଯ୍ୟନ୍ତ ଉଡ଼ିଯିବା ପାଇଁ ଚାହୁଁଥିଲ.... ଫୁସଫୁସ୍ କରି ତାଙ୍କୁ ପ୍ରତିଶ୍ରୁତି ଦେଉଥିଲ...।

ସିକତା – ତମେ ସେଇ ସଂତାପ ମହାନ୍ତି ଯିଏ ଛ' ବର୍ଷ ତଳେ ରେଭେନସା କଲେଜର ସଭାପତି ଥିଲ? ଛାତ୍ରୀମାନଙ୍କ ପାଇଁ ଷ୍ଟ୍ରାଇକ୍ କରିଥିଲ?

ସଂତାପ – ଆଜି ପୁଣି ମୁଁ ଜଳିବାକୁ ଚାହୁଁଚି।

ସିକତା – ତମେ ସେଇ ଛାତ୍ର ନେତା ଯିଏ ଝିଅମାନଙ୍କ ସ୍ୱାଧୀନତା ପାଇଁ କଲେଜରେ ଘଣ୍ଟା ଘଣ୍ଟା ଭାଷଣ ଦଉଥିଲ?

ସଂତାପ – ସ୍ୱାଧୀନତାର ଅର୍ଥ ବିଶ୍ୱାସଘାତକତା ନୁହେଁ।"[୧୬]

ଏଠାରେ ସମସ୍ତଙ୍କର ନିଆରା ପରିଚୟ। ଝିଅ ବର୍ଷା ମଧ୍ୟ ଏହି ଆଧୁନିକତାଠାରୁ ବାଦ ପଡ଼ିନି; ବରଂ ବହୁ ଫ୍ରେଣ୍ଡମାନଙ୍କଠାରୁ ଉପହାର ପାଇବା ଆଶାରେ ବର୍ଷକୁ ଦୁଇ ତିନିଥର ନିଜର ଜନ୍ମଦିନ ପାଳନ କରୁଛି। ଏ ସମସ୍ତଙ୍କ ଭିତରେ ବଳି ପଡ଼ିଯାଇଥାନ୍ତି

ସୀତାନାଥ। ବୋହୂ ସିକତାଠାରୁ ଖାଇବାକୁ ଗଣ୍ଡେ ମଧ ପାଇନାହାନ୍ତି ପ୍ରତିବଦଳରେ ଖାଇଛନ୍ତି ଗାଳି। ଅସହାୟ, ନିଃସଙ୍ଗ ତଥା ସ୍ୱପ୍ନ ଭଙ୍ଗ ମଧ୍ୟରେ ସୀତାନାଥଙ୍କର ଆଗଘରେ ମୃତ୍ୟୁ ହୋଇଯାଇଛି। ମାତ୍ର ଭାଗ୍ୟର ବିଡ଼ମ୍ବନା ପୁତ୍ରକନ୍ୟା ଦୁଃଖ କରିବା ପରିବର୍ତ୍ତେ ମନେ ମନେ ଆଶ୍ୱସ୍ତି ଲାଭ କରିଛନ୍ତି ଯାହା ହେଉ ବୁଢ଼ାଟା ଚାଲିଗଲା ଗୋଟେ ଟେନସନ୍ ଗଲା। ସନ୍ତାପ ଭାବୁଛି ଯେ ସେକ୍ରେଟେରିଏଟର ଫାଇଲ୍‌ଗୁଡ଼ାକ ଷଣ୍ଢ ଖାଇଗଲା ପରେ କାମଗୁଡ଼ାକ ଯେମିତି ହାଲୁକା ହୋଇଯାଏ ସେମାନେ ଠିକ୍ ସେପରି ଅନୁଭବ କରିଛନ୍ତି।

ଆଧୁନିକତା ସହ ଲଢୁ ଲଢୁ ସେ ସହିଦ ହୋଇଯାଇଛନ୍ତି। ପରିବାରର ସବୁ ଆଧୁନିକ ଚରିତ୍ର ମୃତ ପରମ୍ପରାକୁ ଆଗକୁ ଦେଇ ପାରିନାହାନ୍ତି। ବୋଝଟା ଯେପରି ଦ୍ୱିଗୁଣିତ ହୋଇଯାଇଛି। ସେମାନେ ଶ୍ମଶାନରେ ମୃତ ପରମ୍ପରାକୁ ଜାଳି ଆଧୁନିକତାର ଇମାରତ ଗଢ଼ି ପାରିନାହାନ୍ତି। ବରଂ କଣ କରିବେ ନ କରିବେ ଭାବି ହତୋତ୍ସାହ ହୋଇପଡ଼ିଛନ୍ତି। ସେମାନଙ୍କ ସଂଳାପରୁ କିୟଦାଂଶ-

ସଂବିତ୍ -(ହଠାତ୍ ଆବିଷ୍କାର କଲାଭଳି) ଭାଇ ! ଦେଖିଲ ବର୍ତ୍ତମାନ କେମିତି ଗୋଟେ ହାଲ୍‌କା ହାଲ୍‌କା ଲାଗୁନି ?

ସଂତାପ -ଅନେକ ଦିନ ଧରି ମନେକର, ତୁମେ ମୁଣ୍ଡରେ ଗୋଟିଏ ଚୂଡ଼ା ବସ୍ତା ଧରି ରିଲିଫ୍ କାମରେ ଯାଇଛ। ମୁଣ୍ଡଟା ଭୀଷଣ ଭାବରେ କାଟୁଚି। ଅଥଚ ତମ ପଛରେ ଦିଇଟା ମେସିନ୍ ଗନ୍ ତମକୁ ଆଗେଇ ଯିବା ପାଇଁ ଆଦେଶ କରୁଛନ୍ତି ... ଚୂଡ଼ା ବସ୍ତା ତଳେ ପକେଇଲେ ତମକୁ ଗୁଳି କରି ଦିଆଯିବ। କିଛିଦିନ ପରେ ଚୂଡ଼ା ସରିଗଲେ ଯେମିତି ହାଲୁକା ଲାଗେ, ସେମିତି ?

ବର୍ଷା -କିମ୍ୱା ଏମିତି ବି ହୋଇପାରେ

ସିକତା -କେମିତି ?

ବର୍ଷା -କିଟିମିଟିଆ ଅନ୍ଧାର। ଝିପି ଝିପି ବର୍ଷା ଜଙ୍ଗଲ ରାସ୍ତା ... ତମ ପଛରେ ଭୂତଟା। ତମକୁ ଡ଼ରେଇ ଗୋଡ଼େଇ ଆଣୁଛି।

ସବିତ୍ -"ବିଶ୍ ସାଲ୍ ବାଦ୍" ଭଳି ?

ବର୍ଷା -ନାଁ। ତମେ ଧାଉଁଚ। ଖୁବ୍ ଜୋରରେ ହଠାତ୍ ଗୋଟିଏ ଗାଁ ଆସିଗଲା ଏବଂ ରାତି ପାହିଲା ବେଳକୁ ଦେଖୁଚ ସେଇଟା ଭୂତ ନୁହେଁ, ତମ ଚାକର ଟୋକାଟା !

ସଂବିତ୍ -ଅନ-ନ୍ୟାଚୁରାଲ୍ ! ଚାକର ଟୋକାଟା ହୋଇଥିଲେ ସିଏ ଜାଣିପାରିନଥାନ୍ତା।

ବର୍ଷା -ନ ହେଲେ ଗାଁର ଗୋଟାଏ ଲୋକ ହୋଇପାରେ।

ସିକତା -ଏମିତିବି ହୋଇପାରେ।

ସଂତାପ – କେମିତି ?

ସିକତା – ଅନେକ ଦିନ ଧରି ତମ ଅଫିସ ଘରେ ଗୁଡ଼େ ଅବନ୍ଧୁ ଲୁଗା ଫାଇଲ୍ ଅଛି। ନାଲିଆ ଗେରୁଆ ମଲାଟ, ଫିକା ଅକ୍ଷର ତା ଉପରେ ଧୂଳି, ପାନଛେପ ଓ ଖଣ୍ଡିଆ ବିଡ଼ି। ତା ଉପରେ ଧୂଳି, ପାନଛେପ ଓ ଖଣ୍ଡିଆ ବିଡ଼ି। ସେଗୁଡ଼ିକ ମନେକର ୨୦ବର୍ଷଟି ହେଲା। ଟାଇପ୍ କରିବାକୁ ଦିଆଯାଇଥିଲା। ସମୟ ଅଭାବରୁ କାମଟା ହୋଇପାରିବି ଏବଂ ଦିନେ ହଠାତ୍ ଅଫିସକୁ ଆସିଲାବେଳକୁ ସେଇ ପୁରୁଣା ଫାଇଲ୍ ଗୁଡ଼ାକୁ ଗାଈ ଖାଇ ଦେଇଚି। ସେମିତି ଲାଗିଲା।"[୧୭]

ଆଧୁନିକ ପିଢ଼ିର ଯୁବକ ତଥା ଯୁବତୀମାନେ ସ୍ୱାଭାବିକଭାବେ ଦିବାସ୍ୱପ୍ନ ଦର୍ଶନର ଅଭିଳାଷ ଦେଇ ଆଧୁନିକତା ମଧ୍ୟରେ ସ୍ୱପ୍ନର ଇମାରତ ଗଢ଼ିବାକୁ ଚେଷ୍ଟା କରନ୍ତି କିନ୍ତୁ ପରମ୍ପରା ତଥା ଆଧୁନିକତା ମଧ୍ୟରେ ପେସି ହୋଇଯାନ୍ତି। କିଂକର୍ତ୍ତବ୍ୟବିମୂଢ଼ ହୋଇ ସୀତାନାଥ ଭଳି ଚରିତ୍ରକୁ ଅଦରକାରୀ ମନେକରି ଗଛ ଘରକୁ ଫିଙ୍ଗି ଦିଅନ୍ତି। ଏଠାରେ ମିଥର୍ ସଫଳ ପ୍ରୟୋଗ କରାଯାଇଛି।

ଜଣେ ମହାପୁରୁଷଙ୍କ ଜନ୍ମମୃତ୍ୟୁ ସଂପର୍କରେ

୧୯୭୧ ମସିହାରେ ରଚିତ ହୋଇଥିବା ଏହି ନାଟକଟି ଆକାଶବାଣୀରେ ଅଭିନୀତ ତଥା ୧୯୭୨ ରେ ଡ. ସୁରେନ୍ଦ୍ର ପ୍ରସାଦ ଦାସଙ୍କ ନିର୍ଦ୍ଦେଶନାରେ ଗଂଜାମ କଳାପରିଷଦ ଦ୍ୱାରା ମଞ୍ଚସ୍ଥ ହୋଇଛି। ଆବସର୍ଡ୍ ନାଟକ ଲେଖା କ୍ଷେତ୍ରରେ ନାଟ୍ୟକାର ଶ୍ରୀ ପାଣିଗ୍ରାହୀ ଅନ୍ୟତମ। ପୁରୁଷ ଜଣକ କିଛି ମହାନ କର୍ମ କଲେ ମହାପୁରୁଷ ଭାବେ ଜଣାଶୁଣା ହୁଅନ୍ତି। ପୁରୁଷ ଅନ୍ୟ ପୁରୁଷଠାରୁ କିଛି ଭିନ୍ନ କଲେ ଅନ୍ୟଠାରୁ ବାରି ହୋଇପଡ଼ନ୍ତି। ଏହି ଭିନ୍ନତା ହିଁ ତା'ର ଚରିତ୍ରର ବିଶେଷତ୍ୱ। ତାର ଏକ ସ୍ୱାତନ୍ତ୍ର୍ୟ, ଏକ ଅଲଗା ଅସ୍ତିତ୍ୱ ପରିଲକ୍ଷିତ ହୁଏ ଏବଂ ତାର କଥାବାର୍ତ୍ତା, ଭାବ, ଭଙ୍ଗୀ ସବୁ କିଛି ଅସାଧାରଣ ତଥା ରହସ୍ୟ ପରି ମନେହୁଏ। ଏହିଭଳି ଜଣେ ମହାପୁରୁଷଙ୍କୁ ଆମେ ଆଲୋଚନା ପରିସରକୁ ଆଣିବା। ନାୟକ କୃଷ୍ଣମୋହନ ହେଉଛନ୍ତି ସାଧାରଣ ମଧ୍ୟରେ ଅସାଧାରଣ ମହାପୁରୁଷ।

ନାୟକ କୃଷ୍ଣମୋହନ ଜଣେ ପ୍ରାଣୀବିଜ୍ଞାନର ଅଧ୍ୟାପକ। ସେ ଗୋଟିଏ ଲୋକକଥାକୁ ନିଜ ଗବେଷଣାର କେନ୍ଦ୍ରବିନ୍ଦୁ ମନେକରି ନିଜର ଜୀବନଟିକୁ ସେହି ଗବେଷଣାଗୃହରେ ଉତ୍ସର୍ଗୀକୃତ କରି ନିଜପତ୍ନୀ ତଥା ପରିବାରକୁ ଭୁଲି ଯାଇଛନ୍ତି। ଜୀବନ ମୃତ୍ୟୁର ଅର୍ଥ ଖୋଜି ବୁଲୁଛନ୍ତି ନାୟକ। ସେ ଲୋକକଥାରୁ ଶୁଣିଛନ୍ତି ବର୍ଷାର ପ୍ରଥମ ଜଳି ବିନ୍ଦୁ ବେଙ୍ଗ ମୁଣ୍ଡରେ ପଡ଼ିଲେ ତାହା ମଣି ହୋଇଯାଏ। ବେଙ୍ଗକୁ ଯେତେବେଳେ ସାପ ଗିଳିଦିଏ ସେତେବେଳେ ମଣିଟି ସାପ ମୁଣ୍ଡକୁ ଚାଲିଯାଏ ଏବଂ

ବେଙ୍ଗଟି ସାପ ପେଟକୁ। ରାତିରାତି ଅନିଦ୍ରା ରହି ଗାଡ଼ିଆ କୂଳ ଓ ଚାକୁଣ୍ଡାବଣ ଭିତରେ ବୁଲି କୋଡ଼ିଏ ପଚିଶଟି ବେଙ୍ଗଧରି ଘରକୁ ଫେରିଲା ବେଳକୁ ରାତି ୨ଟା ବାଜିଯାଏ। ଏଗାର ବର୍ଷ ଧରି ସେ ଏହି କାର୍ଯ୍ୟ କରି ଆସୁଛନ୍ତି। ଏହି ଏଗାର ବର୍ଷ ହେଲା ପତ୍ନୀଙ୍କ ସହ କୌଣସି ପ୍ରକାର ଶାରୀରିକ ସଂପର୍କ ନାହିଁ। ତେଣୁ ପତ୍ନୀଙ୍କର କୌଣସି ସନ୍ତାନ ନାହାନ୍ତି। ତେଣୁ ସେ ଦୁଇଟି ବେଙ୍ଗ (ପିଙ୍ଗ୍‌ପଙ୍ଗ୍ ଓ ନାଇଟ୍‌କୁଇନ୍)କୁ ସନ୍ତାନ ଭଳି ପାଳୁଛନ୍ତି ଏବଂ ଟ୍ୱିଂକିଲ୍ ଟ୍ୱିଂକିଲ୍ ଲିଟିଲ ଷ୍ଟାର୍ ଗୀତ ଶିଖାଉଛନ୍ତି। ପତ୍ନୀ ମାଧବୀ କିନ୍ତୁ କୌଣସି ଦିନ ତାଙ୍କୁ କୌଣସି ପ୍ରକାର ଅଭିଯୋଗ କରିନାହାନ୍ତି। ଅତଏବ ଇତି ମଧ୍ୟରେ ସେ ତାଙ୍କର କିଶୋରୀ ସମୟରେ କରିଥିବା ଜଣେ ବନ୍ଧୁ (ବୀରଭଦ୍ର)ଙ୍କୁ ଘରକୁ ଡକାଇଛନ୍ତି ରାତିକ ପାଇଁ। ସେଦିନ କୃଷ୍ଣମୋହନ ଯାଇଥାନ୍ତି ତାଙ୍କ ଅନ୍ୱେଷଣରେ। ଫେରିଲା ବେଳକୁ ରାତି ୨ଟା। କବାଟ ବନ୍ଦ ଥିବାରୁ ଝରକା ଡ଼େଇଁ ଘର ଭିତରକୁ ପ୍ରବେଶ କରନ୍ତି ଏବଂ ଆବିଷ୍କାର କରନ୍ତି ଜଣେ ତୃତୀୟ ପୁରୁଷ ତାଙ୍କ ଶୋଇବା କକ୍ଷରେ ଉପସ୍ଥିତ ଅଛନ୍ତି। ଅଧ୍ୟାପକଙ୍କ ଦେହସାରା କାଦୁଅ, ବେକରେ ୨୦/୨୫ଟି ବେଙ୍ଗର ମାଳା। ମାଧବୀ ତାଙ୍କୁ ଗାଧୋଇବାକୁ କହିଛନ୍ତି।

ଗାଧୋଇ ଆସି ତାଙ୍କ ଶୋଇବା କକ୍ଷରେ ଆଗନ୍ତୁକଙ୍କୁ ଦେଖି ସେ ସନ୍ଦେହ କରନ୍ତି। ଇତି ମଧ୍ୟରେ ବୀରଭଦ୍ର ଉଠିଯାଇ କୃଷ୍ଣମୋହନଙ୍କୁ ଦେଖି ପାଗଳ ମନେକରିଛନ୍ତି। ଅଧ୍ୟାପକ ରାଗିଯାଇ ବୀରଭଦ୍ରଙ୍କୁ ଗୋଟିଏ ବେଙ୍ଗ ବୋଲି ଭାବନ୍ତି ଏବଂ କୁହନ୍ତି 'ତମ ମୁଣ୍ଡରେ ସେ ମଣିଟା ଅଛି' ଏବଂ ତାକୁ ବେଙ୍ଗ ଭାବି କାଟି ପକାନ୍ତି।

ଏପରି ଏକ କାଳ୍ପନିକ କାହାଣୀ ପରିପୂର୍ଣ୍ଣ ନାଟକ ଓଡ଼ିଆ ନାଟ୍ୟ ସାହିତ୍ୟରେ ନିଆରା। ଦର୍ଶକୀୟ ଉତ୍କଣ୍ଠାରେ ପରିପୂର୍ଣ୍ଣ ଏହି ନାଟକରେ ନୂଆ ତଥ୍ୟଟିଏ ମୁଣ୍ଡବ୍ୟଥାର କାରଣ ହେଲେ ମଧ୍ୟ ଐକାନ୍ତିକ ସହାନୁଭୂତିର ଅନୁଭବ ସୃଷ୍ଟି କରିପାରୁଛି। ବଙ୍ଗଳା ସାହିତ୍ୟରେ ଏହି ନାଟକଟି ୪୦ ଥର ଅଭିନୀତ ହୋଇସାରିଛି। ସ୍ୱର୍ଗତ ଗୋପାଳକୃଷ୍ଣ ରଥଙ୍କ ଭାଷାରେ "ନିଜ ଅଦ୍ଭୁତ ତଥ୍ୟକୁ ନେଇ ନିଷ୍ପାପର ଭାବେ ପାଞ୍ଚହଜାର ବେଂଗକୁ ହତ୍ୟା କରିଥିବା ଏହି ନାଟକୀୟ ମହାପୁରୁଷ କୃଷ୍ଣମୋହନ ତାଙ୍କ ତଥ୍ୟ ସହ ଜନ୍ମ ନେଇଛନ୍ତି। ତାଙ୍କ ତଥ୍ୟର ଜୀବନ ସହ ସେ ଓତପ୍ରୋତ ଭାବେ ଜଡ଼ିତ। ସେ ଜଣେ ବେଙ୍ଗ ଗବେଷକ ପାଇଁ ଏକ ବିଦ୍ରୂପ ହେଲେ ମଧ୍ୟ ତାହା ଏକ ଗବେଷଣା ଏବଂ ଏଥିପାଇଁ ତାଙ୍କର ଅତୁଳନୀୟ ନିଷ୍ଠା ଯେକୌଣସି ବୈଜ୍ଞାନିକଙ୍କ ଜୀବନ ପରି ଆଲୌକିକ ନ ହେଲେ ବି ଅଯୌକ୍ତିକ ଭାବେ ଯୁକ୍ତିଯୁକ୍ତ ଓ ସ୍ୱାଭାବିକ।"[୧୮]

ଦୁର୍ଘଟଣାବଶତଃ

ଏହି ନାଟକର ନାଟ୍ୟସ୍ଥାନ ହେଉଛି ନର୍କ। 'ଅନ୍ଧ ଦେଶକୁ ଗଲି ଦର୍ପଣ ବିକି' ଏହା ହିଁ 'ଦୁର୍ଘଟଣାବଶତଃ' ନାଟକର ମୁଖବନ୍ଧ। ନାଟ୍ୟକାର କହନ୍ତି ଯେ- "ମୂଲ୍ୟବୋଧହୀନ ଓ ଅପରିଣାମଦର୍ଶିତା ସମାଜକୁ ଅନ୍ଧ କଳାପରେ ସେଇ ମାନସିକତାକୁ ଦୃଷ୍ଟିରେ ରଖି ଏଭଳି ମୁଖବନ୍ଧ ସମ୍ଭବତଃ ଲେଖାଯାଇଛି। ଏ ନାଟକ ଲେଖିଲା ବେଳେ ନର୍କ ସଂପର୍କରେ ଯେତେଦୂର ସମ୍ଭବ ଯେଉଁ ଗ୍ରନ୍ଥ ମୋର ହସ୍ତଗତ ହୋଇଛି ତାକୁ ମୁଁ ପଢ଼ିଛି। ଏହି କ୍ରମରେ ଜ୍ୟାଁପଲ୍ ସାର୍ତ୍ରେଙ୍କର 'In camera' ନାଟକଟି ମଧ୍ୟ ଅର୍ନ୍ତଭୁକ୍ତ।"[୧୯] 'ଦୁର୍ଘଟଣାବଶତଃ'ର କାହାଣୀଟି ଏମିତି ଯେ ଜଣେ ପ୍ରାକ୍ତନ ଡି.ଆଇ.ଜି. ମୃତ୍ୟୁପରେ ଆସି ନର୍କରେ ପହଞ୍ଚିଛନ୍ତି। ତାଙ୍କ ନାଁ ଗୁଣନିଧି ଛୋଟରାୟ। ତାଙ୍କ ଆଗରୁ ନର୍କକୁ ଆସିଥିଲେ ଭାଗିରଥି ସାମନ୍ତରାୟ, ଯିଏ କି ପ୍ରାକ୍ତନ ଘରୋଇ ମନ୍ତ୍ରୀ। ବହୁ ଅର୍ଥ ତୋଷରପାତ କରିଥିଲେ ଏବଂ ବିଭିନ୍ନ ଅପରାଧ, ଦୁର୍ନୀତି ତଥା ସ୍କାଣ୍ଡଲରେ ଅନ୍ତର୍ଭୁକ୍ତ ଥିବାରୁ ରାଜ୍ୟବାସୀ ତାଙ୍କୁ ସହରର ସବୁଠାରୁ ଜନଗହଳିପୂର୍ଣ୍ଣ ଛକରେ ଶୂଳୀଦଣ୍ଡ ଦେଇଥିଲେ। ନାଟକରେ ଶିଳ୍ପପତି ସୌଭାଗ୍ୟ ଦାସ ମହାପାତ୍ର, ଡି.ଆଇ.ଜି. ଗୁଣନିଧି, ସାଗର ସାମନ୍ତରାୟ, ଜୟନ୍ତ ପ୍ରତ୍ୟେକଟି ଚରିତ୍ର ନିଜ ନିଜ ଭିତରେ ମୃତ। ପ୍ରାକ୍ତନ ଘରୋଇ ମନ୍ତ୍ରୀ ନିଜ ପତ୍ନୀଙ୍କୁ ହରାଇ ବସିବା ପରେ ତାଙ୍କ ପୁଅ ହିପି ହୋଇଯାଇଛି। ସେ ବାପାଙ୍କର ସମସ୍ତ ରାଜନୈତିକ ଅଧିକାର ଓ ସମ୍ପତ୍ତିର ପ୍ରାଚୁର୍ଯ୍ୟକୁ ଅସ୍ୱୀକାର କରି ଗଞ୍ଜେଇ ଖାଇ ବୁଲିଛି। ଆଉ ଜଣେ ନର୍କବାସୀ ହେଲେ ଶିଳ୍ପପତି ସୌଭାଗ୍ୟ ଦାସମହାପାତ୍ର। ପତ୍ନୀଙ୍କ ସହ ତାଙ୍କର ପଡ଼େନି। କୌଣସି ଅତୀତରେ ପତ୍ନୀଙ୍କର ପିତା ଜଣେ ପୋଲିସ ଡି.ଆଇ.ଜି ନିଜର କନ୍ୟାକୁ ଭାଗିରଥୀ ସାମନ୍ତରାୟଙ୍କ ପାଖକୁ ରାତ୍ରିଯାପନ ପାଇଁ ପଠେଇ ଦେଇଥିଲେ ନିଜ ପ୍ରମୋଶନ ପାଇଁ ଏବଂ ମନ୍ତ୍ରୀଙ୍କ ହିପି ପୁତ୍ର ସହ ମଧ୍ୟ ତାଙ୍କର ଯୌନସଂପର୍କ ରହିଛି ଯେଉଁଥିପାଇଁ ଦାସମହାପାତ୍ର ପତ୍ନୀଙ୍କୁ ବେଲ୍ଟରେ ପିଟିପିଟି ମାରିଦେଇଛନ୍ତି ଏବଂ ନିଜ ନିଜର ମାନସିକ ଭାରସାମ୍ୟ ରକ୍ଷା କରିନପାରି ଗାଡ଼ି ଚଳାଇ ଆକ୍ସିଡ଼େଣ୍ଟରେ ମୃତ୍ୟୁବରଣ କରିଛନ୍ତି। ସେ ମଧ୍ୟ ମୃତ୍ୟୁପରେ ନର୍କକୁ ଆସିଛନ୍ତି ଏବଂ ପତ୍ନୀଙ୍କ ସହ ତାଙ୍କର ଦେଖା ହୋଇଛି। ଏହି ନର୍କରେ ଜଣେ ବାବା ମଧ୍ୟ ପ୍ରବେଶ କରିଛନ୍ତି। ଅନ୍ୟମାନଙ୍କୁ ସ୍ୱର୍ଗର ବାଟ ଦେଖାଉ ଦେଖାଉ ନିଜେ କେତେବେଳେ ନର୍କଗାମୀ ହୋଇଯାଇଛନ୍ତି ସେ ଜାଣିପାରି ନାହାନ୍ତି। ଜଣେ ନକ୍ସଲପନ୍ଥୀ (ଜୟନ୍ତ) ମଧ୍ୟ ନର୍କକୁ ଆସିଛି। ଏହି ଚରିତ୍ରମାନେ ସାମାଜିକ, ସାଂସ୍କୃତିକ ଓ ଧାର୍ମିକ ଯେ କୌଣସି କ୍ଷେତ୍ରରେ ପ୍ରତିଷ୍ଠିତ ହେବାକୁ ଯେକୌଣସି ସ୍ତରକୁ ଯାଇପାରନ୍ତି। ସପ୍ତମ ଦଶକରେ ଯେଉଁ ଅବକ୍ଷୟ ପ୍ରତିଟି ସ୍ତରରେ ଘଟିଚାଲିଛି ସେଥିରୁ ମୁକ୍ତି ନିମନ୍ତେ ବ୍ୟାକୁଳ

ହେବାରୁ ଦୁର୍ଘଟଣା ଘଟିବା ସ୍ୱାଭାବିକ। ସମାଜ ଯେଉଁ ରାସ୍ତା ନିର୍ମାଣ କରିଛି ସେଥିରେ ଚାଲିଲେ ମଧ୍ୟ ମଝିରେ ମଝିରେ ଦୁର୍ଘଟଣାର ସମ୍ମୁଖୀନ ହେବାକୁ ପଡ଼ିବ।

ଏହି ନାଟକର ମୁଖ୍ୟ ଭାବକଳ୍ପଟି 'ନର୍କଦୂତ' ଚରିତ୍ର ଦ୍ୱାରା ପ୍ରକ୍ଷେପିତ। ନାଟକର ମୁଖ୍ୟବାର୍ତ୍ତାଟିକୁ ସେ ହିଁ ପ୍ରଚାର କରିଛି ଅନ୍ତିମ ସଂଳାପରେ। ନାଟକର ଚରିତ୍ରମାନେ ପରସ୍ପରଙ୍କୁ ଈର୍ଷା ନକରି ଯେଉଁ ଦିନ ମୈତ୍ରୀର ବଂଧନରେ ଆବଦ୍ଧ ହେବେ, ସେ ଦିନ ହିଁ ସେମାନଙ୍କୁ ମୁକ୍ତି ମିଳିବା ସମ୍ଭବ। କାରଣ 'ଦୁର୍ଘଟଣାବଶତଃ'ରେ ଯେଉଁ ନର୍କ କଥା କୁହାଯାଇଅଛି, ତାହା ମୃତ୍ୟୁ ପରେ ମଣିଷ ଯାଉଥିବା ପୌରାଣିକ ନର୍କ ନୁହେଁ। ଏ ଜୀବନକାଳ ମଧ୍ୟରେ ଅନ୍ୟ ମଣିଷମାନଙ୍କ ସହ ସହାବସ୍ଥାନ କରି ନ ପାରି ନିଜ ଜୀବନକୁ ମାନସିକ ନର୍କରେ ପରିଣତ କରୁଥିବା ମଣିଷମାନଙ୍କ ପାଇଁ ଏହି ବାର୍ତ୍ତା। ନାଟକର ଶେଷରେ ନର୍କଦୂତ ଆସି କହୁଛି, "ହେ ବନ୍ଧୁ ଥାଉ ଥାଉ ନର୍କ ଯନ୍ତ୍ରଣା ଭୋଗୁଥିବା ମାନବଗଣ ! ତୁମ୍ଭମାନଙ୍କୁ ମୁକ୍ତି ଦିଆଗଲା। ବର୍ତ୍ତମାନ ତୁମ୍ଭେମାନେ ମୁକ୍ତ। କାରଣ ହେଲା ତୁମ୍ଭମାନଙ୍କର ମୈତ୍ରୀ।"(୨୦)

ମହାନାଟକ

ସମଗ୍ର ଓଡ଼ିଆ ନାଟକର ମୋଡ଼ ପରିବର୍ତ୍ତନ କରିଥିବା ଏବଂ ନବନାଟ୍ୟ ଧାରାକୁ ଅତିକ୍ରମ କରି ଯାଇଥିବା ରମେଶ ପାଣିଗ୍ରାହୀଙ୍କ ସର୍ବଶ୍ରେଷ୍ଠ କୃତି ହେଲା 'ମହାନାଟକ'। ଏହି ନାଟକ ପାଇଁ ସେ ଓଡ଼ିଶା ସାହିତ୍ୟ ଏକାଡ଼େମୀ ପୁରସ୍କାର ପାଇଛନ୍ତି। ଏହା ସମଗ୍ର ଓଡ଼ିଆ ନାଟ୍ୟ ସାହିତ୍ୟର ମୋଡ଼ ବୁଲାଣି କହିଲେ ଅତ୍ୟୁକ୍ତି ହେବନାହିଁ। ଏହି ନାଟକର କଥାବସ୍ତୁ ଜଣେ ମୂର୍ଖ ରାଜା, ତାଙ୍କର ଅନ୍ଧ ସମର୍ଥକ ମନ୍ତ୍ରୀ, କିଛି ଅମାତ୍ୟ ତଥା ଅନ୍ୟ କିଛି ଚରିତ୍ରକୁ ନେଇ ଅଗ୍ରସର ହୋଇଛି। ଏଠାରେ ରାଜା ବଜ୍ରବାହୁ ଜଣେ ଉଗ୍ର ଏକଛତ୍ରବାଦୀ ଶାସକ। ସେ ନିଜକୁ ନରବିଷ୍ଣୁ ମନେ କରନ୍ତି। ତାଙ୍କ ରାଜତ୍ୱକାଳରେ ରାଜ୍ୟରେ ବିଭିନ୍ନ ସମସ୍ୟା ଦେଖାଦେଇଛି। ଯେମିତିକି ବର୍ଷା ନ ହେବା, ଏହି କାରଣରୁ ମୃତ୍ତିକା ଶୂନ୍ୟଗର୍ଭା ହୋଇଯିବା, ପ୍ରଜା ଖାଇବାକୁ ନ ପାଇବା ଏବଂ ଏଥିରେ ଚାଲିଛି ରାଜାଙ୍କ ଅମାନବିକ ଅତ୍ୟାଚାର ଯଥା- ଲୋକେ ଖାଇବା ପାଇଁ ମାଗିବାକୁ ଆସିଲେ ତାଙ୍କୁ ଫାଶୀ ଦଣ୍ଡରେ ଝୁଲାଇବା ଇତ୍ୟାଦି।

ଏହା ଦୁଇଅଙ୍କ ବିଶିଷ୍ଟ ମୁକ୍ତଧାରାର ନାଟକ। ଷୋହଳ ଗୋଟି ଚରିତ୍ର (ତିନିଗୋଟି ନାରୀ ଚରିତ୍ର)ର ସମାହାରରେ ଲୋକନାଟ୍ୟ ଶୈଳୀ ଆଧାରରେ ଏହା ଲିଖିତ। ଏହାର ଗଦ୍ୟଶୈଳୀ, ବ୍ୟଞ୍ଜନା ଓ କଳ୍ପନା ପ୍ରବଣତା, ହାସ୍ୟରସ, ଗୀତିମୟତା ଓ ଆଲିଗୋରୀକାଲ୍ ପ୍ରକାଶ ଭଙ୍ଗୀ ଏକ ସ୍ୱତନ୍ତ୍ର ଶୈଳୀ ବହନ କରେ। ଏହା ଦୁଇଅଙ୍କ ବିଶିଷ୍ଟ ମୁକ୍ତଧାରାର ନାଟକ। ଦାସକାଠିଆ ମାଧ୍ୟମରେ ଏକ କ୍ଲାସିକାଲ୍ ଥିମ୍‌କୁ ନେଇ

ରଚିତ ଏହି ନାଟକଟି ଶୈଳୀ ଦୃଷ୍ଟିରୁ ଓଡ଼ିଆ ନାଟକରେ ସଂପୂର୍ଣ୍ଣ ନୂତନ। ନାଟକର ମଞ୍ଚସ୍ଥଳ ହେଉଛି 'ହସ୍ତିନା ନଗର' ଏଠାରେ ସମ୍ରାଟ ବଜ୍ରବାହୁ ହେଉଛନ୍ତି ସର୍ବେସର୍ବା। ସମ୍ରାଟଙ୍କ ରାଜତ୍ୱରେ ଅତିଷ୍ଠ ହୋଇ ବୁଦ୍ଧିଜୀବିମାନେ ହସ୍ତିନାପୁର ଛାଡ଼ି ବିଦେଶକୁ ଚାଲିଯାଇଛନ୍ତି। ରାଜ୍ୟରେ ବାରମ୍ବାର ବନ୍ୟା ପ୍ରକୋପକୁ ଏଡ଼ାଇବା ପାଇଁ ରାଜା ଆକାଶରେ ମାଇଲ ମାଇଲ ଲମ୍ବା ଛାତ ନିର୍ମାଣ କରିବାକୁ ଆଦେଶ ଦେଇଛନ୍ତି। ଯେଉଁ କାରଣରୁ ରାଜ୍ୟର ସମସ୍ତ ଗୁରୁକୁଳ ବନ୍ଦ କରି ଦିଆଯାଇଛି ଏବଂ ଗୁରୁମାନଙ୍କୁ ଆଦେଶ ଦିଆଯାଇଛି ଇଟାପଥର ବୋହିବା ପାଇଁ। ଏବଂ ମତ୍ସ୍ୟମାନେ ଯଦି ପୁଷ୍କରିଣୀ ଶୁଷ୍କ ହେବା ଦ୍ୱାରା କନ୍ୟା ହୋଇଗଲେ ତେବେ ଗୌଡ଼ ଦେଶର ସମସ୍ତ ତରୁଣୀମାନଙ୍କୁ ନଦୀରେ ବୁଡ଼ାଇ ଦେବା ପାଇଁ ନିର୍ଦ୍ଦେଶ ଦିଆଯାଇଛି। ଏହିସବୁ ଅମାନୁଷିକ କାର୍ଯ୍ୟରେ ଅତିଷ୍ଠ ହୋଇ ସ୍ୱେଚ୍ଛାଚାରୀ ରାଜାଙ୍କ ବିରୁଦ୍ଧରେ ପ୍ରଜା ଆନ୍ଦୋଳନ କରିଛନ୍ତି। କିନ୍ତୁ ରାଜାଙ୍କର ଅନ୍ଧ ସମର୍ଥକ ମନ୍ତ୍ରୀ ଶୀଳଭଦ୍ର ରାଜାଙ୍କ ସମସ୍ତ ଉଦ୍ଭଟ ଯୋଜନାଗୁଡ଼ିକୁ କାର୍ଯ୍ୟକାରୀ କରିବା ପାଇଁ ଆପ୍ରାଣ ଉଦ୍ୟମ କରିଛନ୍ତି। ଅନ୍ୟତମ ଅମାତ୍ୟ ବ୍ରହ୍ମଦତ୍ତ ରାଜାଙ୍କର ଶାସନରେ ସନ୍ତୁଷ୍ଟ ନୁହନ୍ତି ତେଣୁ ସେ ପ୍ରଜାଙ୍କ ସଙ୍ଗେ ମିଶି ସ୍ୱେଚ୍ଛାଚାରୀ ଶାସନ ବିରୁଦ୍ଧରେ ସ୍ୱର ଉତ୍ତୋଳନ କରିଛନ୍ତି। ରାଜ୍ୟରେ ଦେଖାଦେଇଥିବା ବିପ୍ଳବକୁ ରାଜା କାବୁ କରିନପାରି ସିଂହାସନରୁ ଓହ୍ଲାଇ ଆସିଛନ୍ତି। ରାଜା ବଜ୍ରବାହୁ ଏଠି ଜଣେ ଉଦ୍ଭଟ ଏବଂ ଖିଆଲି ଶାସକ ଭାବେ ଦେଖା ଦେଇଛନ୍ତି। ରାଜ୍ୟରେ ଅନାହାରରେ ରହୁଥିବା ଲୋକଙ୍କୁ ଆଣି ରାଜା କିଛି ପ୍ରଶ୍ନୋତ୍ତର କାର୍ଯ୍ୟକ୍ରମ କରିଛନ୍ତି। ଯେମିତି କି-

ବଜ୍ରବାହୁ - ତୁମ୍ଭେ ସେହି କୁତ୍ସିତ ମାନବ ?

ମୃତବ୍ୟକ୍ତି - ମୁଁ ତ କିଛି ବୁଝିପାରୁନାହିଁ।

ବଜ୍ରବାହୁ - ଆମ୍ଭେ ପୁଛା କରୁଅଛୁ ତୁମ୍ଭେ ସେହି ମୃତବ୍ୟକ୍ତି ?

ମୃତବ୍ୟକ୍ତି - ମୁଁ କିନ୍ତୁ ତୁମ୍ଭଙ୍କୁ ଚିହ୍ନିପାରୁନାହିଁ।

ବଜ୍ରବାହୁ - ଅମାତ୍ୟ ! ଏହା ଆଚମ୍ବିତ କଥା। ହସ୍ତିନା ନଗର ପ୍ରବଳ ପରାକ୍ରମୀ ସମ୍ରାଟ ବଜ୍ରବାହୁଙ୍କୁ ଏ ମୃତବ୍ୟକ୍ତି କିପରି ଚିହ୍ନିନାହିଁ ?

ଶୀଳଭଦ୍ର - ମୃତବ୍ୟକ୍ତିମାନଙ୍କର ମତିଭ୍ରମ ହୋଇଥାଇପାରେ। କିମ୍ବା ସ୍ମୃତିଶକ୍ତି ଲୋପ ପାଇ ଯାଇପାରିଥାଏ।

ବଜ୍ରବାହୁ - ଏହା କଣ ସତ୍ୟ ?

ମୃତବ୍ୟକ୍ତି - ତମେ କିଏ ? ମତେ ଏଠାକୁ କାହିଁକି ଅଣାଯାଇଅଛି ? ଏହା ଇନ୍ଦ୍ରଙ୍କର ଦରବାର ନା ଯମଙ୍କର ?

ବଜ୍ରବାହୁ - ଅମାତ୍ୟ ! ଏ ମୃତବ୍ୟକ୍ତି କି ଭାଷା କହୁଅଛି ?

ଶୀଳଭଦ୍ର - ମଣିମା ! ଏ ମୃତବ୍ୟକ୍ତି ପଚାରୁଛି ଏହା ସ୍ୱର୍ଗ ନା ମର୍ତ୍ତ୍ୟ ?

ବଜ୍ରବାହୁ - ଏହା ହସ୍ତିନା ନଗ୍ରର ଅଧିପତି ସମ୍ରାଟ ବଜ୍ରବାହୁଙ୍କର ନ୍ୟାୟାଳୟ।

ମୃତବ୍ୟକ୍ତି - ଆମ୍ଭେ ମୃତ ହେଲା ପରେ କାହାରି ପ୍ରଜା ନୋହୁ।

ବଜ୍ରବାହୁ - ଆମ୍ଭେ ପୁଚ୍ଛା କରୁଅଛୁ ତୁମ୍ଭେ ଜୀବିତ ଥିବା ଅବସ୍ଥାରେ ତୁମ୍ଭର ଅନାହାରରେ ମୃତ୍ୟୁ ହୋଇଅଛି କି ନାହିଁ?

ମୃତବ୍ୟକ୍ତି - ଅନେକ ଦିନ ପର୍ଯ୍ୟନ୍ତ ଆମକୁ ଆହାର ମିଳି ନଥିଲା। କିଛି ଦିନ ଆମ୍ଭେ ପେଜ ପିଇ ଜୀବନ ଯାପନ କଲୁ। ତାପରେ ଚାକୁଣ୍ଡା ପତ୍ର ଶିଝାଇ ଖାଇଲୁ କିନ୍ତୁ ହସ୍ତିନା ରାଜ୍ୟରେ ଚାକୁଣ୍ଡା ଶାଗ ମଧ୍ୟ ନ ମିଳନ୍ତେ ଆମ୍ଭେ ବଜାର ରାସ୍ତାରେ କୁକୁରମାନଙ୍କ ସାଙ୍ଗରେ ଖଲିପତ୍ର ଚାଟିବା ଆରମ୍ଭ କଲୁ। ଦିନେ ଦେଖିବାକୁ ମିଳିଲା କୁକୁରମାନେ ସବୁ ଉଚ୍ଛିଷ୍ଟ ଆହାର ସବୁକୁ ଭକ୍ଷଣ କରି ଦେଇଛନ୍ତି ଏବଂ ସେହିଦିନ ସିଂହଦ୍ୱାର ସମ୍ମୁଖରେ କ୍ଷୁଧାର ଜ୍ୱାଳା ସହି ନପାରି ଆମ୍ଭେ ପ୍ରାଣତ୍ୟାଗ କଲୁ।"[୨୧]

ମହାନାଟକରେ ବଜ୍ରବାହୁଙ୍କ କୁଶାସନରେ ରାଜ୍ୟରେ ମରୁଡ଼ି ଓ ରାଣୀ କେତକୀଗଂଧା ମଧ୍ୟ ଅନୁର୍ବର। ରାଣୀ ଏବଂ ଭୂମି ଉଭୟେ ଉଭୟଙ୍କର ପରିପୂରକ ବ୍ୟଞ୍ଜନା। ତେଣୁ ରାଜ୍ୟରେ ଅନାହାର ମୃତ୍ୟୁ ଅନେକ। ରାଜା କିନ୍ତୁ ଅନାହାର ମୃତ୍ୟୁକୁ ସ୍ୱୀକାର କରନ୍ତି ନାହିଁ। ରାଜାଙ୍କର ଉତ୍ତରାଧିକାରୀ କେହି ନାହାନ୍ତି। 'ମହାନାଟକର' ମୁଖ୍ୟ ନାୟକ ସମ୍ରାଟ ବଜ୍ରବାହୁଙ୍କୁ ଜଣେ ବ୍ୟକ୍ତି ଚରିତ୍ର ଭାବେ ନ ଭାବି ଗୋଟିଏ 'ଆର୍କିଟାଇପ୍' (archetype) ରୂପେ ଭାବିବା ଅଧିକ ଯୁକ୍ତିଯୁକ୍ତ ମନେହୁଏ। ବଜ୍ରବାହୁଙ୍କ ଚରିତ୍ର ମଧ୍ୟ ସେପରି ହାସ୍ୟୋଦ୍ଦୀପକ ଚରିତ୍ରଟିଏ ସୃଷ୍ଟି କରିଛି ମଞ୍ଚ ଉପରେ ବଜ୍ରବାହୁଙ୍କ ଅଭିନୟ ଲୋକକଥାର ସେଇ ଅବୁଝା ରାଜା ଚରିତ୍ରର ଅନ୍ୟ ଏକ ଆଧୁନିକ ସଂସ୍କରଣ ପରି ମନେହୁଏ। ଓଡ଼ିଆ ଲୋକ ସାହିତ୍ୟରେ ମଧ୍ୟ ଏପରି ଆର୍କିଟାଇପ୍ ରାଜାମାନଙ୍କର ଦୃଷ୍ଟାନ୍ତ ମିଳିପାରିବ। ସମଗ୍ର ମାନବସମାଜ ଅବଲୁପ୍ତ ଚୈତନ୍ୟ ଭିତରେ କ୍ଷମତା ଲାଳସାର ଯେଉଁ ଅଦୃଶ୍ୟ ସିଂହାସନଟି ଅଛି, ତା ଉପରେ ଆରୂଢ଼ ହେଲେ ପ୍ରତ୍ୟେକ ମାନବ ବଜ୍ରବାହୁ ଚରିତ୍ର ଭଳି ଦେଖାଯିବେ। ସେଇଠି ବନ୍ୟା ହେଲେ ଆକାଶ ଛତା ଯୋଜନା ବିଡ଼ମ୍ବନାରେ ପରିଣତ ହେବ ଏବଂ ମୃତ ବ୍ୟକ୍ତିମାନେ ଆସି ପ୍ରବେଶ କରିବେ କ୍ଷମତାର ଅଚେତନ ସ୍ତର ଭିତରକୁ ଏବଂ ବିକ୍ଷିପ୍ତ ହେବ ସେଇ ଅନ୍ଧ ଆଦେଶମାନଙ୍କର ଉଭଟ କଣିକା। ବଜ୍ରବାହୁଙ୍କର ଚେତନା ସ୍ତରଟି ଆଦୌ ନାହିଁ। ଭାବସତ୍ତାର ବନ୍ଧ୍ୟାରାଣୀ କେତକୀଗନ୍ଧାଙ୍କୁ ସ୍ୱପ୍ନ କିଣିବାକୁ ପଡ଼େ ସେଥିପାଇଁ ଅବନ୍ତୀ ସାଧବଠାରୁ। ଯେତେ ମଧୁ ଶ୍ଳୋକ ପାଠକଲେ ମଧ୍ୟ ସେ ସାମ୍ରାଜ୍ୟର ଟାଙ୍ଗରା ଭୂମି ପୁଷ୍ପବତୀ ହୁଏ ନାହିଁ। କ୍ଷମତା ସ୍ଥବିର ହୋଇ ରହିଯାଏ ଶେଷ ଦୃଶ୍ୟର ସିଲ୍‌ହଟ୍ ପରି।"[୨୨]

ଗୁଣ୍ଡା

ଏହି ନାଟକଟି କିଛିମାତ୍ରାରେ ଆଲୋଚନାର ସରହଦ ମଧ୍ୟକୁ ଆସିଯାଇଥିଲା। ରାଉରକେଲା ଲୋକନାଟକ ଉତ୍ସବର ମଞ୍ଚସ୍ଥ ହେଲା ପରେ ଏହାର ଭାଷା ପ୍ରୟୋଗକୁ ସମ୍ଭ୍ରାନ୍ତ ଓ ରକ୍ଷଣଶୀଳ ସମୀକ୍ଷକ ପସନ୍ଦ କରିଥିଲେ। ଏହାକୁ କିଏ କିଏ ବ୍ୟଙ୍ଗ ଉକ୍ତି କହିଛନ୍ତି ତ ପୁଣି କିଏ ନିମ୍ନ ମଧ୍ୟବିତ୍ତ କମ୍ପ୍ଲେକ୍ସ ମଧ୍ୟ କହିଛନ୍ତି। କଲ୍‌ଚରାଲ ଏକାଡ଼େମୀର ଦ୍ୱିତୀୟ ଲୋକନାଟକ ମହୋତ୍ସବ ପ୍ରତିଯୋଗିତାରେ ଏହି ନାଟକଟି ପୁରସ୍କୃତ ହୋଇଥିଲା। ଏହି ନାଟକଟି ସେ ସମୟରେ ଅର୍ଥାତ୍ ୧୯୬୯ର ସର୍ବଭାରତୀୟ ଯୁବ ସମସ୍ୟା ଓ ସାମାଜିକ ରାଜନୈତିକ ବାତାବରଣ ପାଇଁ ଓ ବିଶେଷ କରି ନିଛକ ଲୋକଜୀବନର ପ୍ରତିଛବିକୁ ନେଇ ଆତ୍ମପ୍ରକାଶ କରିଥିଲା। ୧୯୭୩ ମସିହାରେ ବାଳକୃଷ୍ଣ ଦାସଙ୍କ ନିର୍ଦ୍ଦେଶନାରେ 'ଗୁଣ୍ଡା' ନାମରେ ଲିଙ୍ଗରାଜ ଆଇନ ମହାବିଦ୍ୟାଳୟରେ ମଞ୍ଚସ୍ଥ ହୋଇଥିଲା।

ଗୁଣ୍ଡା ଶବ୍ଦଟି ଆମର ସମାଜରେ ସତେ ଯେମିତି ଘୃଣ୍ୟ ପଦବାଚ୍ୟ। କାରଣ ଏହା ସାଧାରଣ ମଣିଷର ମାନସିକତାକୁ ଏକ ଅସାମାଜିକ ସ୍ତରକୁ ଟାଣିନିଏ ଯେଉଁସ୍ତରରେ ଏହି ଧରଣର ବ୍ୟକ୍ତି ବାସ କରନ୍ତି। ଅର୍ଥାତ୍ ସମାଜ ଭିତରେ ବାସ କରୁଥିବା ଏକ ଅସାମାଜିକ ବ୍ୟକ୍ତି, ଯିଏକି କୌଣସି କାରଣବଶତଃ ସାଧାରଣ ଶୃଙ୍ଖଳା ଭିତରୁ ଖସିଯାଇ ଏକ ବିଦ୍ରୋହୀ ମନୋଭାବ ନେଇ ତାର ଏକ ଦୁନିଆ ଗଢ଼ୁଥାଏ ଯେଉଁ ଦୁନିଆରେ ସେ ହିଁ ସର୍ବେସର୍ବା। ତା ଉପରେ ଆଉ କାହାର ପ୍ରଭୁତ୍ୱ ନଥାଏ। ନାଟ୍ୟକାରଙ୍କର ଗୁଣ୍ଡା ନାଟକ ଷଷ୍ଠ ଦଶକର ବିଶୃଙ୍ଖଳିତ ସାମାଜିକ ଅବ୍ୟବସ୍ଥାର ଜ୍ୱଳନ୍ତ ପ୍ରତୀକ 'ଗୁଣ୍ଡା'।

ବବୁଲ ହେଉଛି କାହାଣୀର ନାୟକ। କିନ୍ତୁ ଏଠାରେ ସେ ଗୁଣ୍ଡା ଭାବରେ ପରିଚିତ। ସାମାଜିକ ବ୍ୟବସ୍ଥା ତଥା ରାଜନୀତିର ହିଂସାପ୍ରବଣତାର ଶିକାର ହୋଇ ସମୟ ସ୍ରୋତରେ ଭାସି ବବୁଲ ଆଜି ଗୁଣ୍ଡା ସାଜିଛି। ଦିନଥିଲା ସେ ବି ଏକ ପ୍ରତିଷ୍ଠିତ ବ୍ରାହ୍ମଣ ପରିବାରର ପୁତ୍ର ଭାବେ ପରିଚିତ ହେଉଥିଲା। କିନ୍ତୁ ଫଜଲୁ ମିଁଆ ଓ ସତୀଶ୍ ଟେଲର୍‌ଙ୍କ ବସ୍ତି ଭିତରକୁ ଆସିଛି ବବୁଲ। କଲେଜରେ ପଢୁଥିବା ସମୟରେ ସେ ଇଲେକ୍ସନ ଲଢ଼ିଛି। ସରକାରୀ ଦୁର୍ନୀତି ବିରୁଦ୍ଧରେ ସ୍ଲୋଗାନ ଦେଇଛି ଏବଂ ଜେଲ୍ ବି ଯାଇଛି। ସର୍ବଶେଷରେ ସେ ସମାଜର ମୁଖ୍ୟସ୍ରୋତରୁ ବାହାରି ଏକ ଅସାମାଜିକ ସ୍ରୋତରେ ସାମିଲ ହୋଇଛି। ତାର ମନ ବିଦ୍ରୋହରେ ପରିଣତ ହୋଇଛି। ସେ ସମାଜକୁ ପ୍ରଶ୍ନ କରିଛି– "କଲେଜ ଇଲେକସନ ହୋଇଚି... ତିନି ତିନିଟା ବେଷ୍ଟଟେନ ପିଲାଙ୍କୁ ହରାଇ ଛ'ଶହ ଭୋଟରେ ଲିଡ୍ କରି ପ୍ରେସିଡ଼େଣ୍ଟ ହୋଇଚି... ସେଇ କଲେଜ

ବେଳରେ ମୋର ନାଁରେ ସାତ ସାତଟା ପୋଲିସ୍ କେସ୍... ପ୍ରତିଦାନରେ ଏ ସମାଜ ଆମକୁ ଦେଇଚି କଣ... ଭାବିଥିଲି ଜେଲରୁ ଆସିଲା ପରେ ମୋତେ ସମାଜରେ ଖାତିରି ମିଳିବ.. ଯୋଉ ସମ୍ମାନ ସ୍ୱାଧୀନତା ସଂଗ୍ରାମୀମାନଙ୍କୁ ମିଳିଥିଲା ଆମେ ବି ସରକାରୀ ଦୁର୍ନୀତି ବିରୁଦ୍ଧରେ ସ୍ଲୋଗାନ ଦେଇଛୁ। ତମେ ଯେଉଁମାନେ ଭଦ୍ରଲୋକ ଭଦ୍ର ମହିଳା କହୁଚ ଦେଶର ଆକାଶରେ ନୂଆ ସୂର୍ଯ୍ୟ ଉଠିଚି ବୋଲି ... ହଁ... ସେଇ ସୂର୍ଯ୍ୟକୁ ଅନ୍ଧାରିଆ ପାହାଡ଼ର ଉପତ୍ୟକା ଭିତରୁ ଟେକି ଆଣୁ ଆଣୁ ମୋର ହାତ ପୋଡ଼ି ଯାଇଛି... ।"(୨୩)

ଟିକିଏ ସ୍ନେହ, ସାମାନ୍ୟ ମମତା ଜଙ୍ଗଲୀ ପଶୁକୁ ମଧ୍ୟ କିଣି ଗୋଲାମ କରିଦିଏ। ସମାଜର ବବୁଲ ଗୁଣ୍ଡା ଜୀବନରେ ମଧ୍ୟ ପରିବର୍ତ୍ତନ ଲକ୍ଷ୍ୟ କରାଯାଇଛି। ଜଣେ ଅସହାୟ ନାରୀ କାକଳୀ ଯାହାର ବ୍ୟବହାରରେ ବବୁଲର ଅଶାନ୍ତ ମନ ଶାନ୍ତ ହେବାରେ ଲାଗିଛି। ସମାଜରେ ଚାଲିଥିବା ଛଳନା ପ୍ରବଞ୍ଚନାକୁ ସେ ଘୃଣା କରିଛି। କାକଳୀ ମୁଖରୁ ସାମାଜିକ ଆଦର୍ଶ ବାଣୀ ଶୁଣି ମଦ ନିଶାରେ ତାକୁ ବାଡ଼େଇଛି। କିନ୍ତୁ କାକଳୀ ଆଖିରେ ଲୁହ ବବୁଲ ମନରେ ପରିବର୍ତ୍ତନ ଆଣିଛି। ତାର ବୃଦ୍ଧବାପାଙ୍କ ସ୍ମୃତି ବାରମ୍ବାର ତାକୁ ବ୍ୟଥିତ କରିଛି। ସେ ପୁଣିଥରେ ଏକ ସୁସ୍ଥ ପାରିବାରିକ ଜୀବନ ବିତାଇବାକୁ ଚେଷ୍ଟା କରିଛି। କିନ୍ତୁ ମୁଖ୍ୟସ୍ରୋତକୁ ଫେରିବାର ଆଶା ଧିରେ ଧିରେ ମଉଳି ଯାଇଛି।

ବୁନ୍ଦାଏ ପାଣିରେ ସମୁଦ୍ର

ଏହି ନାଟକରେ ହଜି ଯାଇଥିବା ସଂସ୍କୃତିକୁ ଯେମିତି ଗୋଟେ ଖୋଜା ଚାଲିଛି। ଅର୍ଥାତ୍ ବୃଦ୍ଧ ସନାତନ ଭାରତୀୟ ସଂସ୍କୃତି ଓ ପରମ୍ପରର ପ୍ରତୀକ। ଗୋଟେ ଆଦର୍ଶକୁ ନେଇ ସେ ବଞ୍ଚନ୍ତି। ତାଙ୍କ ପୁଅ ସନ୍ଦିପ୍‌କୁ ବହୁ ଯତ୍ନର ସହ ବଡ଼ କରିଥିଲେ ଏବଂ ଏବେ ତାଙ୍କ ପ୍ରପୌତ୍ରକୁ ସେହି ଛାପ ଦେବାର ପ୍ରଚେଷ୍ଟାରେ ବ୍ରତି। ଇଂରାଜୀ ପାଠ ତଥା ବିଦେଶୀ ଢାଞ୍ଚା ସବୁ କ୍ଷେତ୍ରରେ ପସନ୍ଦ ଲାଗେ। ସେ ବିଦେଶୀ ଚଳଣି ଓ ଅପସଂସ୍କୃତିକୁ ଘରେ ସହ୍ୟ କରିପାରନ୍ତିନି। ସେଇଥିପାଇଁ ତ ସେ ବର୍ତ୍ତମାନ ଜରାଶ୍ରମରେ। ଖାଲିଟାରେ ତ ଜରାଶ୍ରମ ଖୋଲା ହେଇନି। ଏମିତି କେଇଜଣ ପୁଅଙ୍କ ଦୟା ଦ୍ୱାରା ବୃଦ୍ଧମାନେ ଜରାଶ୍ରମକୁ ଯା'ନ୍ତି। ସତେ ଯେମିତିକି ମଣିଷ ସଂଭ୍ରାନ୍ତ ହେଲାପରେ ତଥା ପ୍ରତିପତ୍ତି ଆସିଲା ପରେ ଘରର ମାହୋଲଟା ବି ଯେମିତି ଦିଲ୍ଲୀ, ବମ୍ବେ ଭଳି ହୋଇଯାଏ। ଓଡ଼ିଆ ପରମ୍ପରା ସତେ ଯେମିତି ସେଠି ଲୋପ ପାଇଯାଏ। ଏବଂ ଘରର ବାପା ନାମରେ ଯେଉଁ ସଂସ୍କୃତି ଓ ପରମ୍ପରାଟି ଥାଏ ତାହା ଯେମିତି ସମସ୍ତଙ୍କ ପାଇଁ ଅଲୋଡ଼ା ହୋଇଯାଏ।

ସତ୍ୟଟା ବେଳେବେଳେ ଏମିତି ରୂପରେ ସାମ୍ନାରେ ଉଦ୍‌ଭାସିତ ହୋଇଥାଏ

ସେଠାରେ ମନୁଷ୍ୟର ମାନବିକତା ମଧ୍ୟ ଲୋପ ପାଇଯାଏ। ଅନ୍ୟର ଭାବନାକୁ ବୁଝିବା ମଧ୍ୟ କଷ୍ଟକର ହୋଇଯାଏ । ହଜି ଯାଇଥିବା ଆଦର୍ଶ ତଥା ଜୀବନର ଦାର୍ଶନିକ ଭଙ୍ଗୀକୁ ପୁଣିଥରେ ଗଢ଼ିବା ଅତ୍ୟନ୍ତ ଦୁରୁହ। ଜୀବନକୁ ବୁଝିବାକୁ ଯେଉଁ ସାମର୍ଥ୍ୟ ଦରକାର ତାହା ଯେମିତି ବୁନ୍ଦାଏ ପାଣିରେ ସମୁଦ୍ରର ଆଭାସ ଭଳି ମନେହୁଏ ।

ଜୀବନର ଅମାପ ଶକ୍ତି, ଧୈର୍ଯ୍ୟ ଓ ନିଷ୍ଠା ସଂପର୍କରେ 'ବୁନ୍ଦାଏ ପାଣିରେ ସମୁଦ୍ର' ଏକ ଅନନ୍ୟ ନାଟକୀୟ ଉଚ୍ଚାରଣ। ଏ ନାଟକର ବୟୋଜ୍ୟେଷ୍ଠ ପିତା ସନାତନ ତାଙ୍କ ଆଇ.ଏ.ଏସ୍. ପୁତ୍ର ସଂଦୀପ ଦ୍ୱାରା ଅବହେଳିତ। ପୁଅ ଓ ବୋହୂଙ୍କ ପାଇଁ ସନାତନଙ୍କ ଜୀବନଚର୍ଯ୍ୟା ନା ଆଧୁନିକ ନା ନାନ୍ଦନିକ। ତେଣୁ ପରମ୍ପରାର ଏକ ଅନାବଶ୍ୟକ ପ୍ରତୀକ ରୂପେ ତାଙ୍କର ଉପସ୍ଥିତି ଏକ ଝାମେଲା। କ୍ଷମତା ଓ ପରମ୍ପରାର ଏ ଯୁଦ୍ଧ ଭିତରେ ସନାତନଙ୍କୁ ଜରାଶ୍ରମକୁ ପଠେଇ ଦିଆଯାଏ।

ସେଇଠି ଥାଇ ମଧ୍ୟ ଜୀବନ ଓ ଜଗତ ଭଳି ତାଙ୍କର ଅଛି ଅନନ୍ୟ ଆସ୍ଥା। ସେ ଜାଣନ୍ତି ଏ ପୃଥିବୀରେ ତିନିଭାଗକୁ ଘେରି ରହିଛି ଲୁହ ଭଳି ଏକ ଲବଣାକ୍ତ ଯନ୍ତ୍ରଣାର ସମୁଦ୍ର। ସେଇ ସମୁଦ୍ରଟିକୁ ସେ ତାଙ୍କର ବାରବର୍ଷର ନାତିକୁ ଅର୍ପଣ କରିଛନ୍ତି ଏବଂ କହିଛନ୍ତ- "ଜୀବନର ତିନିଭାଗ ଲୁହ। ତାରି ଭିତରେ ଓଦା ମଣିଷମାନଙ୍କୁ ଖୋଜିବୁ। ଆଜିକାଲି ମଣିଷ ଖୋଜିବା ପାଇଁ କାହାରି ସମୟ ନାହିଁରେ ମିକୁ, ତୁ କିନ୍ତୁ ଖୋଜିବୁ ।"(୨୪)

ଆତ୍ମଲିପି

ଏହି ନାଟକଟି ଏକ ଭିନ୍ନ ଧରଣର ନାଟକ। ଯେଉଁଥିରେ ଚରିତ୍ର ଭାବରେ ନାଟ୍ୟକାର, ପ୍ରଯୋଜକ ନିର୍ଦ୍ଦେଶକ, ନାୟିକା ଓ ଜଣେ ସାଂସ୍କୃତିକ ଠିକାଦାର ମଧ୍ୟ ଅଛନ୍ତି। କିନ୍ତୁ ମୁଖବନ୍ଧରେ ଲେଖାଯାଇଛି ଯେ ଏଥିରେ ନାଟ୍ୟକାରଙ୍କ ନିଜ ଜୀବନ ପ୍ରତିଫଳିତ। ସେ ଏ ସଂପର୍କରେ କହନ୍ତି- 'ଆତ୍ମଲିପି'ର କଥା ନିଛକ ଜୀବନର କଥା, 'ଇଜିମ୍'ର ନୁହେଁ। ସବୁ ନିଛକ ଇଜିମ୍, ସବୁ ନାଟ୍ୟଶୈଳୀ ଯୁକ୍ତି ଓ ଦର୍ଶନର ଊର୍ଦ୍ଧ୍ୱରେ ଗୋଟିଏ ସୁସ୍ଥ ଦୈନିକ ଜୀବନ ବିଦ୍ୟମାନ। ତେଣୁ ଏଇ ନାଟକର ବହୁ ଅଂଶ ମୋ ନିଜ କଥା, ମୋ ବନ୍ଧୁମାନଙ୍କର କଥା କିମ୍ବା ଆମରି ଭିତରୁ କାହାରି ଏକ ଚିହ୍ନାଜଣାର କଥା। କିନ୍ତୁ ଦୁଃଖର କଥା କୌଣସି କାରଣ ନଥାଇ ଏଇ ନାଟକଟି ସାହିତ୍ୟ ଏକାଡ଼େମୀ କର୍ତ୍ତୃକଙ୍କ ଦ୍ୱାରା ଯାଞ୍ଚ କରାଯାଇଥିଲା ଓ ଏହାର ଅନେକ ସଂଳାପ ମୁଁ କାଟି ଦେଇଥିଲି। ମୁଁ ଯେହେତୁ ନିଜ ଇଚ୍ଛାରେ ଏକାଡ଼େମୀ ପାଇଁ ଲେଖିବା ପାଇଁ ରାଜି ହୋଇଛି, ସେମାନଙ୍କ ନିର୍ଦ୍ଦେଶକୁ ମାନିବା ପାଇଁ ବାଧ୍ୟ ହୋଇଥିଲି । ସେତେବେଳେ ଥିଲା ଏମରଜେନ୍ସି ସମୟ।"(୨୫)

ଏଠାରେ ପ୍ରତିଟି ଚରିତ୍ର ଭାବି ଆତଙ୍କିତ ଯେ କାଳେ ତାଙ୍କର ଆତ୍ମଲିପିଟି ଏଠାରେ ଲେଖା ଯାଉନି ତ ? ଆତ୍ମଲିପି ନାଟକ ଲେଖା ହେଉଛି ଶୁଣି ଆଇ.ଏ.ଏସ. ନିର୍ଲିପ୍ତ ଆତଙ୍କିତ କାରଣ ଏହା ଯଦି ଶେଲିଦାସର ଆତ୍ମଲିପି ହୋଇଥିବ ତାହାହେଲେ ସେ ବଦନାମ ହୋଇଯିବ ଯେ ଜଣେ ଡ୍ରାମା ହିରୋଇନ୍ ସହ ତାର ନାଁଟା ଯୋଡ଼ି ହୋଇଯିବ ।

ନିର୍ଲିପ୍ତ ନାଟ୍ୟକାରଙ୍କୁ ଜାଣେ । ତାଙ୍କ ସଙ୍ଗେ ସେ କଲେଜରେ ପଢୁଥିଲେ । ବର୍ତ୍ତମାନ ଗୋଟାଏ ପ୍ରାଇଭେଟ୍ କଲେଜରେ ଅଧ୍ୟାପକ ଅଛନ୍ତି । ଠିକ୍ ସମୟରେ ଦରମା ମିଳେନି । ତେଣୁ ସେ ନାଟ୍ୟକାରଙ୍କୁ କହୁଛନ୍ତି- "ମି, ମାଧବ ଦାସଙ୍କ ନାଁ ଶୁଣିଛନ୍ତି ? ଦିଲ୍ଲୀର ଏକମାତ୍ର ଓଡ଼ିଆ ଇଣ୍ଡଷ୍ଟ୍ରିଆଲିଷ୍ଟ, ଏମ୍.ପି. ଅଛନ୍ତି । ମୋ ଭାବି ଶ୍ୱଶୁର । କହୁଥିଲେ ଓଡିଆରେ ଗୋଟିଏ ବିରାଟ ସରକାରୀ ପତ୍ରିକା ବାହାରୁଛି ସେଇଠୁ । ପ୍ରାୟ ତିନି ହଜାର ଟଙ୍କା ଦରମା । ସେମାନେ ଜଣେ ଟ୍ୟାଲେଣ୍ଟେଡ୍ ଲେଖକ ଖୋଜୁଛନ୍ତି । ଭାବୁଛି ତାଙ୍କୁ ତମ ନାଁଟା ଆଇମିନ୍ ଆପଣଙ୍କ ନାଁଟା କହିବି ।"(୧୬)

ନିର୍ଲିପ୍ତ ଏହି ନାଟକଟିକୁ ଲେଖିବା ପାଇଁ ବହୁତ ଥର ନାଟ୍ୟକାରଙ୍କ ସଙ୍ଗେ ମୁହାଁମୁହିଁ ହୋଇଯାଇଛନ୍ତି ଏବଂ ପ୍ରଲୋଭନ ଦେଖାଇବାର ପ୍ରଚେଷ୍ଟା ମଧ୍ୟ କରିଛନ୍ତି । ନିର୍ଲିପ୍ତର ସଂଳାପ ଏପରି-

ନାଟ୍ୟକାର-	ମୋ କ୍ୟାରିୟର ପାଇଁ ଆପଣ ଏତେ କଷ୍ଟ ସ୍ୱୀକାର କରିବେ କାହିଁକି ?
ନିର୍ଲିପ୍ତ-	ଆପଣ ଶେଲୀର ଅନ୍ତରଙ୍ଗ । ଶେଲୀ ଆପଣଙ୍କର ପ୍ରଶଂସା କରେ ।
ନାଟ୍ୟକାର-	ସେଥିରେ କିଛି ଯାଏ ଆସେ ନାହିଁ । ଆପଣ ମୋ'ଠୁ କଣ ଚାହାନ୍ତି ?
ନିର୍ଲିପ୍ତ-	ଶୁଣିଲି ଶେଲୀର ଜୀବନକୁ ନେଇ ଏଇଠି ଗୋଟାଏ ନାଟକ ଲେଖା ଚାଲିଛି । ମୁଁ ଚାହେଁ ସେଇଟା ଆପଣ ଲେଖନ୍ତୁ ନାହିଁ ।
ନାଟ୍ୟକାର-	ସେଇଟା ମୁଁ ଲେଖିବି ନାହିଁ ? କାହିଁକି ?
ନିର୍ଲିପ୍ତ -	ଶେଲୀକୁ ପଚାରିବ ।"(୧୭)

ଏଠାରେ ଲକ୍ଷ୍ୟ କରାଯାଏ ଯେ ଶେଲୀ ନିର୍ଲିପ୍ତର ଅତ୍ୟନ୍ତ ଘନିଷ୍ଠ । ସେ ତାର ମନରେ ତିଳେବି କଷ୍ଟ ଦେବାକୁ ଚାହେନା କିନ୍ତୁ ନାଟକ ଆତ୍ମଲିପି ତାର ସ୍ୱାଭିମାନର ପ୍ରତୀକ । ସେ ଚାହେଁ କୌଣସି ମତେ ନାଟକଟି ଲେଖାଯାଉ । ସେ ସତେ ଯେମିତି ଏମିତି ପରିସ୍ଥିତିରେ ସ୍ତବ୍ଧ । ସେପଟେ ପ୍ରଯୋଜକ ସିଦ୍ଧାର୍ଥ ବର୍ମା ଶେଲୀ ସାଙ୍ଗେ

କୌଣସି ପ୍ରକାର ନଷ୍ଟ ସଂପର୍କ ରକ୍ଷା କରିବା ଉଦ୍ଦେଶ୍ୟ ନେଇ ଏକ ନାଟକୀୟ ଭଙ୍ଗୀରେ ବରକୂଳ ଡାକବଙ୍ଗଳାକୁ ନେଇଯାଇଛନ୍ତି। କିନ୍ତୁ ସେଥିରେ ବାଧାଦିଅନ୍ତି ନିର୍ଦ୍ଦେଶକ ରବି ଦାସ। ସେମାନଙ୍କ ଭିତରେ ବଚସା ହୋଇଯାଏ। ଶେଳୀ କିନ୍ତୁ ନାଟ୍ୟକାର, ନିର୍ଲିପ୍ତ, ପ୍ରଯୋଜକ, ନିର୍ଦ୍ଦେଶକ ଏପରି ସମସ୍ତଙ୍କ ସହ ସତ ମିଛର ନାଟକ ଅଭିନୟ କରୁକରୁ କେତେବେଳେ ସେ ନିଜର ସତ୍ତା ହରେଇ ବସିଛି ସେ ଅଜ୍ଞ। ନିର୍ଲିପ୍ତଙ୍କ ବ୍ୟତୀତ ଅନ୍ୟ ଚରିତ୍ରମାନେ ମଧ୍ୟ ନିଜର ଆତ୍ମଲିପି କହି ଶୁଣେଇବା ପାଇଁ ବ୍ୟସ୍ତ ଅଛନ୍ତି। କେବଳ ସେ ହିଁ ଚାହାନ୍ତିନି ଏହା ପ୍ରକାଶିତ ହେଉ।

ପ୍ରେରଣା ଓ ଅନୁଭୂତି ସମସ୍ତଙ୍କର ଜୀବନରେ କିଛି କିଛି ନିହିତ ରହିଛି। ଏଠାରେ ଶେଳୀ ଚରିତ୍ରର ବ୍ୟକ୍ତି ସତ୍ତା ଓ ଭୂମିକା ଭିତରେ ସର୍ବଦା ଏକ ଆକର୍ଷଣ ଓ ବିକର୍ଷଣର ଉତ୍‌ଥାନ ପତନ ରହିଛି। କାରଣ ସେ ଭଲମନ୍ଦର ବିଚାର କରିପାରେ । ଶେଳୀ ଚରିତ୍ର ମାଧ୍ୟମରେ ନାଟ୍ୟକାର ମଣିଷ ମନରେ ଥିବା ଦୋଳାୟମାନ ଭାବନାଟିକୁ ରୂପାୟିତ କରିଛନ୍ତି।

ଆନନ୍ଦ ନଗରକୁ ଯାତ୍ରା

ଏହି ନାଟକଟି ୧୯୭୭ ମସିହାରେ ସାମନ୍ତ ଚନ୍ଦ୍ରଶେଖର ମହାବିଦ୍ୟାଳୟ ପୁରୀ ଠାରେ ଅଭିନୀତ ହୋଇଥିଲା। ପରବର୍ତ୍ତୀ ମୂହୁର୍ତ୍ତରେ ଗଞ୍ଜାମ କଳାପରିଷଦ ଦ୍ୱାରା ଭବାନୀପାଟଣାରେ ଅନୁଷ୍ଠିତ ସଂଗୀତ ନାଟକ ଏକାଡେମୀ ଉତ୍ସବରେ ୧୯୮୧ ମସିହାରେ ଅଭିନୀତ। ଏହି ନାଟକଟି ୨୦ରୁ ଉର୍ଦ୍ଧ୍ୱ ଥର ଆକାଶବାଣୀର ପୁନଃପ୍ରସାରିତ ହୋଇଛି। ଏହା ସମ୍ବଲପୁର ବିଶ୍ୱବିଦ୍ୟାଳୟର ପାଠକ୍ରମରେ ବହୁଦିନ ଧରି ସାମିଲ ହୋଇଥିଲା।

ପ୍ରକାଶିତ 'ଆନନ୍ଦ ନଗରକୁ ଯାତ୍ରା' ଗ୍ରନ୍ଥରେ ନାଟ୍ୟକାର ଏହାର ଭାବଶୈଳୀ ତଥା ମୁଖ୍ୟ ଉପଜୀବ୍ୟକୁ ଉନ୍ମୋଚନ କରିବାର ପ୍ରୟାସ କରିଛନ୍ତି। ଯେତେଦୂର ମନେ ପଡୁଛି, ଆନନ୍ଦର ଉପନିବେଶ ଖୋଜୁଥିବା ଦୁଇଟି ପକ୍ଷୀ କେମିତି ଦିଗ ହଜେଇ ଅନ୍ଧାର ଭିତରେ ହଜି ଯାଇଛନ୍ତି। ତାହା ଏ ନାଟକର ପ୍ରଥମ ଉଦ୍ଦେଶ୍ୟ। ଏହାର ପ୍ରକାଶ ଶୈଳୀଟି କିନ୍ତୁ ରହସ୍ୟ ରୋମାଞ୍ଚଭରା ଏକ ଡିଟେକକ୍ଟିଭ୍ ନାଟକର ଶୈଳୀ। ଆଧୁନିକ ସାହିତ୍ୟ ତତ୍ତ୍ୱ ଅନୁଯାୟୀ ଉଭୟ କଥାବସ୍ତୁ ଓ ଉପସ୍ଥାପନା ଦୃଷ୍ଟିରୁ ଏହା ଆଉ ଏକ ପ୍ରକାରର ଫାଣ୍ଟାସୀ । ଫାଣ୍ଟାସୀ ନାମକ ଏକ ସାହିତ୍ୟିକ ବିଭାଗ ସଂପର୍କରେ କିଛି କୁହାଯିବା ଉଚିତ ଏବଂ ରହସ୍ୟ ରୋମାଞ୍ଚ ଶୈଳୀଟି କିପରି ଫାଣ୍ଟାସୀ ସହିତ ସଂପୃକ୍ତ, ସେ ବିଷୟରେ ମଧ୍ୟ ସାମାନ୍ୟ ଆଲୋକପାତ କରାଯିବା ଉଚିତ୍ । ନାଟ୍ୟକାରଙ୍କ ମତ 'ଆନନ୍ଦ ନଗରକୁ ଯାତ୍ରା'କୁ ଏକ ନାଟ୍ୟକୃତି ରୂପେ ଆଲୋଚନା

କରିବା ପୂର୍ବରୁ ତାର ସୃଷ୍ଟିର ପୂର୍ବାବସ୍ଥାରେ ଯେଉଁ ଅତିକଳ୍ପନାଟି ନିହିତ, ତାହାହିଁ ଏଥିରେ ଅର୍ଥପୂର୍ଣ୍ଣ। 'ଆମିନାଦାବ' (Aminadab) ନାମକ କାଫ୍‌କାଙ୍କ ଶୈଳୀରେ ଲିଖିତ 'ଫାଣ୍ଟାସୀ' ପୁସ୍ତକର ରଚୟିତା ମରିସ୍ ବ୍ଲାନ୍‌ଚାଟ (Maurice blanchat) କହନ୍ତି- "The quest of literature is the quest for the moment which proceeds it." (୨୮)

ଆନନ୍ଦ ନିରାନନ୍ଦ ପ୍ରତିଟି ମଣିଷ ଜୀବନର ଅନ୍ତର୍ଦ୍ୱନ୍ଦ୍ୱୀ ତଥା ପରସ୍ପର ବିରୋଧି ଦୁଇଟି ଶବ୍ଦ । ମଣିଷ ଯେତେବେଳ ଯାଏଁ ନିଜେ ଚାହିଁନି ସେତେବେଳ ଯାଏଁ ନିରାନନ୍ଦ ହିଁ ତାର ସହଚର। ଯେତେବେଳେ ଖୁସି ହେବାକୁ ଚାହିଁବ ସେତେବେଳେ ତା ପାଖରେ ଆନନ୍ଦ ଥାଏ। ଆନନ୍ଦ କେବେ କହିକି ଆସିନଥାଏ କି ନ କହି ପଳାଇ ଯାଏନା। ଏହା ମନୁଷ୍ୟର ଅବଚେତନ ମନର କ୍ଷଣିକ ଆଭାସ। କିନ୍ତୁ ଏହି ଗୂଢ଼ ରହସ୍ୟକୁ ବୁଝି ନପାରି ମଣିଷ ଯୁଗ ଯୁଗ ଧରି ଆନନ୍ଦକୁ ଅନ୍ୱେଷଣ କରିଚାଲିଛି। ବିଶିଷ୍ଟ କବି କବିବର ରାଧାନାଥ ରାୟ ମଧ୍ୟ ଏହାକୁ କ୍ଷଣିକ ଆବେଗର ନାଁ ଦେଇଛନ୍ତି ଯେପରି –

"ସୁଖ ବୋଲି ଯାହା ଜନନେତ୍ରେ ଦିଶେ
ହାତେ ଆସେ ହାତୁଁ ପଡିବା ପାଇଁ ସେ
ବସ୍ତୁ ନୁହେଁ ତାହା ଅଟଇ ଧୂମ
ଅନ୍ୟ ନାମ ତାର ଆକାଶ କୁସୁମ।" (ରାଧାନାଥ ରାୟ)

କିନ୍ତୁ ଏଠାରେ ଦୁଇଟି ଚରିତ୍ର ତଥା ନବ ବିବାହିତ ଦମ୍ପତି ଆନନ୍ଦ ଖୋଜୁ ଖୋଜୁ ଏକ ପରିତ୍ୟକ୍ତ କୋଠରୀରେ ଉପସ୍ଥିତ ଏବଂ ସେଠାକାର ଦୃଶ୍ୟରେ ସେମାନଙ୍କର ଅନୁଭବର ରୂପାନ୍ତରୀକରଣ ଘଟୁଛି। ନିଜ ମାନସିକତାରେ ସେମାନେ ଉପଲବ୍ଧି କରୁଛନ୍ତି। ପାପଗୁଡ଼ିକ ଉନ୍ମୋଚିତ ହୋଇଯିବାପରେ ଆନନ୍ଦର ଅର୍ଥ ନିରର୍ଥକ ହୋଇଯାଉଛି। ଆନନ୍ଦର ଅର୍ଥ ଖୋଜି ବାହାରିଥିବା ଚେତନା ସ୍ତର ଦୁଇଟି ସତେ ଯେମିତି ଅବଚେତନର ବୁଢ଼ିଆଣୀ ଜାଲରେ ଫଶିଯାଇଛନ୍ତି।

ନାଟ୍ୟକାର ଆନନ୍ଦର ଉପଲବ୍ଧିକୁ ଅତ୍ୟନ୍ତ ରହସ୍ୟମୟ କରି ଦେଇଛନ୍ତି। ଯେତେବେଳେ ଚନ୍ଦନ ପ୍ରହରାଜ ଜାଲ ପକାଇ ମାଛ ଧରିବାକୁ ଉଦ୍‌ବିଗ୍ନ ହେଉଥିବାବେଳେ ଶବ୍ଦ ରୂପରେ ପରିଣତ ହୋଇ ମୀନାକ୍ଷୀର ପ୍ରେମିକ ଭାବରେ ମଧ୍ୟ ଅନୁଭୂତିର ବଳୟକୁ ପଶି ଆସୁଛି ଭାବନାର ତରଙ୍ଗ । ବିଶ୍ୱଜିତ୍ ଓ ମୀନାର ସମସ୍ତ ଗୋପନୀୟ ରହସ୍ୟକୁ ମେଘନାଦ ସାମନ୍ତ ଚିହ୍ନିଗଲାବେଳେ ଆଉ ରହସ୍ୟ ହୋଇ କିଛି ନ ରହି ବରଂ ନିରାନନ୍ଦର ଆଢୁଆଳଟା ଦେଖାଦେଇ ମନରେ ବିଷଣ୍ଣ ଗୋଧୂଳି

ଭରି ଦେଇଛି। ଚରିତ୍ରର ପ୍ରତିଟି ଅଙ୍ଗ ଆନନ୍ଦ ଉପଲବ୍ଧି ପରିବର୍ତ୍ତେ ଯୁଗଯନ୍ତ୍ରଣା ଭଳି ସମସ୍ୟା ମଧ୍ୟରେ ବାନ୍ଧି ହୋଇଯାଉଛି। ସୁବିନିୟର ପ୍ରବେଶ ଯେମିତି ବିଶ୍ୱଜିତ୍ ଜୀବନରେ ଭଙ୍ଗା ପକାଇ ଦେଇଛି। ଆନନ୍ଦର ଅନ୍ୱେଷଣ ଏକ ରହସ୍ୟରେ ରୂପାନ୍ତରୀକରଣ ହୋଇଯାଇଛି। ନାଟକର ଶେଷଦୃଶ୍ୟରେ ବିଶ୍ୱଜିତ ଓ ମୀନାକୁ ପୁତିଗନ୍ଧମୟ ବିବର ମଧ୍ୟକୁ ପ୍ରବେଶ କରାଇ ଦିଆଯାଉଛି। ସେଠାରେ ସେମାନେ ସୁଖରୂପକ ଆବରଣ ମଧ୍ୟରେ ଥିବା ଯନ୍ତ୍ରଣାର ସମୁଦ୍ରଟିକୁ ଖୋଜି ପାଉଛନ୍ତି। ଏଠାରେ ଦର୍ଶାଇ ଦିଆଯାଇଛି ଯେ ଆତ୍ମଅନୁସଂଧାନ ହିଁ ପ୍ରକୃତରେ ଆନନ୍ଦର ସନ୍ଧାନ । ତେଣୁ ଆନନ୍ଦ ନଗରକୁ ରାସ୍ତା ଖୋଜିବା ପରିବର୍ତ୍ତେ ଆତ୍ମସନ୍ଧାନ କରିବା ଅପରିହାର୍ଯ୍ୟ।

ଶେଷ ପାହାଚ

ଓଡିଶା ବୁକ୍ ଷ୍ଟୋର ଦ୍ୱାରା ୧୯୮୨ରେ ପ୍ରକାଶିତ 'ଶେଷ ପାହାଚ' ମୁକ୍ତ ମଞ୍ଚ ଶୈଳୀରେ ଲିଖିତ। ଏହି ନାଟକରେ ବିଭିନ୍ନ ପ୍ରକାରର ପାହାଚ ଭିନ୍ନ ଭିନ୍ନ ସ୍ତରରେ ଦେଖିବାକୁ ମିଳେ। ସେଗୁଡ଼ିକ ହେଉଛି ମାନସିକ, ସାମାଜିକ ଅର୍ଥନୈତିକ ଏବଂ ଅଧ୍ୟାତ୍ମିକ ପାହାଚ । ଏହି ନାଟକ ମୁଖ୍ୟତଃ ଆତ୍ମସଚେତନ ଶୈଳୀର ନାଟକ ଏବଂ ପରିବେଷଣ ଶୈଳୀଟି ଗୀତିନାଟ୍ୟ ଶୈଳୀରେ ପରିବେଷିତ । ଏଠାରେ ଚାରିଜଣ ସୂତ୍ରଧର ଶାସ୍ତ୍ରୀୟ ପଦ୍ଧତିରେ ନାଟକଟିକୁ ବର୍ଣ୍ଣନା କରୁଛନ୍ତି। ଏଥିରେ ଅଭିବ୍ୟକ୍ତିବାଦ, ରୂପକାତ୍ମକ ଶୈଳୀ, ସଙ୍ଗୀତ, ନୃତ୍ୟ, ଚଳନଭଙ୍ଗୀ ଏବଂ ପ୍ରାଚୀର ପତ୍ରକଳାର ଏକତ୍ର ସମନ୍ୱୟ ଘଟିଛି।

'ଶେଷ ପାହାଚ'ର ନାଟକ ଆରମ୍ଭ କୌଣସି ଏକ ଅଖ୍ୟାତ ବସ୍ତିରୁ ଆରମ୍ଭ ହୁଏ। ବସ୍ତିରେ ମଦନା ଯେ କି ବୃତ୍ତିରେ ଚୌକିଦାର କିନ୍ତୁ ଠିକ୍‌ରେ କାମ କରେନି। ତେଣୁ ଭଲରେ ପଇସା ରୋଜଗାର କରି ପାରେନି କିନ୍ତୁ ପ୍ରତି ରାତିରେ ମଦ ଧୁମ୍ ପିଏ। ମଦପାଇଁ ତାକୁ ପଇସା ମିଳେନି। ତାର ସ୍ତ୍ରୀ ମଲାପରେ ଝିଅଟିକୁ ଧରି ସେ ବଞ୍ଚିଛି। ଝିଅକୁ ଯୌନ ବେପାର କରି ପଇସା ଆଣିବାକୁ ବଡ ଲୋକଙ୍କ ପାଖକୁ ପଠାଇଛି। କିନ୍ତୁ ସେଦିନ ତାର ଦେହ ଖରାପ ଥିବାରୁ ସେ ଯିବାକୁ ଅରାଜି ହେଇଛି। ତେଣୁ ତାକୁ ବାଡେଇ ମାରି ପଠାଇବାର ପ୍ରୟାସ ସେ କରିଛି। ଠିକ୍ ସେତିକିବେଳେ ପ୍ରବେଶ କରେ ଯଦୁଆ। ସେ ବସ୍ତିର ଜଣେ ପିଲା ଯେକି ଚୋରି କରି ବଞ୍ଚେ ଏବଂ କମଳୀକୁ ଭାରି ଭଲ ପାଏ। ତା ଉପରେ ଅତ୍ୟାଚାର ହେଉଥିବାର ଦେଖି ସେ ସେଠାରେ ବିରୋଧ କରିଛି ଏବଂ ମଦନାକୁ ପନିକିରେ ମଧ୍ୟ ହାଣି ମାରି ଦେଇଛି।

ଏହାର ଦ୍ୱିତୀୟ ପାହାଚକୁ ଅଗ୍ରସର ହେଲା ବେଳକୁ ଦେଖାଦେଇଛି ସହରରେ କୋଳାହଳ। ସେଠାରେ ସୁଦୂର ଗ୍ରାମରୁ ଆସିଥିବା ମଦନ ରାଉତରାୟ

କଷ୍ଟବରଣ କରି ପୁଅକୁ ପାଠ ପଢ଼ାଇଛି ଏବଂ ପୁଅ ଆଇ.ଏ.ଏସ୍ ଅଫିସର ହେଲା ପରେ ବାପାକୁ ଭୁଲିଯାଇଛି। ତେଣୁ ପୁଅର ଅନ୍ୱେଷଣରେ ସହରରେ ଉପନୀତ ହୋଇଛି ତାର ବାପା। ଠିକଣା ପଚାରୁ ପଚାରୁ ସନ୍ଦେହର ସରହଦ ମଧ୍ୟକୁ ସେ କିଛି ସମୟ ପାଇଁ ଆସିଯାଇଛନ୍ତି। କିନ୍ତୁ ଆଇ.ଏ.ଏସ୍. ଅଜୟଙ୍କ ବନ୍ଧୁ ରଞ୍ଜନ ବୃଦ୍ଧବ୍ୟକ୍ତିଙ୍କୁ ନେଇ ଅଜୟଙ୍କ ପାଖରେ ଉପସ୍ଥିତ କରାଇ ଏପରି କାହିଁକି କଲେ ତାର କୈଫିୟତ ମାଗି ଅଜୟ ଉପରକୁ ହାତ ବି ଉଠାଇଛନ୍ତି । ଯେଉଁଥିରେ ବାପା ବିରୋଧ କରିଛନ୍ତି। ସେଠାରେ ଏକ ଦୁଃଖଭରା ପରିସ୍ଥିତି ସୃଷ୍ଟି ହୋଇଛି ଏବଂ ପୁଲିସ୍ ଆସି ସବୁ ସମ୍ଭାଳି ନେଇଛି ।

ଏଇଠି ମନେହୁଏ ଯେମିତି କଳ୍ପନା କରାଯାଇ ପାରୁନଥିବା ରହସ୍ୟକୁ ବୁଝିବାର ଅନ୍ୟନାମ ଶେଷ ପାହାଚ। ଏଠାରେ ହସ, କାନ୍ଦ, ଘୃଣା ନୀତି ଆଇନ ସବୁ ସୁସ୍ଥ ସମାଜର ଲୋକଙ୍କ ପାଇଁ ତିଆରି। ଆପଣମାନଙ୍କ ଭିତରେ ମଦନା ପ୍ରଧାନ, ଯଦୁଆ କିମ୍ବା କମଲୀ ନାହାନ୍ତି। ସେମାନେ ତଳ ପାହାଚର ଲୋକ। ତଳ ପାହାଚ ସହିତ ଉପର ପାହାଚର କିଛି ସଂପର୍କ ନାହିଁ..... ଏ ଦେଶରେ କାହା ଦୁଃଖ ସହିତ କାହାର ସଂପର୍କ ନାହିଁ... ସମସ୍ତେ ନିଜ ନିଜର ସ୍ୱାର୍ଥ ପାଇଁ ପାହାଚ ଚଢ଼ି ଚାଲିଛନ୍ତି। ସମାଜ ସଂପର୍କରେ ଦେଶ ସଂପର୍କରେ କୁହାଯାଉଥିବା ସବୁ ମିଛ ...... ଯେଉଁ ଦେଶରେ ମଣିଷ ଖାଇବାକୁ ନପାଇ ଝିଅକୁ ବେଶ୍ୟାବୃତ୍ତି କରାଉଛି, ଯୋଉ ଦେଶରେ ଲୋକ ଖାଇବାକୁ ନ ପାଇ ପକେଟ୍ ମାରୁଛି ଓ ଯେଉଁ ଦେଶରେ ପୁଅ ପାଠ ପଢ଼ି ଅଫିସର ହେଲାପରେ ବାପାକୁ ପଚାରୁନି ସେଇଠି ଆଇନ୍ ନୀତିନିୟମର ଅର୍ଥ ନାହିଁ ।[୨୯]

ପକା କମ୍ବଳ ପୋତ ଛତା

ଏହି ନାଟକରେ ନାଟ୍ୟକାର ଅବୋଲକରା କାହାଣୀ ଶୈଳୀରେ ନୂତନ ଲୋକକଥା ସର୍ଜନା କରିଛନ୍ତି। କୌଣସି ଏକ ଅଗନା ଅଗନି ବଣରେ ଗୋଟିଏ ବୁଢ଼ୀଟିଏ ତାର ସୁନ୍ଦରୀ ଝିଅକୁ ନେଇ ବାସ କରୁଥିଲା। ବିବାହ ବୟସ ଉପନୀତ ହୋଇଥିଲେ ମଧ୍ୟ ସେ ବିବାହ କରିବା ପୂର୍ବରୁ ଇହଲୀଳା ସମ୍ବରଣ କରିଥିଲା। ତାପରେ ଅସହାୟ ଝିଅଟି କିଂକର୍ତ୍ତବ୍ୟବିମୂଢ଼ ହୋଇ ଜଙ୍ଗଲରେ ଥିବା ପ୍ରତ୍ୟକ୍ଷ ମନ୍ଦିର ମା' ତାରକେଶ୍ୱରୀଙ୍କ ଆଶ୍ରୟ ନେଲା। କିନ୍ତୁ ସେଠାରେ ଥିବା ଅତ୍ୟାଚାରୀ ବିକ୍ରମ ସିଂର ଅତ୍ୟାଚାରରୁ ମଧ୍ୟ ବର୍ତ୍ତି ପାରିଲା ନାହିଁ। ସେ ଶଙ୍କର ସାଙ୍ଗେ ରହିବାକୁ ଲାଗିଲା। ସେଇ ପାହାଡି ଯୁବକଟି ଲଳିତାକୁ ତା'ଘରେ ଆଶ୍ରୟ ଦେଲା। ଦିନେ ଶଙ୍କର ନଥିଲା। ଜମିଦାର ବିକ୍ରମ ସିଂ ଆସି ଲଳିତାକୁ ଧର୍ଷଣ କରି ଚାଲିଗଲା। ଲଳିତା ଲୁଣ୍ଠିତା ହେବାପରେ ମା' ତାରକେଶ୍ୱରୀଙ୍କୁ ସାକ୍ଷୀ ରଖିଲା ଯେ ସେ ଜମିଦାର ବଂଶର

ରକ୍ତରେ ଏ ନଦୀକୁ ରକ୍ତରଞ୍ଜିତ ନ କଲା ଯାଏ ଏ ଦୁନିଆରୁ ଯାଇପାରିବ ନାହିଁ। ତେଣୁ ସେ ମା'ଙ୍କୁ ଶକ୍ତି ମାଗିଛି।

ଲଳିତାର ଏହି ଅସହାୟ ଅବସ୍ଥାରେ ପୂଜକ ସିଦ୍ଧେଶ୍ୱର ଆସି ପହଞ୍ଚିଲେ ଏବଂ ତାକୁ ସାହସ ଦେଲେ ବିକ୍ରମ ସିଂ ସଙ୍ଗେ ଲଢ଼ିବା ପାଇଁ। ସେ ସେନା ବିଭାଗରେ ପୂର୍ବରୁ କାର୍ଯ୍ୟ କରୁଥିଲେ। ତେଣୁ ଲଳିତାକୁ ସେ ଶିକ୍ଷାଦାନ କଲେ। ଯା ଭିତରେ ଲଳିତାର ପୁତ୍ର ସନ୍ତାନଟିଏ ଜନ୍ମ ହେଲା କିନ୍ତୁ ବିକ୍ରମ ଆସି ତାକୁ ନେଇ ଚାଲିଗଲା। ଲଳିତା ସେହି ସମୟରେ ବିକ୍ରମର ପ୍ରାସାଦକୁ ଆକ୍ରମଣ କଲା ଏବଂ ସେଠାରେ ଥିବା ଏକ ଶିଶୁକନ୍ୟାକୁ ନେଇ ଚାଲିଆସିଲା। ବିକ୍ରମ ଦଣ୍ଡସ୍ୱରୂପ କୁଷ୍ଠ ରୋଗରେ ଆକ୍ରାନ୍ତ ହୋଇ ବହୁ ଯନ୍ତ୍ରଣା ପାଇଥିଲା।

ଅନେକ ଦିନପରେ ବିକ୍ରମ ମା' ତାରକେଶ୍ୱରୀଙ୍କ ପାଖରେ ଲଳିତାର ପୁଅକୁ ନେଇ ଆସି ପହଞ୍ଚି ଲଳିତାକୁ କ୍ଷମା ମାଗିଲା ତାର ଭୁଲ ପାଇଁ ପ୍ରାୟଶ୍ଚିତ ବି କଲା ଏବଂ ବିପ୍ଳବ ତା ପୁଅ ବୋଲି ପରିଚୟ କରାଇ ଦେଇ ସବୁଦିନ ପାଇଁ ଆଖି ବୁଜିଦେଲା। କିନ୍ତୁ ଲଳିତା ଏକଥା ଜାଣିବା ପୂର୍ବରୁ ଆଦିବାସୀ ଭାଲିଆକୁ କହିଦେଇଥିଲା। ବିକ୍ରମ ସାଙ୍ଗରେ ଆସିଥିବା ବିପ୍ଳବ ନାମକ ଯୁବକକୁ ଗୁଳି କରି ମାରିଦେବା ପାଇଁ। କିନ୍ତୁ ବିପ୍ଳବ ହିଁ ତାର ପୁଅ ଜାଣିଲା ବେଳକୁ ଭାଲିଆ ଗୁଳି କରିଦେଲା। ନିଜ ପୁଅକୁ ବଞ୍ଚାଇବାକୁ ଯାଇ ସେ ସେଇ ଗୁଳିରେ ଶେଷନିଶ୍ୱାସ ତ୍ୟାଗ କଲା। ମରିବା ପୂର୍ବରୁ ରାଜପ୍ରାସାଦରୁ ଆଣିଥିବା ଝିଅଟି ସାଙ୍ଗରେ ବିପ୍ଳବର ହାତ ଛନ୍ଦି ଦେଇଥିଲା।

ଲୋକନାଟ୍ୟ ଶୈଳୀରେ ଲିଖିତ ଏହି ନାଟକରେ ଜଙ୍ଗଲ, ରାସ୍ତା , ଗଡାଣିଆ ଦୁର୍ଗମ ପଥ, ପାହାଡ, ନଦୀ, ଝରଣା, ମନ୍ଦିର ପ୍ରଭୃତି ପ୍ରତୀକଧର୍ମୀ ଦୃଶ୍ୟର ବର୍ଣ୍ଣନା ଦିଆଯାଇଛି। ଏଠାରେ ହିନ୍ଦୁ ଆରାଧ୍ୟା ମା'ଙ୍କର ପ୍ରତ୍ୟକ୍ଷ ମହିମାକୁ ମଧ୍ୟ ବର୍ଣ୍ଣନା କରାଯାଇଛି। ଲୋକଧର୍ମୀ ସଙ୍ଗୀତର ପ୍ରୟୋଗ କରାଯାଇଛି। କିମ୍ବଦନ୍ତୀଧର୍ମୀ ଏହି ଗଳ୍ପଟିକୁ ନେଇ ସରଳ ଆଧୁନିକ ନାଟକ ଶୈଳୀରେ ପରିବେଷଣ କରାଯାଇଛି।

ଅନ୍ଧନଦୀର ସୁଅ

ଏକ ସାଂପ୍ରତିକ ସାମାଜିକ ନାଟକ ଭାବରେ ଏହି ନାଟକଟି ଅତ୍ୟନ୍ତ ହୃଦୟଗ୍ରାହୀ। ଏଥିରେ ବାସ୍ତବବାଦୀ କାହାଣୀର ପ୍ରତିଛବି ଏଥିରେ ଦର୍ଶାଇ ଦିଆଯାଇଛି। 'ଅନ୍ଧନଦୀର ସୁଅ' ନାଟକରେ ଚାରିଜଣ ଅଭିନେତା ନାଟକର ଉପସ୍ଥାପକ ତଥା ରୂପାନ୍ତରିତ ଚରିତ୍ର। ସଦାଶିବ କୌଣସି ଏକ ଗ୍ରାମର ଏକ ଗରିବ ମେଧାବୀ ଛାତ୍ର। ସ୍କୁଲ ଶିକ୍ଷା ସମାପ୍ତ ପରେ ଅଫିସ୍‌ରେ କିରାଣୀ ଚାକିରି କରିବା ପାଇଁ ଇଣ୍ଟରଭ୍ୟୁ ଦେଇଚି

କିନ୍ତୁ ସବୁ ଠିକ୍ ଠାକ୍ ଥିବା ବେଳେ ସେ ଚାକିରୀ ପାଇପାରି ନାହିଁ। କାରଣ ସେ ମନ୍ତ୍ରୀଙ୍କର କ୍ୟାଣ୍ଡିଡେଟ୍ ନୁହେଁ । ଯଦି ସେ ପଚାଶ ହଜାର ଦେଇ ପାରନ୍ତା ତାହାହେଲେ ଚାକିରି ପାଇପାରନ୍ତା । ତେଣୁ ନିରାଶ ହୋଇ ସେ ଗାଁକୁ ଫେରିଛି।

ସଦାଶିବକୁ ଇଣ୍ଟରଭ୍ୟୁରେ କିଛି ପ୍ରଶ୍ନ ପଚରା ଯାଇଥିଲା ଏବଂ ଯାହାକି ସଂପୂର୍ଣ୍ଣ ଅବାନ୍ତର ଥିଲା। କିନ୍ତୁ ସଦାଶିବ ପ୍ରତ୍ୟୁତ୍ତରରେ ଯେଉଁ ଉତ୍ତରଗୁଡିକ ଦେଇଥିଲା, ତାହା ଥିଲା ସଂପୂର୍ଣ୍ଣ ସେଇ ମେଧାବୀ ଶିକ୍ଷିତ ଗୋଷ୍ଠୀର, ଯେଉଁମାନଙ୍କ ପାଖରେ ବିଦ୍ୟା, ଜ୍ଞାନ ତଥା କରିପାରିବାର ଦକ୍ଷତା ଥାଇ ମଧ୍ୟ ସେମାନେ ଆଜି ବେକାର। ଏହି କିଛି କଳୁଷିତ ଲୋକଙ୍କର ଅର୍ଥ ଲୋଭ ପାଇଁ ସେମାନେ ଆଜି ସବୁଠାରୁ ବଞ୍ଚିତ। ଏଠାରେ ଉଦାହରଣଟିଏ ନିମ୍ନରେ ପ୍ରଦାନ କରାଗଲା-

ପ୍ରଶ୍ନ – ପୃଥିବୀର ସବୁଠାରୁ ବଡ ଜଙ୍ଗଲର ନାମ କଣ ?

ସଦାଶିବ – ଜଙ୍ଗଲ ତ ସଦାଶିବ ଦାସ ଭଳି ଏ ଦେଶର ହଜାର ହଜାର ଯୁବକଙ୍କର ହୃଦୟ ସାର୍। ଆସନ୍ତା କାଲି ଗୋଟାଏ ଚାକିରି ମିଳିବ ବୋଲି ମୋ ଭଳି ଯେଉଁମାନେ ସମ୍ଭାବନାର ସ୍ୱପ୍ନ ଦେଖୁଛନ୍ତି, ସେମାନଙ୍କ ହୃଦୟ ହିଁ ଜଙ୍ଗଲଠୁ ବଡ଼ ଜଙ୍ଗଲ।

ପ୍ରଶ୍ନ – ଆଉ ପୃଥିବୀର ସବୁଠାରୁ ବଡ଼ ଜଳପ୍ରପାତ ?

ସଦାଶିବ – ଜମି ଗହଣା ଆଉ ଘର ବିକି ଏ ଦେଶରେ ଶହ ଶହ ମା' ବାପ ଯୋଉ ପୁଅକୁ ପାଠ ପଢ଼େଇଛନ୍ତି, ତାକୁ କେବେ ଖଣ୍ଡେ ଚାକିରି ମିଳିବ ବୋଲି ଅନେଇ ଅନେଇ ସେମାନଙ୍କ ଆଖିର ଲୁହଧାର ଶୁଖୁନି ସାର୍। ସେଇ ଆଖିମାନଙ୍କ ଠାରୁ ବଡ଼ ଜଳପ୍ରପାତ ଆଉ କଣ ଥାଇପାରେ ?

ପ୍ରଶ୍ନ - ଆଉ ପୃଥିବୀର ସବୁଠାରୁ ବଡ଼ ମରୁଭୂମିର ନାଁ ?

ସଦାଶିବ – ଆପଣମାନେ ଆମ ପାଇଁ ଯେଉଁ ଅନିଶ୍ଚିତ ଆସନ୍ତା କାଲିଗୁଡାକ ରଖିଛନ୍ତି ସାର ... ସେଗୁଡାକ ହିଁ ମରୁଭୂମି .... ସାହାରା ଠାରୁ ଆହୁରି ଲମ୍ବା, ଆହୁରି ବିସ୍ତୀର୍ଣ୍ଣ ଅସହାୟତାର ବାଲିରେ ଭର୍ତ୍ତି।

ତୃତୀୟ ଅଭିନେତା–ତମେ କିଛି ଜାଣିନା ! ଗୁଡାଏ ବକ୍ ବକ୍ କରିବା ଛଡା ଆଉ କିଛି ଜାଣିନା... ଯାଅ - କବିତା ଲେଖିବ ଯାଅ।[୩୦]

ଯା ପରେ ସେ ଏହି ବିରାଟ ସହରରେ ଚାକିରୀ ଖଣ୍ଡେ ନପାଇ ଚାଲିଗଲା ଗାଁକୁ। ଗାଁରେ କିଛି ଦିନ ରହିଛି ବନ୍ୟା ଆସି ଗାଁଟିକୁ ଧୋଇ ନେଇଗଲା। ତା ବାପା ମା ପରିବାର ସବୁ ଭାସିଗଲେ, ଘର ବି ଭାଙ୍ଗିଗଲା ଶେଷରେ। ପୁଣିଥରେ ସହରକୁ

ଆସି ଚାକିରି ଖୋଜିଲା କିନ୍ତୁ ଯେଉଁଠିକି ଗଲା ସବୁଆଡ଼େ ଖାଲି ନାହିଁ ନାହିଁ। ପିଲା ଦିନେ ଚାଟଶାଳୀରେ ଯେଉଁ ଚାରିଧାଡି ପ୍ରାର୍ଥନା ଶିଖିଥିଲା ତାହାହିଁ ଥିଲା ତା ଜୀବନର ସବୁଠାରୁ ବଡ଼ ସତ୍ୟ।

"ସତ କହିବାକୁ କିଆଁ ଡରିବି
ସତ କହି ପଛେ ମଲେ ମରିବି
ମୋତେ ଏତିକି ଶିଖାଅ ସାଇଁ ହେ
ମୋର ଧନ ଜନ ଲୋଡା ନାହିଁ ହେ।"

ଭୂବିଜ୍ଞାନରେ ପ୍ରଥମ ଶ୍ରେଣୀ ସ୍ୱର୍ଣ୍ଣ ପଦକପ୍ରାପ୍ତ ସଦାଶିବ ଯାହାର କ୍ୟାରିଅର ଫାଷ୍ଟକ୍ଲାସ ସେ ସହରରେ ବୁଲି ବୁଲି ଛ'ମାସ ହେଲା ଉପାସ ରହି ଇଣ୍ଟରଭ୍ୟୁ ଦଉଚି, ପ୍ଲାଟପର୍ମରେ ଶୋଉଛି। ତାପରେ ସେ ବୁଝିଗଲା ଏ ସମାଜ ତାକୁ ଚାହୁଁ ନାହିଁ। ତେଣୁ ସେ ଘୋଷଣା କଲା ଏମିତି ସମାଜ ମଧ୍ୟ ତାକୁ ଲୋଡାନାହିଁ ଯେଉଁ ସମାଜ ଚାହେଁ ନାହିଁ ସେ ମୁଠାଏ ଖାଉ ବୋଲି। ଶେଷକୁ ସଦାଶିବ ନିଜକୁ ଜଣେ ଅସାମାଜିକ ହେବାର ଯୋଗ୍ୟତା ଅଛି ବୋଲି କହି ନିଜକୁ ଅସାମାଜିକ ବୋଲି ଘୋଷଣା କଲା। ତାର ଝୁଲାମୁଣିରୁ ସବୁତକ ସାର୍ଟିଫିକେଟ ବାହାର କରି ଷ୍ଟେସନର ଗୋଟେ କୋଣରେ ନିଆଁ ଲଗାଇ ଦେଲା । ସଦାଶିବର ଏହି ବିପର୍ଯ୍ୟୟ କାହାଣୀ ଦୂରରୁ ଲକ୍ଷ୍ୟ କରୁଥିଲା ସହରର ସବୁଠାରୁ ବଡ଼ ମାଫିଆ ଡନ୍ ରାଜା । ସେ ଦୌଡି ଆସି ଅଧାଜଳା ସାର୍ଟିଫିକେଟରୁ କିଛି ଉଦ୍ଧାର କଲା ଏବଂ ତାକୁ ଗାଳି କଲା। ଶେଷକୁ ଚାକିରି ନପାଇ ସଦା ରାଜାର ସାହାଯ୍ୟ ମାଗିଲା। ସିଏ ବି ଏମିତି ସମାଜକୁ ଜାଳିବା (ଦାଗୀ) ତାଲିକାରେ ନାଁ ଲେଖେଇବ ମୁଁ କଣ କରିବି ? ପକେଟ ମାରିବି ? ଛୁରା ପେଲିବି ? ଦେ ..... ମତେ ଛୁରାଟା ଦେ।"[୩୧]

ଏ ଥିଲା ସଦାଶିବର ବିପର୍ଯ୍ୟୟ। ତାପରେ ଦେଖାଦେଇଛି ସହରରେ ହରତାଳ। ବସ ପୋଡାଜଳା ଭିତରେ ରାଜାକୁ ଗୁଳି ବାଜି ଯାଇଚି ଏବଂ ସେ ପଡିଯାଇଛି। ସେତିକିବେଳେ ସଦାଶିବ ଲକ୍ଷ୍ୟ କରିଛି ଜଣେ ପୋଲିସ ଗୋଟିଏ ଅସହାୟ ବୃଦ୍ଧକୁ ପିଟି ପିଟି ରକ୍ତାକ୍ତ କରି ଦେଇଛି ଏବଂ ସେ ଉଠି ପାରୁନି। ଏହା ଦେଖି ସଦାଶିବର ମାନବିକତା ପୁଣିଥରେ ଉଦ୍ରେକ ହୋଇଛି। ଚାଟଶାଳୀର ସେହି ପ୍ରାର୍ଥନା ତା' କାନରେ ପୁଣି ଥରେ ଗୁଞ୍ଜରିତ ହୋଇଛି ଏବଂ ସେ ବୁଢ଼ାକୁ ଟେକି ନେଇ ତା ବସ୍ତିରେ ଛାଡି ଦେଇ ଆସିଛି। ଫେରିବା ବେଳେ ସେ ବ୍ୟତିବ୍ୟସ୍ତ ହୋଇ ଚିନ୍ତା କରିଛି ସେ ଠିକ୍ କରୁଛି ନା ଭୁଲ କରୁଛି ? ହିଂସାର ପଥରେ ସେ ଦ୍ୱନ୍ଦ୍ୱ ଭିତରେ ପଡି ପୁଣି ଥରେ ଭଲ ରାସ୍ତାକୁ ଯେତେବେଳେ ସେ ଫେରି ଆସିଛି ସେ ସମୟରେ ରାଜା ପୋଲିସ ଗୁଳି

ଖାଇ ଚିତ୍କାର କରୁଛି ମୋତେ ଡଷ୍ଟ୍‌ବିନ ପାଖରେ ଫୋପାଡି ଦେ ସଦେଇ କହି ଆଖି ବୁଜି ଦେଉଛି। ସଦାଶିବ ତା’ ଶବଟାକୁ ଧରି କାନ୍ଦି କାନ୍ଦି କହୁଛି, ଧର୍ମ, ନୀତି, ଆଇନ୍, ସମାଜ ଆଉ ତାକୁ ତିଆରି କରିଥିବା ମଣିଷମାନଙ୍କର ଯେଉଁ ବାହାର ପୃଥିବୀ ଅଛି ତୁ ସେ ପୃଥିବୀର ଜଣେ ମହାପୁରୁଷ... ତୁ... ତୁ’ ମୋ ଅର୍ଦ୍ଧିତ ଦେଶର ସମ୍ରାଟ।”(୩୨)

ଓଡିଶାର ଗରିବ ଏବଂ ମେଧାବୀ ଯୁବକ ଉପରେ ସହରାଞ୍ଚଳର ଦୁର୍ନୀତିଗ୍ରସ୍ତ ବ୍ୟବସ୍ଥା ଯେପରିଭାବେ ଅମାନବୀୟ ଅତ୍ୟାଚାର କରିଛି, ଯାହାର ଫଳସ୍ୱରୂପ ସଦାଶିବ ତାର ସମସ୍ତ ଆଦର୍ଶ, ମୂଲ୍ୟବୋଧ ଏବଂ ନୈତିକ ଅଙ୍ଗୀକାର ଭୁଲିଯାଇଛି। ସତେ ଯେମିତି ସେ ସାମାଜିକ ଅନ୍ଧ ନଦୀର ସୁଅରେ ଭାସି ଚାଲିଛି। ଏଠାରେ ଏକ ଅବହେଳିତ ଯୁବ ପିଢ଼ିର ସମସ୍ୟା ଦର୍ଶାଇ ସମାଜ ପାଇଁ ବାର୍ତ୍ତାପ୍ରେରଣ କରାଯାଇଛି।

ହାତୀକୁ ହୋମିଓପାଥି

ଏହି ନାଟକ ବାସ୍ତବତା, ମିଥ୍, ଅତି କାଳ୍ପନିକତା ଓ ଲୋକବିଶ୍ୱାସକୁ ନେଇ ଗଢ଼ି ଉଠିଛି। ‘ହାତୀକୁ ହୋମିଓପାଥି’ ନାଟକରେ ଦିନେ ହଠାତ୍ ଗୋଟେ ବଣୁଆ ହାତୀ ଚନ୍ଦକା ଜଙ୍ଗଲରୁ ଖସି ଆସି ରାଜଧାନୀ ଭିତରେ ପଶି ଯାଇଛି। ଗୋଟିଏ ବଣୁଆ ହାତୀ ସହରରେ ପଶିବା ପରେ ଯାହା ଘଟିପାରେ ତାହା ହିଁ ଏହି ନାଟକର କଥାବସ୍ତୁ। ପ୍ରାୟତଃ ଚନ୍ଦକା ଜଙ୍ଗଲରୁ ହାତୀପଲ ଆସି ଭୁବନେଶ୍ୱର ଉପକଣ୍ଠରେ ପ୍ରବେଶ କରି ବ୍ୟାଘାତ ଘଟାଉଥିବା ଘଟଣା ଅନେକ ସମୟରେ ନଜରକୁ ଆସେ। ସେ ଦୃଷ୍ଟିରୁ ଏହି ନାଟକରେ କିଛିଟା ସତ୍ୟ ମଧ୍ୟ ଥାଇପାରେ। ଏ ସଂପର୍କରେ ନାଟକର ମୁଖବନ୍ଧରେ ନାଟ୍ୟକାର ପାଣିଗ୍ରାହୀ ଲେଖିଥିବା ଉକ୍ତିଟିକୁ ଉଦ୍ଧାର କରାଯାଇପାରେ- ‘ହାତୀକୁ ହୋମିଓପାଥି’ ନାଟକର ମୂଳବୀଜ ଏକ ସତ୍ୟ ସମ୍ବାଦ । ୧୯୮୨ ମସିହା ଅଗଷ୍ଟ ମାସରେ ଓଡିଶାର ସବୁ ସମ୍ବାଦପତ୍ରରେ ଏହି କଥା ପ୍ରକାଶ ପାଇଥିଲା। ବନ୍ୟାରେ ଚନ୍ଦକା ଜଙ୍ଗଲରୁ ଗୋଟିଏ ହାତୀ ନଦୀରେ ଭାସି ଆସିଥିଲା। ପ୍ରଜାତନ୍ତ୍ରରେ ସମ୍ବାଦ ବାହାରିଲା “ବଣୁଆ ହାତୀ ସାଇକେଲ ଚଢ଼ାଳିକୁ ହତ୍ୟା କରିଛି।” ଏହି ପ୍ରସଙ୍ଗରେ ‘ହତ୍ୟା’ ଶବ୍ଦଟି ବେଶ ନାଟକୀୟ ମନେ ହେଲା। ‘ସମାଜ’ରେ ଏଇ ଭାସି ଆସିଥିବା ବଣୁଆ ହାତୀ ସଂପର୍କରେ ଦୁଇଚାରିଦିନ ପର୍ଯ୍ୟନ୍ତ ସମ୍ବାଦ ପ୍ରକାଶ ପାଇବାକୁ ଲାଗିଲା। ହାତୀଟିକୁ ଶେଷରେ ମାରିଦିଆଗଲା। କିନ୍ତୁ କେଉଁ ବାଣୁଆ ମାରିଲା ତାହା ଜଣାଗଲା ନାହିଁ। ଦୁଇଜଣ ବାଣୁଆ ହାତୀକୁ ଗୁଳି କରିଥିବା କଥା ନେଇ ତର୍କ ଚାଲିଲା। ଶେଷରେ ଦିନେ ‘ସମାଜ’ର ପ୍ରଥମ ପୃଷ୍ଠାରେ ଗୋଟିଏ ଫଟୋ ପ୍ରକାଶ ପାଇଲା ଯେଉଁ ଫଟୋଟିରେ ମୃତହାତୀ ସହିତ କଟକର ତତ୍କାଳୀନ କଲେକ୍ଟର ଓ

ଦୁଇଜଣ ବାଣୁଆ ଠିଆ ହୋଇଥିଲେ। ଘଟଣାଟି ସତ୍ୟ ହେଲେ ବି ମତେ ଲାଗିଲା ସତରେ ଯେମିତି ଏଇଟା ଗୋଟାଏ ଗପ। ବାସ୍ତବ ହେଲେବି ମତେ ଲାଗିଲା ସତେ ଯେମିତି ୟାଠୁ ବଳି ଉଦ୍ଭଟ ଘଟଣା ଆଉ କେବେ ଘଟିନାହିଁ। ପୁଣି ଲାଗିଲା ହାତୀଟା ଭାସି ଆସିବା, ଜଣେ ସାଇକେଲ ଚଢ଼ାଳିକୁ ହତ୍ୟା କରିବା, ହାତୀଟାକୁ ମାରିବା ପାଇଁ ଦୁଇଜଣ ବାଣୁଆଙ୍କ ଦାବି ଓ ଶେଷରେ ରାଜ୍ୟ ପ୍ରଶାସନ ବିଭାଗ ଓ ସମ୍ବାଦପତ୍ରମାନଙ୍କର ବିବରଣୀ ମଧ୍ୟରେ ଗୋଟିଏ ନାଟକିୟତା ନିହିତ ଅଛି।"[୩୩]

ଏହି ନାଟକରେ ହାତୀର ଭାଷାକୁ ବୁଝିପାରୁଥିବା ଜଣେ ହାତୀ ଭାଷା ବିଷାରଦ ଅଛନ୍ତି। ଏଠାରେ ହାତୀକୁ ରୂପକଳ୍ପ ରୂପେ ଗ୍ରହଣ କରାଯାଇଛି। ବହୁତ ଖାଦ୍ୟ ମିଳିବାରୁ ଯେଉଁ ହାତୀର କଳେବର ବୃଦ୍ଧି ହୋଇଥାଏ ସେ ଏକ ଦୁର୍ନୀତିଗ୍ରସ୍ତ ଅଫିସର କିମ୍ବା ମନ୍ତ୍ରୀ ହୋଇଥାଇ ପାରନ୍ତି। ପରେ ପରେ ନାଟକରେ ଜଣେ ସାହୁକାର ଆସିଛନ୍ତି। ସେ ପୃଥୁଳକାୟ ହୋଇଥିବା ଯୋଗୁଁ ତାଙ୍କୁ 'ହାତୀ ସାହୁକାର' କୁହାଯାଇପାରେ। 'ହାତୀ ସାହୁକାର' କେବଳ ମାତ୍ର ଗୋଟିଏ ନାମବାଚକ ବିଶେଷ୍ୟ ନୁହେଁ ବରଂ ଏହା ଏକ ରୂପ କଳ୍ପିତ ବ୍ୟଞ୍ଜନ। ସେହିପରି ଆଉ ଏକ କାହାଣୀ ଖଣ୍ଡରେ ସେ ଏକ 'ହାତୀବାବା'ରେ ପରିଣତ ହୋଇଯାଇଛି। ପ୍ରକୃତରେ ହାତୀଟା କୌଣସି ସ୍ୱାମୀଜୀ ବା ବାବା ଚରିତ୍ରକୁ ରୂପାନ୍ତରିତ ହେଉନାହିଁ। ବାବାଙ୍କର ବିଶାଳ ବ୍ୟକ୍ତିତ୍ୱ ଭକ୍ତମାନଙ୍କୁ ହାତୀ ସଦୃଶ୍ୟ ଦେଖାଯାଇପାରେ। ସେହିପରି ହାତୀଟି ଏକ ମନ୍ତ୍ରୀରେ ପରିଣତ ହୋଇଯାଉଛି। ମୋଟ ଉପରେ ଏ ଦେଶରେ ସମସ୍ତ ବିଶାଳ ଦୁର୍ନୀତିର ରୂପକଳ୍ପ ହେଉଛି ହାତୀ।

ହାତୀ ସାହୁକାର ରୂପରେ ରାମିଆକୁ ଦାଦନ ଶ୍ରମିକ କରି ପଠେଇ ଦେଇ ତା' ସ୍ତ୍ରୀ ଲକ୍ଷ୍ମୀକୁ ଧର୍ଷଣ କରୁଛି। ସେହିପରି ହାତୀବାବା ଦଳେଇ ମାଷ୍ଟ୍ରଙ୍କ ଝିଅ ଲକ୍ଷ୍ମୀକୁ ଯୋଗ ଶିଖାଉ ଶିଖାଉ କୁମାରୀ ମା'ରେ ପରିଣତ କରିଦେଇଛନ୍ତି। ସ୍କୁଲରେ ପଢୁଥିବା ଝିଅକୁ ଦଳେଇ ମାଷ୍ଟ୍ରେ ହାତୀବାବା ପାଖକୁ ପଠେଇଥିଲେ। ତାଙ୍କ ବାତ ଜ୍ୱରର ଔଷଧ ଆଣିବା ପାଇଁ ଏବଂ ପରିଣାମରେ ଲକ୍ଷ୍ମୀ ଗର୍ଭବତୀ ହୋଇ ପୁତ୍ରଟିଏ ଜନ୍ମ ଦେଇଛି। ଅଥଚ ଲକ୍ଷ୍ମୀ ଗର୍ଭବତୀ ହେବାପୂର୍ବରୁ ତାଙ୍କ ଗାଁର ଜଣେ କଲେଜ ପଢୁଆ ଟୋକା ରାମିଆକୁ ଭଲ ପାଉଥିଲା। ଲକ୍ଷ୍ମୀର ଦଶ / ବାର ବର୍ଷର ପୁଅଟି ପୁରୁଣା ବସ୍‌ଷ୍ଟାଣ୍ଡରେ ଖବର କାଗଜ ବିକେ ଓ ରାମିଆ ଚାକିରୀ ନ ପାଇ ରାଜଧାନୀରେ ଫୁଟ୍‌ପାଥ୍‌ରେ ଜୀବନ ବିତାଏ।

ରାମିଆ ବର୍ତ୍ତମାନ ରାଜଧାନୀରେ। ହଜାର ହଜାର ରାମିଆଙ୍କ ଭିତରୁ ସେ ଜଣେ। ନାଟକରେ ନିଜ ପରିଚୟ ଦେବାକୁ ଯାଇ ସେ କହୁଚି-

ଯୁବକ - ମୁଁ ସେଇ ରାମିଆ ହୋଇ ନପାରେ। ଦାଦନ କୁଲି ରାମିଆ ଗାମୁଛା ପିନ୍ଧୁଥିଲା,

ମୁଁ ପେଷ୍ଟ ପିନ୍ଧୁଛି। ସେ କାଶ୍ମୀର ଯାଇଥିଲା, ମୁଁ ରାଜଧାନୀ କି ଆସିଚି। ତା' ଲକ୍ଷ୍ମୀ ହାତୀ ସାହୁକାରର ଶୁଣ୍ଢରେ ପେଶି ହୋଇ ଯାଇଥିଲା। ଆଉ ମୋ ଲକ୍ଷ୍ମୀର... ଆଃ ମୋ ମୁଣ୍ଡଟା କଣ ହୋଇଯାଉଛି। ଏତେବଡ଼ ରାଜଧାନୀରେ ପାଣିଟିକେ ଦେବାପାଇଁ ବି କେହି ନାହିଁ କୋଉଠି। ଯିଏ ଯାହା ବାଟରେ ଚାଲି ଯାଇଛନ୍ତି। ଏଘର ଲୋକ ତା ପଡ଼ିଶା ଘରକୁ ଚିହ୍ନିନାହିଁ। "ମୁଁ ଖାଇଚି କି ନାଇଁ ଖବର ରଖିବାକୁ କେହି ନାଇଁ..... ଅଥଚ ମୁଁ ଏଠି... ପାଞ୍ଚବର୍ଷ ହେଲା....।" [(୩୪)]

ଏଠାରେ ସମାଜରେ ଚାଲିଥିବା ସମସ୍ତ ପ୍ରକାର ଅନିର୍ଦ୍ଦିଷ୍ଟ ସମୟରେ ଘଟୁଥିବା ତଥା ଏମିତି କିଛି ଲୋକ ଅଛନ୍ତି ଯେଉଁମାନଙ୍କ ପାଇଁ ସମାଜର ପ୍ରତିଟି ମଣିଷ ଦୁଃଖ ଯନ୍ତ୍ରଣାରେ କାଳାତିପାତ କରୁଛି। ସେମାନଙ୍କ ସମସ୍ୟା ହେଉଛି ହାତୀର ରୂପକଳ୍ପ। ଲକ୍ଷ୍ୟ କରିବା କଥା ଯେ ସମାଜରେ ଯେଉଁ ଦୁର୍ନୀତି ଚାଲିଛି ସେ ସବୁ ଦୁର୍ନୀତିର ପ୍ରତୀକ ହେଉଛି ହାତୀ। ହାତୀକୁ ସମାଜର ପ୍ରତିଟି ପାଶବିକତାର ପ୍ରତୀକ ତଥା ଅସହାୟ ମଣିଷର ପ୍ରତିବିମ୍ବକୁ ସାମ୍ନାକୁ ଆଣିବାର ପ୍ରୟାସ କରିଛନ୍ତି ନାଟ୍ୟକାର।

ଏହା ବ୍ୟତୀତ ନାଟ୍ୟକାର କିଛି ଅନାଟକ ଓ ଅଣୁ ନାଟକ ମଧ୍ୟ ଲେଖିଛନ୍ତି। ସେଗୁଡ଼ିକୁ ଆଲୋଚନା ପରିସରକୁ ଅଣାଗଲା।

ବୁଦ୍ଧ

ନାଟ୍ୟକାର ପାଣିଗ୍ରାହୀ ଏହାକୁ ଅନାଟକ ନାମରେ ନାମିତ କରିଛନ୍ତି। 'ବୁଦ୍ଧ' ଅନାଟକଟି ୧୯୭୨ ମସିହା ପୂଜା ସଂଖ୍ୟା 'ସମାବେଶ'ରେ ପ୍ରକାଶ ପାଇଥିଲା। ଅନାଟକର ସର୍ବପ୍ରଥମ ପ୍ରୟୋଗ ଏଥିରେ ଲକ୍ଷଣୀୟ। 'ବୁଦ୍ଧ' ପିଟର୍ ବର୍ଗର୍‌ଙ୍କର (Peter Burger) ଆଭାନ୍ତ ଗାର୍ଦେ (Avant Garde) ପର୍ଯ୍ୟାୟର ଅଟେ। ଏହି ଅନାଟକରେ 'ବୁଦ୍ଧ' ହେଉଛନ୍ତି ସହରର ଗୋଟିଏ ଛକ ଏବଂ ସବୁରାସ୍ତା ଆସି ତାଙ୍କ ପାଖରେ ମିଶିଯାଇଛନ୍ତି। ୧୯୭୨ ମସିହାରେ ନାଟ୍ୟକାର ଦେଖିଲେ ଯେ 'ବୁଦ୍ଧ'ଙ୍କ ଭଳି ଧ୍ୟାନମଗ୍ନ ହୋଇ ବସିଥିବା ଛକର ଚାରିପଟକୁ ଯେଉଁ ରାସ୍ତାଗୁଡ଼ିକ ଯାଇଛନ୍ତି କିଛି ଦୂରରେ ଦୁର୍ଘଟଣାଗ୍ରସ୍ତ ହୋଇ ଭାଙ୍ଗି ଯାଇଛନ୍ତି। ଭବିଷ୍ୟତର ନୂତନ ପିଢ଼ି କେଉଁପଟକୁ ଯିବେ (ପୂର୍ବ, ପଶ୍ଚିମ, ଉତ୍ତର, ଦକ୍ଷିଣ) ତାହା ନିର୍ଦ୍ଧାରିତ ହେଉ ନଥିବାରୁ ଜୀବନର ଚଲାବାଟରେ ଯାଉଥିବା ପଦଯାତ୍ରୀମାନେ ବ୍ୟତିବ୍ୟସ୍ତ ହୋଇ ପଡ଼ିଲେଣି। ପ୍ରତ୍ୟେକଙ୍କୁ ଏକ ନିର୍ଦ୍ଦିଷ୍ଟ ଦିଗରେ ଯାଇ ଲକ୍ଷ୍ୟସ୍ଥଳରେ ପହଞ୍ଚିବାକୁ ପଡ଼ିବ। କିନ୍ତୁ ପଶ୍ଚିମ ଓ ପୂର୍ବଆଡ଼କୁ ଯାଉଥିବା ରାସ୍ତା ଦୁଇଟିରେ ଯାଇହେବନାହିଁ। ଉତ୍ତର ଓ ଦକ୍ଷିଣର ରାସ୍ତା ମଧ୍ୟ ବିପଦ ସଂକୁଳ ଓ ଦୁର୍ଘଟଣାଗ୍ରସ୍ତ। ଏଣୁ ପଦଯାତ୍ରୀମାନେ ଛକ ବାବୁଙ୍କୁ ଆସି ପଚାରୁଛନ୍ତି ଓ ଛକରେ ଆଇନ ଶୃଙ୍ଖଳା ପରିସ୍ଥିତି ହେଲାଣି।

ବ୍ୟଞ୍ଜନାରେ ନାଟ୍ୟକାର କହୁଛନ୍ତି ଯେ ବୁଦ୍ଧି ବଳରେ ଯେଉଁ ମାର୍ଗ ସବୁ ନିର୍ଦ୍ଦେଶିତ ହୋଇଥିଲେ ସେଗୁଡ଼ିକ ଆଉ କାର୍ଯ୍ୟକାରୀ ହେବା ଅବସ୍ଥାରେ ନାହିଁ। ଯେଉଁ ମହାପୁରୁଷମାନେ ମାର୍ଗ ଦେଖାଇ ଯାଇଛନ୍ତି, ମଣିଷ ତାଙ୍କୁ କ୍ରୁଶବିଦ୍ଧ କରିଛି କିମ୍ବା ପଥର ଫୋପାଡ଼ି ଗୁଳିକରି ମାରିଦେଇଛି। ତେଣୁ ସେହି ମାର୍ଗଗୁଡ଼ିକର ଭିତ୍ତିଭୂମି ଭୁଷୁଡ଼ି ପଡ଼ିଛି। ପୃଥିବୀରେ ଯୀଶୁ, ମହମ୍ମଦ ଏବଂ ମହାତ୍ମାଗାନ୍ଧୀଙ୍କ ପରି ମହାପୁରୁଷମାନଙ୍କୁ ହତ୍ୟା କରାଯାଇଛି। ସକ୍ରେଟିସ୍‌ଙ୍କୁ ବିଷପାନ କରାଇ ହତ୍ୟା ମଧ୍ୟ କରାଯାଇଛି। ନାଟ୍ୟକାର "ବୁଦ୍ଧ ପଢ଼ିବା ଆଗରୁ" ଶୀର୍ଷକ ଏକ ମୁଖବନ୍ଧରେ ଲେଖିଛନ୍ତି- "ମୋ' ଉପରେ ଝୁଲୁଥିବା ସୂର୍ଯ୍ୟଟା ଧପ୍ କରି ଲିଭିଯାଏ। ସବୁ ଝାପସା ଝାପସା ଲାଗେ। ମୋ ପାଦତଳର ରାସ୍ତାଟା ହଠାତ୍ ତଳକୁ ଖସିଯାଏ। ମୁଁ ଦୁର୍ଘଟଣାର ଶିକାର ହୋଇଯାଏ। ସେଇଠି ସମାଜ ଧସେଇ ପଡ଼େ ମୋ ସାଥିରେ। ନୀତି, ନିୟମ, ଶୃଙ୍ଖଳା ଓ ମୂଲ୍ୟବୋଧ ମାନଙ୍କର କାଚଘର ଭିତରେ ଶୋଭା ପାଉଥିବା ମୁଁ ଅନୁଭବ କରେ। ସେହି ଦୁର୍ଘଟଣା ଭିତରେ ଟିକିଟିକି କାଚଖଣ୍ଡ ପଶିଯାଇଛନ୍ତି ମୋ ତନ୍ତୁ ଭିତରେ, କଲିଜା ଭିତରେ, ମସ୍ତିଷ୍କ ଭିତରେ ଏବଂ ମୁଁ ରକ୍ତରେ ଗାଧୋଇ ହୋଇ ପଡ଼ିଛି।"[୩୫]

'ଛକ' ପାଖକୁ ଯେଉଁ ପଦଯାତ୍ରୀ ଚରିତ୍ରଟି ଆସନ୍ତି ତାଙ୍କର କାନ୍ଧରେ ଗୋଟାଏ ବ୍ୟାଗ୍ ଝୁଲୁଛି। ମନେ ହେଉଛି ତାହା ଜ୍ଞାନର ବୋଝ। ତେଣୁ ପ୍ରଥମେ ଏକାକୀ ଆସି ନିଜ ପରିଚୟ ଦେଇ ସେ କହନ୍ତି- "ଅନେକ ଦିନ ତଳେ ମୋର ଘର ଥିଲା। ମୋ ପାଦ ତଳେ ମାଟିର ଏକ ଆସ୍ତରଣ ଥିଲା। (ତାପରେ କରୁଣ ଭାବରେ ମନେ ପକାଇଲା ଭଳି) ସବୁ ଗୋଟାଏ ବୋମାରେ ଧ୍ୱଂସ ହୋଇଗଲା। ତା ସଙ୍ଗେ ସଙ୍ଗେ ସମସ୍ତ ବିଶ୍ୱାସ ମୃତପକ୍ଷୀଙ୍କ ଭଳି ଝୁଲିଗଲେ।"[୩୬]

ଡ. ସନକ କୁମାର ବାଡ଼ତ୍ୟା ତାଙ୍କ ଅପ୍ରତ୍ୟାଶିତ ଗବେଷଣା ନିବନ୍ଧରେ ଲେଖନ୍ତି, "ପଦଯାତ୍ରୀଙ୍କର ଏହି ଉକ୍ତିର ଦୁଇଟି ଅର୍ଥ ଅଛି। ପ୍ରଥମତଃ ସେ ଜଣେ ପ୍ରତୀକାତ୍ମକ ବୁଦ୍ଧ ହୋଇପାରନ୍ତି। କିନ୍ତୁ ସାଂପ୍ରତିକ ଭଂଗା ବିଶ୍ୱାସର ପ୍ରେକ୍ଷାପଟରେ 'ସେମାନେ ଗଢ଼ିଥିବା ରାସ୍ତାପୁଣି ଅମଡ଼ାବାଟ ହୁଏ। ଅରମା ଜଙ୍ଗଲ ଭିତରେ ହଜିଯାଏ। ତେଣୁ ଉତ୍ତରପୁରୁଷମାନଙ୍କ ପାଇଁ ଆଗକୁ ଯିବା ରାସ୍ତାସବୁ ବନ୍ଦ। ଏଣୁ 'ବୁଦ୍ଧ' ଏଇଠି ଜଣେ ଐତିହାସିକ ମହାପୁରୁଷ ଏବଂ ସାଂପ୍ରତିକ ବିଶ୍ୱାସହୀନତାର ଜଣେ ପ୍ରତୀକ।"[୩୭]

ଏଠାରେ ଜଣେ ପଦଯାତ୍ରୀ କୌଣସି ଏକ ରାସ୍ତାକୁ ଯିବାର ପ୍ରୟାସ କରୁଛନ୍ତି କିନ୍ତୁ ରାସ୍ତା ପାଉନାହାନ୍ତି। ସେହି ସମୟରେ ଜଣେ ସାମ୍ବାଦିକ ଭେଟନ୍ତି ତାଙ୍କୁ। ସେ ତାଙ୍କୁ କାରଣ ପଚାରନ୍ତି ଏବଂ ସେ ଏହାର ପ୍ରତ୍ୟୁତ୍ତର ଦିଅନ୍ତି। ସେଥିରୁ ସାମ୍ବାଦିକଙ୍କର ହୃଦବୋଧ ହୁଏ ଯେ ତାଙ୍କୁ କିଛି ଖବର ମିଳିବାକୁ ଯାଉଛି। ବାସ୍ ସେଥିରେ ସେ କିଛି

ମସଲା ମିଶେଇ ଦେଲେ.. କାରଣ ତାଙ୍କର ଖବର ଛାପିବା ଦରକାର। ଠିକ୍ ସେତିକି ବେଳେ ଜଣେ ଯୁବକ ଗହଳି ଭିତରୁ ଆସି କହୁଛନ୍ତି- ରାସ୍ତାସବୁ ଭାଙ୍ଗିଗଲାପରେ ତାଙ୍କ ହୃଦୟଟି ଆଉ ନାହିଁ। ତେଣୁ ଆମକୁ ଆମର "ନୂଆ ରାସ୍ତା ଦର୍କାର"। କିଛି ସମୟପରେ ସାଇକେଲରେ ଜଣେ ଯୁବକ ଆସି 'ଶାନ୍ତି' ନାମକ ଝିଅଟିଏ ସେଇ ବାଟଦେଇ ଯାଉଥିଲା ବୋଲି ଏବଂ ତାକୁ କେହି ଦେଖିଛନ୍ତି କି ପଚାରୁଛି। ଏଠାରେ ଶାନ୍ତି ଏକ ଅଜଣା ପଦଚିହ୍ନ ଅର୍ଥାତ୍ ତାକୁ ଏହି ଜନଗହଳି ଭିଡ଼ କେହି ଚିହ୍ନି ନାହାନ୍ତି। ଏଥିରୁ ପ୍ରମାଣିତ ହେଉଛି ସାମ୍ପ୍ରତିକ ସଭ୍ୟତାରେ କାହାରି ମନରେ ଶାନ୍ତି ନାହିଁ। ତେଣୁ ଚାଲୁଥିବା ମାର୍ଗରେ ଚାଲିଲେ ବିପଦ ଏବଂ ନୂତନ ରାସ୍ତା ଅନ୍ୱେଷଣ କରିବା ଅନିର୍ବାର୍ଯ୍ୟ ଅଟେ।

ନିଶବ୍ଦ ଶୋଭାଯାତ୍ରା

ଏହାକୁ ଅଣୁ ନାଟକ ପର୍ଯ୍ୟାୟଭୁକ୍ତ କରନ୍ତି ନାଟ୍ୟକାର ଶ୍ରୀଯୁକ୍ତ ପାଣିଗ୍ରାହୀ। ଏହାର ପ୍ରଥମ ଦୃଶ୍ୟରେ ଏକ ଅଫିସ୍ ର ବର୍ଣ୍ଣନା କରାଯାଇଛି ଯେଉଁଠାରେ ଅଗଣିତ ଦେଶବାସୀଙ୍କ ଭାଗ୍ୟ ନିର୍ଦ୍ଧାରିତ ହୁଏ। ଦୁଇ ଚାରିଜଣ କିରାଣୀ ବିଭିନ୍ନ ଉପାୟରେ ନିଜ ସମୟ ଅତିକ୍ରାନ୍ତ କରୁଅଛନ୍ତି। ସେଥି ମଧ୍ୟରେ ହେଡ୍ କିରାଣୀ ନିଜ ସ୍ୱତନ୍ତ୍ର ଚୌକିରେ ବସି ନାକ ତଳକୁ ଚଷମା କରି କିଛି ଗୋଟାଏ ଦୃଶ୍ୟକୁ ନିରେଖି ଦେଖୁଥିଲେ। ନାଟକର ନାୟକ ତଥା ଷଷ୍ଠ ନମ୍ବର କିରାଣୀଙ୍କ ଏ ଯାଏଁ ଦର୍ଶନ ନାଇଁ। ପ୍ରତି ସରକାରୀ ଅଫିସ ଭଳି ଏହି ଅଫିସରେ ବି ନୀତି ବାକ୍ୟ ଥିବା କାଗଜର ବୋର୍ଡ଼ ଏବଂ ଜାତୀୟ ନେତାଙ୍କର ଫଟୋ ଫ୍ରେମ୍ ଝୁଲୁଛି। ଏଗାରଟା ସମୟ ବାଜିଲା। ଷଷ୍ଠ କିରାଣୀ ଜଣକ ବାହାରକୁ ଆସିଲେ। ସୌମ୍ୟପୁରୁଷ ସହିତ ବୟସ ୩୫ ପାଖାପାଖି। ଟାଇ ପିନ୍ଧିଛନ୍ତି। ହାତରେ ଛତା ଅନ୍ୟ ହାତରେ ଚମଡ଼ାବ୍ୟାଗ। ରୁମାଲ୍ ବାହାର କରି ମୁହଁ ପୋଛିଲେ। ସେଇ ଚୌକିରେ ବସି ବାବୁ ଢ଼ଙ୍ଗରେ ଢୁଳେଇ ଢୁଳେଇ ଶୋଇପଡ଼ିଲେ। ଜଣେ ବୃଦ୍ଧ ଅଫିସ୍‌କୁ ପ୍ରବେଶ କଲେ ଏବଂ ତାଙ୍କ ବେଶଭୂଷା ଓ ଆଚରଣରୁ ସେ ଜଣେ ଟାଉଟର ଭଳି ପ୍ରତୀୟମାନ ହୁଅନ୍ତି। ଭିତରକୁ ଯିବାକୁ ଚେଷ୍ଟା କରିବାରୁ ପିଅନ ଛାଡ଼ିନି କିନ୍ତୁ ଗୋଟେ ନୋଟ୍ ବାହାର କରି ଗୁଞ୍ଜି ଦେବାରୁ ସେ ତାଙ୍କୁ ଛାଡ଼ି ଦେଇଛି। ଏଇଠୁ ଆମେ ଲକ୍ଷ୍ୟ କରିପାରିବା କିଛି ଲୋକ କିପରି ଭାବେ ଲାଞ୍ଚ ନେଇ କାମଟିକୁ କରି ଦେଉଛନ୍ତି ନିଜ ଆଦର୍ଶ ବିକି। ଏଠାରେ ଗୋଟିଏ ସରକାରୀ ଅଫିସର ଦୈନନ୍ଦିନ ଦୃଶ୍ୟ ବର୍ଣ୍ଣନା କରାଯାଇଛି। ଦ୍ୱିତୀୟ ଦୃଶ୍ୟରେ ସହରର ରାସ୍ତା, ଅଜସ୍ର କୋଳାହଳ। ଅନେକଗୁଡ଼ିଏ ଚରିତ୍ର ଦୌଡୁଥାନ୍ତି ଦିଗଭ୍ରଷ୍ଟ ପକ୍ଷୀମାନଙ୍କ ଭଳି ଅଥଚ ସେମାନେ ପ୍ରକୃତରେ ସେଇ ସ୍ଥିର ବିନ୍ଦୁ ଉପରେ ହିଁ ଦୌଡୁଛନ୍ତି।

ତୃତୀୟ ଦୃଶ୍ୟରେ ଗୋଟିଏ ମଧ୍ୟବିତ୍ତ ପରିବାରର ଡ୍ରଇଁ ଯୁକ୍ତ ଶୋଇବା ଘର। ଗୋଟାଏ ପଟେ ସୋଫା କମ୍ ବେଡ୍। ଅନ୍ୟାନ୍ୟ ସମସ୍ତ ଉପକରଣ ରହିଛି। ସେଠାରେ ଜଣେ ଭଦ୍ର ମହିଳା ମାଗାଜିନ୍ ପଢ଼ିବାରେ ବ୍ୟସ୍ତ। ନିର୍ଜନ ରାତ୍ରୀ ମଝିରେ ମଝିରେ ଝିଂକାରୀର ଶବ୍ଦ କାନରେ ଗୁଞ୍ଜରିତ ହେଉଥାଏ। ହଠାତ୍ ସ୍ୱାମୀଙ୍କର ପ୍ରବେଶ ସେହି ଘର ମଧ୍ୟକୁ ହେଲା। ତାପରେ ଡ୍ରେସ ବଦଳାଇ ଗାଧୁଆ ଘରକୁ ଗଲେ। ଆସିକି ରୋଷେଇ ଘରୁ ରୁଟି ତରକାରୀ ନେଇ ଆସି ସେ ଖାଇଲେ। ତାପରେ ଶୋଇବାକୁ ଗଲେ। ସ୍ୱାମୀ ଗୋଟିଏ ଅଶ୍ଳୀଳ ମାଗାଜିନ ପଢ଼ିଲେ ଏବଂ ସ୍ତ୍ରୀ ମାଗାଜିନ୍‌କୁ ପିଠିକରି ଶୋଇଲେ।

ପରେ ବିଜୁଳିଟିକୁ ଲିଭାଇ ଦେଲେ ଏବଂ ଇତି ମଧରେ ମଞ୍ଚ ମଧ୍ୟ ଅନ୍ଧକାର ହେଲା। ଚତୁର୍ଥ ଦୃଶ୍ୟରେ ସକାଳ ହେବା ପୁଣି ସ୍ୱାମୀ ରେଡ଼ି ହୋଇ ଅଫିସ ଯିବାର ଚିରାଚରିତ ଘଟଣା ଦେଖାଇ ଦିଆଯାଇଛି ଏହି କଥାବସ୍ତୁ ମାଧ୍ୟମରେ।

ଗୁରୁଶିଷ୍ୟ

ଶ୍ରୀଯୁକ୍ତ ପାଣିଗ୍ରାହୀ ଏହାକୁ ଅନାଟକ ପର୍ଯ୍ୟାୟରେ ଗ୍ରହଣ କରିଛନ୍ତି। ୧୯୭୩ ମସିହା 'ସଂବିତ୍' ପତ୍ରିକାର ନବବର୍ଷ ସଂଖ୍ୟାରେ ଏହା ପ୍ରକାଶ ପାଇଥିଲା। ଏହାକୁ 'ସଂଳାପ ବିହୀନ ଅନାଟକ' ପର୍ଯ୍ୟାୟରେ ନିଆଯାଇପାରେ।

୧୯୭୩ ମସିହା ପରେ ଶିକ୍ଷାଦାନ-ପଦ୍ଧତି ବିଧ୍ୱସ୍ତ ହୋଇପଡ଼ିଥିଲା। ଅଧ୍ୟାପକ ଏବଂ ଛାତ୍ରଙ୍କ ମଧ୍ୟରେ ଭାବବିନିମୟ ଠିକ୍ ହୋଇପାରୁନଥିଲା। ଫଳରେ ଶିକ୍ଷା ବାଧାପ୍ରାପ୍ତ ହେଉଥିଲା। ଏ ଯୁଗର ଛାତ୍ର ଅତ୍ୟାଧୁନିକ ଜ୍ଞାନ ଚାହୁଁଥିଲେ କିନ୍ତୁ ଅଧ୍ୟାପକମାନେ ଥିଲେ ସଂପୂର୍ଣ୍ଣ ଅକ୍ଷମ। ଯାହାଫଳରେ ଶ୍ରେଣୀଗୃହରେ ବହୁ ବିଶୃଙ୍ଖଳା ଦେଖାଦେଉଥିଲା। ତେଣୁ ସେହି ସମୟର ସେହି ବିଶୃଙ୍ଖଳାର ନାଟ୍ୟରୂପ 'ଗୁରୁଶିଷ୍ୟ' ଅଟେ। ଏହାର ଚରିତ୍ର ହେଲେ ଜଣେ ଗୁରୁ, ଏକ ଶହ ସତାଇଶ ଜଣ ମୃତଛାତ୍ର ଏବଂ ଜଣେ ଜୀବନ୍ତ ଛାତ୍ର। ନାଟକର ଆରମ୍ଭରେ ଗୁରୁ ଶ୍ରେଣୀରେ ପ୍ରବେଶ କରି ଚେୟାର ଉପରେ ବସିଲେ ଏବଂ ଉପସ୍ଥାନ ଆରମ୍ଭ କଲେ।

ଆଉ ଜଣେ ମୃତଛାତ୍ର: (ତଳେ ଜୋତା ଘୋଷାରି ଶବ୍ଦ କଲେ)।

ଜଣେ ମୃତ ଛାତ୍ର: (ହୁଇସିଲ୍ ମାରିଲେ)

ଆଉ ଜଣେ ମୃତ ଛାତ୍ର: (ଦୁଇଥର କ୍ଲାସ୍ ଭିତରକୁ ପଶିଲେ ଓ ବାହାରିଲେ)

ଗୁରୁ - (ମୁଣ୍ଡ ଟେକିଲେ)

କୋରସ୍ - ହୋଃ-ହୋଃ-ହୋଃ-ହୋଃ-ହୋଃ

ଗୁରୁ - (ପୁଣି ମୁଣ୍ଡ ପୋତିଲେ ଓ କଲମଟିକୁ ଉପସ୍ଥାନ ଖାତା ଉପରେ ଆସ୍ତେ ବନ୍ଦ କରି ରଖିଦେଲେ)

କୋରସ୍ - ହୋଃ-ହୋଃ-ହୋଃ-ହୋଃ-ହୋଃ
ଗୁରୁ - (ପକେଟରୁ ରୁମାଲ୍ ବାହାର କରି ଝାଳ ପୋଛିଲେ।"[୩୮]

ତାପରେ ହଠାତ୍ ଗୁରୁ ଠିଆ ହେଲେ। ଶିଷ୍ୟମାନେ 'ଶଳା ରାଗିଗଲେଣିବେ' ମୁଦ୍ରାରେ ଗାଳି ଦେଲେ। ତିନି ଜଣ ମୃତଛାତ୍ର ଧସ୍ତାଧସ୍ତି ହେଲେ । ଜଣେ ମୃତଛାତ୍ର ଡାହାଣପଟୁ ବାଁ ପଟକୁ ଯାଇ ଜଣେ ଝିଅ ସାଙ୍ଗରେ କଥାବାର୍ତ୍ତା କରିବା ପୂର୍ବରୁ ତାର ବେଣୀ ଟାଣିଦେଲେ। ଗୁରୁ ଡ୍ରିଲ୍ କଲା ଭଳି ଡାହାଣକୁ ଚାହିଁଲେ। ମୃତ ଝିଅମାନଙ୍କ ଭିତରେ କଳରବ, ଚାପା ହସ, ଏବଂ ପାଶ୍ଚାତ୍ୟଦର୍ଶନର ଠାଣୀ। ତିନିଜଣ ମୃତ ଛାତ୍ର କୋରସ୍ ହୁଇସିଲ୍ ମାରିଲେ। ଦୁଇଜଣ ମୃତ ଝିଅ ଉଠି ଖୁବ୍ ଜୋର୍‌ରେ କ୍ଲାସରୁ ଚାଲିଗଲେ। ଗୁରୁ ଠିଆ ହୋଇ ଚୌକିଟାକୁ ଶବ୍ଦ କରି ପଛକୁ ଠେଲିଦେଲେ ଯେମିତି ସେତିକିରେ ସେ ଜଣାଇ ଦେବାକୁ ଚାହାନ୍ତି ତାଙ୍କର କ୍ରୋଧ। ପଛବେଞ୍ଚର ଦୁଇଜଣ ମୃତଛାତ୍ରୀ ଆଃ କରି ଚିତ୍କାର କଲେ। ଗୁରୁ ହାତମୁଠା କରି ଟେକିଲେ। ସବୁ ଛାତ୍ରୀ ଉଠି ବାହାରକୁ ପଳେଇ ଗଲେ। ଦଳେ ଛାତ୍ର ଟୋପି ଓ ଜୋତା ଉପରକୁ ଫୋପାଡ଼ିଲେ। ସେଗୁଡ଼ିକ ଫ୍ୟାନ୍ ଉପରେ ବାଜି ଇତସ୍ତତଃ ହୋଇ ବୁଲିଲେ ଓ ସେଗୁଡ଼ିକ ଆସି ଯେଉଁ ଜୀବନ୍ତ ଛାତ୍ରଟି ପ୍ରଥମ ବେଞ୍ଚରେ ବସିଥିଲା ତା' ଉପରେ ପଡ଼ିଲା ଇତ୍ୟାଦି।"[୩୯]

ଦଶମିନିଟର ଏହି ନିର୍ବାକ୍ ଅନାଟକର ବିଷୟବସ୍ତୁ ଗୋଟିଏ ସମୟର ଓଡ଼ିଶାର ବିପର୍ଯ୍ୟସ୍ତ ଶିକ୍ଷା ପ୍ରଣାଳୀର ଚିତ୍ର ଦିଏ। ଏହି ସମୟରେ ଛାତ୍ର ବିଶୃଙ୍ଖଳା, ହିଂସାକାଣ୍ଡ, ଛୁରାମାଡ଼, ପରୀକ୍ଷାରେ କପି ଇତ୍ୟାଦି ହେଉଥିବାର ସମୟ। ଏହି ପ୍ରେକ୍ଷାପଟରେ ଏହି ନାଟକଟି ରଚିତ।

ଟୁଆଁଟୁଇଁ

ରମେଶ ପ୍ରସାଦ ପାଣିଗ୍ରାହୀ ଲିଖିତ 'ଟୁଆଟୁଇଁ' ଏକ ପୂର୍ଣ୍ଣାଙ୍ଗ ଅଣୁନାଟକ। ଏହା ଆଠଟି ଦୃଶ୍ୟରେ ବିଭକ୍ତ। ପ୍ରାଚୀନ ଲୋକକଥା ଓ କାହାଣୀରେ ଟୁଆଁ ଟୁଇଁ ସରଳିଆ ଦଂପତିଙ୍କ ନାମ। ଏମାନେ ସେ ସମୟରେ ବାଘମାମୁଙ୍କୁ ଗୋଡ଼ିମିଶା ଚକୁଳି ଦେଇ ଠକି ଦେଇଥିଲେ ଏବଂ ସମୟକ୍ରମେ ସେମାନେ ପ୍ରସିଦ୍ଧ ହୋଇ ଯାଇଥିଲେ। କିନ୍ତୁ ଏହି ଅଣୁନାଟକରେ କିଶୋର କିଶୋରୀମାନଙ୍କ ଯୌନ ଖେଳ, ଟୁଇଁର ଗର୍ଭ ହେବା, ବାଘମାମୁ ଭଳି ସମାଜର ଡର ଓ ଗର୍ଭପାତ ଘଟଣାଟିକୁ ଅତି ସରଳ ଲୋକଶୈଳୀରେ ଉପସ୍ଥାପନ କରାଯାଇଅଛି। ଏହାର ସମୟ ୧୦ ରୁ ୧୫ ମିନିଟ୍ ଅଟେ। ଏହାର ପ୍ରଥମ ଦୃଶ୍ୟରୁ ଉଦାହରଣଟିଏ ଦିଆଯାଇପାରେ।

ଟୁଇଁ -ମୁଁ ହେଲି ଟୁଇଁ

ଟୁଆଁ - ମୋ ନା ଟୁଆଁ
ଟୁଇଁ - ଆମେ ହେଲୁ ବାହା
ଟୁଆଁ - ଆହା, ଆହା, ଆହା। (ବାହାଘରର ଟିକିରା ଓ ମହୁରୀ ବାଜିଲା ତାଳରେ ନିମ୍ନଲିଖିତ ସଂଳାପ କୁହାଯିବା)
ଟୁଇଁ - ଟୁଆଁରେ ଟୁଆଁ।
ଟୁଆଁ - କଥା ଶୁଣିବାକୁ ହେଇଚି ଠିଆ
ଟୁଇଁ - ରାତି ପାହିଯିବ ଠିଆରେ ଠିଆ
ଟୁଇଁ - ସୁଖୀ ପରିବାର ଦୁଇଟି ଛୁଆ।
ଟୁଆଁ - ବାହାରେ ବାହା
ଟୁଇଁ - ଟୁଆଁରେ ଟୁଆଁ ?
ଟୁଆଁ - ଟୁଇଁ ଦେଖିବାକୁ ଭାରିବଢ଼ିଆ
ଟୁଇଁ - ଖେଳ ନାହିଁ ଖାଲି ଅଛି ପଡ଼ିଆ। ହଇରେ ଟୁଆଁ
ଟୁଆଁ - ଶୁଭିଲାଣି ମତେ କୁଆଁରେ କୁଆଁ।[୪୦]

ଏହି ନାଟକରେ ସଂକ୍ଷିପ୍ତ ଭାବରେ ଟୁଆଁ ଟୁଇଁର ଶୈଶବ, ଯୌବନ ଆଦି ବର୍ଣ୍ଣନା କରାଯାଇଛି। ଟୁଆଟୁଇଁ ଦୁଇଜଣ ଯୌବନରେ ପଦାର୍ପଣ କରି ଏକ ରୋମାଞ୍ଚକ ବୈବାହିକ ଜୀବନଯାପନ କରିବାର ସ୍ୱପ୍ନ ଦେଖୁଛନ୍ତି ତୃତୀୟ ଦୃଶ୍ୟରେ ସେମାନେ ଶୋଇ ଶୋଇ ଭବିଷ୍ୟତର ସ୍ୱପ୍ନ ଦେଖୁଥିଲା ବେଳେ ଯେଉଁ ଘଟଣା ହଠାତ୍ ଘଟିଛି ତାହା ହେଉଛି–

ଟୁଇଁ - ବାଘ ମାମୁ ଆସି ସେ ସ୍ୱପ୍ନ ଭାଙ୍ଗି ଦେଲା।
ଟୁଆଁ - ଆମେ ଅନ୍ଧାର ଭିତରେ ବାନ୍ଧି ହୋଇଗଲେ।
ଟୁଇଁ - କାରଣ ଆଲୋକକୁ ଆମର ଅନେକ ଡ଼ର।
ଟୁଆଁ - ଅନ୍ଧାର ଆମ ଦେହରେ ନେସି ହୋଇ ଯାଇଛି।
ଟୁଇଁ - (ଦୀର୍ଘଶ୍ୱାସ) ହଁ ଆମେ ବନ୍ଦୀ।

ପଞ୍ଚମ ଦୃଶ୍ୟରେ ସେଇ ସମାନ ବାଘମାମୁ ବେଶରେ ଆସି ଏମାନଙ୍କ ସୁଖରୁ ଭାଗ ମାଗିଲା। ଏମାନେ ନିଜ ସୁଖରୁ ଦେବାପାଇଁ ରାଜି ହୋଇ ନଥିଲେ। ଦୁହେଁ ଲୁଚିବାର ବୃଥା ପ୍ରୟାସ ମଧ୍ୟ କରିଛନ୍ତି। ଷଷ୍ଠ ଦୃଶ୍ୟରୁ ସେମାନେ ଜାଣିଲେ ଯେ ବାଘମାମୁ ପାଇଁ ଯେଉଁ ଭୟ ଅଛି ସେଇ ଭୟରୁ ମୁକ୍ତି ନାହିଁ ଏବଂ ବାଘମାମୁ ତାଙ୍କୁ ଧରି ନେଇ ସପ୍ତମ ଦୃଶ୍ୟରେ ମଝିଦାଣ୍ଡରେ କଚାଡ଼ି ଦେଇଚି ଏବଂ ସେ ଅଦୃଶ୍ୟ ହୋଇଯାଇଛି। ତାପରେ ଦୁହେଁ ଖୁସିରେ କାଳାତିପାତ କରିଛନ୍ତି। ଏଥିରେ ସମାଜ

ପାଇଁ ସାଙ୍କେତିକ ଭାଷା ଦର୍ଶାଇ ଦୈନନ୍ଦିନ ଜୀବନର କାର୍ଯ୍ୟକଳାପକୁ ସ୍ଥାନ ଦିଆଯାଇଛି।

ସତ ହେଲେ ବି ଗପ

ନାଟ୍ୟକାର ଶ୍ରୀଯୁକ୍ତ ପାଣିଗ୍ରାହୀ ଏହାକୁ ଏକ ପୂର୍ଣ୍ଣାଙ୍ଗ ଅଣୁନାଟକ ନାମରେ ନାମିତ କରିଛନ୍ତି। ନାଟକ 'ସତ ହେଲେ ବି ଗପ' 'ଅର୍ପିତା' ପତ୍ରିକାର ଜାନୁଆରୀ ସଂଖ୍ୟା ୧୯୭୬ରେ ପ୍ରକାଶ ପାଇଥିଲା। ସତ ହେଲେବି ଗପରେ ଗୋଟିଏ ଦାମ୍ପତ୍ୟ ଜୀବନର ପ୍ରାକ୍ ଓ ଉତ୍ତର ରୂପକୁ ସାଙ୍କେତିକ ରୂପରେ ବର୍ଣ୍ଣନା କରାଯାଇଛି। ଏହି ଅଣୁନାଟକର ଅଭିନୟ ସମୟ ୧୫ ମିନିଟ୍ ହୋଇପାରେ। ଏହି ନାଟକ ଅଭିନୟ ବେଳେ ସ୍ଥାନ, ସାଙ୍ଗରେ ଜୀବନ ଓ ସମୟର ମଧ୍ୟ ପରିବର୍ତ୍ତନ ଲକ୍ଷ୍ୟ କରାଯାଏ। ଏଥିରେ ଦୁଇଟି ଚରିତ୍ର ରହିଛି ଗୋଟିଏ ପୁଅ ଆଉ ଗୋଟିଏ ଝିଅ।

ପ୍ରଥମ ଦୃଶ୍ୟ

(ଗୋଟିଏ ନିରୋଳା ସ୍ଥାନ: ଗୋଟିଏ ପୁଅ, ଗୋଟିଏ ଝିଅ)

ପୁଅ -ତମ ନାଁ?

ଝିଅ -ଅନନ୍ତା। ତମର?

ପୁଅ -ପ୍ରବୀର, ମୁଁ ତୁମକୁ ଭଲପାଏ।

ଝିଅ -ମୁଁ ଜାଣେ।

ପୁଅ -ତା' ହେଲେ ଡ଼େରି କାହିଁକି? ଆଜି ଫାଷ୍ଟ ସୋ।

ଝିଅ -ହଉ। (ଅନ୍ଧାର)

ଦ୍ୱିତୀୟ ଦୃଶ୍ୟ

(ସିନେମା ହଲ୍ : ଫିଲ୍ମ ଦେଖିଲାବେଳେ ଅନ୍ଧାରରେ)

ଝିଅ -ତମ ହାତ ଦିଟାକୁ ସଂଯତ କର।

ପୁଅ -କିଛି ଦିଶିବନି। ଅନ୍ଧାର

ଝିଅ -ସବୁ ଦେଖୁଛନ୍ତି

ପୁଅ -ଆମକୁ ନୁହେଁ ଫିଲିମ୍। [୪୧]

ତୃତୀୟ ଦୃଶ୍ୟ

(ଏକ ନିରୋଳା ସ୍ଥାନ)

ଝିଅ -କାଲି ବୋଉ ଜାଣି ପାରିଚି

ପୁଅ -କ'ଣ କରିବା?

ଝିଅ -ବାହା ହୋଇଯିବା।

ପୁଅ – ଆମ ଘରେ ରାଜି ହେବେନି

ଝିଅ – ତାହେଲେ ?

ପୁଅ – ଆମେ ଲୁଚି ପଳେଇବା।

ଝିଅ – କେବେ ?

ପୁଅ – ଆଜି ରାତିରେ

ଝିଅ – ଚାଲ। ଆମର ଗୋଟିଏ ସୁନ୍ଦର ପୃଥିବୀ ଦରକାର ଯେଉଁଠି ଈର୍ଷା ନଥିବ।

ପୁଅ – ସେଇଠି ମୁଁ ତୁମକୁ ଦେଖୁଥିବି।

ଝିଅ – ଏବଂ ମୁଁ ତମକୁ। [୪୨]

ତାପରେ ସେମାନେ ବିବାହ ବନ୍ଧନରେ ବାନ୍ଧି ହୋଇଛନ୍ତି। ୟା' ଭିତରେ ପାଞ୍ଚ ବର୍ଷ ବିତିଯାଇଛି। ଜୀବନ ଜଞ୍ଜାଳ ଭିତରେ ପେଷି ହୋଇ ସେମାନେ ଛଟପଟ ହୋଇଛନ୍ତି। ଦ୍ୱିତୀୟ ଅଙ୍କରୁ ଏହାର ଉଦାହରଣଟି ନିମ୍ନରେ ଦିଆଯାଇଛି।

ପୁଅ – ଅନେକ ଦିନ ହେଲା ସିନେମା ଯାଇନେ।

ଝିଅ – ଛୁଆଟାକୁ ଜର। ଔଷଧ ଆଣ। ବାବୁଲିର ସ୍କୁଲ ଡ୍ରେସ୍ କିଣା ହେବ।

ପୁଅ – ଓଃ କେତେ ସେଇ ଛୁଆ କଥା ବୁଝୁଥିବି ଯେ.... ?"[୪୩]

ଝିଅ – "ତମେ ଭୀଷଣ ଅଯୋଗ୍ୟ ତମକୁ ବାହା ହେବା ମସ୍ତ ବଡ଼ ଭୁଲ।

ଝିଅ – "ଗୋଡ଼ ଚିପି ଦେବି ?" ପ୍ଲିଜ୍ ଡ଼ୋଣ୍ଟ୍ ଟଚ୍ ମି !! [୪୪]

ପୁଅ – ବେଶୀ ବକ୍ ବକ୍ କଲେ ମୁଁ ଘର ଛାଡ଼ି ପଳେଇବି।

ପୁଅ – ପୁଅ ଚିଠି ଲେଖିଚି ତାର ଟଙ୍କା ଦରକାର ତମେ ସେଇଟାକୁ ଗେଲ ବସର କରି ନଷ୍ଟ କରିଦେଲ।"[୪୫]

ଏପରି ଭାବରେ ଜୀବନ ଅତିବାହିତ ହୋଇଚାଲିଛି ସମୟ ସହ ଏବଂ ପରିସ୍ଥିତି ବି ବଦଳୁଛି। ଦିନ ରାତି ଯେମିତି ଏକ ହୋଇ ଯାଉଛି। କଳ୍ପନାରୁ ବାସ୍ତବତାକୁ ଯିବାକୁ ଚାହିଁଲେ ବି ଯାଇ ହେଉନି। ଜୀବନର ସ୍ୱାଭାବିକତା ଯେପରି କ୍ଷୀଣ ହୋଇ ଆସୁଛି। ଗୋଟିଏ ପୁଅ ଆଉ ଝିଅର ଜୀବନଯାତ୍ରା ନିରୀହତାରୁ ଜୀବନର ଜଟିଳତା ପର୍ଯ୍ୟନ୍ତ ପରିବ୍ୟାପ୍ତ ହୋଇ ଶେଷ ହୋଇ ଯାଉଛି।

ଏ ପର୍ଯ୍ୟାୟ ଥିଲା ନାଟ୍ୟକାରଙ୍କର ନାଟକାବଳୀର କାଳାନୁକ୍ରମିକ ଆଲୋଚନା। ପ୍ରତିଟି ନାଟକରେ ରହିଛି ସାମାଜିକ ସମସ୍ୟା, ଯୁଗଯନ୍ତ୍ରଣାର ପରିଚୟ। ପୁଞ୍ଜିବାଦୀ ସମାଜରେ ସାଂସ୍କୃତିକ ମୂଲ୍ୟବୋଧର ସଂକଟ ଦେଖିବାକୁ ମିଳିଛି ନାଟକ 'ମୁକ୍ତିମଣ୍ଡପ'ରେ। ଆଧୁନିକ ଛଳନା ପ୍ରବଞ୍ଚନାର ଚିତ୍ର ଦେଖିବାକୁ ମିଳେ 'ମୁଁ ଆମ୍ଭେ

ଓ ଆମ୍ଭେମାନେ'ନାଟକରେ। ନାଟ୍ୟକାରଙ୍କର ପ୍ରତିଟି ନାଟକରେ ରହିଛି ଅସହାୟତା, ଦୁଃଖ, ଯନ୍ତ୍ରଣା, ହତାଶା, ବିଚ୍ଛିନ୍ନତାବୋଧ, ଅର୍ଥହୀନ, ଅନିଶ୍ଚିତତା ତଥା ଉଦ୍ଦେଶ୍ୟହୀନ ଦୃଷ୍ଟିଭଙ୍ଗୀ। ଓଡ଼ିଆ ସମାଜର ଅର୍ଥନୀତି ଓ ସ୍ୱାର୍ଥପରତା ଦେଖିବାକୁ ମିଳେ (ଶ୍ରୀ ଶ୍ରୀ ମହାଲକ୍ଷ୍ମୀପୂଜା), ମନସ୍ତାତ୍ତ୍ୱିକ ବିକୃତି ଓ ସ୍ୟାଡ଼ିଜିମ୍ (ପଶୁ), ମଧ୍ୟ ବୟସ୍କ ମଣିଷର ଯୌବନକୁ ଫେରିବାର ପ୍ରୟାସ (ବିଶ୍ୱମ୍ଭର ସେନାପତି ଓ ଦର୍ପଣ ଉପାଖ୍ୟାନମ୍), ଆଗକୁ ଯିବାପାଇଁ ଅନନ୍ୟୋପାୟ ହେଉଥିବା ଯୁବ ସଂପ୍ରଦାୟ (ବୁଦ୍ଧ), ସଭ୍ୟ ମଣିଷଙ୍କ ଭିତରେ ସଂପର୍କ ମାଲିକ ଓ ଭୃତ୍ୟର କେଉଁ ଆବହମାନ କାଳରୁ (ଉଡ଼ନ୍ତା ପାହାଡ଼ର ଦର୍ଜା) ଅନାହାର, ମରୁଡ଼ି ଓ ଛୁଆବିକ୍ରୀ (ଯାହା ସବୁ ବୁଝାପଡ଼େ ନାହିଁ) ଏବଂ ନୈତିକତା ବିହୀନ ଶାସନ ବ୍ୟବସ୍ଥାରେ ମୂଲ୍ୟବୋଧର ସଂକଟ (ରାସ୍ତାସବୁ ବନ୍ଦ) ପ୍ରଭୃତି କୃତି ଲେଖକର ସମ୍ଭାର ସମୁଦ୍ରଠାରୁ ଗଭୀର ଏବଂ ଆକାଶଠାରୁ ବିଶାଳ। ଏହି ସମାଜ ମଧ୍ୟରେ ଥାଇ ସମସ୍ତ ଯୁଗଯନ୍ତ୍ରଣାକୁ ସହ୍ୟକରି ନିଜସ୍ୱ କଳାତ୍ମକ ଅଭିବ୍ୟକ୍ତି ଦ୍ୱାରା ନୂତନତାର ସଞ୍ଚାର କରିଥାଏ ମଣିଷ।

(ଖ) ରମେଶ ପାଣିଗ୍ରାହୀଙ୍କ ନାଟ୍ୟ ବକ୍ତବ୍ୟରେ ନୂତନତାର ସଞ୍ଚାର

ନାଟ୍ୟ ବକ୍ତବ୍ୟ କବିତାର ବକ୍ତବ୍ୟଠାରୁ ପୃଥକ। ଉପନ୍ୟାସରେ ବର୍ଣ୍ଣନା ମାଧ୍ୟମରେ ବକ୍ତବ୍ୟକୁ ପ୍ରକାଶ କରିହୁଏ। କବିତାରେ ଶବ୍ଦବିଭବ ଏବଂ ରୂପକଳ୍ପ ଦ୍ୱାରା ବକ୍ତବ୍ୟ ଆଂଶିକ ଭାବେ ପ୍ରକଟିତ ହୁଏ। କିନ୍ତୁ ନାଟକରେ ବକ୍ତବ୍ୟକୁ ଚିହ୍ନିବା ସହଜ ବ୍ୟାପାର ନୁହେଁ। ରମେଶ ପାଣିଗ୍ରାହୀ ଜଣେ ନାଟ୍ୟ ନିର୍ଦ୍ଦେଶକ ହୋଇଥିବା ଯୋଗୁଁ ତାଙ୍କ ନାଟ୍ୟ ବକ୍ତବ୍ୟରେ ନୂତନତାର ପ୍ରମାଣ ହେଉଛି ତାଙ୍କ ନାଟକର ମୂଳମନ୍ତ୍ର।

ସାଧାରଣତଃ ନାଟକର ବକ୍ତବ୍ୟକୁ ସାମାଜିକ, ଆର୍ଥନୀତିକ ଏବଂ ରାଜନୈତିକ ବାର୍ତ୍ତା ରୂପେ ଗ୍ରହଣ କରାଯାଇପାରେ। ରମେଶ ପାଣିଗ୍ରାହୀଙ୍କ ନାଟକର ବକ୍ତବ୍ୟର ନୂତନତାକୁ ପାଠ କରିବାକୁ ହେଲେ ଏହି ବାର୍ତ୍ତାଗୁଡ଼ିକୁ ନୂତନତାର ସଂକେତ ହିସାବରେ ଗ୍ରହଣ କରାଯାଇପାରେ। ତାଙ୍କ ପ୍ରଥମ ନାଟକ 'ମୁକ୍ତିମଣ୍ଡପ' ଦୁଇଟି ପିଢ଼ି ମଧ୍ୟରେ ହୋଇଥିବା ଏକ ସଂଘର୍ଷର ପ୍ରତିରୂପ। ୧୯୬୩ ମସିହା ପରଠୁ ଓଡ଼ିଶାର ବହୁନାଟକରେ ପ୍ରେମବିବାହ ପ୍ରସଙ୍ଗଟି ମିଳିବ; କିନ୍ତୁ ନାଟ୍ୟକାର ପାଣିଗ୍ରାହୀଙ୍କ ବକ୍ତବ୍ୟରେ ନୂତନତା ହେଉଛି ଅଗ୍ରଗାମୀ ପୁଞ୍ଜିବାଦୀ ସମାଜରେ ସାଂସ୍କୃତିକ ମୂଲ୍ୟବୋଧର ସଂକଟ। ସେଠାରେ ପ୍ରେମ ମଧ୍ୟ ଏକ ବିକ୍ରି ଯୋଗ୍ୟ ପଣ୍ୟ ଦ୍ରବ୍ୟ। ଜମିଦାର ପରିବାରରେ ଗରିବ ବ୍ରାହ୍ମଣ ଘରୁ ଝିଅଟିଏ ଆସି ବୋହୂ ଭାବରେ ଚଳିବାର ଅଧିକାର ପାଇ ନାହିଁ। ଏଥିପାଇଁ ପୁଅ ତେଜ୍ୟ ପୁତ୍ର ହୋଇ ଘରୁ ଚାଲିଯାଇଛି। ଏପରି ଏକ ବକ୍ତବ୍ୟ ସେ ସମୟର ନାଟକମାନଙ୍କ ମଧ୍ୟରେ ନୂତନ।

'ବିନ୍ଦୁ ଓ ବଳୟ' ନାଟକରେ ଗୋଟିଏ ଗ୍ରାମାଞ୍ଚଳର ଡାକବଙ୍ଗଳାକୁ କେନ୍ଦ୍ରକରି କାହାଣୀଟି ଗଢ଼ି ଉଠିଛି। ମାଳିନୀ ଏହି ନାଟକର ମୁଖ୍ୟ ନାୟିକା। ଗରିବ ଘରର ବିଧବା ଝିଅ ସେ। ମାଳିନୀ ସୀତାଂଶୁ ସାଙ୍ଗରେ ଚାଲି ଆସି ଡ଼ାକବଙ୍ଗଳାରେ ରହିଛି। ପତ୍ନୀ ଓ ସନ୍ତାନ ନଥିବା ଡାକବଙ୍ଗଳାର ବୃଦ୍ଧ ଚୌକିଦାର ବଂଶୀ ମାଳିନୀକୁ ଝିଅ ପରି ପାଳିଛି। ନାୟକ ସୀତାଂଶୁର ବାପା ଜମିଦାର ଗୁଣ୍ଡା ଲଗାଇ ମାଳିନୀକୁ ଅପହରଣ କରିନେଇଛି। ନାଟକ ଶେଷରେ ମାଳିନୀ ଦର୍ଶକମାନଙ୍କୁ ଗୋଟିଏ ପତ୍ର ମାଧ୍ୟମରେ କହିଛି ଯେ, ସେ ଆତ୍ମହତ୍ୟା କରିବାକୁ ଯାଉଛି। ଆହୁରି ମଧ୍ୟ ସେ କହୁଛି ଯେ ତାହାର ମୃତ୍ୟୁ ପାଇଁ କୌଣସି ବ୍ୟକ୍ତି ସମବେଦନା ଜଣାଇବା କିମ୍ବା ଲୁହ ଗଡ଼ାଇବା ଆବଶ୍ୟକ ନାହିଁ।

ଏହା ଏକ ସାଧାରଣ ଉକ୍ତି ନୁହେଁ ଏହା ଜର୍ମାନ-ନାଟ୍ୟକାର ବର୍ଟୋଲଡ଼୍ ବ୍ରେଖଟ୍‌ଙ୍କର ନାଟ୍ୟ ଚିନ୍ତନର ଅଂଶବିଶେଷ। ବ୍ରେଖଟ୍ କୁହନ୍ତି ନାଟକ ଦେଖି ଦର୍ଶକମାନେ କାନ୍ଦିବା ହସିବା କିମ୍ବା କରତାଳି ଦେଇ ଅଭିଭୂତ ହେବା ବାଞ୍ଛନୀୟ ନୁହେଁ। ବରଂ ସେମାନେ ନାଟକର କାହାଣୀଠାରୁ ଦୂରରେ ରହି ନାଟକର ବିଷୟବସ୍ତୁକୁ ତର୍ଜମା କରବା ଆବଶ୍ୟକ। 'ବିନ୍ଦୁ ଓ ବଳୟ'ର ନାୟିକା ଦର୍ଶକମାନଙ୍କୁ ଲୁହ ଗଡ଼ାଇବା ପାଇଁ ମନା କରିଛନ୍ତି। ୧୯୬୫ ମସିହାରେ ମଞ୍ଚସ୍ଥ ହୋଇଥିବା 'ବିନ୍ଦୁ ଓ ବଳୟ'ର ସମସାମୟିକ ନାଟକଗୁଡ଼ିକରେ ବ୍ରେଖଟୀୟ ନାଟ୍ୟଧର୍ମର ପ୍ରୟୋଗ ଓଡ଼ିଶାରେ ହୋଇନାହିଁ। ମନୋରଞ୍ଜନ ଦାସ, ବିଜୟ ମିଶ୍ର, କିମ୍ବା ବିଶ୍ୱଜିତ୍ ଦାସଙ୍କ ନାଟକରେ ବ୍ରେଖଟୀୟ ଚିନ୍ତାଧାରା ସେତେବେଳକୁ ପ୍ରବେଶ କରିନଥିଲା । ଏହି ଦୃଷ୍ଟିରୁ ରମେଶ ପାଣିଗ୍ରାହୀଙ୍କ ନାଟ୍ୟ ବକ୍ତବ୍ୟରେ ଆସିଥିବା ଏହି ପାଶ୍ଚାତ୍ୟ ଚିନ୍ତାଧାରା ନିଶ୍ଚିତ ଭାବରେ ନୂତନତାର ସଂକେତ ବହନ କରୁଛି।

କାହାଣୀ ଦୃଷ୍ଟିରୁ ବିଚାର କଲେ ନାଟ୍ୟକାର ରମେଶ ପାଣିଗ୍ରାହୀଙ୍କର ପ୍ରତ୍ୟେକ ନାଟକ ସମସାମୟିକ ଓଡ଼ିଆ ନାଟକମାନଙ୍କଠାରୁ ଅଲଗା। କାହାଣୀ ସଂଯୋଜନା, ଚରିତ୍ର ଚିତ୍ରଣ, ସଂଳାପ ରଚନା ଏବଂ ସେଗୁଡ଼ିକର ଦୃଶ୍ୟ ସଂଯୋଜନାରେ ନୂତନତ୍ୱ ପରିଲକ୍ଷିତ। ପରବର୍ତ୍ତୀ ନାଟକ 'ହେ ପୃଥିବୀ ବିଦାୟ'ରେ ଜଣେ ସ୍ୱାଧୀନତା ସଂଗ୍ରାମୀ ସ୍କୁଲ ଶିକ୍ଷକ କିପରି ପୁଞ୍ଜିବାଦୀ ସମାଜରେ ଅବହେଳିତ ହୋଇ ଅଗଷ୍ଟ ୧୫ ତାରିଖ ଦିନ ମୃତ୍ୟୁବରଣ କରିଛନ୍ତି, ତାହାର ଏକ ନିଖୁଣ ଚିତ୍ର ପ୍ରଦାନ କରାଯାଇଛି। ଏହି ନାଟକରେ ଧନତାନ୍ତ୍ରିକ ସମାଜ ଓ ମଣିଷର ଆଧ୍ୟାତ୍ମିକ ବିପର୍ଯ୍ୟୟର କଥା କୁହାଯାଇଛି। ଭୋଗ ଓ ତ୍ୟାଗର ସଂଘର୍ଷ ଭିତରେ ସବୁବେଳେ ଆଦର୍ଶର ମୃତ୍ୟୁ ହୁଏ। ତା ସାଙ୍ଗରେ ମୃତ୍ୟୁ ହୁଏ ମାନବବାଦର। ଷଷ୍ଠ ଦଶକର ମଧ୍ୟଭାଗ, ସ୍ୱାଧୀନତା ପ୍ରାପ୍ତିର ପରବର୍ତ୍ତୀ

ସମୟରେ ଗଣତାନ୍ତ୍ରିକ ସ୍ୱପ୍ନମାନଙ୍କ ମଧ୍ୟ ଅପମୃତ୍ୟୁ ଘଟିଛି। କିନ୍ତୁ ସମସାମୟିକ ନାଟ୍ୟକାର ମନୋରଞ୍ଜନ ଦାସ ଏବଂ ବିଜୟ ମିଶ୍ରଙ୍କ ନାଟକରେ ଏଗୁଡ଼ିକର ଉଲ୍ଲେଖ ବିରଳ। ସ୍ୱର୍ଗତ ବିଶ୍ୱଜିତ ଦାସଙ୍କ ନାଟକରେ କିଛିମାତ୍ରାରେ ସାମାଜିକ ଆଦର୍ଶ ଓ ମୂଲ୍ୟବୋଧର କଥା କୁହାଯାଇଛି। କିନ୍ତୁ ବିଷୟ ବିନ୍ୟାସ ଓ ଉପସ୍ଥାପନ ଦୃଷ୍ଟିରୁ ସେଗୁଡ଼ିକ ଅତ୍ୟନ୍ତ ସାଧାରଣ। 'ହେ ପୃଥିବୀ ବିଦାୟ' ଭଳି ଗୋଟିଏ ଶକ୍ତିଶାଳୀ ନାଟକ ଷଷ୍ଠ ଦଶକର ମଧ୍ୟଭାଗରେ ଲେଖା ଯାଇନାହିଁ।

ଏହାର ପରବର୍ତ୍ତୀ ନାଟକ ହେଉଛି 'କମଳପୁର ଡାକଘର'। ୧୯୬୭ ପର୍ଯ୍ୟନ୍ତ ଓଡ଼ିଆ ନାଟ୍ୟ ସମ୍ଭାରରେ ଡାକଘରକୁ ନେଇ ନାଟକ ଲେଖାଯାଇ ନଥିଲା। 'କମଳପୁର ଡାକଘର' ପ୍ରଖ୍ୟାତ ଚଳଚିତ୍ର ଅଭିନେତା ଓ ନାଟ୍ୟ ନିର୍ଦ୍ଦେଶକ ଶ୍ରୀ ଅଜିତ୍ ଦାସଙ୍କ ନିର୍ଦ୍ଦେଶନାରେ ଉତ୍କଳ ସଂଗୀତ ମହାବିଦ୍ୟାଳୟର ରଙ୍ଗମଞ୍ଚରେ ଅଭିନୀତ ହୋଇଥିଲା। ପରବର୍ତ୍ତୀ ସମୟରେ ଏହା ସର୍ବଭାରତୀୟ ନାଟ୍ୟ ମହୋତ୍ସବ ପାରାଦ୍ୱୀପଠାରେ ମଞ୍ଚସ୍ଥ ହୋଇଥିଲା। ଏହାର ଚରିତ୍ରଚିତ୍ରଣ ଏବଂ ଡାକଘରର ଜୀବନକୁ ନେଇ ରଚିତ କାହାଣୀ ଏବଂ ସତ୍ୟ ଓ ମିଥ୍ୟାର ସଂଘର୍ଷ ଓଡ଼ିଆ ନାଟକ ପାଇଁ ଏକ ଯୁଗାନ୍ତକାରୀ ଅନୁଭବ। ସମଗ୍ର ଭାରତୀୟ ନାଟ୍ୟ ସାହିତ୍ୟରେ ମଧ୍ୟ ଡାକଘରକୁ ଆଧାର କରି ନାଟକ ରଚନା କରାଯାଇନାହିଁ।

ଏହାର ପରବର୍ତ୍ତୀ ନାଟକ 'ମୁଁ ଆମ୍ଭେ ଓ ଆମ୍ଭେମାନେ' ୧୯୮୦ ମସିହାରେ ରଚିତ। ଏଥିରେ ସାମାଜିକ ଓ ରାଜନୈତିକ ସ୍ୱପ୍ନ ଏବଂ ପ୍ରଗତିର ସମ୍ଭାବନାମାନଙ୍କର ରାସ୍ତାଟି କଣ୍ଟକିତ ବୋଲି ଦର୍ଶାଯାଇଛି। ପ୍ରଗତି ଓ ସାମାଜିକ ବିକାଶରେ ଲକ୍ଷ୍ୟସ୍ଥଳକୁ ପହଞ୍ଚିବା ପାଇଁ ଯେଉଁ ବସ୍‌ଟି ଆସିବ ତାହା ଆସୁନାହିଁ। ବସ୍‌ଟିକୁ ସମସ୍ତେ ଅପେକ୍ଷା କରିଛନ୍ତି। ଅପେକ୍ଷା କରିବା ସମୟରେ ପରସ୍ପରଙ୍କ ପରିଚୟ ହୋଇଛି ଏବଂ ଜୀବନ ନାମକ ବସ୍‌ଷ୍ଟପ୍‌ରେ ପରସ୍ପର ସହିତ କ୍ଷଣସ୍ଥାୟୀ ସଂପର୍କ ସ୍ଥାପନ କରୁଛନ୍ତି। 'ମୁଁ ଆମ୍ଭେ ଓ ଆମ୍ଭେମାନେ' ଏକ ରୂପକାତ୍ମକ ନାଟକ। ଏଥିରେ ଜଣେ ସ୍କୁଲ ଶିକ୍ଷକ, ଜଣେ କବି, ଜଣେ ବିପ୍ଳବୀ, ଜଣେ ଦାର୍ଶନିକ, ଗ୍ରାମାଞ୍ଚଳର ଜଣେ ରାଜନୈତିକ ବ୍ୟକ୍ତିତ୍ୱ, ଜଣେ ଚଳଚ୍ଚିତ୍ର ଅଭିନେତ୍ରୀ ଚରିତ୍ର ରୂପେ ଆତ୍ମପ୍ରକାଶ କରିଛନ୍ତି। ଏମାନେ ଷଷ୍ଠ ଦଶକର ସାମାଜିକ ଓ ସାଂସ୍କୃତିକ ବଳୟର ଜଣେ ଜଣେ ପ୍ରତିନିଧି। ଏମାନଙ୍କ ଦ୍ୱାରା ସମାଜର ପ୍ରତିବିମ୍ବ ଆଂଶିକ ଭାବେ ପ୍ରତିଫଳିତ। ଗୋଟିଏ ସ୍ତରରେ ସେମାନେ ସାମାଜିକ, ଆର୍ଥିକ, ସାଂସ୍କୃତିକ ଓ ରାଜନୈତିକ ବାତାବରଣର ସଂକେତ ଚିହ୍ନ ରୂପେ ଓଡ଼ିଶାକୁ ଚିହ୍ନଟ କରିଛନ୍ତି। ଅନ୍ୟପଟେ ସମାନ୍ତରାଳ ଭାବରେ ସେମାନଙ୍କର ସ୍ୱପ୍ନ ଓ ସ୍ୱପ୍ନମାନଙ୍କର ବାସ୍ତବାୟନ ନାଟକର ମୁଖ୍ୟ ବକ୍ତବ୍ୟ ରୂପେ ରୂପାୟିତ କରାଯାଇଛି।

ସମସ୍ତଙ୍କର ଜୀବନରେ ଏକ ଅନ୍ତହୀନ ପ୍ରତିକ୍ରିୟା ଅଛି। ସତେ ଯେମିତି ସେମାନଙ୍କର ସ୍ୱପ୍ନର ଦିଗନ୍ତ ପାଖକୁ ନେଇଯିବା ପ୍ରତିଶ୍ରୁତିଟିଏ ଅଛି। ତାହା କେତେ ଅସ୍ପଷ୍ଟ ଓ କ୍ଷଣସ୍ଥାୟୀ ହୋଇପଡ଼ିଛି। ଏଣୁ ଏହି ନାଟକରେ ଏକା ସାଙ୍ଗରେ ସମାନ୍ତରାଳ ଭାବେ ଦୁଇଟି ଅର୍ଥ ପ୍ରତିଫଳିତ ହୋଇଛି। ଗ୍ରାମାଞ୍ଚଳର ଛକ ଉପରେ ଥିବା ଜଳଖିଆ ଦୋକାନ ସେମାନଙ୍କ ସଂପର୍କର ସୂତ୍ର।

ଓଡ଼ିଆ ନାଟ୍ୟ ଇତିହାସରେ 'ମୁଁ ଆମ୍ଭେ ଓ ଆମ୍ଭେମାନେ' ମନୋରଞ୍ଜନ ଦାସଙ୍କ 'ବନହଂସୀ', ବିଜୟ ମିଶ୍ରଙ୍କ 'ଶବବାହକମାନେ' ଓ ବିଶ୍ୱଜିତ୍ ଦାସଙ୍କ 'ନାଲିପାନ ରାଣୀ କଳାପାନ ଟିକା' ଏକା ବର୍ଷ (୧୯୬୮ରେ) ମଞ୍ଚସ୍ଥ ହୋଇଥିଲା। 'ମୁଁ ଆମ୍ଭେ ଓ ଆମ୍ଭେମାନେ'ରେ ବ୍ୟକ୍ତିର ଅନ୍ତର୍ଦାହ, ମୂଲ୍ୟବୋଧର ବିପର୍ଯ୍ୟୟ ଏବଂ ନିଃସଙ୍ଗତାବୋଧର ଚିତ୍ର ମିଳିବା ସଙ୍ଗେ ସଙ୍ଗେ ସାମଗ୍ରିକ ଭାବେ ସାମାଜିକ ପ୍ରକିୟା ଏବଂ ସାଂସ୍କୃତିକ ସଂଘର୍ଷଗୁଡ଼ିକର ଏକ ଚିତ୍ର ପ୍ରଦାନ କରିଛି।

ଏତଦବ୍ୟତୀତ ଗୋଟିଏ ଜଳଖିଆ ଦୋକାନ ଥିବା ଛକ, ଛକ ପାଖରେ ଗୋଟିଏ ବରଗଛ। ବରଗଛ ପଛପାଖେ ଛୋଟ ପୋଖରୀ ଏବଂ ସେଠାରେ ଜଳଖିଆ ଦୋକାନୀର ପୁଅ ଗୁରୁବାରିଆ ମାଛ ଧରିବାର ଦୃଶ୍ୟ ମଧ୍ୟ ଦେଖାଇ ଦିଆଯାଇଛି। ମାଛ ଧରିବାର ପ୍ରତୀକଟି ଜୀବନର ଅର୍ଥ ଖୋଜିବା ଏକ ରୂପକାତ୍ମକ ଚିତ୍ର। ଜଳଖିଆ ଦୋକାନରେ ଫୁଟୁଥିବା ତେଲ କଡ଼େଇଟି ଜୀବନ ନାମକ ଭାଣ୍ଡରେ ପ୍ରାଣୀମାନେ ଦଗ୍ଧିଭୂତ ହେଉଥିବା ଏକ ପ୍ରତୀକାତ୍ମକ ଚିତ୍ର ପ୍ରଦାନ କରିଛି।

ଏହି ନାଟକର ମଞ୍ଚସଜ୍ଜା ସଂପର୍କିତ ଚରିତ୍ରମାନଙ୍କ ଏକତ୍ରୀକରଣ ଏବଂ ବିଚିତ୍ରାନନ୍ଦ ଧରିଥିବା ପୋଷା ବିଲେଇ ଗୋଟିଏ ପ୍ରତୀକ। ବିଲେଇଟି ବିଚିତ୍ରାନନ୍ଦଙ୍କୁ ଧୋକା ଦେଇ ଚାଲିଯାଇଥିବା ପତ୍ନୀ ବନ୍ୟାଙ୍କୁ ପ୍ରତୀକିତ କରେ। ଏଠାରେ ବିଲେଇଟି ହେଉଛି ବନ୍ୟାର ସ୍ମୃତି ଯାହାକୁ ବୋଝ ଭଳି ବୋହି ଚାଲିଛନ୍ତି ବିଚିତ୍ରାନନ୍ଦ। ତାକୁ ଆଉଁସୁଛନ୍ତି ଏବଂ ତା ସହିତ କଥାବାର୍ତ୍ତା କରୁଛନ୍ତି। 'ଶବବାହକମାନେ' ଓ 'ନାଲିପାନ ରାଣୀ କଳାପାନ ଟିକା' ଗୋଟିଏ ଗୋଟିଏ ପରୀକ୍ଷାମୂଳକ ନାଟକ ହୋଇପାରନ୍ତି, କିନ୍ତୁ 'ମୁଁ ଆମ୍ଭେ ଓ ଆମ୍ଭେମାନେ' ବକ୍ତବ୍ୟର ନୂତନତା ନାଟକଟିକୁ ଏକ ଆଧୁନିକ ବିଦଗ୍ଧ ନାଟକ ରୂପେ ପରିଚିତ କରିଛି।

ଷଷ୍ଠ ଦଶକର ମଧ୍ୟଭାଗରେ ରଚିତ 'ଗୁଣ୍ଡା' ନାଟକ ନାଟ୍ୟକାର ରମେଶ ପାଣିଗ୍ରାହୀଙ୍କ ଅନ୍ୟ ଏକ ଅନବଦ୍ୟ ସୃଷ୍ଟି। ଏଥିରେ ଗୋଟିଏ ମଧ୍ୟବିତ୍ତ ସମାଜର ଅବହେଳିତ ପୁତ୍ର ବବୁଲୁ ଗୋଟିଏ ଗୁଣ୍ଡା ହୋଇ ବାହାରିଛି। ପାରିବାରିକ ସ୍ନେହର ଅଭାବ ବଳିଷ୍ଠ ମାନବର ଅବହେଳା ଏବଂ ରାଜନୀତିକ ପ୍ରଭାବ ବବୁଲୁକୁ ଏ ସମାଜର

ଏକ ଘୃଣ୍ୟ ଗୁଣ୍ଡା ରୂପେ ପରିଣତ କରିଦେଇଛି। ବିଭିନ୍ନ ସାମାଜିକ ହିଂସାକାଣ୍ଡ ସହିତ ସଂପୃକ୍ତ ହୋଇପଡ଼ିଛି ସେ। ଏହା ଏକ ଚାରିତ୍ରିକ ଅଧଃପତନ କି ? ତାହା ଏକ ପ୍ରଶ୍ନବାଚୀ ଠିଆ କରେଇଛି ଆମ ଆଗରେ। ବବୁଲୁ ଚରିତ୍ରଟିରେ ହିଂସା ଓ କ୍ରୋଧ ମୁଖ୍ୟ ଅବଲମ୍ବନ ହୋଇଅଛି। କିନ୍ତୁ ସେ ଗୋଟିଏ ସାମାଜିକ ଅଙ୍ଗୀକାର ଏବଂ ସତ୍ୟ କହିବାର ଆଦର୍ଶରେ ପ୍ରତିବଦ୍ଧ। ଏହି ଦୃଷ୍ଟିରୁ ଦେଖିବାକୁ ଗଲେ ବବୁଲୁ ଯେଉଁ ପ୍ରକାର ସ୍ନେହ ଓ ଆତ୍ମୀୟତା ପରିବାର ଓ ସମାଜ ପକ୍ଷରୁ ଆଶା କରିଛି ତାହା ନମିଳିବାରୁ ସେ ବିଦ୍ରୋହର ନିଆଁ ଭିତରେ ନିଜକୁ ଓ ଅନ୍ୟମାନଙ୍କୁ ଜାଳୁଛି।

'ଧୃତରାଷ୍ଟ୍ରର ଆଖି' ରେ ମିଥ୍ ପ୍ରୟୋଗର ସାମାନ୍ୟ ଆଭାସ ମିଳିଛି। ମଞ୍ଚଟି ପ୍ରତୀକାତ୍ମକ ଗୋଟିଏ ଆଗଘର ଓ ଗୋଟିଏ ପଛଘର। ଆଗଘରେ ସୀତାନାଥଙ୍କ ପରିବାରର କନିଷ୍ଠ ସଭ୍ୟମାନେ ଯାତୟାତ କରୁଛନ୍ତି। ସେଇଠି ଘରର ବୋହୂ ଘରକୁ ଆସିବା ଧନୀ ଯୁବକମାନଙ୍କୁ ଯୌନତାର ପ୍ରଲୋଭନ ଦେଖାଇ କିଛି ଅର୍ଥ ଆଦାୟ କରିବା ମତଲବରେ ଅଛି। ଝିଅ ବର୍ଷା ବର୍ଷକୁ ଦୁଇତିନିଥର ଜନ୍ମଦିନ ପାଳନ କରୁଛି ଖାଲି ବୟଫ୍ରେଣ୍ଡମାନଙ୍କ ଠାରୁ ଉପହାର ପାଇବା ପାଇଁ। ପୁଅ ସମ୍ବିତ ଚାରିଥର ବି.ଏ.ରେ ଫେଲ୍ ହୋଇ ରାସ୍ତା ଉପରେ ଝିଅମାନଙ୍କୁ ଦେଖି ହୁଇସିଲ ମାରୁଛି। ଭଉଣୀ ବର୍ଷାର ପ୍ରେମିକମାନଙ୍କୁ ଦେଖିଲେ ପଇସା ମାଗୁଛି ଏବଂ ସେହି ପଇସାରେ ନଗ୍ନଚିତ୍ର ଥିବା ମାଗାଜିନ୍ କିଣୁଛି।

ପଛଘରେ ଘରର ମୂରବୀ ଅବସରପ୍ରାପ୍ତ ସରକାରୀ କର୍ମଚାରୀ ଅନ୍ଧ ଧୃତରାଷ୍ଟ୍ର ଭଳି ବସିଛନ୍ତି। ଦାଣ୍ଡଘରେ ଚାଲିଥିବା ଆଧୁନିକ ସଭ୍ୟତାର ଲୀଳାଗୁଡ଼ିକୁ ସେ ଦେଖିଲେ ମଧ୍ୟ ସ୍ୱର ଉତ୍ତୋଳନ କରିବା ପାଇଁ ସାହସ ପାଉନାହାନ୍ତି। ଏଠାରେ ମଧ୍ୟ ଦୁଇଟି ପିଢ଼ିର ପାର୍ଥକ୍ୟ ଦେଖାଇ ଦିଆଯାଇଛି। ସତେ ଯେପରି ସଂଘର୍ଷ କୌରବ ଓ ପାଣ୍ଡବଙ୍କ ମଧ୍ୟରେ। ବଡ଼ପୁଅ ସନ୍ତାପ ମହାନ୍ତି ସେକ୍ରେଟେରିଏଟ୍‌ରେ କିରାଣି। ପିଲାଦିନେ ସନ୍ତାପ ଇଂରେଜୀ ମିଡ଼ିୟମରେ ପଢୁଥିଲା। ସେଠି ପ୍ରେମ ବିବାହ କରିଥିଲା ଗୋଟେ ଝିଅକୁ। ସେ ଝିଅ ଖୁବ୍ ବଡ଼ଘରର। କିନ୍ତୁ ତାକୁ କିରାଣି ସ୍ୱାମୀ ପସନ୍ଦ ହେଉନି ବୋଲି ସେ ମଧ୍ୟ ଚାକିରୀ କରିଛି। ଉଭୟଙ୍କ ପଇସାରେ ଘର ଚଳିଛି। ସ୍ୱପ୍ନ ଭଙ୍ଗ ଏବଂ ଦୀର୍ଘଶ୍ୱାସରେ ପ୍ରତିଦିନ ଅସନ୍ତୋଷର ବହ୍ନି ଜଳିଛି ସେମାନଙ୍କ ମଧ୍ୟରେ। ପ୍ରତିଦିନ ଝଗଡ଼ା ହୁଏ ସ୍ୱାମୀ ସ୍ତ୍ରୀଙ୍କ ମଧ୍ୟରେ। ସନ୍ତାପ ମହାନ୍ତି ଅଫିସରମାନଙ୍କ ଶୁଭଦୃଷ୍ଟିରେ ନଥିବା ଯୋଗୁଁ ଚାକିରୀରୁ ସସ୍‌ପେଣ୍ଡ ହୋଇଯାଇଛି। ସ୍ୱାମୀ ଓ ସ୍ତ୍ରୀ ଙ୍କ ମଧ୍ୟରେ ଝଗଡ଼ା ପାଇଁ ସୀତାନାଥଙ୍କୁ ଭଲଭାବରେ ଖାଇବାକୁ ମିଳୁନି। ଦିନେ ସୀତାନାଥଙ୍କ ସହିତ ସମ୍ବିତ୍ ମଜା କରୁକରୁ ଆଗଘରେ ସୀତାନାଥଙ୍କ ମୃତ୍ୟୁ ଘଟିଛି।

ଘରେ ସମସ୍ତେ ହାଲୁକା ଅନୁଭବ କରିଛନ୍ତି। ଯାହା ହେଉ ବୁଢ଼ାଟା ଚାଲିଗଲା। ମୁଣ୍ଡ ଉପରୁ ଗୋଟିଏ ବୋଝ ଗଲା। ସନ୍ତାପ ଭାବୁଛି ସେକ୍ରେଟେରିଏଟର ଫାଇଲ ଗଣ୍ଡାକ ଷଣ୍ଢ ଖାଇଗଲା ପରେ ଯେମିତି କାମ ହାଲୁକା ହୋଇଯାଏ ଯେମିତି ବାପା ମଲାପରେ ଘରଟା ହାଲୁକା ହୋଇଯାଇଛି। ସେମାନେ ବାପାଙ୍କ ଶବଟାକୁ କାନ୍ଧରେ ଧରି ଶ୍ମଶାନକୁ ନେବା କଥା, କିନ୍ତୁ ନେଇ ପାରୁନାହାନ୍ତି। ସେମାନଙ୍କୁ ଡର ଲାଗିଛି। ବାପା ସୀତାନାଥ ପୁରୁଣା ପରମ୍ପରାର ପ୍ରତୀକ। ପରମ୍ପରାକୁ ଜାଳି ଦେଇ ତାର ଶ୍ମଶାନ ଉପରେ ଆଧୁନିକତାର ଇମାରତ ଗଢ଼ିବା ପାଇଁ ସେମାନେ ସାହାସ କରି ପାରୁନାହାନ୍ତି। ତେଣୁ ଶବଟାକୁ ଧରି ସ୍ୱଷ୍ଟ ଆଲୋକରେ ଫ୍ରିଜ୍ ହୋଇ ଠିଆ ହୋଇଛନ୍ତି।

ପରମ୍ପରା ଓ ଆଧୁନିକତା ଭିତରେ ଏ ସଂଘର୍ଷ ବିଭିନ୍ନ ପ୍ରକାରର ସାଂସ୍କୃତିକ ସଂଘର୍ଷକୁ ମନେପକାଇ ଦିଏ। ଏହା ମଧ୍ୟ ଶ୍ରୀ ପାଣିଗ୍ରାହୀଙ୍କ ନାଟ୍ୟ ବକ୍ତବ୍ୟର ଏକ ନୂତନ ସ୍ୱର। ଏହାର ପରବର୍ତ୍ତୀ ନାଟକ 'ଦୁର୍ଘଟଣା ବଶତଃ' (୧୯୭୧)ର ନାଟ୍ୟ ସ୍ଥାନ ହେଉଛି ନର୍କ। ପ୍ରକୃତରେ ଏହା ଏକ ମାନସିକ ସ୍ଥିତି। ମଣିଷ ଆଧ୍ୟାତ୍ମିକ କେନ୍ଦ୍ରରୁ ବିଚ୍ୟୁତ ହେଲେ, ଭଗବାନଙ୍କ ଉପରୁ ସମସ୍ତ ବିଶ୍ୱାସ ହରାଇ ଦେଇ ପ୍ରବଳ ମାନସିକ ଦ୍ୱନ୍ଦମାନଙ୍କୁ ସାମ୍ନାକରି ନିଜ ମନକୁ ନର୍କରେ ପରିଣତ କରିଦିଏ । ଏହିପରି ଏକ ମାନସିକ ନର୍କର ଅଧିବାସୀ ହେଉଛନ୍ତି ଜଣେ ମନ୍ତ୍ରୀ ଭାଗିରଥି ସାମନ୍ତରାୟ। ସେ ପତ୍ନୀଙ୍କୁ ହରାଇ ବସିଛନ୍ତି। ପରେ ପୁଅଟି ମଧ୍ୟ ହିପ୍ପି ହୋଇଯାଇଛି। ସେ ବାପାଙ୍କର ସମସ୍ତ ରାଜନୈତିକ ଅଧିକାର ଓ ସମ୍ପତ୍ତିର ପ୍ରାଚୁର୍ଯ୍ୟକୁ ଅସ୍ୱୀକାର କରି ଗଞ୍ଜେଇ ଖାଇ ବୁଲିଛି। ଆଉ ଜଣେ ନର୍କବାସୀ ହେଲେ ଶିଳ୍ପୀପତି ସୌଭାଗ୍ୟ ଦାସ ମହାପାତ୍ର। ପତ୍ନୀଙ୍କ ସହ ତାଙ୍କର ପଡ଼େନି। କୌଣସି ଅତୀତରେ ପତ୍ନୀଙ୍କର ପିତା ଜଣେ ପୋଲିସ୍ ଡି.ଆଇ.ଜି. ନିଜର କନ୍ୟାକୁ ଭାଗିରଥୀ ସାମନ୍ତରାୟଙ୍କ ପାଖକୁ ରାତ୍ରିଯାପନ ପାଇଁ ପଠେଇ ଦେଇଥିଲେ। ନିଜେ ପ୍ରମୋସନ୍ ପାଇଛନ୍ତି ପରବର୍ତ୍ତୀ ସମୟରେ ମନ୍ତ୍ରୀ ଭାଗିରଥିଙ୍କ ହିପ୍ପି ପୁତ୍ର ସହିତ ତାଙ୍କର ଯୌନ ସଂପର୍କ ସ୍ଥାପିତ ହୋଇଛି। ଏକଥା ଜାଣିଲା ପରେ ସୌଭାଗ୍ୟ ଦାସମହାପାତ୍ର ପତ୍ନୀଙ୍କୁ ବେଲ୍ଟରେ ପିଟିପିଟି ମାରି ଦେଇଛନ୍ତି ଓ ନିଜେ ମାନସିକ ଅସ୍ଥିରତା ଭିତରେ ଖୁବ୍ ଯୋରରେ ଗାଡ଼ି ଚଲାଇ ପାହାଡ଼ ଉପରେ ଆକ୍ସିଡ଼େଣ୍ଟରେ ମୃତ୍ୟୁବରଣ କରିଛନ୍ତି। ସେ ମଧ୍ୟ ମୃତ୍ୟୁ ପରେ ନର୍କକୁ ଆସୁଛନ୍ତି। ସେଇଠି ପତ୍ନୀଙ୍କ ସହ ଦେଖା ହେଉଛି। ସେହି ନର୍କକୁ ଆସୁଛନ୍ତି ଜଣେ ଆଧ୍ୟାତ୍ମିକ ବାବା। ଅନ୍ୟକୁ ସ୍ୱର୍ଗରେ ବାଟ ଦେଖାଇ ଦେଖାଇ ସେ ନିଜେ ଆସି ନର୍କରେ। ନର୍କକୁ ଆସିଛି ଆଉ ଜଣେ ନକ୍ସଲପନ୍ଥୀ ବିଦ୍ରୋହୀ ଜୟନ୍ତ ମହାପାତ୍ର। ଏମାନଙ୍କର ନର୍କ

ତିଆରି ହୋଇଛି ପରସ୍ପରକୁ ଭଲ ପାଇବାର ଅକ୍ଷମତା ଯୋଗୁଁ। ଏମାନଙ୍କ ଯୁକ୍ତି ଆସିବ ଜଗନ୍ନାଥୀୟ ମୈତ୍ରୀ ଚେତନାରେ।

ସମଗ୍ର କାହାଣୀରେ ଅଣରୈଖିକ ଏବଂ ଏହାର ଘଟଣାଗୁଡ଼ିକର କୌଣସି କ୍ରମିକତା ନାହିଁ। ଏପରି ଏକ ନାଟକ ଓଡ଼ିଆ ନାଟ୍ୟ ସାହିତ୍ୟରେ ଲେଖାଯାଇନାହିଁ। କାହାଣୀ ବିନ୍ୟାସ, ଭାବକଳ୍ପ ଓ ମଞ୍ଚ ଉପସ୍ଥାପନା ସୃଷ୍ଟିରେ ଏହା ମଧ୍ୟ ନୂତନ ବକ୍ତବ୍ୟ। 'ଦୁର୍ଘଟଣାବଶତଃ' ନାଟକଟି ମଧ୍ୟ ବଙ୍ଗଳା ଭାଷାରେ ଅନୁଦିତ ହୋଇଅଛି। ଏହାର ପରବର୍ତ୍ତୀ ନାଟକ ସେହି ୧୯୭୧ ମସିହାରେ ଲିଖିତ 'ଜଣେ ମହାପୁରୁଷଙ୍କ ଜନ୍ମମୃତ୍ୟୁ ସଂପର୍କରେ'। ନାଟକରେ ଜୀବନ ଓ ମୃତ୍ୟୁର ଅର୍ଥ ଖୋଜୁଛନ୍ତି ଜଣେ ପ୍ରାଣୀ ବିଜ୍ଞାନ ବିଭାଗର ଅଧ୍ୟାପକ। ସେ ଗୋଟିଏ ଲୋକକଥାରୁ ଶୁଣିଛନ୍ତି ବର୍ଷାର ପ୍ରଥମ ପାଣିବିନ୍ଦୁ ବେଙ୍ଗମୁଣ୍ଡରେ ପଡ଼ିଲେ ତାହା ମଣି ହୋଇଯାଏ। ବେଙ୍ଗକୁ ଯେତେବେଳେ ସାପ ଗିଳିଦିଏ ସେତେବେଳେ ମଣିଟି ସାପ ମୁଣ୍ଡକୁ ଚାଲିଯାଏ ଏବଂ ବେଙ୍ଗଟି ସାପ ପେଟକୁ। ଅଧ୍ୟାପକ ରାତିରାତି ଅନିଦ୍ରା ରହି ଗାଡ଼ିଆ କୂଳ ଓ ଚାକୁଣ୍ଡା ବଣ ଭିତର ବୁଲି ମୁଣ୍ଡରେ ମଣିଥିବା ବେଙ୍ଗକୁ ଖୋଜୁଛନ୍ତି। କୋଡ଼ିଏ ପଚିଶିଟି ବେଙ୍ଗ ଧରି ଘରକୁ ବେଳକୁ ବେଳେବେଳେ ରାତି ୨ଟା ବାଜିଯାଏ। ଏହି ଗବେଷଣା କାର୍ଯ୍ୟକୁ ଅଧ୍ୟାପକ ଗତ ଏଗାର ବର୍ଷ ଧରି ଚଳାଇଛନ୍ତି। ଘରକୁ ଆଣିଥିବା ବେଙ୍ଗମାନଙ୍କୁ କାଟି ଦୂରବୀକ୍ଷଣ ଯନ୍ତ୍ରରେ ଦେଖି ମଣିଟିକୁ ଖୋଜୁଛନ୍ତି କିନ୍ତୁ ମଣିଟି ମିଳୁନି।

ଏହାରି ଭିତରେ ଏଗାର ବର୍ଷ ହେଲା ପତ୍ନୀଙ୍କ ସହ ଶାରୀରିକ ସମ୍ପର୍କ ତାଙ୍କର ନାହିଁ। ତେଣୁ ପତ୍ନୀଙ୍କର କୌଣସି ସନ୍ତାନ ନାହାନ୍ତି। ସେ ଦୁଇଟି ବେଙ୍ଗକୁ ସନ୍ତାନ ଭାବେ ଗ୍ରହଣ କରି ତାକୁ ନର୍ସରୀ ରାଇମସ୍ ଶିଖାଉଛନ୍ତି। ଏହାରି ଭିତରେ ଦିନେ ପ୍ରଫେସର ପତ୍ନୀ ମାଧବୀଙ୍କ ଜଣେ ପୁରୁଣା ପ୍ରେମିକ ଯିଏ କି ଏକ ଔଷଧ କମ୍ପାନୀର ଅଫିସର ବୀରଭଦ୍ର। ମାଧବୀଙ୍କର ମନେ ପଡ଼ିଛି ୧୫ ବର୍ଷ ତଳେ ଗୋଟିଏ ଭୋଜିଘରେ ଛାତ ଉପରେ ଖାଇଲା ବେଳେ ଦେଖା ହୋଇଥିଲା ବୀରଭଦ୍ରଙ୍କ ସହିତ। ବୀରଭଦ୍ର ମାଧବୀର ସ୍ୱାମୀଙ୍କ ବିଷୟରେ ଖବର ପାଇ ତାକୁ ପାଗଳ ବୋଲି ମନେ କରିଛି। ବୀରଭଦ୍ରଙ୍କୁ ତାଙ୍କ ଅଧ୍ୟାପକ ଚାକିରୀ ଭଲ ଲାଗିନାହିଁ। ତାଙ୍କୁ ଦିଗନ୍ତ ଭଲ ଲାଗେ, ଭଲ ଲାଗେ ଆକାଶ, ସମୁଦ୍ର ଓ ଅରଣ୍ୟ। ଔଷଧ କମ୍ପାନୀର ଅଫିସର ହୋଇ ସେ ସବୁଦିନ ଆକାଶ, ସମୁଦ୍ର ଓ ଅରଣ୍ୟମାନଙ୍କ ପାଇଁ ବିହ୍ୱଳ ହୋଇଥାଆନ୍ତି।

ମାଧବୀ ବୀରଭଦ୍ରଙ୍କୁ ରାତିକ ପାଇଁ ଅଟକାଇ ରଖନ୍ତି। ସେଦିନ ସ୍ୱାମୀ ନଥାନ୍ତି। ରାତି ୨ଟା ବେଳେ କବାଟ ନ ଖୋଲିବାରୁ ଖୋଲା ଝରକା ଦେଇ ଡ଼େଇଁ ଘର ଭିତରକୁ ପ୍ରବେଶ କରିଛନ୍ତି ଅଧ୍ୟାପକ। ଆବିଷ୍କାର କରନ୍ତି ବୀରଭଦ୍ର ତାଙ୍କ ଘରେ

ଶୋଇଛନ୍ତି। ଅଧ୍ୟାପକଙ୍କ ଦେହସାରା କାଦୁଅ ଏବଂ ବେକରେ କୋଡ଼ିଏ ପଚିଶିଟି ବେଙ୍ଗଙ୍କୁ ମାଳକରି ପକାଇଛନ୍ତି। ଦେହରୁ ତାଙ୍କର ପଙ୍କ ଗନ୍ଧ ବାହାରୁଛି। ମାଧବୀ ତାଙ୍କୁ ପ୍ରଥମେ ଗାଧୋଇବାକୁ କହିଛନ୍ତି।

ଅଧ୍ୟାପକ ସଫାସୁତୁରା ହୋଇ ଆସି ଆବିଷ୍କାର କରନ୍ତି ତାଙ୍କ ବେଡ୍‌ରୁମରେ ଜଣେ ଆଗନ୍ତୁକ। ତାଙ୍କୁ ହଠାତ୍ ସେ ଦେଖି ସନ୍ଦେହ କରିଛନ୍ତି। ଏହା ଭିତରେ ଉଠିଯାନ୍ତି ବୀରଭଦ୍ର। ମାଧବୀର ସ୍ୱାମୀକୁ ପାଗଳ ବୋଲି ମନେକରି। ଅଧ୍ୟାପକ ରାଗିଯାଇ ବୀରଭଦ୍ରଙ୍କୁ ଗୋଟିଏ ବେଙ୍ଗ ବୋଲି ଭାବି କୁହନ୍ତି ଯେ- 'ତମ ମୁଣ୍ଡରେ ସେ ମଣିଟା ଅଛି' ଏବଂ ଏହା କହିବା ପରେ ସେ ତାଙ୍କ ମୁଣ୍ଡଟାକୁ କାଟି ପକାନ୍ତି।

ସାଂପ୍ରତିକ ଗବେଷଣା ଉପରେ ଏହା କେବଳ ଏକ ବ୍ୟଙ୍ଗାତ୍ମକ ମନ୍ତବ୍ୟ ନୁହେଁ। ଏହା ଅନୁସନ୍ଧାନୀ ଜୀବନର ଚିରନ୍ତନ ଅନ୍ୱେଷାର ଏକ ମାର୍ମିକ ପ୍ରତିବିମ୍ବ। ଏପରି ନାଟକ ଭାରତୀୟ ଭାଷାରେ ଅନ୍ୟ କେଉଁଠି ଉପଲବ୍ଧ ହୁଏନାହିଁ। ନାଟକଟି କିଂଶୁକ ଚଟ୍ଟୋପାଧ୍ୟାୟଙ୍କ ଦ୍ୱାରା ନିର୍ଦ୍ଦେଶିତ ହୋଇ ସୌମିତ୍ରୀ ଚାଟାର୍ଜୀଙ୍କ ଦ୍ୱାରା ଅଭିନୀତ ହୋଇ ବଙ୍ଗଳାରେ ୪୦ ରୁ ଅଧିକ ଥର ପାଇଁ ଅଭିନୀତ ହୋଇସାରିଲାଣି ଏବଂ ବହୁ ପ୍ରସିଦ୍ଧି ଲାଭ କରିସାରିଛି।

'ମହାନାଟକ' ହେଉଛି ନାଟ୍ୟକାର ରମେଶ ପ୍ରସାଦ ପାଣିଗ୍ରାହୀଙ୍କର ଶ୍ରେଷ୍ଠ କୃତି। ଏହାର ବକ୍ତବ୍ୟ ସବୁ ସମୟ ପାଇଁ ପ୍ରଯୁଜ୍ୟ। ଏହି ନାଟକ ସଂପର୍କରେ ନାଟ୍ୟକାର ଓ ସମାଲୋଚକ ପ୍ରଫେସର ବିଜୟ କୁମାର ଶତପଥୀ କହନ୍ତି- "ମହାନାଟକର କଥାବସ୍ତୁ କୌଣସି ନିର୍ଦ୍ଦିଷ୍ଟ ସମୟ ସୀମା ମଧ୍ୟରେ ଆବଦ୍ଧ ନୁହେଁ, ପୁଣି ଏହାର ଚରିତ୍ରମାନେ ମଧ୍ୟ କୌଣସି କାଳର ପ୍ରତିଲିପି ନୁହନ୍ତି। ନିରବଧି କାଳର ବିପୁଳ ବକ୍ଷରେ ଅନେକ ଶାସନତନ୍ତ୍ରର ଅଭ୍ୟୁଦୟ ଘଟିଛି ଏବଂ ବିଲୟ ମଧ୍ୟ ଘଟିଛି। ସ୍ୱେଚ୍ଛାଚାରୀ ଶାସନତନ୍ତ୍ର ବିରୁଦ୍ଧରେ ବିଦ୍ରୋହର ଡାକରା ଦିଆଯାଇଛି। ଟଳି ପଡ଼ିଛି ସିଂହାସନ। ମହାକାଳର ସମୁଦ୍ରରେ ବୁଦ୍‌ବୁଦ୍ ଭଳି ମିଳେଇ ଯାଇଛି ଶାସକର ଗର୍ବ, ଅହମିକା ଓ ଔଦ୍ଧତ୍ୟ। ଚେଙ୍ଗିଜ୍, ତୈମୁର, ହିଟ୍‌ଲର, ମୁସୋଲିନ ମାନେ ସମୟର ସ୍ପନ୍ଦନ ଶୁଣିବା ପାଇଁ ବାଧ ହୋଇଛନ୍ତି। ସିଂହାସନମାନେ ଏହିଭଳି ଭାଙ୍ଗୁଛନ୍ତି। ଅର୍ଦ୍ଧ ଭଗବାନ ପ୍ରତିମା ମାନେ ଏହିଭଳି ଓହ୍ଲାଇ ଆସିବା ପାଇଁ ବାଧ।"[୪୬]

ଏକ କାଳ୍ପନିକ ରାଜାର ବୃତ୍ତାନ୍ତ ମାଧ୍ୟମରେ ଯେକୌଣସି କାଳର ଶାସନ ବ୍ୟବସ୍ଥା ପ୍ରତି କଟାକ୍ଷ କରିଛନ୍ତି ନାଟ୍ୟକାର। ବ୍ୟଙ୍ଗ ଓ ବିଦ୍ରୂପର ଶାଣିତ ତରବାରୀ ଫିଙ୍ଗି ସ୍ୱେଚ୍ଛାଚାରୀ ଶାସନତନ୍ତ୍ରର ଅବସାନ ଘଟାଇବା ପାଇଁ ବ୍ରହ୍ମଦତ୍ତ ଚରିତ୍ରମାଧ୍ୟମରେ ସେ ଆହ୍ୱାନ ଦେଇଛନ୍ତି। ସେ ଆଣିଛନ୍ତି ନୂତନ ସକାଳର ଖବର। ଫଳରେ

ଅର୍ଦ୍ଧଭଗବାନ ବୋଲି ନିଜକୁ ମନେ କରୁଥିବା ଶାସକମାନେ ସିଂହାସନରୁ ଓହ୍ଲାଇବା ପାଇଁ ବାଧ୍ୟ ହେବେ । ଉଲ୍ଲେଖଯୋଗ୍ୟ ଯେ 'ମହାନାଟକ'ର ମେସେଜ୍ ବର୍ତ୍ତମାନର ଗଣତାନ୍ତ୍ରିକ ଶାସନ ବ୍ୟବସ୍ଥାରେ ଚାଲିଥିବା ସ୍ୱେଚ୍ଛାଚାରିତା ପାଇଁ ମଧ୍ୟ ପ୍ରଯୁଜ୍ୟ । ତେଣୁ ଏକ ପରିବର୍ତ୍ତନ ପ୍ରବଣତା କେବଳ ନୁହେଁ, କିମ୍ବା ନଷ୍ଟ ମୂଲ୍ୟବୋଧର ଧ୍ୱଂସ ସାଧନ ନୁହେଁ, ସେହି ଧ୍ୱଂସସ୍ତୁପ ଉପରେ ଏକ ସାମ୍ୟବାଦୀ ମୂଲ୍ୟବୋଧର ପ୍ରତିଷ୍ଠା ହେଉଛି 'ମହାନାଟକ'ର ଏକ ଗୁରୁତ୍ୱପୂର୍ଣ୍ଣ ବିଭାଗ ଏବଂ ଏ ଦୃଷ୍ଟିରୁ ଏହା ଓଡ଼ିଆ ନାଟକ କ୍ଷେତ୍ରରେ ଅନନ୍ୟ ।[(୪୭)]

ନାଟ୍ୟକାରଙ୍କ ପରବର୍ତ୍ତୀ ନାଟକ ହେଉଛି 'ସେ ମରିଗଲେ' । ଏହାର ବିଷୟବସ୍ତୁ ଓ ଉପସ୍ଥାପନ ଓଡ଼ିଆ ନାଟ୍ୟ ସାହିତ୍ୟ ପାଇଁ ସଂପୂର୍ଣ୍ଣ ନୂତନ । ଏଥିରେ ଭଗବାନଙ୍କ ମୃତ୍ୟୁ ବିଷୟରେ ଲେଖାଯାଇଛି । ଦିନେ ଦେଖାଗଲା ସହରର ମୁଖ୍ୟରାସ୍ତାର ଛକ ପାଖରେ କୋତରା ଘୋଡ଼ା ହୋଇ ଜଣେ ଲୋକ ଶୋଇଲା ପରି ଦେଖାଯାଉଛି ଏବଂ ଦୁଇଜଣ ଭିକାରୀ ସେଠି କ୍ରନ୍ଦନ କରୁଛନ୍ତି । ଜଣେ ପୋଲିସ୍ ସବଇନସ୍‌ପେକ୍ଟର ସେ ବାଟେ ଯାଉ ଯାଉ ଦେଖିଲେ ଏବଂ ପଚାରିଲେ କ'ଣ ହୋଇଛି ବୋଲି । ଉତ୍ତର ଆସିଲା ସେ ମରିଗଲେ କିନ୍ତୁ ଜଣାପଡ଼ିଲା ଯେ ଈଶ୍ୱରଙ୍କୁ ବିକ୍ରି କରି ଭିକାରୀ ଦମ୍ପତି ଅନେକ ଦିନ ହେଲା ଚଳୁଥିଲେ । ଆଜି ସେ ମରିଯାଇଛନ୍ତି । କିଛି ସମୟ ପରେ ସେହି ଜାଗାରେ ଜଣେ ଖ୍ରୀଷ୍ଟିୟାନ ପାଦ୍ରୀ ଏବଂ ମୁସଲମାନ ମୌଲା ଆସି ପହଞ୍ଚିଲେ ଏବଂ ଦାବି କଲେ ଯେ ମହମ୍ମଦ ମରିଯାଇଛନ୍ତି । କିଛି ସମୟପରେ ସେଠାରେ ସାମ୍ପ୍ରଦାୟିକ ଦଙ୍ଗା ସଂଘଠିତ ହେଲା ଏବଂ ପୋଲିସ୍ ଜଣକ ସେହି କୋତରା ଘୋଡ଼ା ହୋଇଥିବା ବୁଜୁଳାଟିକୁ ଖୋଲିଦେଇ ଦେଖିଲେ ତାହା ଏକ ଶୂନ୍ୟସ୍ଥାନ ।

'ବିଶ୍ୱମ୍ଭର ସେନାପତି ଓ ଦର୍ପଣ ଉପାଖ୍ୟାନ' କ୍ଷୁଦ୍ର ନାଟକଟି ୧୯୭୧ ମସିହାରେ ବିକ୍ରମଦେବ ମହାବିଦ୍ୟାଳୟ ଠାରେ ଏବଂ ୧୯୭୫ ମସିହାରେ ପୁରୀର ସମୁଦ୍ରବେଳାରେ ମଞ୍ଚସ୍ଥ ହୋଇଥିଲା । ଏହି କ୍ଷୁଦ୍ର ନାଟକ ବିଶ୍ୱମ୍ଭର ସେନାପତିଙ୍କ ଚରିତ୍ର ଭିତରେ ଥିବା ମୃତ୍ୟୁ ଚେତନାଟି ପ୍ରତିବିମ୍ବିତ । ନାଟ୍ୟକାର ଲେଖିଛନ୍ତି ବିଶ୍ୱମ୍ଭର ସେନାପତି ଓ ଏକ ଓଲଟା ସ୍ୱରର ପଥ । ସେ ନିଜ ବିରୁଦ୍ଧରେ ସଂଗ୍ରାମ ଘୋଷଣା କରିଛନ୍ତି । ସେ ସମୟ ଓ ମୃତ୍ୟୁକୁ ଅତିକ୍ରମ କରି ପୁନଶ୍ଚ ଯୌବନକୁ ଫେରିଯିବା ପାଇଁ ସଂଗ୍ରାମରତ । କିନ୍ତୁ ଏହି ସଂଗ୍ରାମ ଭିତରେ ମୃତ୍ୟୁ ପ୍ରତି ତାଙ୍କର ଏକ ପ୍ରବଳ ରୋମାଣ୍ଟିକ ଆକର୍ଷଣ ଥିଲା । ଅକସ୍ମାତ ତାଙ୍କର ମୃତ୍ୟୁର ଛାୟା ସହିତ ଏକ ସାକ୍ଷାତକାର ହୋଇଗଲା । ଏହା ଯୌବନତ୍ୱର ପ୍ରବାହମାନ ସମୟରେ ଆହ୍ୱାନ । ମୃତ୍ୟୁପ୍ରତି ଅବଚେତନର ଆକର୍ଷଣ । ଅତଏବ ବିଶ୍ୱମ୍ଭର ସେନାପତିଙ୍କର ସଂଘର୍ଷ ନିଜ ଅବଚେତନ ସହ ।[(୪୮)]

ବିଶ୍ୱମ୍ଭର ନିଜ ଭିତରେ ବାର୍ଦ୍ଧକ୍ୟର ଝରାପତ୍ରର ମର୍ମର ଧ୍ୱନି ଶୁଣି ପାରୁଛନ୍ତି। ଅଥଚ ସମୟକୁ ବାନ୍ଧି ରଖିବା ପାଇଁ ଡାକ୍ତର ଡକାଇ ସେ ମୁହଁଟାକୁ ପ୍ଲାଷ୍ଟିକ୍ ସର୍ଜରୀ କରିବା ପାଇଁ ପରାମର୍ଶ ନେଉଛନ୍ତି। 'ଇମ୍ପୋଟେଡ୍ କନା'ର ପ୍ୟାଣ୍ଟ ପିନ୍ଧିବେ। ମନେ ମନେ ରାଜକୁମାର ହୋଇ ପକ୍ଷୀରାଜ ଘୋଡ଼ାରେ ବୁଲିବେ। କିନ୍ତୁ ତାଙ୍କର ୨୨ ବର୍ଷର ଯୁବକ ପୁଅ ମଣ୍ଟୁ ସାମ୍ନାରେ ସେ ନିଜର ଯୌବନକୁ ହିଁ ଦେଖନ୍ତି। ସତେ ଯେପରି ବିଶ୍ୱମ୍ଭର ନିଜେ ସମୟର ପଛକୁ ଫେରି ନିଜେ ୨୨ବର୍ଷର ଯୁବକ ହୋଇଯାଇଛନ୍ତି। କିନ୍ତୁ ପୁଅ ମଣ୍ଟୁକୁ ଦେଖିଲେ ତାଙ୍କୁ ଲାଗେ ତାଙ୍କର ବୃଦ୍ଧାବସ୍ଥା ଆସିଗଲାଣି। ବାଇଶି ବର୍ଷର ପୁଅର ବାପାଙ୍କୁ କେହି ଯୁବକ ବୋଲି କହିବେ ନାହିଁ।

ମଣ୍ଟୁ ଆଗରେ ତାଙ୍କର ଏ ଦୁଃଖ କହିଲାବେଳେ ବିଶ୍ୱମ୍ଭର ତାଙ୍କ ଭିତରେ ଥିବା ଯୁବକ ମନସ୍କ ଅଭ୍ୟନ୍ତର ବ୍ୟକ୍ତିସତ୍ତା ସହ ସାମ୍ନା ସାମ୍ନି ହୁଅନ୍ତି। ଅର୍ଥାତ୍ ବୟସ୍କ ବିଶ୍ୱମ୍ଭର ଏବଂ ଯୁବକ ହେବାକୁ ଚାହୁଁଥିବା ବିଶ୍ୱମ୍ଭର ଏପରି ଏପରି ବିଭକ୍ତ ବ୍ୟକ୍ତି ସତ୍ତାଟିଏ ଦୃଷ୍ଟିଗୋଚର ହୁଏ। ଏପରି ଏକ ବିଭକ୍ତ ସତ୍ତାର ସ୍ଥିତି ସ୍ପଷ୍ଟ ହୁଏ ଦର୍ପଣ ଓ ବିଶ୍ୱମ୍ଭରଙ୍କର ନିମ୍ନ ସଂଳାପରୁ-

ଦର୍ପଣ - ଯେଉଁ ରାସ୍ତାରେ ଆସିଥିଲୁ ସେହି ରାସ୍ତାଟା ତୋ ପଛେ ପଛେ ବନ୍ଦ ହୋଇଗଲାଣି।

ବିଶ୍ୱମ୍ଭର – ଏଁ?

ଦର୍ପଣ – ଏଥିରେ ଆଶ୍ଚର୍ଯ୍ୟ ହେବାର କ'ଣ ଅଛି?

ବିଶ୍ୱମ୍ଭର – ମୁଁ ଫେରିଯିବାକୁ ଚାହେଁ।

ଦର୍ପଣ – ସେ ବଗିଚାଟା ଶୁଖି ଗଲାଣି।

ବିଶ୍ୱମ୍ଭର - ଯେଉଁଠି ନୀଳ ନୀଳ କୁହୁଡ଼ିଥିଲା କୁହୁଡ଼ିର ଝରଣାଟିଏ ଜହ୍ନଟିଏ ଫିକା ହୋଇ ... ମୋର ଦୁଇଟି ଡ଼େଣା ଥିଲା।

ଦର୍ପଣ - କାଇଁ ... ଦେଖୁଥିଲା! ସେ ଡ଼େଣା ଶୁଖିଗଲାଣି।

ବିଶ୍ୱମ୍ଭର - ଆଉ ମୁଁ ଉଡ଼ି ପାରୁନି ତା ହେଲେ?

ଦର୍ପଣ - ନା।

ବିଶ୍ୱମ୍ଭର - ସେଇଠି ଯୋଉ ଫୁଲ ସବୁ ଫୁଟିଥିଲେ।

ଦର୍ପଣ - ସବୁ ମଉଳି ଗଲେଣି।"[୪୯]

ଦର୍ପଣଟି ବିଶ୍ୱମ୍ଭରଙ୍କ ମନର ପ୍ରତିଫଳନ ତାଙ୍କ ଆତ୍ମସତ୍ତାର ପ୍ରତିବିମ୍ବ। ତାଙ୍କର ବାହ୍ୟ ସତ୍ତାଟି କୁହୁଡ଼ି, ଜହ୍ନ ଆଉ ଫୁଲ ବଗିଚା ଆଡ଼କୁ ଯିବାକୁ ଚାହିଁଲା କିନ୍ତୁ ସେତେବେଳକୁ ଦର୍ପଣରେ ପ୍ରତିଫଳିତ ହେଉଥିବା ବାହ୍ୟସତ୍ତା ପିନ୍ଧିଥିବା ବସ୍ତ୍ର ପରି

ଜୀର୍ଣ୍ଣ ହୋଇଗଲାଣି। ବିଶ୍ୱମ୍ଭର ତାଙ୍କ ଶରୀରର ଜୀର୍ଣ୍ଣ ଅବସ୍ଥାକୁ ଗ୍ରହଣ କରିପାରୁନାହାନ୍ତି। ଏଣୁ ସେ ପୁନର୍ବାର ଯୌବନର 'ସର୍କୁଲାର ରୋଡ଼'ରେ ବୁଲିବାକୁ ଚାହାନ୍ତି ସେଇଠି ସମୟ ପଛକୁ ଦୌଡ଼ିଲେ ମଧ ଆଗକୁ ପହଞ୍ଚିବ। ଏହା ଏକ ମନସ୍ତାତ୍ତ୍ୱିକ ନାଟକ ଏବଂ ଆତ୍ମ ଅନ୍ୱେଷାବୋଧ। ମୁଖ୍ୟ ଚରିତ୍ରଟି ମୁକ୍ତିର ଏକ ବୃତ୍ତାକାର ପଥ ଆଡ଼କୁ ଟାଣି ଦେଉଛି।

ଏହାର ପରବର୍ତ୍ତୀ ନାଟକ 'ବୁଦ୍ଧ'। ନାଟକଟି ୧୯୭୨ ମସିହା ପୂଜା ସଂଖ୍ୟା 'ସମାବେଶ'ରେ ପ୍ରକାଶ ପାଇଥିଲା ଏବଂ ଏହାକୁ ନାଟ୍ୟକାର ଅନାଟକ ରୂପେ ଗ୍ରହଣ କରିଛନ୍ତି। ୧୯୭୩ ମସିହାର ନିର୍ଦ୍ଦେଶକ ଭୁବନେଶ୍ୱର ଦଳାଇ ନବରଙ୍ଗପୁରର ମୁଖ୍ୟ ଛକ ଉପରେ ପଥପ୍ରାନ୍ତର ନାଟକ ରୂପେ ପରିବେଷଣ କରିଥିଲେ।

ଏଠାରେ ଉଲ୍ଲେଖ କରାଯାଇପାରେ ଯେ ଓଡ଼ିଆ ସାହିତ୍ୟରେ ପ୍ରଥମଥର ପାଇଁ ରମେଶ ପାଣିଗ୍ରାହୀ ଅନାଟକ ଲେଖିଛନ୍ତି। ଯେଉଁ ନାଟକ ନାଟକର ସବୁ ପାରମ୍ପରିକତାକୁ ଭାଙ୍ଗିଦିଏ ତାକୁ 'ଅନାଟକ' କହନ୍ତି। ନାଟ୍ୟକାର ସର୍ବମୋଟ ୨୮ଟି ଅନାଟକ ଲେଖିଛନ୍ତି। ସେଥିମଧ୍ୟରୁ କିଛି ପ୍ରଧାନ ଅନାଟକର ନାମ – ୧. ଉଡ଼ନ୍ତା ପାହାଡ଼ର ଦର୍ଜା, ୨. ଶ୍ରୀ ଶ୍ରୀ ମହାଲକ୍ଷ୍ମୀ ପୂଜା, ୩. ବୁଦ୍ଧ, ୪. ସ୍ୱଗତୋକ୍ତି, ୫. ଗୁରୁଶିଷ୍ୟ, ୬. ପ୍ରେମ, ଈର୍ଷା, ସନ୍ଦେହ ଓ ସାକ୍ଷାତକାର ଇତ୍ୟାଦି, ୭. ବିଶ୍ୱମ୍ଭର ସେନାପତି ଓ ଦର୍ପଣ ଉପାଖ୍ୟାନମ୍, ୮. ନିଶବ୍ଦ ଶୋଭାଯାତ୍ରା, ୯. ଯେସନେ କୀଟ ଉର୍ଣ୍ଣନାଭି, ୧୦. କେଜାଣି କାହିଁକି, କେଉଁଠି, କିପରି, କେତେବେଳେ।

ଓଡ଼ିଆ ନାଟକରେ ୧୯୭୦ ରୁ ୧୯୭୫ ଭିତରେ ଏହି ନାଟକଗୁଡ଼ିକ ପ୍ରକାଶ ପାଇଲା ପରେ ଆଧୁନିକ ଓଡ଼ିଆ ସାରସ୍ୱତ ଭଣ୍ଡାରରେ ଏକ ନୂତନ ଦିଗନ୍ତ ଉନ୍ମୋଚିତ ହୋଇଛି। ଏଗୁଡ଼ିକୁ ଆଭାନ୍ତ ଗାର୍ଦେ (Avant Garde) ସାହିତ୍ୟ କୁହାଯାଏ। ଆଧୁନିକ ସାହିତ୍ୟ ଆରମ୍ଭ ହୋଇଛି ଉନବିଂଶ ଶତାବ୍ଦୀର ଶିଳ୍ପବିପ୍ଳବ ପାଖରୁ। ଆଧୁନିକତାର ଦ୍ୱିତୀୟ ପର୍ଯ୍ୟାୟ ସାହିତ୍ୟରେ ବିଭିନ୍ନ ଇଜିମ୍ (ism) ଏବଂ ଶୈଳୀଗତ ପରୀକ୍ଷା କରାଯାଇଛି। ପୃଥିବୀର ସାହିତ୍ୟରେ ଯେଉଁ ପର୍ଯ୍ୟାୟ (ତୃତୀୟ ପର୍ଯ୍ୟାୟରେ) ଶୈଳୀ ଓ ଆକାରର ଆମୂଳଚୂଳ ପରିବର୍ତ୍ତନ ଘଟିଛି ତାକୁ ଆଭାନ୍ତ ଗାର୍ଦେ କୁହାଯାଏ। ଏହା ଏକ ଶୈଳୀଗତ ପରୀକ୍ଷା। ଏହି ଶୈଳୀଟି ପ୍ରଥମେ ଫ୍ରାନ୍ସରେ ଆରମ୍ଭ ହୋଇଥିଲା। ଓଡ଼ିଆ ସାହିତ୍ୟରେ ପ୍ରଥମ ଆଭାନ୍ତ ଗାର୍ଦେ ପରୀକ୍ଷା ନାଟକରେ ହୋଇଛି ଏବଂ ତାହା ପ୍ରବର୍ତ୍ତିତ ହୋଇଛି ରମେଶ ପାଣିଗ୍ରାହୀଙ୍କ ନାଟକରେ। ଅନାଟକ, ସଂଳାପ ବିହୀନ ନାଟକ, ଅଣୁନାଟକ ପ୍ରଭୃତି ଏହାର ଉଦାହରଣ ।

୧୯୭୪ ମସିହାରେ Peter Burger ନାମକ ଲେଖକ 'Theory of Avant

garde' ବୋଲି ଏକ ପୁସ୍ତକ ପ୍ରକାଶ କରିଥିଲେ । ଏହାର ଇଂରାଜୀ ଅନୁବାଦ Minnesota University Press ରୁ ୧୯୮୪ ମସିହାରେ ପ୍ରକାଶ ପାଇଥିଲା। ସେଥିରେ Burger ଲେଖିଛନ୍ତି "The Concept of Avantgerade refers exclusively to marginalized artists, writers composers whose work is only opposed to main stream commercial value, but often abrasive social or political edge."[୫୦]

ସେହିପରି ତାଙ୍କର 'ବୁଦ୍ଧ' ନାଟକରେ ଗୌତମବୁଦ୍ଧଙ୍କ ଜୀବନୀ ସନ୍ନିବିଷ୍ଟ ହୋଇନାହିଁ କିନ୍ତୁ 'ବୁଦ୍ଧ ପଢ଼ିବା ଆଗରୁ' ଶୀର୍ଷକ ଏକ ମୁଖବନ୍ଧରେ ନାଟ୍ୟକାର ଲେଖିଛନ୍ତି "ଦେହର ପ୍ରାଥମିକ ଦାବି ପୂର୍ଣ୍ଣ ହେବା ଦିନଠାରୁ ମଣିଷ ବୋଧହୁଏ ଦେହାତୀତର ଚିନ୍ତା କରିଆସିଛି ଏହି ଚିନ୍ତାର ରୈଖିକ ପ୍ରଗତିକୁ ନେଇ ପରବର୍ତ୍ତୀ ଭାଷାବିତମାନେ ସଭ୍ୟତା ବୋଲି କହିଛନ୍ତି। Rodins Vodaଙ୍କର 'The thinker of cernavoda' ନାମକ ସ୍ଥାପତ୍ୟକୁ ଦେଖିଲେ ଜଣାଯାଏ ଚିନ୍ତାର ଆଦିମ ଉଦୟ କେତେ କରୁଣ ଓ ଯନ୍ତ୍ରଣାଦାୟକ। ତେଣୁ ପାର୍ଥିବ ଅର୍ଥରେ ସୁଖୀ ମଣିଷ କେବେ ଚିନ୍ତା କରେ ନାହିଁ। ଚିନ୍ତା କେବଳ ସେଇ ଗର୍ଦ୍ଦଭମାନଙ୍କର, ଯେଉଁମାନେ ପିଠିରେ ବୋଝ ବୋଝ ପ୍ରଶ୍ନ ଉତ୍ତରର ବୋକ୍‌ଚା ବୋହି ନଈ ତୁଠକୁ ଯାଆନ୍ତି, ସମାଜର ମଇଳା ସଫେଇ କାର୍ଯ୍ୟକ୍ରମରେ ନିର୍ବିକାର କର୍ମୀ ହୋଇ, ବୁଦ୍ଧ ସେଇମାନଙ୍କ ଭିତରୁ ଜଣେ।"[୫୧]

'କେଜାଣି, କାହିଁକି, କେଉଁଠି, କିପରି, କେତେବେଳେ' ନାଟକରେ ଜଣେ ଯାଦୁଗର ୨ଟି ପକ୍ଷୀ ବିକିବାକୁ ଆସିଛି। ପକ୍ଷୀ ଦୁଇଟିକୁ ଯାଦୁକରି ଐନ୍ଦ୍ରଜାଲିକ ପଦ୍ଧତିରେ ଦୁଇଟି ମଣିଷ କରିଦେଇଛି । ସେ ଦୁଇଟି ଯୁବକ ମଧ୍ୟବିତ୍ତ ପରିବାରର ପାଠ ପଢ଼ିଛନ୍ତି ଅଥଚ ଚାକିରି ନାହିଁ। ସେମାନଙ୍କର ସ୍ୱପ୍ନ ଅନେକ, କିନ୍ତୁ ସ୍ୱପ୍ନ ସାକାର କରିବାପାଇଁ ତାଙ୍କ ପାଖରେ ପ୍ରୟାସ ନଥିଲା ସାମର୍ଥ୍ୟ ମଧ୍ୟ ନଥିଲା। ଏଣୁ ସେମାନେ ଦୈନନ୍ଦିନ ଜୀବନରେ ଭଲରେ ବଞ୍ଚିବା ପାଇଁ କେବଳ ସ୍ୱପ୍ନ ଦେଖୁଛନ୍ତି ଓ ପ୍ରତିଦିନ ଖବରକାଗଜରୁ ଚାକିରିର ବିଜ୍ଞାପନ ଖୋଜୁଛନ୍ତି। ଜଣକ ନାମ ସୁଜିତ୍ ଓ ଅନ୍ୟ ଜଣକ ନାମ ସୁଯୋଗ। ଗୋଟିଏ ଅଜଣା ଭୟ ଏ ଦୁଇଜଣକୁ ଅହର୍ନିଶି ଗୋଡ଼େଇଛି। ସେମାନଙ୍କର ମନେ ହେଉଛି କିଏ ଜଣେ ସେମାନଙ୍କୁ ପିସ୍ତଲ ଓ ବୋମା ଧରି ଗୋଡ଼େଇଛି।

ସୁଯୋଗ - କ'ଣ ଗୋଟାଏ ଶବ୍ଦ ହେଲା।

ସୁଜିତ୍ - ଶବ୍ଦ, କାଇଁ (କିଛି ସମୟ କାନେଇଛି) ନାଃ

ସୁଯୋଗ - ଶୁଣିଲୁ। କଣ ଗୋଟାଏ ଶବ୍ଦ ହେଉଛି (ଦୂରରୁ ପାଖେଇ ଆସୁଚି ଜୋତା ମଚମଚ ଶବ୍ଦ)।

ସୁଜିତ୍ -	ଚୁପ୍ ବେ। ତତେ ନିଶାଘାରି ଦେଇଛି। (ହଠାତ୍ ଗୋଟେ ଷ୍ଟେନ୍ ଗନ୍ ଶବ୍ଦ ଶୁଭିଲା।)
ସୁଯୋଗ -	ସୁଜିତ୍! ଶୁଣୁଛୁ?
ସୁଜିତ -	ଅତ୍ୟଧିକ ନିଶାପାନ କରି ତୋର ମସ୍ତିଷ୍କ ବିକୃତି ଘଟିଛି।
ସୁଯୋଗ -	ନୋ। ଟିକିଏ ଚାରିପଟକୁ ନଜର ରଖ। (ପୁଣିଥରେ ଷ୍ଟେନଗନ୍ ଫୁଟିବା ଶବ୍ଦ)
ସୁଜିତ୍ -	ସୁଯୋଗ
ସୁଯୋଗ -	ହୁଁ
ସୁଜିତ୍ -	ବୋଧହୁଏ ସେମାନେ ଆସୁଛନ୍ତି।
ସୁଯୋଗ -	ସେମାନେ କ'ଣ ଜାଣିପାରିବେ ଆମେ ଏଇଠି ଅଛେ ବୋଲି?
ସୁଜିତ୍ -	ସେମାନେ ବୋଧହୁଏ ଆମକୁ ଖୋଜୁଛନ୍ତି।
ସୁଯୋଗ -	କିନ୍ତୁ କାହିଁକି?
ସୁଜିତ୍ -	ସେମାନଙ୍କର କ୍ୟାମ୍ପ ଅଲଗା।"[୫୨]

ସାମୁଏଲ୍ ବେକେଟ୍‌ଙ୍କର 'Waiting for Godot'ରେ ଭ୍ଲାଦିମିର ଓ ଏଷ୍ଟ୍ରାଗନ୍ ଚରିତ୍ର ଦୁଇଟି ସହ ସୁଯୋଗ ଓ ସୁଜିତ୍ ଚରିତ୍ର ସହ ତୁଳନା କରିଛନ୍ତି। ଭ୍ଲାଦିମିର ଓ ଏଷ୍ଟ୍ରାଗନ୍ ନିଜ ନିଜ ଆଦର୍ଶଗୁଡ଼ିକୁ ଟୋପି ଓ ଜୋତା ବଦଳେଇଲା ପରି ବଦଳାନ୍ତି। ଏଷ୍ଟ୍ରାଗନ୍‌ର ବୁଟ ପିନ୍ଧିବାକୁ ଅସୁବିଧା ହୁଏ। କାରଣ କେତେବେଳେ ତାର ଜୋତାଟି ଛୋଟ ହୋଇଯାଏ ଆଉ ପାଦଟା ବଡ଼, ଆଉ କେତେବେଳେ ପାଦଟା ବଡ଼ ଓ ଜୋତାଟା ଛୋଟ। ଜୋତାଟା ରାଜନୈତିକ ଆଦର୍ଶ ପରି କେବେ ବି ତା ପାଦକୁ 'ଫିଟ୍' କରେ ନାହିଁ। ଭ୍ଲାଦିମିର ସେହିପରି ଟୋପିଟା ପିନ୍ଧିଲେ ଭାବିପାରେ କିନ୍ତୁ ଭାବିଲେ ତାର ମୁଣ୍ଡରେ କଣ୍ଟା ଫୋଡ଼ି ହେଲାପରି ଲାଗେ। ସେମାନେ Godot ନାମକ କୌଣସି ଏକ ସଂଭାବନାକୁ ଅପେକ୍ଷା କରିଛନ୍ତି। କିନ୍ତୁ ସମ୍ଭାବନାଟି ଆସେନାହିଁ। ସେହିପରି ସୁଜିତ୍ ଓ ସୁଯୋଗ ସେମିତି ଭାବୁଛନ୍ତି ଯେ ସେମାନଙ୍କର ଜୀବନର କିଏ ଗୋଟେ କେତେବେଳେ ଗୋଟାଏ ଆଶାପ୍ରଦ ସଂଭାବନା ପରି ଆସିବ, କିନ୍ତୁ କେହି ଆସନ୍ତି ନାହିଁ।

'ପଶୁ' ଏକ କ୍ଷୁଦ୍ରନାଟକ। ଏହାର ବିଷୟବସ୍ତୁ ଏକ ଯୌନାସକ୍ତ ସ୍ୱାମୀର ଚିତ୍ର ଉପରେ ଆଧାରିତ। ମନିକାଙ୍କୁ ତାର ସ୍ୱାମୀ ଶାନ୍ତନୁ ବିଭିନ୍ନ ଶାରୀରିକ ଯନ୍ତ୍ରଣା ଦିଏ। ସେ ମନିକାଙ୍କୁ ଜଘଣ୍ୟ ଭାବରେ ପିଟେ ଏବଂ ତାର ବ୍ଲାଉଜ ଖୋଲି ପରୀକ୍ଷା କରି ଦେଖେ ପ୍ରକୃତରେ ରକ୍ତ ବାହାରିଛି କି ନାହିଁ। ମଝିରେ ଜଣେ ବୁଲା କୁକୁରକୁ

ଏକାଠି ବାନ୍ଧି ତାଙ୍କ ଚାରିପଟେ ନିଆଁ ଲଗାଇ ଦେଇ ପୋଡ଼ିଦିଏ ସେମାନଙ୍କୁ। ସପ୍ତମ ଦଶକରେ ସ୍ଥିତିବାଦୀ ଦର୍ଶନ ଏବଂ ଉଦ୍ଭଟ ନାଟକର ପ୍ରଭାବରେ ନାଟକିୟତା ନଥିବା ଗମ୍ଭୀର ଦର୍ଶନ କିମ୍ବା ମନସ୍ତାତ୍ତ୍ୱିକ ବିକୃତି ସମ୍ବଳିତ ସାହିତ୍ୟ ଯେପରି ଲେଖାଯାଉଥିଲା 'ପଶୁ' ତାହାର ଉଦାହରଣ।

'ଶ୍ରୀ ଶ୍ରୀ ଶ୍ରୀ ମହାଲକ୍ଷ୍ମୀ ପୂଜା' ଅନ୍ୟ ଏକ ପରୀକ୍ଷାମୂଳକ ନାଟକ। ଏହି ନାଟକର ଚାରୋଟି ସ୍ତରରେ ବିଶ୍ଳେଷଣ କରାଯାଇଛି।

- ଏହା ଏକ ଉତ୍ପାଦିକା ପୁରାବୃତ୍ତ ବା Myth of Fertitity। ଏହା ମାର୍ଗଶୀର ମାସର ଲକ୍ଷ୍ମୀ ଓଷାକୁ ବୁଝାଏ।
- ଏହି ନାଟକଟି ଲକ୍ଷ୍ମୀପୁରାଣର କ୍ରିୟଦଂଶକୁ ଆବହ ସଂଗୀତ ରୂପେ ବ୍ୟବହାର କରାଯାଇଛି। ଏହା ଏକାଧାରରେ ଏକ ସାହିତ୍ୟକ ପ୍ରୟୋଗ ଏବଂ ଏଥିରେ ଓଷାଧର୍ମକୁ ଆଭାନ୍ତଗାର୍ଦେ ରୀତିରେ ପ୍ରୟୋଗ କରାଯାଇଛି।
- ଶ୍ରୀ ଶ୍ରୀ ଶ୍ରୀ ମହାଲକ୍ଷ୍ମୀ ପୂଜା ନାଟକରେ ମଞ୍ଚ ଓ ଦର୍ଶକ ମଧ୍ୟରେ ଏକ ସୂକ୍ଷ୍ମ ଯୋଗାଯୋଗ ସ୍ଥାପିତ ହୋଇଛି। ଏହି ନାଟକଟିରେ ମହାଲକ୍ଷ୍ମୀ ସ୍ୱୟଂ ଆବିର୍ଭୂତା ହୋଇଛନ୍ତି ତାଙ୍କ ଆଦେଶରେ ଦର୍ଶକମାନଙ୍କୁ କ୍ଷୀରି ବଣ୍ଟାଯାଇଛି।
- ଶ୍ରୀ ଶ୍ରୀ ମହାଲକ୍ଷ୍ମୀ ପୂଜା ବସ୍ତୁବାଦୀ ଧନତାନ୍ତ୍ରିକ ସମାଜ ବ୍ୟବସ୍ଥା ଉପରେ ଲିଖିତ ଏକ ବ୍ୟଙ୍ଗାତ୍ମକ ରଚନା ଏଥିରେ ମହାଲକ୍ଷ୍ମୀ ପୂଜାକୁ ଜାତୀୟକରଣ କରାଯାଇଛି। IAS ପରୀକ୍ଷା ଦେଇଥିବା ଦୁଇଟି ଛାତ୍ରୀ ଏହି ନାଟକରେ ଜାତୀୟକରଣ ଉପରେ ସମାଜରେ କ'ଣ ହେବ ତାର ଏକ ବିଶ୍ଳେଷଣ କରିଛନ୍ତି।

ସସ୍ମିତା – ଶ୍ରୀ ଶ୍ରୀ ମହାଲକ୍ଷ୍ମୀ ପୂଜାର ଜାତୀୟକରଣ ପରେ କଳରେ ଆଉ ପାଣି ଆସିବ ନାହିଁ।

ସ୍ୱାତୀ – ମୁସ୍କିଲ ହେଲା

ସସ୍ମିତା – କଳରୁ ଖାଲି ରସ ଝରିବ। ସୋମବାର ନଡ଼ିଆ ରସ, ମଙ୍ଗଳବାର ଲେମ୍ବୁରସ, ବୁଧବାର କମଳାରସ, ଗୁରୁବାର ନାରଙ୍ଗରସ, ଶୁକ୍ରବାର ଆଖୁରସ, ଶନିବାର ଅଙ୍ଗୁର ରସ ଓ ରବିବାର ଗୋରସ, ସକାଳ ପାଞ୍ଚ ରୁ ଛ'କଫି ଓ ଛ'ରୁ ସାତ ଚା' ଆସିବ।

ସ୍ୱାତୀ – ଇସ୍ ତାହାହେଲେ ତ ଗୁଡ଼ାଏ ଅସୁବିଧା ହେବ।

ସସ୍ମିତା – ତୁ ବୁଝୁନୁ। ଅସୁବିଧା ନ ରଖିଲେ ସୁବିଧାଟିକୁ ଫିଲ୍ କରି ହେବନି।

ସ୍ୱାତୀ – ଏ ପୃଥିବୀର ସ୍ୱାସ୍ଥ୍ୟ ସମସ୍ୟାକୁ ମା ଲକ୍ଷ୍ମୀ ବିପନ୍ନ କରି ଦେଇଗଲେ ତା ହେଲେ। ଏତେ ରସ ଝରିଲେ ମାଛି ଭଣଭଣ ହେବେନି? ସେଇଠୁ ଯୋଉ ସବୁ ରୋଗ ହେବ ସେଥିରେ ତ ଦିନରେ ଶୃଙ୍ଗାର ରସ ଓ ରାତିରେ ବିରହ ରସ ଝରିବ?"(୫୩)

ଏହି ନାଟକରେ ଲେଖକଙ୍କ ଏକ ନୂତନଶୈଳୀ ରହିଛି। ଏହି ନାଟକଟିରେ ଜାତୀୟକରଣ କରିବା ପ୍ରସଙ୍ଗ ରହିଛି। ଏଠାରେ ଦୁଇଟି ଭିନ୍ନଚରିତ୍ର ମାଧ୍ୟମରେ ରାଜନୈତିକ ଆଦର୍ଶର ସଂଘର୍ଷ ରହିଛି। ଏଠାରେ ଦୁଇଟି ଶ୍ରେଣୀର ସାମାଜିକ ବାର୍ତ୍ତା ଉଦ୍‌ଘୋଷିତ ହୋଇଛି। ଏଠାରେ ନାଟ୍ୟକର ନୂତନତା ଭାବେ ବସ୍ତୁବାଦୀ ପ୍ରଲୋଭନ ସଂପର୍କରେ ବ୍ୟଙ୍ଗାତ୍ମକ ଅଭିବ୍ୟକ୍ତି ଭଳି ବିଷୟବସ୍ତୁ ସୃଷ୍ଟି କରିପାରିଛନ୍ତି।

୧୯୭୬ ମସିହାରେ ଲିଖିତ 'ଓଡ଼ିଶା ସଙ୍ଗୀତ ନାଟକ ଏକାଡ଼େମୀ'ର ଉତ୍ସବରେ ମଞ୍ଚସ୍ଥ 'ଆତ୍ମଲିପି' ନାଟକର ନୂତନତା ଏକ ଅଭିନବ ଭଙ୍ଗୀଭାବେ ଲକ୍ଷ୍ୟ କରାଯାଏ। ଆତ୍ମଲିପି ନାଟକ ରଚନା ଓ ନିର୍ଦ୍ଦେଶନା ସଂପର୍କରେ ରଚିତ ଏକ ନାଟକ। ଏହାକୁ ନାଟକର ନାଟକ ବୋଲି କୁହାଯାଇପାରେ। ଏଥିରେ ଚରିତ୍ର ହେଉଛନ୍ତି ନାଟ୍ୟକାର, ପ୍ରଯୋଜକ, ନିର୍ଦ୍ଦେଶକ, ନାୟିକା ଓ ଜଣେ ସାଂସ୍କୃତିକ ଠିକାଦାର। ପ୍ରଯୋଜକ ଏବଂ ସାଂସ୍କୃତିକ ଠିକାଦାରଙ୍କ ନିର୍ଦ୍ଦେଶରେ ନାଟ୍ୟକାର ଯେଉଁ ନାଟକଟି ଲେଖୁଛନ୍ତି ତାହାର ଦୃଶ୍ୟଗୁଡ଼ିକ ପ୍ରାୟ ଉପରୋକ୍ତ ଚରିତ୍ରମାନଙ୍କ ଜୀବନର ଅନୁଭୂତି। ସେଗୁଡ଼ିକୁ ନାଟକର ଘଟଣାବଳୀ ସହିତ ସଂପୃକ୍ତ କରି ଲେଖାଯାଇଅଛି। ଅତଏବ ନାଟକର ନାୟିକା ଶେଲୀ ଦାସ କହୁଛି ନାଟକଟି ତାର ଆତ୍ମଲିପି। ନିର୍ଦ୍ଦେଶକ କହୁଛନ୍ତି ଏହା ତାଙ୍କର ଆତ୍ମଲିପି, ଜଣେ ଆଇ.ଏ.ଏସ୍ ଅଫିସର ନିର୍ଲିପ୍ତ ମହାନ୍ତି କହୁଛନ୍ତି ଏଥିରେ ତାଙ୍କର ଆତ୍ମଲିପି ପ୍ରତିଫଳିତ। ଯେହେତୁ ନାଟ୍ୟକାର ନିଜେ ଲେଖୁଛନ୍ତି ଏହା ମଧ୍ୟ ତାଙ୍କର ଆତ୍ମଲିପି।

ନାଟକଟି ମଞ୍ଚସ୍ଥ ହେବାକୁ ଗଲା ବେଳେ ନିର୍ଲିପ୍ତ ମହାନ୍ତି ଭାବୁଛି ଯେ ପିଲାଦିନେ ସେଲୀ ଦାସ ସହିତ ଯେଉଁ ସଂପର୍କ ଥିଲା ତାହା ଲୋକ ଲୋଚନକୁ ଆସିଯିବ ଏବଂ ସେ ନାଟକଟିକୁ ବନ୍ଦ କରିଦେବାକୁ ଚାହୁଁଛନ୍ତି। ନାଟ୍ୟକାର ନାଟକଟିକୁ ବନ୍ଦ କରିବାକୁ ଚାହିଁନାହାନ୍ତି। ତେଣୁ ନିର୍ଲିପ୍ତ ମହାନ୍ତିର ନିର୍ଦ୍ଦେଶରେ କିଛି ଗୁଣ୍ଡା ଏବଂ ପୋଲିସ ନାଟ୍ୟକାରଙ୍କୁ ମାଡ଼ ଦେଇଛନ୍ତି। ପ୍ରଯୋଜକ ସିଦ୍ଧାର୍ଥ ବର୍ମା ନିଜେ ରିହରସଲ ବେଳେ ସେଲୀକୁ ନେଇ ବରକୂଳ ଡାକବଙ୍ଗଳାକୁ ପିକନିକ୍ କରିବାକୁ ଯାଇଛନ୍ତି। ସାଙ୍ଗରେ ନିର୍ଦ୍ଦେଶକ ରବି ଦାସ ଏବଂ ନାଟ୍ୟକାର ମଧ୍ୟ ଯାଇଛନ୍ତି। ଆତ୍ମଲିପି ନାଟକ ଲେଖା ହେଲାବେଳେ ସେମାନଙ୍କ ମଧ୍ୟରେ ହୋଇଥିବା ଉତ୍ତେଜକ ଦୃଶ୍ୟଗୁଡ଼ିକ ସମସ୍ତଙ୍କର ମନେଅଛି। ସେଗୁଡ଼ିକର ନାଟକର ଦୃଶ୍ୟ।

'ଆତ୍ମଲିପି' ନାଟକରେ ଦୁଇପ୍ରକାର ପାଠ୍ୟ ଦେଖିବାକୁ ମିଳେ। ଗୋଟିଏ ସଂଳାପ ପାଠ୍ୟ ଓ ଅନ୍ୟଟି ଉପଗ୍ରନ୍ଥୀୟ ପାଠ୍ୟ (sub textual)। ଯେପରି ବନ୍ଧନୀ ମଧ୍ୟରେ ଯେଉଁ ଉଦ୍ଧୃତିଟି ଦିଆଯାଇଛି ସେଥିରୁ ଜଣାପଡୁଛି ଯେ ଉପଗ୍ରନ୍ଥୀୟ ପାଠ୍ୟ ରେ ବର୍ତ୍ତମାନ ନିର୍ଦ୍ଦେଶକ ଓ ନିର୍ଦ୍ଦେଶନା ଛାଡ଼ି ଅଭିନେତା ଭୂମିକାକୁ ଆସିଲା। "ଗୋଟିଏ

ଡ୍ରାଇଭର ଭୂମିକାରେ ପ୍ରକ୍ସି କରୁଛନ୍ତି ଏବଂ ଗୋଟିଏ କାଳ୍ପନିକ କାରର ପଛସିଟ୍‌ରେ ଯେମିତି ସେଲୀ ନାଟ୍ୟକାରଙ୍କ ପାଖରେ ଝୁମିଯାଇଛି। ଗାଡ଼ି ଚାଲିବା ଶବ୍ଦ ଶୁଭୁଛି। ଏଠାରୁ ସ୍ଥାନ, କାଳ ଓ ପାତ୍ରଙ୍କ ରୂପାନ୍ତର ଘଟିଲା ଏବଂ ନାଟ୍ୟକାର, ନିର୍ଦ୍ଦେଶକ ଓ ସେଲୀ ଦାସଙ୍କର କୌଣସି ଏକ ସ୍ମୃତି ପାଖକୁ ଚାଲିଗଲା ନାଟକ।

କିନ୍ତୁ ପ୍ରକୃତରେ ତାହା ଏକ ସ୍ମୃତି ନା ନିର୍ଦ୍ଦେଶକଙ୍କର ନିର୍ଦ୍ଦେଶନାରେ ରିହରସାଲ ହେଉଥିବାର ଗୋଟିଏ ଦୃଶ୍ୟ ନା ନାଟ୍ୟକାରଙ୍କର 'ଆତ୍ମଲିପି'ର ଏହା ଏକ ସ୍ୱତନ୍ତ୍ର ପୃଷ୍ଠା ତାହା ଠିକ୍ ଜାଣି ହେଉନାହିଁ। ଫଳରେ ବାସ୍ତବତା ଓ ନାଟକୀୟତା ମଧ୍ୟରେ ଥିବା ସମସ୍ତ ସୀମାରେଖା ଭୁଷୁଡ଼ି ପଡ଼ୁଛି ଏହି ନାଟକରେ।

୧୯୭୭ ରେ ଲିଖିତ 'ଆନନ୍ଦନଗରକୁ ଯାତ୍ରା' ବ୍ରହ୍ମପୁର ଗଞ୍ଜାମ କଳାପରିଷଦ ଦ୍ୱାରା ଭବାନୀପାଟଣାରେ ଅନୁଷ୍ଠିତ ସଂଗୀତ ନାଟକ ଏକାଡ଼େମୀ ଉତ୍ସବ ୧୯୮୧ ମସିହାରେ ଅଭିନୀତ। ଏହା ପରେ ନାଟକଟି ସ୍ୱର୍ଗତ ମନୋରଞ୍ଜନ ଦାସଙ୍କ ଦ୍ୱାରା ନିର୍ଦ୍ଦେଶିତ ହୋଇ କଟକ ରେଡ଼ିଓ ଷ୍ଟେସନ୍ ୧୯୮୫ ମସିହାରେ ପ୍ରସାରିତ ହୋଇଛି। ଭବାନୀପାଟଣା ପ୍ରଯୋଜନାର ନାମ ଥିଲା 'ଅପହଞ୍ଚ' ଏବଂ ଆକାଶବାଣୀରେ ଏହା 'ଆନନ୍ଦ ନଗରକୁ ଯାତ୍ରା' ନାମରେ ପ୍ରସାରିତ ଏବଂ ମୁଦ୍ରିତ ହୋଇଛି।

ଆନନ୍ଦ ଅନ୍ୱେଷା କରିବା ମଣିଷର ଏକ ସହଜାତ ପ୍ରବୃତ୍ତି। ଅନେକେ ଦୈହିକ ସୁଖକୁ ମଧ୍ୟ ଆନନ୍ଦ ବୋଲି ବୁଝିଥାନ୍ତି। ଆନନ୍ଦ 'ବସ୍ତୁ'ରେ ମିଳେ କି 'ଶରୀର'ରେ ମିଳେ କି 'ଅର୍ଥ' ଓ 'କାମ'ରେ ମିଳେ ନ ଜାଣି ପ୍ରତ୍ୟେକ ଜୀବ ସୁଖକୁ ଆନନ୍ଦ ମନେକରି ଜୀବନଯାତ୍ରା କରିଥାଏ। 'ଆନନ୍ଦନଗରକୁ ଯାତ୍ରା' ନାଟକର ବିଶ୍ୱଜିତ୍ ଓ ମୀନା ଏକ ନବବିବାହିତ ଦମ୍ପତ୍ତି, ସେମାନେ ଆନନ୍ଦ ଖୋଜି ଖୋଜି କୌଣସି ଏକ ଆନନ୍ଦ ନଗରରେ ପହଞ୍ଚି ଯାଆନ୍ତି କିନ୍ତୁ ସେହି ବୟସରେ ସେମାନଙ୍କର ଆନନ୍ଦ କହିଲେ କେବଳ ବସ୍ତୁବାଦୀ ସୁଖ ବା ଇନ୍ଦ୍ରିୟ ଲାଳସାକୁ ହିଁ ଆନନ୍ଦ ବୋଲି ଧରି ନିଆଯାଇଥାଏ। ଏଣୁ ତାଙ୍କର ଅନ୍ୱେଷାର ବାଟଟି ଭୟ ସଂକୁଳ ହୋଇଯାଏ। ତେଣୁ ସାଂସାରିକ ବନ୍ଧନରୁ ମୁକ୍ତି ମିଳିଗଲା ପରେ ଯେଉଁ ପ୍ରକାର ଶାନ୍ତି ଓ ଆନନ୍ଦ ମିଳେ ତାହା ଏଠାରେ ଉପଲବ୍ଧ ହୋଇପାରେ ନାହିଁ।

ଆନନ୍ଦ ଖୋଜିବାକୁ ଆସି ବିଶ୍ୱଜିତ୍ ଓ ମୀନା କୌଣସି ଏକ ରହସ୍ୟମୟ ତାନ୍ତ୍ରିକ ଜଗତକୁ ପଶିଯାଇଛନ୍ତି। ଭିକାରୀଚରଣ ନାମକ ଗୁମାସ୍ତାଟି ତାଙ୍କୁ ଆଣି ଭୂତ କୋଠରିରେ ରଖିଦେବା ଫଳରେ ଏସବୁ ରହସ୍ୟଜନକ ତାନ୍ତ୍ରିକ କାଣ୍ଡ ଘଟୁଛି। ତେଣୁ ଆନନ୍ଦ ଖୋଜିବାକୁ ଆସିଥିବା ବିଶ୍ୱଜିତ ଓ ମୀନା ଆତଙ୍କିତ ହୋଇପଡ଼ୁଛନ୍ତି।

ମୀନା – ଏଇଟା ମଧ୍ୟ ଗୋଟାଏ ଭୂତକୋଠି।

ବିଶ୍ୱଜିତ- ଭୂତକୋଠି ନ ହେଲେ ମଧ୍ୟ ରହସ୍ୟ ଜନକ।
ମୀନା - ଏଇ ଘରେ କୋଉଠି ଗୋଟେ କଣ ଅଛି ?
ବିଶ୍ୱଜିତ- କାହିଁକି ?
ମୀନା - ମେଘନାଦ ସାମନ୍ତ ଆମକୁ ଦେଖୁଚି କୋଉ ବାଟେ ?
ବିଶ୍ୱଜିତ୍- ଦେଖିଲ, କାଳେ ଯଦି ଦର୍ପଣର ପ୍ରତିବିମ୍ବ ପଡୁଥିବ।
ମୀନା - ଦର୍ପଣ ପାଇଁ?
ବିଶ୍ୱଜିତ- ତା ହେଲେ ସେ କେମିତି ଜାଣୁଛି ?
ମୀନା - ଲୋକଟା କଣ ସତରେ ଆମକୁ ଜାଣିଛି ?
ବିଶ୍ୱଜିତ- ତମକୁ ଜାଣିଥିବ।
ମୀନା - ମେଘନାଦ ସାମନ୍ତ ବୋଲି ମୁଁ କାହାକୁ ଜାଣେନା।
ବିଶ୍ୱଜିତ- ମୋର ବି ସେମିତି କେହି ବନ୍ଧୁ ନାହାନ୍ତି।
ମୀନା - ତାହେଲେ ? ମତେ ଏଇଟା ଗୋଟିଏ ଡ଼ିଟେକ୍ଟିଭ ଉପନ୍ୟାସର ହାଭେଲୀ ଭଳି ଲାଗୁଛି।"(୫୪)

ମୋଟ ଉପରେ ଆନନ୍ଦର ସନ୍ଧାନରେ ବହିର୍ଗତ ଚରିତ୍ରମାନଙ୍କର ମାନସିକ ବ୍ୟବଚ୍ଛେଦ ଏହି ନାଟକରେ ସାର୍ଥକ ଭାବରେ ହୋଇଛି। ମନୋରଂଜନଙ୍କ 'ଉଦ୍ଭଟ ନାଟକ' ନାମରେ ଯେଉଁ ରସହୀନ, ଦୁର୍ବୋଧ ଓ ଅର୍ଦ୍ଧବୋଧ୍ୟ ନାଟକଗୁଡ଼ିକ ଦର୍ଶକମାନଙ୍କୁ ପୀଡ଼ିତ କରୁଥିଲା ତାର ଅବସାଦ ଘଟାଇ ଥିଲା ମହାନାଟକର ଲୋକଧାରା। ମହାନାଟକର ପ୍ରଭାବ ଓଡ଼ିଆ ନାଟ୍ୟ ଇତିହାସରେ ଏପରି ଗଭୀର ଥିଲା ଯେ ଦର୍ଶକମାନେ ରମେଶ ପ୍ରସାଦ ପାଣିଗ୍ରାହୀଙ୍କର କ୍ଷୁଦ୍ରନାଟକଗୁଡ଼ିକର ବିବିଧ ଅତ୍ୟାଧୁନିକ ପରୀକ୍ଷାଗୁଡ଼ିକୁ ସହ୍ୟ କରି ନେଇଥିଲେ। ତାପରେ 'ଆତ୍ମଲିପି'ର କାବ୍ୟିକ ପ୍ରେମକାହାଣୀ ତଥା 'ଆନନ୍ଦ ନଗରକୁ ଯାତ୍ରା'ର ରହସ୍ୟ ରୋମାଞ୍ଚଭରା ବ୍ୟଞ୍ଜନାତ୍ମକ ଶୈଳୀ ଦ୍ୱାରା ବୌଦ୍ଧିକ ସ୍ତରରେ ଆମୋଦିତ ହୋଇଥିଲେ। କିନ୍ତୁ ସପ୍ତମ ଦଶକର ଶେଷଆଡ଼କୁ 'ଶେଷପାହାଚ' ନାଟକ ଲେଖି ନାଟ୍ୟକାର ଆଉ ଏକ ଅତ୍ୟାଧୁନିକ ସ୍ତରକୁ ଉନ୍ନୀତ କରିଥିଲେ ଓଡ଼ିଆ ନାଟକକୁ।

ଏହି ନାଟକର ନାଟ୍ୟ ରଚନା ଶୈଳୀରେ ରୂପାନ୍ତରୀକରଣ (transformation)ର ପ୍ରଭାବ ଦେଖିବାକୁ ମିଳେ । କେରଳୀ ନାଟ୍ୟଧାରାରେ ଏହାକୁ ପ୍ରକରଣଉତ୍ତମ ବୋଲି କୁହାଯାଏ। ନାଟକର ଆରମ୍ଭରେ ମଦନାର ଝିଅ କମଳି ନାଟକର ଦ୍ୱିତୀୟ ପାହାଚରେ ଆଇ.ଏ.ଏସ୍ ଅଫିସରଙ୍କ ସ୍ତ୍ରୀ ହୋଇଯାଇଛି ଏବଂ ଶେଷ ପାହାଚରେ ସେ ଜଣେ ବିଦେଶିନୀ ଭୂମିକାରେ ଅଭିନୟ କରୁଛି।

ରୂପାନ୍ତର ଶୈଳୀରେ ନାଟକର ସ୍ଥାନ ଓ କାଳର ରୂପାନ୍ତର କରାଯାଇଥାଏ। ଏହାଦ୍ୱାରା ଚରିତ୍ର ଚିତ୍ରଣରେ ଗତାନୁଗତିକ ଶୈଳୀ ମଧ୍ୟ ପରିବର୍ତ୍ତିତ ହେଉଛି। ଚରିତ୍ରମାନେ ବିଭିନ୍ନ ଅନ୍ୟ ଚରିତ୍ରରେ ରୂପାନ୍ତରିତ ହେବା ଦ୍ୱାରା ବିଭିନ୍ନ ଭୂମିକାରେ ଅଭିନୟ ମଧ୍ୟ କରୁଛନ୍ତି। ତେଣୁ ସେମାନେ ଚରିତ୍ର ନ ହୋଇ ଏକ ଏକ ଭୂମିକାରେ ପରିଣତ ହୋଇଯାଉଛନ୍ତି। ରୂପାନ୍ତର ଶୈଳୀ ସଂପର୍କରେ କୁହାଯାଇଛି- "The technique of transformation was borrowed from the second city workshop by the open theatre group organized by the famous American actor- director, Joseph Chaiken. But in the culture of fast changing fashions this device was lost in the welther of experiment and show offs until Gerald weales explained the concept of transformation in detail. The performer, then, with no formal transition, becomes a new character in a new situation or at another time. This is not simply a way of developing facility in the actor, to the open theatre. It is a way of questioning the conventional idea of reality. A character is defined not by the social or psychological influences on his past, but by the visible acts."[୫୫]

'ଶେଷପାହାଚ' ନାଟକରେ ନାଟ୍ୟକାର ରମେଶ ପ୍ରସାଦ ପାଣିଗ୍ରାହୀ ମଧ୍ୟ ବ୍ରେଖଟୀୟ ଶୈଳୀରେ ଲେଖାଯାଇଥିବା ମହାକାବ୍ୟିକ ନାଟକ ବା ଏପିକ୍ ଶୈଳୀର ପ୍ରୟୋଗ କରିଛନ୍ତି। 'ଶେଷ ପାହାଚ' ନାଟକଟିକୁ ବ୍ରେଖଟୀୟ ଦୃଷ୍ଟି କୋଣରୁ ବିଚାର କଲେ ଯଦୁଆ ମଦନ ଚୌକିଦାରକୁ ହତ୍ୟା କରିବା ଏବଂ ତାପରେ ଏହି ହତ୍ୟା ମକଦ୍ଦମାକୁ ନିଜେ ନିର୍ଦ୍ଦେଶକ ବିଚାର ଭୂମିକାରେ ରହି ନିଷ୍ପତ୍ତି କରିବା ପ୍ରଭୃତି ଘଟଣାରେ କୌଣସି ଦର୍ଶକ ସଂପୃକ୍ତ ହେବା ସମ୍ଭବ ନୁହେଁ ବରଂ ସେମାନେ ଏପରି ଏକ ବିଚିତ୍ର ଘଟଣାକୁ 'ନାଟ୍ୟଘଟଣା' ବୋଲି ଗ୍ରହଣ କରି ନିଜକୁ ଘଟଣାଠାରୁ ଆବେଗିକ ଦୃଷ୍ଟିରୁ ଦୂରେଇ ରଖିବେ। ଶେଷକୁ ବିଚାରକ ପୁନଶ୍ଚ ଜଣେ ଘୋଷକ ରୂପରେ ଅବତୀର୍ଣ୍ଣ ହେଲାଭଳି ଏଇ କେଶ୍‌ରେ ରାୟ ଦିଅନ୍ତି।

ବିଚାରକ : କାହାରି କିଛି ବିଚାର ହୋଇପାରିବ ନାହିଁ। ମୁଁ ପାରିବିନି... ଦର୍ଶକମାନେ ପାରିବେନି... ସମାଜ ପତିମାନେ ପାରିବେ ନାହିଁ.. ଧର୍ମଯାଜକମାନେ ପାରିବେ ନାହିଁ...। Get out !!!

'ଶେଷପାହାଚ' ୧୯୮୦ ମସିହାର ନାଟକ। ନାଟକର ଆରମ୍ଭରେ ସବୁ

ଅଭିନେତା ଓ ଅଭିନେତ୍ରୀ ସୂତ୍ରଧର ଭୂମିକାରେ ପ୍ରବେଶ କରି ନାଟକର ଶୀର୍ଷକଟିକୁ ଦର୍ଶକମାନଙ୍କ ଆଗରେ ବ୍ୟାଖ୍ୟା କରି ବୁଝାଉଛନ୍ତି। ଏହା ଗୋଟିଏ ଦୃଷ୍ଟିରୁ ସଂସ୍କୃତ ନାଟକର ପ୍ରଭାବ ଏବଂ ଆଉ ଗୋଟିଏ ଦୃଷ୍ଟିରୁ ବ୍ରେଖଟୀୟ ନାଟ୍ୟ ଶୈଳୀର ମଧ୍ୟ ପ୍ରଭାବ ପଡ଼ିଥିଲା ପରି ମନେହୁଏ। ବ୍ରେଖଟୀୟ ନାଟ୍ୟ ଶୈଳୀରେ ସୂତ୍ରଧର ବା ଅନ୍ୟ କୌଣସି ଚରିତ୍ର ନାଟକର ବିଷୟବସ୍ତୁଟିକୁ ଦର୍ଶକମାନଙ୍କ ପାଖରେ ପହଞ୍ଚାଇଦିଏ, ଯାହା ଘଟିଛି ଉକ୍ତ ନାଟକରେ।

ମଦନା ପ୍ରଧାନ ମରିଗଲେ କାନ୍ଦିବା ପାଇଁ କିଛି ନାହିଁ କମଳୀ ଦେହ ବିକିଲେ ଘୃଣା କରିବା ପାଇଁ କିଛି ନାହିଁ... ଯଦୁଆ ମର୍ଡ଼ର୍ କଲେ ଆଶ୍ଚର୍ଯ୍ୟ ହେବାର କିଛି ନାହିଁ। ହସ, କାନ୍ଦ, ଘୃଣା, ନୀତି, ଆଇନ ଏସବୁ ସୁସ୍ଥ ସମାଜର ଲୋକଙ୍କ ପାଇଁ ତିଆରି। ଆପଣମାନଙ୍କ ଭିତରେ ମଦନା ପ୍ରଧାନ ଯଦୁଆ କିମ୍ବା କମଳୀ ନାହାନ୍ତି। ସେମାନେ ତଳ ପାହାଚର ଲୋକ। ତଳ ପାହାଚ ସହିତ ଉପର ପାହାଚର କିଛି ସଂପର୍କ ନାହିଁ। ଏଇ ଦେଶରେ କାହା ଦୁଃଖ ସହିତ କାହାର ସଂପର୍କ ନାହିଁ... ସମସ୍ତେ ନିଜ ନିଜର ସ୍ୱାର୍ଥ ପାଇଁ ପାହାଚ ଚଢ଼ି ଚାଲିଛନ୍ତି। ସମାଜ ସଂପର୍କରେ ଦେଶ ସଂପର୍କରେ କୁହାଯାଉଥିବା ସବୁ କଥା ମିଛ... ଯେଉଁ ଦେଶରେ ମଣିଷ ଖାଇବାକୁ ନ ପାଇ ଝିଅକୁ ବେଶ୍ୟାବୃତ୍ତି କରାଉଚି ଯୋଉ ଦେଶରେ ଲୋକେ ଖାଇବାକୁ ନ ପାଇ ପକେଟ୍ ମାରୁଚି... ସେଇଠି ଆଇନ୍, ନୀତି ନିୟମର ଅର୍ଥ ନାହିଁ।"[୫୬]

ଏଠାରେ ଲକ୍ଷ୍ୟ କରିବାର କଥା ଯେ ନାଟକର କୌଣସି ଚରିତ୍ର ମରିଗଲେ ଦର୍ଶକମାନେ କାନ୍ଦିବା ଅନୁଚିତ। ବ୍ରେଖଟ୍ ତାଙ୍କ ନାଟକରେ କାରୁଣ୍ୟ ରସକୁ ଆଦୌ ଗୁରୁତ୍ୱ ଦେଇନାହାନ୍ତି। ତାଙ୍କ ମତରେ ନାଟକ ଦେଖି ଦର୍ଶକମାନେ କାନ୍ଦିବା କିମ୍ବା ହସିବା ଅନାବଶ୍ୟକ। ସେମାନେ ନାଟକ ଦ୍ୱାରା ପ୍ରଭାବିତ ହୋଇ କୌଣସି ଆବେଗ ଦ୍ୱାରା ଆକ୍ରାନ୍ତ ହେବା ଅନୁଚିତ। ଅନ୍ୟପକ୍ଷରେ ସେମାନେ ନିଜର ବୌଦ୍ଧିକ ବିଚାରକୁ ନାଟକରେ ଘଟୁଥିବା ଘଟଣାମାନଙ୍କର ବିଶ୍ଳେଷଣ କରିବା ଆବଶ୍ୟକ। ଆବେଗଦ୍ୱାରା ଆକ୍ରାନ୍ତ ହୋଇ ନାଟକର ସାମାଜିକ ଉଦ୍ଦେଶ୍ୟ ମିଳିବା ବି ହେବନାହିଁ। ତେଣୁ ବିଚାରପତି ଚରିତ୍ର ନ୍ୟାୟ ଦେଲାବେଳେ ତାହା ସାମାଜିକ ନ୍ୟାୟ ନ ହୋଇ ବରଂ ତାହା ନାଟକର ମଞ୍ଚନ ପ୍ରଣାଳୀ ସଂପର୍କରେ ଏକ ନାନ୍ଦନିକ ବିଚାରଧାରା। ଏହା ବ୍ରେଖତୀୟ ଏପିକ୍ ଶୈଳୀର ଏକ ସଫଳ ପ୍ରୟୋଗ। ଏଠାରେ ଲକ୍ଷ୍ୟ କରାଯାଉଛି ନାଟ୍ୟକାର ରମେଶ ପ୍ରସାଦ ପାଣିଗ୍ରାହୀ ୧୯୬୬ ମସିହାରେ ଲିଖିତ 'ବିନ୍ଦୁ ଓ ବଳୟ' ନାଟକଠାରୁ ବ୍ରେଖଟୀୟ ଧାରାର ପ୍ରୟୋଗ କରି ଆସୁଅଛନ୍ତି। 'ବିନ୍ଦୁ ଓ ବଳୟ' ନାଟକର ନାୟିକା ଜମିଦାର ଉଦୟ ଶଙ୍କରଙ୍କ ଦ୍ୱାରା ନାଟକର ଶେଷ ଦୃଶ୍ୟରେ ଅପହୃତା ହୋଇଛି

ଏବଂ ତାକୁ ହତ୍ୟା କରାଯାଇଛି। ଏକଥା ମାନିନୀ ଜାଣିପାରିଛି। ତେଣୁ ନାଟକ ଶେଷରେ ସେ ଦର୍ଶକମାନଙ୍କୁ ଅନୁରୋଧ କରୁଛି ତା' ମୃତ୍ୟୁରେ କେହି ଅଶ୍ରୁମୋଚନ କରିବା ଅନୁଚିତ କାରଣ ସେ ଏକ ସାଧାରଣ ଝିଅ। 'ଶେଷ ପାହାଚ' ନାଟକ ୧୯୮୦ ମସିହାର ନାଟକ ୧୬ ବର୍ଷ ପରେ ମଧ୍ୟ ଶେଷ ପାହାଚରେ ସେହି ବ୍ରେଖ୍‌ଟୀୟ ଧାରା ପ୍ରୟୋଗ କରାଯାଇଛି।

'ଶେଷ ପାହାଚ' ନାଟକ ଗୀତିନାଟ୍ୟର ଧାରାଟିକୁ ଆପଣାର କରିଛି। ନାଟକର ଆରମ୍ଭରେ ସବୁ ଅଭିନେତା ଓ ଅଭିନେତ୍ରୀ ସୂତ୍ରଧର ଭୂମିକାରେ ପ୍ରବେଶ କରି ନାଟକର ଶୀର୍ଷକଟିକୁ ଦର୍ଶକମାନଙ୍କ ଆଗରେ ବ୍ୟାଖ୍ୟା କରି ବୁଝାଉଛନ୍ତି। ଏହା ଗୋଟିଏ ଦୃଷ୍ଟିରୁ ସଂସ୍କୃତ ନାଟକର ପ୍ରଭାବ ଏବଂ ଆଉ ଗୋଟିଏ ଦୃଷ୍ଟିରୁ ବ୍ରେଖ୍‌ଟୀୟ ଶୈଳୀ ମଧ୍ୟ ପ୍ରଭାବ ପଡ଼ିଥିଲା ପରି ମନେହୁଏ। ବ୍ରେଖ୍‌ଟୀୟ ଶୈଳୀରେ ସୂତ୍ରଧର ବା ଅନ୍ୟ କୌଣସି ଚରିତ୍ର ନାଟକର ବିଷୟ ବସ୍ତୁଟିକୁ ଦର୍ଶକମାନଙ୍କ ପାଖରେ ପହଞ୍ଚାଇ ଦିଏ।

ଏହି ନାଟକର ପ୍ରଥମ ପାହାଚରେ ନାଟକର କାହାଣୀଟି ଅନ୍ୟ ଏକ ମୋଡ଼ ନେଇଛି। ନାଟକର ଗୋଟିଏ ଚରିତ୍ର ଆଇ.ଏ.ଏସ୍. ପାଇଲାପରେ କୌଣସି ସହରରେ କଲେକ୍ଟର ରୂପେ ଚାକିରି କରିଛି; ତା'ର ଗାଁ ସହିତ କୌଣସି ସଂପର୍କ ନାହିଁ। ହଠାତ୍ ଦିନେ ତାର ବାପା ମଦନ ରାଉତରାୟ ସହରକୁ ଆସି କଲେକ୍ଟରଙ୍କ ଘର ଖୋଜି ନପାରି ଗୋଟିଏ ପାର୍କରେ ବସୁଛି। ସେଇଠି ପୋଲିସ ପଚାରୁଛି ତମେ ଏଇଠି କାହିଁକି ବସିଛ ? ସେ କହିଲେ ମୁଁ କଲେକ୍ଟରଙ୍କ ଘର ଖୋଜୁଛି। ପୋଲିସ ପଚାରିଲେ କଲେକ୍ଟର ତମର କିଏ ? ମଦନ ରାଉତରାୟ କହିଲା କଲେକ୍ଟର ମୋ ପୁଅ। ଏ କଥାଟି କଲେକ୍ଟରଙ୍କ ଜଣେ ସାଙ୍ଗ ଦେଖି ଦେଲା ଏବଂ ବୃଦ୍ଧଙ୍କୁ ନେଇ କଲେକ୍ଟରଙ୍କ ଘରେ ପହଞ୍ଚାଇଦେଲା। କଲେକ୍ଟରଙ୍କୁ ଗାଳି ଦେଲା ଏବଂ ଦୁଇ ଚାପୁଡ଼ା ମାରିଲା। ମଦନ ରାଉତରାୟ ପୁଅ ଅଜୟର ଏହି ବନ୍ଧୁ ରଞ୍ଜନକୁ ନେହୁରା ହୋଇ କହିଲେ ମୋ ପୁଅକୁ ମାର ନାହିଁ ଏବଂ କାନ୍ଦି ପକାଇଲା। ଏହା ପରେ ପୋଲିସ ଆସି ହୁଇସିଲ୍ ମାରି କହିଛନ୍ତି- ଇନ୍ସପେକ୍ଟର... ଫାଉଲ୍ ଫାଉଲ୍ ଟ୍ରିଂ ଟ୍ରିଂ ବନ୍ଦକର, ନହେଲେ ମିନିଟିଏ ଭିତରେ ସମସ୍ତଙ୍କୁ ଆରେଷ୍ଟ କରିଦେବି। ତତେ, ବୁଝିଲୁ ମଦନା.. କ୍ଷମା କରିବେ ମିଷ୍ଟର ରାଉତରାୟ ଆପଣ ଏଇଠି ଆକ୍ଟିଂ କଲାବେଳେ କନ୍ଦାକଟା କରିପାରିବେନି। କାରଣ ଆପଣ କାନ୍ଦିଲେ ଦର୍ଶମମାନେ ବି କାନ୍ଦିବେ... no... no... foul game.... ଆଜି ହୁଇସିଲ ମାରିବି, what is this ? ନିର୍ଦ୍ଦେଶକ ସାହେବ ! !"[୫୭]

ଏପରି ସ୍ମରଣ କରାଯାଇପାରେ ବ୍ରେଖଟୀୟ ନାଟ୍ୟ ମଞ୍ଚ ଶୈଳୀରେ ଆବେଗ ସୃଷ୍ଟି ହେବା ମନା, କୌଣସି ଦର୍ଶକ ନାଟକ ଦେଖି ଅଭିଭୂତ ହେବା ମଧ୍ୟ ମନା।

'ଶେଷ ପାହାଚ'ର ଉପସ୍ଥାପନା ଶୈଳୀ ସଂପୂର୍ଣ୍ଣ ବ୍ରେଖଟୀୟ ହୋଇଥିବାରୁ ଓଡ଼ିଆ ନାଟ୍ୟଧାରାରେ ଏହାର ସ୍ଥାନ ସ୍ୱତନ୍ତ୍ର।

'ପକାକମ୍ବଳ ପୋତ ଛତା' (୧୯୮୫) ନାଟକଟିରେ ଅବୋଲକରା କାହାଣୀର ଢାଞ୍ଚାରେ ଲିଖିତ କିନ୍ତୁ ଏହା କୌଣସି ଅବୋଲକରା କାହାଣୀର ପ୍ରତିରୂପ ନୁହେଁ। ଅବୋଲକରା କାହାଣୀର ଶୈଳୀକୁ ଅବଲମ୍ବନ କରି ନାଟ୍ୟକାର ରମେଶ ପାଣିଗ୍ରାହୀ ଏକ ନାଟକ ସର୍ଜନା କରିଛନ୍ତି। ଏହି ନାଟକର ମୁଖବନ୍ଧ ଲେଖିଛନ୍ତି ସ୍ୱର୍ଗତ ପ୍ରଫେସର କୁଞ୍ଜବିହାରୀ ଦାଶ। ସେଥିରେ ସେ ଲେଖିଛନ୍ତି- "ଗଣକବି ବୈଷ୍ଣବ ପାଣିଙ୍କଠାରୁ ତାଙ୍କର ଆଭିମୁଖ୍ୟ ଭିନ୍ନତର। ବୈଷ୍ଣବ ଆଦ୍ୟରୁ ହିଁ ଯାତ୍ରା କବି। ରମେଶ ଚନ୍ଦ୍ର ବିଦଗ୍ଧ ନାଟ୍ୟକାରରୁ ଯାତ୍ରା ଲେଖକ। ଯାତ୍ରା ନାଟକ ଲେଖୁ ଲେଖୁ ସେ ବିଦଗ୍ଧ ନାଟକର ସ୍ୱରୂପ ବଦଳାଇ ଦେଇଛନ୍ତି। ଏ ତାଙ୍କର ବୈଶିଷ୍ଟ୍ୟ।"(୫୮)

ଅବୋଲକରା କାହାଣୀର ଦୁଇଟି ଚରିତ୍ର (ପଣ୍ଡିତେ ଓ ଅବୋଲକରା) ଏଇ ନାଟକରେ ଅବିକଳ ଉପସ୍ଥିତ ଅଛନ୍ତି। ପଣ୍ଡିତେ ଏହି ନାଟକରେ ମଧ୍ୟ ତୀର୍ଥଯାତ୍ରା କରିବାକୁ ବାହାରିଛନ୍ତି ଓ ଗୋଟିଏ ଅବୋଲକରା ବାରିକ ପୁଅକୁ ସାଙ୍ଗରେ ନେଇଛନ୍ତି ପ୍ରତ୍ୟେକ ବିଚିତ୍ର ଦୃଶ୍ୟ ବା ସ୍ଥାନ ଦେଖିଲା ପରେ ଅବୋଲକରା ପ୍ରଶ୍ନ ପଚାରିବ ଓ ପଣ୍ଡିତେ ଅଗତ୍ୟା ତାକୁ କହିବେ 'ବସ୍, ଅବୋଲକରା କହିବି କଥା' ସେଇଠୁ ଆରମ୍ଭ ହେବ କାହାଣୀ। ଲୋକକଥାର ଏହି କାହାଣୀଗୁଡ଼ିକ ପ୍ରାୟତଃ ଅତି କାଳ୍ପନିକତାରେ ପୂର୍ଣ୍ଣ। Ann Swan Fen ତାଙ୍କର 'In Defence of Fantasy' ଗ୍ରନ୍ଥରେ ଲେଖିଛନ୍ତି- "The essential ingredient of all fantasy is The Marvellous which will be regarded as anything out sider normal space time contiguous of the everyday world."(୫୯)

ଏହା ସତ୍ତ୍ୱେ ନାଟକରେ ପଣ୍ଡିତେ ଓ ଅବୋଲକରା ପହଞ୍ଚି ସାମାଜିକ ସଂଳାପରେ କଥୋପକଥନ ଆରମ୍ଭ କରିପାରିବେ ନାହିଁ। ପଣ୍ଡିତମାନେ ଆଜିକାଲି ଆଉ ପଦଯାତ୍ରା କରି ତୀର୍ଥାଟନ କରିବାର ଯୁଗ ନାହିଁ। ସେ ଯୁଗରେ ତାହାଥିଲା । ଏଣୁ ଯେତେବେଳେ ଅବୋଲକରାକୁ ପ୍ରଥମେ ମଞ୍ଚ ଉପରକୁ ଆଣୁଛନ୍ତି ପଣ୍ଡିତଙ୍କ ସାଙ୍ଗରେ ରହି ତାର ମଧ୍ୟ ଭାଷା ଉନ୍ନତ ହୋଇଥିବା ଜଣାଯାଏ। ଯେଉଁ ସ୍ଥାନରେ ସେମାନେ ପହଞ୍ଚିଛନ୍ତି ତାକୁ ପ୍ରଥମେ ବର୍ଣ୍ଣନା କରାଯାଉଛି-

"ଆଶ୍ଚର୍ଯ୍ୟ ଏ ବନଭୂମି
ଏ ଶାଗୁଆ ଗଛର ଆସ୍ତରଣ
ପକ୍ଷୀକର ନା କ୍ରୀଡ଼ାସ୍ଥଳୀ

ସମୟ ଏଠି ବୁଢ଼ା ଲୋକଟିଏ ପରି ପୁରୁଣା
ଗୋଟାଏ ପଟେ ମନ୍ଦିର ଓ
ଅନ୍ୟପଟେ ସୁନ୍ଦର ସମାଧି।"(୭୦)

ଏଠାରେ ଅବୋଲକରାର ଭାଷାଟି ଉଲ୍ଲେଖଯୋଗ୍ୟ। ଏହାର ଛନ୍ଦରେ ଗୀତିନାଟ୍ୟ ଏବଂ ଏଥିରେ କାଳୀଚରଣଙ୍କର 'ଚକ୍ରୀ' ଓ 'ମାନିନୀ' ପ୍ରଭୃତି ନାଟକରେ ସୃଷ୍ଟ ରସର ସୌନ୍ଦର୍ଯ୍ୟ ଉପଲବ୍ଧ। ଏହା ଏକ ପ୍ରକାର ଅମିତ୍ରାକ୍ଷର ପ୍ରଭା ସୃଷ୍ଟି କରୁଛି।

କିନ୍ତୁ ଏହା ଆଧୁନିକ କବିତା ଏବଂ ସମୟ ଏଠି ବୁଢ଼ା ଲୋକଟି ପରି ପୁରୁଣା ବୋଲି କହିଲା ବେଳକୁ ଭାଷା ଆଧୁନିକ କବିତାର ରୂପ ଗ୍ରହଣ କରୁଛି। ଅତଏବ ପ୍ରାଚୀନ ଅମିତ୍ରାକ୍ଷର ଛନ୍ଦର ଏକ ନବୀକରଣ କରାଯାଇଛି ସଂଳାପରେ। ପ୍ରଥମରୁ ଏଇଠି ଚାରୋଟି ନୂତନ ଶୈଳୀ ପରିଦୃଷ୍ଟ ହେଉଛି। ଯେପରି–

– ପଣ୍ଡିତ ଓ ଅବୋଲକରା ଚରିତ୍ରଙ୍କର ନବ୍ୟରୂପରେ ଚିତ୍ରଣ।

– ସଂକେତ ଦ୍ୱାରା ଲୋକଗଳ୍ପରୁ ବିଦଗ୍ଧ ଆଧୁନିକତାର ପୁଟ ଦେଇ ଲେଖାଯାଇଛି। ଆଧୁନିକ କବିତାରେ ଯେପରି ମିଥର ପ୍ରୟୋଗ କରାଯାଏ, ନାଟକରେ ମଧ୍ୟ ସେପରି ଲୋକଗଳ୍ପର ପ୍ରୟୋଗ ଉଲ୍ଲେଖଯୋଗ୍ୟ।

– ପ୍ରାଚୀନ ଛନ୍ଦରେ ଆଧୁନିକ ଭାଷାର ପ୍ରୟୋଗ କରାଯାଇଛି ଏହାର ସଂଳାପରେ।

– ଅତି କଳ୍ପନାର ପ୍ରୟୋଗଦ୍ୱାରା ଲୋକଗଳ୍ପର ଉତ୍ତର ଆଧୁନିକ ଆଭିମୁଖ୍ୟ ସ୍ପଷ୍ଟ ହେଉଛି।

ବ୍ରେଖଟୀୟ ଶୈଳୀରେ ଲେଖାଯାଇଥିବା ନାଟକ 'ଅନ୍ଧନଦୀର ସୁଅ' ଏକ ସ୍ୱତନ୍ତ୍ର ସ୍ଥାନ ଅଧିକାର କରିଛି। ନାଟକରେ କାହାଣୀ ଗ୍ଭରିଜଣ ଅଭିନେତାଙ୍କ ଦ୍ୱାରା ଉପସ୍ଥାପନ କରାଯାଉଅଛି। ନାଟକର ଆରମ୍ଭକୁ ଦେଖିଲେ ମନେ ହେବ ପ୍ରଥମ ଅଭିନେତା ଆଉ ଗ୍ଭରିଜଣ ଅଭିନେତାଙ୍କୁ ଗୀତ ଗାଇ ଗାଇ ନାଟକର ଭିତ୍ତିଭୂମି ଉପରେ କହୁଛନ୍ତି।

"ଆମେ ସବୁ ହେଲୁ ନାଟୁଆ ପିଲା   ନାଚିନାଚି ଆମ ଜୀବନଗଲା
ରାତି ହେଲେ ରଜା ଦିନରେ ଚନ୍ଦା   ବାହା ବା ଅନେକ ବେପାର ମାନ୍ଦା
ଘର ନାହିଁ ଆମେ ଛତର ଖିଆ   ଯେଉଁଠି ନାଟକ ସେଇଠି ଠିଆ।
ମୁହଁ ହସ ହସ ଭିତରେ ଲୁହ   ଜନତା ଆଗରେ ବିକୁଛୁ ଦେହ।
ମୁଣ୍ଡ ନାହିଁ ଆମ ମସଲା ନାହିଁ   କବି ହେବା ପାଇଁ କଲମ ନାହିଁ
ନାଟବାଲା ଆମେ ଅତି ବେହିଆ   କଥା କହିବାକୁ ହାଟରେ ଠିଆ।"(୭୧)

ଅଭିନେତାମାନେ ମଞ୍ଚଉପରେ ଗୀତ ଗାଆନ୍ତି। ସେମାନଙ୍କୁ ଅଭିନୟ ଦ୍ୱାରା

ଗୋଟିଏ ଗ୍ରାମର ଝଟଶାଳୀ ପରିବେଶ ସୃଷ୍ଟି ହେଉଛି। ଏଠାରେ ପିଲାଦିନର ସେହି 'ଆହେ ଦୟାମୟ ବିଶ୍ୱବିହାରୀ' ଗୀତଟିକୁ ଅଭିନେତା ମାନେ ଗାଇଲେ ଏବଂ ନାଟକର ନାୟକ ସଦାଶିବ ଏହି ଗୀତର କେତୋଟି ଧାଡ଼ିକୁ ମନେ ରଖିଦେଲା। ସେହି ଧାଡ଼ିଗୁଡ଼ିକ ହେଲା-

"ସତ କହିବାକୁ କିଆଁ ଡ଼ରିବି
ସତ କହି ପଛେ ମଲେ ମରିବି
ମତେ ଏତିକି ଶିଖାଅ ସାଇଁ ହେ
ମୋର ଧନ ଜନ ଲୋଡ଼ା ନାହିଁ ହେ।"

ସଦାଶିବ ପାଇଁ ଚାଟଶାଳୀର ଏହି ପ୍ରାର୍ଥନା ଗୀତଟି କେବଳ ଗୀତ ନଥିଲା। ପରବର୍ତ୍ତୀ ସମୟରେ ଏହା ତା ଜୀବନର ମୂଲ୍ୟବୋଧରେ ପରିଣତ ହୋଇଗଲା। ସଦାଶିବ ସ୍କୁଲ ଓ କଲେଜରେ ସବୁଠାରୁ ଭଲ ପଢୁଥିଲା ଏବଂ ଶିକ୍ଷାସମାପ୍ତ ପରେ କିରାଣୀ ଚାକିରୀ ପାଇଁ ଇଣ୍ଟରଭ୍ୟୁ ମିଳିଲାନି। ସେ ମନ୍ତ୍ରୀଙ୍କ କ୍ୟାଣ୍ଡିଡ଼େଟ୍ ହୋଇନଥିବାରୁ ତାର ଚାକିରି ଏବଂ ଯାହା ଜମିବାଡ଼ି ଘରଦ୍ୱାର ସବୁ ଥିଲା ତାହା ସବୁ ଭାସିଗଲା। ସଦାଶିବ ସହରକୁ ଚାଲିଆସିଲା। ସହରରେ ତାକୁ ମୁଠାଏ ଖାଇବାକୁ ବି ମିଳିଲା ନାହିଁ। ଦିନେ ତା ମୁଣିରୁ ସବୁ ସାର୍ଟିଫିକେଟ୍ ବାହାର କରି ଷ୍ଟେସନରେ ନିଆଁ ଲଗେଇ ଦେଲା। ସେ ବୁଝିପାରିଲା। ଏ ସମାଜ ତାକୁ ଚାହୁଁ ନାହିଁ।

ସଦାଶିବ ସବୁଠି କହି ବୁଲିଲା ସଦାଶିବ ଦାସର କ୍ୟାରିଅର ଫାଷ୍ଟକ୍ଲାସ ... ଜୀବନରେ କେବେ ମିଛ କହିନାଇଁ ଯେ ତାର ଘର ନାହିଁ, ବାପା ମା ନାହାନ୍ତି, କେହି ନାହାନ୍ତି। ଏ ସହରରେ ଛ' ମାସ ହେଲା ଉପାସ ରହି ଇଣ୍ଟରଭ୍ୟୁ ଦଉଚି। ପ୍ଲାଟଫର୍ମରେ ଶୋଉଛି (ତାପରେ ଦେହସାରା କମ୍ପି ଉଠିଲା କ୍ରୋଧରେ) କାହିଁକି ଏ ଦେଶରେ ବଞ୍ଚିବା ପାଇଁ ସେ କଣ ଅଯୋଗ୍ୟ? (ଛାତି ତାର ସେମିତି ପଡୁଥାଏ ଉଠୁଥାଏ) ଇଣ୍ଟରଭ୍ୟୁ ନେବା ଅଫିସରମାନେ ତାକୁ anti-social ବୋଲି କହିଲେ। ଟେରରିଷ୍ଟ ବୋଲି କହିଲେ। ତଥାପି ସଦାଶିବ ଚାକିରି ଖଣ୍ଡେ ମାଗୁଥିଲା ସମାଜକୁ। କୁହନ୍ତୁ ମତେ ଖଣ୍ଡେ ଚାକିରି ମିଳିବ କି ନାହିଁ? ମୁଁ ସେମିତି କିଛି ବଡ଼ ଚାକିରି ମାଗୁନି। ମୋର ରହିବା ପାଇଁ ଘରଟିଏ ଆଉ ଦି ଓଳି ଦି ମୁଠା ପଖାଳ ମିଳିଗଲେ ମୁଁ ବି କମ୍ପିଟିଟିଭ୍ ଦେଇ ଆପଣଙ୍କର ଚୌକିରେ ବସିପାରିବ ସାର୍। "ଗିଭ୍ ମି ଏ ଚାନ୍ସ"।(୬୨)

ତାପରେ ସେ ବୁଝିଗଲା ସେ ଏ ସମାଜ ତାକୁ ଚାହୁଁନାହିଁ। ତେଣୁ ସେ ଘୋଷଣା କଲା ସେ ମଧ୍ୟ ଏ ସମାଜକୁ ଚାହୁଁ ନାହିଁ। ଯୋଉ ସମାଜକୁ ଚାହେଁ ନାହିଁ ସେ ମୁଠାଏ ଖାଉ ବୋଲି। ସିଏ ବି ଜଣେ ଅସାମାଜିକ ହେବାର ଯୋଗ୍ୟତା ଅଛି ବୋଲି କହି

ନିଜକୁ ଅସାମାଜିକ ଘୋଷଣା କଲା। ତାର ଝୁଲା ମୁଣିରୁ ସବୁତକ ସାର୍ଟିଫିକେଟ ବାହାର କରି ଷ୍ଟେସନ୍‌ର ଗୋଟେ କୋଣରେ ନିଆଁ ଲଗେଇ ଦେଲା।

ସଦାଶିବର ଏହି ବିପର୍ଯ୍ୟୟକୁ ଦୂରରୁ ଦେଖୁଥିଲା ରାଜା। ସହରର ବିଖ୍ୟାତ ମାଫିଆ ଡନ୍ ରାଜା ତାର ଅଧାଜଳା ସାର୍ଟିଫିକେଟକୁ ଉଦ୍ଧାର କଲା। ତାପରେ ସେ କହିଲା- "ଶଳା, ସବୁ ସାଙ୍ଗ ଚୋର ଡକେଇତ ଆଉ ପକେଟ ମାରୁ। ତୁ ଶଳା ଗୋଟେ ଫାଷ୍ଟକ୍ଲାସ ଏମ୍.ଏ. ସାଙ୍ଗ ଥିଲୁ ବୋଲି ତୋ ପାଇଁ ମୋ ମନରେ କେତେ ଗର୍ବ ଥିଲାରେ ସଦେଇ। ଶଳା ଶେଷକୁ ମେ ଗର୍ବଟାକୁ ତୁ ଦିଆସିଲି କାଠିମାରି ଜଳେଇ ଦେଲୁ? (କଣ୍ଠରେ ଆର୍ଦ୍ରତା) କାହା ଉପରେ ଅଭିମାନ କରି ଏ ସାର୍ଟିଫିକେଟ ଗୁଡ଼ା ପୋଡ଼ି ଦେଲୁ ବେ... ଗାଁ ବାଲା? ମୋର ତ ଶଳା ବାପା ନାଇଁ କି ମା ନାଇଁ। ଡଷ୍ଟବିନ ତଳେ ବଡ଼ ହେଇଚି ଡଷ୍ଟବିନ୍ ତଳେ ଚାଲିଯିବି। ହେଲେ ତୋର ତ ସମସ୍ତେ ଅଛନ୍ତି। ତୁ ଶଳା କାହିଁକି ଏମିତି କାହିଁକି ଏମିତି ଛତରଖିଆଙ୍କ ପରି ହଉଚୁ?(୬୩)

ଶେଷକୁ ଚାକିରି ନପାଇ ସଦାଶିବ ରାଜାର ସାହାଯ୍ୟ ମାଗିଚି। ସିଏ ବି ଏ ସମାଜକୁ ଜାଳିବ। ଦାଗି ତାଲିକାରେ ନାଁ ଲେଖେଇବ "ମୁଁ କଣ କରିବି? ପକେଟ ମାରିବି? ଛୁରା ପେଲିବି? ଦେ ... ମତେ ଛୁରାଟା ଦେ।"(୬୪)

ସମାଜ ନାମକ ଅନ୍ଧ ନଦୀର ସୁଅ ବହି ଚାଲିଲା ହିଂସା ଆଡ଼କୁ। ଦିନେ ସହରରେ ହରତାଳ ହେଲା। ଶହେ ଚଉରାଳିଶି ଧାରା ଲାଗୁ ହେଲା। ରାଜା ବୋମା ପକାଇ ଦଉଡୁ ଦଉଡୁ ପୋଲିସ ଗୁଳିର ଶିକାର ହେଲା। ସଦାଶିବ ଦେଖିଲା ପୋଲିସ୍ ଗୋଟେ ବୁଢ଼ା କିଛି ବିକାଳୀକୁ ବାଡ଼େଇ ବାଡ଼େଇ ରକ୍ତାକ୍ତ କରି ଦେଇଛି। ସଦାଶିବ ପୁଣିଥରେ ମଣିଷ ହେବାପାଇଁ ଚେଷ୍ଟାକଲା ସେଥିପାଇଁ ବୁଢ଼ାଟିକୁ ନେଇ ଘରେ ଛାଡ଼ି ଦେଇ ଆସିଲା।

ସଦାଶିବର ଏଇ ଅସନ୍ତୋଷ ଭିତରେ ପୋଲିସ ଗୁଳିରେ ମରିଯାଇଛି ରାଜା। ସେଥିପାଇଁ ସେ କହିଛି- "ମତେ ଡଷ୍ଟବିନ୍ ପାଖରେ ଫୋପାଡ଼ି ଦେଇ ତୁ 'ଚାଲିଯା ସଦେଇ' କହି ରାଜା ଆଖି ବୁଜି ଦେଇଛି। ସଦାଶିବ ତା ଶବଟାକୁ ଧରି କାନ୍ଦି କାନ୍ଦି କହୁଛି "ଧର୍ମ, ନୀତି, ଆଇନ, ସମ୍ବିଧାନ, ସମାଜ ଆଉ ତାକୁ ତିଆରି କରିଥିବା ମଣିଷମାନଙ୍କର ବାହାରେ ଯୋଉ ପୃଥିବୀ ଅଛି ତୁ ସେ ପୃଥିବୀର ଜଣେ ମହାପୁରୁଷ... ତୁ... ତୁ' ମୋ ଅର୍ଖିତ ଦେଶର ସମ୍ରାଟ।"(୬୫)

ଏହି ନାଟକର କଥାବସ୍ତୁରେ ରମେଶ ପାଣିଗ୍ରାହୀ ଅଙ୍ଗୀକାରବଦ୍ଧ ନାଟ୍ୟଯାତ୍ରାର ମୁଖ୍ୟ ଭାବକଳ୍ପଟି ପ୍ରତିଫଳିତ ହୋଇଅଛି। ରମେଶ ପାଣିଗ୍ରାହୀଙ୍କ ଅଧିକାଂଶ ନାଟକରେ ଗ୍ରାମାଞ୍ଚଳରୁ ଆସି ଭଲପାଠ ପଢ଼ି ସହରରେ ହନ୍ତସନ୍ତ ହେଉଥିବା ବହୁ ଯୁବକଙ୍କ

ଦୁଃଖଦ ଘଟଣାର ବର୍ଣ୍ଣନା ମିଳେ। 'ଅନ୍ଧନଦୀର ସୁଅ'ରେ ମଧ୍ୟ ସେପରି ଏକ ବିପର୍ଯ୍ୟୟର କାହାଣୀ ସନ୍ନିବେଶିତ ହୋଇଛି।

'ହାତୀକୁ ହୋମିଓପାଥି' ଏକ ନବ୍ୟ ସମାଜଧର୍ମୀ ନାଟକ। ପ୍ରଜାତନ୍ତ୍ର ପ୍ରକାଶିତ ଏକ ସତ୍ୟ ଖବର ଉପରେ ନାଟକର କାହାଣୀ ଆଧାରିତ। କିନ୍ତୁ ଏହାର ବିଶେଷତ୍ୱ ହେଲା ହାତୀଟି କଟକର ବାଣୁଆମାନଙ୍କ ଦ୍ୱାରା ନ ମରି ରାଜଧାନୀ ଭିତରକୁ ପଶିଆସିଛି। ବଣୁଆ ହାତୀଟି ବହୁବିଧ ଅର୍ଥର ପ୍ରତୀକ। ଏହା ଗୋଟିଏ ନିର୍ଦ୍ଦିଷ୍ଟ ଭ୍ରଷ୍ଟାଚାରର ପ୍ରତୀକ। ଦ୍ୱିତୀୟତଃ ଏହାର ବିଶାଳତା ଏହାକୁ ଦୁନୀତି ଏବଂ ରାଜନୈତିକ କ୍ଷମତାର ପ୍ରତୀକ ରୂପେ ଗ୍ରହଣ କରାଯାଇଥାଏ। ହାତୀ ମଣିଷ ମନରେ ଥିବା ଶକ୍ତି ଓ କ୍ଷମତା ପାଇବାର ଲୋଭକୁ ମଧ୍ୟ ବୁଝାଯାଇପାରେ। ସମାଜରେ ସମସ୍ତେ ଗୋଟିଏ ଗୋଟିଏ ହାତୀ ହେବା ପାଇଁ ଏବଂ କ୍ଷମତାର ଚୌକି ଅଧିକାର କରିବା ପାଇଁ ଚେଷ୍ଟା କରୁଛନ୍ତି।

ଏହି ନାଟକର ହାତୀ ଗୋଟିଏ ଚରିତ୍ର ଏବଂ ତାହା ସାଙ୍ଗରେ ଜଣେ ହାତୀ ଭାଷା ବିଷାରଦ ମଣିଷ। ହାତୀ ଗର୍ଜନ କଲେ ସେ ତାର ଅର୍ଥ ବୁଝାଇ ଦିଅନ୍ତି। ଏଗୁଡ଼ିକ ଓଡ଼ିଆ ନାଟ୍ୟ ସାହିତ୍ୟ କାହିଁକି, ସମଗ୍ର ଓଡ଼ିଆ ସାହିତ୍ୟରେ ଏଭଳି କଥା କୁହାଯାଇନାହିଁ। ନାଟକରେ ହାତୀ ଗୋଟିଏ ସାହୁକାର, ଧର୍ମ ବାବା, ଏବଂ ରାଜନୈତିକ ନେତା ରୂପରେ ଅବତୀର୍ଣ୍ଣ ହୋଇଛି।

ରମେଶ ପାଣିଗ୍ରାହୀଙ୍କର ନାଟ୍ୟ ପରୀକ୍ଷାରେ ନୂତନତାର ଯେଉଁ ସନ୍ଧାନ କରାଯାଇଛି ତାହା ଗୋଟିଏ ବୃତ୍ତ ଆଙ୍କିବାର ସହଜ ପ୍ରଣାଳୀ। ଏହା ଏକ ମଞ୍ଚଧର୍ମୀ ନାଟକ। ଗୋଟିଏ 'ବୃତ୍ତ ଆଙ୍କିବାର ସହଜ ପ୍ରଣାଳୀ'ରେ ଗୋଟିଏ କିମ୍ବଦନ୍ତୀଧର୍ମୀ ମିଥ୍‌ର ଓଲଟା, ବିପରୀତ ପ୍ରୟୋଗ କରାଯାଇଛି। ନାଟ୍ୟକାର ଏହାକୁ ପ୍ରତୀକିତ ପୁନରାବୃତ୍ତି ବା inverted myth ବୋଲି କୁହନ୍ତି। ମିଥର ପ୍ରତୀକିତ ପ୍ରୟୋଗରେ କିମ୍ବଦନ୍ତୀ ବା ମିଥ୍ କାହାଣୀଟିର ଅର୍ଦ୍ଧେକ ଅଂଶ ଦିଆଯାଇ ସଂପର୍କିତ ନୀଳମାଧବ ମିଥ୍‌ଟିକୁ ଅବିକଳ ନିଆଯାଇଛି। ନୀଳମାଧବ ବିଶ୍ୱାବସୁର ଇଷ୍ଟଦେବ ଥିଲେ। ବିଦ୍ୟାପତି ବିଶ୍ୱାବସୁଙ୍କ ଝିଅ ଲଳିତାକୁ ଭଲ ପାଇବାର ଅଭିନୟ କରି ନୀଳମାଧବ ମୂର୍ତିଟିକୁ ଚୋରାଇ ଆଣିଥିଲେ। ତାପରେ ରାଜା ଜଗନ୍ନାଥ ମନ୍ଦିର ନିର୍ମାଣ କରି ତାକୁ ଜଗନ୍ନାଥ, ବଳଭଦ୍ର, ସୁଭଦ୍ରା ରୂପରେ ପୂଜା କଲେ। ଏହା ପରର କାହାଣୀ ଅଲଗା ରୂପରେ ବର୍ଣ୍ଣିତ ହୋଇଥିଲେ ସୁଦ୍ଧା ସମଗ୍ର ନାଟକର ଉପସ୍ଥାପନାରେ ବିଶ୍ୱାବସୁ ଓ ଲଳିତା ଇତ୍ୟାଦି ଥିବାରୁ ନାଟକଟି ମିଥ୍‌ଧର୍ମୀ ପରି ମନେହୁଏ। ପ୍ରଥମ ଅଂଶର ମିଥ୍‌ର କାହାଣୀଟି ଓଲଟି ଯାଇ 'ପୂର୍ଣ୍ଣବୃତ୍ତ' ଓ 'ଅର୍ଦ୍ଧବୃତ୍ତ'ର ପ୍ରତୀକ ଭିତରେ ଗର୍ଭିତ ହୋଇଯାଇଛି।

ଏହି ପ୍ରସଂଗଟିକୁ ଶ୍ରୀ ମନୋରଂଜନ ଦାସ 'ସମ୍ବାଦ' ଖବର କାଗଜରେ ଅତି

ସ୍ପଷ୍ଟ ଭାବରେ ଦର୍ଶାଇ ଅଛନ୍ତି। ନାଟକର ଆରମ୍ଭରେ ମଞ୍ଚସଜ୍ଜାର ଦୃଶ୍ୟକଳ୍ପ ଦ୍ୱାରା ଦେଖାଇ ଦିଆଯାଇଥିଲା ଯେ ଜଗନ୍ନାଥ ଆଦିବାସୀମାନଙ୍କ ନିଷ୍କପଟ ହୃଦୟରେ ଥିବା ପୂର୍ଣ୍ଣବୃତ୍ତ ଥିଲେ। କିନ୍ତୁ ସଭ୍ୟତାର ପ୍ରତିନଧି ତାକୁ ଦ୍ୱିଖଣ୍ଡିତ କରି କେବଳ ଉପରର ଅର୍ଦ୍ଧବୃତ୍ତକୁ ନେଇ ଦେଉଳ ଭିତରେ ସ୍ଥାପନ କଲାପରେ ତାହା ଗୋଟିଏ କ୍ରୀଡାସ୍ଥଳ ମୁଖାରେ ପରିଣତ ହୋଇ ସଂସ୍କୃତି ନାମରେ ଅପବ୍ୟବହୃତ ହେଲା। ବଜାରର ପଣ୍ୟ ପରି ଯୋଗମାୟା ଓ ସଂଗ୍ରାମ ଦ୍ୱାରା ତାଙ୍କୁ ବିକ୍ରି କରାଗଲା।(୬୬)

'ଉତ୍କଳ ମେଲ୍' ଖବରକାଗଜରେ ପ୍ରକାଶ ପାଇଛି। ମହାପ୍ରଭୁ ଜଗନ୍ନାଥ ସରଳ ନିଷ୍ପାପ, ଆଦିବାସୀମାନଙ୍କର ଦେବତା ରୂପେ ପୂଜା ପାଇ ଆସୁଥିଲେ। କିନ୍ତୁ ଏହି ସରଳ ବିଶ୍ୱାସ ଆଦିବାସୀମାନଙ୍କଠାରୁ ଜଗନ୍ନାଥଙ୍କୁ ଚୋରାଇ ଆଣି ବଡ଼ଦେଉଳର ବଡ଼ଠାକୁର କରାଇ ନୂତନ ସଭ୍ୟତାର ରାହା ଛାଡୁଥିବା ସଭ୍ୟ ମଣିଷ କ'ଣ ବାସ୍ତବରେ ଜଗନ୍ନାଥ ସଂସ୍କୃତିର କଣ ଉପାସକ? ବଡଠାକୁରଙ୍କର ଆଳ ଦେଖାଇ ଜଗନ୍ନାଥଙ୍କୁ ନେଇ ରାଜନୀତି ଓ ବ୍ୟବସାୟ ଚାଲିଛି। ନୀଳଗିରିର ମଧ୍ୟସ୍ଥଳ ଥିବା କଳ୍ପବଟ ମୂଳେ ପୂଜା ପାଉଥିବା ଏକ ଭକ୍ତ ବିଶ୍ୱାବସୁଙ୍କ ହସ୍ତରୁ ଫଳମୂଳ ନେଇ ସାନନ୍ଦେ ଭକ୍ଷଣ କରୁଥିବା ଜଗନ୍ନାଥ ଆଜି ବଡ଼ଦେଉଳରେ ଅଣନିଃଶ୍ୱାସ ହୋଇପଡିଲେଣି।"(୬୭)

'ଗୋଟିଏ ବୃତ୍ତ ଆଙ୍କିବାର ସହଜ ପ୍ରଣାଳୀ' ନାଟକରେ ତାହା ହିଁ ଘଟିଛି। ନାଟକର ମୁଖ୍ୟଦ୍ୱନ୍ଦ୍ୱ ହେଉଛି ଆଦିବାସୀ ସମାଜ ଓ ବିଶ୍ୱାସଧାରା ସହିତ ଆଧୁନିକ ସଭ୍ୟତାର ସଂଘର୍ଷ। ଏହି ଦୃଷ୍ଟିରୁ ତିନି ଚାରୋଟି ପୌରାଣିକ ଚରିତ୍ର ନ ନେଇ ସେ କେବଳ ଗୋଟିଏ ଦୁଇଟି ଚରିତ୍ର ଭିତରେ ସମସ୍ତ ଆଦିବାସୀ ଜୀବନଧାରାକୁ ପ୍ରତୀକିତ କରିଛନ୍ତି। କ୍ରମଶଃ ଆର୍ଯ୍ୟ-ଅନାର୍ଯ୍ୟ ଭିତରେ ରହିଥିବା ସଂଘର୍ଷାତ୍ମକ ଭାବଗୁଡିକୁ କେବଳ ଏକ 'ସାଂସ୍କୃତିକ ଦ୍ୱନ୍ଦ୍ୱ' ସ୍ତରରେ ନରଖି ଏହାକୁ ଏକ ଧାର୍ମିକ ଓ ଦାର୍ଶନିକ ସ୍ତରକୁ ଉନ୍ନୀତ କରିଛନ୍ତି। ବିଶ୍ୱାବସୁ ଲୋହିତ ଭାରତୀୟ ହୋଇ ଜିନ୍ ପିନ୍ଧିବା ଏବଂ ଯୋଗମାୟା ଆମେରିକାରୁ ଆସି ଏଇଠି ନିଜର ଆଧ୍ୟାତ୍ମିକ ଉତ୍ତରାଧିକାର ଦାବି କରିବା ଭିତରେ କେତେ ସତ୍ୟ ଓ କେତେ ସମ୍ଭାବନା ଥାଇପାରେ ତାହା ଏଠାରେ ରୂପକ ମଧ୍ୟରେ ନିହିତ ଅଛି। ବିଶ୍ୱାବସୁ, ଜୁଇ ଓ ଯୋଗମାୟା ଚରିତ୍ର କାହାଣୀ ମଧ୍ୟରେ ଯେଉଁ ସବୁ ଅତିକଳ୍ପନା ପ୍ରତିକୀତ ପୁରାକଳ୍ପ ପ୍ରକାଶ ପାଇଛି, ତାହା ଜଗନ୍ନାଥ ଓ ତାଙ୍କର ଆଦିବାସୀ ମୂଳ ଉତ୍ସର ପ୍ରସଂଗଟିକୁ ଉଜ୍ଜ୍ୱଳତର କରୁଛି।

ଏହି ସବୁ ଦୃଷ୍ଟିଭଙ୍ଗୀକୁ ଆଖି ଆଗରେ ରଖି ଡ. ବିନୟ କୁମାର ବଳ ଏହି ନାଟକଟିକୁ ଏକ ଉତ୍ତର ଆଧୁନିକ ନାଟକ ବୋଲି ଗ୍ରହଣ କରିଛନ୍ତି। ସେଥିପାଇଁ ସେ କହନ୍ତି– "ଉପର ଲିଖିତ ଆଲୋଚନା ପରିପ୍ରେକ୍ଷୀରେ ରମେଶ ପାଣୀଗ୍ରାହୀଙ୍କ 'ଗୋଟିଏ

ବୃତ୍ତ ଆଙ୍କିବାର ସହଜ ପ୍ରଣାଳୀ'କୁ ଏକ ଉତ୍ତର ଆଧୁନିକ କୃତି ବୋଲି ଗ୍ରହଣ କରାଯାଇପାରେ। ଏହା ଲୋକନାଟକର ଆଙ୍ଗିକକୁ ଗ୍ରହଣ କରିଛି। ଏହାର ମୁଖ୍ୟ ସ୍ୱର ହେଉଛି ଇଶ୍ୱରଙ୍କଠାରେ ମଣିଷର ପୁନଃବିଶ୍ୱାସ ସ୍ଥାପନ। ଆଧୁନିକ ସାହିତ୍ୟରେ ଇଶ୍ୱରଙ୍କ ପାଇଁ ଏକ ପ୍ରାକୃତିକ ସ୍ଥାନ ନଥିଲା। ଆଧୁନିକ ତାର ଜଡବାଦୀ ତତ୍ତ୍ୱ ଇନ୍ଦ୍ରିୟ ସମସ୍ତ ଅନୁଭୂତିର ଆଧାର ବୋଲି ଦୃଢ଼ତାର ସହ କହିଥିଲେ। ଏହି ଜଡ଼ବାଦରେ ବସ୍ତୁ ଥିଲା ବିଶ୍ୱର ଚୂଡାନ୍ତ ସତ୍ତା। ତେଣୁ ଅଧିକରୁ ଅଧିକ ପାର୍ଥିବ ବସ୍ତୁ ଆହରଣ ଓ ନିୟନ୍ତ୍ରଣ କରିବା ପାଇଁ ଜଡ଼ବାଦ ଅଦୃଶ୍ୟ ଆକାଂକ୍ଷା ଆଣି ଦେଇଥିଲା। ନାଟ୍ୟକାର ପାଣିଗ୍ରାହୀ ଆଦିମତା ଓ ସଭ୍ୟତା, ପାର୍ଥିବତା ଓ ଆଧାତ୍ମିକତା, ଅବିଶ୍ୱାସ ଓ ବିଶ୍ୱାସ ମଧ୍ୟରେ ଏବଂ ଅନ୍ୟ ଭାବରେ ହେଉଥିବା ସଂଘର୍ଷର ଚିତ୍ର ଦେଇଛନ୍ତି ତାଙ୍କ ନାଟକରେ। ଏହି ସଂଘର୍ଷରେ ବିଜୟ ହୋଇଛି ଆଧାତ୍ମିକତାର, ସରଳ ବିଶ୍ୱାସ ଏବଂ ଉତ୍ତର ଆଧୁନିକତାର।"(୬୮)

(ଗ) ପ୍ରୟୋଗ ଓ ପରୀକ୍ଷାଧର୍ମୀ ଦୃଷ୍ଟିକୋଣ

ରମେଶ ପ୍ରସାଦଙ୍କ ପ୍ରତିଟି ନାଟକରେ ଥାଏ ନୂତନତାର ଦିଗ୍‌ଦର୍ଶନ। ନାଟକଟିକୁ ଭିନ୍ନ ଏକ ନିଜସ୍ୱ ଶୈଳୀରେ ଉପସ୍ଥାପନ କରିବାର ସ୍ୱତନ୍ତ୍ର କଳା ରହିଛି ତାଙ୍କ ପାଖରେ। କୌଣସି ବି ନୂତନ ଧାରାକୁ ନିଜେ ପରୀକ୍ଷା ନିରୀକ୍ଷା କରି ନିଜ ନାଟକରେ ଅତି ସନ୍ତର୍ପଣ ସହ ପ୍ରୟୋଗ କରନ୍ତି। ଯାହାକି ଓଡିଆ ନାଟ୍ୟ ସାହିତ୍ୟ ସଂପୂର୍ଣ୍ଣ ନୂତନ ଭାବରେ ଶ୍ରୀମଣ୍ଡନ କରିଥାଏ। ସେ ମୁଖ୍ୟତଃ ପରୀକ୍ଷାମୂଳକ ନାଟକର ସ୍ରଷ୍ଟା ଏଯାବତ୍ ୭୩ ଖଣ୍ଡ ପରୀକ୍ଷାମୂଳକ ନାଟକ ଲେଖି ସାରିଲେଣି। ସେ ପ୍ରତିଟି ନାଟକର ଚରିତ୍ର ମଧ୍ୟରେ ନୂତନତାକୁ ଦର୍ଶାଇ ନାଟକଟିକୁ ସୌନ୍ଦର୍ଯ୍ୟରେ ଭରିଦିଅନ୍ତି। ତାଙ୍କର ନାଟକରେ ଭାଷା ନବ୍ୟନୂତନ ଥାଏ। ମଞ୍ଚସଜ୍ଜା ଓ ଉପସ୍ଥାପନ ଶୈଳୀ ତାଙ୍କର ନିଜସ୍ୱ ଅଟେ। ସେ ପ୍ରତିଟି ନାଟକୁ ନେଇ ପରୀକ୍ଷା କରିଛନ୍ତି। ନାଟକ ବିନା ସେ ନିଃସ୍ୱ ଏହି ଭାବ ନେଇ ସେ ନାଟକ ଲେଖୁଥିବାରୁ ତାଙ୍କ ନାଟକଟିରେ ଏକ ଭିନ୍ନ ସ୍ୱାଦ ଦେଖିବାକୁ ମିଳେ।

'ମୁକ୍ତିମଣ୍ଡପ' ନାଟକଟିରେ ସେ ପ୍ରକୃତିବାଦୀ ଶୈଳୀକୁ ପ୍ରୟୋଗ କରିଛନ୍ତି। ପ୍ରେମ ଏଠାରେ ପଣ୍ୟ ଦ୍ରବ୍ୟ ପାଲଟିଛି। ନାରୀର କୌଣସି ଜାତି ନଥିବା ସ୍ଥଳେ ଏହି ନାଟକର ଗରିବ ବ୍ରାହ୍ମଣ ଘରର ଝିଅଟିଏ ଜମିଦାର ପରିବାରରେ ବୋହୂ ଭାବରେ ଚଳିବା ଅଧିକାରରୁ ବଞ୍ଚିତ ହୋଇଛି ଏବଂ ପୁତ୍ର ତେଜ୍ୟ ପୁତ୍ର ହୋଇ ଘରୁ ଚାଲିଯାଇଛି।

'ବିନ୍ଦୁ ଓ ବଳୟ' ନାଟକରେ ସେ ପାଶ୍ଚାତ୍ୟ ଶୈଳୀର ପ୍ରୟୋଗ କରିଛନ୍ତି। ଅର୍ଥାତ ନାଟକରେ ଦୁଃଖାନ୍ତ ସମୟ ପାଇଁ କୌଣସି ଦର୍ଶକ ସମ୍ବେଦନା ଜଣାଇବା

କିମ୍ବା ଲୁହ ଗଡାଇବା ଆବଶ୍ୟକତା ନାହିଁ। କାରଣ ଏହା ସାଧାରଣ ଉକ୍ତି ନୁହେଁ। ଏହା ଜର୍ମାନ ନାଟ୍ୟକାର ବ୍ରେଖଟ୍‌ଙ୍କ ନାଟ୍ୟଚିନ୍ତନ ଅଟେ। ଏବଂ ଏହା ବାସ୍ତବବାଦୀ ଶୈଳୀ ବହନ କରେ। ମାନିନୀର ଆତ୍ମହତ୍ୟା ଓ ପତ୍ର ମାଧ୍ୟମରେ ପ୍ରକାଶ କରି ଦର୍ଶାଇବା ଶୈଳୀ ବ୍ରେଖଟୀୟ ଶୈଳୀ ଅଟେ। ୧୯୬୫ ମସିହାରେ ମଞ୍ଚସ୍ଥ ହୋଇଥିବା 'ବିନ୍ଦୁ ଓ ବଳୟ'ର ସମସାମୟିକ ନାଟକ ଗୁଡିକରେ ବ୍ରେଖ୍‌ଟୀୟ ନାଟ୍ୟ ଧର୍ମର ପ୍ରୟୋଗ ଓଡିଶାରେ ହୋଇନାହିଁ।

ତାଙ୍କ ନାଟକରେ ପ୍ରତୀକର ପ୍ରୟୋଗ ଆମେ ସ୍ପଷ୍ଟ ଭାବରେ ଲକ୍ଷ୍ୟ କରିପାରିବା। 'ମୁଁ, ଆମ୍ଭେ ଓ ଆମ୍ଭେମାନେ' ନାଟକରେ ଗୋଟିଏ ଜଳଖିଆ ଦୋକାନ ତା' ପାଖରେ ଛକ ଏବଂ ବରଗଛ। ବରଗଛ ପାଖେ ପୋଖରୀ ଏବଂ ସେହି ପୋଖରୀରୁ ଜଳଖିଆ ଦୋକାନୀ ପୁଅ ଗୁରୁବାରିଆର ମାଛଧରିବା ଦୃଶ୍ୟ ମଧ୍ୟ ଦର୍ଶାଯାଇଛି। ମାଛ ଧରିବାର ପ୍ରତୀକଟି ଜୀବନର ଅର୍ଥ ଖୋଜିବା ଏକ ରୂପାତ୍ମକ ଚିତ୍ର ଅଟେ ଏବଂ ଦୋକାନରେ ଫୁଟୁଥିବା ତେଲ କଡେଇଟି ଜୀବନ ନାମକ ହାଣ୍ଡିରେ ପ୍ରାଣୀମାନେ ଦଗ୍ଧିଭୂତ ହେଉଥିବା ପ୍ରତୀକ ଯାହା ସ୍ପଷ୍ଟ ବାରି ହୋଇପଡେ।

'କମଳପୁର ଡାକଘର' ନାଟକରେ ଡାକଘରର ଉପସ୍ଥାପନା ୧୯୬୭ ପର୍ଯ୍ୟନ୍ତ ଲେଖାଯାଇଥିବା ନାଟକମାନଙ୍କ ମଧ୍ୟରେ ବିରଳ।ଏ ପ୍ରକାର ପ୍ରୟୋଗ ତଥା ପରୀକ୍ଷା ରମେଶ ପାଣିଗ୍ରାହୀ କେବଳ କରିପାରନ୍ତି। ସତ୍ୟ ଓ ମିଥ୍ୟାର ସହ ସଂଘର୍ଷ ଓଡିଆ ନାଟକ ପାଇଁ ଏକ ଯୁଗାନ୍ତକାରୀ ଅନୁଭବ। ଡାକଘରକୁ ଆଧାର କରି ନାଟକ ରଚନା ସମଗ୍ର ଓଡିଆ ନାଟ୍ୟ ସାହିତ୍ୟରେ ପ୍ରଥମ ଅଟେ। ଏହି ନାଟକରେ ସେ ବାସ୍ତବବାଦୀ ନାଟ୍ୟଶୈଳୀର ପରୀକ୍ଷା କରିଥିଲେ।

'ଧୃତରାଷ୍ଟ୍ରର ଆଖି' ନାଟକରେ ନାଟ୍ୟକାର ମିଥ୍‌ର ସଫଳ ପ୍ରୟୋଗ କରିଛନ୍ତି ଏବଂ ମଞ୍ଚକୁ ପ୍ରତୀକାତ୍ମକ କରି ସଜ୍ଜିକରଣ କରିଛନ୍ତି। ଏହି ନାଟକରେ ସେ ମାନବବାଦୀ ଦୃଷ୍ଟିଭଙ୍ଗୀର ପ୍ରୟୋଗ କରିଛନ୍ତି।

'ଦୁର୍ଘଟଣାବଶତଃ' ନାଟକରେ ତାଙ୍କର ଭିନ୍ନ ଧରଣର ଶୈଳୀ ଲକ୍ଷ୍ୟ କରାଯାଏ। ସମଗ୍ର କାହାଣୀଟି ଅଣରୈଖିକ ଏବଂ ଏଥିରେ ଥିବା ଘଟଣାଗୁଡିକର କୌଣସି ପ୍ରକାର କ୍ରମିକତା ନାହିଁ। କାହାଣୀ ବିନ୍ୟାସ, ଭାବକଳ ଓ ମଞ୍ଚ ଉପସ୍ଥାପନା ସୃଷ୍ଟିରେ ଏହାର ପ୍ରୟୋଗର ନୂତନତା ସମଗ୍ର ଓଡିଆ ନାଟ୍ୟ ସାହିତ୍ୟରେ ବିରଳ।

ଇଂରାଜୀ ବିଭାଗର ଅଧ୍ୟାପକ ରୂପରେ ପାଶ୍ଚାତ୍ୟ ନାଟ୍ୟ ସାହିତ୍ୟର ମୂଳବାଦକୁ ସେ ସାଉଁଟିଛନ୍ତି ଏବଂ ଜାଣିଛନ୍ତି ଯେ, ପ୍ରଥମେ ପ୍ରକୃତିବାଦୀ ଶୈଳୀ, ତା ପରେ ବାସ୍ତବବାଦୀ ଶୈଳୀ, ତା ପରେ ପ୍ରକାଶବାଦୀ ଶୈଳୀ ଓ ପ୍ରତୀକବାଦୀ ଶୈଳୀ ଏବଂ

ତାପରେ ଚାରି / ଛଅଟି ମିଶ୍ରିତ ଶୈଳୀର ପରୀକ୍ଷା ପରେ ଉଭଟ ନାଟ୍ୟଶୈଳୀ ଆସୁଛି। ଓଡିଆ ନାଟକକୁ ସେ ପ୍ରତୀକବାଦୀ ଶୈଳୀ ପର୍ଯ୍ୟନ୍ତ ପହଞ୍ଚାଇଛନ୍ତି। ନାଟକ ଭିତରେ ଅତି ବାସ୍ତବବାଦ (surrealism) ବା ଅତି କଳ୍ପନା (fantasy) ଅବଚେତନର ସ୍ୱପ୍ନ ଏବଂ ମଣିଷର ହତାଶାବୋଧ ଭିତରୁ ଯେଉଁ ପ୍ରକାର ବିକଳ୍ପ ଦୁଃସ୍ୱପ୍ନ (nightmare) ତିଆରି ହୁଏ, ତାକୁ ନେଇ ମଧ୍ୟ ସେ ନାଟକ ରଚନା କରିଛନ୍ତି। ତେବେ ନିଜ ମାଟି, ପାଣି କି ପବନର କଥା ସେ ଆଦୌ ପାଶୋରି ନାହାନ୍ତି। ତେଣୁ ତାଙ୍କର ବିଶେଷତ୍ୱକୁ ନିମ୍ନ ପ୍ରକାରେ ଆଲୋଚନା କରାଯାଇପାରେ।

- ମହାନାଟକ (ପଞ୍ଚମସ୍ୱର) (୧୯୭୧)ରେ ସେ ଦାସକାଠିଆ ମାଧ୍ୟମରେ ଅତିକଳ୍ପନାତ୍ମକ କାହାଣୀଟିଏ ପରିବେଷଣ କରିଛନ୍ତି। ଲୋକନାଟ୍ୟ ଶୈଳୀର ପ୍ରୟୋଗ ସମଗ୍ର ଭାରତବର୍ଷରେ ସେ ପ୍ରଥମେ କରିଛନ୍ତି ବୋଲି ଜନୈକ ସମୀକ୍ଷକ ମତ ପ୍ରଦାନ କରିଛନ୍ତି। ଏହାର କିଛିଦିନ ପରେ ଜ୍ଞାନପୀଠ ବିଜେତା ଶ୍ରୀ ଗିରିଶ କର୍ନ୍ନଡ 'ହୟବଦନ' ନାଟକ ରଚନା କରିଛନ୍ତି।
- 'ବିନ୍ଦୁବଳୟ' ନାଟକକୁ ଛଅଟି ଜୋନରେ ବିଭକ୍ତ କରି ସେ ନାଟ୍ୟ ପରିବେଷଣ କରିଛନ୍ତି । ଏ ନାଟକର ସେ ଥିଲେ ନିର୍ଦ୍ଦେଶକ ଓ ଅଭିନେତା ମଧ୍ୟ। ଏ ପ୍ରକାର ଶୈଳୀ ତାଙ୍କ ପୂର୍ବରୁ କେହି କରିନଥିଲେ।
- 'ଗଳ୍ପାୟନ' ଓ 'ବର୍ଣ୍ଣନାତତ୍ତ୍ୱ'ର ସ୍ଥାପତ୍ୟ କଥାକୁ ନେଇ ସେ 'ମୁକ୍ତି ମଣ୍ଡପ' ନାଟକର କାହାଣୀରେ ପରୀକ୍ଷା କରିଛନ୍ତି।
- ୧୯୮୦ ମସିହାରେ 'ଶେଷପାହାଚ' ନାଟକ ରଚନା କରି ସେ ଓଡିଆ ନାଟକରେ ଏକ ନୂଆ ମୋଡ ସୃଷ୍ଟି କରିଛନ୍ତି। ସଂସ୍କୃତ 'ନିର୍ବହଣ' ଏବଂ ପାଶ୍ଚାତ୍ୟ technique of transformation ଶୈଳୀର ପ୍ରୟୋଗ କରିଛନ୍ତି। ଏହା କେବଳ ଓଡିଶା ନୁହେଁ, ସମଗ୍ର ଭାରତବର୍ଷରେ ଏହା ଏକ ନୂତନ ପ୍ରୟୋଗ ।
- ଯାତ୍ରା ନାଟକରେ ସେ ନୂତନତାର ସ୍ପର୍ଶ ଦେଇଛନ୍ତି। କାହାଣୀ ସଂଯୋଜନା ବ୍ରେଖଟୀୟ ପ୍ରୟୋଗ, Antonin Artaudଙ୍କ ପରୀକ୍ଷା, ସ୍ୱଗତୋକ୍ତିର ସଫଳ ପରୀକ୍ଷା, ଆବହ ସଂଗୀତରେ ନୂତନ ପ୍ରୟୋଗ କରି ଲକ୍ଷ୍ମଣର ତିନିଗାର ନାଟକରେ ପ୍ରଥମଥର ପାଇଁ ଯାତ୍ରାରେ ତିନୋଟି ମଞ୍ଚର ଆବିର୍ଭାବ କରାଇଛନ୍ତି।
- ଆକାଶବାଣୀ, ଦୂରଦର୍ଶନ ଏବଂ ଚଳଚ୍ଚିତ୍ରର ନାଟକ ଏବଂ କାହାଣୀରେ ଅନେକ ପରୀକ୍ଷା ମୂଳକ ପଦକ୍ଷେପ ନେଇଛନ୍ତି ।[୬୯]

ନାଟକକୁ ସରସ ସୁନ୍ଦର ତଥା ସମାଜମୁଖୀ କରିବାର ପ୍ରତିଟି ଦିଗ ପ୍ରତି ନାଟ୍ୟକାର ଅତି ସଚେତନ। 'ଜଣେ ମହାପୁରୁଷଙ୍କ ଜନ୍ମମୃତ୍ୟୁ ସଂପର୍କରେ' ନାଟକରେ

'ଆବସର୍ଡ'ର ପ୍ରୟୋଗ ଲକ୍ଷ୍ୟ କରାଯାଏ। ଏହି ନାଟକରେ ପ୍ରାଣୀ ବିଜ୍ଞାନ ଅଧ୍ୟାପକଙ୍କ ଲୋକକଥା ରୂପକ ଉପପାଦ୍ୟ ଫଳରେ ସେ ଯେଉଁ ପାଗଳାମୀ କରନ୍ତି ତାହାକୁ ଆଧୁନିକ ସାହିତ୍ୟ ତତ୍ତ୍ୱର 'ଅତିକଳ୍ପନା' କୁହାଯାଏ। ନାଟ୍ୟକାର ଭିନ୍ନ ଧରଣର ନାଟକଟି ରଚନା କରି ବିଭିନ୍ନ ପ୍ରକାର ପରୀକ୍ଷା ତଥା ପ୍ରୟୋଗ କରିଛନ୍ତି ନାଟକ ମାଧ୍ୟମରେ। ଏଥିରେ ସେ ବୈଜ୍ଞାନିକ ଅତିକଳ୍ପନାର ସଫଳ ପ୍ରୟୋଗ କରିଛନ୍ତି।

ଏପରି ଏକ କାଳ୍ପନିକ କାହାଣୀରେ ବିଭିନ୍ନ ସ୍ତରରେ ବିଭିନ୍ନ ଅର୍ଥ ଉପଲବ୍ଧ ହୁଏ। ବେଙ୍ଗମୁଣ୍ଡରୁ ମଣିଖୋଜିବା ଏକ ବ୍ୟଞ୍ଜନା ଯେଉଁଠି ଖୋଜିବା ପଛରେ ଏକ ବୃହତ୍ତର ଅନ୍ୱେଷାର ଦର୍ଶନ ଥାଇପାରେ। ସତ୍ୟ ପାଖରେ ପହଞ୍ଚିବାର ଏହା ଏକ ବିକଳ୍ପ ପଥ ବୋଲି ମଧ୍ୟ ଗୃହୀତ ହୋଇପାରେ। ଯେତେବେଳେ କାହାଣୀର ଅଧ୍ୟାପକ ନିଜ ସ୍ତ୍ରୀ ମାଧବୀର ପ୍ରେମିକ ବୀରଭଦ୍ରର ପ୍ରତିଦ୍ୱନ୍ଦୀ ରୂପରେ କୃଷ୍ଣ ମୋହନଙ୍କୁ ଭେଟନ୍ତି ସେତେବେଳେ ଅତି ବାସ୍ତବବାଦୀମାନେ ଭାବନ୍ତି ସିଏ ଏକ ପାଗଳ ଲୋକ ଓ ନିରର୍ଥକ ପ୍ରସଙ୍ଗକୁ ନେଇ ଗବେଷଣା କରୁଛନ୍ତି। କିନ୍ତୁ ଅଣୁବୀକ୍ଷଣ ଯନ୍ତ୍ର ଧରି ମଣି ଖୋଜୁଥିବା ଏହି ବୈଜ୍ଞାନିକମାନଙ୍କର ସବୁ କଥା ପ୍ରତୀକାତ୍ମକ ହୋଇପାରେ। ମଣିଟା ମଣିଷର ନିରର୍ଥକ ଆଶାର ପ୍ରତୀକ ହୋଇପାରେ। Ann Swinଙ୍କ ଭାଷାରେ- "In fantasy the symbolic element is generally closely related to the elements of the marvellous and is used to provide that wider frame of reference which his already been illustrated as characteristics of the genere"(୭୦)

'ମହାନାଟକ' ଥିଲା ନାଟ୍ୟକାରଙ୍କ ଶ୍ରେଷ୍ଠ କୃତି। ମହାନାଟକରେ ଲୋକଶୈଳୀର ପ୍ରଥମ ପ୍ରୟୋଗ କରିଛନ୍ତି ନାଟ୍ୟକାର ରମେଶ ପାଣିଗ୍ରାହୀ। ଯାହା ଫଳରେ ରଚନା ଶୈଳୀରେ ମଧ୍ୟ ପରିବର୍ତ୍ତନ ଲକ୍ଷ୍ୟ କରାଯାଇଛି। ସ୍ୱାଧୀନତା ପରବର୍ତ୍ତୀ କାଳରେ ଚାଲିଥିବା ଗଣତନ୍ତ୍ର ନାଁରେ ସ୍ୱେଚ୍ଛାଚାର ତଥା ଏକଛତ୍ରବାଦକୁ ଏହି ନାଟକରେ ରୂପାତ୍ମକ ଭଙ୍ଗୀରେ ପ୍ରୟୋଗ କରାଯାଇଛି। ନାଟ୍ୟକାର ଏହି ନାଟକ ମାଧ୍ୟମରେ ସମାଜବାଦ ଏବଂ ତାହାର ପ୍ରତିଷ୍ଠା ପାଇଁ ଖୁବ୍ ଚେଷ୍ଟା କରିଛନ୍ତି। ଏହି ନାଟକରେ ଫାର୍ସ ସହିତ ଆଧୁନିକ କବିତାର ସଫଳ ପ୍ରୟୋଗ କରାଯାଇଛି। ଯାହା ଅନ୍ୟ ନାଟ୍ୟ ସୃଷ୍ଟି ଠାରୁ ବିରଳ ଅଟେ। ଏହାର ଉପସ୍ଥାପନା ଶୈଳୀର ପରୀକ୍ଷା ସମଗ୍ର ଓଡିଆ ନାଟକ କ୍ଷେତ୍ରରେ ସଂପୂର୍ଣ୍ଣ ନୂତନ ସ୍ୱର ଅଟେ।

ଭାରତୀୟ ପ୍ରଶାସନ ପ୍ରଶିକ୍ଷଣ ଏବଂ ଶାସନ କଳର ସପ୍ତମ ଦଶକର ଆରମ୍ଭ ବେଳକୁ ଏପରି ଏକ ହୃଦୟହୀନତାର ଆଭାସ ଏହି ସାମାଜିକ ଅଙ୍ଗୀକାରବଦ୍ଧତାରେ

ବିଶ୍ୱାସ ରଖୁଥିବା ଶ୍ରୀଯୁକ୍ତ ପାଣିଗ୍ରାହୀଙ୍କୁ ବ୍ୟଥିତ କରିଥିଲା । ତେଣୁ ନାଟକର ଶେଷରେ ବୁଦ୍ଧିଜୀବୀ ପ୍ରଜ୍ଞାଶୀଳ ମନ୍ତ୍ରୀ ବ୍ରହ୍ମଦତ୍ତ କ୍ଷମତାର ଏହି ଭଣ୍ଡାମୀ ଆଗରେ ବିପ୍ଳବ କରୁଛନ୍ତି । ତେଣୁ ସେ କହୁଛନ୍ତି- "ସମ୍ରାଟ, ଏହି ଅନ୍ଧାରୀ ଶାସନର ରାତି ପାହି ଆସୁଛି, ଏହି ଦେଶରେ କୋଟି କୋଟି ଜନତା ଆଗେଇ ଆସୁଛନ୍ତି ହସ୍ତିନାର ସିଂହଦ୍ୱାର ପାଖକୁ । ଏ ଅର୍ଗଳି ଭାଙ୍ଗିଯିବ... ଭାଙ୍ଗିଯିବ ଲୌହ କବାଟ... ଭାଙ୍ଗିଯିବ ଏହି ସ୍ୱାର୍ଥାନ୍ୱେଷୀ ରାଜ ଆଭିଜାତ୍ୟ । ଆସନ୍ତୁ ଓହ୍ଲାଇ ଆସନ୍ତୁ ସିଂହାସନରୁ । ,,, ମୋ ସ୍ୱାର୍ଥ ପାଇଁ ମୁଁ ଅର୍ଥ, ସମ୍ମାନ, ପୁରସ୍କାର କିଛି ଚାହେଁନା ... ମୋର ଆଖି ଖୋଲିଯାଉଛି । ମୁଁ ଚାହେଁ ଏ ସ୍ୱେଚ୍ଛାଚାରୀ ଶାସନର ମୃତ୍ୟୁ ଓ ଭୋକିଲା ପଟୁଆରର ଜୟ ହେଉ ।"[୭୧]

ମାନବଜୀବନରେ ଈଶ୍ୱର ଏକ ସତ୍ତା ସଦୃଶ୍ୟ । ସାଧାରଣତଃ ଦୃଶ୍ୟହୀନ ପରମ ତଥା ଶୂନ୍ୟପୁରୁଷଙ୍କୁ ଆମେ କେବେ ଦେଖିନୁ । କିନ୍ତୁ ବିଂଶ ଶତାବ୍ଦୀର ଷଷ୍ଠ ଦଶକ ସମୟରେ ୟୁରୋପର ଦାର୍ଶନିକ ଭଗବାନଙ୍କ ମୃତ୍ୟୁ ଏବଂ ଧର୍ମଶାସ୍ତ୍ରର ମୃତ୍ୟୁ ସଂପର୍କୀୟ ଅନେକ ଆଲୋଚନା କରିଛନ୍ତି । ବିଶେଷତଃ ସ୍ଥିତିବାଦୀ ଦାର୍ଶନିକ ଜାଁ ପଲ୍ ସାର୍ତ୍ରେ ଏବଂ ପଲ୍ ଟିଲିଚ୍ ପ୍ରଭୃତି ଲେଖିଛନ୍ତି ଯେ ଭଗବାନଙ୍କ ମୃତ୍ୟୁ ସହ ମଣିଷ ତା'ଠାରୁ ବଡ଼ ସମସ୍ତ କ୍ଷମତାଶୀଳ ଚିନ୍ତାଧାରାକୁ ମୃତ ବୋଲି ଘୋଷଣା କରୁଛି । ପୃଥିବୀର ସମସ୍ତ ମୂଲ୍ୟବୋଧ ଏବଂ ନୈତିକତାର ମୃତ୍ୟୁ । ଘୋଷଣା କରୁଛି ସମଗ୍ର ମାନବ ସଭ୍ୟତାର ଆଧ୍ୟାତ୍ମିକ ବିପର୍ଯ୍ୟୟ ତଥା ସୃଷ୍ଟିର ବିଳୟ । ଏହି ନାଟକର ଗୋଟିଏ ବାକ୍ୟ ହେଲା 'ସେ ମରିଗଲେ' କିନ୍ତୁ ସମସ୍ତେ ଅଜ୍ଞ । ପ୍ରତିଟି ଧର୍ମରେ ବଡ଼ପଣ୍ଡା ଆସି ନିଜ ଠାକୁରଙ୍କୁ ଚିହ୍ନଟ କରିଗଲେ । ଶେଷରେ ସାଂପ୍ରଦାୟିକ ଦଙ୍ଗା ମଧ୍ୟ ସୃଷ୍ଟି ହୋଇଗଲା । ଏବଂ ଶବଟି ଉପର କୋତରା କାଢ଼ି ଦେଖିଲା ବେଳକୁ ସେଠି କେହି ନଥିଲେ ଏବଂ ସ୍ଥାନଟି ସତେ ଯେମିତି ଶୂନ୍ୟସ୍ଥାନଟିଏ ହୋଇ ରହିଛି । ଅର୍ଥାତ ଧର୍ମାନ୍ଧ ମାନସ ଥିବା ପ୍ରାଣୀମାନଙ୍କ ପାଇଁ ଏହି ନାଟକଟି ଏକ ପ୍ରଚେଷ୍ଟା । ଅର୍ଥାତ ଏପରି 'ମୃତ୍ୟୁ ଚେତନା' ସଂପର୍କୀୟ ନାଟକ ଆଗରୁ ଲେଖାଯାଇ ନଥିଲା ଭଗବାନଙ୍କ ମୃତ୍ୟୁକୁ ନେଇ । ୧୯୭୦ ରୁ ୧୯୭୫ ମଧ୍ୟରେ ଯେତିକି ନାଟକ ଲେଖାଯାଇଥଲା ସେଥିମଧ୍ୟରୁ ରମେଶ ପାଣିଗ୍ରାହୀଙ୍କ ନାଟକରେ ଏକ ନୂତନ ଶୈଳୀଗତ ପରୀକ୍ଷା କରାଯାଇଥିଲା ଏବଂ ତାହା ହେଲା ଆଭାନ୍ତ ଗାର୍ଦେ (Avanta Garde) ସାହିତ୍ୟ । ଏହା ଊନବିଂଶ ଶିଳ୍ପବିପ୍ଳବରୁ ଆରମ୍ଭ ହୋଇଛି । ଏହି ଉଗ୍ର ଶୈଳୀଗତ ପରୀକ୍ଷା ହୋଇଛି ରମେଶ ପାଣିଗ୍ରାହୀଙ୍କ 'ବୁଦ୍ଧ' ନାଟକରେ । ଯାହାକି ଅନାଟକ, ସଂଳାପ ବିହୀନ ଅଣୁନାଟକ ରଚନା କରି ଆଧୁନିକତାର ଉଗ୍ର ପରୀକ୍ଷା କରିଛନ୍ତି ।

'ଆତ୍ମଲିପି' ନାଟକରେ ଦୁଇ ପ୍ରକାର ପାଠ୍ୟ ଦେଖବାକୁ ମିଳେ । ଗୋଟିଏ

ସଂଳାପ ପାଠ୍ୟ ଓ ଅନ୍ୟଟି ଉପଗ୍ରନ୍ଥୀୟ ପାଠ୍ୟ। ଅର୍ଥାତ ନିର୍ଦ୍ଦେଶକ ନିର୍ଦ୍ଦେଶନା ଛାଡି ଅଭିନେତା ଭୂମିକାକୁ ଆସିଲେ ଏବଂ ଗୋଟିଏ ଡ୍ରାଇଭର ଭୂମିକାରେ ପ୍ରକ୍ସି କରୁଛନ୍ତି ଏବଂ ଗୋଟିଏ କାଳ୍ପନିକ କାରର ପଛସିଟରେ ବସିଯାଇଛନ୍ତି। ଏଠାରୁ ସ୍ଥାନକାଳ ଓ ପାତ୍ରଙ୍କ ରୂପାନ୍ତର ଘଟିଛି ଏବଂ ନାଟ୍ୟକାର, ନିର୍ଦ୍ଦେଶକ ଓ ଶେଲୀ ଦାସ କୌଣସି ଏକ ଅତୀତ ସ୍ମୃତିରେ ହଜିଯାଇଛନ୍ତି। ଏହି ପ୍ରକାର ଶୈଳୀ ପ୍ରୟୋଗରେ ନାଟ୍ୟକାର ସିଦ୍ଧହସ୍ତ ଅଟନ୍ତି ଏବଂ କାବ୍ୟିକ ପ୍ରେମ କାହାଣୀକୁ ନାଟକୀୟ ଢଙ୍ଗରେ ପ୍ରୟୋଗ କରିଛନ୍ତି। 'ଶେଷପାହାଚ' ନାଟକରେ ନାଟ୍ୟକାର ନାଟ୍ୟରଚନା କ୍ଷେତ୍ରରେ ପ୍ରଥମଥର ପାଇଁ 'ରୂପାନ୍ତରିତ ଶୈଳୀ'ର ପ୍ରୟୋଗ କରିଛନ୍ତି। କେରଳୀ ନାଟ୍ୟଧାରାରେ ଏହାକୁ 'ପ୍ରକରଣନଓମ୍' ବୋଲି କୁହାଯାଏ। ନାଟ୍ୟକାର ଏହି ନାଟକରେ ଅବଗତ କରାଇଛନ୍ତି ଯେ କୌଣସି ଚରିତ୍ର ମରିଗଲେ ଦର୍ଶକ କାନ୍ଦିବା ଅନୁଚିତ। କାରଣ ସେ ଏହି ନାଟକରେ ବ୍ରେଖଟୀୟ ବା ଏପିକ୍ ଶୈଳୀର ସଫଳ ପ୍ରୟୋଗ କରିଛନ୍ତି ।

'ଶେଷପାହାଚ' ନାଟକ କିଛି କିଛି ଗୀତିନାଟ୍ୟର ଧାରାକୁ ଆପଣାର କରିନେଇଛି। ଫଳରେ ନାଟ୍ୟକାର ଅଣଆରିଷ୍ଟୋଟଲୀୟ ବାଟରେ ଯାଇ ବ୍ରେଖଟ୍‌ଙ୍କ ଅଭିନୟ ପଦ୍ଧତିକୁ ଆପଣାର କରି ସଂସ୍କୃତ ନାଟକର ପ୍ରୟୋଗର ପ୍ରଭାବ ମଧ୍ୟ ପକାଇଛନ୍ତି 'ଶେଷପାହାଚ' ନାଟକରେ।

'ପକା କମ୍ବଳ ପୋତ ଛତା' ନାଟକରେ ପଣ୍ଡିତେ ଓ ଅବୋଲକରାକୁ ନେଇ ରଚିତ। ଏହି ନାଟକଟିରେ ଅମିତ୍ରାକ୍ଷର ଛନ୍ଦ ପ୍ରୟୋଗରେ ଏକ ସାମ୍ରାଜ୍ୟର ଆଭାସ ମିଳେ କିନ୍ତୁ ଏହାର କିଛି ଭାଗ ଆଧୁନିକ କବିତାର ଭ୍ରମ ସୃଷ୍ଟି କରେ। ଏହି ନାଟକରେ ମୁଖ୍ୟତଃ ଚାରୋଟି ଶୈଳୀର ପ୍ରୟୋଗ ଲକ୍ଷ୍ୟ କରାଯାଏ । ଯେପରି-

- ପଣ୍ଡିତେ ଓ ଅବୋଲକରା ଚରିତ୍ରକୁ ନବ୍ୟ ତଥା ନୂତନ ଶୈଳୀରେ ଚିତ୍ରଣ।
- ସଂକେତ ଦ୍ୱାରା ଲୋକଗଳ୍ପକୁ ନେଇ ମିଥ୍‌ର ପ୍ରୟୋଗ।
- ସଂଳାପରେ ପ୍ରାଚୀନ ଛନ୍ଦକୁ ଆଧୁନିକ ଭାଷାଶୈଳୀରେ ପ୍ରୟୋଗ ।
- ଅତି କଳ୍ପନାର ପ୍ରୟୋଗ ଦ୍ୱାରା ଲୋକଗଳ୍ପରେ ଉତ୍ତର ଆଧୁନିକତାର ସ୍ପର୍ଶ ।

'ଆନନ୍ଦ ନଗରକୁ ଯାତ୍ରା' ନାଟକରେ ପ୍ରତୀକ ବ୍ୟଞ୍ଜନାର ପ୍ରୟୋଗ ଲକ୍ଷ୍ୟ କରାଯାଏ। ଏଥିରେ ଅତିକଳ୍ପନା (fantasy)ର ପ୍ରୟୋଗକୁ କେନ୍ଦ୍ର କରି ଆଲେଚନା କରାଯାଉଥିବା ବେଳେ ପ୍ରତ୍ୟେକ ଚରିତ୍ରହ ପ୍ରତୀକାତ୍ମକତା ଭିତରେ 'ଆନନ୍ଦ'ର ସଂଜ୍ଞାକୁ ପ୍ରାଞ୍ଜଳ ଭାବରେ ବ୍ୟାଖ୍ୟା କରାଯାଇଛି।

'ହାତୀକୁ ହୋମିଓପାଥି' ନାଟକଟି ୧୯୮୪-୮୫ରେ ଲେଖାଯାଇଛି। ଘଟଣାଟି ସତ୍ୟ କାହାଣୀ ଉପରେ ଆଧାରିତ ହୋଇଛି। କିନ୍ତୁ ସେଥିର କିଛିଟା ଘଟଣାରେ

କାଞ୍ଚନିକ ପ୍ରୟୋଗ ରହିଛି। ଏଥିରେ ହାତୀକୁ ବିଭିନ୍ନ ଚରିତ୍ର ରୂପରେ ପ୍ରୟୋଗ କରାଯାଉଛି। ସମାଜ ମଧ୍ୟକୁ ପଶି ଆସିଥିବା ହାତୀଟି ସମାଜରେ ଥିବା ପ୍ରତିଟି ଚରିତ୍ରର ସତ୍ତା ବହନ କରେ। ହାତୀ କେତେବେଳେ ସାହୁକାର ରୂପରେ ଆସେ ତ କେତେବେଳେ ଭଣ୍ଡବାବା ପୁଣି କେତେବେଳେ ରାଜନୈତିକ ନେତା ରୂପରେ ଅବତୀର୍ଣ୍ଣ ହୋଇଥାଏ। ଏଭଳି ଭାବରେ ଏକ ହାତୀକୁ ପ୍ରୟୋଗ କରିବା ଏବଂ ହାତୀ ଭାଷା ବିଷାରଦ ମାଧ୍ୟମରେ କଥା କୁହାଇବା ପ୍ରୟୋଗ ସମଗ୍ର ଓଡିଆ ସାହିତ୍ୟରେ ମଧ୍ୟ ନାହିଁ।

ବିଭିନ୍ନ ବାଦ ତଥା ନୂତନ ଧରଣର ସମସ୍ୟା, ସମାଜରେ ଦେଖା ଦେଉଥିବା ସାମାଜିକ ବ୍ୟାଧି, ମଣିଷର ଅସହାୟତା ଆଦି ପ୍ରତିଟି ସମସ୍ୟାକୁ ନେଇ ରମେଶ ପାଣିଗ୍ରାହୀ ନିଜ ନାଟକମାନଙ୍କରେ ପରୀକ୍ଷା କରିଛନ୍ତି। ନାଟକର ଛତ୍ରେ ଛତ୍ରେ ଭରିଛନ୍ତି ପରୀକ୍ଷାଧର୍ମୀ ଦୃଷ୍ଟିଭଙ୍ଗୀ। ପ୍ରତିଟି ନାଟକରେ ରହିଛି ନୂତନତାର ସ୍ୱର ପ୍ରୟୋଗର ଚାରୁଚିତ୍ରଶାଳା। ଓଡିଆ ନାଟ୍ୟ ସାହିତ୍ୟରେ ନଥିବା ଶୈଳୀକୁ ସେ ସିଞ୍ଚନ କରିଛନ୍ତି ତାଙ୍କ ସୃଷ୍ଟି ମଧ୍ୟରେ। ଗାଁରୁ, ସହର, ଚେତନରୁ ଅବଚେତନ, ତଥା ଆତ୍ମାରୁ ପରମାତ୍ମା ସବୁ କ୍ଷେତ୍ରରେ ସେ ନିଜର ଦୃଷ୍ଟିଭଙ୍ଗୀର ପରିଚୟ ଦେଇଛନ୍ତି। ପ୍ରତିଟି ନାଟକରେ ନୂତନ ଶୈଳୀର ପ୍ରୟୋଗ କରି ନାଟ୍ୟ ସାହିତ୍ୟକୁ ନୂତନ ଦିଗନ୍ତ ଦେଇଛନ୍ତି ନାଟ୍ୟକାର ଶ୍ରୀ ରମେଶ ପାଣିଗ୍ରାହୀ।

(ଘ) ଅଙ୍ଗୀକାରବଦ୍ଧତା, ବିଦ୍ରୋହ ଓ ପ୍ରତିବାଦ

ଓଡିଆ ନାଟ୍ୟଧାରାରେ ଦୁଇଟି ଧାରା ପ୍ରବାହିତ। ପ୍ରଥମ ଧାରାଟି ହେଲା ଜୀବନର ବ୍ୟାଖ୍ୟା, ମନସ୍ତାତ୍ତ୍ୱିକ ବିଶ୍ଳେଷଣ, ଆଧ୍ୟାତ୍ମିକ ଚିନ୍ତନ, ସୌନ୍ଦର୍ଯ୍ୟ ତତ୍ତ୍ୱର ପ୍ରୟୋଗ ଇତ୍ୟାଦି । ପ୍ରଥମ ଧାରାର ନାଟକ ସ୍ୱାଧିନତା ପରବର୍ତ୍ତୀ ସମୟରେ ଶ୍ରୀ ଗୋପାଳ ଛୋଟରାୟ, ଶ୍ରୀ ମନୋରଞ୍ଜନ ଦାସ, ଶ୍ରୀବିଜୟ କୁମାର ମିଶ୍ର ଏବଂ ଶ୍ରୀ ରତ୍ନାକର ଚଇନିଙ୍କ ଭଳି ନାଟ୍ୟକାରମାନେ ବହୁ ପରିମାଣରେ ଲେଖିଛନ୍ତି। ଦ୍ୱିତୀୟ ସ୍ରୋତରେ ଅଛନ୍ତି ରମେଶ ପାଣିଗ୍ରାହୀ। ସେ କେବଳ ସାମାଜିକ ଅଙ୍ଗୀକାରଗୁଡିକ ନେଇ ନାଟକ ରଚନା କରିଛନ୍ତି। ତାଙ୍କ ନାଟକରେ ସାମାଜିକ ସମସ୍ୟା କିପରି ସାଧାରଣ ମଣିଷର ଜୀବନକୁ ବିପନ୍ନ କରିଦିଏ ତାହାର ସ୍ପଷ୍ଟ ଚିତ୍ର ପ୍ରଦାନ କରାଯାଇଛି। ଏହି ଦୃଷ୍ଟିରୁ ବିଚାର କଲେ ରମେଶ ପ୍ରସାଦ ପାଣିଗ୍ରାହୀ ମୁଖ୍ୟତଃ ସାମାଜିକ ଅଙ୍ଗୀକାରବଦ୍ଧତାର ଏକ ସଫଳ ନାଟ୍ୟକାର।

ତାଙ୍କ ପ୍ରଥମ ନାଟକ 'ମୁକ୍ତି ମଣ୍ଡପ '(୧୯୬୩) ରେ ଏକ ପ୍ରେମ କାହାଣୀ ବର୍ଣ୍ଣନା କରାଯାଇଛି। ଏଥିରେ ନାୟକ କ୍ଷତ୍ରିୟ ପରିବାରର। ସାଗର ତାର ଗରିବ

ସାଙ୍ଗର ଗାଁରେ ପୂଜା ଛୁଟି କଟାଇବାକୁ ଯାଇଛିଏବଂ ସେଇଠି ଦେଖାହୋଇଛି ତା ସାଙ୍ଗର ସାନ ଭଉଣୀ ଝରଣା। ଝରଣାକୁ ସେ ଭଲ ପାଇଛି ଏବଂ ଘଟଣା ଚକ୍ରରେ ତାକୁ ବିବାହ କରିଛି। କିନ୍ତୁ ଜମିଦାର ରାମନାରାୟଣ ସେମାନଙ୍କୁ ତେଜ୍ୟପୁତ୍ର କରିଛନ୍ତି। ତାପରେ ସାଗର ଜମିଦାରଙ୍କର ସମସ୍ତ ସମ୍ପତ୍ତିକୁ ତ୍ୟାଗ କରି ଝରଣାକୁ ନେଇ ଏକ ବିପ୍ଳବୀର ଜୀବନ ଯାପନ କରିଛି। ଜମିଦାର ବଂଶର ମିଛ ଅହମିକା ଏବଂ ବିତ୍ତଶାଳୀ ଗର୍ବକୁ ଖାତିର ନକରି ସାଙ୍ଗରେ ବ୍ରାହ୍ମଣ ଝିଅ ଝରଣାକୁ ନେଇ ଜୀବନ ସହିତ ସଂଗ୍ରାମ କରୁଛି।

'ତିମିର ତୃଷ୍ଣା'ରେ (୧୯୬୫) ମୁକ୍ତିକାନ୍ତଙ୍କ ଭଳି ଏକ ଅନାଥ ଯୁବକ ମେଜର ବର୍ମାଙ୍କ ଘରେ ଆଶ୍ରୟ ନେଇଛି। ମେଜର ବର୍ମାଙ୍କ ବଡ଼ପୁଅ ତପନ ବର୍ମା ଜଣେ ଇଞ୍ଜିନିୟର। ସେ ପରମ୍ପରା ଓ ଧର୍ମରେ ବିଶ୍ୱାସ କରେ ନାହିଁ। ପତ୍ନୀଙ୍କୁ ଯନ୍ତ୍ରଣା ଦେଇଛି। ଅଥଚ ନିଜେ ଏକ ଗ୍ଳାନିବୋଧରେ ପୀଡିତ। ମୁକ୍ତିକାନ୍ତ ତପନ ବର୍ମାଙ୍କ ବିରୁଦ୍ଧରେ ସ୍ୱର ଉତ୍ତୋଳନ କରେ। ଦିନେ ତପନ ବର୍ମାଙ୍କ ସ୍ତ୍ରୀ ରିକତା ଘର ଛାଡି ଚାଲିଯାଇଛି। ସେ ବୋଧେ ବର୍ମା ବଂଶର ଆଭିଜାତ୍ୟକୁ ଭ୍ରୂକ୍ଷେପ ନ କରି ସମ୍ଭ୍ରାନ୍ତ ଆଭିଜାତ୍ୟ ଉପରେ କୁଠାରଘାତ କରି ନିଜର ନୀରବ ପ୍ରତିବାଦ ଜଣାଉଛି। ମେଜର ବର୍ମା ସେ ପ୍ରତିବାଦ ଆଗରେ ମୁଣ୍ଡ ନୁଆଁଇଛନ୍ତି। ତେଣୁ ମୁକ୍ତିକାନ୍ତ ଚାଲିଗଲା ବେଳକୁ ସେ ଏକ ଶ୍ଳେଷାତ୍ମକ ଭାଷାରେ ପଚାରନ୍ତି ନିରୀହ ମୁକ୍ତିକାନ୍ତକୁ- "ଆଦର୍ଶଟିଏ କଣ ନିହାତି ଦରକାର? ଅନ୍ଧାରକୁ ଆଦର୍ଶ କରୁନା? (ହସିଲେ) ଯାଅ...ଯାଅ ମୁକ୍ତିକାନ୍ତ... ଖୋଜ ଆହରଣ କର ... My blessed Angel ପୁଣିଥରେ ଖୋଜିବ ଯାଅ... ଆଉ ପଛକୁ ଚାହିଁବ ନାହିଁ ଯାଅ।"(୭୨)

ଏଠାରେ ମନେ ରଖିବା ଉଚିତ୍ ଯେ 'ତିମିର ତୃଷ୍ଣା'ର ସମସାମୟିକ ନାଟକ ହେଲା ଭଞ୍ଜ କିଶୋର ପଟ୍ଟନାୟକଙ୍କ 'ଅତିଥି' ଏବଂ ରାମଚନ୍ଦ୍ର ମିଶ୍ରଙ୍କ 'ଘରସଂସାର'। ସେ ସମୟର ନାଟକ ଗୁଡିକରେ ପରଦା ବ୍ୟବହାର କରାଯାଉଥିଲା। ଏଗୁଡିକରେ ପାଞ୍ଚଟି ଅଙ୍କ ସହିତ କିଛି ଦୃଶ୍ୟ ରହୁଥିଲା। 'ତିମିର ତୃଷ୍ଣା' ନାଟକରେ ଅପରପକ୍ଷେ ଗୋଟିଏ ସେଟ୍ ବ୍ୟବହାର କରାଯାଇଛି। ଦ୍ୱିତୀୟତଃ ମୁକ୍ତିକାନ୍ତ ଚରିତ୍ରଟି ଏକ ନାୟକ କିନ୍ତୁ ସେ ସମ୍ଭ୍ରାନ୍ତ ବଂଶୀୟ ନୁହେଁ। ନାୟକ ହେବାର କୌଣସି ଗୁଣ ତା ପାଖରେ ନାହିଁ ଏ ସମାଜ ପାଇଁ ସେ ଏକ ଜାରଜ ସନ୍ତାନ। ତଥାପି ସେ ନାୟକ। ଏଣୁ ତାକୁ ନାୟକ କୁହା ନଯାଇ 'ପ୍ରତିନାୟକ' କୁହାଗଲେ ଅଧିକ ଉଚିତ ହେବ। ଓଡିଆ ନାଟକରେ ପ୍ରତିନାୟକ ବ୍ୟବହାର କରାଯିବା ଏହା ପ୍ରଥମ ନାଟକ। ସେ ସଂପୂର୍ଣ୍ଣ ନିରୀହ ଏବଂ ନାଟକ ସାରା ଜଟିଳ ସମାଜ, ଜଟିଳ ମଣିଷ ଏବଂ ଗୋଟିଏ ହିପୋକ୍ରାଟ

ସଂସ୍କୃତି ବିରୁଦ୍ଧରେ ସ୍ୱର ଉତ୍ତୋଳନ କରିଛି। ଏହା ଏକ ଭିନ୍ନ ଧରଣର ପ୍ରତିବାଦ। ସମାଜରୁ କ୍ରମଶଃ ଆଦର୍ଶ ଖୋଜୁଛି। ତମସା ଭିତରୁ ଆଲୋକକୁ ଖୋଜୁଛି ଏହାହିଁ ଗୋଟିଏ ଅଧୋଃପତିତ ସମାଜର ତିମିରତୃଷ୍ଣା। ମେଜର ବର୍ମା ଯେତେବେଳେ ମୁକ୍ତିକାନ୍ତକୁ ଅନ୍ଧାର ଖୋଜିବାପାଇଁ ନିର୍ଦ୍ଦେଶ ଦେଇଛନ୍ତି ସେ ବୁଝି ପାରୁଛି। ମୁକ୍ତିକାନ୍ତ କେବେହେଲେ ଅନ୍ଧାରର ସନ୍ଧାନ କରିପାରେନା। ସେ ନାରଦ ହେଲେ ମଧ୍ୟ ଅମୃତ ସନ୍ତାନ। ସେ କେବେହେଲେ ଅନ୍ଧାରକୁ ଆଦର୍ଶ କରିବ ନାହିଁ । ତଥାପି ଶ୍ଳେଷାତ୍ମକ ଭାବରେ ସେ ଯାହାବି କହୁଛନ୍ତି ତାହା ମଧ୍ୟ ସାଂପ୍ରତିକ ସମାଜରେ ଅନ୍ୟାୟ ଏବଂ ପାପ ବୋଧ ବିରୁଦ୍ଧରେ ଏକ ପ୍ରତିବାଦ।

ମୁକ୍ତିକାନ୍ତ ରିକତା ପରି ଧର୍ମ ପରାୟଣା ବୋହୂ ପ୍ରତି ହେଉଥିବା ଅତ୍ୟାଚର ସହ୍ୟ କରିପାରୁନାହିଁ। ଇଂଜିନୟର ତପନ ବର୍ମା ଅତିମାତ୍ରାରେ ପାଶ୍ଚାତ୍ୟ ସଭ୍ୟତା ଦ୍ୱାରା ଆକ୍ରାନ୍ତ। ସେ ପାରମ୍ପରିକ ହିନ୍ଦୁ କୁଳର ପୂଜା ଇତ୍ୟାଦିକୁ ପସନ୍ଦ କରୁନାହାନ୍ତି। କିନ୍ତୁ ମାଡ ଖାଇଲା ବେଳେ ରିକତା ସ୍ୱାମୀକୁ ପ୍ରତିବାଦ କରିପାରିନାହିଁ। କିନ୍ତୁ ମୁକ୍ତିକାନ୍ତ ସେଠାରେ ପହଞ୍ଚି ପ୍ରତିବାଦ ଜଣାଇ ଅପଦସ୍ଥ ହୋଇଛି।

'ବିନ୍ଦୁ ଓ ବଳୟ' ନାଟକରେ ନାଟ୍ୟକାର ଗୋଟିଏ ହତଭାଗିନୀ ଝିଅ ମାନିନୀର ଜୀବନ କାହାଣୀ ବର୍ଣ୍ଣନା କରିଛନ୍ତି। ଜମିଦାର ଘରର ପୁଅ ସୀତାଂଶୁ ମାଳିନୀକୁ ବିବାହ କରିବାକୁ କହି ଗୋଟିଏ ଗ୍ରାମାଞ୍ଚଳର ଡାକବଙ୍ଗଳାରେ ରଖେଇ ଦେଇଛି। ଡାକବଙ୍ଗଳାର ଚୌକିଦାର ବଂଶୀର ଠିକ୍ ମାଳିନୀ ପରି ଏକ ଝିଅ ଥିଲା। ସେ ଆତ୍ମହତ୍ୟା କରିସାରିଛି। ତେଣୁ ବଂଶୀ ମାଳିନୀକୁ ଝିଅ ପରି ଭଲ ପାଏ। ସୀତାଂଶୁର ଉପସ୍ଥିତିରେ ଜଣେ ରାଜନେତା ଡାକବଙ୍ଗଳାକୁ ଆସନ୍ତି । ସେ ଜବରଦସ୍ତ ମାଳିନୀ ସହିତ ଦୈହିକ ସଂପର୍କ ରଖିବାକୁ ଚାହାନ୍ତି। ମାଳିନୀ ରାଜନେତାଙ୍କର ଏପରି ଅଶାଳୀନ ବ୍ୟବହାର ବିରୁଦ୍ଧରେ ପ୍ରତିବାଦ କରେ। ବଂଶୀ ମଧ୍ୟ ଏହି ନାରୀ ନିର୍ଯ୍ୟାତନା ବିରୁଦ୍ଧରେ ତୀବ୍ର ପ୍ରତିବାଦ କରେ।

'କମଳପୁର ଡାକଘର' ନାଟକରେ କମ୍ଭୁ ମିଶ୍ର ଜଣେ ଦୁର୍ନୀତି ପରାୟଣ ଏବଂ ଅସାଧୁ ପୋଷ୍ଟମାଷ୍ଟର । ସେ କମଳପୁର ଡାକଘର ବାହାର ଗୋଟିଏ ବରଗଛ ତଳେ ଷ୍ଟାମ୍ପ ଓ ପୋଷ୍ଟକାର୍ଡ ବିକନ୍ତି। ଆଗରୁ ଯେତେବେଳେ ପୋଷ୍ଟ ଅଫିସଟି ବ୍ରାଞ୍ଚ ପୋଷ୍ଟ ଅଫିସ ଥିଲା, କମ୍ଭୁ ମିଶ୍ର ତାର ପୋଷ୍ଟ ମାଷ୍ଟର ଥିଲେ ଓ ସେ ଚିଠି ପତ୍ର ଲେଖା ଲେଖି କରି ଦି ପଇସା ପାଉଥିଲେ। କମଳପୁର ଡାକଘର ସବ୍ ପୋଷ୍ଟ ଅଫିସ ହେବାପରେ ତାଙ୍କୁ ଚାକିରୀରୁ ବାହାର କରି ଦିଆଗଲା ଏବଂ ସେ ବରଗଛ ମୂଳରେ ମଣ୍ଡପ ଉପରେ ବସି ପୋଷ୍ଟକାର୍ଡ ଓ ଇନ୍‌ଲ୍ୟାଣ୍ଡ ଓ ଲଫାପା ବିକନ୍ତି। କିନ୍ତୁ ତାଙ୍କର ଧାରଣା ଯେ ପୋଷ୍ଟ

ମାଷ୍ଟର ଦୋଳଗୋବିନ୍ଦ ବାବୁ ତାଙ୍କ ଚାକିରୀ ଖାଇଦେଲା।

କିନ୍ତୁ ଦୋଳଗୋବିନ୍ଦ ଜଣେ ସଚ୍ଚୋଟ ପୋଷ୍ଟମାଷ୍ଟର। ସେ ଆଗରୁ ମିଲିଟାରୀରେ ଥିଲେ। ତେଣୁ ସେ ଅଧିକ ଶୃଙ୍ଖଳିତ ଏବଂ ଅସାଧୁ ବ୍ୟବସାୟୀମାନଙ୍କ ବିରୁଦ୍ଧରେ ସ୍ୱର ଉତ୍ତୋଳନ କରନ୍ତି। କମଳପୁର ଗ୍ରାମରେ ଯେଉଁ ଜାତିଭେଦ ଥିଲା ତାକୁ ଉଠାଇବାକୁ ଯାଇ ସେ ଥରେ ଅଧେ ଠେଙ୍ଗା ମାଡ ବି ଖାଇଛନ୍ତି। ସେହି ଗ୍ରାମକୁ ଜଣେ ନୂଆ ଅଫିସ କିରାଣୀ ଆସିଲେ । କମ୍ଭୁ ମିଶ୍ର ତାଙ୍କୁ ଧମକାଇ ପଥଭ୍ରଷ୍ଟ କରି ତାଙ୍କ ହାତରେ ପୋଷ୍ଟ ଅଫିସରୁ କିଛି ଟଙ୍କା ଚୋରାଇ ନେଇଗଲେ। ସେଥିପାଇଁ ଦୋଳଗୋବିନ୍ଦ ଜେଲ ଗଲେ। ଅନ୍ୟାୟ ଅସାଧୁତାର ବିଜୟ ହେଲା ଏବଂ କମ୍ଭୁମିଶ୍ର ବିଜୟୋଲ୍ଲାସରେ ସାଧୁତାର ପୃଥିବୀ ପ୍ରତି ଅଙ୍ଗୁଳି ନିର୍ଦ୍ଦେଶ କଲେ କିନ୍ତୁ ଦୋଳଗୋବିନ୍ଦ ହାରି ଯାଇଥିଲେ ସୁଦ୍ଧା ଅନ୍ୟାୟ ବିରୁଦ୍ଧରେ ପ୍ରତିବାଦର ସ୍ୱର ଉତ୍ତୋଳନ କରି ଯାଇଛନ୍ତି।

'ଗୁଣ୍ଡା' ନାଟକରେ ବବୁଲୁ ଗୋଟିଏ ମଧ୍ୟବିତ୍ତ ପରିବାରର ପିଲା ଯିଏକି ବାପା ଓ ବଡଭାଇଙ୍କର ସ୍ନେହ ଆଦର ନପାଇ ଅସାମାଜିକରେ ପରିଣତ ହୋଇ ଯାଇଛି। ଦିନେ ଆକସ୍ମିକ ଭାବେ କାକଳୀ ନାମକ ଅସହାୟ ଝିଅ ଗୁଣ୍ଡା କବଳରୁ ରକ୍ଷା ପାଇବା ପାଇଁ ଦୌଡି ଦୌଡି ଆସି ବବୁଲୁ ଘରେ ପଶି ଯାଇଛି। ବବୁଲୁ ତାକୁ ଆଶ୍ରୟ ଦେଇଛି। ତା ପ୍ରତି କୌଣସି ଅସଦାଚରଣ କରି ନାହିଁ କିନ୍ତୁ ଝିଅଟି ବବୁଲୁର ଆଶ୍ରାରେ ହିଂସାପଥରୁ ନିବୃତ୍ତ ରହିବା ପାଇଁ ପ୍ରବର୍ତ୍ତାଇଛି ଏବଂ ବବୁଲୁ ଛୁରୀ ଧରିବା ଛାଡି ଦେଇଛି। ସେତିକିବେଳେ କାକଳୀକୁ ଖୋଜି ଖୋଜି ଆସି ପୁରୁଣା ଗୁଣ୍ଡାମାନେ ବବୁଲୁକୁ ମାରିଦେଇଛନ୍ତି। ନାଟକର ଅନ୍ତିମ ପର୍ଯ୍ୟାୟରେ ଘଟିଥିବା ଏ ବିପର୍ଯ୍ୟୟ ପ୍ରତିବାଦ ନ ହୋଇପାରେ କିନ୍ତୁ ବବୁଲୁର ମାନସିକ ରୂପାନ୍ତର ଏକ ଅଙ୍ଗୀକାରବଦ୍ଧ ସାମାଜିକ ବାର୍ତ୍ତାକୁ ଅଧିକ ଉଜ୍ଜ୍ୱଳ କରେ। ବବୁଲୁ ପାଖକୁ ସେ ଅଞ୍ଚଳର ନିର୍ବାଚନ ସଭ୍ୟ ବହୁ ରାଜନୈତିକ ଗୁଣ୍ଡା ଆସନ୍ତି। ବବୁଲୁକୁ ଟଙ୍କା ଦେଇ ବିପକ୍ଷ ପ୍ରାର୍ଥୀକୁ ହଇରାଣ କରିବା ପାଇଁ ଏବଂ ସେମାନେ ମାଗୁଥିବା ଟଙ୍କା ଲୁଟ୍ କରିବା ପାଇଁ କୁହନ୍ତି। ବବୁଲୁ ପ୍ରତିବାଦ ସ୍ୱରୂପ ସେପରି ଖରାପ କାର୍ଯ୍ୟ କରିନାହିଁ। ସେ ପ୍ରତିବାଦ କରେ ଏବଂ ବିନା କାରଣରେ ପ୍ରତିପକ୍ଷଙ୍କୁ ହଇରାଣ କରେ ନାହିଁ।

'ଦୁର୍ଘଟଣା ବଶତଃ' ନାଟକରେ ସବୁ ଚରିତ୍ର ନିଜ ନିଜର ପାପ ବୋଧରୁ ନର୍କଗାମୀ ହୋଇଛନ୍ତି। ଏହି ନାଟକର ମଞ୍ଚସଜ୍ଜା ହେଉଛି ଗୋଟିଏ କାଳ୍ପନିକ ନର୍କ। ସେଠାରେ କେଉଁ ଚରିତ୍ର କେଉଁ କାରଣରୁ ନର୍କଗାମୀ ହେଲା ତାହାର କାହାଣୀ କୁହାଯାଇଛି। ଏଠାରେ ମନ୍ତ୍ରୀଙ୍କର ହିପ୍ପିପୁଅ ବାପାଙ୍କର ଦୁର୍ନୀତି ବିରୁଦ୍ଧରେ ପ୍ରତିବାଦ କରୁଛି। ଜଣେ ନକ୍ସଲ ନେତା ପୋଲିସ ଡିଆଇଜି ବିରୁଦ୍ଧରେ ପ୍ରତିବାଦ କରୁଛି ଏବଂ

ଶେଷରେ ଜଣେ ଭଣ୍ଡ ତାନ୍ତ୍ରିକ ବାବା ସମସ୍ତଙ୍କୁ ସହଜରେ ସ୍ୱର୍ଗକୁ ଯିବା ବାଟ ଦେଖାଉ ଦେଖାଉ ନିଜେ ଆସି ନର୍କରେ ପହଞ୍ଚି ଯାଇଛନ୍ତି। ନାଟକର ସବୁ ଚରିତ୍ର ଭଣ୍ଡବାବାଙ୍କ ପାଖରେ ଧାର୍ମିକ ଦୁର୍ନୀତି ବିରୁଦ୍ଧରେ ପ୍ରତିବାଦ ଜଣାଇଛନ୍ତି। ଏହି ନାଟକର ମୁଖ୍ୟ ବାର୍ତ୍ତା ହେଲା ସମାଜରେ ଚରିତ୍ରମାନେ ପରସ୍ପରଙ୍କ ପ୍ରତି ହିଂସା ଅସୂୟା କରି ନିଜ ନିଜ ଜୀବନକୁ ନର୍କଗାମୀ କରାଉଛନ୍ତି। ତେଣୁ ପରସ୍ପରକୁ ମୈତ୍ରୀର ବନ୍ଧନରେ ବାନ୍ଧି ରଖି ଜଗନ୍ନାଥ ଚେତନାରେ ଉଦ୍‌ବୁଦ୍ଧ ହେଲେ ବଞ୍ଚିବାର ରାସ୍ତାଟି ସହଜ ଓ ସରଳ ହେବ ବୋଲି ନାଟ୍ୟକାର ନାଟକ ମାଧ୍ୟମରେ ଶେଷକୁ ସମାଜ ପାଇଁ ବାର୍ତ୍ତା ଦେଇଛନ୍ତି। 'ଦୁର୍ଘଟଣାବଶତଃ' ନାଟକ ବଙ୍ଗଳା ଭାଷାରେ ଅନୁବାଦ କରାଯାଇ ପଚାଶରୁ ଊର୍ଦ୍ଧ୍ୱ ଥର ମଞ୍ଚସ୍ଥ ଏବଂ ଏହାର ସାମାଜିକ ଅଙ୍ଗୀକାର ଓ ସକାରାତ୍ମକ ବାର୍ତ୍ତା ପାଇଁ ବହୁଳଭାବରେ ପ୍ରଶଂସିତ ଏ ନାଟକଟି।

'ମହାନାଟକ'ରେ ସାମାଜିକ ଅଙ୍ଗୀକାର, ପ୍ରତିବାଦ ଓ ବୈପ୍ଳବାତ୍ମକ ବିଷୟବସ୍ତୁ ପାଇଁ ୧୯୮୪ ମସିହାରେ ଓଡିଶା ସାହିତ୍ୟ ଏକାଡେମୀ ପୁରସ୍କାର ପାଇଛି। ଏଥିରେ ସମ୍ରାଟ ବଜ୍ରବାହୁଙ୍କ କୁଶାସନ ବିରୁଦ୍ଧରେ ବହୁଳ ଭାବରେ ପ୍ରତିବାଦର ସ୍ୱର ଉତ୍ତୋଳନ କରାଯାଇଛି। ରାଜାଙ୍କ ଦୁଇଜଣ ମନ୍ତ୍ରୀ। ମନ୍ତ୍ରୀ ଶୀଳଭଦ୍ର ଚାଟୁ ବାକ୍ୟ କହି ରାଜାଙ୍କର କୁଶାସନର ସମର୍ଥନ କରି ସୁଖରେ ଜୀବନ ଯାପନ କରନ୍ତି। କିନ୍ତୁ ବ୍ରହ୍ମଦତ୍ତ ସବୁବେଳେ ପାଣ୍ଡିତ୍ୟପୂର୍ଣ୍ଣ କଥାବାର୍ତ୍ତା କରି ଏବଂ ଉଚିତ୍ ସମୟରେ ସୁପରାମର୍ଶ ଦେଇ ମଧ୍ୟ ରାଜାଙ୍କର ପ୍ରିୟଭାଜନ ହୋଇପାରନ୍ତି ନାହିଁ।

ରାଜାଙ୍କର ଅପାରଗତା ଯୋଗୁଁ ରାଣୀ ସନ୍ତାନହୀନା ଏବଂ ତାଙ୍କ ରାଜ୍ୟର ଜମି ଫଳବତୀ ହୋଇନାହିଁ। ଫଳରେ ରାଜ୍ୟରେ ଅନାବୃଷ୍ଟି ଏବଂ ଦୁର୍ଭିକ୍ଷ ପଡିଛି। ରାଜାଙ୍କର କୁଶାସନ ଯୋଗୁଁ ପ୍ରଜାମାନେ ଅନାହାରରେ ପଡି ଓ ସମସ୍ତେ ଭୟଭୀତ ହେଉଥିବାରୁ ଶେଷରେ କୌଣସି ବିକାଶମୂଳକ ଯୋଜନା କାର୍ଯ୍ୟକାରୀ ହେଉନାହିଁ। କେହି ସାହସ କରି ସମ୍ରାଟଙ୍କ ସମ୍ମୁଖରେ ପ୍ରତିବାଦ ଜଣାଇ ପାରୁନାହାନ୍ତି। କିନ୍ତୁ ଏହି ନାଟକରେ ଗୋଟିଏ ମୃତ ବ୍ୟକ୍ତି ଚରିତ୍ର ଅଛି। ମୃତ ବ୍ୟକ୍ତିଟିକୁ ଟେକିଆଣି ପ୍ରହରୀମାନେ ରାଜାଙ୍କ ସାମ୍ନାରେ ହାଜର କରାଉଛନ୍ତି। ତାପରେ ରାଜା ତା ସହିତ ଯେପରି ବ୍ୟବହାର କରୁଛନ୍ତି ତାର ଏକ ଦୃଷ୍ଟାନ୍ତ ନିମ୍ନ ରୂପେ ପ୍ରଦାନ କରାଗଲା-

ବଜ୍ରବାହୁ - ତୁମ୍ଭେ ସେହି କୁତ୍ସିତ ମାନବ ?

ମୃତବ୍ୟକ୍ତି - ମୁଁ ତ କିଛି ବୁଝି ପାରୁ ନାହିଁ।

ବଜ୍ରବାହୁ - ଆମ୍ଭେ ପୁଛାକରୁ ଅଛୁ ତୁମ୍ଭେ ସେହି ମୃତବ୍ୟକ୍ତି ?

ମୃତବ୍ୟକ୍ତି - ମୁଁ କିନ୍ତୁ ତୁମ୍ଭକୁ ଚିହ୍ନି ପାରୁ ନାହିଁ।

ବଜ୍ରବାହୁ - ଅମାତ୍ୟ ଏହା ଅତି ଆଚମ୍ବିତ କଥା। ହସ୍ତିନା ନଗର ପ୍ରବଳ ପରାକ୍ରମୀ ସମ୍ରାଟ ବଜ୍ରବାହୁଙ୍କୁ ଏ ମୃତବ୍ୟକ୍ତି କିପରି ଚିହ୍ନିନାହିଁ ?

ବଜ୍ରବାହୁ - (କ୍ରୁଦ୍ଧ ହୋଇ) ଦୂତ। ଏହାକୁ ଶୂଳୀ ଦିଅ। ଦୁଇଥର ଶୂଳୀ ଦିଅ।"[୭୩]

ଉପରୋକ୍ତ ବାକ୍ୟ ବିନିମୟରୁ ଉପଲବ୍ଧ ହୁଏ ଯେ ସମ୍ରାଟ ବଜ୍ରବାହୁଙ୍କ ଶାସନରେ ନିଜେ ସମ୍ରାଟ ବୁଦ୍ଧି କ'ଣ ଜାଣି ନାହାନ୍ତି। ହୃଦୟ ମଧ୍ୟ କ'ଣ ସେ ଜାଣି ନାହାନ୍ତି। ବିଗତ ଶତାବ୍ଦୀର ସପ୍ତମ ଦଶକ ବେଳକୁ ଭାରତୀୟ ରାଜନୀତିରେ ଏପରି ଏକ ମୂର୍ଖ ଶାସନ ଚାଲିଥିଲା। କ୍ଷମତାର ଭଣ୍ଡାମୀ ବିରୁଦ୍ଧରେ ସ୍ୱର ଉତ୍ତୋଳନ କରି ବ୍ରହ୍ମଦତ୍ତ ବିପ୍ଳବାତ୍ମକ ସ୍ୱରରେ କହୁଛନ୍ତି- "ସମ୍ରାଟ ଏହି ଅନ୍ଧାରୀ ଶାସନର ରାତି ପାହି ଆସୁଛି, ଏହି ଦେଶର କୋଟି କୋଟି ଜନତା ଆଗେଇ ଆସୁଛନ୍ତି ହସ୍ତିନା ସିଂହଦ୍ୱାର ପାଖକୁ ଏ ଅର୍ଗଳି ଭାଙ୍ଗିଯିବ। ଭାଙ୍ଗିଯିବ। ଭାଙ୍ଗିଯିବ ଲୌହ କବାଟ। ଭାଙ୍ଗିଯିବ ଏହି ସ୍ୱାର୍ଥ ନ୍ୱେଷୀ ରାଜ ଆଭିଜାତ୍ୟ । ଆସନ୍ତୁ... ଓହ୍ଲାଇ ଆସନ୍ତୁ ସିଂହାସନରୁ। ବ୍ରହ୍ମଦତ୍ତ, ମୁଁ କିଛି ଚାହେନା। ମୋ ସ୍ୱାର୍ଥ ପାଇଁ ମୁଁ ଅର୍ଥ, ସମ୍ମାନ, ପୁରସ୍କାର କିଛି ଚାହେନା... ମୋର ଆଖି ଖୋଲି ଯାଉଛି। ମୁଁ ଚାହେଁ ଏ ସ୍ୱେଚ୍ଛାଚାରୀ ଶାସନର ମୃତ୍ୟୁ ଓ ଭୋକିଲା ପଟୁଆରର ଜୟ ହେଉ।"[୭୪]

'ପକା କମ୍ବଳ ପୋତ ଛତା' ଏକ ବିପ୍ଳବାତ୍ମକ ନାଟକ। ଏହା ଏକ ଲୋକ କାହାଣୀ। କାହାଣୀଟି ଏହିପରି- ଅଗନାଗ୍ନି ବନସ୍ତ ଭିତରେ ବାସ କରୁଥିବା ଗୋଟିଏ ବୁଢ଼ୀର ସୁନ୍ଦରୀ ଝିଅଟିଏ ଥିଲା। ତାର ନାମ ଥିଲା ଲଳିତା। ବୁଢ଼ୀ ଝିଅ ବାହାଘର କରେଇ ନପାରି ଆରପାରିକୁ ଚାଲିଗଲା। ଲଳିତା ସେଇ ଜଙ୍ଗଲ ଭିତରେ ଥିବା ପ୍ରତ୍ୟକ୍ଷ ମନ୍ଦିର ଭିତରେ ଆଶ୍ରୟ ନେଲା ଯେଉଁଠି ପୂଜା ପାଆନ୍ତି ମା' ତାରକେଶ୍ୱରୀ। ପୂଜକ କହିଲେ 'ତୁ' ଯଦି ସେଇ ଚଣ୍ଡୀଙ୍କର ଆଶ୍ରୟ ପାଇବା ପାଇଁ ଯୋଗ୍ୟ ତା ହେଲେ ଏଇଠି ରହିଯାଇପାରୁ। ମୁଁ ଜାଣଛି ମା'ଙ୍କର କ'ଣ ବରାଦ। ମୁଁ ଜାଣେନି, କିନ୍ତୁ ମୋର ମନେ ହେଉଛି ଏଇ ଦେବୀପୀଠରେ ବିକ୍ରମ ସିଂ ଯେଉଁ ଅତ୍ୟାଚାର କରୁଛି ହୁଏତ ତାର ଶାସ୍ତି ପାଇଁ ଆଜି ଦେବୀ ଆବିର୍ଭୂତା ମା'। ତତେ ସେମାନେ ଏଠି ଛାଡି ଗାଁକୁ ଯାଇ ନାହାନ୍ତି; ମା' ତତେ ଏଇଠିକି ଡକେଇ ଆଣିଛନ୍ତି।"[୭୫]

ମନ୍ଦିରରେ ରହିବା ପାଇଁ ପୂଜକ ମନା କରିଦେବାରୁ ସେ ନଦୀକୁ ଡେଇଁ ଆତ୍ମହତ୍ୟା କଲା। କିନ୍ତୁ ଶଙ୍କର ବୋଲି ପାହାଡି ଯୁବକଟିଏ ତାକୁ ବଞ୍ଚେଇଦେଲା। ଲଳିତାର ଚେତା ଆସିଲା ପରେ ନିଜର ପରିଚୟ ଦେଇ କହିଲା, ମୋ ପରିସ୍ଥିତି ବି

ସେମିତି କିଛି ଭଲନାହିଁ। ମୋର ବି ବାପା ମା' କେହି ନାହାନ୍ତି। ଆମେ ଚଉଦ ପୁରୁଷରୁ ଏଇ ଜଙ୍ଗଲରେ ଅଛୁ। ମା'କୁ ଆଶ୍ରାକରି ପିଲାଦିନେ ଦେଖିଛି ଏ ଜଙ୍ଗଲ ଆହୁରି ଘଞ୍ଚ ଥିଲା, ଏଠି ହାତୀ, ବାଘ, ଗଣ୍ଡା ବୁଲୁଥିଲେ। ଆଜିକାଲି ତ ଏଇ ତଳ ପର୍ଯ୍ୟନ୍ତ ଜିପ ଗାଡି ଆସୁଛି। ଏଇ ସେପଟେ ଗୋଟେ ଖୁଣ୍ଟ ଦିଶୁଚି। ଦେଖୁଛୁ ? ସେଇଟା ଶୂଳୀ ଖୁଣ୍ଟ। ପ୍ରେତାତ୍ମାମାନେ ଏଇ ବଣ ଭିତରେ ଘୁରି ବୁଲୁଛନ୍ତି। କିନ୍ତୁ ଛାତିକୁ ପଥର କରି, ମା'ଙ୍କ ଭରସା କରି ଏଇଠି। ଏଇ ମନ୍ଦିର ପଛ ପଟେ କୁଡିଆଟିଏ ରହିଛି। ସେଇଠି ଆଉ କେହି ନାହାନ୍ତି ତୁ ଯଦି ଚାହିଁବୁ, ସେଇ ହେବ ତୋର ଆଶ୍ରୟ।"[୭୬]

ସେଇଦିନଠୁ ଲଳିତା ରହିଲା ଶଙ୍କର ପାଖରେ। ଦିନେ ଶଙ୍କର ନଥିଲା। ଜମିଦାର ବିକ୍ରମ ସିଂ ଆସି ଧର୍ଷଣ କରିଛି ଲଳିତାକୁ। ଲଳିତା ଲୁଣ୍ଠିତ ହେଲାପରେ ମା' ତାରକେଶ୍ୱରୀଙ୍କୁ ସାକ୍ଷୀ ରଖି ଶପଥ ନେଇଛି "ମା' ଏ ନଦୀର ଜଳ ରାଜବଂଶର ରକ୍ତରେ ରଞ୍ଜିତ ହେବା ଯାଏଁ ମୁଁ ଅତ୍ୟାଚାର ବିରୁଦ୍ଧରେ ଲଢ଼ିବି। ମୋ ବାହୁରେ ବଳ ଦିଅ ମା'... ମୋ ବାହୁରେ ଶକ୍ତି ଦିଅ।"[୭୭]

ପରବର୍ତ୍ତୀ ସମୟରେ ବିକ୍ରମ ଲଳିତାର ପାଦତଳେ ପଡି ଶେଷନିଃଶ୍ୱାସ ତ୍ୟାଗ କରିବା ପୂର୍ବରୁ ବିପ୍ଳବ ଯେ ତାରି ପୁଅ ଏକଥା ଲଳିତାକୁ ଜଣେଇ ଦେଇ ଯାଇଥିଲା । କିନ୍ତୁ ଲଳିତା ଏ କଥା ଜାଣିବା ପୂର୍ବରୁ ଆଦିବାସୀ ଭାଲିଆକୁ କହି ଦେଇଥିଲା ବିକ୍ରମ ସାଙ୍ଗରେ ଆସିଥିବା ବିପ୍ଳବ ନାମକ ଯୁବକଟିକୁ ଗୁଳିକରି ମାରିଦେବା ପାଇଁ। ନିଜ ପୁଅକୁ ବଞ୍ଚାଇ ବାକୁ ଯାଇ ଲଳିତା ଭାଲିଆର ଗୁଳିରେ ନିଜେ ପ୍ରାଣତ୍ୟାଗ କରିଛି ଏବଂ ସଂପର୍କ ବିପ୍ଳବ ସହ ଇଚ୍ଛାମତୀର ହାତକୁ ମିଶାଇ ବିବାହ ବନ୍ଧନରେ ବାନ୍ଧି ଦେଇଛି।

'ଶେଷ ପାହାଚ' ନାଟକରେ ବାହାରର ଚୌକିଦାର ମଦନା ରାଉତରାୟ ଝିଅ କମଳୀକୁ ବେଶ୍ୟା ବୃତ୍ତି କରିବା ପାଇଁ ପଠାଉଥିଲା। କମଳୀ ମଦ୍ୟପ ବାପର ଏହି ଅତ୍ୟାଚାର ବିରୁଦ୍ଧରେ ବିପ୍ଳବ କରି ଯଦୁଆ ନାମକ ଗୋଟିଏ ଚୋରକୁ ବିବାହ କରିବାକୁ ମନସ୍ଥ କରିଛି ଏବଂ ଯଦୁଆ ମଧ୍ୟ ମଦନାର ଅତ୍ୟାଚାର ବିରୁଦ୍ଧରେ ପ୍ରତିବାଦ କରି ମଦନାକୁ ହାଣି ଦେଇଛି।

ନାଟକର ଦ୍ୱିତୀୟ ପର୍ଯ୍ୟାୟରେ ଅଜୟ କଲେକ୍ଟର ହେବା ପରେ ବାପାଙ୍କୁ ଭୁଲି ଯାଇଛି। ସେ ଗାଁକୁ ଯାଉ ନାହିଁ। ବାପା ବୁଢ଼ା ବୟସରେ ଗାଈ ଗୋବର ଘସି ପକାଇ କୌଣସି ମତେ ବଞ୍ଚି ଚାଲିଛନ୍ତି। ଏହା ମଧ୍ୟରେ ଦିନେ ସହରକୁ ଆସିଛନ୍ତି ପୁଅକୁ ଦେଖିବା ପାଇଁ। କଲେକ୍ଟର ଘରର ଠିକଣା ପଚାରିବାରୁ ସମସ୍ତେ ତାକୁ ସନ୍ଦେହ

କରିଛନ୍ତି । ସେତିକି ବେଳେ ଅଜୟର ବନ୍ଧୁ ରଞ୍ଜନ ବୁଢ଼ା ସାଙ୍ଗେ ଦେଖା ହୋଇ ତାକୁ ନେଇ ଅଜୟ ପାଖରେ ଛାଡି ଦେଇଛି। ଅଜୟର ଏହି ଅମାନବୀୟ ବ୍ୟବହାର ରଞ୍ଜନକୁ କ୍ଷୁବ୍ଧ କରିଛି। ସେ ଅଜୟକୁ ଭେଟିଛି ଏବଂ ପ୍ରତିବାଦର ସ୍ୱରକୁ ଅତି ତୀବ୍ର ଭାବେ ଉଠେଇଛି।

ସେହିପରି 'ଅନ୍ଧନଦୀର ସୁଅ' ନାଟକରେ ସଦାଶିବ ଗ୍ରାମାଞ୍ଚଳର ମେଧାବୀ ଛାତ୍ର ହୋଇଥିଲେ ସୁଦ୍ଧା ବଡ଼ବଡ଼ିଆଙ୍କ ସହିତ ପରିଚୟ ନଥିବାରୁ ଚାକିରୀ ଖଣ୍ଡେ ପାଇପାରିଲା ନାହିଁ। ଦୁର୍ନୀତି ବିରୁଦ୍ଧରେ ପ୍ରତିବାଦ କରିବା ପାଇଁ ତା ପାଖରେ ସାହସ ନଥିବାରୁ ସେ ନିଜର ସାର୍ଟିଫିକେଟଗୁଡିକ ପୋଡି ଦେଇଛି। ଏହି ଦେଶର ମେଧାବୀ ଛାତ୍ର ପାଇଁ ଗ୍ରାମାଞ୍ଚଳରୁ ଆସିଥିବା ଏବଂ ଦୁର୍ନୀତି କରିବାର ନିୟମ ଜାଣି ନଥିବା ଯୋଗୁଁ ନିଜ ପେଟ ପାଇଁ ଦି' ମୁଠା ଭାତ ଯୋଗାଡ କରିପାରିନାହିଁ ସଦାଶିବ। ତେଣୁ ସମଗ୍ର ଶିକ୍ଷା ବ୍ୟବସ୍ଥା, ସାମାଜିକ ନ୍ୟାୟ, ପ୍ରଥମ ଶ୍ରେଣୀ ପାଇବାର ବିଡମ୍ବନା ଏବଂ ଆମ ଗଣତନ୍ତ୍ରର ଗଣ୍ଡି ଭିତରେ ଘୁଣ ପୋକ ଖାଇ ଯାଉଥିବା ଦୁର୍ଭାଗ୍ୟ ବିରୁଦ୍ଧରେ ସଦାଶିବର ଏକମାତ୍ର ପ୍ରତିବାଦ ଥିଲା ନିଜ ସାର୍ଟିଫିକେଟରେ ନିଆଁ ଲଗାଇଦେବା ।

ସଦାଶିବ ସାଙ୍ଗରେ ରାଜା ବୋଲି ଯେଉଁ ଗୁଣ୍ଡାଟି ବୁଲୁଥିଲା ସେ ସଦାଶିବକୁ ଖୁବ୍ ଭଲପାଉଥିଲା। ଗୋଟିଏ ନଷ୍ଟ ହେଇଯିବାକୁ ଥିବା ଭ୍ରୁଣରୁ ଜନ୍ମ ନେଇଥିବା ରାଜା ସମାଜ ପାଇଁ ଗୋଟିଏ ବିପଦ ହୋଇ ଉଭା ହୋଇଛି। ସେ ସମାଜ ଓ ସମାଜପତି ମାନଙ୍କ ବିରୁଦ୍ଧରେ ବିପ୍ଲବ କରିଛି। ସହରରେ ହରତାଳ କିମ୍ବା କୌଣସି ଶୋଭାଯାତ୍ରା ବାହାରିଲେ ସେ ବସ୍ ଜାଳିଦିଏ, ମନ୍ତ୍ରୀ ଓ ରାଜନେତାମାନଙ୍କୁ ଦେଖିଲେ ପେଟ୍ରୋଲ ବୋମା ଫୋପାଡେ। ରାଜା ଚରିତ୍ର ପାଖରେ ସାମାଜିକ ବିପ୍ଳବ ରକ୍ତାକ୍ତ ରୂପ ନେଇଛି। ତୁଳନାତ୍ମକ ଭାବରେ ବିଚାର କଲେ ରାଜାଠାରୁ ସଦାଶିବ ଚରିତ୍ର ଅଧିକ ଅସହାୟ ଏବଂ ସେଥିପାଇଁ ଅମାନବିକତା ଓ ଗଣତନ୍ତ୍ରର ଅନ୍ୟାୟ ବିରୁଦ୍ଧରେ ଲଢ଼େଇ କରି ଶେଷରେ ହିଂସାର ପଥକୁ ସେ ଆବୋରି ନେଇଛି। କିନ୍ତୁ ସଦାଶିବ ପିଲାଦିନେ ଚାଟଶାଳୀରେ ପଢ଼ିବା ଦିନଠାରୁ 'ସତ କହି ମଲେ ପଛେ ମରିବି' ଦୀକ୍ଷାରେ ଦୀକ୍ଷିତ। 'ସତ କହିବାକୁ କିଆଁ ଡିରିବି' ନାମକ ଏକ ଆଦର୍ଶ ଆଜିକାଲିର ଭେଜାଲ ବଜାରରେ ଏକ ଅଚଳନ୍ତି ପଇସା ଯାହାକୁ ବିକି ଭାଙ୍ଗି ପେଟକୁ ଭାତ ଗଣ୍ଡେ ଯୋଗାଡ ହୋଇପାରେ ନାହିଁ। ତେଣୁ ପ୍ରତି ପଦକ୍ଷେପରେ ଆଦର୍ଶର ମୃତ୍ୟୁକୁ ଅନୁଭବ କରିଛି ସଦାଶିବ।

ନାଟ୍ୟକାରଙ୍କ ପ୍ରତିଟି ଚରିତ୍ର ଲେଖାରେ ରହିଛି ଅଙ୍ଗୀକାରବଦ୍ଧତା, ବିଦ୍ରୋହ ଓ ପ୍ରତିବାଦର ସ୍ୱର । ସମାଜ ପାଇଁ ରହିଛି ଭିନ୍ନ ଏକ ଦୃଷ୍ଟିଭଙ୍ଗୀ। ପରିବର୍ତ୍ତନର ପ୍ରତିଧ୍ୱନିଟି ସର୍ବଦା ବାଜୁଥାଏ ତାଙ୍କ ସୃଷ୍ଟିରେ। ସେ ତାଙ୍କ ସୃଷ୍ଟିକୁ ନିତ୍ୟ ନୂତନତାର ଆବରଣ

ଦେଇ ରଖିଥାନ୍ତି। ପ୍ରତିଟି ନାଟକ ଜଣେ ଅନ୍ୟଠାରୁ ଭିନ୍ନ। ତାଙ୍କର ଶୈଳୀ ଓ ଭାବକଳ୍ପ ତଥା ପରିବର୍ତ୍ତନର ବିଭିନ୍ନତା ସତେ ଯେମିତି ତାଙ୍କର ଏକ ନୂତନ ପରିଚୟ ସୃଷ୍ଟି କରେ। ବହୁରୂପୀ ଏଣ୍ଡୁଅ ରଙ୍ଗ ପରିବର୍ତ୍ତନ କଲା ପରି ତାଙ୍କର ପ୍ରତିଟି ନାଟକ ଏକ ଏକ ଭିନ୍ନ ଢଙ୍ଗରେ ଗଢ଼ିଉଠିଛି। ନାଟ୍ୟକାରଙ୍କ ମୁଖରୁ ମୁଁ ଶୁଣିଛି ସେ କହନ୍ତି- "ମୁଁ ଏକ ଚଳମାନ ବିଶୃଙ୍ଖଳା ଏବଂ ବାନ୍ଧିବାର ସମସ୍ତ ନିୟମକୁ ଲଂଘନ କରିବା ହିଁ ମୋ ପାଇଁ ଏକ ଆକର୍ଷଣ।"

ସଂକେତସୂଚୀ

୧. ପାଣିଗ୍ରାହୀ ରମେଶ ପ୍ରସାଦ : 'ମୁକ୍ତି ମଣ୍ଡପ', ଓଡ଼ିଶା ବୁକ୍ ଷ୍ଟୋର, ୧୯୯୧, କଟକ।
୨. ପାଣିଗ୍ରାହୀ ରମେଶ ପ୍ରସାଦ : ତତ୍ରୈବ, ପୃ-୧୪୭ ।
୩. ପାଣିଗ୍ରାହୀ ରମେଶ ପ୍ରସାଦ : 'ତିମିର ତୃଷ୍ଣା', ବିଜୟ ବୁକ୍ ଷ୍ଟୋର, ବ୍ରହ୍ମପୁର, ୧୯୯୧, ପୃ-୧୦୯।
୪. ତତ୍ରୈବ, ପୃ- ୧୦୧
୫. ପାଣିଗ୍ରାହୀ ରମେଶ ପ୍ରସାଦ : 'ବିନ୍ଦୁ ଓ ବଳୟ', ପୁସ୍ତକ ଭଣ୍ଡାର, ବ୍ରହ୍ମପୁର, ୨ୟ ମୁଦ୍ରଣ, ୧୯୭୬, ପୃ-୩୩-୩୬
୬. ତତ୍ରୈବ, ପୃ- ୩୩-୩୬
୭. ପାଣିଗ୍ରାହୀ ରମେଶ ପ୍ରସାଦ : ମୁଖବନ୍ଧ, 'ହେ ପୃଥିବୀ ବିଦାୟ', ତାରାତାରିଣୀ ବୁକ୍ ଷ୍ଟୋର; ବ୍ରହ୍ମପୁର, ୨୦୦୦, ପୃ-ଚତୁର୍ଥ।
୮. ପାଣିଗ୍ରାହୀ ରମେଶ ପ୍ରସାଦ : 'କମଳପୁର ଡ଼ାକଘର' ବୁକ୍ସ ଏଣ୍ଡ ବୁକ୍ସ, କଟକ, ୧୯୭୮, ପୃ-୩୯।
୯. ତତ୍ରୈବ, ପୃ-୧୦୨।
୧୦. ପାଣିଗ୍ରାହୀ ରମେଶ ପ୍ରସାଦ : 'ମୁଁ ଆମ୍ଭେ ଓ ଆମ୍ଭେମାନେ', ବିଜୟ ବୁକ ଷ୍ଟୋର, ବ୍ରହ୍ମପୁର, ୧୯୯୨।
୧୧. ତତ୍ରୈବ, ପୃ-୮୨
୧୨. ତତ୍ରୈବ, ପୃ-୮୪
୧୩. ତତ୍ରୈବ, ପୃ- ୮୪
୧୪. ମିଶ୍ର ଡ. ସ୍ୱରାଜ୍ୟ ଲକ୍ଷ୍ମୀ : ଭୂମିକା, 'ଧୃତରାଷ୍ଟ୍ରର ଆଖି', ରମେଶ ପ୍ରସାଦ ପାଣିଗ୍ରାହୀ, ଓଡ଼ିଶା ବୁକ୍ ଷ୍ଟୋର, କଟକ, ୨୦୦୩, ପୃ- ଥ ଓ ଦ ।

୧୫. ତତ୍ରୈବ, ପୃ-୭୪।
୧୬. ତତ୍ରୈବ, ପୃ-୭୬
୧୭. ତତ୍ରୈବ, ପୃ-୮୩-୮୪
୧୮. ରଥ ଗୋପାଳ କୃଷ୍ଣ (ଆତ୍ରେୟ) : ସୂଚନା, 'ଜଣେ ମହାପୁରୁଷଙ୍କ ଜନ୍ମ ଓ ମୃତ୍ୟୁ ସଂପର୍କରେ', ରମେଶ ପ୍ରସାଦ ପାଣିଗ୍ରାହୀ, ବିଜୟ ବୁକ୍ ଷ୍ଟୋର, ବ୍ରହ୍ମପୁର, ୧୯୭୩, ୧୯୮୬, ପୃ-୫।
୧୯. ପାଣିଗ୍ରାହୀ ରମେଶ ପ୍ରସାଦ : ସାକ୍ଷାତକାର
୨୦. ପାଣିଗ୍ରାହୀ ରମେଶ ପ୍ରସାଦ : 'ଦୁର୍ଘଟଣା ବଶତଃ', ପୁସ୍ତକ ଭଣ୍ଡାର, ବ୍ରହ୍ମପୁର, ୧୯୮୧, ପୃ-୧୧।
୨୧. ପାଣିଗ୍ରାହୀ ରମେଶ ପ୍ରସାଦ : 'ମହାନାଟକ', ତ୍ରିପର୍ଣ୍ଣା, ଓଡ଼ିଶା ବୁକ୍ ଷ୍ଟୋର, କଟକ, ୨୦୦୬, ପୃ-୧୦୧-୧୦୨।
୨୨. ବଡ଼ତ୍ୟା ଡ. ସରୋଜ କୁମାର : ସାଂପ୍ରତିକ ଓଡ଼ିଆ ନାଟକର ପ୍ରେକ୍ଷାପଟରେ ରମେଶ ପାଣିଗ୍ରାହୀ ଏକ ଅଧ୍ୟୟନ। ଅପ୍ରକାଶିତ ଗବେଷଣା, ନିବନ୍ଧ) ତ୍ରିପର୍ଣ୍ଣା ତିନୋଟି ନିଆରା ନାଟକ ରମେଶ ପ୍ରସାଦ ପାଣିଗ୍ରାହୀ, କଟକ, ୨୦୦୬ରେ ଉଦ୍ଧୃତ।
୨୩. ପାଣିଗ୍ରାହୀ ରମେଶ ପ୍ରସାଦ : 'ଗୁଣ୍ଡା', ପୃ-୩୯-୪୦।
୨୪. ପାଣିଗ୍ରାହୀ ରମେଶ ପ୍ରସାଦ : 'ବୁନ୍ଦାଏ ପାଣିରେ ସମୁଦ୍ର', ମୁଖବନ୍ଧ, ଲେଖାଲେଖି, ଭି.ଏସ.ଏସ. ନଗର, ଭୁବନେଶ୍ୱର, ପୃ-୧୧।
୨୫. ପାଣିଗ୍ରାହୀ ରମେଶ ପ୍ରସାଦ : 'ଆତ୍ମଲିପି', ତ୍ରିପର୍ଣ୍ଣା, ଓଡ଼ିଶା ବୁକ୍ ଷ୍ଟୋର, କଟକ, ୨୦୦୬।
୨୬. ତତ୍ରୈବ, ପୃ-୧୪୪।
୨୭. ତତ୍ରୈବ, ପୃ-୧୪୫।
୨୮. ପାଣିଗ୍ରାହୀ ରମେଶ ପ୍ରସାଦ : ପ୍ରାକ୍ କଥନୀ, 'ଆନନ୍ଦ ନଗରକୁ ଯାତ୍ରା', ତାରାତାରିଣୀ ପୁସ୍ତକାଳୟ, ବ୍ରହ୍ମପୁର, ୧୯୯୩, ଦ୍ୱିତୀୟ ପ୍ରକାଶ।
୨୯. ପାଣିଗ୍ରାହୀ ରମେଶ ପ୍ରସାଦ: 'ଶେଷ ପାହାଚ', ତ୍ରିପର୍ଣ୍ଣା, ଓଡ଼ିଶା ବୁକ ଷ୍ଟୋର, କଟକ ୨୦୦୬।
୩୦. ପାଣିଗ୍ରାହୀ ରମେଶ ପ୍ରସାଦ : 'ଅନ୍ଧନଦୀର ସୁଅ', ଗାୟତ୍ରୀ, ଭୁବନେଶ୍ୱର, ୨୦୦୪, ପୃ-୩୩-୩୪।
୩୧. ତତ୍ରୈବ, ପୃ-୩୩-୩୪ ।

୩୨. ତତ୍ରୈବ, ପୃ-୭୮
୩୩. ପାଣିଗ୍ରାହୀ ରମେଶ ପ୍ରସାଦ : 'ହାତୀକୁ ହୋମିଓପାଥି', ତାରାତାରିଣୀ ପୁସ୍ତକାଳୟ, ବ୍ରହ୍ମପୁର, ୧୯୮୭।
୩୪. ତତ୍ରୈବ, ପୃ-୧୨।
୩୫. ପାଣିଗ୍ରାହୀ ରମେଶ ପ୍ରସାଦ : 'ବୁଦ୍ଧ', ବୁଦ୍ଧ ପଢ଼ିବା ଆଗରୁ, ଅପ୍ରୀତିକର ନାଟକ, ଓଡ଼ିଶା ବୁକ୍ ଷ୍ଟୋର, କଟକ, ପୃ-୪୮।
୩୬. ତତ୍ରୈବ, ପୃ-୩୬।
୩୭. ବଡ଼ତ୍ୟା ସନକ କୁମାର : ସାଂପ୍ରତିକ ଓଡ଼ିଆ ନାଟକର ପ୍ରେକ୍ଷାପଟରେ ରମେଶ ପାଣିଗ୍ରାହୀ ଏକ ଅଧ୍ୟୟନ (ଅପ୍ରକାଶିତ ଗବେଷଣା ନିବନ୍ଧ) ବ୍ରହ୍ମପୁର ବିଶ୍ୱବିଦ୍ୟାଳୟ।
୩୮. ପାଣିଗ୍ରାହୀ ରମେଶ ପ୍ରସାଦ : 'ଗୁରୁଶିଷ୍ୟ', ସଂବିତ, ନବବର୍ଷ ସଂଖ୍ୟା, ବ୍ରହ୍ମପୁର, ୧୯୭୩, ପୃ-୩୭।
୩୯. ତତ୍ରୈବ, ପୃ-୩୭।
୪୦. ପାଣିଗ୍ରାହୀ ରମେଶ ପ୍ରସାଦ : 'ଟୁଆଁଟୁଇଁ', ଅର୍ପିତା, ଅକ୍ଟୋବର, ୧୯୭୫, ପୃ-୬
୪୧. ପାଣିଗ୍ରାହୀ ରମେଶ ପ୍ରସାଦ : 'ସତ ହେଲେ ବି ଗପ', ଅର୍ପିତା, ପୁରୀ, ଜାନୁଆରୀ, ୧୯୭୬, ପୃ-୩
୪୨. ତତ୍ରୈବ, ପୃ-୩
୪୩. ତତ୍ରୈବ, ପୃ-୪
୪୪. ତତ୍ରୈବ, ପୃ-୫
୪୫. ତତ୍ରୈବ, ପୃ-୬
୪୬. ଶତପଥୀ ବିଜୟ କୁମାର : ନୂତନ ମୂଲ୍ୟବୋଧର ନାଟକ, ଫ୍ରେଣ୍ଡସ୍ ପବ୍ଲିଶର୍ସ, କଟକ, ୧୯୯୦, ପୃ-୩୮-୩୯ ।
୪୭. ତତ୍ରୈବ, ପୃ. ୪୧ ।
୪୮. ପାଣିଗ୍ରାହୀ ରମେଶ ପ୍ରସାଦ : 'ବିଶ୍ୱମ୍ଭର ସେନାପତି ଓ ଦର୍ପଣ ଉପାଖ୍ୟାନମ୍', ଉଡ଼ନ୍ତା ପାହାଡ଼ର ଦର୍ଜା, ଓଡ଼ିଶା ବୁକ୍ ଷ୍ଟୋର, କଟକ, ୧୯୮୦।
୪୯. ପାଣିଗ୍ରାହୀ ରମେଶ ପ୍ରସାଦ : 'ବିଶ୍ୱମ୍ଭର ସେନାପତି ଦର୍ପଣ ଉପାଖ୍ୟାନମ୍', ଓଡ଼ିଶା ବୁକ୍ ଷ୍ଟୋର, ୧୯୮୦, ପୃ-୭୫।
୫୦. Burger Peter : Theory of the Avantgarde (Eng.Tr) Minesata, University Press Minnesota 1984, P-90.

୫୧. ପାଣିଗ୍ରାହୀ ରମେଶ ପ୍ରସାଦ : 'ବୁଦ୍ଧ ପଢ଼ିବା ଆଗରୁ', ଅପ୍ରୀତିକର ନାଟକ, ଓଡ଼ିଶା ବୁକ୍ ଷ୍ଟୋର, କଟକ, ୧୯୮୧, ପୃ-୪୮।

୫୨. ପାଣିଗ୍ରାହୀ ରମେଶ ପ୍ରସାଦ : 'କେଜାଣି କାହିଁକି କେଉଁଠି କିପରି, କେତେବେଳେ', ଅପ୍ରୀତିକର ନାଟକ, ୧୯୮୧, ଓଡ଼ିଶା ବୁକ୍ ଷ୍ଟୋର, କଟକ, ପୃ-୧୬୩।

୫୩. ପାଣିଗ୍ରାହୀ ରମେଶ ପ୍ରସାଦ : ଲକ୍ଷ୍ମୀ ପୂଜା ପ୍ରସଂଗ (ମୁଖବନ୍ଧ) 'ଶ୍ରୀ ଶ୍ରୀ ମହାଲକ୍ଷ୍ମୀ ପୂଜା', ଓଡ଼ିଶା ବୁକ୍ ଷ୍ଟୋର, ୧୯୮୦, କଟକ, ପୃ- ଖ ।

୫୪. ପାଣିଗ୍ରାହୀ ରମେଶ ପ୍ରସାଦ : 'ଆନନ୍ଦ ନଗରକୁ ଯାତ୍ରା', ତାରାତାରିଣୀ ପୁସ୍ତକାଳୟ, ବ୍ରହ୍ମପୁର, ୧୯୯୩।

୫୫. Weales Gerald, Jumping off place- America Drama in the 1960s (1989) quested in Mamata Mohanty megan Terry and concept of transformation, 2010, APH Publishing Corporation 4435-36/7 Assumni Road Divya Ganga New Delhi-P-1, P-237.

୫୬. ପାଣିଗ୍ରାହୀ ରମେଶ ପ୍ରସାଦ : 'ଶେଷ ପାହାଚ', ତ୍ରିପର୍ଣ୍ଣା, ଓଡ଼ିଶା ବୁକ ଷ୍ଟୋର, କଟକ ୨୦୦୬, ପୃ-୨୧୩-୧୪।

୫୭. ତତ୍ରୈବ, ପୃ-୨୩୦।

୫୮. ଦାଶ କୁଞ୍ଜ ବିହାରୀ : ଭୂମିକାର ଭୂମି, 'ପକା କମ୍ବଳ ପୋତ ଛତା', ଓଡ଼ିଶା ବୁକ୍ ଷ୍ଟୋର, କଟକ, ୧୯୮୬, ପୃ-୧।

୫୯. In defence of Fantasy: Astudy of the gener in English and American Literature since 1945, Routledge and Kegan Paul, London, 1984, P-5.

୬୦. ପାଣିଗ୍ରାହୀ ରମେଶ ପ୍ରସାଦ : 'ପକା କମ୍ବଳ ପୋତ ଛତା', ଓଡ଼ିଶା ବୁକ୍ ଷ୍ଟୋର, କଟକ, ୧୯୮୬, ପୃ-୧.

୬୧. ପାଣିଗ୍ରାହୀ ରମେଶ ପ୍ରସାଦ : 'ଅନ୍ଧ ନଦୀର ସୁଅ', ଗାୟତ୍ରୀ, ଭୁବନେଶ୍ୱର, ୨୦୦୪, ପୃ-(୨୦-୨୧)

୬୨. ତତ୍ରୈବ, ପୃ-୩୫

୬୩. ତତ୍ରୈବ, ପୃ-୩୮-୩୯

୬୪. ତତ୍ରୈବ, ପୃ- ୭୭

୬୫. ତତ୍ରୈବ, ପୃ-୭୮

୬୬. ଦାସ ମନୋରଞ୍ଜନ : 'ଗୋଟିଏ ବୃତ୍ତ ଆଙ୍କିବାର ସହଜ ପ୍ରଣାଳୀ' ଭିନ୍ନ

ସ୍ୱାଦର ଏକ ଅନନ୍ୟ ଚିତ୍ରତା, ସମ୍ବାଦ, ତା-୩୦.୧୨.୯୫, ପୃ-୨ ।

୬୭. ସମୀକ୍ଷକ: ଉତ୍କଳ ମେଲ, ତା-୨୬.୧୨.୧୯୯୫, ପୃ-୪

୬୮. ନନ୍ଦ ଡ଼. ବିଜୟ କୁମାର : ଗୋଟିଏ ଉତ୍ତର ଆଧୁନିକ ନାଟକର ଭୂମି ଓ ଭୂମିକା, 'ଗୋଟିଏ ବୃତ୍ତ ଆଙ୍କିବାର ସହଜ ପ୍ରଣାଳୀ', ଆର୍ଯ୍ୟ ପ୍ରକାଶନୀ, କଟକ, ୧୯୯୭, ପୃ- ଙ-ଞ

୬୯. ସଂପାଦନା: ପ୍ରଫେସର ପ୍ରଧାନ କୃଷ୍ଣଚନ୍ଦ୍ର, ଚର୍ଚ୍ଚି ଡ. ବାୟାମନୁ, ନାଟ୍ୟକାର ରମେଶ ପାଣିଗ୍ରାହୀ : ସ୍ରଷ୍ଟା ଓ ସୃଷ୍ଟି, ସତ୍ୟନାରାୟଣ ବୁକ୍ ଷ୍ଟୋର, ବିନୋଦ ବିହାରୀ, କଟକ-୨, ସଂପାଦକୀୟ, ପୃ-୬-୭ ।

୭୦. Swainfenu Ann : In defence of Fantasy, Routledge and Kegan Paul, London, Boston 1984, P-100.

୭୧. ପାଣିଗ୍ରାହୀ ରମେଶ ପ୍ରସାଦ : 'ମହାନାଟକ', ତ୍ରିପର୍ଣ୍ଣା, ଓଡ଼ିଶା ବୁକ୍ ଷ୍ଟୋର, କଟକ, ୨୦୦୬, ପୃ-୧୦୬।

୭୨. ପାଣିଗ୍ରାହୀ ରମେଶ ପ୍ରସାଦ : 'ତିମିର ତୃଷ୍ଣା', ବିଜୟ ବୁକ୍ ଷ୍ଟୋର, ବ୍ରହ୍ମପୁର, ୧୯୯୧, ପୃ-୧୦୯।

୭୩. ପାଣିଗ୍ରାହୀ ରମେଶ ପ୍ରସାଦ : 'ମହାନାଟକ', ତ୍ରିପର୍ଣ୍ଣା, ଓଡ଼ିଶା ବୁକ୍ ଷ୍ଟୋର, କଟକ, ୨୦୦୬ ।

୭୪. ତତ୍ରୈବ, ପୃ-୧୦୬।

୭୫. ପାଣିଗ୍ରାହୀ ରମେଶ ପ୍ରସାଦ : 'ପକା କମ୍ବଳ ପୋତ ଛତା', ଓଡ଼ିଶା ବୁକ୍ ଷ୍ଟୋର, କଟକ, ୧୯୮୬, ପୃ-୧୭।

୭୬. ତତ୍ରୈବ, ପୃ-୨୧।

୭୭. ତତ୍ରୈବ, ପୃ-୭୧।

ଚତୁର୍ଥ ଅଧ୍ୟାୟ

ଯାତ୍ରାକାର ରମେଶ ପାଣିଗ୍ରାହୀ

(କ) ଯାତ୍ରାକାର ଭାବେ ନୂତନତାର ଦିଶାରି

ନାଟକ ଓ ଯାତ୍ରାନାଟକ ଦୁହେଁ ପରସ୍ପରଠାରୁ ପୃଥକ୍ ଅଟନ୍ତି। ଏହାର ମଧ୍ୟ ସ୍ୱାତନ୍ତ୍ର୍ୟ ରହିଛି। ଲୋକପ୍ରିୟ ନାଟକର ଏକ ରୂପ ଭାବରେ ଯାତ୍ରା ପ୍ରାୟ ୮୦ଦଶକରୁ ଦର୍ଶକଙ୍କୁ ଆକୃଷ୍ଟ କରିଆସୁଛି। ଓଡ଼ିଶାରେ ଯାତ୍ରାନାଟକ ସମ୍ପର୍କରେ ଅନେକ ଗବେଷଣା ହୋଇଛି। ଯାତ୍ରାକାର ବାଳକୃଷ୍ଣ ମହାନ୍ତି 'ଜୟଦୁର୍ଗା ନାଟ୍ୟମଣ୍ଡଳୀ' (୧୯୨୧) ଗଠନ କରି ଅନେକ ଲୋକପ୍ରିୟ ନାଟକ ମଞ୍ଚସ୍ଥ କରିଛନ୍ତି। ମଞ୍ଚନାଟକ ଯୁଗରେ ମଧ୍ୟ ଯାତ୍ରା ତାର ସ୍ୱତନ୍ତ୍ର ସ୍ଥାନ ବଜାୟ ରଖିପାରିଛି। ମଞ୍ଚ ନାଟକ ଯୁଗର ତାର ଜୟଯାତ୍ରା ଅବ୍ୟାହତ ରଖିଥିଲେ ମଧ୍ୟ ଯାତ୍ରା ନିଜର ଏକ ସ୍ୱତନ୍ତ୍ର ପରିଚୟ ସୃଷ୍ଟି କରିପାରିଛି। ନାଟକକୁ ବିଶ୍ୱଦରବାରରେ ଯେଉଁ କଳାକାର, ନିର୍ଦ୍ଦେଶକ ଏବଂ ଅଭିନେତାମାନେ ଲୋକପ୍ରିୟ କରାଇ ପାରିଛନ୍ତି ସେମାନଙ୍କ ମଧ୍ୟରେ ସ୍ୱର୍ଗତ ଦୁଃଖୀରାମ ସ୍ୱାଇଁ, ବ୍ୟୋମକେଶ ତ୍ରିପାଠୀ, ସଚ୍ଚିଦାସ ଓ ଅକ୍ଷୟ ମହାନ୍ତି ଇତ୍ୟାଦି ଅନ୍ୟତମ ଅଟନ୍ତି। ସାମାଜିକ ତଥା ଅଙ୍ଗେନିଭା ଘଟଣାକୁ ନେଇ ତଥା ବିଭିନ୍ନ ଯୁବକ ଯୁବତୀଙ୍କୁ ଜୀବିକାର୍ଜନର ସାଧନ ଯୋଗାଇପାରୁଥିବା ନାଟ୍ୟକାର ମାନେ ହେଲେ ଇଂ. କିଶୋର ଚନ୍ଦ୍ର ମହାପାତ୍ର, ଗୋଲକ ମହାରଣା, ଅନନ୍ତ ଓଝା, ବିଚିତ୍ରାନନ୍ଦ ସାହୁ, କୈଳାସ ମଲ୍ଲିକ ଏବଂ ଜଗଦୀଶ୍ୱର ତ୍ରିପାଠୀ । ସେଥି ମଧ୍ୟରୁ ନାଟ୍ୟକାର ରମେଶ ପାଣିଗ୍ରାହୀଙ୍କ ସ୍ଥାନ ସ୍ୱତନ୍ତ୍ର ଅଟେ। କାରଣ ସେ ଏକାଧାରାରେ ଗବେଷକ, ଇଂରାଜୀ ଅଧ୍ୟାପକ, ନାଟ୍ୟକାର, ନିର୍ଦ୍ଦେଶକ, ଗୀତିକାର, ଇଂରାଜୀ ଅଧ୍ୟାପକ, ନାଟ୍ୟକାର, ନିର୍ଦ୍ଦେଶକ, ଗୀତିକାର ଓ ସମାଲୋଚକ ମଧ୍ୟ। ନାଟ୍ୟକାର ରମେଶ ପାଣିଗ୍ରାହୀଙ୍କ ଯାତ୍ରାର ସ୍ୱତନ୍ତ୍ରତା ଭିନ୍ନଧରଣର ଅଟେ। ଯଥା–

- ଯାତ୍ରାନାଟକ ରଚନା ଓ ନିର୍ଦ୍ଦେଶନା ତାଙ୍କ ପ୍ରତିଭାର ସାମଗ୍ରିକତା ନୁହେଁ ଖଣ୍ଡିତାଂଶ ଅଟେ।
- ଇଂରାଜୀ ନାଟକ ବିଶେଷ କରି ମାର୍କିନ ନାଟକ ସଂପର୍କରେ ସେ ଅବଗତ ଓ ପାଶ୍ଚାତ୍ୟ ରଙ୍ଗମଞ୍ଚର ପରିବର୍ତ୍ତନ ସଂପର୍କରେ ସେ ଗଭୀର ଅଧ୍ୟୟନ କରିଛନ୍ତି।
- ତାଙ୍କର ପ୍ରତ୍ୟେକ ନାଟକରେ କିଛି ନୂତନତ୍ୱ ପରିଦୃଷ୍ଟ ହୁଏ। ମଞ୍ଚ ସଂଳାପ, ଚରିତ୍ର ଓ କଥାବସ୍ତୁ ସବୁ ବିଭାଗରେ ତାଙ୍କର ବହୁ ପାଠି ତାର ପ୍ରୟୋଗ ପରିଦୃଷ୍ଟ ହୁଏ।
- ମଞ୍ଚାୟନ କ୍ଷେତ୍ରରେ ସେ ଯଥେଷ୍ଟ କୃତିତ୍ୱ ପ୍ରଦର୍ଶନ କରିଛନ୍ତି।
- କାହାଣୀଠାରୁ ଚରିତ୍ର ତାଙ୍କ ନାଟକରେ ଗୁରୁତ୍ୱପୂର୍ଣ୍ଣ ଓ ପ୍ରତ୍ୟେକ ଚରିତ୍ର ଅନ୍ୟଠାରୁ ସ୍ୱତନ୍ତ୍ର।

ସେ ଯାତ୍ରାନାଟକରେ ମିଥ୍‌ର ପ୍ରୟୋଗ ମଧ୍ୟ କରିଛନ୍ତି। ତାଙ୍କର ଯାତ୍ରାମଞ୍ଚ ତଥା ଉତ୍ତର ଆଧୁନିକ ସମୟ ଓ ଉତ୍ତର ଆଧୁନିକ ଶୈଳୀର ମଞ୍ଚ ଉପରେ ଗଭୀର ଜ୍ଞାନ ରହିଛି। ଏକାଧିକ ମଞ୍ଚକୁ ନେଇ ସେ ଯାତ୍ରାରେ ଅନେକ ପରୀକ୍ଷା କରିଛନ୍ତି। ମଞ୍ଚ ବ୍ୟକ୍ତିତ୍ୱ ପିଟର ବ୍ରୁକ୍ ଓ ଆଣ୍ଟୋନି ଆରଟଡ଼ଙ୍କ ମଞ୍ଚ ଅଭିଜ୍ଞତାକୁ ସେ ଆତ୍ମସ୍ଥ କରିଛନ୍ତି ଓ ଶୂନ୍ୟ ମଞ୍ଚକୁ ପରିପୂର୍ଣ୍ଣକରି ନୂତନ ରୂପରେ ପରିଣତ କରିଛନ୍ତି। ଯାତ୍ରାର ଶୂନ୍ୟମଞ୍ଚ ଏକ ସମୟରେ ଚରିତ୍ରମାନଙ୍କ ଅବସ୍ଥିତି ଓ ଦର୍ଶକମାନଙ୍କ ଧାରଣାକୁ ଭିତ୍ତିକରି ପରିବର୍ତ୍ତିତ ହେଉଥିଲା। ଏହି ପରିବର୍ତ୍ତନ ଏତେ ସ୍ୱାଭାବିକ ଥିଲା ଯେ ଅଶିକ୍ଷିତ ଗ୍ରାମ୍ୟ ଦର୍ଶକ ମଧ୍ୟ ଏହାକୁ ସହଜରେ ଗ୍ରହଣ କରି ନେଉଥିଲେ। ଆଜିର ବିଶିଷ୍ଟ ପାଶ୍ଚାତ୍ୟ ନାଟ୍ୟତତ୍ତ୍ୱବିତମାନେ ସେହି 'ଶୂନ୍ୟମଞ୍ଚ'ର ଧାରଣାକୁ ନେଇ ପରୀକ୍ଷା କରୁଛନ୍ତି ଓ ବିଭିନ୍ନ ପରୀକ୍ଷା ପ୍ରୟୋଗ ପାଇଁ ଏହି ମଞ୍ଚର ଗୁରୁତ୍ୱ ଅଧିକ ବୋଲି ମତପ୍ରକାଶ କରୁଛନ୍ତି। ବାସ୍ତବବାଦକୁ ନେଇ କିଛି ଦିନ ଗତିଶୀଳ ହୋଇଥିବା ମଞ୍ଚରେ ସୃଜନୀ ଶକ୍ତିର ସର୍ବୋତ୍ତମ ଉପଯୋଗ ପାଇଁ ଶୂନ୍ୟମଞ୍ଚ ଯେ ଅଧିକ ଉପଯୋଗୀ ଏହା ରମେଶ ପ୍ରସାଦ ପାଣିଗ୍ରାହୀ ପରୀକ୍ଷା କରି ଦେଖାଇ ଦେଇଛନ୍ତି। ନାଟ୍ୟ ଆଲୋଚନା କ୍ଷେତ୍ରରେ ପ୍ରାଚୀନ ତଥା ଅପାଂକ୍ତେୟ ମନେ ହେଉଥିବା ଯାତ୍ରା ମଞ୍ଚକୁ ସେ ପାଶ୍ଚାତ୍ୟ ଜଗତର ବର୍ତ୍ତମାନ ପର୍ଯ୍ୟନ୍ତ ଆବିଷ୍କୃତ ଆଧୁନିକ ନାଟ୍ୟମଞ୍ଚର ସମକକ୍ଷ ଭାବରେ ଉପସ୍ଥାପିତ କରିଛନ୍ତି। ନିଜର ବହୁ ପ୍ରବନ୍ଧରେ ସେ ଏଥିପାଇଁ ଅକାଟ୍ୟ ଯୁକ୍ତି ମଧ୍ୟ ଉପସ୍ଥାପନ କରିଛନ୍ତି। ଯାହା ଅନ୍ୟାନ୍ୟ ଯାତ୍ରାନାଟକ ରଚୟିତାଙ୍କ ପକ୍ଷରେ ସମ୍ଭବ ନୁହେଁ। କେବଳ ନାଟକର ବାର୍ତ୍ତା ଓ ବକ୍ସ ଅଫିସ୍ ପ୍ରତି ଦୃଷ୍ଟି ଦେଇ ଜଣେ ଉନ୍ନତମାନର ନାଟ୍ୟକାର ପାଲଟି ପାରନ୍ତି ମାତ୍ର ନାଟକର ବ୍ୟାକରଣ ସେଥିପାଇଁ ଯୁକ୍ତି ଉପସ୍ଥାପନ, ଅନ୍ୟାନ୍ୟ ପ୍ରାନ୍ତୀୟ

ନାଟକ ତଥା ପାଶ୍ଚାତ୍ୟ ନାଟକ ସଂପର୍କରେ ବ୍ୟାପକ ଧାରଣା ନେଇ ରମେଶ ପ୍ରସାଦ ପାଣିଗ୍ରାହୀ ନିଜେ ହିଁ ନିଜର ପରିଚୟ ପାଲଟିଛନ୍ତି। ନାଟକର ବକ୍ତବ୍ୟକୁ ଶକ୍ତିଶାଳୀ କରିବାପାଇଁ ମଞ୍ଚର ଆୟୋଜନ ସର୍ବବାଦୀ ସମ୍ମତ କିନ୍ତୁ ମଞ୍ଚକଳା ଯେ ବୈଜ୍ଞାନିକ ଭିତ୍ତିଭୂମି ଉପରେ ପର୍ଯ୍ୟବସିତ ଏହା ନାଟ୍ୟକାର ପାଣିଗ୍ରାହୀ ନିଜ ନାଟକରେ ପ୍ରମାଣିତ କରିଛନ୍ତି।

ଯାତ୍ରାରେ ନୂତନତାକୁ ଦର୍ଶାଇବାକୁ ଗଲେ ନାଟ୍ୟକାର ରମେଶ ପାଣିଗ୍ରାହୀ ଆଗଧାଡ଼ିର ନାଟ୍ୟକାର କ୍ରମରେ ଆସିବେ। ତାଙ୍କର ସୃଷ୍ଟି ସଦାସର୍ବଦା ନିତ୍ୟ ନୂତନ। ଯାତ୍ରାର କଳେବର ପ୍ରତିଥର ନବନବ ରୂପ ନେଇ ଦର୍ଶକଙ୍କ ସାମ୍ନାରେ ଉଦଭାସିତ ହୁଏ। ନାଟକ ଅପେକ୍ଷା ଯାତ୍ରା ନାଟକରେ ଚିତ୍ରକଳା, ସ୍ଥାପତ୍ୟ, ନୃତ୍ୟ ଓ ସଂଗୀତ ଇତ୍ୟାଦି ସମସ୍ତ କଳାର ସମାହାର ଘଟିଥିବାରୁ ଏହାର ରସଗୁଡ଼ିକ ସହଜରେ ଦର୍ଶକ ମାନଙ୍କ ପାଖରେ ସିଧାସଳଖ ପହଞ୍ଚିପାରେ। ତେଣୁ ଏହାକୁ 'ସାମଗ୍ରିକ ନାଟ୍ୟକଳା' ବା 'ମିଶ୍ରକଳାର ନାଟ୍ୟ' ବୋଲି ମଧ୍ୟ କୁହାଯାଏ।

ନାଟ୍ୟକାର କେବେ ଶୈଳୀକୁ ଅନୁକରଣ କରିନାହାନ୍ତି କାରଣ ତାଙ୍କର ଶୈଳୀ ସଂପୂର୍ଣ୍ଣ ରୂପେ ମୁକ୍ତ ଥାଏ। ନାଟ୍ୟକାର ତାଙ୍କର ଜୀବନର ପ୍ରଥମ ଯାତ୍ରାନାଟକ 'ଯେ ପକ୍ଷୀ ଉଡ଼େ ଯେତେଦୂର'ର ନିର୍ଦ୍ଦେଶନା ନିଜେ ଦେଇଛନ୍ତି। ସେ ଜଣେ ସମୟ ସଚେତନ ନାଟ୍ୟ ସ୍ରଷ୍ଟା, ଯେ କି ନିଜର ଜ୍ଞାନ ଓ ଅଧ୍ୟବସାୟ ବଳରେ ଯାତ୍ରାମଞ୍ଚକୁ ଜୀବନ୍ତ କରି ରଖିଛନ୍ତି। ଏହି ନାଟକରେ ସେ ଏକ ବିଫଳ ପ୍ରେମ, ଈର୍ଷା, ବିଳମ୍ବିତ ଶତ୍ରୁତା, ହିଂସା ଇତ୍ୟାଦିର ପ୍ରୟୋଗ କରି ଯାତ୍ରା ନାଟକ ରଚନା କରିଛନ୍ତି। ଈର୍ଷା, ଦ୍ୱେଷରୁ ଯାତ୍ରାର ଅୟମାରମ୍ଭ ହୁଏ ଏବଂ ହିଂସାରେ ସରିଯାଏ। ଏହି ନାଟକରେ ଆଧୁନିକତାର ତୀବ୍ର ସ୍ୱର ରହିଛି। ପ୍ରେମ ପ୍ରତିଶୋଧ ଯେମିତିକି ବାଲିଘର ଖେଳିଲା ପରି ହୋଇଯାଇଛି। ଏ ସମାଜର ଦୁଇଟି ଦାୟିତ୍ୱବାନ ଚରିତ୍ର ହୋଇ ମଧ୍ୟ ପରିବାରକୁ ଭ୍ରୂକ୍ଷେପ ନକରି ବ୍ୟକ୍ତିଗତ ଈର୍ଷା ପାଇଁ ଶତ୍ରୁତାର ରୂପ ନେଇ ହିଂସାର ପଥକୁ ଆପଣେଇଛନ୍ତି। ଫଳରେ ଆଇ.ଏ.ଏସ୍ ଦୀପକ ବାବୁଙ୍କ ପୁଅ ରାଜୁ ବନିଯାଇଛି ପ୍ରତିଶୋଧ ନେବାପାଇଁ ବଞ୍ଚିଥିବା ହିଂସ୍ର ଯୁବକ। ନାଟ୍ୟକାର ଏହି ଯାତ୍ରା ମାଧ୍ୟମରେ ସମାଜରେ ଥିବା ଈର୍ଷା, ହିଂସା ରୂପକ ଆବର୍ଜନାକୁ ଆଡ଼େଇ ଗୋଟିଏ ସଂସ୍କାରୀ ପରିବେଶ ଗଢ଼ିବାର ସ୍ୱପ୍ନ ଦେଖିଛନ୍ତି। ନାଟକର ଚରିତ୍ର ମାଧ୍ୟମରେ ନିଜେ ଯେମିତି ଓହ୍ଲାଇ ଆସିଛନ୍ତି ସମାଜର ପରିବର୍ତ୍ତନ ଆଶାରେ।

ନାଟ୍ୟକାରଙ୍କ କହିବାନୁସାରେ ଏହି ନାଟକଟିରେ ଘଟିଥିବା ଜିପ୍ ଦୁର୍ଘଟଣା କାହାଣୀ କିମ୍ବା କପୋଳକଳ୍ପିତ ନୁହେଁ ବରଂ ୧୯୮୩-୮୪ ମସିହାରେ ବାଲେଶ୍ୱର

ଅଞ୍ଚଳରେ ଘଟିଥିବା ଏକ ସତ୍ୟଘଟଣା ଯାହାର ସତ୍ୟତା ଉପରେ ନାଟକର କାହାଣୀ ପର୍ଯ୍ୟବସିତ ଅଟେ। ଏକ ସତ୍ୟ ଘଟଣାକୁ ବିନ୍ୟାସ କରି ତାକୁ କାହାଣୀ ବନାଇ ନାଟକରେ ପ୍ରୟୋଗ ଓ ପରୀକ୍ଷା କରିବା ସଂପୂର୍ଣ୍ଣ ନୂତନତା ଅଟେ। 'ଯେ ପକ୍ଷୀ ଉଡ଼େ ଯେତେଦୂର' ନାଟକରେ ପ୍ରତିଟି ଚରିତ୍ର ନିଜର ସ୍ଥିତିଠାରୁ ଉପରକୁ ଉଠିବାର ପ୍ରୟାସ କରିଛନ୍ତି ସେ ଯେକୌଣସି ଶ୍ରେଣୀର ହୋଇଥାଉନା କାହିଁକି। ଅଜୟ ସିଂ ନିଜର ହିଂସା ବଳରେ ବନ୍ଧୁ ହତ୍ୟା ତଥା ମହିଳା ବନ୍ଧୁ ସରିତାକୁ ଧର୍ଷଣ କରିବାର ନ୍ୟୁନ ଅଭିସନ୍ଧି ଯାହାକି ପାପର ସୀମା ଲଂଘନ କରିଛି। ରାଜୁ ଛୋଟରୁ ବଡ଼ହୋଇ ପ୍ରତିହିଂସାର ଅଗ୍ନିରେ ଜଳି ସମାଜ ବ୍ୟବସ୍ଥାକୁ ଧ୍ୱଂସ କରିବାର ପ୍ରୟାସ ରଖୁଛି।

ତୁଳସୀ ଗଣନାଟ୍ୟ ପାଇଁ ରଚନା କରିଥିଲେ 'ଯେ ପକ୍ଷୀ ଉଡ଼େ ଯେତେ ଦୂର' ଯାତ୍ରା ନାଟକଟିକୁ ସେ ନିଜେ ଲେଖି ଏହାର ନିର୍ଦ୍ଦେଶନା ମଧ୍ୟ ନିଜେ ଦେଇଥିଲେ।

'ଭିନ୍ନ ଏକ ରାମାୟଣ ଅନ୍ୟ ଏକ ସୀତା' ଯାତ୍ରା ନାଟକଟି ବ୍ରହ୍ମପୁର ତାରାତାରିଣୀ ପୁସ୍ତକାଳୟ ଦ୍ୱାରା 'ତପସ୍ୟା' ଶୀର୍ଷକରେ ମୁଦ୍ରିତ ହୋଇଛି। ଭିନ୍ନ ଏକ ରାମାୟଣ ନାମଟିରୁ ନାଟକରେ ରୂପକ ପ୍ରୟୋଗର ସୂଚନା ମିଳେ। ଏହା ସାଧାରଣତଃ କାହାଣୀ ପ୍ରଧାନ ଯାତ୍ରା ନାଟକ ଅଟେ। ଯାତ୍ରାନାଟକ ମଞ୍ଚରେ ଚାଲିବା ଗୋଟିଏ ଚ୍ୟାଲେଞ୍ଜ ହୋଇ ରହୁଥିଲା। ନାଟ୍ୟକାର ତାଙ୍କ ଅନୁଭୂତିରୁ କିଛି ଏ ସଂପର୍କରେ କହନ୍ତି- "ସଂଗୀତ ନାଟକ ଏକାଡ଼େମୀର ଗୋଟିଏ ସେମିନାର ସମ୍ବଲପୁରଠାରେ ଅନୁଷ୍ଠିତ ହେଉଥିଲା। ୧୯୮୦-୧୯୮୧ ମସିହା ବେଳକୁ ଗୋଟିଏ ବସ୍‌ରେ ଆମେ କଟକ-ଭୁବନେଶ୍ୱରରୁ ସବୁ ନାଟ୍ୟକାର ଏକାଠି ଯାଉଥାଉ। ସ୍ୱର୍ଗତ କମଳ ଲୋଚନ ମହାନ୍ତି ମୋର ସାମ୍ନା ସିଟ୍‌ରେ ବସିଥାନ୍ତି ଓ ଆମେ ଯୋଉମାନେ ସୌଖିନ୍ ନାଟ୍ୟସଂସ୍ଥା ମାନଙ୍କ ପାଇଁ ଲେଖୁଥିଲୁ ସେମାନଙ୍କୁ ନାଟ୍ୟକାରର ମାନ୍ୟତା ଦେବାପାଇଁ ସେ ଆଦୌ ପ୍ରସ୍ତୁତ ନଥାନ୍ତି। କିଛି ରାତି ପାଇଁ ନାଟକ ମଞ୍ଚସ୍ଥ କରିଦେଇ ଆପଣମାନେ ନିଜକୁ ନାଟ୍ୟକାର ବୋଲି ପରିଚୟ ଦେଉଛନ୍ତି ? ଯଦି ଦମ୍ ଅଛି ତ ଏକାଧାରରେ ଛ'ମାସ ତମର ସେଇ ନାଟକ ଗୁଡ଼ିକୁ ଚଲେଇ ଦେଖିଲ... ଦେଖିବା କେତେ ଦର୍ଶକ ଦେଖୁଛନ୍ତି - ଆଉ ଯେଉଁମାନେ ଦେଖୁଛନ୍ତି, ସେମାନେ ଜୋତାମାଡ଼ ଦେଇ ଯାଉଛନ୍ତି କି ଫୁଲମାଳ ଦେଇଯାଉଛନ୍ତି। ସେଇଠି ପରୀକ୍ଷା କରି ଜାଣିହବ, ସଚ୍ଚା ନାଟ୍ୟକାର କିଏ ଆଉ ନୀଳବର୍ଣ୍ଣ ଶୃଗାଳ କିଏ। ଲଣ୍ଡନରେ ଗୋଟେ ଗୋଟେ ନାଟକ ଦଶବର୍ଷ ପନ୍ଦରବର୍ଷ ଚାଲୁଛି ଆଉ ପ୍ରତିଦିନ ହାଉସଫୁଲ। ଆପଣମାନେ ଇଆଡ଼େ କହିବୁଲିବେ କଣ ନା - ଆମେ ବୌଦ୍ଧିକ ନାଟ୍ୟକାର ଆଉ ଓଡ଼ିଆ ନାଟକକୁ ନର୍ଦ୍ଦମାରୁ ଉଠେଇ ଆଣି ଆମେ ଉଦ୍ଧାର କରିଛୁ ? କଣଟେ କରି ପକାଉଛନ୍ତି ଆପଣମାନେ ?" ମୁଁ କମଳାବାବୁଙ୍କୁ

ସମ୍ମାନ ଜଣାଉଥିଲି। ସେ ଢ଼େଙ୍କାନାଳରେ ଜିଲ୍ଲା କୃଷି ଅଧିକାରୀ ଥିବା ସମୟରେ ଆମେ ଗଞ୍ଜାମ ପରିଷଦରୁ କ୍ଷେତ୍ର ପ୍ରଚାର ସଂସ୍ଥା ନାଟକ ନେଇଯାଉଥିଲୁ। ଏଣୁ ମୁଁ ତାଙ୍କୁ କୌଣସି ଯୁକ୍ତିନିଷ୍ଠ ଉତ୍ତର ଦେଇପାରିନଥିଲି। ସେଇ କଥାଟି ମୋର ମନରେ ଥିଲା କିନ୍ତୁ ଯାତ୍ରା ନାଟକ ଲେଖି ମୁଁ ଅନେକ ରାତି ପାଇଁ ଗୋଟିଏ ନାଟକ ଚଲାଇ କୃତିତ୍ୱ ସାଉଁଟିବା ବେଳକୁ କମଳଲୋଚନ ମହାନ୍ତି ଇହଧାମରୁ ବିଦାୟ ନେଇଗଲେ। 'ଭିନ୍ନ ଏକ ରାମାୟଣ ଅନ୍ୟ ଏକ ସୀତା', 'ଶ୍ରୀକୃଷ୍ଣ ଆସୁଛନ୍ତି' ପ୍ରଭୃତି ନାଟକ ଦଶବର୍ଷଧରି ଚାଲିଥିଲା ଓ ଦଳକୁ ବଞ୍ଚାଇ ରଖିଥିଲା।[୧]

ଏହି କାହାଣୀରେ ବିଧବା ବିବାହ ପାଇଁ ରହିଥିଲା ବାର୍ତ୍ତା। ସମାଜ ବିରୁଦ୍ଧରେ ଲଢ଼େଇ, ପାଶ୍ଚାତ୍ୟଧର୍ମୀ ସାଂସ୍କୃତିକ ସଂକ୍ରମଣ ବିରୁଦ୍ଧରେ ଖୋଲାଖୋଲି ସଂଗ୍ରାମ ଏବଂ ଦୁଇଟି ସଂସ୍କୃତି, ଦୁଇଟି ସାମାଜିକ ଦୃଷ୍ଟିଭଙ୍ଗୀ ତଥା ସାମାଜିକ ଓ ଅସାମାଜିକ ବ୍ୟକ୍ତି ସତ୍ତା ମଧ୍ୟରେ ସଂଗ୍ରାମ ଏବଂ ଦୁଇଟି ମନୁଷ୍ୟ ମନରେ ଋଲିଥିବା ମାନସିକ ଓ ଶାରୀରିକ ସଂଘର୍ଷ। ଯାହା ଥିଲା 'ସୀତା' (ଭିନ୍ନ ଏକ)ର ଅଙ୍ଗେନିଭା କାହାଣୀ। ଯାହାର ପ୍ରୟୋଗ ତଥା ପରୀକ୍ଷା ଶୈଳୀରେ ଥିଲା ନୂତନତା। ଏଥିରେ ସେ 'ଜେବ୍ରା' ଚରିତ୍ରର ନୂତନ ପରୀକ୍ଷା କରିଛନ୍ତି ଯେକି ଜଣେ ସମୟ ସଚେତନ ନାଟ୍ୟ ଚରିତ୍ର ଯାହାର ଚିନ୍ତାଧାରାରେ ମୃତ୍ୟୁ ଚେତନା ପ୍ରତିଫଳିତ ହୁଏ। ଯାହାଫଳରେ ସେ ନିଜ ମୃତ୍ୟୁକୁ ଆଖି ଆଗରେ ରଖି ନିଜର ଯାବତୀୟ କାର୍ଯ୍ୟ କରିଥାଏ।

ଏହି ନାଟକଟି ଜମିଦାର ଭାନୁପ୍ରତାପଙ୍କ ବୋହୂ ସାବିତ୍ରୀର ପ୍ରାଣୀ ବୈଜ୍ଞାନିକ ସମୟ ଉପରେ ଆଧାରିତ ହୋଇଥିଲେ ମଧ୍ୟ ନାଟ୍ୟକାହାଣୀର ଖଳ ଚରିତ ଜେବ୍ରା ସମଗ୍ର ସୃଷ୍ଟିକୁ ଧ୍ୱଂସ କରିବାର ଯୋଜନା ଜାରି ରଖିଛି। ସାବିତ୍ରୀର ସ୍ୱାମୀ ଅମରକୁ ଗୋଟିଏ ଦୁର୍ଘଟଣାରେ ପକାଇ ହତ୍ୟା କରିବାର ଉଦ୍ୟମ କରି ସାବିତ୍ରୀଙ୍କ ଶ୍ୱଶୁର ଘରେ ଥିବା ସୁନାର ଗୋପାଳ ଠାକୁରଙ୍କୁ ନେଇ ବିକ୍ରି କରିବା ପାଇଁ ଉଦ୍ୟମ କରିଛି।

ଭାନୁପ୍ରତାପଙ୍କ ଜମିଦାରି ଓ ଆଭିଜାତ୍ୟର ପ୍ରତୀକ ରୂପେ ଅଛନ୍ତି ଗୋପାଳ ଠାକୁର ଏବଂ ସେ ହିଁ ଭାନୁପ୍ରତାପଙ୍କ ଜୈବିକ ସମୟକୁ ପ୍ରତୀକିତ କରନ୍ତି। ତାଙ୍କୁ ଅପହରଣ କରି ନେଲାପରେ ତାଙ୍କ ଗୃହରେ ଯେଉଁ ଅବକ୍ଷୟର ଘଟଣା ଗୁଡ଼ିକ ଘଟିଗଲା, ସେଗୁଡ଼ିକ ମଧ୍ୟରେ ଜୈବିକ/ପ୍ରାଣୀ ବୈଜ୍ଞାନିକ ସମୟଟି ଅଗ୍ରଗତି କରିଚାଲିଛି। ଏଣେ ଏହି ଅବକ୍ଷୟ ଭିତରେ ମୃତ୍ୟୁର ସମୟ ଓ ଅନ୍ତରୀଣ ବିଶୃଙ୍ଖଳାର ସମୟ ମଧ୍ୟ ଅଗ୍ରଗତି କରୁଛି।

'ଝରଣା ଝୁରେ ସାଗର ପାଇଁ' (ମୁକ୍ତିମଣ୍ଡପ)ଟି ୧୯୬୩ ରେ ଲିଖିତ। ଏଥିରେ ପ୍ରେମବିବାହ ପ୍ରସଙ୍ଗଟି ଅନ୍ୟ ନାଟକ ମାନଙ୍କ ଭଳି ସାଧାରଣ ମାତ୍ର ନାଟକରେ

ପୁଞ୍ଜିବାଦୀ ସମାଜ ଓ ସାଂସ୍କୃତିକ ମୂଲ୍ୟବୋଧର ଅଧଃପତନ ଏବଂ ପ୍ରେମକୁ ଏକ ବିକ୍ରିଯୋଗ୍ୟ ପଣ୍ୟବସ୍ତୁ ଭାବେ ଏଠି ଦେଖାଇ ଦିଆଯାଇଛି । ଗରୀବ ବ୍ରାହ୍ମଣ ଘରର ଝିଅ ଜମିଦାର ଘରେ ଚଳିବାର ଅଧିକାର ପାଇ ପାରିନି ଏଣେ ପୁଅ ବାପା ବିରୁଦ୍ଧରେ ଯିବାରୁ ତେଜ୍ୟ ପୁତ୍ର ହୋଇ ଘରୁ ଚାଲିଯାଇଛି। ଏପରି ଏକ ନିରାଟ ସତ୍ୟ ସେ ସମୟରେ ଚାଲିଥିବା ସମାଜ ତଥା ସଂସ୍କୃତି ପାଇଁ ଆଦୌ ନୂଆ ନ ଥିଲା। ଏହି ନାଟକର ପ୍ରେମ କାହାଣୀକୁ ଜଟିଳ ଓ ସର୍ବଜନାଦୃତ କରିବା ପାଇଁ ସେ କାହାଣୀ ଭିତରେ ପାଞ୍ଚୋଟି ସମାନ୍ତର କାହାଣୀ ବୁଣିଥିବା ଯୋଗୁଁ କାହାଣୀର ଜାଲଟି ଇନ୍ଦ୍ରଜାଲ ପରି ମନେ ହୁଏ। ଏହି ନାଟକରେ ମୁଖ୍ୟ କଥାବସ୍ତୁ ସହିତ ଅନ୍ୟ କେତେଗୋଟି ଗୌଣ କଥାବସ୍ତୁର ସମାହାର ଦେଖିବାକୁ ମିଳିଥାଏ । ଯେଉଁଠି କି ଅନ୍ୟ ଚରିତ୍ରମାନେ ଯାତ୍ରାର କଥାବସ୍ତୁକୁ ବେଶ୍ ଶକ୍ତିଶାଳୀ କରି ଗଢ଼ି ତୋଳିଛନ୍ତି ।

June Howardଙ୍କ ଭାଷାରେ– At any rate, when Lukacs equates realism with the successful corelation of event and meaning, it is scarcely surprising that he goes on to claim that special satisfactions in here in the realist form. The recognition of an unexpected pattern, the resolution of apparent multiplicity into unity can indeed yield profound psychological satisfaction-the most astute analysis of such pleasure is freud's work on wit.

ନାଟ୍ୟକାର ରମେଶ ପ୍ରସାଦ ପାଣିଗ୍ରାହୀଙ୍କ ଯାତ୍ରା ରଚନା ପ୍ରକିୟା ସମୟ ଖଣ୍ଡ ମଧ୍ୟରେ ତୁଳସୀ ଗଣନାଟ୍ୟ ପ୍ରଯୋଜିତ 'ଲକ୍ଷ୍ମଣର ତିନିଗାର' ଯାତ୍ରାଟି ଏକ ଉଲ୍ଲେଖ ଯୋଗ୍ୟ ତଥା ଅମୂଲ୍ୟ କୃତି। ଏହି ନାଟକଟି ନାଟ୍ୟକାରଙ୍କ 'ଆମ ଗାଁର ହାଲଚାଲ' ଶୀର୍ଷକର ମୁଦ୍ରିତ ହୋଇଛି। ଏହି ନାଟକ ମାଧ୍ୟମରେ ସମଗ୍ର ଓଡ଼ିଶାର ଗଣନାଟ୍ୟର ମଞ୍ଚରେ ବିରାଟ ପରିବର୍ତ୍ତନ ଆଣିଥିଲେ ଡ. ପାଣିଗ୍ରାହୀ। ଏହି ପ୍ରକାର ମଞ୍ଚକୁ କରିବା ପାଇଁ ଶିବ ଲେଙ୍କା ନାଟ୍ୟକାରଙ୍କ ସାଙ୍ଗରେ ଆଲୋଚନା କରିଥିଲେ। ତାହା ଥିଲା ୧ମ ମଞ୍ଚ ଓ ୨ୟ ମଞ୍ଚ ଅର୍ଥାତ୍ ପଛରେ ଥିବା ସାଇକୋରାମା ମଞ୍ଚ ଉପରେ ଏକ ତୃତୀୟ ମଞ୍ଚ ରହିବ ଓ ଏହି ମଧ୍ୟବର୍ତ୍ତୀ ମଞ୍ଚଟିକୁ ଦ୍ୱିତୀୟ ମଞ୍ଚ କୁହାଯିବ। ଦ୍ୱିତୀୟ ମଞ୍ଚଟି ଚଳମାନ ଏବଂ ଏହା କେତେବେଳେ ପ୍ରଥମ ଓ କେତେବେଳେ ୩ୟ ମଞ୍ଚ ସହିତ ସଂଯୁକ୍ତ ହୋଇପାରୁଥିବ ଏବଂ ସୌଭାଗ୍ୟ ବଶତଃ ଆଜି ପର୍ଯ୍ୟନ୍ତ ଯାତ୍ରା ମଞ୍ଚରେ ସେହି ମଞ୍ଚ ଶୈଳୀ ଚାଲିଛି।[୨]

'ଲକ୍ଷ୍ମଣର ତିନିଗାର' କାହାଣୀ ସଂପୂର୍ଣ୍ଣ ପାରିବାରିକ। ଏଥିରେ କୌଣସି

ପ୍ରକାର ଉତ୍ତେଜନା ପୂର୍ଣ୍ଣ ନାଟ୍ୟ ଘଟଣା ନାହିଁ। ଜଣେ ସ୍ୱାଧୀନତା ସଂଗ୍ରାମୀ ଶିକ୍ଷକ ପରିବାରର ଆଦର୍ଶ ଓ ଆଦର୍ଶ ସହିତ ମାନବିକ ସଂପର୍କ ଭାଙ୍ଗି ଯାଉଥିବା କାହାଣୀର ଆଧାର ଭୂମିଟିଏ। ଏହି ନାଟକଟି ଅଭିମନ୍ୟୁ ନାମରେ ଚିତ୍ରନାଟ୍ୟ ଓ ଉପନ୍ୟାସ ଆକାରରେ ପ୍ରକାଶିତ ହୋଇଛି। ଏହି ଯାତ୍ରାଟିର ବର୍ଣ୍ଣନା ଗ୍ରାମାଞ୍ଚଳର ଦୃଶ୍ୟପଟକୁ ନେଇ ହୋଇଛି। ନାଟ୍ୟକାରଙ୍କ କହିବାନୁସାରେ– ମୁଁ ଜାଣିବାରେ ଓଡ଼ିଶାର କୌଣସି ଔପନ୍ୟାସିକ ଓଡ଼ିଶାର ଗ୍ରାମାଞ୍ଚଳ ଉପରେ ଏପରି କାହାଣୀ ଲେଖିନାହାନ୍ତି। ବରଂ କୁହାଯିବା ଉଚିତ, ଏହା ଗ୍ରାମରୁ ସହର ଓ ସହରରୁ ଗ୍ରାମ ସହିତ ସଂପର୍କ ରକ୍ଷା କରୁଥିବା ଦ୍ୱିପଦ ପ୍ରାଣୀମାନଙ୍କର ଆତ୍ମିକ ବିପର୍ଯ୍ୟୟର ଗଳ୍ପ। ଗୋଟିଏ ପ୍ରଗତିଶୀଳା ଝିଅର ବଞ୍ଚିବାର ଶୈଳୀକୁ ଗ୍ରହଣ କରିପାରୁନଥିବା ଏକ ନପୁଂସକ ସମାଜର ବିଫଳତା କିପରି ବିଭତ୍ସ ଭାବରେ ତାକୁ ହତ୍ୟା କରିବାପାଇଁ ନୈତିକ ମୁଖାର ଆବରଣ ପିନ୍ଧିଛି ଆଉ ତାକୁ ମୃତ୍ୟୁ ପରେ ମଧ୍ୟ ଶାସ୍ତି ଦେବାକୁ ଆଗେଇ ଆସିଛି ତାର ଏକ ବିବରଣୀ।

'ବେଦୀରୁ ସବାରୀ ଅନେକଦୂର' ଯାତ୍ରାଟି ସମ୍ପୂର୍ଣ୍ଣ ପରୀକ୍ଷାମୂଳକ ନାଟକ। ଏହି ନାଟକର ପରୀକ୍ଷା ଏହାର କାହାଣୀ ଓ ଆଖ୍ୟାନ କୌଶଳରେ ପରିଲକ୍ଷିତ ହୁଏ। ସାଧାରଣତଃ କାଳୀଚରଣ, ଅଶ୍ୱିନୀକୁମାର, ଭଞ୍ଜ କିଶୋର ଏବଂ ଗୋପାଳ ଛୋଟରାୟଙ୍କ ଭଳି ନାଟ୍ୟକାରଙ୍କ କାହାଣୀ ଗୁଡ଼ିକରେ କାହାଣୀଟି ଆରମ୍ଭ ଏବଂ ଶୀର୍ଷ ଦେଇ ଗତିକରେ। କିନ୍ତୁ 'ବେଦୀରୁ ସବାରୀ ଅନେକ ଦୂର' କାହାଣୀ ବର୍ଣ୍ଣନାଟି ସମୟକ୍ରମରେ ସମ୍ପୂର୍ଣ୍ଣ ଓଲଟପାଲଟ ହୋଇ ରହିଛି। ବ୍ୟବସାୟିକ ରଙ୍ଗମଞ୍ଚରେ ଏପର୍ଯ୍ୟନ୍ତ ଓଲଟପାଲଟ ସମୟକ୍ରମ ବା ସ୍ଥାନ, କାଳ ଓ ପାତ୍ରରେ ଐକ୍ୟ ନଥାଇ ନାଟ୍ୟ ରଚନା କରିବା ଦୃଷ୍ଟାନ୍ତ ଦେଖାଯାଏନାହିଁ। ଏହି ଯାତ୍ରାନାଟକରେ ନାଟ୍ୟ କାହାଣୀର ଗଠନ ପ୍ରଣାଳୀ ଏବଂ ନାଟ୍ୟ ବର୍ଣ୍ଣନାରେ ମଧ୍ୟ ପରୀକ୍ଷା କରାଯାଇଛି। ରମେଶ ପାଣିଗ୍ରାହୀଙ୍କ ନାଟକରେ ନାୟକ ସିଧାସଳଖ ଦର୍ଶମକଙ୍କ ସାଙ୍ଗରେ କଥା ମଧ୍ୟ ହୁଅନ୍ତି। ୩୫ ଟି ଦୃଶ୍ୟରେ ସଜ୍ଜା ହୋଇଥିବା କାହାଣୀଟିର ଗଠନପ୍ରଣାଳୀକୁ ପରୀକ୍ଷା କଲେ ଗୋଟିଏ ସରଳ ରୈଖିକ ବର୍ଣ୍ଣନା ଦେଖିବାକୁ ମିଳେନାହିଁ। ଏହା ଏକ ପ୍ରୟୋଗବାଦୀ ଶୈଳୀର କାହାଣୀ ଉପରେ ଗଢ଼ିଉଠିଛି। ଏଥିରେ ବହୁ କାହାଣୀ, ବହୁ ସନ୍ଧି, ବହୁ ଅବସ୍ଥା ଏବଂ ବହୁ ନାୟକ ନାୟିକା ରହିଛନ୍ତି। କିନ୍ତୁ କିଛି ସମାଲୋଚକ ଏହାକୁ ଉତ୍ତମ କାହାଣୀ (Storied Plot) ରୂପେ ଗ୍ରହଣ କରନ୍ତି ନାହିଁ।

ଏହିପରି ଅଣରୈଖିକ ତଥା ଅନିର୍ଦ୍ଧାରିତ ନାୟକ ନାୟିକା ସଂପନ୍ନ କାହାଣୀ ବାବଦରେ ପଚାରିବାରୁ ନାଟ୍ୟକାର କହିଛନ୍ତି ଯେ ଏସବୁ narratoligy କୌଶଳ। ସେ କହିବାନୁଯାୟୀ university of Western Ontarioର ଇଂରାଜୀ ପ୍ରଫେସର

ଶେଇଲା ର୍ୟାବିଲାଡ଼ (sheila rabillard) ଉତ୍ତର ଆଧୁନିକ ଆଖ୍ୟାନ କୌଶଳ ସଂପର୍କରେ ଏକପ୍ରବନ୍ଧ ଲେଖିଛନ୍ତି। ସ୍ଥାନ, କାଳ, ପାତ୍ର ଏବଂ ପଞ୍ଚସନ୍ଧି ସ୍ଥାନ ଭ୍ରଂଶ ହେଲେ କାହାଣୀର କୈନ୍ଦ୍ରିକ କିରଣ ସଂପାତ (Focus) କିପରି ନଷ୍ଟ ହୁଏ, ସେଗୁଡ଼ିକୁ ଉପନ୍ୟାସ ଓ ନିକଟରେ ନୋବେଲ ପୁରସ୍କାର ପାଇଥିବା ଇଂଲଣ୍ଡର ନାଟ୍ୟକାର ହେରାଲଡ଼ ପିଣ୍ଟର (Harold Pinter) ଏବଂ ଆମେରିକାର Pulitzer Prize ପାଇଥିବା ସାମ୍ ସେପାର୍ଡ଼ (Sam Shepard) ନାଟ୍ୟ କାହାଣୀ ଉପସ୍ଥାପନ ବା ବର୍ଣ୍ଣନାର ବହୁ ପରୀକ୍ଷା କରିଛନ୍ତି। ଏଣୁ ନାଟ୍ୟ କାହାଣୀଟିକୁ ସ୍ଥାନ ଭ୍ରଷ୍ଟ କଲେ ବୃତ୍ତାନ୍ତର ଯେଉଁ ବିଚ୍ୟୁତି ସବୁ ଘଟେ, ସେ ସଂପର୍କରେ ସେ ଗୋଟିଏ ପାଠ କରିବାକୁ ଦେଇଥିଲେ। Sheila Rabillard ଙ୍କ ଏହି ପ୍ରବନ୍ଧର ନାମ Destabilizing Plot, Displacing the status of Narrative, Loval order in the plays of pinter and shepard.

ଏହି ନାଟକରେ ବାଚ୍ୟ (ବିବରଣୀ ଧର୍ମୀ) ଏବଂ ସୂଚ୍ୟ ଉଭୟର ପ୍ରୟୋଗ ଦେଖିବାକୁ ମିଳେ। ସେହିପରି ସଂସ୍କୃତ ରୀତିରେ ଦେଖିବାକୁ ଗଲେ ମୁଖ୍ୟ କଥାର ସୂଚନାଧର୍ମୀ ଘଟଣାବଳୀଟିଏ ଏହି ନାଟକରେ ଶାସ୍ତ୍ରୀୟତାକୁ ପରୀକ୍ଷା ମୂଳକ ଭାବରେ ବ୍ୟବହାର କରାଯାଇଛି। 'ବେଦୀରୁ ସବାରୀ ଅନେକ ଦୂର' / 'ମରୁନଦୀର ଡଙ୍ଗା'ର ନାଟ୍ୟ ବୃତ୍ତାନ୍ତରେ ସ୍ଥାନ ଭ୍ରଂଶ (displacement) କରି ଏକ ନୂତନ ଆଖ୍ୟାନ ଶୈଳୀର ପ୍ରୟୋଗ କରିଛନ୍ତି ନାଟ୍ୟକାର ଶ୍ରୀଯୁକ୍ତ ପାଣିଗ୍ରାହୀ ।

'ବୈକୁଣ୍ଠ ସମାନ ଆହା ଅଟେ ସେଇ ଘର' ଏକ ସାଧାରଣ ପରିବାରକୁ ନେଇ ଗଠିତ। ଏହି ନାଟକରେ କାହାଣୀ ସଂଯୋଜନାରେ ରହିଛି ଦୁଇଟି ଜେନେରେସନର ଚିତ୍ର। ଗୋଟିଏ ସ୍ୱାଧୀନ ଓଡ଼ିଶାର ପ୍ରଥମ ବର୍ଷର ଶିକ୍ଷିତ ଯୁବକ। ଦ୍ୱିତୀୟତଃ ସାନପୁଅ ସ୍ୱାଧୀନତାର ଅପପ୍ରୟୋଗ କରି ବାହା ହୋଇଛି। ଏହି ନାଟକରେ ବାସ୍ତବତା ଅପେକ୍ଷା କଳ୍ପନାର ପ୍ରୟୋଗ ଅଧିକ ରହିଛି। ଏଥିରେ ମେଲୋଡ୍ରାମା ବା ଆଳଙ୍କାରିକ ଘଟଣା ଛନ୍ଦର ସଫଳ ପ୍ରୟୋଗ ହୋଇଛି। ଏହା ଏକ ଛନ୍ଦ ପ୍ରଧାନ ଯାତ୍ରାନାଟକ। ଏହି ନାଟକରେ ଦୃଶ୍ୟଛନ୍ଦ ଏବଂ ଆଲୋକ-ଅନ୍ଧାରର ରୂପକାତ୍ମକ ଛନ୍ଦଟିଏ ଦେଖିବାକୁ ମିଳେ। ଏଥିରେ ଦର୍ଶକ ଓ ସମାଜ ମଧ୍ୟରେ ଆବେଗର ବିନିମୟ ଦୃଷ୍ଟିଗୋଚର ହୁଏ।

'ଶ୍ରୀକୃଷ୍ଣ ଆସୁଛନ୍ତି' (୧୯୮୬) ଯାତ୍ରା ନାଟକଟି ନାଟ୍ୟକାରଙ୍କୁ ଏକ ନୂତନ ପରିଚୟ ପ୍ରଦାନ କରିଛି। ଏହି ନାଟକଟି ଭଦ୍ରକ ଯାତ୍ରା କଳାକାରଙ୍କ ଦ୍ୱାରା ଅଭିନୀତ ହୋଇ ରାଜ୍ୟ ସରକାରଙ୍କ ସଙ୍ଗୀତ ନାଟକ ଏକାଡ଼େମୀଦ୍ୱାରା ଆୟୋଜିତ ନିଖିଳ ଉତ୍କଳ ଯାତ୍ରା ପ୍ରତିଯୋଗିତାରେ ଶ୍ରେଷ୍ଠ ନାଟକ, ଶ୍ରେଷ୍ଠ ଅଭିନେତା, ଶ୍ରେଷ୍ଠ ହାସ୍ୟ

ଅଭିନେତା ଓ ଶ୍ରେଷ୍ଠ ଅଭିନେତ୍ରୀ ପୁରସ୍କାର ଲାଭ କରିଛି। ଏହି ନାଟକ ପାଇଁ ରମେଶ ପ୍ରସାଦ ପାଣିଗ୍ରାହୀ ଯାତ୍ରାଜଗତରେ ଜଣେ ପ୍ରତିଷ୍ଠିତ ନାଟ୍ୟକାର ଓ ନିର୍ଦ୍ଦେଶକ ରୂପେ ବିବେଚିତ ହୋଇଛନ୍ତି। ଏହି କାହାଣୀଟି ଯୌତୁକ ସମସ୍ୟା ଉପରେ ଆଧାରିତ ଗୋଟିଏ ସାମାଜିକ ଅଙ୍ଗୀକାର ଥିବା ନାଟକ ବୋଲି ଚିହ୍ନିତ କଲେ ନାଟକର ଅବମୂଲ୍ୟାୟନ ହେବ। ଅପରପକ୍ଷେ ଦେଖିଲେ 'ଶ୍ରୀକୃଷ୍ଣ ଆସୁଛନ୍ତି'ର ଆଖ୍ୟାନ କୌଣସି ଓ ଘଟଣା ବିନ୍ୟାସ ଅନ୍ୟ କୌଣସି ଓଡ଼ିଆ ଉପନ୍ୟାସ କିମ୍ବା ନାଟକରେ ଦେଖିବାକୁ ମିଳେନାହିଁ। 'ଡନ୍' ନାମକ ଏକ ଅପାଙ୍‌କ୍ତେୟ ଚରିତ୍ରକୁ ନାଟକର ସୂତ୍ରଧର ଭୂମିକାରେ ଅବତୀର୍ଣ୍ଣ କରାଇବା ଉଦାହରଣଟି ସମଗ୍ର ଭାରତୀୟ ସାହିତ୍ୟରେ ବିରଳ। ରମେଶ ପାଣିଗ୍ରାହୀଙ୍କ ଯାତ୍ରା ନାଟକ ପର୍ଯ୍ୟାୟର ସୃଷ୍ଟି ଗୁଡ଼ିକୁ ପରୀକ୍ଷା କଲାବେଳେ ବହୁ ପାଶ୍ଚାତ୍ୟ ନାଟ୍ୟବର୍ଣ୍ଣନା ଓ ନିର୍ଦ୍ଦେଶକୀୟ କୌଶଳ (ଚରିତ୍ରରେ ସଂଗୀତ, ନୃତ୍ୟର ପ୍ରୟୋଗ ଓ ଆଲୋକ ସଂପାତ ଇତ୍ୟାଦି) ଦୃଷ୍ଟିଗୋଚର ହୁଏ।

ତୁଳସୀ ଗଣନାଟ୍ୟର 'ଡାଆଣୀ' ଯାତ୍ରା ଜଗତରେ କନ୍ୟାସନ୍ତାନ ଉପରେ ଆଧାରିତ। ଏକ ମର୍ମସ୍ପର୍ଶୀ ନାଟକ 'ଡାଆଣୀ' ନାଟକର କଥାବସ୍ତୁକୁ ବିଶ୍ଳେଷଣ କଲେ ସେଥିରେ ସଂସ୍କାରମୂଳକ ଚେତନା ଦେଖିବାକୁ ମିଳେ। ଏହା ସାଧାରଣତଃ ଏକ ବାର୍ତ୍ତା ପ୍ରଧାନ ନାଟକ ଅଟେ। ଆଦର୍ଶ ଓ ବାର୍ତ୍ତା 'ଡାଆଣୀ' ନାଟକର ଛତ୍ରେ ଛତ୍ରେ ଦେଖିବାକୁ ମିଳେ।

'ମଝି ନଈରେ ଘର' ନାଟକ ଓଡ଼ିଶା ଅପେରାରେ ଚହଳ ସୃଷ୍ଟି କରିଥିବା ଶ୍ରେଷ୍ଠ ଯାତ୍ରାନାଟକ ଅଟେ। ଡାଇନାମିକ୍ କ୍ୟାସେଟସ୍ କଟକ ଦ୍ୱାରା ଏହାର ସଂଳାପ ଓ ସଂଗୀତ ମଧ୍ୟ ମୁକ୍ତିଲାଭ କରିଛି। ଏହି ନାଟକ ନାଟ୍ୟକାର ରମେଶ ପାଣିଗ୍ରାହୀଙ୍କୁ ଐତିହାସିକ ଶିଖର ପ୍ରଦାନ କରିଛି। ଏହି ନାଟକରେ ସହର ସଂସ୍କୃତି ସଙ୍ଗରେ ଗ୍ରାମ୍ୟ ସଂସ୍କୃତି, ପାଶ୍ଚାତ୍ୟ ସଂସ୍କୃତି ବନାମ ଭାରତୀୟ ମୂଲବୋଧ ତଥା ଉଚ୍ଚବିତ୍ତ ଓ ନିମ୍ନବିତ୍ତ ପରିବାର ଭିତରେ ଥିବା ବିରୋଧାତ୍ମକ ମୂଲ୍ୟବୋଧକୁ ନେଇ ଅଗ୍ରଗତି କରିଛି। ଏହି ନାଟକ ୧୦ବର୍ଷ ଧରି ମଞ୍ଚସ୍ଥ ହୋଇଛି ଏବଂ ଏହା କ୍ୟାସେଟ୍ ଆକାରରେ ମଧ୍ୟ ବଜାରରେ ଉପଲବ୍ଧ ଅଟେ। ଏହି ନାଟକର କାହାଣୀ ତିନୋଟି ସଂଘାତ ମଧ୍ୟ ଦେଇ ଗତି କରିଛି। ସାମାଜିକ କେତେବେଳେ ରାଜନୈତିକ ତ କେତେବେଳେ ଆର୍ଥିକ ସଂଘାତ। ଏହି କାହାଣୀ ସାଙ୍ଗରେ ଆଉ ଚାରୋଟି କାହାଣୀ ମଧ୍ୟ ଗତି କରୁଛି। ୫ଗୋଟି କାହାଣୀର ସମାହାରରେ ନାଟକ ର କଥାବସ୍ତୁ ଅଗ୍ରଗତି କରୁଛି। ଏହି ନାଟକରେ ଦର୍ଶାଇ ଦିଆଯାଇଛି ଯେ ସାଂପ୍ରତିକ ସମାଜରେ ଯେଉଁଭଳି ଭାବରେ ମୂଲ୍ୟବୋଧର ହତ୍ୟା ହେଉଛି, ତାର ମୁଖ୍ୟକାରଣ ସଂସ୍କୃତି ଅଟେ। ଏହିଭଳି ଏକ

ସାଂସ୍କୃତିକ ମୂଲ୍ୟବୋଧ ସଂପନ୍ନ ନାଟକର ପରୀକ୍ଷା କରି ସମାଜକୁ ନୂତନତାର ବାର୍ତ୍ତା ପ୍ରେରଣ କରିଛନ୍ତି ନାଟ୍ୟକାର ରମେଶ ପ୍ରସାଦ ପାଣିଗ୍ରାହୀ।

ଯାତ୍ରା ସାଧାରଣତଃ ସମାଜକୁ ବାର୍ତ୍ତା ଏବଂ ସଂସ୍କାରମୂଳକ ପଦକ୍ଷେପ ପାଇଁ ହୋଇଥାଏ ଏବଂ ଏହାର ସଠିକ୍ ନମୂନା ରୂପେ ରମେଶ ପ୍ରସାଦ ପାଣିଗ୍ରାହୀ ପ୍ରତିଟି ଯାତ୍ରାରେ ସମାଜକୁ ନୂତନ ବାର୍ତ୍ତା ପ୍ରେରଣ କରିଛନ୍ତି। ନୂତନତା ଭାବେ ସମାଜ, ସଂସ୍କୃତି ର ବାର୍ତ୍ତାବାହକ ସାଜିଛନ୍ତି ଆଖ୍ୟାନ ଶୈଳୀର ନୂତନତା ପ୍ରୟୋଗ କରିଛନ୍ତି ଯାତ୍ରାର କଳେବର ମଧ୍ୟରେ। ଅନେକ ପରୀକ୍ଷାମୂଳକ ନାଟକ ଭେଟି ଦେଇଛନ୍ତି ଦର୍ଶକମାନଙ୍କୁ। କବିତାରେ ପ୍ରୟୋଗ କରାଯାଉଥିବା ମୃତ୍ୟୁ ଚେତନାକୁ ମଧ୍ୟ ସେ ପ୍ରଥମଥର ପାଇଁ ଯାତ୍ରାନାଟକରେ ପ୍ରୟୋଗ ଓ ପରୀକ୍ଷା କରିଛନ୍ତି। ସର୍ବୋପରି କହିବାକୁ ଗଲେ ସେ ଜଣେ ସମୟ ସଚେତନ ନାଟ୍ୟକାର ଯେ କି ସମୟ ଓ ସମାଜ ପାଇଁ ନିଜର ଲେଖନୀକୁ ଦୃଢ଼ ଭାବରେ ଏଯାବତ ଚଳାଇ ଆସୁଛନ୍ତି ଏବଂ ଆଗକୁ ଆହୁରି ଏମିତି ସମାଜକୁ ବାର୍ତ୍ତା ମିଳିବ।

(ଖ) ରମେଶ ପାଣିଗ୍ରାହୀଙ୍କ ଯାତ୍ରାନାଟକ ଗୁଡ଼ିକର ପରିଚୟ ଓ ଆଲୋଚନା

ଯାତ୍ରାନାଟକର ପରିଚୟକୁ ନିମ୍ନରେ ପ୍ରଦାନ କରାଗଲା-

- 'ଭିନ୍ନ ଏକ ରାମାୟଣ ଅନ୍ୟ ଏକ ସୀତା'; ଜନତା ଗଣନାଟ୍ୟ, ଭୁବନେଶ୍ୱର, ୧୯୮୬ ମସିହାରେ ଲିଖିତ।
- 'ଯେ ପକ୍ଷୀ ଉଡ଼େ ଯେତେଦୂର', ତୁଳସୀ ଗଣନାଟ୍ୟ, ଜଗତସିଂହପୁର, ୧୯୮୪।
- 'ଲକ୍ଷ୍ମଣର ତିନିଗାର', ତୁଳସୀ ଗଣନାଟ୍ୟ, ଜଗତସିଂହପୁର ୧୯୮୫।
- 'ଠିକଣା ହଜିଛି', ଶିବାନୀ ଗଣନାଟ୍ୟ, ଜଗତସିଂହପୁର, ୧୯୮୫।
- 'ନକଲି ପ୍ରତି ସାବଧାନ', ଶିବାନୀ ଗଣନାଟ୍ୟ, ଜଗତସିଂହପୁର, ୧୯୮୫।
- 'ରକ୍ତରେ ଲାଗିଛି ନିଆଁ', ତାରିଣୀ ଗଣନାଟ୍ୟ, ଯାଜପୁର ରୋଡ଼୍, ୧୯୮୫।
- 'ମରୁନଦୀର ଡଙ୍ଗା', ଓଡ଼ିଶା ଅପେରା, ବନ୍ତ, ବାଲେଶ୍ୱର, ୧୯୮୬।
- 'ବୈକୁଣ୍ଠ ସମାନ ଆହା ଅଟେ ସେଇଘର', ଉତ୍ତରାୟଣ ଗଣନାଟ୍ୟ, ସାତଶଙ୍ଖ ପୁରୀ, ୧୯୮୬।
- 'ଶ୍ରୀକୃଷ୍ଣ ଆସୁଛନ୍ତି'; ଓଡ଼ିଶା ଅପେରା, ବନ୍ତ, ବାଲେଶ୍ୱର, ୧୯୮୬।
- 'ଡାଆଣୀ', ତୁଳସୀ ଅପେରା, ବନ୍ତ, ବାଲେଶ୍ୱର ୧୯୮୭।
- 'ମଝି ନଈରେ ଘର', ତୁଳସୀ ଅପେରା, ବନ୍ତ, ବାଲେଶ୍ୱର ୧୯୮୭।
- 'କନିଆ ହଜିଛି ତୁମ ଗାଁରେ', ତାରିଣୀ ଗଣନାଟ୍ୟ, ଯାଜପୁର ରୋଡ଼୍ ୧୯୮୭।

- ‘ଠାକୁର ଅଛନ୍ତି ଚଉ ବାହାକୁ’, ପାର୍ବତୀ ଗଣନାଟ୍ୟ, ଜଗତସିଂହପୁର, ୧୯୮୮।
- ‘ମାଗୁଛି ଶରଧା ବାଲିରୁ ହାତେ’, ଗୌରୀ ଗଣନାଟ୍ୟ, ଜଗତସିଂହପୁର, ୧୯୯୦।
- ‘ଧନ ମୋର କଳାମାଣିକ’, ତୁଳସୀ ଗଣନାଟ୍ୟ, ଜଗତସିଂହପୁର, ୧୯୯୧।
- ‘ଜଗା ହଜିଗଲା ବଡ଼ଦାଣ୍ଡରେ’, ପାର୍ବତୀ ଗଣନାଟ୍ୟ, ଜଗତସିଂହପୁର, ୧୯୯୧।
- ‘ବେଦୀରୁ ସବାରୀ ଅନେକଦୂର’, ତ୍ରିନାଥ ଗଣନାଟ୍ୟ, ଜଗତସିଂହପୁର, ୧୯୯୧।
- ‘ଦେଉଳ ପଡ଼ିଛି ଦେବତା ନାହିଁ’, ସାଗର କନ୍ୟା ଗଣନାଟ୍ୟ, ବାଲେଶ୍ୱର, ୧୯୯୧।
- ‘ରାନୁଅପା ହଜିଛି’, ଓଡ଼ିଶା ଅପେରା, ବାଲେଶ୍ୱର, ୧୯୯୪।
- ‘ମା ମିଳୁଛି ଭଡ଼ାରେ’, ଓଡ଼ିଶା ଅପେରା, ବାଲେଶ୍ୱର, ୧୯୯୫।
- ‘ଫଟାକପାଳକୁ ସିନ୍ଦୂର ନାଇଁ’, ଓଡ଼ିଶା ଅପେରା, ବନ୍ତ, ବାଲେଶ୍ୱର, ୧୯୯୬।
- ‘ଯୋଡ଼ି ନମ୍ବର ଓ୍ୱାନ’, ଓଡ଼ିଶା ଅପେରା, ବାଲେଶ୍ୱର, ୨୦୦୦।

ଏଥି ମଧ୍ୟରୁ କେତେକ ଯାତ୍ରା ନାଟକ ପ୍ରକାଶିତ ଏବଂ ଆଉ କିଛି ଅପ୍ରକାଶିତ ଅଟେ। ଯେଉଁ ଯାତ୍ରାଗୁଡ଼ିକ ପ୍ରକାଶିତ ହୋଇ ଯାତ୍ରା ଜଗତରେ ଚହଳ ପକାଇଛି ଏବଂ ମୁଦ୍ରିତ ହୋଇଛି ସେଥିମଧ୍ୟରୁ ଏଠାରେ କିଛିଟାର ଆଲୋଚନାକୁ ମୋର ଏହି ଗବେଷଣା ସନ୍ଦର୍ଭ ମଧ୍ୟରେ ସ୍ଥାନ ଦେଉଛି। ରମେଶ ପାଣିଗ୍ରାହୀଙ୍କ ପରି ସ୍ୱନାମଧନ୍ୟ ନାଟ୍ୟକାରଙ୍କ ଯାତ୍ରା ନାଟକକୁ ଆଲୋଚନା କରିବା କଠିନ ବ୍ୟାପାର। ତଥାପି ମଧ୍ୟ ତାଙ୍କର ଯାତ୍ରା ନାଟକ ଗୁଡ଼ିକ ସଂପର୍କରେ କିଛିଟା ଆଲୋଚନା କରିବା ପାଇଁ ଉଦ୍ୟମ କରାଯାଇଅଛି।

ଭିନ୍ନ ଏକ ରାମାୟଣ ଅନ୍ୟ ଏକ ସୀତା

ଏହି ଯାତ୍ରା ନାଟକଟି ତାରାତାରିଣୀ ବୁକ୍ ଷ୍ଟୋର ଦ୍ୱାରା ‘ତପସ୍ୟା’ ନାମରେ ମୁଦ୍ରିତ ହୋଇଛି। ଭିନ୍ନ ଏକ ରାମାୟଣ ନାମରୁ ଏଥିରେ ରୂପକ ପ୍ରୟୋଗର ସୂଚନା ମିଳୁଛି। ଏହା ଏକ କାହାଣୀ ପ୍ରଧାନ ନାଟକ।

‘ଭିନ୍ନ ଏକ ରାମାୟଣ ଅନ୍ୟ ଏକ ସୀତା’ ଯାତ୍ରା ନାଟକର ‘ସୀତା’ ଚରିତ୍ରଟି କୌଣସି ରାମାୟଣର ନୁହେଁ। ବରଂ ସେ ଥିଲା ଚିରାଚରିତ ସମାଜର ସାଧାରଣ ସ୍ତରୀୟ ତଥା ଜମିଦାର ଘରର ସାବତପୁଅକୁ ବିବାହ କରିଥିବା କ୍ଷତ୍ରିୟ ଘରର ସ୍ତ୍ରୀ। ନା ତା’ର ସାବିତ୍ରୀ। ଜମିଦାର ଭାନୁପ୍ରତାପଙ୍କ ସ୍ତ୍ରୀ ଇହଲୀଳା ସମ୍ବରଣ କରିଯାଇଛନ୍ତି।

ତେଣୁ ସେ ଦ୍ୱିତୀୟ ପତ୍ନୀ ଗ୍ରହଣ କରିଛନ୍ତି । ଦ୍ୱିତୀୟ ପତ୍ନୀ ଜଣେ ସମାଜସେବିକା ହେବା ସାଥେ ସାଥେ ଜଣେ ରାଜନେତ୍ରୀ ମଧ୍ୟ । ସେ ସ୍ୱାମୀଙ୍କ ଧନ, ସଂପତ୍ତି ତଥା ପ୍ରାଚୁର୍ଯ୍ୟର ପୂଜାରୀ । ସେ ସବୁକୁ ଭଲପାନ୍ତି କିନ୍ତୁ ସ୍ୱାମୀଙ୍କ ପ୍ରତି ତାଙ୍କର କୌଣସି ଆଦର ସମ୍ମାନ ନାହିଁ । ଅମର ହେଉଛି ଭାନୁପ୍ରତାପଙ୍କ ପ୍ରଥମ ସ୍ତ୍ରୀଙ୍କ ପୁଅ । ଯେକି ଜଣେ ସଚ୍ଚୋଟ ପୋଲିସ୍ ଇନ୍ସପେକ୍ଟର ଏବଂ ସେ ଆତଙ୍କବାଦୀ ଦଳକୁ ଧରିବାକୁ ଯାଇ ମୃତ ଘୋଷିତ ହୋଇଛି । ଏବଂ ତାଙ୍କର ମୃତ୍ୟୁ ପରବର୍ତ୍ତୀ ମୁହୂର୍ତ୍ତରେ ପୁଅଟିଏ ଜନ୍ମ ହୋଇଛି ଯାହାର ନାଁ ରାଜୁ, ବୟସ ଆନୁମାନିକ ୧୦/୧୨ ବର୍ଷ ହେବ । ଭାନୁପ୍ରତାପଙ୍କ ଦ୍ୱିତୀୟ ସ୍ତ୍ରୀଙ୍କ ଦୁଇଟି ସନ୍ତାନ । ପୁଅଟିଏ ଯେକି ଭାନୁପ୍ରତାପଙ୍କ ଭଳି ଭଦ୍ର ଏବଂ ଝିଅ ଯେକି ମାଠାରୁ ଅଭଦ୍ର ନା ତା'ର ସୀମା ।

ଇତି ମଧ୍ୟରେ କାହାଣୀ ଗତି କରିଛି ଏବଂ ସେଥିରେ ଆଉ ଗୋଟିଏ ଚରିତ୍ରର ପ୍ରବେଶ ହୋଇଛି । ଭାନୁପ୍ରତାପଙ୍କ ବନ୍ଧୁ ପୁଅ ଦୀପେନ୍ ଆଇ.ପି.ଏସ୍ ପାଇଁ ସହରକୁ ଆସିଛି ଏବଂ ଜମିଦାରଙ୍କ ଅନୁରୋଧକୁ ରକ୍ଷା କରି ତାଙ୍କରି ଘରେ ଅବସ୍ଥାନ କରୁଛି । ଏହିଭଳି ଜଣେ ଅଫିସର ସାଙ୍ଗରେ ରାଜନେତ୍ରୀ ତାଙ୍କ ଚରିତ୍ର ହୀନା ଝିଅ ସୀମାର ବିବାହ ଦୀପେନ୍ ସଙ୍ଗରେ କରାଇବା ପାଇଁ ମନସ୍ଥ କରନ୍ତି । ଯାହାଫଳରେ ତାଙ୍କର କଳାଧନ୍ଦା ପାଇଁ ଗୋଟିଏ ଲମ୍ବାହାତର ସାହାଯ୍ୟ ମିଳିଯିବ ।

କିନ୍ତୁ ଦୀପେନ୍ ଅମରର ବିଧବା ପତ୍ନୀ ସାବିତ୍ରୀକୁ ମନେ ମନେ ପସନ୍ଦ ପରେ ଏବଂ ପ୍ରାୟତଃ ତା ପାଇଁ ସମ୍ବେଦନଶୀଳ ଅଟେ ଏବଂ ତାର ପୁଅକୁ ମଧ୍ୟ ଭଲପାଏ । ରାଜୁ ନିଜେ ପାଠପଢ଼ିବା ପାଇଁ ପରିଶ୍ରମ କରି ବୁଟ ପାଲିସ୍ କରେ । କିନ୍ତୁ ତାର ଏହି କଷ୍ଟର ମୂଲ୍ୟକୁ କେହି ନ ବୁଝି ତାକୁ ମାରନ୍ତି । ସାବିତ୍ରୀ କିଛି କହିପାରେନାହିଁ ମନେ ମନେ ଯନ୍ତ୍ରଣାରେ ଦଗ୍ଧ ହୁଏ । ଦୀପେନ୍ ସମସ୍ତଙ୍କଠାରୁ ଅଲଗା । ତାର କଥା ଅଲଗା, ଜୀବନ ପ୍ରତି ଦୃଷ୍ଟିଭଙ୍ଗୀ ଅଲଗା । ସବୁବେଳେ ଗୁଲିମାରି ସମସ୍ତଙ୍କୁ ହସାଉଥିବା ଦୀପେନ୍ ଓଡ଼ିଆଯାତ୍ରା ନାଟକର ପୃଥିବୀରେ ପ୍ରଥମେ ଅବତୀର୍ଣ୍ଣ ହୋଇଛି ଏକ ପ୍ରତି ଚରିତ୍ର (anti-character) ରୂପରେ । ନାୟକ ହେବାର କୌଣସି ଲକ୍ଷଣ ବୋଧହୁଏ ତାପାଖରେ ନଥିଲା । ପୋଲିସ୍ ପୋଷାକ ପିନ୍ଧି ସେ କହେ, 'ଏଇଟା ହନୁମାନ ଡ୍ରେସ' । ମଞ୍ଚ ଉପରେ କେହି ନଥିଲା ବେଳେ ସେ ଦର୍ଶକମାନଙ୍କ ସାଙ୍ଗରେ କଥାବାର୍ତ୍ତା କରେ । ତାର ସମସ୍ତ ସେବାଶୁଶ୍ରୁଷାର ଦାୟିତ୍ୱ ଦିଆଯାଇଛି ମୃତ ଅମରର ବିଧବା ପତ୍ନୀ ସାବିତ୍ରୀକୁ । କିନ୍ତୁ ସିଏ ନଥିଲା ବେଳେ ଦୀପେନର କଥାବାର୍ତ୍ତା କରିଛି ଦର୍ଶକମାନଙ୍କ ସାଙ୍ଗରେ–

ଦୀପେନ୍ – ଆଜ୍ଞା ଦେଖିଲେ ? ସତ କଥାଟା ଖୋଲି ହେଲା ବେଳକୁ କାହା ମୁହଁରେ କଥା ନାହିଁ । ଡ଼ାଇଲଗ ଗୁଡ଼ାକ ସବୁ ମତେ ହିଁ କହିବାକୁ

ପଡ଼ିଲା (ଲୋକଙ୍କୁ ଚହିଁ ଆଖି ମାଇଲା ଦୀପେନ୍) କଥା ହେଲା, ପୃଥିବୀର ସବୁ ସତ କହିବା ଲୋକ ମଞ୍ଚ ଉପରେ ମୋ ଭଳି ଏକଲା... ଆଚ୍ଛା, ଚା'ଟା ଆସୁ ଆସୁ ଗୋଟେ ଗୁଳି ଶୁଣିବେ ?"(୩)

ମଝିରେ ମଝିରେ ସାବିତ୍ରୀ ଦୀପେନ୍‌କୁ ପ୍ରବର୍ତ୍ତାଏ ସେ ସୀମା ଭଳି ହୀରା ଖଣ୍ଡେ ତିଆରି ହୋଇରହିଛି ଦୀପେନ୍‌କୁ ବାହା ହବା ପାଇଁ। କିନ୍ତୁ କଥା ଘୁରେଇ ଦୀପେନ୍ କୁହେ:

ଦୀପେନ୍ - ଗୋଟେ କଥା କହିବି, ସାବିତ୍ରୀ ଦେବୀ ?

ସାବିତ୍ରୀ - କୁହନ୍ତୁ

ଦୀପେନ୍ - ଖରାପ ଭାବିବେନି ତ ?

ସାବିତ୍ରୀ - ନା,

ଦୀପେନ୍ - ରାଣ ପକେଇ କହିଲେ !

ସାବିତ୍ରୀ - କହିଲି ତା ରାଣରୁ କଣ ମିଳିବ କହିଲେ ?

ଦୀପେନ୍ - ଆପଣଙ୍କୁ ଦେଖିଲେ ମତେ ଯେତିକି ନିଜର ଭଳି ଲାଗେ.. ଆଉ କାହା ପାଖରେ ସେମିତି ଗୋଟେ Feeling ଆସେନି। ସେଥିପାଇଁ କହିବାକୁ ସାହସ କରୁଛି। ଆପଣ ଆଉ ଥରେ ବାହା ହୋଇଯାଉନାହାନ୍ତି କାହିଁକି ?

ସାବିତ୍ରୀ - ଦୀପେନ୍ ବାବୁ। ମୁଁ ଆପଣଙ୍କର କ'ଣ କ୍ଷତି କରିଥିଲି ଦୀପେନ୍ ବାବୁ? କାହିଁକି ଆପଣ ଏକଥା କହିଲେ ?

ଦୀପେନ୍ - ଆପଣଙ୍କ ମନରେ ଯଦି ଦୁଃଖ ଦେଇଥାଏ ତା ହେଲେ ମୁଁ କ୍ଷମା ଚାହୁଁଛି ସାବିତ୍ରୀ ଦେବୀ ଅସଲ କଥା, ପୁରୁଣା କାଳିଆ ସଂସ୍କୃତିରେ ମୁଁ ବିଶ୍ୱାସ କରେନା। ସେଥିପାଇଁ କହିଦେଲି।"(୪)

ଦୀପେନ୍ ସାବିତ୍ରୀର ଯନ୍ତ୍ରଣାକୁ ସହ୍ୟ କରି ନ ପାରି ସାବିତ୍ରୀଙ୍କର ଦ୍ୱିତୀୟ ବିବାହ କରିବା ପାଇଁ କୁହନ୍ତି କିନ୍ତୁ ବିଧବା ବିବାହ ପାପ ବୋଲି କହି ସାବିତ୍ରୀ କଥାକୁ ଏଡ଼ାଇ ଦିଏ। କାରଣ ସେ ଅମରକୁ ଭଲ ପାଇ ବିବାହ କରିଥିଲା। ତେଣୁ ସେ ବିବାହ କରିବା ପାଇଁ ଅରାଜି ହୁଏ।

ଏପଟେ ଅମରକୁ ମାରିଥିବା ଆତଙ୍କବାଦୀ ଦଳକୁ ଧରିବା କେଶ୍‌ଟି ଦୀପେନ୍ ନେଇଛି ଏବଂ ତାଙ୍କରି ହାତରେ ଲାଗିଛି। ଠିକ୍ ଏହିପରି ସମୟରେ ଜମିଦାର ଘରର ପାଇପ ଲାଇନ୍ ଚଢ଼ି କିଏ ଜଣେ ପ୍ରାୟତଃ ଘରକୁ ଆସେ ଯେତେବେଳେ ଧରାପଡିଲା ସେ ସୀମାର ପ୍ରେମିକ ସେତେବେଳେ ସୀମାକୁ ଅପମାନରୁ ବଞ୍ଚାଇବାକୁ ଯାଇ ନିଷ୍କଳଙ୍କ

ସାବିତ୍ରୀ ଦୋଷକୁ ନିଜ ମୁଣ୍ଡରେ ଲଦି ଦେଲା।

ଏହି ନାଟକର କାହାଣୀରେ ଦୀପେନ୍ ଆସିଛି ପରିସ୍ଥିତିକୁ କିଛିମାତ୍ରାରେ ନିଜ ଆୟତ୍ତକୁ ଆଣିବା ପାଇଁ। ଦୀପେନ୍ ଦାସ ଆସି ରାନୁ ପ୍ରତାପ ଘରେ ରହିବା ପରଠାରୁ ଅମରର ମୃତ୍ୟୁ ରହସ୍ୟଟିକୁ ପୁନର୍ବାର ଖୋଜିବା ପ୍ରକ୍ରିୟା ଆରମ୍ଭ ହୋଇଛି। ନାଟକର ୧୯ ନମ୍ବର ଦୃଶ୍ୟରେ ଜଣାପଡୁଛି ଦୀପେନ୍ ଦାସ ଆସି ରାନୁ ପ୍ରତାପ ଘରେ ରହିବା ପରଠାରୁ ଅମରର ମୃତ୍ୟୁ ରହସ୍ୟଟିକୁ ପୁନର୍ବାର ଖୋଜିବା ପ୍ରକ୍ରିୟା ଆରମ୍ଭ ହୋଇଛି। ନାଟକର ୧୯ ନମ୍ବର ଦୃଶ୍ୟରେ ଜଣାପଡୁଛି ଦୀପେନ୍ କହୁଛି "ତମେ ବଞ୍ଚିଛ,ଅଥଚ ସେ ଝିଅଟା ମୁଣ୍ଡରୁ ସିନ୍ଦୂରର ଗାର ଲିଭିଗଲା ? ହାତରୁ ଚୁଡି ଭାଙ୍ଗିଗଲା ? ଗୋଟେ ଧଳା ଶାଢି ପିନ୍ଧି – ଜୀବନର ସବୁ ସୌଭାଗ୍ୟରୁ ବଞ୍ଚିତ ହୋଇ ଜମିଦାର ଘରେ ଗୋଟେ ଚାକରାଣୀ ପରି ଖଟୁଛି ?" ଉତ୍ତରରେ ଅମର କହୁଛି, ନା ତମେ ବୁଝିପାରୁନା ଅଫିସର ତମେ ମୋ' ମନର ଦ୍ୱନ୍ଦ୍ୱକୁ ଆଦୌ ବୁଝିପାରିବନି। ରାତି ରାତି ନିଦ ହେଉନି ମତେ, ଅନେକ ଚେଷ୍ଟା କରିଛି ଆତ୍ମହତ୍ୟା କରିବା ପାଇଁ, କିନ୍ତୁ ପାରିନି। ଗୋଟାଏ ପଟେ ସାବିତ୍ରୀ ଓ ରାଜୁକୁ ପାଇବାର ଇଚ୍ଛା। ଅନ୍ୟ ଗୋଟାଏ ପଟେ ମୃତ୍ୟୁର ଭୟ... ତମେ କେମିତି ବୁଝିବ? ପ୍ରତିଦିନ ରାତି ହେଲେ କେମିତି ପାଗଳ ଭଳି ସେମାନଙ୍କୁ ଦେଖିବା ପାଇଁ ଚାଲିଆସେ..... ।[୪]

ଦୁହିଁଙ୍କର ଏହି ବାର୍ତ୍ତାଳାପ ସମୟରେ ସାଧୁବେଶରେ ଛପି ରହିଥିବା ଆତଙ୍କବାଦୀ ଲିଡର୍ ଜେବ୍ରା ଅମରକୁ ଗୁଳି କଲା ବେଳେ ଦୀପେନ୍ ଦେହରେ ବାଜିଯାଇଛି ଏବଂ ଦୀପେନ୍‌ର ମୃତ୍ୟୁ ହୋଇଛି। ଅମର ହାତରେ ସେ ଆରେଷ୍ଟ ହୋଇଛି। ଏହି ଯାତ୍ରା ନାଟକଟି ସାଧାରଣତଃ ବାର୍ତ୍ତାଧର୍ମୀ ଥିଲା। ବିଧବା ବିବାହ ସପକ୍ଷରେ ଏହା ଏକ ସାମାଜିକ ଲଢ଼େଇ ଥିଲା ଏବଂ ଅନ୍ୟପକ୍ଷରେ ପାଶ୍ଚାତ୍ୟଧର୍ମୀ ସାଂସ୍କୃତିକ ସଂକ୍ରମଣ ବିରୁଦ୍ଧରେ ଏହା ଏକ ସଂଗ୍ରାମ କହିଲେ ଚଳେ। ଏହି ନାଟକଟି ଦଶବର୍ଷ ଧରି ଜନତା ଗଣନାଟ୍ୟରେ ଚାଲିଥିଲା। ଦୁଇଟି ସଂସ୍କୃତି, ଦୁଇଟି ଶକ୍ତି ଏବଂ ଦୁଇଟି ସାମାଜିକ ଦୃଷ୍ଟିଭଙ୍ଗୀ ମଧ୍ୟରେ ଚାଲିଥିବା ଦ୍ୱନ୍ଦ୍ୱ ଏବଂ ସଂଘର୍ଷକୁ ନେଇ ନାଟକର କଥାବସ୍ତୁ ଗଢ଼ି ଉଠିଛି।

ଝରଣା ଝୁରେ ସାଗର ପାଇଁ

ଏହି ଯାତ୍ରା ନାଟକଟି 'ମୁକ୍ତିମଣ୍ଡପ' ନାଟକ ନାଁରେ ନାଟ୍ୟକାରଙ୍କ ଆଦ୍ୟ ନାଟକ ରୂପେ ସ୍ୱର ଝଙ୍କୃତ କରିଥିଲା। ନାଟକର ମୁଖ୍ୟ ବିଷୟବସ୍ତୁ ଥିଲା ସମାଜତାତ୍ତ୍ୱିକ ଭାବନା। ଏଠାରେ ମୂଲ୍ୟବୋଧର ସଂଘର୍ଷ ଥିଲା। ବାପା, ପୁଅ ମଧ୍ୟରେ ଥିବା ଦ୍ୱନ୍ଦ୍ୱ ହିଁ କାହାଣୀର ମୁଖ୍ୟ ବିଷୟବସ୍ତୁ ଥିଲା।

ଏହି ଯାତ୍ରା ନାଟକରେ ଜମିଦାରଙ୍କର ବିଧବା ଭଉଣୀ ଜମିଦାରଙ୍କର ଅଚଳାଅଚଳ ସଂପତ୍ତିର ଲୋଭରେ ନିଜ ପୁତ୍ର ପ୍ରତାପକୁ ନେଇ ତାଙ୍କ ଘରେ ଡେରା ଜମାଇଛି। ଏପଟେ ଜମିଦାରଙ୍କ ସ୍ତ୍ରୀ ଇହଲୀଳା ସମ୍ବରଣ କରିଯାଇଛନ୍ତି। ପୁତ୍ର ସାଗର ସ୍ନାତକୋତ୍ତର ଶ୍ରେଣୀ ଅଧ୍ୟୟନ କରେ। ରାମନାରାୟଣ ସାଗରର ବିବାହ ଆଉଜଣେ ଜମିଦାରଙ୍କ ଝିଅ ଲୁସି ସାଙ୍ଗରେ ପକାଇଛନ୍ତି ଏବଂ ଏହି ସମୟରେ ସାଗର ଗାଁକୁ ବୁଲିବାକୁ ଯାଇଛି ତାର ସାଙ୍ଗ ସରୋଜ ଘରକୁ। ସେଠାରେ ଝରଣା ସାଙ୍ଗରେ ତାର ଦେଖା ସାକ୍ଷାତ ଓ ପ୍ରେମ ଗଢ଼ି ଉଠିଥିବା ବେଳେ ଏପଟେ ରାମନାରାୟଣଙ୍କ ବନ୍ଧୁ କିଶୋର ଭଞ୍ଜଙ୍କ କନ୍ୟା ଲୁସିକୁ ଭେଟିଛି ସାଗର, ଯିଏକି ଅତି ଆଧୁନିକା। ଦୁହିଁଙ୍କ ମଧ୍ୟରେ କିଛି ସମୟ ବାର୍ତ୍ତାଳାପ ହୋଇଛି। ଯେପରି-

ଲୁସି - ତୁମେ ?

ସାଗର - ମୁଁ ସାଗର, ତମେ ?

ଲୁସି - ମୁଁ ଲୁସି ! (ସାଗରକୁ ଲକ୍ଷ୍ୟ କରି) ଓଃ...ନୋ ! ଏ ଯାଏଁ ମାଚିଓର୍ କରିନାହାନ୍ତି। You are just a kid.

ସାଗର - ଏଇ ଫାଲ୍‌ଗୁନରେ ମତେ ପଚିଶ ଚାଲିବ।

ଲୁସି - ସେଇଥିରୁ କ'ଣ ମିଳିବ ? ଓଡିଶାର ସମସ୍ତେ Conservative ! ବାଣୀବିହାରରେ ପୁଅଝିଅ କଥାବାର୍ତ୍ତା ହେଲେ ଟୋକାମାନେ କମେଣ୍ଟ କରନ୍ତି। ଭାବନ୍ତି ଏକାଠି ବୁଲିଲେ ଚରିତ୍ର ନଷ୍ଟ ହୋଇଯାଏ। Now ସାଗର..., ଆମେ ଯେହେତୁ ବାହା ହେବା...।

ସାଗର - କ'ଣ ହବା ?

ଲୁସି - ବାହା ହେବା । ମୁଁ ଗୋଟାଏ କଥା ଜାଣିବାକୁ ଚାହୁଁଚି।

ସାଗର - ଯଥା ?

ଲୁସି - ତମେ କାହାକୁ ପ୍ରେମ କରୁଛ କି ନାଇଁ ?

ସାଗର - ନା।

ଲୁସି - Don't tell me that : ମୁଁ ବିଶ୍ୱାସ କରିପାରୁନି। ଛାଡ ! ସାଗର, ମୁଁ ତମକୁ କେମିତି ଲାଗୁଚି ?

ସାଗର - ଭଲ

ଲୁସି - ନା, ମୁଁ ଗୋଟାଏ ଗତାନୁଗତିକ ଜବାବ ଚାହୁଁନି ତା'ମାନେ ଆଉ ପାଞ୍ଚଜଣ ଝିଅଙ୍କ ସାଙ୍ଗରେ ମୁଁ ବି ଜଣେ ହୋଇଯିବି। ମୁଁ କଣ ଅନ୍ୟମାନଙ୍କ ଭଳି କମନ୍ ?[୬]

କିଛି ଦିନ ମଧ୍ୟରେ ରାମନାରାୟଣ ଓ କିଶୋର ବାବୁ ଦୁର୍ଗାପୂଜାର ଆୟୋଜନ କରନ୍ତି। ସାଗର ସେହି ଆୟୋଜନକୁ ଝରଣାକୁ ବିବାହ କରି ନେଇ ଆସିଛି। ରାମନାରାୟଣ ବିରକ୍ତି ଓ କ୍ରୋଧରେ ଦୁହିଁଙ୍କୁ ଘରୁ ତଡି ଦେଇଛନ୍ତି। ମାୟା ଓ ପ୍ରତାପ ମିଶି ରାମନାରାୟଣଙ୍କୁ ହଇରାଣ କରନ୍ତି। ତାଙ୍କୁ ମାରି ସଂପତ୍ତି ଖାଇବା ପାଇଁ ବହୁ ଚକ୍ରାନ୍ତ କରନ୍ତି। କିଶୋର ଲୁସିକୁ ବିବାହ କରାଇଛନ୍ତି ଡାକ୍ତର ସୁବ୍ରତଙ୍କ ସଙ୍ଗରେ ଯେ କି ନିଜ ନର୍ସିଂହୋମରେ ସ୍ମଗଲିଂ କରେ। ସାଗର ବହୁ କଷ୍ଟରେ ପରିବାରକୁ ଚଳାଇଛି ଏବଂ ଶେଷରେ ଚାକିରି ଖୋଜି ଆସି ପହଞ୍ଚିଛି ସୁବ୍ରତର ନର୍ସିଂ ହୋମରେ ଏବଂ ସୁବ୍ରତ ତାକୁ ସ୍ମଗଲିଂ କାମରେ ଲଗେଇ ଦେଇଛି। ସେପଟେ ମାୟା ରାମନାରାୟଣକୁ ମୃଦୁ ବିଷର ଇଂଜେକ୍ସନ ଦେଇ ମାରିବା ପାଇଁ ପ୍ରସ୍ତୁତି ପର୍ବ ଆରମ୍ଭ କରିଦେଇଛନ୍ତି। ଆଶ୍ରୟ ହେଇଥିବା ଚପଳା ସାଗରର ସ୍ତ୍ରୀ ଝରଣା ଓ ପୁଅ ରାଜୁକୁ ଘରୁ ତଡି ଦେଇଛି। ସେମାନେ ନିରାଶ୍ରୟ ହୋଇ ବୁଲିବା ପରେ ଘଟଣା ଚକ୍ରରେ ଆସି ରାମନାରାୟଣଙ୍କ ଘରେ ଆଶ୍ରୟ ଦେଇଛନ୍ତି। ଏଣେ ସାଗର ସ୍ମଗ୍‌ଲିଂ କେଶ୍‌ରେ ପଡି ଜେଲ୍ ଯାଇଛି। ପରେ ପରେ ରାମନାରାୟଣ ଚିହ୍ନିପାରିଛନ୍ତି ଯେ ଝରଣା ଓ ରାଜୁ ତାଙ୍କର ବୋହୂ ଓ ନାତି ବୋଲି ଏବଂ ତାଙ୍କୁ ଆପଣାର କରି ନେଇଛନ୍ତି। ମାୟା ଓ ପ୍ରତାପ ରାମନାରାୟଣଙ୍କ ଘରୁ ସୁନାର ରାଧାକୃଷ୍ଣ ମୂର୍ତ୍ତି ଚୋରି କରି ନେଇ ପଳେଇ ଯାଇଛନ୍ତି। ଏକ ଘରୋଇ ଗଣ୍ଡଗୋଳରେ ଲୁସିର ମୃତ୍ୟୁ ହୋଇଛି ଏବଂ ସୁବ୍ରତ ଏଥିପାଇଁ ଦାୟୀ ହୋଇଛି। ପୁଣିଥରେ ଦୁର୍ଗାପୂଜା ଆସିଛି। ରାମ ନାରାୟଣଙ୍କ ଘରେ ଦୁର୍ଗାଷ୍ଟମୀ ହୋଇଛି । ମାୟା ପ୍ରତାପ ରାମନାରାୟଣଙ୍କୁ ବିଷ ଦେବା ଅପରାଧରେ ଜେଲ ଯାଇଛନ୍ତି। ସାଗର ଘରକୁ ଫେରି ଆସିଛି ଏବଂ ପୁଣି ଥରେ ସବୁ କିଛି ଠିକ୍ ଠାକ୍ ହୋଇଯାଇଛି। ପ୍ରେମ, ସଂଘର୍ଷ, ବିଛେଦ ମିଳନ ଘଟଣାଚକ୍ରର କାହାଣୀ 'ଝରଣା ଝୁରେ ସାଗର ପାଇଁ' ନାଟକ ଜନତା ଗଣନାଟ୍ୟରେ ଚହଳ ପକାଇ ଦେଇଥିଲା।

ଯେ ପକ୍ଷୀ ଉଡେ ଯେତେଦୂର

ଏହି ନାଟକର କାହାଣୀରେ ନୂତନତା ଥିଲା। ଏହା ଥିଲା ଏକ ବିଫଳ ପ୍ରେମ, ଇର୍ଷା, ବିଳମ୍ବିତ ଶତ୍ରୁତା, ହିଂସା ଏବଂ ପରବର୍ତ୍ତୀ ପିଢ଼ି ଉପରେ ଘୋର ପ୍ରଭାବ। ଦୀପକ ଓ ଅଜୟ ରେଭେନ୍‌ସା କଲେଜରେ ଏକା ଶ୍ରେଣୀରେ ପଢନ୍ତି ଏବଂ ସରିତା ନାମରେ ଗୋଟେ ଝିଅକୁ ଦୁହେଁ ଭଲପାଆନ୍ତି। ପରବର୍ତ୍ତୀ ସମୟରେ ଦୀପକ ଓ ଅଜୟ କଲେକ୍ଟର ଓ ଶିଳ୍ପପତି ଭାବରେ ପ୍ରତିଷ୍ଠିତ ହୋଇଛନ୍ତି ଏବଂ କଲେକ୍ଟର ବିବାହ କରିଛନ୍ତି ସରିତାକୁ ଏବଂ ସେହିଠାରୁ ଆରମ୍ଭ ହୋଇଛି ଇର୍ଷାର କାହାଣୀ। ଅଜୟର ସବୁ କାରବାର ଉପରେ କଟକଣା ଲଗାଇଛି କଲେକ୍ଟର ଦୀପକ ଦାସ । ଦୁଇବନ୍ଧୁଙ୍କ ସାକ୍ଷାତ ହୋଇଛି

ଶିଳ୍ପପତି ଅଜୟର ଗୋଦାମରେ। ସେମାନଙ୍କ ମଧ୍ୟରେ ହୋଇଥିବା ବାର୍ତ୍ତାଳାପରୁ କିଛି ଉଦ୍ଧାର କରାଯାଇପାରେ-

ଦୀପକ - ତୁ' ମତେ ଧମକ ଦଉଚୁ ?

ଅଜୟ - ଏ ପର୍ଯ୍ୟନ୍ତ ଦେଇନି। ଦେଲେ ପରିଣାମ କ'ଣ ହବ ତୁ ଅନୁମାନ କରି ନେବା ଉଚିତ ଦୀପକ୍! ମନେଥିବ, ମାଟ୍ରିକ୍ ଠାରୁ ଏମ.ଏ ପର୍ଯ୍ୟନ୍ତ ତୁ ମୋ ସାଙ୍ଗରେ ଏକା କ୍ଲାସରେ ପାଠ ପଢ଼ିଛୁ। ପାଠରେ ମତେ କେବେ ଟପି ଯାଇ ପାରିନୁ। ତୁ ପାୱାର ପାଇଁ I.A.S ରେ Join କଲୁ। ମୁଁ ଟଙ୍କା ପାଇଁ ବ୍ୟବସାୟ କରିଚି। ଆମର ବାଟ ଅଲଗା ଅଲଗା। ମୋ ବ୍ୟବସାୟ ଭଲ ଚାଲିଚି ବୋଲି ଇର୍ଷା ପରାୟଣ ହେଇ ମୋ ଗୋଦାମ୍ ସିଜ୍ କରି ମୋ ନାଁରେ Case ଦେବା ତୋର ଆଦୌ ଉଚିତ୍ ହେଇନି।

ଦୀପକ - ସରିତା ଦାସକୁ ଫୋର୍ଥ ଇଅର ବର୍ଷ ତୁ' ବି ପ୍ରେମ କରୁଥିଲୁ ମୁଁ ବି କରୁଥିଲି। ଆଇ.ଏ.ଏସ୍ ପାଇଲା ପରେ ତା' ବାପା ତୋ' ସାଙ୍ଗରେ ବାହା କରେଇଲା ସେଇଟା କ'ଣ ମୋ' ପାଇଁ କମ୍ ଅପମାନ ବୋଲି ଭାବିଛୁ ? ମତେ ବି ସେଦିନ ଖୁବ୍ ବାଧି ଥିଲା। ଚାହିଁଥିଲେ ମୁଁ ବି ସେ ଦିନ mean ହୋଇ ପାରିଥାନ୍ତି..... କିନ୍ତୁ ମୁଁ ସେୟା କରିନି। ତୁ' କିନ୍ତୁ ଏଇଠିକି ଟ୍ରାନ୍ସଫର ହେଇ ଆସିଲା ପରଠୁ ମୋ' ପିଛା ଧରିଛୁ। କାହିଁକି ? ମୁଁ ଯାର ଗୋଟାଏ ସଫା ସଫା ଉତ୍ତର ଚାହୁଁଛି ଦୀପକ।"[୭]

ଦୁଇବନ୍ଧୁଙ୍କ ଟକ୍କର ଲାଗିରହିଛି। ଦିନେ କଲେକ୍ଟର ପତ୍ନୀ ସରିତା ଓ ପୁଅ ରାଜୁକୁ ଧରି ଟୁର୍‌ରୁ ଫେରିଲା ବେଳେ ସଂଧ୍ୟା ହୋଇଯାଇଥିଲା ଏବଂ ଜଙ୍ଗଲର ରାସ୍ତାରେ କଟାହୋଇ ପଡିଥିଲା କିଛି ଡାଳପତ୍ର। ସେଠାରେ ଗୁଣ୍ଡାମାନେ ସରିତା ଓ ରାଜୁକୁ କାବୁ କରି ଦେଇଛନ୍ତି ଏବଂ ଦୀପକ୍ S.P ଙ୍କୁ ଫୋନ୍ କରି ଦେଇଛନ୍ତି। ଫଳରେ ଘଟଣା ସ୍ଥଳରେ ପୋଲିସ୍ ପହଞ୍ଚି ଉଦ୍ଧାର କରି ଦେଇଛନ୍ତି ଏବଂ ଅଳ୍ପକେ ଦୀପକର ପରିବାର ଦୁର୍ଘଟଣାରୁ ବର୍ତ୍ତି ଯାଇଛନ୍ତି। କିନ୍ତୁ ଶତୃତା ଲାଗି ରହିଛି। ଅଜୟର ସବୁ ପ୍ରକାର ଅପରାଧମୂଳକ ଧନ୍ଦାକୁ ଦୀପକ ବନ୍ଦ କରିବାକୁ ଚେଷ୍ଟା ଚଳେଇଛି। ଯେପରିକି ମାଲ ଗୋଦାମରେ ଅପମିଶ୍ରିତ ଖାଦ୍ୟ ସାମଗ୍ରୀ ରଖିବା, ଝିଅଙ୍କୁ ଆଣି ନଗ୍ନ ଚିତ୍ର ଭିଡିଓ କରି କ୍ୟାସେଟ୍ ବନେଇବା ଇତ୍ୟାଦି। ଦୀପକ ଅଜୟକୁ ଏସବୁ କାମରୁ ନିବୃତ୍ତ ହେବା ପାଇଁ ସତର୍କ କରାଇଛି କିନ୍ତୁ ଜିଦ୍‌ରେ ଦୁହେଁ ଚାଲିଛନ୍ତି ଏବଂ ଅଜୟ

ଚକ୍ରାନ୍ତ କରି ଦୀପକକୁ ହତ୍ୟା କରିଛି। ସରିତା ଏବଂ ରାଜୁ କଷ୍ଟରେ ଦିନ କାଟିଛନ୍ତି।

ସମୟ ଚକ୍ରରେ କଲେକ୍ଟରର ପୁଅ ରାଜୁ ଓ ଅଜୟ ଝିଅ ଲିଜା ଏକା ଶ୍ରେଣୀରେ ପଢ଼ନ୍ତି ଏବଂ ଲିଜା ରାଜୁକୁ ଖୁବ୍ ଭଲପାଏ। ଦୁହିଁଙ୍କର କଥାବାର୍ତ୍ତା ଏହିପରି-

ରାଜୁ - ଆରେ ତମର ସିନା ବହୁତ ଟଙ୍କା ଅଛି ଯେ ପାଠ ନ ପଢ଼ିଲେ ଚଳିଯିବ.. ମତେ ତ ବାପା ସବୁବେଳେ କୁହନ୍ତି- ସବୁବେଳେ ସତ କହିବୁ, କପି କରିବୁ ନାହିଁ... ସତ୍ୟର ବାଟରେ ଚାଲିବୁ ଚରିତ୍ର ଆମ ପାଇଁ ବଡ।

ଲିଜା - ଏ.....ମା ! ସାର୍ ମାନେ ସ୍କୁଲରେ ଯେମିତି କହୁଛନ୍ତି-ଘରେ ବି ତମର ବାପା ସେମିତି କହୁଛନ୍ତି ?... ଆମ ବାପା ନା'... ସବୁବେଳେ ବ୍ୟସ୍ତ... ଜମାରୁ ମୋ' ସଙ୍ଗେରେ କଥା ହେବେନି... ଦିନେ ବି କୁଆଡେ ବୁଲେଇ ନେବେନି.... ମୁଁ ଯୁଆଡେ ଯାଏ.... ମାମୀ ସାଙ୍ଗରେ ଯାଏ... (ବ୍ୟାଗରୁ ମିଠେଇ ବାହାର କରି) କ୍ୟାଡବରୀ ଖାଇବ ?

ରାଜୁ - ବାପା ମନା କରୁଛନ୍ତି- ବାହାର ଜିନିଷ ଗୋଟେ ଖାଇବନି...

ଲିଜା - ଖାଇବନି ? ସେମିତି ହେଲେ କଥା ହେବିନି.....।"[୮]

ରାଜୁ ଓ ଲିଜାର ସଂପର୍କ ଧିରେ ଧିରେ ନିକଟତର ହେବାକୁ ଲାଗିଲା। ପରସ୍ପର ହସି ଗାଇ ସମୟ ଅତିବାହିତ କରିଦିଅନ୍ତି। ତାପରେ ଅଜଣା ସହରକୁ ରାଜୁର ମା ରାଜୁକୁ ନେଇ ଚାଲିଯାଆନ୍ତି। ରାଜୁର ପାଠପଢା ବନ୍ଦ ହୋଇଯାଏ। ରାଜୁ ବସ୍ତିରେ ରହି କଷ୍ଟ ନିର୍ଯ୍ୟାତନା ମଧ୍ୟରେ ବିଦ୍ରୋହୀ ହୋଇ ଉଠେ। ତା ବାପାର ହତ୍ୟାକାରୀ ଉପରେ ପ୍ରତିଶୋଧ ନେବା ପାଇଁ ଏବଂ ନିଜେ ବଞ୍ଚି ମା କୁ ବଞ୍ଚେଇବ। ତେଣୁ ନିଜର ଶିକ୍ଷାକୁ ଜଳାଞ୍ଜଳି ଦେଇ ସମାଜର ଦୁଷ୍ଟ ମାନଙ୍କୁ ଶାସ୍ତି ଦେବାପାଇଁ ରାଜୁ ସମାଜ ଉପରେ ପ୍ରତିଶୋଧ ପରାୟଣ ହୋଇଉଠିଛି ଏବଂ ଅଜୟ ସିଂ ସହ ତା'ର ଛକାପଞ୍ଝା ଚାଲିଛି। ଇତି ମଧ୍ୟରେ ଲିଜା ସହ ହୋଇଥିବା ନିରୀହ ପ୍ରେମ ମରିଯାଇଛି ଏହି ହିଂସ୍ରତା ମଧ୍ୟରେ। ନାଟ୍ୟକାର ରାଜୁ ଚରିତ୍ର ମାଧ୍ୟମରେ ସମାଜ ବ୍ୟବସ୍ଥାକୁ ବଦଳାଇବାର ପ୍ରୟାସ ରଖନ୍ତି। ଏହି ନାଟକଟିକୁ ମେଲୋଡ୍ରାମା ମଧ୍ୟ କୁହାଯାଏ।

ଲକ୍ଷ୍ମଣର ତିନିଗାର

ନାଟ୍ୟକାର ରମେଶ ପାଣିଗ୍ରାହୀଙ୍କ ଏହି ଯାତ୍ରା ନାଟକଟି ତୁଳସୀ ଗଣନାଟ୍ୟ ଦ୍ୱାରା ମଞ୍ଚସ୍ଥ ହୋଇଥିଲା। ଏହି ନାଟକଟି 'ଆମ ଗାଁର ହାଲଚାଲ' ଶୀର୍ଷକରେ ମୁଦ୍ରିତ ମଧ୍ୟ ହୋଇଅଛି। ଏହି ନାଟକରେ ଶ୍ରୀ ପାଣିଗ୍ରାହୀ ଓଡିଆ ଗଣନାଟ୍ୟର ମଞ୍ଚରେ ବିରାଟ

ପରିବର୍ତ୍ତନ ଆଣିଥିଲେ ଏବଂ ଶିବ ଲେଙ୍କା ମଧ୍ୟ ସେଥିରେ ସାମିଲ ଥିଲେ। ତାହା ଥିଲା ୧ମ ମଞ୍ଚ ଓ ୨ୟ ମଞ୍ଚ ପଛରେ ଥିବା ସାଇକ୍ଲୋରମା ମଞ୍ଚ ଉପରେ ଏକ ତୃତୀୟ ମଞ୍ଚ ରହିବ ଓ ଏହି ମଧ୍ୟବର୍ତ୍ତୀ ମଞ୍ଚଟିକୁ ଦ୍ୱିତୀୟ ମଞ୍ଚ କୁହାଯିବ। ଦ୍ୱିତୀୟ ମଞ୍ଚଟି ଚଳମାନ ଏବଂ ଏହା କେତେବେଳେ ପ୍ରଥମ ଓ କେତେବେଳେ ୩ୟ ମଞ୍ଚ ସହିତ ସଂଯୁକ୍ତ ହୋଇ ପାରୁଥିବା ଆଜି ପର୍ଯ୍ୟନ୍ତ ଯାତ୍ରା ମଞ୍ଚରେ ସେହି ମଞ୍ଚଶୈଳୀ ଚାଲିଛି। ଯାହାକି ରମେଶ ପାଣିଗ୍ରାହୀଙ୍କ ନାଟ୍ୟ ଜଗତକୁ ଦାନ କହିଲେ ଅତ୍ୟୁକ୍ତି ହେବ ନାହିଁ।

ଏହି ନାଟକଟି ଜଣେ ବୟସ୍କ ସ୍ୱାଧୀନତା ସଂଗ୍ରାମୀଙ୍କ ପରିବାରର କଥା ଅଟେ। ତିନି ପୁଅ ଓ ଗୋଟିଏ ଭଉଣୀର କାହାଣୀ।ଏହି ନାଟକରେ ଗୋଟିଏ ଭଉଣୀର କାହାଣୀ। ଏହି ନାଟକରେ ଗୋଟିଏ ପ୍ରଗତିଶୀଳା ଝିଅର ବଞ୍ଚିବାର ଶୈଳୀକୁ ଗ୍ରହଣ କରି ପାରୁନଥିବାର ଏକ ନପୁଂସକ ସମାଜର ବିଫଳତା କିପରି ବିଭତ୍ସ ଭାବେ ହତ୍ୟା କରିବା ପାଇଁ ଆଗୁସାର ହୋଇ ଆସିଛି ତାହାର ଏକ ମର୍ମନ୍ତୁଦ ଘଟଣା ହେଉଛି ଏହି ଯାତ୍ରାନାଟକର ବିଷୟବସ୍ତୁ।

କାହାଣୀ ଗତି ଉଠିଛି ଗୋଟିଏ ଗ୍ରାମ୍ୟ ବାତାବରଣରୁ। ଦୁଇବନ୍ଧୁ ବିପ୍ରଦାସ ଓ ସତ୍ୟାନନ୍ଦଙ୍କର ଦୁଇଝିଅ ରୁବି ଓ ଗୀତାକୁ ନେଇ। ଗାଁର ସରପଞ୍ଚ ତଥା ଜଣେ ସଂଭ୍ରାନ୍ତ ଶ୍ରେଣୀୟ ବ୍ୟକ୍ତି। ବିପ୍ରଦାସ ହେଉଛନ୍ତି ଜଣେ ଉଚ୍ଚଶିକ୍ଷିତ ଏବଂ ଓଡିଶାର ଜଣେ ସ୍ୱନାମଧନ୍ୟ ସ୍ୱାଧୀନତା ସଂଗ୍ରାମୀ। ତାଙ୍କର ଦୁଇପୁଅ ମିଟୁ ଓ ଜିତୁ। ପାଠ ପଢ଼ନ୍ତି ସେମାନେ। ବିପ୍ରବାବୁ ହେଉଛନ୍ତି ନିମ୍ନ ମଧ୍ୟବିତ୍ତ ପରିବାରର ଲୋକ। ବଡ଼ ପୁଅ ମିଟୁ ବ୍ୟାଙ୍କ୍‌ର କାମ କରେ ଏବଂ ସାନପୁଅ ଜିତୁ ପାଠ ପଢେ। ପାଠ ସରିନଥାଏ ତାର, ଏଣେ ଝିଅ ରାନୁ ଘରର ସବୁ ଦାୟିତ୍ୱ ସମ୍ଭାଳେ। ସତ୍ୟାନନ୍ଦ ବାବୁଙ୍କ ବଡ ଝିଅ ରୁବି ଦିଲ୍ଲୀରେ ପଢେ ଏବଂ ପାଖ ଗାଁ ଶିଳ୍ପପତି ପରିମଳ ବାବୁଙ୍କ ନାତି ଅଜିତ୍‌କୁ ପ୍ରେମ କରେ।

ଇତି ମଧ୍ୟରେ ରୁବି ସହ ମିଟୁର ବିବାହ କରାଇ ଦିଆଗଲା। ପରେ ଜଣାପଡିଲା ବିପ୍ର ବାବୁଙ୍କ ଘରେ ବିଜୁଳି ଆଲୁଅ ନାହିଁ ଏବଂ ଆରାମରେ ଦିନ କଟେଇବା ପାଇଁ ଆଧୁନିକ ସାଜସଜ୍ଜା କିମ୍ବା ସରଞ୍ଜାମ ମଧ୍ୟ ନାହିଁ। ତେଣୁ ବିବାହ ପରେ ପରେ ତାର ପୁଅ ମୁନ୍ନା ଜନ୍ମ ହେବାର କିଛିଦିନ ଉତ୍ତାରୁ ରୁବି ଅଜିତ୍ ସଙ୍ଗରେ ରାତିଅଧିଆ ଘର ଛାଡି ଚାଲିଯାଇଛି। ମୁନ୍ନାର ମୁହଁକୁ ଚାହିଁ ଗୀତା ତାର ସବୁ ଯତ୍ନ କଲା । ଝିଅ ମରିଗଲା ବୋଲି ସତ୍ୟାନନ୍ଦ ବାବୁ କ୍ରୋଧଜର୍ଜରିତ ହୋଇ ବ୍ରାହ୍ମଣ ଡକାଇ ଶୁଦ୍ଧି ହୋଇଗଲେ। ମିଟୁ ଆଗଭଳି ଆଉ ହୋଇ ରହିଲା ନାହିଁ ସେ ପୁରା ଚୁପ୍‌ଚାପ ହୋଇ ରହେ। ଘର ଚଳାଇବା ପାଇଁ ଅସୁବିଧା ଉପୁଜିବାରୁ ରାନୁ ବାହାରକୁ ଚାକିରୀ କରିବା

ପାଇଁ ଯିବାକୁ ବାଧ୍ୟ ହେଲା। ଏଣେ ଜିତୁ ବଦମାସ୍ ଭଳି କ୍ରିକେଟ୍ ଖେଳି ସମୟ ଅପଚୟ କରେ ଏବଂ ବାପାଙ୍କ ଠାରୁ ଗାଳି ଖାଏ। ଠିକ୍ ଏହି ସମୟରେ ଜିତୁ ମିତୁର ମା ମାୟା ଦେବୀ ଇହଲୀଳା ସମ୍ବରଣ କଲେ । ଅବସ୍ଥା ଆହୁରି ଶୋଚନୀୟ ହୋଇଗଲା। ଏପଟେ ପରିମଳବାବୁ ଅଜିତ୍‌ର ଦୁଃଖରେ ଭାଙ୍ଗିପଡି ମୃତ୍ୟୁବରଣ କଲେ ଏବଂ ଅଜିତ୍ ମଧ୍ୟ ଜେଜେଙ୍କ କଥା ଭାବି ଅତ୍ୟଧିକ ମଦ୍ୟପାନ କରି ଆତ୍ମହତ୍ୟା କଲା। ଯାହାଫଳରେ ରୁବି ନିରାଶ୍ରୟ ହୋଇ ଗାଁକୁ ଫେରିଲା।

ଯେହେତୁ ତାକୁ ଗାଁରୁ ବାସନ୍ଦ କରାଯାଇଛି ସେଥିପାଇଁ ତାକୁ କେଉଁଠାରେ ଆଶ୍ରୟ ମିଳିଲା ନାହିଁ। ତେଣୁ ଗାଁର ଶେଷ ମୁଣ୍ଡରେ ଗୋଟେ କୁଡିଆ ଘରେ ସେ ଆଶ୍ରୟ ନେଲା ଏବଂ ଧିରେ ଧିରେ ସେ ଜାଣିପାରିଲା ବଡ ହୋଇ ସ୍କୁଲକୁ ଯାଉଥିବା ମୁନ୍ନା ହେଉଛି ତା ପୁଅ। ରୁବି ଦିନେ ମୁନ୍ନାକୁ ଡାକି ନେଇ ଗେହ୍ଲା କରିଛି ଏବଂ ତା ସଙ୍ଗରେ ଖେଳିଛି। ଏହି ଲୁଚକାଳି ଖେଳ ମଧ୍ୟରେ ଆସିଯାଇଛି ଗୀତା। ଏହାପରେ ଗୀତା ଏବଂ ରୁବିଙ୍କ ମଧ୍ୟରେ କଥା କଟାକଟି ହେବା ଭିତରେ ରୁବି ଗୀତାର ଅନେକ କଟୁ ବାକ୍ୟର ଶରବ୍ୟ ହୋଇଛି ଏବଂ ଗଭୀର ଭାବେ ହୃଦୟ ମଧ୍ୟରେ ଯନ୍ତ୍ରଣା ପାଇ ଛଟପଟ ହୋଇଛି। ସେ ଯାହା ଚାହିଁଥିଲା ଜୀବନରେ ତାହା ସେ ପାଇ ପାରିନାହିଁ। ଜୀବନର ଶେଷ ପର୍ଯ୍ୟାୟରେ ସେ ସଂପୂର୍ଣ୍ଣ ନିଃସ୍ୱ ଏବଂ ଏକାକୀ ହୋଇପଡ଼ିଛି। ତାକୁ କେହି ବୁଝି ପାରୁନଥିବାରୁ ସେ କେବଳ ନିଜକୁ ହିଁ ଦାୟୀ କରିଛି ।

ଗୀତା ମିତୁକୁ ବିବାହ କରି ମୁନାର ମା ହୋଇସାରିଛି। ଏହା ରୁବି ଜାଣିବା ପରେ କ୍ଷୋଭ ଓ ଗ୍ଲାନିରେ ଯନ୍ତ୍ରଣାକୁ ଚାପିଧରି ଗାଁରେ ଭଡାଘର କରି ବାଛନ୍ଦ ହୋଇ ରହିଛି ଏବଂ କଷ୍ଟରେ ରୋଗରେ ପଡି ଛଟପଟ ହେଉଛି। ଦିନେ ମିତୁର ସାନ ଭାଇ ଜିତୁ ଦେଖିଲା ବେଳକୁ ରୁବି ରୋଗ ଶଯ୍ୟାରେ ପଡି ଛଟପଟ ହେଉଛି। ଏବଂ ଜିତୁକୁ ଦେଖି କହିଛି- "ଜିତୁ ମୋର ଗୋଟେ ଛୋଟ କାମ କରିଦେବ ? ମଲାପୂର୍ବରୁ ଏଇଟା ମୋର ଶେଷ ଇଚ୍ଛା। ମୁଁ ଜାଣେ ... ମୁଁ ଏ ଦୁନିଆରେ ଅଳ୍ପଦିନର ଅତିଥି... ମଲାପୂର୍ବରୁ ତମ ଭାଉଜର ଏଇଟା ଶେଷ ଇଚ୍ଛା... ମୁଁ ଥରେ ତମ ଭାଇଙ୍କୁ ଦେଖିବାକୁ ଚାହେଁ। (ଶାହାନାଇ) ଜିତୁ... ମୋର ଯୋଉ ଭୁଲ... ଜନ୍ମ ଜନ୍ମାନ୍ତର ପର୍ଯ୍ୟନ୍ତ ମତେ କେହି କ୍ଷମା କରି ପାରିବେନି ତଥାପି.... ତଥାପି ଏଇ ଶାସ୍ତି ଭିତରେ ମୁଁ ମୋର ଭଗବାନଙ୍କୁ ଚିହ୍ନିଲି। ତାଙ୍କର ମୂଲ୍ୟ କ'ଣ ବୁଝିଲି। ତମେ ତାଙ୍କୁ କେମିତି ବୁଝେଇ କହିବ ମୁଁ ଜାଣିନି .... କିନ୍ତୁ... ମୋର ଏତିକି କାମ କରିଦେବ .....ପ୍ଲିଜ ଜିତୁ ! ପ୍ଲିଜ୍ !!"

ପରେ ପରେ ରୁବିର ମୃତ୍ୟୁ ହୋଇଛି ଏବଂ ମିତୁ ଆସି ଗାଁରେ ଡେଙ୍ଗୁରା ବାଡେଇ ଶବଦାହ କରିଛି । କାହାଣୀରେ ପ୍ରେମ, ସ୍ନେହ, ତ୍ୟାଗ ସାଥେ ସାଥେ

ଅନୁତାପର ଛାପ ମଧ୍ୟ ରହିଛି। ଭାରତୀୟ ସଂସ୍କୃତିର ଆଦର୍ଶ ଓ ମୂଲ୍ୟବୋଧ ମଧ୍ୟ ଏଥିରେ ପ୍ରତିଫଳିତ। ପ୍ରେମ ଗନ୍ଧ ସାଥେ ସାଥେ ପାରିବାରିକ ବନ୍ଧନର ଆବେଗ ଏଠାରେ ଦେଖିବାକୁ ମିଳିଥାଏ।

ରକ୍ତରେ ଲାଗିଛି ନିଆଁ

ତାରିଣୀ ଗଣନାଟ୍ୟର 'ରକ୍ତରେ ଲାଗିଛି ନିଆଁ' ଗ୍ରାମାଞ୍ଚଳର କୃଷକ ପରିବାର ଉପରେ ଆଧାରିତ। ତିନିଭାଇର ପରିବାରର ଜମିଜମାକୁ ନେଇ ଲଢ଼େଇ ଚାଲିଛି। କାରଣ ପାଖ ଗାଁର ଖଳନାୟକ ଏମାନଙ୍କ ଜମିକୁ ବଳପୂର୍ବକ ଅକ୍ତିଆର କରିଦେବା ପାଇଁ ଉଦ୍ୟମ କରିବାରୁ ହାଇକୋର୍ଟରେ କେଶ୍ ଚାଲିଥିଲା ଏବଂ ଏହି କେଶକୁ ବଡ଼ଭାଇ ଜିତିଗଲା ପରେ ଖଳନାୟକ ତାକୁ ଘରେ ପଶି ହାଣି ଦେଇଛି। ବାପା ଆଗରୁ ମୃତ ଥିଲେ। ତେଣୁ ଘରର ସଂପତ୍ତି ବଞ୍ଚାଇବା ଓ ମା'ର ଦାୟିତ୍ୱ ନେବାର ସଂଘର୍ଷ ହେଉଛି ଏହି ଯାତ୍ରାର କାହାଣୀ। ଏଥିରେ ସୂକ୍ଷ୍ମ ଓ କୋମଳ ଅନୁରାଗ ଅପେକ୍ଷା ବୀର ଓ ବୀଭତ୍ସ ରସର ପ୍ରୟୋଗ ଅଧିକ ରହିଛି।

୧୯୮୫ ମସିହାରେ ଶିବାନୀ ଗଣନାଟ୍ୟରେ ମଞ୍ଚସ୍ଥ ହୋଇଥିବା ଦୁଇଟି ନାଟକ 'ଠିକଣା ହଜିଛି' ଓ 'ନକଲି ପ୍ରତି ସାବଧାନ' ଏଯାବତ୍ ପାଣ୍ଡୁଲିପି ଅବସ୍ଥାରେ ରହିଥିବାରୁ ଏଗୁଡ଼ିକୁ ଆଲୋଚନା କରିବା ସମ୍ଭବପର ହୋଇପାରି ନାହିଁ।

ମରୁନଦୀର ଡଙ୍ଗା (ବେଦୀରୁ ସବାରୀ ଅନେକ ଦୂର)

ଏହି ନାଟକଟି ତ୍ରିନାଥ ଗଣନାଟ୍ୟରେ ୧୯୯୧ ମସିହାରେ 'ବେଦୀରୁ ସବାରୀ ଅନେକ ଦୂର' ନାମରେ ମଞ୍ଚସ୍ଥ ହୋଇଛି। ଜଣେ ସ୍କୁଲ ଶିକ୍ଷକ ଇଲେକ୍‌ସନ ଲଢ଼ି ନିଜ ପରିବାରକୁ କିପରି ହରାଇ ସେମାନଙ୍କ ସାଙ୍ଗରେ ପୁନଃମିଳିତ ହୋଇଛନ୍ତି ସେହି କାହାଣୀ ସହିତ ଯୋଡି ହୋଇ ରହିଛି ଅନ୍ୟ ଏକ ସମାନ୍ତର କାହାଣୀ।

ନାଟକରେ କାହାଣୀର ଆରମ୍ଭ ହେଉଛି ମଳୟ ଦାସ ଠାରୁ ଏବଂ ସେଠାରେ ତାକୁ ଗୁଣ୍ଡାମାନେ ଆକ୍ରମଣ କରି ପରେ ଉଠାଇ ନେଇ ଗୋଟିଏ ଡ୍ରେନ୍‌ରେ ଫୋପାଡି ଦିଅନ୍ତି। ଏବଂ ସେଠାରୁ ଉଠି ମଳୟ ଏକ ବୟସ୍କ ଲୋକଙ୍କୁ ଆବିଷ୍କାର କରେ ଯାହାଙ୍କର ବେଶଭୂଷା ଟିକିଏ ଭିନ୍ନ ଧରଣର ଏବଂ ସେହିଠାରୁ କାହାଣୀ ଟିକେ ରହସ୍ୟ ଓ ରୋମାଞ୍ଚକର ମୋଡ ନିଏ।

ଦେବକାନ୍ତ ମଳୟକୁ ବନ୍ଦୀ କରି ରଖିଛନ୍ତି ଏବଂ ଜଷ୍ଟିସ୍ ବିକ୍ରମ ଦାସଙ୍କୁ ଧମକ ଦେଇଛନ୍ତି ଯେ ଯଦି କଲ୍ଲୋଲକୁ ଫାଶୀ ହୁଏ ତାହା ହେଲେ ତାଙ୍କ ପୁଅ ମଳୟକୁ ମୃତ ଅବସ୍ଥାରେ ଦେଖିବେ କହି ଫୋନ୍ ରଖି ଦେଇଛନ୍ତି। ଇତି ମଧ୍ୟରେ କୋକାକୋଲା ଓରଫ ସୋନାଲି ଆସି ମଳୟକୁ ସେଠାରୁ ଉଦ୍ଧାର କରିନେଇଛି।

ଏବଂ ସେଠାରେ ସେ ମଳୟକୁ ତାର ଦୁଃଖ ଯନ୍ତ୍ରଣା କହିଛି। ସେହି ସମୟରେ ଗୋଟେ ଟ୍ୟାକ୍ସି ଆସି ମଳୟକୁ ନେଇଯାଇଛି।

ତାପରେ କୋର୍ଟରେ କଲ୍ଲୋଳର ଭଉଣୀ ମାଧବୀ ଓକିଲ ସଙ୍ଗେ କଥାବାର୍ତ୍ତା କରିଛି। ଯା' ପରେ କଲ୍ଲୋଳ ଓ ମାଧବୀର ଇତିହାସ ଜଣାପଡିଛି ଯେ ସେମାନେ ହେଉଛନ୍ତି ଦେବକାନ୍ତ ଓ ଲକ୍ଷ୍ମୀଙ୍କ ପୁଅ। ଯେହେତୁ ଦେବକାନ୍ତ ଜଣେ ଶିକ୍ଷକ। ସେ ର୍‍ୟାଲି କରନ୍ତି ଏବଂ ସେ ସମୟରେ ଜଣେ ଦେବକାନ୍ତ ବାବୁଙ୍କୁ ଏମ୍.ଏଲ୍.ଏ. ଶ୍ୱେତପଦ୍ମାଙ୍କୁ ଭେଟାଇ ଦେଇଛନ୍ତି। ଶ୍ୱେତପଦ୍ମା ହେଉଛନ୍ତି ଶିକ୍ଷକ ର୍‍ୟାଲିରେ ଯୋଗଦେଇ ଟ୍ରକ୍ ଦୁର୍ଘଟଣାରେ ପ୍ରାଣ ହରାଇଥିବା ନବକୃଷ୍ଣ ବାବୁଙ୍କ ପତ୍ନୀ ଏବଂ ସେଦିନ ରାତିରେ ଶ୍ୱେତପଦ୍ମା ଦେବୀଙ୍କ ଅନୁରୋଧ କ୍ରମେ ଦେବକାନ୍ତ ତାଙ୍କ ଘରେ ଶୋଇଥିଲେ ଏବଂ ବିରୋଧୀ ଦଳର ଗୁଣ୍ଡାମାନେ ସ୍କାଏ ଲାଇଟ୍ ବାଟେ ତାଙ୍କ ଫଟୋ ଉଠାଇ ଦେବକାନ୍ତଙ୍କ ଘରକୁ ପଠାଇ ତାଙ୍କୁ ବ୍ଲାକ୍‌ମେଲ୍ କରିବାକୁ ଚେଷ୍ଟା କରିବାରୁ ଦେବକାନ୍ତ ଆତ୍ମହତ୍ୟା କରିବା ପାଇଁ ଛାତରୁ ଡେଇଁ ପଡିଲା। ଫଳରେ ଗୋଡ ତାଙ୍କର ଭାଙ୍ଗି ଯାଇଛି କିନ୍ତୁ ସେ ବଞ୍ଚି ଯାଇଛନ୍ତି। ତାଙ୍କ ପତ୍ନୀ ସ୍ୱାମୀଙ୍କ ସେଭଳି ନଗ୍ନ ଫଟୋ ଦେଖି ଆତ୍ମହତ୍ୟା କଲେ। ଫଳରେ କଲ୍ଲୋଳ ଓ ମାଧବୀ ଅନାଥ ହୋଇ ସହରକୁ ଚାଲିଗଲେ ଏବଂ ତାପରେ ଆରମ୍ଭ ହୋଇଛି ତାଙ୍କ ସଂଘର୍ଷର କାହାଣୀ।

ପରବର୍ତ୍ତୀ ସମୟରେ ଏମ୍.ଏଲ୍.ଏ. ଶ୍ୱେତପଦ୍ମା ଦେବୀଙ୍କ ଆଦେଶରେ ମନୋହର ନାମରେ ଜଣେ ବିହାରୀ କଣ୍ଟ୍ରାକ୍ଟର (Real estateର ମାଲିକ) ମଙ୍ଗୁ ଓ କଲ୍ଲୋଳ ରହୁଥିବା ବସ୍ତିରେ ଆପାର୍ଟମେଣ୍ଟ ତିଆରି କରିବ ଏବଂ ମଙ୍ଗୁର ଗ୍ୟାରେଜ୍‌ଟା ମନୋହର ହାତକୁ କାଲେ ଚାଲିଯିବ ତେଣୁ କଲ୍ଲୋଳ ଏହି ଗ୍ୟାରେଜ ବିଷୟରେ କଥାବାର୍ତ୍ତା କରିବାକୁ ଯାଇଛି, ଶ୍ୱେତପଦ୍ମା ସାଙ୍ଗରେ ଏବଂ ଏମ୍.ଏଲ୍.ଏ. ଘଟଣା ଚକ୍ରରେ ଜାଣିପାରିଛନ୍ତି କଲ୍ଲୋଳ ହେଉଛି ଦେବକାନ୍ତଙ୍କ ପୁଅ। ତେଣୁ ସେ କଲ୍ଲୋଳ ଓ ମାଧବୀର ଦାୟିତ୍ୱ ନେଇଛନ୍ତି ଏବଂ କଲ୍ଲୋଳକୁ ନିଜର ପ୍ରାଇଭେଟ୍ ସେକ୍ରେଟାରୀ କରି ରଖିଛନ୍ତି। ସେ ଆଗରୁ ଦେବକାନ୍ତକୁ ବନ୍ଦୀ କରି ରଖିଛନ୍ତି ଏବଂ କଲ୍ଲୋଳ ସାଙ୍ଗରେ ପରିଚିତ ହେବାକୁ ଦେଉନାହାନ୍ତି। ଶ୍ୱେତପଦ୍ମା ଅନୁଗୁଳରେ ଗୋଟାଏ ଔଷଧ କାରଖାନା କରିଥିଲେ ତେଣୁ କଲ୍ଲୋଳକୁ ତାହା ବୁଝିବା ପାଇଁ ପଠାଇଛନ୍ତି ଏବଂ କଲ୍ଲୋଳ ହାତରେ ପଡିଯାଇଛି ଶ୍ୱେତପଦ୍ମା ଓ ଦେବକାନ୍ତ ବାବୁଙ୍କ ସେଇ ନଗ୍ନ ଫଟୋଟି। ତେଣୁ କ୍ରୋଧ ଜର୍ଜରିତ ହୋଇ କଲ୍ଲୋଳ ଶ୍ୱେତପଦ୍ମା ଦେବୀଙ୍କୁ ହତ୍ୟା କରିଛି ଯାହା ଫଳରେ ସେ ଜେଲ୍ ଯାଇଛି।

ପରେ ପରେ କାହାଣୀରେ ଜଣାପଡୁଛି ଯେ ଜଷ୍ଟିସ୍ ବିକ୍ରମ ଦାସ ହେଉଛନ୍ତି କୋକାକୋଲାର ବାପା ଏବଂ ଜ୍ୟୋତି ଦେବୀ ହେଉଛନ୍ତି ତାର ମା। ତାପରେ ଗୋଟିଏ ମିଳନ ଘଟୁଛି ପରସ୍ପରଙ୍କ ମଧ୍ୟରେ। କୋର୍ଟରେ କଲ୍ଲୋଳର କେଶ ବି ଫାଇନାଲ୍ ହୋଇଯାଇଛି ଏବଂ କଲ୍ଲୋଳ ମୁକ୍ତି ପାଇ ଫେରିଆସିଛି।

ଏହି କାହାଣୀଟି ୩୫ ଟି ଦୃଶ୍ୟରେ ଗଢା ହୋଇଛି। ଏଠାରେ ଗଠନ ପ୍ରଣାଳୀକୁ ନେଇ ପରୀକ୍ଷାକଲେ ଜଣାପଡୁଛି କାହାଣୀର ବର୍ଣ୍ଣନା ଗୋଟିଏ ସରଳରେଖାରେ ହୋଇନାହିଁ। ଏହି ନାଟକଟିକୁ ସାଧାରଣତଃ ପ୍ରୟୋଗବାଦୀ ନାଟକ କୁହାଯାଏ ଏବଂ ଏହାର ବହୁ 'ସନ୍ଧି' ଓ ଅବସ୍ଥା ରହିବା ସହିତ ଏଥିରେ ବହୁନାୟକ ଓ ନାୟିକାଙ୍କର ସମାବେଶ ଦେଖିବାକୁ ମିଳିଛି। ଏଥିରେ ନୂତନ ଆଖ୍ୟାନ ଶୈଳୀର ପ୍ରୟୋଗ କରିଛନ୍ତି ନାଟ୍ୟକାର।

ବୈକୁଣ୍ଠ ସମାନ ଆହା ଅଟେ ସେଇ ଘର

ଉତ୍ତରାୟଣୀ ଗଣନାଟ୍ୟ ଦ୍ୱାରା ସାତଶଂଖ ପୁରୀରେ ୧୯୮୬ ମସିହାରେ 'ବୈକୁଣ୍ଠ ସମାନ ଆହା ଅଟେ ସେଇଘର' ନାଟକ ମଞ୍ଚସ୍ଥ ହୋଇଥିଲା। ଏହି ଯାତ୍ରା ନାଟକରେ କେଦାର ସାହୁ ନାମକ ବ୍ୟବସାୟୀ ଘରର କାହାଣୀ ବର୍ଣ୍ଣିତ ହୋଇଛି। ଶ୍ରୀ ସାହୁଙ୍କ ବୟସ ୫୫ ବର୍ଷ ଏବଂ ସେ ଜଣେ କଂଜୁସ୍ ପ୍ରକୃତିର ଲୋକ ଅଟନ୍ତି। କିନ୍ତୁ ଲୋକ ହିସାବରେ ଖୁବ୍ ଭଲ। ଦୁଇ ପୁଅଙ୍କ ମଧ୍ୟରୁ ବଡ ପୁଅ ଅମର ବେପାର କରେ ଏବଂ ପଞ୍ଚାୟତ ନିର୍ବାଚନରେ ଭାଗ ନିଏ। ସେ ବିବାହ କରିଛି କିନ୍ତୁ ଛୁଆ ପିଲା କେହିନାହାନ୍ତି। ସାନ ପୁଅ ଚନ୍ଦନ କିନ୍ତୁ କେଦାର ବାବୁଙ୍କ ଭାଷାରେ ବିଛୁଆତିଟା ଅଧିକ ପ୍ରଯୁଜ୍ୟ ମନେହୁଏ।

କାହାଣୀରେ ନୂଆ ମୋଡ ନିଏ ଯେତେବେଳେ ପ୍ୟାରେଲାଲ ନାମକ ଜଣେ ଅସାମାଜିକ ବ୍ୟକ୍ତି ମଫସଲ ଗ୍ରାମର ଗୋଟେ ଅଶିକ୍ଷିତ ଝିଅ ଲୁସିକୁ ଆଣି ଅମରକୁ ଭେଟି ଦିଏ ଏବଂ ଅମର ସେ ଝିଅ ପଛରେ ପଡି ନିଜ ପାରିବାରିକ ଜୀବନରେ ନିଜେ ନିଆଁ ଲଗାଇ ଦିଏ। ଅମରର ସ୍ତ୍ରୀ କଲ୍ୟାଣୀ ଭାରତୀୟ ନାରୀର ଆଦର୍ଶକୁ ବଜାୟ ରଖି ବିଳମ୍ବିତ ରାତି ପର୍ଯ୍ୟନ୍ତ ସ୍ୱାମୀଙ୍କ ବାଟକୁ ଚାହିଁ ରହେ। ଦିଅରକୁ ପୁଅ ପରି ସେ ଭଲପାଏ। ସେପଟେ ଚନ୍ଦନ ପାଇଁ ଗୋବିନ୍ଦଙ୍କର ଝିଅର ପ୍ରସ୍ତାବ ଆସିଥିଲା କିନ୍ତୁ ସେ ଅତ୍ୟାଧୁନିକ ହୋଇଥିବାରୁ କେଦାର ସାହୁଙ୍କର ପସନ୍ଦ ହେଲାନି। ତେଣୁ ଚନ୍ଦନ ଲିଲି ବୋଲି ଗୋଟେ ଝିଅକୁ ବିବାହ କଲା ଏବଂ ବାହାରକୁ କିଛିଦିନ ପାଇଁ ଚାଲିଯାଇଥିଲା। ଆସିଲା ବେଳକୁ ବୈକୁଣ୍ଠ ପରି ଘର ଭାଙ୍ଗି ରୁଜି ଚୁରମାର ହୋଇଯାଇଥିଲା। ତା ମା ପରି ଭାଉଜକୁ ଭାଇ ଘରୁ କାଢି ଦେଇଛନ୍ତି। ଲୁସି ଓ

ପ୍ୟାରେଲାଲ୍‌ର ଚକ୍ରାନ୍ତ ଥିଲା କେଦାର ସାହୁଙ୍କୁ ମାରି ସଂପତ୍ତି ସହିତ ଚନ୍ଦନଙ୍କୁ ଘରୁ ତଡ଼ିଦେବା। ଶେଷରେ ସବୁଧରା ପଡିଛି। ଚନ୍ଦନ ଏମାନଙ୍କୁ ପୋଲିସ୍‌କୁ ଦେଇ ଦେଇଛି।

ଲିଲିର ମୃତ୍ୟୁ ଖବର ପାଇ ଚନ୍ଦନଙ୍କୁ ବାପା ପୁଣି ଥରେ ବିବାହ କରାଇ ଦେଇଛନ୍ତି। ସେ ମିନୁକୁ ବିବାହ କରି ଖୁସିରେ ରହିଛି। କିଛି ଦିନ ପରେ ଲିଲି ଫେରିଆସି ଚନ୍ଦନର ନୂତନ ସ୍ତ୍ରୀକୁ ଦେଖି ଦୁଃଖ କରିଛି ଏବଂ ତାଙ୍କରି ଘରେ ନିଜ ପରିଚୟ ଗୋପନ ରଖି କାମ କରିଛି। ଦିନେ ଚନ୍ଦନ ଓଢଣୀ ଆଢୁଆଳରୁ ଏସବୁ ଜାଣିପାରିଲା ପରେ ଲିଲି ଓ ମିନୁ ଦୁହିଁଙ୍କୁ ଆପଣାର କରି ଚନ୍ଦନ ରଖିଛି ଏବଂ ଇତି ମଧ୍ୟରେ କାହାଣୀ ଶେଷ ହୋଇଛି।

ଏହି ନାଟକଟିରେ ଅତିମାତ୍ରାରେ ମେଲୋଡ୍ରାମାର ପ୍ରୟୋଗ ସହିତ ଦୃଶ୍ୟଛନ୍ଦ ଏବଂ ଆଲୋକ ଅନ୍ଧାରର ରୂପକାତ୍ମକ ଛନ୍ଦଟିଏ ମଧ୍ୟ ଦେଖିବାକୁ ମିଳେ।

ଶ୍ରୀକୃଷ୍ଣ ଆସୁଛନ୍ତି

୧୯୮୬ ମସିହାରେ ପ୍ରଯୋଜିତ 'ଶ୍ରୀକୃଷ୍ଣ ଆସୁଛନ୍ତି' ଯାତ୍ରାର କାହାଣୀ ଯୌତୁକ ସମସ୍ୟା ଉପରେ ଆଧାରିତ। କାହାଣୀର ଘଟଣା ରାୟବାହାଦୂର ଲୋକନାଥ ମହାପାତ୍ରଙ୍କ ପରିବାର ଭିତରେ ଘଟିଛି। ତାଙ୍କ ପତ୍ନୀଙ୍କ ଖରାପ ବ୍ୟବହାର ତାଙ୍କୁ ମାନସିକ ରୋଗୀ କରିଦେଇଛି ଏବଂ ତାଙ୍କ ପୁଅ ଅଶୋକ ମଧ୍ୟ ମଦ ପିଇ ପିଇ ନଷ୍ଟ ହୋଇଯାଇଛି। ପତ୍ନୀ ଉମା ତାଙ୍କର ଗୋଟେ ସଂପର୍କୀୟ ଭାଇ ଜାପାନୀ ଲେଙ୍କାକୁ ଘରେ ଆଣି ରଖିଛି। ଜାପାନୀ କିଛିଦିନ ଆମେରିକାରେ ରହିଥିବାରୁ ଓଡିଶା ଆମେରିକା ଭଳି ଢାଞ୍ଚାରେ କିଛି ନାହିଁ ବୋଲି କହି ଗାଳିଦିଏ। ଅଶୋକ ଜାପାନୀ ସାଙ୍ଗରେ ବସି ମଦ ପିଏ ତେଣୁ ଲୋକନାଥ ବାବୁ ବହୁ ଚିନ୍ତାଗ୍ରସ୍ତରେ ରହୁଥିଲେ। ଦିନେ କାରଖାନାରୁ ଫେରିଲା ବେଳେ ଉଚ୍ଚ ରକ୍ତଚାପ ଯୋଗୁଁ କାର୍ ନ ଚଲେଇ ପାରିବାରୁ ଗଛ ତଳେ ମୂର୍ଚ୍ଛା ହୋଇ ପଡିଲେ ଲୋକନାଥ ବାବୁ।

ସେ ପାଖରେ ଦୀନୁ ମହାନ୍ତି ଘର। ଦୀନୁର ଝିଅ ଦେବକୀ ସେହି ସମୟରେ ଗାଇଗୁଡାକୁ ଆଣୁଥିଲା ଏବଂ ସେ ଦେଖିଲା କେହି ଜଣେ ମୂର୍ଚ୍ଛା ହୋଇ ପଡିଛନ୍ତି। ସେ ଲୋକନାଥଙ୍କୁ ଉଠାଇ ଆଣି ସେବା ଶୁଶ୍ରୂଷା କଲା। ଦେବକୀର ସେବା ଫଳରେ ଲୋକନାଥଙ୍କ ଚେତା ଫେରିଲା ଏବଂ ଦେବକୀର ସେବା ଓ ବ୍ୟବହାରରେ ଖୁସି ହୋଇ ବିନା ଯୌତୁକରେ ଅଶୋକ ସଙ୍ଗେ ଦେବକୀର ବିବାହ କରିବା ପାଇଁ ମନସ୍ଥ କଲେ। କିନ୍ତୁ ଉମାଦେବୀ ଏଥିରେ ଅସନ୍ତୁଷ୍ଟ ହୋଇ ପୁଅ ସହିତ ବୋହୂକୁ ରହିବାକୁ ଦେଲେ ନାହିଁ। ବରଂ ଯୌତୁକ ପାଇଁ ବୋହୂକୁ ନିର୍ଯ୍ୟାତନା ଦେଲେ ଏବଂ ଏପଟେ ଅଶୋକ ମଧ୍ୟ ଖୁସି ନଥିଲା ଏହି ବିବାହରେ। ବିବାହର ମଧୁଶଯ୍ୟା ରାତିରେ ଦେବକୀ

ଜାଣି ନଥିଲା ତାର ସ୍ୱାମୀ ଆକଣ୍ଠ ମଦ ପିଏ ବୋଲି । ତେଣୁ ଦେବକୀ ଅଶୋକଙ୍କୁ କହିଛି–

ଦେବକୀ - (ଏକାକିନୀ, ଠିଆ ହୋଉଛି ବାସର ରାତିର ସ୍ୱଗତୋକ୍ତି) ମୁଁ ଏମାନଙ୍କୁ ଯେତେ ଆପଣାର କରିବାକୁ ଚାହୁଁଛି... ଏମାନେ ମୋଠୁ ସେତିକି ଦୂରେଇ ଯିବାକୁ ଚାହୁଁଛନ୍ତି । ମୁଁ କ'ଣ ଏମାନଙ୍କର ଆପଣାର ହୋଇପାରିବିନି ? ମତେ ଆଶୀର୍ବାଦ କର ପ୍ରଭୁ । ଏମାନଙ୍କୁ ନିଜର କରି ଆଶୀର୍ବାଦର ଛାଇ ତଳେ ମତେ ଟିକିଏ ଆଶ୍ରୟ ମିଳୁ ।

ଅଶୋକ - (ପ୍ରବେଶ) ଓଃ ! ତମେ ଏ ଯାଏଁ ଶୋଇନା ? କାହାକୁ ଅପେକ୍ଷା କରିଚ ?ମତେ ?

ଦେବକୀ - ଆଜି ତ ମୋର ଅପେକ୍ଷା କରିବାର ରାତି ।

ଅଶୋକ - କେତେଦିନ ଏମିତି ଅନିଦ୍ରା ହୋଇ ଅପେକ୍ଷା କରିବ ? ମୁଁ ପ୍ରତିଦିନ ଏମିତି ଡେରିକରି ଆସିବି ।

ଦେବକୀ - ଆସ । ପ୍ରତିଦିନ ମୁଁ ତୁମକୁ ଏମିତି ଅପେକ୍ଷା କରିବି ।

ଅଶୋକ - କାରଣ ?

ଦେବକୀ - କାରଣ ମୁଁ ତୁମର ପାଦତଳର ଫୁଲ । ତମରି ସେବାରେ ଲାଗିବା ପାଇଁ ଏଇଠିକି ଆସିଛି ।

ଅଶୋକ - କିନ୍ତୁ ମୁଁ ଗୋଟାଏ ଝିଅକୁ ଭଲ ପାଉଛି ଦେବକୀ । ମା ଚାହୁଁଥିଲେ ମୁଁ ସେଇଠି ବାହା ହୁଏ । କିନ୍ତୁ ବାପା ତମକୁ ଆଣି ମୋ ଉପରେ ଲଦି ଦେଲେ ।

ଦେବକୀ - ମୋ ଉପରେ ଭରସା ରଖ । ମୁଁ ତୁମ ଉପରେ ଆଦୌ ବୋଝ ହେଇ ରହିବି ନାହିଁ । ତମେ ମତେ ଯାହା ଆଦେଶ କରିବ, ଦାସୀ ଭଳି ସେୟା କରିବି । କିନ୍ତୁ ତମ ପାଖରେ ମୋର ଗୋଟିଏ ମିନତି–ତମେ ସେ ବିଷ ଗୁଡାକ ଆଉ ଖାଅନି ।

ଅଶୋକ - ତମେ ଯୋଉଟାକୁ ବିଷ ବୋଲି କହୁଚ– ଆମ ଘରେ ସେଇଟା ଅମୃତ.... ମାମା... ମମି..ରୁବି..ମୁଁ ଆମେ ସମସ୍ତେ କ୍ଲବ୍ ଯାଉ,ପାର୍ଟି ଆଟେଣ୍ଡ କରୁ ।

ଦେବକୀ - ତମେ ଯାଅ–ମୋର ଆପତ୍ତି ନାହିଁ । କିନ୍ତୁ ସକାଳର ବାଟଭୁଲା ବାଟୋଇ ତମେ ସଂଜ ହେଲେ ଯେମିତି ମୋରି ପାଖକୁ ଫେରି

ଆସ: ତମରି ଫେରିବା ବାଟକୁ ମୁଁ ନା ଚାତକୀ ପରି ଚାହିଁ ବସିଥିବି।"[୯]

ଦିନୁ ମହାନ୍ତି ଝିଅର ଯୌତୁକ ଟଙ୍କା ପାଇଁ ଚାଷ ଜମି ବିକ୍ରି କରି ପଇସା କମ୍ ପଡିବାରୁ ସହରରେ ଆସି ରିକ୍ସା ଚଲେଇଛି। ଏଣେ ଲୋକନାଥଙ୍କ ଘରର ପୁଝାରୀଟାକୁ ଜାପାନୀ ଲେଙ୍କା ଦିନେ ଛୁରୀ ପେଲି ଦେଇଛି। ଦେବକୀ ପୁଜାରୀକୁ ବଞ୍ଚେଇବାକୁ ଯାଉ ଯାଉ ଜାପାନୀ ଫଟୋ ଉଠେଇ କୋର୍ଟରେ ପ୍ରମାଣ କରିଦେଲା ଯେ ଦେବକୀ ପ୍ରକୃତରେ ପୂଜାରୀର ହତ୍ୟାକାରୀ ଏବଂ ଦେବକୀକୁ ଜେଲ୍ ହୋଇଗଲା। ଏପଟେ ଅଶୋକ ମଦ ପିଇ ନିଶାରେ ମାତିକି ରହିବା ଫଳରେ କାରଖାନା କଥା ଆଉ ବୁଝିଲା ନାହିଁ। ଜାପାନୀ ଓ ଉମାଦେବୀ ମିଶି ଲୋକନାଥଙ୍କ ଘରକୁ ନର୍କ କରିଦେଲେ। ଅଶୋକର କାରଖାନା ମଧ ଚାଲିଗଲା ଏବଂ ସେ ଚାକିରୀ ଏଣେତେଣେ ଖୋଜି ବୁଲିଲା।

ଦେବକୀ ଜେଲରେ କଷ୍ଟବରଣ କରି ରହିଲା ଏବଂ ଏକ ପୁତ୍ର ସନ୍ତାନକୁ ଜନ୍ମ ଦେଲା। ଜେଲରେ ପୁଅଟିଏ ଜନ୍ମ ହେବାରୁ ସମସ୍ତେ ତାକୁ କୃଷ୍ଣ ଡାକିଲେ ଏବଂ ଦେବକୀର ଭଲ ଗୁଣ ଯୋଗୁଁ ଏବଂ ଜେଲର ତାଙ୍କୁ ଖଲାସ କରିଦେଲେ। ଜେଲର ତାକୁ ଝିଅ ଭଳି ଭଲପାଆନ୍ତି। ତେଣୁ ତାକୁ ନିଜ ପାଖରେ ରଖିଲେ। କୃଷ୍ଣ ସେଇଠି ବଡ ହେଲା,ଏକଥା ଜାପାନୀ ଲେଙ୍କା ଜାଣିପାରିଲା। ତେଣୁ ତା'କୁ ମାରିବାକୁ ଗୁଣ୍ଡା ପ୍ରେରଣ କଲା। ଦିନେ କୃଷ୍ଣ ଦୌଡ଼ି ଦୌଡ଼ି ଯାଇ ଗୋଟେ କୁଡ଼ିଆ ଘରେ ପଶିଗଲା ଏବଂ ସେଠାରେ ରହି ପଢା ପଢି କଲା ବଡ ହୋଇ ଇନ୍ସପେକ୍ଟର ହେଲା। ସେପଟେ ଦେବକୀ ଜେଲରଙ୍କ କଣ୍ଟେଇ କାରଖାନାର ମ୍ୟାନେଜର ଭାବେ ବସିଥାଏ ଏହି ସମୟରେ ଅଶୋକ ଚାକିରୀ ଖୋଜି ଖୋଜି ସେଠାରେ ପହଞ୍ଚିଲା ଏବଂ ଦେଖିଲା ସିଏ ଯୋଉ ପତ୍ନୀଙ୍କୁ ମିଛ ମର୍ଡର କେଶ୍‌ରେ ପକେଇ ଦେଇ ଜେଲ ପଠେଇ ଦେଇଥିଲା ସେଇ ଦେବକୀ ଫ୍ୟାକ୍ଟରୀର ଜେନେରାଲ ମ୍ୟାନେଜର। ଅଶୋକ ନିଜ ଭୁଲ ବୁଝିପାରି କ୍ଷମା ମାଗିଲା ଏବଂ ଶେଷକୁ ସେମାନଙ୍କର ମିଳନ ଘଟିଲା।

କୃଷ୍ଣ କିନ୍ତୁ ଅପରାଧୀକୁ ଖୋଜି ବୁଲୁଥାଏ। ଶେଷରେ ସେ ଜାପାନୀ ଲେଙ୍କାକୁ ମାରିଲା ଏବଂ ମା ଦେବକୀକୁ ଭେଟିଲା। ପରିବାରଟି ଖୁସିରେ ରହିଲେ ଏବଂ ସମସ୍ତେ ମିଶି କୃଷ୍ଣର ବାହାଘର କଲେ ।

ଏହି ନାଟକରେ କାହାଣୀକୁ ସ୍ଥାନ, କାଳ ଓ ପାତ୍ର ଭାବରେ କାଳଚ୍ୟୁତ କରି ଉପସ୍ଥାପନ କରାଯାଇଛି। ଏଥିରେ ଆଖ୍ୟାନ କୌଶଳ ଓ ଘଟଣା ବିନ୍ୟାସ ଅନ୍ୟ ଓଡିଆ ଉପନ୍ୟାସ କିମ୍ବା ନାଟକରେ ଦେଖିବାକୁ ମିଳେ ନାହିଁ। ଏବଂ ଡ଼ନ୍ ନାମକ

ଏକ ଅପାଙ୍‌କ୍ତେୟ ଚରିତ୍ରକୁ ନାଟକର ସୂତ୍ରଧର ଭୂମିକାରେ ଅବତୀର୍ଣ୍ଣ କରାଇବା ଘଟଣା ସମଗ୍ର ଭାରତୀୟ ସାହିତ୍ୟରେ ବିରଳ। ଏହି ନାଟକର କାହାଣୀର ବର୍ଣ୍ଣନାରେ ଚମତ୍କାରିତା ନାହିଁ ବରଂ ସଂଗୀତ ରଚନା, ସଂଳାପର ପ୍ରୟୋଗ ମଧ୍ୟ ଉଚ୍ଚକୋଟୀର ଅଟେ।

ଡାଆଣୀ

'ଡାଆଣୀ' ଯାତ୍ରାନାଟକଟି ତୁଳସୀ ଗଣନାଟ୍ୟର ଏକ ସର୍ବଶ୍ରେଷ୍ଠ ନାଟକ ଭାବରେ ସେ ସମୟରେ ଚହଳ ପକାଇ ଦେଇଥିଲା। ଏହି ନାଟକଟିର କାହାଣୀ କନ୍ୟାସନ୍ତାନ ତଥା ଭୃଣ ହତ୍ୟା ଉପରେ ଏକ ବାର୍ତ୍ତା ମୂଳକ ନାଟକ ଥିଲା। ଏଥିରେ କନ୍ୟା ସନ୍ତାନ ଅଭିଶପ୍ତ ନୁହେଁ ବରଂ ସେ ଘରର ଲକ୍ଷ୍ମୀ ଏବଂ ସେ ସବୁ ପରିସ୍ଥିତିରେ ଘର ତଥା ସମାଜ ପାଇଁ ସ୍ୱାଗତ ଯୋଗ୍ୟ ଅଟେ। ତେଣୁ ତାକୁ ଘୃଣା ନକରି ବରଂ ତାର ଉପସ୍ଥିତିକୁ ଗ୍ରହଣ କରି ତାକୁ ମଧ୍ୟ ସମାଜରେ ଆଦର ଓ ସମ୍ମାନ ଦେବା ଆବଶ୍ୟକ ବୋଲି ନାଟକରେ କୁହାଯାଇଛି।

ଡାଆଣୀ ନାଟକରେ ପ୍ରକାଶ ଦାସ ମହାପାତ୍ର ଜଣେ ବିଶିଷ୍ଟ ଶିଳ୍ପପତି ତାଙ୍କ ବାପାଙ୍କର ଅଚଳାଅଚଳ ସମ୍ପତ୍ତି ଥିଲା। ତେଣୁ ସେ ସେହି ସଂପତ୍ତିକୁ ଭୋଗ କରିବା ଚାକିରୀ କରିନଥିଲେ। ତେଣୁ ସେ କାରଖାନା ଦାୟିତ୍ୱ ବୁଝାବୁଝି କରନ୍ତି ଏବଂ ଭଉଣୀ ଭାନୁମତୀ ମଧ୍ୟ ବିଧବା ହୋଇ ଆସ ଘରେ ଅଛି। ଘରର ବୋହୂ ପୁଷ୍ପା। ଭାଇ ଭଉଣୀ ଦୁହେଁ ପୁଷ୍ପାକୁ ଭାରି ଭଲ ପାଆନ୍ତି। କାରଣ ଗୋଟିଏ ବୋହୂ ସୁଲଭ ସମସ୍ତ ଗୁଣ ପୁଷ୍ପା ପାଖରେ ନିହିତ ଅଛି। ପୁଷ୍ପା ମାଲିକାଣୀ ହୋଇ ମଧ୍ୟ ଘରେ ଥିବା ଚାକର ଭୋଳା, ଗୁମାସ୍ତା ନଟବର ଏବଂ ତାଙ୍କ ପତ୍ନୀ ଗେହ୍ଲେଇ, ରୋଷେୟା ବଂଶୀ ଆଦିକୁ ସେ ନିଜ ଲୋକଙ୍କ ଭଳି ଭଲ ପାଆନ୍ତି। ଦରକାର ବେଳେ ସେମାନଙ୍କୁ କିଛି ସାହାଯ୍ୟ ମଧ୍ୟ କରନ୍ତି। ସେ ଦୃଷ୍ଟିରୁ ସମସ୍ତେ ତାଙ୍କୁ ଭାରି ଭଲ ପାଆନ୍ତି। ସବୁଥାଇ ମଧ୍ୟ କିଛି ନଥିଲା ଭଳିଆ ପୁଷ୍ପାର କୋଳରେ ଛୁଆଟିଏ ଆଜି ପର୍ଯ୍ୟନ୍ତ ଖେଳି ପାରିନି ତେଣୁ ସମସ୍ତଙ୍କ ମନ ସେଥିପାଇଁ ବଡ଼ ଦୁଃଖ ଥାଏ।

ପ୍ରକାଶବାବୁ ବହୁ ଡାକ୍ତରଙ୍କୁ ଦେଖାଇବା ପରେ ସେ ସନ୍ତାନଧାରଣ କରିବାର କ୍ଷମତା ପାଇଛନ୍ତି। ତେଣୁ ଘରର ସବୁ ସଦସ୍ୟ ତାଙ୍କ ସେବା ଓ ଯତ୍ନରେ ଲାଗି ପଡିଛନ୍ତି। କିନ୍ତୁ ପୁଷ୍ପା କାହା କଥା ନଶୁଣି ଘରର ସବୁ କାମରେ ଲାଗିବା ଫଳରେ ନିଜର ଅବହେଳା କରିଛି। ଏମିତି କିଛିଦିନ ଗଲା ପରେ ଡାକ୍ତର କହିଲେ ଯେ ପୁଷ୍ପା ଗର୍ଭରେ ସନ୍ତାନଟି ଓଲଟି ଯାଇଛି। ତେଣୁ ସିଜରିଆନ କେଶ୍ ହୋଇପାରେ। ପ୍ରକାଶ କାଳେ ଏସବୁ ଶୁଣି ବ୍ୟସ୍ତ ହେବେ ତେଣୁ ପୁଷ୍ପା ଡାକ୍ତରଙ୍କୁ ମନା କରିଛନ୍ତି ଏ

ବିଷୟରେ କିଛି ନ ଜଣାଇବା ପାଇଁ। ଡେଲିଭେରୀ ହେବା ଦିନ ଆସିବା ପରଠୁ ତାକୁ ନର୍ସିଂହୋମ ନେବା ପାଇଁ ସବୁ ପ୍ରକାର ବନ୍ଦୋବସ୍ତ ଜାଲିଛି। ତଥାପି ପୁଷ୍ପା ଘରକାମରେ ବ୍ୟସ୍ତ ରହିଛି।

ପୁଷ୍ପାକୁ ଡାକ୍ତରଖାନା ନିଆଗଲା। ସେଠାରେ ଗୋଟିଏ କନ୍ୟା ସନ୍ତାନକୁ ଜନ୍ମଦେଇ ପୁଷ୍ପାର ମୃତ୍ୟ ହୋଇଛି। ପ୍ରକାଶ ଦାସମହାପାତ୍ର ପତ୍ନୀଙ୍କ ମୃତ୍ୟୁରେ ସଂପୂର୍ଣ୍ଣ ଭାଙ୍ଗି ପଡିଛନ୍ତି ଏବଂ ଝିଅକୁ ଅମଙ୍ଗଳି ଏବଂ ଅଶୁଭ ମନେକରି ଅନାଥାଶ୍ରମରେ ଛାଡିବାକୁ ମନସ୍ଥ କରିଛନ୍ତି । କିନ୍ତୁ ଭଉଣୀ ଭାନୁମତୀ ଝିଅଟିକୁ ପୁଷ୍ପାର ସନ୍ତକ ଭାବରେ ରଖିଲେ ଏବଂ ଘରର ଚାକର ଭୋଲା ଇତ୍ୟାଦି ମାଲିକାଣୀଙ୍କ ଝିଅ ଭାବରେ ସ୍ନେହ ଆଦର କଲେ। କିଛିଦିନ ପରେ ଦିନେ କାରଖାନାରେ ନିଆଁ ଲାଗିଗଲା ତା ପରେ ଘରର ଚାକର ଚାକରାଣୀ ମଧ୍ୟ ଭାବିଲେ ଯେ ସେ ଝିଅଟି ପ୍ରକୃତରେ ଡାଆଣୀ ଓ ତାହା ପାଇଁ ଏ ସବୁ ଅଘଟଣ ଘଟୁଛି। ତେଣୁ ସମସ୍ତେ ତାକୁ ଘୃଣା କରିବାରେ ଲାଗିଲେ। ତେଣୁ ଭାନୁମତି ଝିଅଟିକୁ ନେଇ ଘର ବାହାରେ ଥିବା ଚାକର ଚାକରାଣୀଙ୍କ ପାଇଁ ଉଦ୍ଦିଷ୍ଟ ଏକ ଘରେ ରଖିଲେ। ପ୍ରକାଶ ବାବୁ କିନ୍ତୁ ଝିଅଟିର ମୁହଁ ଆଉ ଚାହିଁଲେ ନାହିଁ। ଧିରେ ଧିରେ କଲ୍ୟାଣୀ ବଡ଼ ହେବାରେ ଲାଗିଲା ଏବଂ ସେ ଜାଣି ପାରିଲା ଯେ ସେ ଗୋଟେ ଡାଆଣୀ ଆଉ ବାପାଙ୍କ ସାମ୍ନାକୁ ଗଲେ ତାଙ୍କର କ୍ଷତି ହେବ। ତେଣୁ ସେ ତାଙ୍କ ସାମ୍ନାକୁ ଆଉ କେବେ ଗଲା ନାହିଁ।

ଇତି ମଧରେ ଦିନେ ପ୍ରକାଶର ପୁରୁଣା ବନ୍ଧୁ ବିଜୟ ବର୍ମା ସହ ଦେଖା ହେଲା। ଯେକି ଏକ ପୁରୁଣା ରାଜପରିବାରର ଲୋକ। ତାର ସବୁ ସମ୍ପତ୍ତି ସରିଗଲା ପରେ ସେ ଏବେ ବିଭିନ୍ନ ପ୍ରକାର ଅପରାଧମୂଳକ କାର୍ଯ୍ୟରେ ସଂପୃକ୍ତ ଅଛି। ସେ ପ୍ରକାଶର ଗୋଟିଏ ଘରେ ରହି ପାକିସ୍ତାନ ବର୍ଡରରେ ଚରସ ଏବଂ ନିଶା ବଟିକା କାରବାର କରେ ଏବଂ ବିଭିନ୍ନ ଲୋକଙ୍କୁ ହତ୍ୟାକରି ସ୍କୁଲ କଲେଜମାନଙ୍କୁ କଙ୍କାଳ ଯୋଗାଇବା କାମ କରେ। ସମୟ ସୁଯୋଗ ଦେଖି ସେ ତା ନଷ୍ଟ ଚରିତ୍ରା ଭଉଣୀ ଦୀପାର ବିବାହ ପ୍ରକାଶ ସହ କରେଇ ଦିଏ। ଦୀପା ଆସିଲା ପରେ ତାର ରୀତା ବୋଲି ଗୋଟିଏ ଝିଅ ଏବଂ ବାବୁଲା ଓ ଅଶୋକ ନାମରେ ଦୁଇଟି ପୁଅ ଜନ୍ମ ନେଇଛନ୍ତି । ବାବୁଲା ଭଉଣୀ କଲ୍ୟାଣୀର କଥା ବହୁତ ବୁଝେ ଏବଂ ଭଲପାଏ। ଅଶୋକ ଭଲପାଠ ପଢ଼େନି ବରଂ ବିଜୟ ସାଙ୍ଗେ ମଦ ପିଏ ଏବଂ କଲ୍ୟାଣୀ ଭଲ ପାଠ ପଢ଼ି ଓଡିଶାରେ ପ୍ରଥମ ହୁଏ ବୋଲି ତାକୁ ଘୃଣା କରେ। ଆଉ ତା ସହ ଶତ୍ରୁତା ଆଚରଣ କରେ। ଅଶୋକର ସାହାଯ୍ୟରେ ବିଜୟ ଭାନୁମତୀଙ୍କର କୋଡିଏ ହଜାର ଟଙ୍କାର ଗହଣା ଚୋରାଇ ନେଇଯାଏ ଏବଂ ତାଙ୍କୁ ହତ୍ୟା କରିଦିଏ।

ଏପଟେ କଲ୍ୟାଣୀର ଉଚ୍ଚମାନର ପାଠ ପଢ଼ା ତଥା ମେଡିକାଲ ଲାଇନ୍‌ରେ ଯୋଗଦେବାକୁ ନେଇ ଦୀପା ଓ ଅଶୋକ ମିଶି ତା' ଘରର ବିଜୁଳି ଆଲୁଅ କାଟିଦିଅନ୍ତି ଏବଂ ତାକୁ ଲୁଗାପଟା ସଫା କରିବାକୁ ଦିଅନ୍ତି। ଏପରି ଭାବେ ତାକୁ ବହୁ ଯନ୍ତ୍ରଣା ତଥା ନିର୍ଯ୍ୟାତନା ମଧ୍ଯ ଦିଅନ୍ତି ଏବଂ ସର୍ବୋପରି ଭଉଣୀ ରୀତା ପାଖକୁ ଆସୁଥିବା ପ୍ରେମିକକୁ ମଧ୍ୟ କଲ୍ୟାଣୀର କହି ଗାଳି ଦେଇ ଘରୁ କାଢ଼ିବା ପାଇଁ ଚେଷ୍ଟା କରନ୍ତି । ଶେଷରେ ଗୁଣ୍ଡା ଲଗେଇ କଲ୍ୟାଣୀକୁ ଅପହରଣ କରେଇ ନିଅନ୍ତି। ଏଥିରେ ଅମିତ ବୋଲି ଗୋଟିଏ ପିଲା ରକ୍ଷା କରି ତା ଘରକୁ ନେଇଯାଏ। ଯାହାର ବାପା ଜଣେ ସଚ୍ଚୋଟ ପୋଲିସ ଇନ୍ସପେକ୍ଟର ଏବଂ ଯାହାକୁ ବିଜୟ ବର୍ମା ହତ୍ୟା କରିଥିଲା। ଅମିତ ପାଠ ପଢ଼ି ନିଜ ଗୋଡରେ ନିଜେ ଠିଆ ହୋଇ IPS ଅଫିସର ହୋଇଛି।

ସମୟ କ୍ରମରେ ବିଜୟ ଓ ଦୀପା ମିଶି ପ୍ରକାଶ ଦାସଙ୍କୁ ହତ୍ୟା କରିବାର ଉଦ୍ୟମ କରିଛନ୍ତି । ଏପରିକି ସେ ICUରେ ଥିବା ସମୟରେ ମଧ୍ଯ ଚେଷ୍ଟା କରିଛନ୍ତି। କିନ୍ତୁ ଝିଅ କଲ୍ୟାଣୀ ସେମାନଙ୍କ ଚେଷ୍ଟାକୁ ଫଳବତୀ ହେବାକୁ ଦେଇନାହିଁ। ସେ ବାପାଙ୍କୁ ମୃତ୍ୟୁ ମୁଖରୁ ଫେରାଇ ଆଣିଛି। ଝିଅ ପ୍ରତି ପ୍ରକାଶ ବାବୁଙ୍କ ଚିନ୍ତାଧାରା ପରିବର୍ତ୍ତନ ହୋଇଛି ଏବଂ ସେ ଝିଅକୁ କୋଳାଗ୍ରତ କରି କ୍ଷୋଭ ପ୍ରକାଶ କରିଛନ୍ତି ନିଜର କରିତ୍ କର୍ମ ପାଇଁ। ଶେଷରେ ଅମିତ ସାଙ୍ଗରେ ସେ କଲ୍ୟାଣୀର ବିବାହ ସଂପନ୍ନ କରାଇ ଦେଇଛନ୍ତି।

ଏହି ନାଟକଟି ସମାଜକୁ ଆଦର୍ଶର ବାର୍ତ୍ତା ପ୍ରଦାନ କରିଛି । ଯୁଗେ ଯୁଗେ ନାରୀ ହିଁ ଘର ତଥା ସମାଜର କଲ୍ୟାଣକାରୀ ପ୍ରତିମୂର୍ତ୍ତି ଭାବେ ଗୋଟିଏ ପରିବାରରୁ ଆରମ୍ଭ କରି ଦେଶ ସଜାଡିବାରେ ବ୍ରତୀ ହୋଇଥାଏ। ଏଥିରେ ଆଦର୍ଶ ତଥା ପରମ୍ପରାର କଥା କୁହାଯାଇଛି। ନାରୀ ଅଲକ୍ଷଣୀ କିମ୍ବା ଅଶୁଭ ନୁହେଁ ବରଂ ମାତୃରୂପୀ ପାଳନକର୍ତ୍ତା ଯିଏକି ଅସହ୍ୟ ଯନ୍ତ୍ରଣା ମଧ୍ଯରେ ଥାଇ ମଧ୍ୟ ଗୃହ ପ୍ରଜ୍ଜ୍ୱଳନ କରିଥାଏ। ସେ ସମୟରେ ଚାଲିଥିବା କନ୍ୟା ଭ୍ରୃଣ ହତ୍ୟା ଉପରେ ପର୍ଯ୍ୟବସିତ ଏକ ଉପାଦେୟ ନାଟକ ଥିଲା 'ଡାଆଣୀ' ।

ମଝିନଈରେ ଘର

ଓଡିଶା ଅପେରାର 'ମଝି ନଈରେ ଘର' ରମେଶ ପାଣିଗ୍ରାହୀଙ୍କ ଲିଖିତ ଓ ନିର୍ଦ୍ଦେଶିତ ନାଟକମାନଙ୍କ ମଧ୍ଯରେ ସର୍ବଶ୍ରେଷ୍ଠ । ଏଥିରେ ମୁଖ୍ୟ ଦ୍ୱନ୍ଦ୍ୱ ହେଉଛି ସଂସ୍କୃତି। ସହରର ସଂସ୍କୃତି ବନାମ ଗ୍ରାମ୍ୟ ସଂସ୍କୃତି, ପାଶ୍ଚାତ୍ୟ ସଂସ୍କୃତି ବନାମ ଭାରତୀୟ ମୂଲ୍ୟବୋଧ, ଉଚ୍ଚବିତ୍ତ ତଥା ନିମ୍ନବିତ୍ତ ପରିବାର ମଧ୍ଯରେ ଥିବା ବିରୋଧାତ୍ମକ

ମୂଲ୍ୟବୋଧ ଉପରେ ପର୍ଯ୍ୟବସିତ ଅଟେ ନାଟକ 'ମଝି ନଈରେ ଘର'। ଏଥିରେ ଗୋଟିଏ କେନ୍ଦ୍ର କାହାଣୀକୁ ଘେନି ଆଉ ଚାରୋଟି ସମାନ୍ତର କାହାଣୀ ଗତି କରୁଛି।

ବିକ୍ରମ ସାମନ୍ତରାୟ କୋରାପୁଟ ଜଙ୍ଗଲର ଠିକାଦାର। ସେ କାଠ ଚୋରାରେ ବିକେ। ବିଭିନ୍ନ ପଶୁପକ୍ଷୀଙ୍କୁ ମାରି ତାଙ୍କର ମାଂସ ମଧ୍ୟ ଖାଏ। ସମସ୍ତ ଜଙ୍ଗଲରେ ତା'ର ରାଜୁତି ଚାଲେ। ତେଣୁ ସେ ଗର୍ବ ଅହଂକାରରେ କହେ "ଭିକି ସାମନ୍ତରାୟ ଏ ଜଙ୍ଗଲ ଠିକା ନେଇଛି। ଏ ଜଙ୍ଗଲ ମୋର। ଏ ଜଙ୍ଗଲର ସବୁ ପକ୍ଷୀ ମୋର।"[୧୦] ଦିନେ ହଠାତ୍ ଜଙ୍ଗଲୀ ଝିଅ କାଞ୍ଚନ ସହ ତାର ଦେଖା ହୁଏ। ଦୁହିଁଙ୍କର କ୍ରମେ ମିଳାମିଶା ହୁଏ। ଏବଂ କଣ୍ଟ୍ରାକ୍ଟର ଭିକି କାଞ୍ଚିକୁ ଗର୍ଭବତୀ କରାଇ ଦିଏ। ଏକଥା ଜାଣିଲା ପରେ କାଞ୍ଚି ଭାଇ ଶମ୍ଭୁ, ବିକ୍ରମ ଭିକିକୁ ବାନ୍ଧିକି ଜଙ୍ଗଲସ୍ଥିତ ବାବାଙ୍କ ଆଶ୍ରମକୁ ଆଣେ ଏବଂ ସେଠି ବିଚାର ହୁଏ ଶମ୍ଭୁର ଭଉଣୀ କାଞ୍ଚିକୁ ବିକ୍ରମ ବିବାହ କରିବାପାଇଁ। ଜବରଦସ୍ତ ବିକ୍ରମ ସାଙ୍ଗେ କାଞ୍ଚିର ବିବାହ କରାଇ ଦିଆଯାଏ। ଦିନେ ବିକ୍ରମ ରାତିରେ ଯେତେବେଳେ ଲୁଚି କରି ସହର ପଳାଇ ଯାଇଛି ଠିକ୍ ସେହି ସମୟରେ କାଞ୍ଚନର ପୁତ୍ର ସନ୍ତାନଟିଏ ଜନ୍ମଲାଭ କରିଛି। କାଞ୍ଚନ ଛୁଆକୁ ନେଇ ବାବାଙ୍କ ଆଶ୍ରମରେ ଆଶ୍ରୟ ନେଇଛି ଏବଂ ଧୀରେ ଧୀରେ ଗୋପାଳ ବଡ଼ ହୋଇ ନିଜ ବାପାର ପରିଚୟ ପଚାରିବା ସହିତ ବାପାଙ୍କୁ ଖୋଜିବା ପାଇଁ ସହରକୁ ଚାଲିଯାଇଛି।

କଟକରେ ପହଞ୍ଚିଲା ପରେ ଗୋପାଳର ଜିନିଷ ଚୋରି ହୋଇ ଯାଇଛି ଏବଂ ସେ ସେଠାରେ ଗୋଟାଏ ଗ୍ୟାରେଜ୍ ପାଖରେ ବସିଛି। ଗ୍ୟାରେଜ୍ ମାଲିକ ଖାନ୍ ଚାଚା ତାକୁ ଡାକି ନେଇ ପାଳିଛନ୍ତି ଏବଂ ତାକୁ ମେକାନିକ୍ ଭାବେ ନିଜ ପାଖରେ ରଖିଛନ୍ତି। ଗୋପାଳ ଦିନେ ଟ୍ୟାକ୍ସି ଚଲାଇ ଆସୁଥିଲାବେଳେ ଜଣେ ନିଶାଗ୍ରସ୍ତ ଝିଅ ତା' ଗାଡ଼ି ସାମ୍ନାରେ ଆସି ପଡ଼ିଛି। ତା'ଠାରୁ ଠିକଣା ନେଇ ତାଙ୍କ ଘରେ ଛାଡ଼ିବାକୁ ଗଲା। ଝିଅର ଜୀବନ ବଞ୍ଚାଇଥିବାରୁ ଝିଅର ବାପା ଗୋପାଳକୁ ୫୦୦ ଟଙ୍କା ବଢ଼ାଇଛନ୍ତି କିନ୍ତୁ ଗୋପାଳ ନେବାପାଇଁ ମନା କରିଦେଇଛି। ସେ ଝିଅର ବାପା ବିକ୍ରମ ସାମନ୍ତରାୟ ଗୋପାଳର ବ୍ୟବହାରରେ ଖୁସି ହୋଇ ତାକୁ ନିଜ ଡ୍ରାଇଭର ଭାବେ ନିଯୁକ୍ତି କରାଇ ଦେଇ ଘର ଭିତରେ ଖଣ୍ଡେ କୋଠରୀ ଦେଇଛନ୍ତି ରହିବାକୁ। ଗୋପାଳ ବି ଭାବିଛି ଏଇଠି ରହିଲେ ବାପାଙ୍କୁ ବି ଖୋଜିବା ସହଜ ହେବ ତେଣୁ ସେ ମନା ନ କରି ସେଠାରେ ରହିଛି। ଏବଂ ସେ ଘରେ ଗୋପାଳ ଗୋଟାଏରୁ ଗୋଟାଏ ବିଚିତ୍ର ଜୀବଙ୍କୁ ଆବିଷ୍କାର କରିଛି। ବିକ୍ରମଙ୍କର ସ୍ତ୍ରୀ ଅତ୍ୟାଧୁନିକା ତଥା ଚରିତ୍ରହୀନା ଏପଟେ ଝିଅ ଡଲି ନିଶାଗ୍ରସ୍ତ ଏବଂ ପୁଅ ସଂଗ୍ରାମ ନଷ୍ଟ ଚରିତ୍ର ଆଉ ଡ୍ରଗ୍ସ

ସେବନକାରୀ। ସଂଗ୍ରାମ ବାପା ମା'ଙ୍କୁ ଧମକାଇ ପଇସା ନିଏ । ସେ ସଂଗୀତା ନାମ୍ନୀ ଏକ ବେଶ୍ୟା ଏବଂ ନାଚବାଲୀ କାମ କରୁଥିବା ଝିଅ ପଛରେ ପାଣିପରି ଉଡାଏ ଏବଂ ଗୋପାଳଙ୍କୁ ଦେଖିଲେ ଘୃଣାରେ ଗରଗର ହୋଇ ରକ୍ତ ଚାଉଳ ଚୋବାଏ। ଡଲିର ଗୋଟାଏ ପୁରୁଷ ବନ୍ଧୁ ଥାଏ ଗୋଗା ଯେକି ଡଲିକୁ ବ୍ଲାକମେଲ କରି ପଇସା ନିଏ ଏବଂ ତା'ର ସଂପତ୍ତି ଲୁଟିବା ପାଇଁ ଚେଷ୍ଟା କରେ। ଏଥିରୁ ଗୋପାଳ ଡଲିକୁ ବଞ୍ଚାଇବା ପରେ ଡଲି ମନେ ମନେ ଭଲପାଇବସେ ଗୋପାଳଙ୍କୁ କିନ୍ତୁ ଗୋପାଳ ଡଲିକୁ ଭଉଣୀ ପରି ଦେଖେ।

କିଛି ଦିନ ଗଲା ପରେ ଗୋପାଳ ମା' କାଞ୍ଚନର ଫୋଟକୁ ଧରି କାନ୍ଦୁଛି। କାରଣ ସହର ସାରା ଖୋଜି ମଧ୍ୟ ବାପାଙ୍କୁ ପାଇଲା ନାହିଁ। ଫଟୋକୁ ଦେଖି ବିକ୍ରମ ଜାଣିପାରିଲେ ଗୋପାଳର ପରିଚୟ ଏବଂ ସେ ତାକୁ ଗୋଟିଏ ନୂଆ କାରଖାନା ଖୋଲି ସେଠାର ମ୍ୟାନେଜର ଦାୟିତ୍ୱ ଦେଇଦେଲେ। ଗୋପାଳ ଗୋଟିଏ ଝିଅକୁ ଭଲ ପାଇ ତାକୁ ବିବାହ କରି ଘରକୁ ଆଣିଲେ। ବିକ୍ରମ ତାକୁ ବୋହୂ ଭାବରେ ଗ୍ରହଣ କଲେ। ଗୋପାଳ ପ୍ରାୟତଃ ଚେଷ୍ଟା କରେ ପରିବାରର ସବୁ ସଦସ୍ୟଙ୍କୁ ସୁଧାରିବା ପାଇଁ । ତେଣୁ ସେ ଗୋପାଳକୁ ପରିବାର ଦାୟିତ୍ୱ ଦେଇ କୋରାପୁଟ ଚାଲିଯାଏ କାଞ୍ଚନକୁ ଖୋଜିବା ପାଇଁ ଏବଂ ସେଠାରେ ସେ ଶମ୍ଭୁ ହାବୁଡରେ ପଡିଯାଏ । ଶମ୍ଭୁ ଗୋଟାଏ ଡକାୟତି ଦଳ ଗଢ଼ିଛି। ସବୁ ଉଚ୍ଚବିତ୍ତ ଶୋଷଣକାରୀ ଲୋକଙ୍କୁ ନିର୍ଦ୍ଦୟ ଭାବରେ ଲୁଟ୍‌କରେ। ବିକ୍ରମର କରିତକର୍ମା ପାଇଁ ତାଙ୍କୁ ବାନ୍ଧି ଗୋଟେ ଗୁମ୍ଫାରେ ପକାଇ ଦେଲା । ସେପଟେ ବିକ୍ରମ ଅନୁପସ୍ଥିତିରେ ଘର ଆହୁରି ଅସମ୍ଭାଳ ହୋଇ ପଡିଲା। ସଂଗ୍ରାମ ଇନ୍ଦିରାକୁ ବାନ୍ଧି ସମ୍ପତ୍ତି ନିଜ ନାମରେ ଲେଖାଇବାକୁ କହି ସୀମାକୁ ଧର୍ଷଣ କରିବାକୁ ଚେଷ୍ଟା କଲା। ସୀମା ରାତି ଅଧରେ ଘର ଛାଡି ନିଜ ବାପା ପାଖକୁ ପଳେଇଛି ଏହାରି ମଧରେ। ଏପଟେ ଗୋପାଳର ଅନୁପସ୍ଥିତିରେ ଏସବୁ ଘଟଣା ଘଟିଛି।

ଶମ୍ଭୁ ଦିନେ ଲୁଟପାଟ କରି ଜଣେ ବୁଢ଼ା ଘରେ ପଶେ ଏବଂ ସେଠାରୁ ଲୁଟ୍ କଲାବେଳେ ଜାଣିପାରେ ଯେ ସେ ଝିଅ ହେଉଛି ତା ଭଣଜା ଗୋପାଳର ସ୍ତ୍ରୀ। ସେ ତାକୁ ନେଇ ନିଜ ଘରକୁ ଚାଲି ଆସିଲା ଏବଂ ସେ ଜାଣିଲା ସୀମା ପାଠ ପଢ଼ିଛି ତେଣୁ ତାକୁ ଦିଲ୍ଲୀ ପଠେଇଦେଲା ଆଇ.ଏ.ଏସ୍. କୋଚିଙ୍ଗ ପାଇଁ। ଶମ୍ଭୁର ସାହାଯ୍ୟରେ ସୀମା କୋଚିଙ୍ଗ୍ ପାଇ IPS ହୋଇ ନିଜ ଶ୍ୱଶୁର ଘର ଥିବା ସହରକୁ ପୋଲିସ ଏସ୍.ପି ହୋଇ ଆସିଲା । ଦିନେ ଇନ୍ଦିରାଙ୍କ ପୁଅ ସଂଗ୍ରାମ ସଂପତ୍ତି ନିଜ ନାଁ ରେ ତା ନା'ରେ ଉଇଲ କରିବାକୁ ବାଧ କଲାରୁ ଇନ୍ଦିରା

ଏସ୍.ପି.ଙ୍କୁ ଭେଟିବାକୁ ଗଲେ ଏବଂ ସେଠାରେ ସୀମାକୁ ଏସ୍.ପି ଭାବରେ ପାଇ ନିଜ ଭୁଲକୁ ବୁଝିପାରିଛନ୍ତି । ସୀମା ମଧ୍ୟ ବଦାନ୍ୟତା ଦେଖାଇ ପଛକଥା ଭୁଲିଯାଇଛି ଏବଂ ଶାଶୁଙ୍କୁ ନିଜ ଘରକୁ ନେଇଆସିଛି ।

ଗୋପାଳ ଏସବୁକୁ ନିଜ ଆଖିରେ ଦେଖୁଛି । ନାଟକର ଶେଷ ପର୍ଯ୍ୟାୟ ବେଳକୁ ଗୋପାଳ ଏବଂ ବିକ୍ରମ ନିଜ ନିଜର ପରିଚୟ ପାଇଛନ୍ତି । ଏତଦ୍‌ବ୍ୟତୀତ ଶମ୍ଭୁ ମଧ ନିଜର ଭୁଲ ବୁଝିପାରିଛି । କାଞ୍ଚନ ଦୁନିଆରୁ ଚାଲିଯାଇଥିବାରୁ ବିକ୍ରମ ନିଜ ଭୁଲକୁ ଜଣାଇବାର ସୁଯୋଗ ପାଇନଥିଲେ । ଜଙ୍ଗଲୀ ମାନବର ନିରୀହତା ସାମ୍ନାରେ ସହରର ଛନ୍ଦ ଛଳନା ହାର ମାନିଛି । ମନୁଷ୍ୟ ସଭ୍ୟତାର ଚରମ ସୋପାନରେ ପହଞ୍ଚିଲେ ମଧ ଦିନେ ନା ଦିନେ ପ୍ରକୃତି କୋଳକୁ ଫେରି ଆସିବ ଏହା ହିଁ ଏହି ନାଟକ ମାଧ୍ୟମରେ ଦର୍ଶାଯାଇଛି । ଏହି ନାଟକ ଓଡିଶା ଅପେରା ଦ୍ୱାରା ବହୁଦିନ ପର୍ଯ୍ୟନ୍ତ ଆଦୃତ ଲାଭ କରିଥିଲା ।

ଜଗା ହଜିଗଲା ବଡ଼ ଦାଣ୍ଡରେ

ପାର୍ବତୀ ଗଣନାଟ୍ୟରେ ସଫଳତାର ସହ ଅଭିନୀତ ହୋଇଥିବା ଯାତ୍ରା ହେଉଛି 'ଜଗା ହଜିଗଲା ବଡ଼ଦାଣ୍ଡରେ' । ଏହି ନାଟକଟିରେ ବନ୍ଧୁତା ଓ ପ୍ରତାରଣାର ଏକମୁଖୀ କାହାଣୀକୁ ଉପସ୍ଥାପନା କରାଯାଇଛି ।

କେନ୍ଦ୍ରୀୟ ଲୋକସଭାକୁ ଏମ୍.ପି. ଭାବରେ ନିର୍ବାଚିତ ହୋଇଥିବା ପ୍ରଦୀପ ମହାନ୍ତିଙ୍କର ନିକଟତମ ବନ୍ଧୁ ହେଉଛନ୍ତି ବ୍ରଜବନ୍ଧୁ ଦାସ । ଏହି ଦୁଇ ବନ୍ଧୁଙ୍କ ପରିବାରର କାହାଣୀକୁ ନେଇ ନାଟକଟି ଅଗ୍ରଗତି କରିଛି । ଦୁଇ ବନ୍ଧୁ ବହୁତ ଦିନରୁ ବନ୍ଧୁତାକୁ ପାରିବାରିକ ସଂପର୍କରେ ବାନ୍ଧିବାର ମନସ୍ଥ ନେଇ ପୁଅଝିଅଙ୍କୁ ବିବାହ କରେଇବାର ନିଷ୍ପତ୍ତି ନେଇ ସାରିଥିଲେ । ବ୍ରଜବନ୍ଧୁଙ୍କର ଦୁଇପୁଅ ଜଗା ଓ ବଳିଆ । ବଡ଼ପୁଅ ଜଗା ବି.ଏ. ପାଶ୍ କଲାପରେ ଦିଲ୍ଲୀ ବିଶ୍ୱବିଦ୍ୟାଳୟରେ ପଢ଼ିବାକୁ ଚାହିଁବାରୁ ଏମ୍.ପି. ପ୍ରଦୀପ ମହାନ୍ତି ନିଜ ଘରେ ରଖି ପଢ଼େଇବା ପାଇଁ ମନ କରିଥିଲେ କିନ୍ତୁ ଜଗା ଆତ୍ମସ୍ୱାଭିମାନ ଥିବାରୁ ସେ ହଷ୍ଟେଲରେ ଯୋଗେଶ ସାଙ୍ଗରେ ରହି ପଢ଼ିବାକୁ ସ୍ଥିର କଲା । ପ୍ରଦୀପ ମହାନ୍ତିଙ୍କ ଦୁଇ ଝିଅ ଗୀତା ଓ ନୀତା ଅଟନ୍ତି । ଗୀତା ମଧ ସେଇ ବିଶ୍ୱବିଦ୍ୟାଳୟରେ ପଢ଼େ । ଘଟଣାକ୍ରମେ ଗୀତା ସଂଗେ ଜଗାର ପରିଚୟ ନ ଦେଇ ରାଉରକେଲା ଷ୍ଟିଲ୍ ପ୍ଲାଣ୍ଟ୍‌ର ଜଣେ ଶ୍ରମିକଙ୍କ ପୁଅ ବୋଲି କହିଥିଲା । କ୍ରମେ ଗୀତା ଓ ଜଗାର ପ୍ରେମ ସଂପର୍କ ସ୍ଥାପିତ ହେଲା । ପ୍ରଦୀପ ମହାନ୍ତି ଏକଥା ଜାଣିବା ପରେ ମଣ୍ଟୁ ନାମକ ଗୋଟେ ଗୁଣ୍ଡା ଲଗାଇ ଜଗାକୁ ଅପହରଣ କରି ନେଇ ଶେଷରେ ହତ୍ୟା କରି ଡେରାଡୁନ୍ ମଶୋରୀ ରାସ୍ତାରେ ଫୋପାଡ଼ି ଦିଏ ।

ବ୍ରଜବନ୍ଧୁ ପୁଅର ଖବର ନ ପାଇ ପ୍ରଦୀପ ମହାନ୍ତିଙ୍କୁ ପଚାରିବାରୁ ସେ କିଛି ଜାଣିନାହାନ୍ତି ବୋଲି କହିଲେ। ସାନପୁଅ ବଳିଆ ଇତି ମଧ୍ୟରେ ଆଇ.ପି.ଏସ୍. ପାଇ ସାରିଥିଲା। ଘଟଣାକ୍ରମରେ ବ୍ରଜବନ୍ଧୁ ପୋଲିସ ପାଖରୁ ଜଗାର ଗ୍ୟାଙ୍ଗ୍ ମର୍ଡ଼ର ଖବର ପାଇଛନ୍ତି। ଜଗାର ମୃତ୍ୟୁ ଖବର ପାଇ ବ୍ରଜବନ୍ଧୁ ଭାଙ୍ଗି ପଡ଼ିଛନ୍ତି ଏବଂ ପରେ ଗୀତାକୁ ବୋହୂ କରିନେବା ପାଇଁ ମନସ୍ଥ କରିଛନ୍ତି କିନ୍ତୁ ଗୀତା ରାଜି ହୋଇ ନଥିବାରୁ ସେ ନୀତା ସଙ୍ଗେ ବଳିଆର ବାହାଘର କରିଦେବା ପାଇଁ ପ୍ରଦୀପଙ୍କୁ ଅନୁରୋଧ କରିଛନ୍ତି। ନୀତାର ବାହାଘର ବଳିଆ ସାଙ୍ଗରେ ହୋଇଯାଇଛି ଏବଂ ପ୍ରଦୀପ ଘଟଣା କ୍ରମରେ ଜଗା ବ୍ରଜବନ୍ଧୁଙ୍କ ପୁଅ ଜାଣିପାରି ଅନୁତପ୍ତ ହୋଇଛନ୍ତି। ଏଣେ ଚଉଠି ଦିନ ଝିଅ ବିଦା ହେବା ପୂର୍ବରୁ ନୀତା ଘରଛାଡ଼ି ଚାଲିଯାଇଛି। ଘରର ମାନ ସମ୍ମାନ ବଞ୍ଚେଇବା ପାଇଁ ବଡ଼ଭଉଣୀ ଗୀତାକୁ ବୋହୂ କରି ପଠେଇ ଦେଲେ କିନ୍ତୁ ଚଉଠି ରାତିରେ ଗୀତା କଥାକୁ ଗୋପନ ନରଖି ସବୁ ସତ କହିଦେଇଛି। ଦିନେ ବଳିଆ ଷ୍ଟେସନ୍‌ରୁ ଉଦ୍ଧାର କରି ନୀତାକୁ ଘରକୁ ଆଣିଛି। ନୀତା ଘରକୁ ଆସି ସବୁ ଘଟଣାକୁ ବୁଝି ପାରିଛି ଏବଂ କ୍ଷମା ମାଗିଛି। ବଳିଆ ମଧ୍ୟ ଗୀତାକୁ ଭାଉଜ ସମ୍ବୋଧନ କରିଛି। ଗୀତାର ଅନୁରୋଧ କ୍ରମେ ନୀତାକୁ ଗ୍ରହଣ କରିଛି। କାହାଣୀ ଏଇଠି ଶେଷ ହୋଇଯାଇଛି।

ଠାକୁର ଅଛନ୍ତି ଚଉବାହାକୁ

୧୯୮୮ ମସିହାରେ ପାର୍ବତୀ ଗଣନାଟ୍ୟରେ 'ଠାକୁର ଅଛନ୍ତ ଚଉବାହାକୁ' ମଞ୍ଚସ୍ଥ ହୋଇଥିଲା । ଏହି ନାଟକକୁ 'ମଝି ନଈରେ ଘର' ନାଟକର ଦ୍ୱିତୀୟ ଭାଗ ଭାବରେ ଧରି ନିଆଯାଇପାରେ। ଏଥିରେ ବିକ୍ରମଙ୍କ ବଦଳରେ ଜଗଦାନନ୍ଦ, କାଞ୍ଚନ ବଦଳରେ ଫୁଲ, ଗୋପାଳ ବଦଳରେ ବାବୁଲା ଓ ଶମ୍ଭୁ ପାଇକରାୟ ବଦଳରେ ଗଙ୍ଗା ଚରିତ୍ର ଦେଖାଦିଅନ୍ତି। ଏହା ସହିତ ଏହା ଠାକୁର ଅଛନ୍ତି ଚଉବାହାକୁ ନାଟକଟିର କଥାବସ୍ତୁ ସହିତ ସଂପୂର୍ଣ୍ଣ ମିଶିଯାଇଥାଏ।

ଏହି ନାଟକର କଣ୍ଟ୍ରାକଟର ଜଗଦାନନ୍ଦ ଫୁଲକୁ ଛାଡିଦେଇ ଅନୁରାଧାକୁ ବିବାହ କଲା ପରେ ତାଙ୍କ ଦୁହିଁଙ୍କ ପରିବାର ଭିତରର ଦ୍ୱନ୍ଦ୍ୱକୁ ନାଟକରେ ଉପସ୍ଥାପିତ କରାଯାଇଛି। ଏଥିରେ ଜଗଦାନନ୍ଦ ଓ ତାଙ୍କର କନ୍ୟା ବନ୍ୟା ଭିତରେ ଥିବା ମାନସିକ ସଂଘାତର ଚିତ୍ର ପ୍ରଦାନ କରିବା ନାଟକର ବିଶେଷତ୍ୱ। ପାରିବାରିକ ଅଶାନ୍ତି ଯୋଗୁଁ ଜଗଦାନନ୍ଦ ବହୁ ଦିନ ଧରି ଖାଦ୍ୟଗ୍ରହଣ କରି ନାହାନ୍ତି। ତେଣୁ ଝିଅ ବନ୍ୟା ସ୍ନେହରେ ବାପାଙ୍କୁ ବୁଝାଇ ଖୁଆଇ ଦେଉଥିବା ଏହି ମର୍ମସ୍ପର୍ଶୀ ଚିତ୍ର ନାଟକରେ ମୁଖ୍ୟ ସ୍ଥାନ ମଣ୍ଡନ କରିଛି। ଏହି ନାଟକରେ ଖଳନାୟକ ଶକୁନି ରାୟ ବହୁ ଚେଷ୍ଟା କରିଛି ସବୁ କିଛି ବିଭ୍ରାଟ କରିବା ପାଇଁ। ଶ୍ରୀ ରମେଶ

ପାଣିଗ୍ରାହୀଙ୍କ ଯାତ୍ରା ନାଟକ ମଧ୍ୟରେ ଶ୍ରେଷ୍ଠ ନାଟକଗୁଡିକ ବହୁଦିନ ପର୍ଯ୍ୟନ୍ତ ନାଟ୍ୟ ଜଗତରେ ଚହଳ ପକାଇ ଦେଇଥିଲା।

ତାଙ୍କ ପ୍ରତ୍ୟେକଟି ଯାତ୍ରାନାଟକ ଏକ ଏକ ସ୍ୱତନ୍ତ୍ର ପ୍ରୟୋଗାତ୍ମକ ରୀତି ଏବଂ ଶୈଳୀ ନେଇ ଗଢ଼ି ଉଠିଛି ଏବଂ ଏହା ତାଙ୍କ ନାଟକ ମାଧ୍ୟମରେ ସମାଜର ବିରାଟ ପରିବର୍ତ୍ତନ ପାଇଁ ଆହ୍ୱାନ ଦେଇଛି। ନାଟ୍ୟକାର ଜଣେ ସାମାଜିକ ଅଙ୍ଗୀକାରବଦ୍ଧ ଦାୟିତ୍ୱ ସମ୍ପନ୍ନ ସ୍ରଷ୍ଟା ହୋଇଥିବାରୁ ଯେଉଁ ବାର୍ତ୍ତାଟି ଛାଡି ଦେଇଛନ୍ତି ତାକୁ ମଧ୍ୟ ବିପ୍ଲବାତ୍ମକ ବାର୍ତ୍ତା କୁହାଯାଇପାରେ । ନାଟ୍ୟକାର କୁହନ୍ତି ନାଟକର କିଛି ସାମାଜିକ ବାର୍ତ୍ତା ଆପେ ଆପେ ରୁହେ। ଋଷିଆରେ 'ଜାର୍'ଙ୍କ ଶାସନ ଚାଲିଥିଲା ବେଳେ ପୋଲିସମାନେ ଯେପରି ସାହିତ୍ୟ ଉପରେ ରାଜନୈତିକ ସମାଜିକ ଏବଂ ନୈତିକ ବାର୍ତ୍ତା ଦେବା ପାଇଁ ବାଧ କରୁଥିଲେ, ସେପରି ବାର୍ତ୍ତାରେ ମୋର ବିଶ୍ୱାସ ନାହିଁ। ଟଲଷ୍ଟୟ, ଦସ୍ତୋଭସ୍କି, ଟୁର୍ଗେନେଫ୍ ପୁଷ୍‌କିନ୍ ଓ ଗୋଗଲ୍ ଇତ୍ୟାଦିଙ୍କ ନାଟକ ଉପନ୍ୟାସଗୁଡିକ ଆବଶ୍ୟକତା ଦୃଷ୍ଟିରୁ ଯେପରି ବିଶ୍ଳେଷଣ କରାଯାଉଥିଲା ମୁଁ ସେଥିରେ ବିଶ୍ୱାସ କରେ ନାହିଁ । କାରଣ ବାର୍ତ୍ତାପାଇଁ ଜାତୀୟ ସମାଜିକ ଓ ଅର୍ଥନୈତିକ ସ୍ତରରେ ଆବଶ୍ୟକତା ଗୁଡିକ ଯେତେ ପ୍ରବଳ ହୋଇଥିଲେ ବି ଲେଖିବା ପାଇଁ ଯେଉଁ ଉଦ୍ଦୀପନା ଟିକକ ଆସେ ତାହା ମୋର ବ୍ୟକ୍ତିଗତ romanticism ର କଥା ଏବଂ ତାକୁ ଛାଡି ମୁଁ ନାଟକ ମାଧ୍ୟମରେ ସମାଜ ନିର୍ମାଣ କରୁଛି ବୋଲି ଛଳନା କରିବାକୁ ପସନ୍ଦ କରେ ନାହିଁ। ଏଠାରେ drama deductive ବା ନୀତିଧର୍ମି ହୋଇଯାଏ ଏବଂ ମୁଁ ଯେଉଁ ନୀତିକୁ ସମର୍ଥନ କରେ ମୋ' ଦର୍ଶକ ମାନେ ତାକୁ ପସନ୍ଦ କରିବେ ବୋଲି କିଛି ବାଧ୍ୟ ବାଧକତା ନାହିଁ । ଟଲ୍‌ଷ୍ଟୟଙ୍କୁ ଯେପରି the conscience of quesic ଏବଂ the conscience of the world ବୋଲି କୁହାଗଲା ମୁଁ ସେପରି ହେବା ପାଇଁ ନିଜେ ବିଶ୍ୱାସ କରୁନଥିବା ବାର୍ତ୍ତାଟିଏ ଦେବା ପାଇଁ ଅନିଚ୍ଛା ପ୍ରକାଶ କରେ ।

ପ୍ରତିଟି ନାରୀ ପାଖରେ ରହିଛି ଭିନ୍ନ ଭିନ୍ନ ରୂପ । ପ୍ରତିଟି ଚରିତ୍ର ସେ ହେଉ ପଛେ ନାୟକ କିମ୍ବା ଖଳନାୟକ, ଜମିଦାର କିମ୍ବା ଦିନ ମଜୁରିଆ ଅତି ନିଖୁଣ ଭାବରେ ସଂଳାପ ସଂଯୋଜନା ଏବଂ ଚରିତ୍ରରେ ଠିଆ କରାନ୍ତି ମଂଚରେ ଶ୍ରୀଯୁକ୍ତ ପାଣିଗ୍ରାହୀ। ନାଟ୍ୟକାରଙ୍କୁ ଯେତେବେଳେ ପ୍ରଶ୍ନ କରାଯାଏ ଆପଣ ନାଟକ କିଭଳି ଲେଖନ୍ତି ? ସେ ତା'ର ପ୍ରତ୍ୟୁତ୍ତରରେ କହନ୍ତି- "ଯାତ୍ରା ନାଟକଗୁଡିକ ମୁଁ କେବେ ଆଗରୁ ଲେଖିନଥାଏ। ଯେତେବେଳେ ନାଟକ କରିବା ପାଇଁ ବରାଦ ଆସେ ମୁଁ କେବଳ କାହାଣୀଟିଏ ନେଇକି ଯାଏ । ସେଇଠି କଳାକାରମାନଙ୍କୁ

ଦେଖି ମୁଁ ନାଟକ ଲେଖେ ଓ ରିହାରସାଲ କରେ । ୧୦/୧୨ ଦିନ ମଧ୍ୟରେ ନାଟକ ଶେଷ ହୋଇଯାଏ। ଲେଖିବା ପାଇଁ କିଛି ନୂଆ ବିଷୟ ନଥିଲେ ମୁଁ ନାଟକ ଲେଖେନାହିଁ। ଯାହାସବୁ ଲେଖାଯାଇଛି ସେହି ବିଷୟବସ୍ତୁ ଓ ସମସ୍ୟାଗୁଡିକ ସମ୍ପର୍କରେ ମୋର ଯେଉଁ ଭିନ୍ନ ମତ ଥିଲା ତାହା ଆପେ ଆପେ ମୋର ନାଟକ ମଧ୍ୟକୁ ଚାଲିଆସେ ବା ଜୀବନର ଗୋଟିଏ ଅବସ୍ଥା ମତେ ଅନେକଦିନ ଧରି ମାନସିକ ସ୍ତରରେ ଆଚ୍ଛାଦିତ କରି ରଖେ। ବହୁଦିନ ଧରି ମୁଁ ସେଗୁଡିକ ସମ୍ପର୍କରେ ଭାବିଲା ବେଳେ ବିଭିନ୍ନ ଦୃଶ୍ୟ ଓ ଘଟଣା ଜନ୍ମ ନିଅନ୍ତି । ଲେଖିବା ପାଇଁ ମୋତେ ଖୁବ୍ କମ୍ ସମୟ ଲାଗେ। ଦିନେ ଦୁଇ ଦିନେ ଭିତରେ ପୁରା ନାଟକ ଲେଖିଦିଏ।"[୧୧]

ନାଟ୍ୟକାର ପାଣିଗ୍ରାହୀ ଡ. ବଟକୃଷ୍ଣ ସ୍ୱାଇଁଙ୍କୁ ଦେଇଥିବା ସାକ୍ଷାତକାରରେ ଯାହା କହିଛନ୍ତି, ତାହା ଅଷ୍ଟମ ଓ ନବମ ଦଶକର ଯାତ୍ରାର ପରିମଣ୍ଡଳ। ଏକବିଂଶ ଶତାବ୍ଦୀର ଆରମ୍ଭରେ ଯାତ୍ରା ନାଟକ କେବଳ ଏକ ଉପଭୋଗ୍ୟ ସାମଗ୍ରୀ ଥିଲା। ଏହା ଗଣପ୍ରିୟ ସଂସ୍କୃତିର ଏକ ଗଣପ୍ରିୟ କଳା। ପ୍ରକାଶ ଥାଉକି ନବମ ଦଶକ ଠାରୁ ପ୍ରାୟତଃ ଡ. ପାଣିଗ୍ରାହୀ ଯାତ୍ରା ନାଟକ ଲେଖୁନାହାନ୍ତି। ଏହାର କାରଣ ହେଲା ପ୍ରଯୋଜକମାନେ ତାଙ୍କୁ ସେମାନଙ୍କର ଲାଭ ପାଇଁ ବ୍ୟବହାର କରିବାକୁ ଚାହିଁଲେ ଏବଂ ନାଟକ କିପରି ହେବା ଆବଶ୍ୟକ ସେ ସମ୍ପର୍କରେ ଉପଦେଶ ଦେବା ଆରମ୍ଭ କଲେ। ଯେଉଁ କେତେଜଣ କଳାକାରମାନେ ଯାତ୍ରା ମାଲିକମାନଙ୍କର ଅନୁଗତ ଥିଲେ ସେମାନେ ଯାତ୍ରା ଶୈଳୀରେ, ରୁଚିହୀନ ଅଭିନୟ କରିବାକୁ ଚାହିଁଲା ବେଳେ ନାଟ୍ୟକାର ପାଣିଗ୍ରାହୀ ପ୍ରଯୋଜକ ଏବଂ ଅଭିନେତାମାନଙ୍କର ଏହି ଚାପ ଆଗରେ ମୁଣ୍ଡ ନୁଆଇଲେ ନାହିଁ। ସଂକ୍ଷିପ୍ତରେ କହିଲେ କିଛି ପାରିଶ୍ରମିକ ପାଇଁ ନିଜସ୍ୱ କଳାର ଅବବୋଧକୁ ସେ ଶସ୍ତା କରିବାକୁ ଚାହିଁଲେ ନାହିଁ। ସେ କହନ୍ତି ନାଟ୍ୟ ସଂସ୍କୃତି ଆଉ ପାରମ୍ପରିକ କଳା ସହିତ ସଂପୃକ୍ତ ନହୋଇ ଏକ ସାଂସ୍କୃତିକ ଶିଳ୍ପରେ ପରିଣତ ହୋଇଗଲାଣି ସେଇଠି ଆଉ ମୋର ସ୍ଥାନ ନାହିଁ। ଫଳରେ ସମୟ ସହିତ ନାଟକର ସଂଜ୍ଞା ମଧ୍ୟ ବଦଳିବାକୁ ଲାଗିଲା ଏବଂ ଡ. ପାଣିଗ୍ରାହୀ ଏହି ସ୍ରୋତରୁ ଆପେ ନିଜେ ବିଦାୟ ଗ୍ରହଣ କରିନେଲେ।

ସଂକେତସୂଚୀ

୧. ପାଣିଗ୍ରାହୀ ରମେଶ ପ୍ରସାଦ : ସାକ୍ଷାତକାର, ୨୦.୮.୨୦୧୭।

୨. ପାଣିଗ୍ରାହୀ ରମେଶ ପ୍ରସାଦ : 'ଆମ ଗାଁର ହାଲଚାଲ ଗଳ୍ପାୟନ ଓ ବର୍ଣ୍ଣନା ଶୈଳୀ', ବିଦ୍ୟା ପ୍ରକାଶନ, କଟକ, ୨୦୦୩।

୩. ପାଣିଗ୍ରାହୀ ରମେଶ ପ୍ରସାଦ : ତପସ୍ୟା, 'ଭିନ୍ନ ଏକ ରାମାୟଣ ଅନ୍ୟ ଏକ ସୀତା', ତାରାତାରିଣୀ ପୁସ୍ତକାଳୟ, ବ୍ରହ୍ମପୁର, ୧୯୯୬, ପୃ-୯୨।

୪. ତତ୍ରୈବ, ପୃ-୯୪।

୫. ତତ୍ରୈବ, ପୃ- ୯୫।

୬. ପାଣିଗ୍ରାହୀ ରମେଶ ପ୍ରସାଦ : 'ଝରଣା ଝୁରେ ସାଗର ପାଇଁ', ଓଡ଼ିଶା ବୁକ୍ ଷ୍ଟୋର, କଟକ, ୧୯୯୧।

୭. ପାଣିଗ୍ରାହୀ ରମେଶ ପ୍ରସାଦ : 'ଯେ ପକ୍ଷୀ ଉଡ଼େ ଯେତେ ଦୂର', ଶୁକ ପ୍ରକାଶନୀ, କଟକ, ୧୯୯୧, ପୃ-୧୮-୧୯।

୮. ତତ୍ରୈବ, ପୃ-୧୮-୧୯।

୯. ପାଣିଗ୍ରାହୀ ରମେଶ ପ୍ରସାଦ : 'ଶ୍ରୀକୃଷ୍ଣ ଆସୁଛନ୍ତି', ରାଜାରାଣୀ ପ୍ରକାଶନୀ, ଭୁବନେଶ୍ୱର, ୨୦୦୭।

୧୦. ପାଣିଗ୍ରାହୀ ରମେଶ ପ୍ରସାଦ : 'ମଝିନଈରେ ଘର', ଗାୟତ୍ରୀ, ଭୁବନେଶ୍ୱର, ଦ୍ୱିତୀୟ ପ୍ରକାଶ, ୨୦୦୯, ପୃ-୨୪।

୧୧. ସୂତାର ଅଜୟ କୁମାର : 'ରମେଶ ପାଣିଗ୍ରାହୀଙ୍କ ଯାତ୍ରା ନାଟକରେ ପ୍ରୟୋଗ ଓ ପରୀକ୍ଷା', ସାକ୍ଷାତକାର, ପୃ-୨୨୧।

ପଞ୍ଚମ ଅଧ୍ୟାୟ

ଏକାଙ୍କିକାକାର ରମେଶ ପାଣିଗ୍ରାହୀ

(କ) ରମେଶ ପାଣିଗ୍ରାହୀଙ୍କ ଏକାଙ୍କିକା ସମ୍ଭାରର ଆଲୋଚନା

ଓଡିଆ ନାଟକ ଭଳି ଏକାଙ୍କିକା ରଚନା କ୍ଷେତ୍ରରେ ରମେଶ ପାଣିଗ୍ରାହୀ ଜଣେ ସିଦ୍ଧହସ୍ତ ଏକାଙ୍କିକାକାର। ଏକାଙ୍କିକାରେ ମିଥ୍ , ବ୍ରେଖ୍ଟୀୟ ଶୈଳୀ ତଥା ନବ ନବ ପରୀକ୍ଷା କରି ଏକାଙ୍କିକାର ପରିସରକୁ ଦେଇଛନ୍ତି ନୂତନତାର ଭବ୍ୟ ସମ୍ବର୍ଦ୍ଧନା। ୧୯୬୫ ରେ 'ଶିଳାର ସ୍ୱପ୍ନ' ଏକାଙ୍କିକା ଲେଖା ହୋଇଥିଲା ଡ. ପାଣିଗ୍ରାହୀଙ୍କ ଦ୍ୱାରା ଏବଂ ଏହା ଗଞ୍ଜାମ କଳାପରିଷଦ ତରଫରୁ ମଞ୍ଚସ୍ଥ ହୋଇଥିଲା। ଏକାଙ୍କିକାଟି ମଞ୍ଚସ୍ଥ ହୋଇ ସେ ସମୟରେ ଦର୍ଶକମାନଙ୍କର ବେଶ୍ ପ୍ରଶଂସା ସାଉଁଟିଥିଲା।

ନାଟ୍ୟକାର ରମେଶ ପାଣିଗ୍ରାହୀଙ୍କ ସୃଷ୍ଟି ସମ୍ଭାର ଅତ୍ୟନ୍ତ ଭିନ୍ନ ଧରଣର। ସେ ଏକାଙ୍କିକା ଶବ୍ଦଟିକୁ ଗ୍ରହଣ କରିପାରି ନାହାନ୍ତି। ସେ ଦୁଇଟି ଏକାଙ୍କିକା ଗ୍ରନ୍ଥ ଲେଖିଛନ୍ତି। ଗୋଟିଏ ହେଉଛି 'ଉଡନ୍ତା ପାହାଡର ଦର୍ଜା' ଏବଂ ଅନ୍ୟଟି 'ଅପ୍ରୀତିକର ନାଟକ'। କିନ୍ତୁ ସେଥିରେ ସନ୍ନିବେଶ ହୋଇଥିବା ଏକାଙ୍କିକାଗୁଡିକୁ ସେ ଅନାଟକ ଆଖ୍ୟା ଦେଇଛନ୍ତି। ଅନାଟକକୁ ଛାଡିଦେଲେ ତାଙ୍କର ଅନେକ କ୍ଷୁଦ୍ର ନାଟକ ଓ ଅଣୁନାଟକ ମଧ୍ୟ ରହିଛି। ତାଙ୍କ ଏକାଙ୍କିକାଗୁଡିକୁ ପାଞ୍ଚଭାଗରେ ବିଭକ୍ତ କରାଯାଇପାରେ। ଯେପରି-

- ସାମାଜିକ ସମସ୍ୟାଧର୍ମୀ ଏକାଙ୍କିକା ବା ପ୍ରଚାର ଧର୍ମୀ ଏକାଙ୍କିକା
- ଦର୍ଶନଭିତ୍ତିକ ଏକାଙ୍କିକା
- ବ୍ୟଞ୍ଜନାଧର୍ମୀ ଏକାଙ୍କିକା
- ପଥପ୍ରାନ୍ତ ଏକାଙ୍କିକା
- ଅଣୁନାଟକ ଓ ଅନାଟକ

ନାଟ୍ୟକାରଙ୍କ ଏକାଙ୍କିକାଗୁଡ଼ିକ ସଂପର୍କରେ ନିମ୍ନରେ ଆଲୋଚନା କରିବା ପାଇଁ ଯଥାସାଧ୍ୟ ଉଦ୍ୟମ କରାଯାଇଛି। ନାଟ୍ୟକାରଙ୍କ ଏକାଙ୍କିକାଗୁଡ଼ିକ ହେଉଛି-

- ଶିଳାର ସ୍ୱପ୍ନ
- ନିଅାଁ
- ଅସ୍ତରାଗର କାବ୍ୟ
- ସେ ମରିଗଲେ
- କାହିଁକି, କେଜାଣି, କେଉଁଠି, କିପରି, କେତେବେଳେ
- ପଶୁ
- ଉଡନ୍ତା ପାହାଡର ଦର୍ଜା
- ଶ୍ରୀ ଶ୍ରୀ ମହାଲକ୍ଷ୍ମୀ ପୂଜା
- ଏବଂ ପୃଥିବୀ ଅନ୍ଧକାର ହେଲା
- ଜୁଲି ଓ ଅଭିଜିତମାନଙ୍କ ପାଇଁ
- ଗେଣ୍ଡା
- ସକାଳର ମେଘ
- ଯାହାସବୁ ବୁଝା ପଡେ ନାହିଁ
- ରାସ୍ତା ସବୁ ବନ୍ଦ
- ବୁଦ୍ଧ
- ବିଶ୍ୱମ୍ଭର ସେନାପତି ଓ ଦର୍ପଣ ଉପାଖ୍ୟାନମ୍

ନାଟ୍ୟକାରଙ୍କ ପ୍ରତିଟି ଏକାଙ୍କିକାରେ ରହିଛି ନୂତନବାର୍ତ୍ତା ତଥା ଭିନ୍ନ ଧରଣର ପରୀକ୍ଷା। ଦୂରଦୃଷ୍ଟି ସଂପନ୍ନ ସ୍ରଷ୍ଟା ନିଜ ସୃଷ୍ଟି ପରିସର ମଧ୍ୟରେ ସମାଜ ତଥା ଚଳପ୍ରଚଳ କରୁଥିବା ପ୍ରତିଟି ପ୍ରାଣୀର ମନ ଆଗୋଚର ମଧରେ ଥିବା ଅବୈକ୍ତିକ ତଥା ଗହନ ଭାବକୁ ଏକାଙ୍କିକାର କଳେବର ମଧରେ ମଣ୍ଡନ କରିଛନ୍ତି। ସେଥିମଧରୁ ପ୍ରଥମ ତଥା ଅମୁଦ୍ରିତ ଏକାଙ୍କିକାଟି ହେଉଛି 'ଶିଳାର ସ୍ୱପ୍ନ'।

ଶିଳାର ସ୍ୱପ୍ନ

ଏହି ଏକାଙ୍କିକାଟି ୧୯୭୬ ରେ ଲିଖିତ। ଏହା ସାଧାରଣତଃ ପରିବାର ନିୟନ୍ତ୍ରଣ ଉପରେ ପର୍ଯ୍ୟବସିତ ଅଟେ। ଗ୍ରାମାଞ୍ଚଳର କୁସଂସ୍କାର ଦୂର କରିବା ପାଇଁ ଏକାଙ୍କିକାକାରଙ୍କର ଏହି ଏକାଙ୍କିକା ମାଧ୍ୟମରେ ପ୍ରଚେଷ୍ଟା। ଡା. ସରୋଜ ଦାସ ନିଜେ ନିଃସନ୍ତାନ ତଥା ପରିବାର ଠାରୁ ବିଚ୍ଛିନ୍ନ। ସେ ଗ୍ରାମାଞ୍ଚଳରେ ବିଜ୍ଞାନ ଭିତ୍ତିକ କର୍ମ କରୁକରୁ ନିଜେ ଆବେଗହୀନ ଶିଳାରେ ପରିଣତ ହୋଇଯାଇଛନ୍ତି ଏବଂ ସେହି ପାଷାଣ ମନରୁ ସ୍ୱପ୍ନ ଦେଖିଛନ୍ତି ଅଶିକ୍ଷିତ ଗ୍ରାମବାସୀମାନଙ୍କୁ ପରିବାର ନିୟନ୍ତ୍ରଣ ଯୋଜନାର ସୁଫଳଗୁଡିକ ଶିଖେଇବା ପାଇଁ।

ଏହି ଶିକ୍ଷାର ପ୍ରଥମ ଛାତ୍ର ହେଉଛନ୍ତି ମଧୁ ମିଶ୍ରଙ୍କ ଭଳି ରକ୍ଷଣଶୀଳ ବ୍ରାହ୍ମଣ ଯେକି ଡା. ଦାସଙ୍କ ବିରୁଦ୍ଧରେ ବିରୋଧର ସ୍ୱର ଉତ୍ତୋଳନ କରିଛନ୍ତି। ଯେହେତୁ ମଧୁ ମିଶ୍ରେ ଜଣେ ଜ୍ୟୋତିଷ ଥିଲେ ସେ ଗଣନା କରି ଜାଣି ପାରିଛନ୍ତି ଯେ ଏହି ଯୋଜନାର ସୁଫଳ ଓ କୁଫଳ ଦିଗଗୁଡିକୁ। ସର୍ବୋପରି କହିବାକୁ ଗଲେ ଏହି ଏକାଙ୍କିକାଟି ପରମ୍ପରା ଓ ସଂଘର୍ଷ ଉପରେ ଆଧାରିତ ସଂସ୍କାରମୂଳକ ଏକାଙ୍କିକା । ଏଠାରେ ବ୍ରାହ୍ମଣଙ୍କ ମତରେ ସନ୍ତାନ ଜନ୍ମ ହେବା ପ୍ରକୃତିର ଦାନ ଏବଂ ପ୍ରକୃତିକୁ ଯେଉଁ ବୈଜ୍ଞାନିକ ବା ଡାକ୍ତର ବିରୋଧ କରିବ ତାର ସର୍ବନାଶ ହେବ। ପରେ ପରେ କିଛି ଶିକ୍ଷିତ ଯୁବକ ଏସବୁ ବିଷୟରେ ବୁଝିପାରିଛନ୍ତି ଏବଂ ବ୍ରାହ୍ମଣଙ୍କୁ ବୁଝାଇଛନ୍ତି। ସର୍ବଶେଷରେ ମଧୁ ମିଶ୍ରେ ଏଗାରଟି ସନ୍ତାନ ଥିବା ମା କାଞ୍ଚନବାଳାଙ୍କ ସହ ଡାକ୍ତରଙ୍କ ପାଖକୁ ଆସି ଅସ୍ତ୍ରୋପଚାର କରିଛନ୍ତି।

ଏହି ଏକାଙ୍କିକାଟି କୌଣସି ଭାବେ ମୁଦ୍ରିତ ହୋଇନାହିଁ। କେବଳ ପାଣ୍ଡୁଲିପିରୁ ଏହାର ସାରାଂଶ ସଂଗ୍ରହ କରାଯାଇଛି । ସେ ଯାହାହେଉ ଏହି ଏକାଙ୍କିକା ମାଧ୍ୟମରେ ସମାଜ ସଂସ୍କାର ସହିତ ସମାଜ ଜୀବନରେ ଆତଯାତ ମଣିଷ ମାନଙ୍କର ଘୃଣ୍ୟ ମାନସିକତାରେ ପରିବର୍ତ୍ତନ ଆଣିବା ପାଇଁ ଚେଷ୍ଟା କରିଛନ୍ତି ।

ନିଆଁ

'ନିଆଁ' ସାଧାରଣତଃ ଏକ ବ୍ୟଙ୍ଗଧର୍ମୀ ରାଜନୈତିକ ଏକାଙ୍କିକା ଅଟେ। ଏହାକୁ ଶ୍ରୀ ପାଣିଗ୍ରାହୀ ହାସ୍ୟରସାତ୍ମକ ଶୈଳୀରେ ପରିବେଷଣ କରିଛନ୍ତି। ଯାହାଫଳରେ ସମାଜରେ ଚାଲିଥିବା କଳୁଷିତ ରାଜନୀତିକୁ ଆକ୍ଷେପ କରାଯାଇଛି। ଏହି ଏକାଙ୍କିକାଟି ଚୀନର ଆନ୍ଦୋଳନ, ବଙ୍ଗଳାର ନକ୍ସଲ ଆନ୍ଦୋଳନର ପ୍ରଭାବରେ ରଚିତ। ଏହାର ଘଟଣା ସହରର ରାସ୍ତା ଉପରେ ଥିବା ଗୋଟିଏ ସେଲୁନ୍ ପାଖରେ ଘଟିଛି।

ସେଲୁନର ନାଁ ହେଉଛି ଯୁଗଜ୍ୟୋତି କେଶ କର୍ତ୍ତନାଳୟ। ସେହି କେଶ କର୍ତ୍ତନାଳୟ ପାଖରେ ଚା ଦେକାନ। ସମସ୍ତେ ସବୁଦିନ ସେହି ଚା ଦୋକାନକୁ ଯିବାଆସିବା ମଧ୍ୟରେ ଗୋଟିଏ ଦିନର ଘଟଣାରୁ ଆରମ୍ଭ ହୋଇଛି ଏହାର ବିଷୟବସ୍ତୁ। ସେଦିନ ଥିଲା ରବିବାର। ନରି ମଉସା ଚା ଭଲ କରନ୍ତି। ସକାଳୁ ସେଲୁନ୍ ମାଲିକ ମଦନ ଚା କପେକୁ ଫରମାଇସ କରିଛି ଏବଂ ଅପେକ୍ଷାରେ ନରି ସଙ୍ଗେ ବାର୍ତ୍ତାଳାପ କରୁଛି। ପ୍ରବେଶ କରିଛି ସୁମନ୍ତ ଯେ କି ପଚିଶି ଛବିଶି ବର୍ଷର ଯୁବକ। ମୁହଁ ଫୁଲିଯାଇଛି ତାର ଏବଂ ରକ୍ତର ଛିଟା ମୁହଁରେ ସ୍ଥାନେ ସ୍ଥାନେ ବାରି ହୋଇ ପଡୁଛି। ଲାଗୁଛି ଗତ ରାତିରେ କାହା ସଙ୍ଗରେ ଛକାପଞ୍ଝା ହୋଇ ମାଡ଼ଗୋଳ କରି ଆସିଛି।

କଥାଟା ହେଉଛି ଗତକାଲି ସୁମନ୍ତର ବଡ଼ଭାଇର ବାହାଘର ଥିଲା ଏବଂ ନୂଆ ବୋହୂ ଘରକୁ ଆସିଛନ୍ତି । ନୂଆକରି ଘରେ ପାଦ ଦେଉ ଦେଉ ଭୀମା ନାମକ ଏକ ଯୁବକ ସୁମନ୍ତର ଭାଉଜ ବିଷୟରେ ତଥା ଚରିତ୍ର ଉପରେ ଖରାପ ମନ୍ତବ୍ୟ ଦେଇଛି । ଫଳରେ ସୁମନ୍ତ ଓ ଭୀମା ମଧ୍ୟରେ ହାତାହାତି ହୋଇଯାଇଛି । ଭୀମା ହେଇଛି ସେହି ସହରର ନାମଜାଦା ଗୁଣ୍ଡା । ମିଲ ମାଲିକ ଗୋବିନ୍ଦ ଦାସଙ୍କ ପୃଷ୍ଠପୋଷକତା ପାଇ ଭୀମା ସହରରେ ଗୁଣ୍ଡାଗର୍ଦ୍ଦି କରେ ।

ସ୍ୱାଧୀନତା ପରବର୍ତ୍ତୀ ସମୟରେ ରାଜନୀତି କଳୁଷିତ ହୋଇଯାଇଥିଲା ଏବଂ ଏକ ଉଚ୍ଚସମ୍ଭ୍ରାନ୍ତ ଶ୍ରେଣୀୟ ରାଜନୀତି ଗୋଷ୍ଠୀ ବାହାରିଥିଲେ ଏବଂ ତାରି ଭିତରୁ ଅରକ୍ଷିତ ଡାକୁଆ ଅନ୍ୟତମ । ସେ ମଧ ରାଜନୀତିର ସେହି ସ୍ତରକୁ ଯିବା ପାଇଁ ଆପ୍ରାଣ ଉଦ୍ୟମ କରିଛି । ରାଜନୈତିକ ନିଆଁ ଜଳିଛି, ବୋମା ପଡିଛି ଏବଂ ଏକାଙ୍କିକାର ନାୟକ ସୁମନ୍ତ ଭୀମା ସାଙ୍ଗରେ ପଡି କଟୁତିକ୍ତ ହୋଇ ହିଂସାରୂପ ଧାରଣ କରିଛି । ବୋମା ମାଡରେ ଶେଷରେ ସୁମନ୍ତର ମୃତ୍ୟୁ ହୋଇଛି ।

ରାଜନୀତିର କଳୁଷିତ ପରିବେଶ ମଧ୍ୟରୁ କେହିବି ନିସ୍ତାର ପାଇ ପାରି ନାହାନ୍ତି । ସୁମନ୍ତ ବି ନୁହେଁ । ଚରିତ୍ରମାନଙ୍କର ମାନସିକ ସ୍ତରର ଅସହାୟତା ଏବଂ ଅନ୍ୟପଟେ ରାଜନୀତିର ବହ୍ନି ବେକାର ଯୁବକମାନଙ୍କ ଭାଗ୍ୟ ସହ କିପରି ଖେଳ ଖେଳୁଛି ତାର ଚିତ୍ର ଏକାଙ୍କିକାଟିରେ ଦିଆଯାଇଛି । ନିଆଁ ଥିଲା ଷଷ୍ଠ ଦଶକର ବେକାର ଯୁବ ମାନସର ସାମାଜିକ ବାସ୍ତବତାର ଅଙ୍ଗୀକାରବଦ୍ଧତା ।

ଅସ୍ତରାଗର କାବ୍ୟ

'ଶିଳାର ସ୍ୱପ୍ନ', 'ନିଆଁ' ଭଳି 'ଅସ୍ତରାଗର କାବ୍ୟ' ମଧ୍ୟ ଅମୁଦ୍ରିତ ଏକାଙ୍କିକାଟିଏ । ଏଥିରେ କବିଟି ଜୀବନ ସହ ସଂଗ୍ରାମ କରୁଥିବାରୁ ସମସ୍ତଙ୍କ ଆକ୍ରୋଶର ଶିକାର ହୋଇଛନ୍ତି । ଅର୍ଥାତ ସେ ଜଣେ କବି । ମୁଁ ଏଠାରେ କହି ରଖେ ଆମ ସମାଜରେ କବିର କୌଣସି ସମ୍ମାନ ନାହିଁ । କାରଣ ସେ କୌଣସି ଆଖିଦୃଶିଆ ମାଗାଜିନ କିମ୍ୱା କୌଣସି ବଡ଼ ଧରଣର ପୁରସ୍କାର ପାଇନାହାନ୍ତି । ତାଙ୍କୁ ବୋଧେ ଏ ସମାଜ କବି ବୋଲି ମାନିବାକୁ ଇଚ୍ଛାପ୍ରକାଶ କରନ୍ତିନି । ଠିକ୍ ସେହିଭଳି ଅସ୍ତରାଗର ସାଧକ କବି ସତୀଶ ବି ସେଭଳି କିଛି ଅପୂର୍ଣ୍ଣତା ଭାବରେ ବଞ୍ଚନ୍ତି । ସେ ପାଖରେ ଥିବା ବସ୍ତିରେ କଥା କହିପାରୁ ନଥିବା ଗୁଙ୍ଗି ଝିଅକୁ ଭଲପାଇ ବସନ୍ତି । ସେଥିପାଇଁ ବହୁ ନିନ୍ଦା ଏବଂ ଅପବାଦ ତାଙ୍କୁ ସହ୍ୟ କରିବାକୁ ପଡ଼େ । ଶେଷରେ ସେ ସାହିତ୍ୟ ଏକାଡେମୀ ପାଇଲାପରେ ସମସ୍ତଙ୍କ ଧାରଣା ବଦଳି ଯାଇଛି । ପୁଣି

ସେଇ ସମ୍ମାନକୁ ସେ ଫେରି ପାଇଛନ୍ତି । ଏଥିରେ ଦକ୍ଷିଣ ଓଡିଶାରେ ଘଟୁଥିବା ସାଂସ୍କୃତିକ ଅବକ୍ଷୟର ଚିତ୍ର ଦେଖିବାକୁ ମିଳିଛି।

ସେ ମରିଗଲେ

ଏହି ଏକାଙ୍କିକାଟି ଏକାଙ୍କିକାକାରଙ୍କ ବହୁବାର ମଞ୍ଚସ୍ଥ ହୋଇଥିବା ଏକାଙ୍କିକା। ଓଡିଆ ସାହିତ୍ୟରେ ଲେଖାଯାଇଥିବା ସାହିତ୍ୟ ମଧ୍ୟରେ ଏହି ଏକାଙ୍କିକାରେ ପ୍ରଥମଥର ପାଇଁ ମୃତ୍ୟୁ ଚେତନା ଉପରେ ନାଟ୍ୟକାର ପ୍ରଥମେ ଧାରଣା ଦେଇଛନ୍ତି। ନାଟ୍ୟକାର କହନ୍ତି- "Paul van Buren ତାଙ୍କର 'Secular Meaning of the gospal ପୁସ୍ତକରେ ଘୋଷଣା କଲେ ଯେ 'ଈଶ୍ୱର' ଶବ୍ଦଟି ମରିଗଲା। ଏହି ଏକାଙ୍କିକାର ବିଷୟବସ୍ତୁ ହେଉଛି ଈଶ୍ୱରଙ୍କ ମୃତ୍ୟୁ ପ୍ରସଂଗ। ଉପରୋକ୍ତ ବିଶ୍ୱାସକୁ ଅନ୍ଧବିଶ୍ୱାସ ବୋଲି କହିବା ଯେମିତି ଏକ ପାଶ୍ଚାତ୍ୟ ଆଧୁନିକ ବ୍ୟାଧି। ଫ୍ରେଡରିକ ନିତ୍‌ସେଙ୍କ ଏକ ଉଦ୍ଧୃତି ଦେଇ ଏଇ ଏକାଙ୍କିକା ଲେଖିଛନ୍ତି ନାଟ୍ୟକାର। Martin Esslinଙ୍କ Theatre of the absurd ଗ୍ରନ୍ଥରୁ ଉଦ୍ଧୃତାଂଶଟି ନିଆଯାଇଛି । Zarathustra ନାମକ ପାଶ୍ଚାତ୍ୟ ସନ୍ୟାସୀ ତାଙ୍କର ଜରାଥୁଷ୍ଟ୍ର ଧର୍ମରେ ସିଦ୍ଧିଲାଭ କରି ପର୍ବତରୁ ଓହ୍ଲାଇଲେ। ଆସୁ ଆସୁ ଆଉ ଜଣେ ସନ୍ୟାସୀଙ୍କୁ ଦେଖିଲେ। ତାଙ୍କୁ ସେ କ'ଣ ପଚାରିଲେ ଓ ତାଙ୍କୁ କ'ଣ ଉତ୍ତର ଦେଲେ ତାହା ଏହି ନାଟ୍ୟକାର ଉଦ୍ଧାର କରିଛନ୍ତି- "When Neetzche's Zarthustra descended from his mountain to preach mankind, he met a saintly hermit in the forest. This old man invited him to stay in the wildness rather than go out to the cities of man . When Zarathustara asked the hermit how he passed his time in his time in his solitude, he replied, " I Make up songs and sing them, and when I wake up songs a laugh, I weep and I growl ; thus do I puise God . Zarathustra declined the old mans offer and continued on his journey . But when he was alone ; he spoke thus to his heart: can it be possible ? This Old saint in the forest has not yet heard that God is dead."[୧]

ଏଠାରେ ପ୍ରଥମରୁ ଉପସ୍ଥାପନ କରାଇ ଦିଆଯାଇଛି ଯେ ସେ ମରିଗଲେ ଅର୍ଥାତ୍ କୌଣସି ସତ୍ତାକୁ ଏଠାରେ ସୂଚନା ଦିଆଯାଇଛି। ଯାହାର ଗଲାଦିନ କି ଆସନ୍ତା କାଲି ମଧ୍ୟ ନଥିଲା। ଏଠାରେ ସେ ଯେକୌଣସି ଗୋଟିଏ ବ୍ୟକ୍ତିସତ୍ତା ହୋଇପାରେ ମୁଁ, ଆପଣ କିମ୍ବା ସୃଷ୍ଟିକର୍ତ୍ତା ନିଜେ ଈଶ୍ୱର ମଧ୍ୟ। କିନ୍ତୁ ପାଶ୍ଚାତ୍ୟ ମହାମନିଷୀମାନେ

ବିଭିନ୍ନ ପରୀକ୍ଷା ନିରୀକ୍ଷାରେ ଲିପ୍ତ ରହି ସର୍ବଶେଷରେ ଘୋଷଣା କରିଦେଲେ ଯେ ବାସ୍ତବରେ 'ଈଶ୍ୱର' ବୋଲି କେହି ନାହାନ୍ତି ଏବଂ 'ଈଶ୍ୱର ହିଁ ମୃତ'। ତେଣୁ ବହୁ ତର୍କ ବିତର୍କ ମଧ୍ୟରେ ନାଟ୍ୟକାର ଅନୁଭବ କରି ଲେଖିଛନ୍ତି ତାଙ୍କ ମୁଖବନ୍ଧରେ - "ସପ୍ତମ ଦଶକର ଏଇ ଉତ୍ତର ଭାଗରେ, 'ସେ ମରିଗଲେ' ଲେଖା ହେବାର ସାତବର୍ଷ ପରେ ମୁଁ ଦେଖୁଛି, ଈଶ୍ୱର ମରିଗଲେ ବୋଲି ସ୍ଲୋଗାନ୍ ଦେଉଥିବା ଲୋକମାନେ ପୁଣିଥରେ ତାଙ୍କୁ ଖୋଜିବା ପାଇଁ ଭାରତକୁ ଆସୁଛନ୍ତି। ୧୯୭୭ ମସିହାରେ ପୃଥିବୀର ସବୁ ଜ୍ୟୋତିର୍ବିଦ୍‌ମାନେ ଘୋଷଣା କରିଛନ୍ତି ଯେ ବିଶ୍ୱାସହୀନତାର ଅନ୍ଧାର ଭିତରେ ଭାରତ ହିଁ ପୃଥିବୀକୁ ଆଲୁଅ ଦେଖାଇବ।"[୨] ଏଠାରେ ଗୋଟିଏ କଥା ସ୍ପଷ୍ଟ ହୋଇଗଲା ଯେ ଆଧ୍ୟାତ୍ମିକ ମୃତ୍ୟୁ ହିଁ ଭାରତୀୟ ପକ୍ଷେ ପୁନଃଜାଗରଣ ଅଟେ। ଏହି ନାଟକରେ ପାଶ୍ଚାତ୍ୟ ଦର୍ଶନର ଭ୍ରାନ୍ତିକୁ ପ୍ରକାରାନ୍ତରେ ରୂପାନ୍ତର କରାଯାଇ ଭାରତୀୟ ବିଶ୍ୱାସକୁ ପୁନଃ ଉପସ୍ଥାପିତ କରାଯାଇଛି।

ପରଦା ଖୋଲି ଜଣେ ସୂତ୍ରଧର ପ୍ରବେଶ କରିଛନ୍ତି ଏବଂ ମଞ୍ଚ ପାଖକୁ ଆସି ସମସ୍ତଙ୍କୁ ଚାହିଁ କହିଛନ୍ତି ଯେ ବଡ଼ ଦୁଃଖର କଥା 'ସେ ମରିଗଲେ'। ମଞ୍ଚ ଖୋଲିଲା ବେଳକୁ ଜଣାପଡ଼ିଲା ଭଗବାନ ମରିଯାଇଛନ୍ତି ଏବଂ ତାଙ୍କ ଶବଟା ରାସ୍ତା ମଝିରେ ପଡ଼ିଛି। ରାସ୍ତାରେ ଗହଳି ହୋଇ ଟ୍ରାଫିକ୍ ସମସ୍ୟା ସୃଷ୍ଟି ହୋଇଯିବାରୁ ଜଣେ ପୋଲିସ ଅଫିସର ଆସି ତଦନ୍ତ କରୁଛନ୍ତି। ସେ କହୁଛନ୍ତି ଯେ 'ଶବଟି' କାହାର ଓ ତାଙ୍କର ନିଜ ଲୋକ କିଏ ଜାଣିଲେ ତାଙ୍କୁ ଶବଟିକୁ ହସ୍ତାନ୍ତର କରି ଦିଆଯିବ।

ସେତିକି ବେଳେ ଜଣେ ଭିକାରି କାନ୍ଦି କାନ୍ଦି କହିଲା ସେ ଏଇ ଭଗବାନଙ୍କ ମୂର୍ତ୍ତିକୁ କାନ୍ଧରେ ଧରି ବାଜାବଜାଇ ଭିକ୍ଷା କରୁଥିଲା। ଏବେ ସେ ମରିଗଲା ପରେ ଆଉ କାହା ମୂର୍ତ୍ତି ଧରି ଭିକ୍ଷା ମାଗିବେ ? ତେଣୁ ଏହା ତାର ଚିନ୍ତାକୁ ବଢ଼ାଇ ଦେଇଛି କିନ୍ତୁ ଧିରେ ଧିରେ ଘଟଣା ନୂଆ ମୋଡ ନେଇଛି । କାରଣ ଜଣେ ପାଦ୍ରୀ ଆସି 'ଜୀସସ୍' ମରିଯାଇଛନ୍ତି ଭାବି ପ୍ରାର୍ଥନା କରିଛନ୍ତି ଏବଂ ପ୍ରମାଣ ଦେଖାଇ କହିଛନ୍ତି ଯେ ଇଶ୍ୱରଙ୍କ ମୃତ୍ୟୁ ହୋଇଛି। ଘଟଣାଟି ଧିରେ ଧିରେ ଚାରିଆଡେ ପ୍ରଘଟ ହୋଇଛି। ଅନାଥ ଅବସ୍ଥାରେ ଭଗବାନଙ୍କ ମୃତ୍ୟୁ ହୋଇଛି ଏବଂ ତାଙ୍କ ଶବ ସତ୍କାର କରିବା ପାଇଁ କେହି ନାହାନ୍ତି। ତେଣୁ ଜଣେ ଶିଳ୍ପପତି ଓ ଜଣେ ସାମ୍ବାଦିକ ଆସି ଏତିକିବେଳକୁ ପହଞ୍ଚିଛନ୍ତି। ସମସ୍ତଙ୍କର ଧାରଣା ଯିଏ ମରିଗଲେ ସେ ବୋଧେ ଗୋପବନ୍ଧୁଙ୍କ ପରି ଜଣେ ସମାଜସେବୀ ହୋଇଥାଇ ପାରନ୍ତି କିମ୍ବା ଜଣେ ହୃଦୟବାନ ମାନବ ମଧ୍ୟ ହୋଇଥାଇ ପାରନ୍ତି। ଏଫ୍.ଆଇ.ଆର୍. ଲେଖୁଥିବା ତଦନ୍ତକାରୀ ଜଣକ ପାଇଁ କଥାଟା ସେଥିପାଇଁ ଆହୁରି ଜଟିଳ ହୋଇଯାଇଛି। ପୋଲିସ ଅଫିସରଙ୍କୁ

ଯେତେବେଳେ କୁହାଯାଇଛି ଯେ ପୃଥିବୀର ତ୍ରାଣକର୍ତ୍ତା ମରିଗଲେ ସେ କିଛି ବୁଝିପାରି ନାହିଁ। କିଏ ମରିଯାଇଛି ? ତେଣୁ ସେ ପଚାରିଛନ୍ତି- "ଓଃ ! ମୁଁ ପଚାରୁଛି ବର୍ତ୍ତମାନ କିଏ ମଲେ ? ମାନବ ବାବୁ ନା ହୃଦୟ ବାବୁ ?"[୩]

ଏତିକି ବେଳେ ଭିଡ ଠେଲି ପ୍ରବେଶ କରିଛନ୍ତି ଜଣେ କବର ଖୋଳିବା ମୁସଲମାନ ବ୍ୟକ୍ତି। ବିକଳ ସ୍ୱରରେ କହି ଚାଲିଥାନ୍ତି କାହାଁ ହୈ? କାହାଁ ହୈ ମେରେ ଖୁଦା ? ଜୀବନସାରା ଅନ୍ୟ ଲୋକଙ୍କ ପାଇଁ କବର ଖୋଳୁଥିବା ଏହି ବ୍ୟକ୍ତିଟି ଜାଣନ୍ତି ନାହିଁ ସିଏ ମଲାପରେ ତାଙ୍କ କବର କିଏ ଖୋଳିବ ? ସାମ୍ବାଦିକ ଜଣକ ବିବ୍ରତ ହୋଇ ପରିଚୟ ପଚାରିବାରୁ ସେ ନିଶ୍ଚିତ ସ୍ୱରରେ କହିଲେ "ମଗର ୱହି ତୋ ମହମ୍ମଦ ହୈ... ଉତନେ ବଡ଼େ ଇନସାନ କୋ ଇତନା ସା ଜଗହ ମୈ କୈସେ ସମାଦୁଁ ମେରେ ଖୁଦା...।"[୪]

ବିଭିନ୍ନ ଧର୍ମର ଲେକମାନେ ନିଜ ନିଜ ଧର୍ମର ଈଶ୍ୱରମାନଙ୍କୁ ନେଇଯିବା ପାଇଁ ଚାହିଁବାରୁ ସେଠାରେ ଗୋଟିଏ ସାଂପ୍ରଦାୟିକ ଦଂଗା ଘଟିପାରେ ବୋଲି ଭାବି ସେଇ ପୋଲିସ ଅଫିସର ଜଣକ ବ୍ୟସ୍ତ ହୋଇ ପଡିଛନ୍ତି । କିଏ ମଲେ ବୋଲି ଜଣା ପଡି ଯାଇଥିଲେ ଶବଟା ରାସ୍ତା ଉପରୁ ଉଠି ଯାଆନ୍ତା। ତେବେ ତଦନ୍ତକାରୀ ଜଣକ ସାନ୍ତ୍ୱନା ଦେଇ ସମସ୍ତଙ୍କୁ କହିଲେ - "ଯା' ହେଉ ଆପଣମାନେ ବର୍ତ୍ତମାନ ଖୁସି ଯେ ସେ ମରିଗଲେ। ଯା ହେଉ ଗୋଟେ ବୋଝ ଗଲା । ସେଇଥିରୁ ଗୋଟେ ଭଗବାନ ଥିବା ଯୋଗୁଁ ଲୋକେ ଯାହା ଚାହୁଁ ଥିଲେ ସେୟା କରି ପାରୁନଥିଲେ। ଆଜିଠୁ ସମସ୍ତେ ସ୍ୱାଧୀନ । ଏଣିକି ମନ ଇଚ୍ଛା କାମ କରିହେବ । ସେ ମରିଗଲା ପରେ ଆଉ କିଏ ଦଣ୍ଡ ଦେବାର ଚାନ୍ସ ନାହିଁ।"[୫]

ପ୍ରତିଟି ସଂପ୍ରଦାୟର ଧର୍ମ ବଡ଼ପଣ୍ଡାମାନେ ଏକାଠି ହେବା ପରେ ରାସ୍ତାମଧ୍ୟରେ ଗୋଟିଏ ସାଂପ୍ରଦାୟିକ ଦଙ୍ଗା ଦେଖାଯାଇଛି। ଫଳରେ ନିଜ ନିଜ ଈଶ୍ୱର ମୃତ୍ୟୁ ଏବଂ ଈଶ୍ୱର ତାଙ୍କର ବୋଲି ଦାବି କରିଛନ୍ତି। ଏହି ଏକାଙ୍କିକାରେ ଭଗବାନଙ୍କ ମୃତ୍ୟୁ ଏବଂ ଧର୍ମଶାସ୍ତ୍ର (Theology)ର ମୃତ୍ୟୁ ସଂପର୍କୀୟ ଆଲୋଚନା ହୋଇଛି। ଷଷ୍ଠ ଦଶକ ବେଳକୁ ମଣିଷ ଭଗବାନଙ୍କ ମୃତ୍ୟୁ ସହ ନିଜ ଠାରୁ ବଡ଼ ସମସ୍ତ କ୍ଷମତାଶୀଳ ଚିନ୍ତାଧାରାକୁ ମୃତ ବୋଲି ଘୋଷଣା କରୁଛି ଏବଂ ଘୋଷଣା କରୁଛି ପୃଥିବୀର ସମସ୍ତ ମୂଲ୍ୟବୋଧ ଏବଂ ନୈତିକତାର ମୃତ୍ୟୁ ସହିତ ସମଗ୍ର ମାନବ ସଭ୍ୟତାର ଆଧ୍ୟାତ୍ମିକ ବିପର୍ଯ୍ୟୟର କଥା।

କେଜାଣି, କାହିଁକି, କେଉଁଠି, କିପରି କେତେବେଳେ

ସାଂପ୍ରତିକ ସମାଜରେ ଯୁବମାନସର ଅସ୍ଥିରତାକୁ ନେଇ ଏହି ଏକାଙ୍କିକା

ଲେଖା ହେଇଛି। ଏହି ଏକାଙ୍କିକାଟିରେ ଐନ୍ଦ୍ରଜାଲିକ ପଦ୍ଧତିକୁ ମଧ୍ୟ ଦର୍ଶାଯାଇଛି। ଏଠାରେ ଜଣେ ଯାଦୁକର ଉପସ୍ଥିତ ଅଛନ୍ତି। ବୋଧେ ସେ ମଧ୍ୟପ୍ରଦେଶ କିମ୍ବା ମହାରାଷ୍ଟ୍ରରୁ ଆସିଛନ୍ତି। ସେ ନିଜ ପେଟି ଭିତରୁ 'ଯାଦୁକା ଦଣ୍ଡା' କାଢ଼ି କହିଛନ୍ତି - ତୁମକୋ ଝୁଠ୍ ! ମୁଝେ ସଚ୍ ହୈ ଭାଇ! ଏକଦିନ ଭୁବନେଶ୍ୱର ପ୍ଲାଟ୍‌ଫର୍ମ ପର ଦୋ ବାବୁକୋ ଅନ୍ଧେରେ ମେ ଦେଖା। ଆମେ ଆହିସ୍ତା ଆହିସ୍ତା ପାଖକୁ ଗଲା। ବାବୁମାନେ ଦାରୁ ପିଇ ବେହୋସ ଥିଲା। ହମେ ବଡ଼ା ଦୟା ହେଲା ଭାଇ ମେରେ । ତାପରେ ହାମେ ଗୋଟେ ମେଜିକ ଦେଲା.... ଯାଦୁକା ଦଣ୍ଡା ବୁଲି ଦେଲା ... ଔର ଦୋ ବାବୁ ଦୋ ଚିଡିଆ ବନକର ମେରେ ପିଞ୍ଜରେ ମେ ରହଗୟେ .... ବାବୁ! ୟେ ଦୋ' ଚିଡିୟା ଫିର ସେ ଆଦମୀ ବନକର ନାଟକ୍ କରେଗା।"(୬)

ଚିଡିୟାରୁ ଯାଦୁବଳରେ ସୃଷ୍ଟି ହୋଇଥିଲେ ଦୁଇଜଣ ଯୁବକ। ସେମାନେ ହେଲେ ସୁଜିତ ଓ ସୁଯୋଗ । ସେମାନଙ୍କ ଜନ୍ମ ମଧ୍ୟବିତ୍ତ ପରିବାରରେ । ସ୍ୱପ୍ନ ଦେଖନ୍ତି ଆଖିରେ ଢେର୍। କିନ୍ତୁ ସାକାର କରିବା ପାଇଁ ଚେଷ୍ଟା କରି ମଧ୍ୟ ବିଫଳ । ସେମାନେ କେବଳ ସାଧାରଣ ଭାବରେ ବଞ୍ଚିବା ପାଇଁ ସ୍ୱପ୍ନ ଦେଖନ୍ତି। ଏପରିକି ଖବର କାଗଜରୁ ବିଜ୍ଞାପନ ଦେଖି ଚାକିରି ମଧ୍ୟ ଖୋଜନ୍ତି। ପରସ୍ପର ପରସ୍ପରଙ୍କ ସ୍ୱପ୍ନହୀନ ଉଦାସ ଅସ୍ତିତ୍ୱକୁ ଅଙ୍ଗେ ନିଭାଉଛନ୍ତି। ତଥାପି ଆଶା ଆକାଂକ୍ଷା ଦେଇ ସେମାନେ ମାଡି ଚାଲିଛନ୍ତି। ପ୍ରତି ମୁହୂର୍ତ୍ତରେ ତାଙ୍କୁ ଲାଗୁଛି କେହି ଯେମିତି ସେମାନଙ୍କୁ ବୋମା ଓ ପିସ୍ତଲ ଧରି ମାରିବାକୁ ଗୋଡ଼ାଉଛି।

ସୁଯୋଗ - କଣ ଗୋଟାଏ ଶବ୍ଦ ହେଲା।

ସୁଜିତ - ଶବ୍ଦ ? କାଇଁ (କିଛି ସମୟ କାନେଇଛି) ନାଃ...

ସୁଯୋଗ - ଶୁଣିଲୁ, କଣ ଗୋଟାଏ ଶବ୍ଦ ହେଉଛି
(ଦୂରରୁ ପାଖେଇ ଆସୁଛି ଜୋତା ମଚମଚ ଶବ୍ଦ)

ସୁଜିତ - ଚୁପ୍‌ବେ ! ତତେ ନିଶା ଘାରି ଦେଇଛି।
(ହଠାତ୍ ଗୋଟେ ଷ୍ଟେନ୍ ଗନ୍ ଶବ୍ଦ ଶୁଭିଲା)

ସୁଯୋଗ - ସୁଜିତ ! ଶୁଣୁଚୁ ?

ସୁଜିତ - ସୁଯୋଗ ! ଅତ୍ୟଧିକ ନିଶାପାନ କରି ତୋର ମସ୍ତିଷ୍କ ବିକୃତି ଘଟିଚି।

ସୁଯୋଗ - ନୋ ! ଟିକିଏ ଚାରିପଟକୁ ନଜର ରଖ।
(ପୁଣିଥରେ ଷ୍ଟେନ୍ ଗନ୍ ଫୁଟିବା ଶବ୍ଦ)

ସୁଜିତ - ସୁଯୋଗ !

ସୁଯୋଗ - ହୁଁ

ସୁଜିତ - ବୋଧହୁଏ ସେମାନେ ଆସୁଛନ୍ତି।

ସୁଯୋଗ - ସେମାନେ କଣ ଜାଣି ପାରିବେ ଆମେ ଏଇଠି ଅଛେ ବୋଲି ?

ସୁଜିତ - ସେମାନେ ବୋଧହୁଏ ଆମକୁ ଖୋଜୁଛନ୍ତି !

ସୁଯୋଗ - କିନ୍ତୁ କାହିଁକି ?

ସୁଜିତ - ସେମାନଙ୍କର କ୍ୟାମ୍ପ ଅଲଗା।"(୭)

ସୁଜିତ ଓ ସୁଯୋଗ ରାଜନୀତି ସହିତ ସଂପୃକ୍ତି ଥିବା କାମ କରୁଥିଲେ। ବର୍ତ୍ତମାନ ସବୁକିଛିରୁ ସନ୍ୟାସ ନେଇଛନ୍ତି ସତ ତଥାପି ସେମାନଙ୍କ ଅତୀତ ସେମାନଙ୍କ ପିଛା ଛାଡୁନି। କୌଣସି ସନ୍ତ୍ରାସବାଦୀମାନଙ୍କ ସହ ମିଶିଥିବାରୁ ପ୍ରତିମୂହୁର୍ତ୍ତରେ ଭୟ ଲାଗି ସେମାନଙ୍କ ମନରେ ରହିଛି। ମଝିରେ ମଝିରେ ଷ୍ଟେନଗନ, ବୋମା ଫୁଟିବା ଏବଂ ପୋଲିସର ଜୋତା ମଚ୍ ମଚ୍ ଶବ୍ଦ ସେମାନଙ୍କୁ ଶୁଭାଯାଉଛି। ତେଣୁ ସେମାନେ ଭୟ ଓ ଆଶଙ୍କାରେ ବଞ୍ଚିଛନ୍ତି। ଏହି ଏକାଙ୍କିକା ମାଧ୍ୟମରେ ନାଟ୍ୟକାର ସାମାଜିକ ଅଙ୍ଗୀକାରବଦ୍ଧତାର କଥା କହିବା ସହିତ ଭୁଲ କାମ ପାଇଁ କୌଣସି ପ୍ରକାର କ୍ଷମା ନାହିଁ ବରଂ ଏଥିଯୋଗୁ ଜୀବନ ପ୍ରତି ବିପଦ ପ୍ରତି ମୂହୁର୍ତ୍ତରେ ରହିଛି ବୋଲି ନାଟ୍ୟକାର କହିଛନ୍ତି।

ଏଠାରେ ସୁଜିତ ଓ ସୁଯୋଗ ଭାବୁଛନ୍ତି ଯେ କାଲେ କିଏ ସେମାନଙ୍କ ଜୀବନରେ ଆଶାପ୍ରଦ ସଂଭାବନା ନେଇ ଆସିବ । କେବଳ ଅପେକ୍ଷା ବ୍ୟତୀତ ଅନ୍ୟ କିଛି ବାଟ ସେମାନଙ୍କ ପାଖେ ନାହିଁ। ସେମାନେ ବଞ୍ଚିବା ପାଇଁ ବହୁ ଉପାୟ ଅବଲମ୍ବନ କରିଛନ୍ତି କିନ୍ତୁ କୌଣସି ସାମାଜିକ ବ୍ୟବସ୍ଥା ସହ ନିଜକୁ ଖାପ ଖୁଆଇ ପାରିନାହାନ୍ତି। ବିଭିନ୍ନ ପ୍ରକାର ଉଦ୍ଭଟ ଚିନ୍ତାଧାରା ମଧ୍ୟ ମନକୁ ଗ୍ରାସ କରିଛି। ସୁଜିତ ଭାବିଛି ସେ ସଂପୂର୍ଣ୍ଣ ଲଣ୍ଡା ହୋଇ ବୌଦ୍ଧ ଧର୍ମ ଗ୍ରହଣ କରିବ ଏବଂ ଜାପାନ ଚାଲିଯିବ। ସୁଜିତର ଜୋତା ହଳକ ତାକୁ ହଇରାଣ କରିବା ସହିତ ସୁଯୋଗର ଟୋପିଟା ତାକୁ ବଡ଼ ବିରକ୍ତିକର ଲାଗିଛି। ତାକୁ ଯେମିତି ଲାଗିଛି ମୁଣ୍ଡ ସାରା ତାର କଣ୍ଟା ଫୋଡି ହୋଇଯାଉଛି। ପୁଣି ଭୋକରେ ପେଟ ଜଳି ଯାଉଥିବା ବେଳେ ଖାଇବାକୁ ପଇସା କିନ୍ତୁ ନାହିଁ। ପୂର୍ବଥର କାହାର ବରଯାତ୍ରୀରେ ନାଚିଥିବାରୁ ଭଲ ପକୋଡା ଓ ଚିଙ୍ଗୁଡି ଝୋଳ ଖାଇବାକୁ ମିଳିଥିଲା। ଏବେ ବି ବରଯାତ୍ରୀ ଅଛି କିନ୍ତୁ ଚିହ୍ନାମୁହଁ ଥିବାରୁ ଯିବା ପାଇଁ ବିନା ନିମନ୍ତ୍ରଣରେ ବିବେକ ବାଧା ଦେଇଛି। ଅଧା ଗଢ଼ା ସ୍ୱପ୍ନ ସହିତ ଖାଁ ଖାଁ ଅସ୍ତିତ୍ୱ ସତେ ଯେମିତି ତାଙ୍କ ଜୀବନରେ ପ୍ରଶ୍ନବାଚୀ ଠିଆ କରିଛି। ମୁଣ୍ଡପୁରା ଫାଙ୍କା ହୋଇଯାଇଛି ଭାବିଲେ ମଧ୍ୟ ଭାବନା ମୁଣ୍ଡକୁ ଆସିନାହିଁ। ତେଣୁ ଅଜଣା

ଭୟ ତାଙ୍କୁ ଅମାବାସ୍ୟାର ଚନ୍ଦ୍ରଭଳି ଗ୍ରାସ କରିଚାଲିଛି। ସୁଜିତ ଜୀବନ ଯୁଦ୍ଧରୁ ହାରି ଲୁଚି ପଳାଇବାକୁ ମନ କଲାବେଳେ ସୁଯୋଗ ଜୀବନର ଶେଷପର୍ଯ୍ୟାୟ ପର୍ଯ୍ୟନ୍ତ ସଂଘର୍ଷ ତଥା ସଂଗ୍ରାମ କରି ବଞ୍ଚିବାକୁ ଚାହିଁଛି।

ସୁଜିତ - ମୁଁ ଜାଣେ ଅନେକ ଦିନରୁ ସେମାନେ ଆମ ପଛରେ ଲାଗିଛନ୍ତି। କିନ୍ତୁ ବର୍ତ୍ତମାନ ପ୍ରଶ୍ନ ହେଲା ଆମେ ଆତ୍ମରକ୍ଷା କରିବା କେମିତି (ଟିକିଏ ଭାବି) ଚାଲ! ଏ ଅନ୍ଧାର ଭିତରେ ଲୁଚିଯିବା।

ସୁଯୋଗ - କଣ କହିଲୁ ? ଲୁଚି ପଳେଇବୁ ? କୋଉଠିକି ? ଲୁଚି ପଳେଇବା ଲୋକ ମତେ କାହିଁକି ସାଙ୍ଗରେ ଆଣିଥିଲୁ ବେ? ଶଳା କାପୁରୁଷ! ଅସଲ ବେଳକୁ କହୁଚି ଲୁଚି ପଳେଇବ।"[୮]

ଦୁଇଜଣଙ୍କ ମଧ୍ୟରେ ଆଦର୍ଶ ଓ ମୂଲ୍ୟବୋଧର ପାର୍ଥକ୍ୟ। ଜୀବନର ବ୍ୟର୍ଥତା ଏବଂ ହତାଶାବୋଧର ପ୍ରତିଫଳନର ଚିତ୍ର ଏକାଙ୍କିକାର ଛତ୍ରେ ଛତ୍ରେ ଦେଖିବାକୁ ମିଳେ। ଅତି ସୁନ୍ଦର ଭାବରେ ଯୁବମାନସର ଭାବନାକୁ ଏଠାରେ ଅତି ନିଖୁଣ ଭାବରେ ଉପସ୍ଥାପନ କରାଯାଇଛି।

ପଶୁ

ଏହି ଏକାଙ୍କିକାଟି ଗୋଟିଏ ପଶୁ ଉପରେ ଆଧାରିତ । ସେ ପୁଣି ମନୁଷ୍ୟ ରୂପୀ ପଶୁ ଯେକି ମନୁଷ୍ୟ ମୁଖା ତଥା ଭଦ୍ରର ଆଢୁଆଳରେ ଅଭଦ୍ର ମନୁଷ୍ୟ। ଶାନ୍ତନୁ ଏଠାରେ ପଶୁର ମୁଖ୍ୟ ଚରିତ୍ର ଯାହାକୁକି ଆମେ ପଶୁଭାବେ କଳ୍ପନା କରୁ। ସେ ବିବାହ କରେ ମନିକାକୁ । ସେ ସ୍ୱାମୀ ନାଁରେ କଳଙ୍କ ଏକ ଯୌନାସକ୍ତ ନର ରାକ୍ଷସ। ଯେକି ନିଜ ସ୍ତ୍ରୀ ସଙ୍ଗେ ଅମାନବିକ ଅତ୍ୟାଚାର କରେ। ଶାନ୍ତନୁ ମନିକା ଉପରେ ଯନ୍ତ୍ରଣା ଦେବାକୁ ବିଳାସ ମନେ କରେ କାରଣ ସେ ନିଜେ ଗୋଟେ ସଇତାନ । ମନିକାକୁ ଜଘନ୍ୟ ଭାବରେ ପିଟେ ସାଡିଷ୍ଟ ଭଳି । ମନିକାର ବ୍ଲାଉଜ ଖୋଲି ତା ପିଠିକୁ ଦେଖେ କେମିତି ରକ୍ତାକ୍ତ ଦାଗ। "ଶାନ୍ତନୁ ସତରେ ଗୋଟିଏ ପଶୁ କାରଣ ଶାନ୍ତନୁ ମୁଣ୍ଡରେ ସେ ପୁରୁଷର ବାଳ ଆଉ ନାହିଁ। ମୁହଁଟା ଅସ୍ୱାଭାବିକ ଭାବେ ଗୋଟେ ବାରହା ଭଳି ହୋଇଯାଇଛି ଏବଂ ସବୁଠୁ ବଡ଼ ଅଲୌକିକ କାଣ୍ଡ ହେଲା ତାର ସେଇ ମଇଳା ରୁମୁରୁମିଆ ମୁଣ୍ଡରେ ଦୁଇଟି ଶିଙ୍ଗ ଉଠିଛି ... ବଡ଼ ନୁହେଁ ଜଷ୍ଟ ... ମାନେ ଛୋଟ ଛୋଟ ଦୁଇ ଇଞ୍ଚିଆ ଶିଙ୍ଗ ଦୁଇଟା ଗଜୁରି ଉଠୁଛି... ପଛପଟେ ଗୋଟାଏ ଅଁଜ ... ସେ ତାର ପୁରୁଷର ଭାଷା ଓ ସଂସ୍କୃତି ସବୁ ଭୁଲିଯାଇଛି।"[୯]

ମନିକା କଷ୍ଟ ଯନ୍ତ୍ରଣା ପାଇଲେ ମଧ୍ୟ ନିରବ ରୁହେ। ପ୍ରତିବାଦ ତ ଦୂରର କଥା ବରଂ ସେ ଯେମିତି ସେଥିରେ ଅଭ୍ୟସ୍ତ ହୋଇ ଗଲାଣି। ମନିକା କିନ୍ତୁ ଯନ୍ତ୍ରଣା ସହ ଯୌନାନୁଭୂତିରେ ସଂଶ୍ଲିଷ୍ଟ। ଅବଦମିତ ଯୌନ ବିକୃତି ପ୍ରତି ପ୍ରତିକ୍ରିୟାଶୀଳ ଭାବେ ପ୍ରତିକ୍ରିୟା ଉପରେ କାହାଣୀ ନିର୍ଭର କରୁଛି। ଯଦିଓ ସେମିତି କିଛି କାହାଣୀ ଏଥିରେ ଆଶା କରିବା ମୁର୍ଖାମୀ । ଅନାଟକର ଯେ ଗୋଟେ କାହାଣୀ ରହିବ ତା' ନୁହେଁ ବରଂ ଏଥିରେ ମଧ୍ୟ ଦର୍ଶନଟିଏ ଛପି କରି ରହିଥାଏ। ନାଟ୍ୟକାର ଏଠାରେ The Drama Review, Vol.18 No.4 ରେ Lucy Winer ଙ୍କ ବକ୍ତବ୍ୟଙ୍କୁ ଉଦ୍ଧାର କରି କୁହନ୍ତି- "We'll have to look at very different actions, a whole different area of life all of life, to find out in what kind of ways women are oppressed so that perhaps they'll .... see it , that it end stop and so will the rest of the world."(୧୦)

ସ୍ୱୟଂ ସୃଷ୍ଟିକର୍ତ୍ତା ଯେଉଁଠି ନାରୀର ରହସ୍ୟ ବୁଝିପାରି ନାହାନ୍ତି, ଛାର ପୁରୁଷ ପ୍ରଧାନ ସମାଜ ଅବା କାହୁଁ ଜାଣିବ ? ନାରୀ ମନର ଗୁପ୍ତ ରହସ୍ୟ, ତାର ଆବେଗ, ଭାବନା, ସଂଭାବନା ଓ ସମ୍ବେଦନାକୁ ପୁରୁଷ କେବେ ବି ସମୀକ୍ଷା କରିପାରିବ ନାହିଁ। ବରଂ ସଦାସର୍ବଦା ତା ଉପରକୁ ଏହି ଲମ୍ପଟ ସମାଜ ଝାମ୍ପି ପଡିଛି। ଯୁଗେ ଯୁଗେ ତାର ଚରିତ୍ରକୁ କେତେବେଳେ ଅଙ୍ଗୁଳି ନିର୍ଦ୍ଦେଶ କରିଚି ତ କେତେବେଳେ ତାର ଶରୀରକୁ ପଶୁପରି ଆକ୍ରମଣ କରିଛି। ସେ କେବେବି ପ୍ରତିବାଦ କରିନି ବରଂ ଗୁମୁରି ଗୁମୁରି କାନ୍ଦିଲା ଭଳି ଓଢ଼ଣାର ଆଢୁଆଳରେ ଲୁହ ରୂପକ ସମୁଦ୍ରକୁ ଚାପିଧରି ହୃଦୟକୁ ପଥର କରି ଦେଇଛି। ସମୟ ଏବଂ ନଈ ଭଳି ଦୁଇ କୂଳ ତାର ଖାଇ ଚାଲିଛି ଏବଂ ପୁରୁଷ ପଶୁ ଭଳି ତାକୁ ଅତ୍ୟାଚାର କରିଚାଲିଛି। ପ୍ରତିଭା ଶତପଥୀ 'ଅଭିଳଷିତ ଭାଗ୍ୟ'ରେ କହିଛନ୍ତି ଯେ ସେ ପୁରୁଷ ହେଉ କି ମାନବ ହେଉ କି ଦାନବ ତାରି ହାତରେ ନିର୍ଯ୍ୟାତିତ ହେବା ତ ମୋର ଭାଗ୍ୟ। ଅର୍ଥାତ ନାରୀ ଯନ୍ତ୍ରଣାରୂପକ ଜଉଘର ମଧ୍ୟରେ ଦଗ୍ଧ ହେବା ଅନିବାର୍ଯ୍ୟ। ଏହି ପୁରୁଷ ପ୍ରଧାନ ସମାଜର ରକ୍ଷଣଶୀଳ ମାନସିକତା ଆଗରେ ତିଳ ତିଳ ଦଗ୍ଧ ହୋଇ ଚାଲିଛି। ଏହି ଭାବରେ ଦଗ୍ଧ ହୋଇଥିବା ନାରୀଟିଏର ପ୍ରତିଛବି ହେଉଛି ମନିକା ଏବଂ ପୁରୁଷ ସମାଜର ସେ ଦୈତ୍ୟ ଦାନବ ପଶୁ ହେଉଛି ତାର ସ୍ୱାମୀ ଶାନ୍ତନୁ। ଅତଏବ୍ ସତ୍ୟ ଖୁବ୍ ଭୟଙ୍କର "Truth is a difficult and straneous conquest... one must be a real warrior to make this conquest; a warrior who fears nothing, neither enemies , nor Wealth." (୧୧)

ଉଡନ୍ତା ପାହାଡ଼ର ଦର୍ଜା

ବୌଦ୍ଧିକ ତଥା ପ୍ରତୀକାତ୍ମକ ଏକାଙ୍କିକାର ମାନ୍ୟତା ପାଏ 'ଉଡନ୍ତା ପାହାଡ଼ର ଦର୍ଜା' । ପୃଥିବୀର କୌଣସି ସ୍ଥାନରେ ବାସ୍ତବରେ ଉଡନ୍ତା ପାହାଡ଼ ବୋଲି କିଛି ନାହିଁ। ଏହି ଏକାଙ୍କିକାଟି ସଭ୍ୟତାର ଅଲୌକିକ ଭିତ୍ତିଭୂମି ଉପରେ ପର୍ଯ୍ୟବସିତ। ଯେଉଁଠାରେ ସମସ୍ତ ଚେତନା ସରିଯାଏ ସେଇଠାରେ ହିଁ ଆରମ୍ଭ ହୁଏ ଅଲୌକିକ ଚିନ୍ତା ଓ ଚେତନା । ପୃଥିବୀର ସମସ୍ତ ପରିକଳ୍ପିତ ଆଦର୍ଶ ସ୍ଥାନରେ ରୂପକଳ୍ପିତ ନାମକୁ ଉଡନ୍ତା ପାହାଡ଼ର ଦର୍ଜା କୁହାଯାଏ।

ଏହି ଏକାଙ୍କିକାରେ ନାଟ୍ୟକାର ସମଗ୍ର ମାନବସମାଜକୁ ଦୁଇଭାଗରେ ବିଭକ୍ତ କରିଛନ୍ତି– ମାଲିକ ଓ ଭୃତ୍ୟ। ମାଲିକ ଶାସକ ହେଲେ ଭୃତ୍ୟ ଶାସିତ। କ୍ଷମତା, କଳା , ଜ୍ଞାନ, ବୈଷୟିକ ବିଦ୍ୟା, ବିଜ୍ଞାନ , ଅର୍ଥନୀତି, ରାଜନୀତିରେ ଯିଏ ବଡ଼ ହେଲା ସେ ମାଲିକ ଏବଂ ଅନ୍ୟଜଣକ ଭୃତ୍ୟ ଭାବରେ ପରିଚିତ। ଜଣେ ଅଦ୍ଭୁତ ଆଦର୍ଶ ଦେଖାଉଥିବା ବ୍ୟକ୍ତି ଜଣକ ହିଁ ମାଲିକ ପଦବାଚ୍ୟ। ମାଲିକ ମୂଲ୍ୟବୋଧକୁ ଅସ୍ତ୍ର ରୂପେ ବ୍ୟବହାର କରି ଅନ୍ୟକୁ ଭୃତ୍ୟ କରାଏ।

ପ୍ରଥମ ଦୃଶ୍ୟରେ ନିର୍ବାକ ଅଭିନୟ କରାଯାଏ । ଏଥିରେ ପୃଥିବୀର ସୁନ୍ଦର ନବ ନବ ରୂପ ଦେଖିବାକୁ ମିଳେ। ଏକ 'ଆଦିମ ପ୍ରାକୃତିକ ପରିବେଶ' ଦୃଷ୍ଟିଗୋଚର ହୁଏ ଯେଉଁଠାରେ ମଣିଷ ବିଭିନ୍ନ ହିଂସ୍ର ଜୀବଜନ୍ତୁଙ୍କ ସହ ଯୁଦ୍ଧ କରିବାର ଅଭିନୟ କରେ। ଏଠାରେ ବିଭିନ୍ନ ରଂଗର ଆକାଶ, ବିଭିନ୍ନ ସକାଳର ସୂର୍ଯ୍ୟୋଦୟ ଏବଂ ପ୍ରଥମ ମାଲିକ ଓ ପ୍ରଥମ ଭୃତ୍ୟର ଜନ୍ମ କ୍ରମ ଦେଖାଯାଇଛି। ବଳିଷ୍ଠ ଓ ଦୀର୍ଘକାୟ ଲୋକଟି ଭୃତ୍ୟକୁ କିଛି ନଦେଇ ସବୁତକ ଖାଦ୍ୟ ଖାଇ ଦେଉଛି। ଗେଡା ଭୃତ୍ୟଟି ମାଲିକର ଅତ୍ୟାଚାର ସହ୍ୟ କରି ନପାରି ତାକୁ ହତ୍ୟା କରିବା ପାଇଁ ବାରମ୍ବାର ଉଦ୍ୟମ କରିଛି ଏବଂ ଦିନେ ମାଲିକର ଶୋଇବା ଅବସ୍ଥାରେ ଭୃତ୍ୟ ବର୍ଚ୍ଛା ଉଠାଇ ମାଲିକକୁ କ୍ଷତବିକ୍ଷତ କରି ଦେଇଛି।

ଦ୍ୱିତୀୟ ଦୃଶ୍ୟରେ ଭୃତ୍ୟଟି କିନ୍ତୁ ଉଚ୍ଚ ଆସନରେ ବସିବା ବେଳେ ମାଲିକ ଧରାଶାୟୀ ହେବାର ଚିତ୍ରକୁ ଦେଖାଯାଇଛି। ପ୍ରଥମ ଦୃଶ୍ୟର ବଳିଷ୍ଠ ଓ ଡେଙ୍ଗା ଲୋକଟି ହେଉଛି ମାଲିକ। ବର୍ତ୍ତମାନ ଦ୍ୱିତୀୟ ଦୃଶ୍ୟରେ ଉଚ୍ଚ ଆସନରେ ବସିଛି ଭୃତ୍ୟ। ସମୟର ବ୍ୟବଧାନ ଦଶ ହଜାର ବର୍ଷ ହୋଇପାରେ କିମ୍ବା ଆଦୌ କିଛି ନ ହୋଇପାରେ । ଦୁହିଁଙ୍କ ଭିତରେ ଅତୀତ ଓ ବର୍ତ୍ତମାନ ସଂପର୍କରେ ଆଲେଚନା ଏପରି ହୋଇଛି–

ମାଲିକ – ଅନେକ ମୁହୂର୍ତ୍ତ, ଅନେକ ଘଣ୍ଟା, ଅନେକ ବର୍ଷ, ମୁଁ ଏଇଠି ଠିଆ ହୋଇଛି। ମୁଁ ବର୍ତ୍ତମାନ ମାଲିକ ।

ଭୃତ୍ୟ - ସହସ୍ର ବର୍ଷ, ଅୟୁତ ବର୍ଷ, ମୁଁ ଏମିତି ନିଷ୍ପେଷିତ ହୋଇ ଆସିଛି। ମୁଁ ବର୍ତ୍ତମାନ ଭୃତ୍ୟ।

ମାଲିକ - ଅନେକ ସ୍ମୃତି, ଅନେକ ଅନୁତାପ, ତଥାପି ଅନ୍ୟକୁ ଠକିବା ମୋର ପେଶା।

ଭୃତ୍ୟ - ଅନେକ ମୂଲ୍ୟବୋଧ, ଅନେକ ଅପେକ୍ଷା, ତଥାପି ମୋ ପିଠିରେ ବିଶ୍ୱାସର ବୋଝ।

ମାଲିକ - ଅନେକ ତୃଷ୍ଣା, ଅନେକ କାମନା ... ଅନେକ ହତ୍ୟା ତଥାପି ଏ ପିପାସା ମେଣ୍ଟିବାର ନୁହେଁ।

ଭୃତ୍ୟ - କିଛି ଘଟିଲା ନାହିଁ, କିଛି ମିଳିଲା ନାହଁ; ବିଶ୍ୱାସ କରି ସବୁଠି ମୁଁ ହାରିଗଲି ।

ମାଲିକ - ଅନେକ ଚେଷ୍ଟା କରିଚି ନିଜକୁ ବଦଳାଇବା ପାଇଁ।

ଭୃତ୍ୟ - ଆମେ ଆଦୌ ବଦଳି ପାରିଲେ ନାହିଁ।

ମାଲିକ - ଆଦର୍ଶର ମୁଖାଟାଏ ନ ପିନ୍ଧିଲେ ବଞ୍ଚି ହେବ ନାହିଁ।”[୧୨]

ବର୍ତ୍ତମାନ ମାଲିକ ଭୃତ୍ୟକୁ ଏକ ପରିକଳ୍ପିତ ସ୍ଥାନକୁ ବୁଲାଇବାକୁ ନେଇଛି ଏବଂ ସେଠି ଦୁହିଁଙ୍କର ବାର୍ତ୍ତାଳାପ ହୋଇଛି। ଯୁଗଯୁଗର ଯନ୍ତ୍ରଣାକୁ ଆଲେଚନା କରିଛନ୍ତି ଏକାଙ୍କିକାକାର ଏହି ଏକାଙ୍କିକା ମାଧ୍ୟମରେ। ନାଟ୍ୟକାରଙ୍କ ସହ ସାକ୍ଷାତକାରରୁ ଜଣାପଡେ ଯେ ସେ କହନ୍ତି ଏହି ଏକାଙ୍କିକାରେ ଭୃତ୍ୟ ସ୍ୱରରେ ସେ ନିଜେ ଦଣ୍ଡାୟମାନ ସତେ ଯେମିତି ତାଙ୍କର ସବୁ ହଜିଯାଇଛି ଗୋଟିଏ ଅର୍ଥହୀନ ସମାଜ ବ୍ୟବସ୍ଥା ଭିତରେ, ସବୁକିଛି ହଜେଇ ଦେଇ ସାରିଲା ପରେ। ମିଥ୍ୟା ଆଶ୍ୱାସନା ସ୍ୱପ୍ନର ଇନ୍ଦ୍ରଜାଲ ବୁଣି ଭୃତ୍ୟକୁ ଛଳନା ତଥା ପ୍ରତାରଣା କରିବା ମାଲିକର କାମ ଏବଂ ବିଶ୍ୱାସୀ ଲୋକଙ୍କୁ ହିଁ ଭୃତ୍ୟ କରିବା ମାଲିକମାନଙ୍କ କାମ। ଯେପରି –

ମାଲିକ - କିଛି ପରବାଏ ନାହିଁ। ଖାସ୍ ଜିତେଇ ଦେଇଥିବା ଲୋକଙ୍କ ପାଇଁ ମୋର ଉପନିବେଶ ତିଆରି। ଯେଉଁମାନେ ଜୀବନରେ ଯନ୍ତ୍ରଣା ଛଡା ଆଉ କିଛି ଅନୁଭବ କରିପାରନ୍ତି ନାହିଁ। ସବୁଠି ଅସନ୍ତୋଷ ଏବଂ ବିପ୍ଳବ କରିବା ପାଇଁ ଇଚ୍ଛା ହୁଏ...। ଅଥଚ ସେମାନେ କିଛି କରିପାରନ୍ତି ନାହିଁ, ଅସହାୟତାକୁ ଘୋଡାଇ ରଖିବା ପାଇଁ ରାସ୍ତାଘାଟରେ ଖଣ୍ଡେ ଟିଣର ଢୋଲ ଧଣି ନିଜ କଥା ପ୍ରଚାର କରି ନିଜକୁ ଅନ୍ୟଠାରୁ ବଡ ବୋଲି ପ୍ରତିଷ୍ଠା କରିବା ପାଇଁ

ବିକଳ ହୋଇ ବୁଲନ୍ତି । ମୁଖା ପିନ୍ଧି ଜିତିବାର ଛଳନା କରନ୍ତି ଏବଂ ମନେ ମନେ ଭାବନ୍ତି ଆତ୍ମହତ୍ୟା କରିବା ଉଚିତ... । ସେଇ ଲହୁ ଲୁହାଣ ମଣିଷଗୁଡାକ ପାଇଁ କିଛି ଥଇଥାନ ବ୍ୟବସ୍ଥା କରାଯିବା ଉଚିତ ଭାବି ... ।

ଭୃତ୍ୟ - ଧନ୍ୟବାଦ ! ଖୁବ୍ ଭଲ ଯୋଜନା । ଆପଣଙ୍କୁ ପୁଣିଥରେ ଧନ୍ୟବାଦ ମୋ ତରଫରୁ ଏବଂ ଏ ପୃଥିବୀରେ ମୋ ଭଳି ବଞ୍ଚିଥିବା ସମସ୍ତ ମଣିଷମାନଙ୍କ ତରଫରୁ ।"(୧୩)

ଭୃତ୍ୟ ଏଇଠି ମାଲିକକୁ ଧନ୍ୟବାଦ ଦେବା ପରଠାରୁ ସତରେ ସେ ମାଲିକର ପ୍ରତାରଣାତ୍ମକ ୟୁଟୋପିଆକୁ ବିଶ୍ୱାସ କରିଗଲା ଓ ନିଜର ସମସ୍ତ ଅସହାୟତା ପ୍ରକାଶ କଲା ମାଲିକ ଆଗରେ- "ଆଜ୍ଞା, ମୁଁ ହଉଛି ସର୍ବହରା ମୋର ଚକ୍ଷୁ ନାହିଁ, କର୍ଣ୍ଣ ନାହିଁ, ପାଟି ନାହିଁ, ଶବ୍ଦ ନାହିଁ... ଚିନ୍ତା ନାହିଁ, ଅନୁଭୂତି... କଲିଜା ନାହିଁ... ଶ୍ୱାସନଳୀ ନାହିଁ..., ଯକୃତ ନାହିଁ, ହୃଦୟ ନାହିଁ, ମମତା କିଛି ନାହିଁ । ଭୃତ୍ୟ ନିଜର ଦୁର୍ବଳତା ଟିକକ ପ୍ରକାଶ କରିଦେବା ପରେ ମାଲିକ ଜାଣି ଖୁସି ହେଲା ଯେ ଇଏ ଏଣିକି ଜୀବନସାରା ଭୃତ୍ୟ ହୋଇ ରହିବ । "ଭୃତ୍ୟର ଯନ୍ତ୍ରଣାଗୁଡିକ ଅନୁଭବ କଲାଭଳି" ଛଳନାର ଅଭିନୟ କଲା: "ଓଃ ! ସବୁ ବାତ୍ୟାରେ ଭାସିଗଲା ? ସବୁ ବନ୍ୟାରେ ଉଡିଗଲା ? ସବୁ ଭୂମିକମ୍ପରେ ଭୁଷୁଡି ଗଲା ।"(୧୪)

ମାଲିକ ଆଉ ଟିକିଏ ଭୃତ୍ୟକୁ ଫସାଇବା ପାଇଁ ପଚାରିଛି-

ମାଲିକ - ତମେ ଯୋଉ ସବୁଜାଗା ବୁଲି ଆସିଲ, ସେଇଠି ରକ୍ତ ମଧ୍ୟ ସଂଚାଳନ ହୁଏନି ?

ଭୃତ୍ୟ - ଜମାଟ ବାନ୍ଧିଯାଏ । ନିଶ୍ୱାସପ୍ରଶ୍ୱାସ ବନ୍ଦ ହୋଇଯାଏ । ମୁଁ ଏଇଠିକି ଆସିବା ପୂର୍ବରୁ କେବଳ ଗୋଟିଏ ଭୂତ ଥିଲି । ଗତଜନ୍ମରୁ ଲାଭା ସ୍ରୋତରେ ପହଁରି ପହଁରି ଆସିଛି । ସେଇଠି ସୂର୍ଯ୍ୟ କିରଣରେ ଖାଲି ଅନ୍ଧାର ଅଳନ୍ଧୁ ବର୍ଷା ହେଉଥିଲା । ଦେଖୁନାହାନ୍ତି ଦେହଟା ସାରା କେମିତି କାଳିଆ ହୋଇ ଯାଇଚି । ଯାହେଉ ଏଇଠି ଆଲୁଅର ରଂଗ ଗୋରା ।"(୧୫)

ଭୃତ୍ୟ ଆସ୍ତେ ଆସ୍ତେ ମାଲିକ ଦେଖାଉଥିବା ପ୍ରତାରଣା ଯନ୍ତାରେ ପଶି ପଶି ଯାଉଛି । ମାଲିକ ତା' ପରେ ତାକୁ ଏକ କାଳ୍ପନିକ ଲାଲ୍ ହ୍ରଦ ପାଖରେ ନେଇ ପହଞ୍ଚିଛି । ଭୃତ୍ୟର ମନେ ହେଉଛି ଏହା ଅତ୍ୟାଚାରିତମାନଙ୍କ ରକ୍ତରେ ତିଆରି ହ୍ରଦ ଯେଉଁ ରକ୍ତକି କଷ୍ଟ ଓ ଯନ୍ତ୍ରଣାରୂପକ ଜୀବନ ସଙ୍ଗେ ସଂଘର୍ଷ କରି ଭୃତ୍ୟ ଆସି

ଏହି ପର୍ଯ୍ୟାୟରେ ପହଞ୍ଚିଛି। ଏଠାରେ ମାଲିକ ଭୃତ୍ୟକୁ ସନ୍ଦେହ ଦୃଷ୍ଟିରେ ଚାହୁଁଛି କାଳେ ତାର ପ୍ରତାରଣାର ରକ୍ତାକ୍ତ ପୃଥିବୀ ଧରାପଡି ଗଲାକି ବୋଲି ଆତଙ୍କିତ ହେଉଛି। ସେଇଠି ସେ ଶାଶ୍ୱତ ଓ ଚିରନ୍ତନର ମନ୍ତ୍ର ଶୁଣାଉଛି ଭୃତ୍ୟକୁ ଏବଂ କହୁଛି ଏକ 'ଚିରନ୍ତନର ପ୍ରତିଧ୍ୱନି' ଆସୁଛି ଉଡନ୍ତା ପାହାଡ଼ରୁ ।

ଭୃତ୍ୟ - ଉଡନ୍ତା ପାହାଡ? ସେଇଟା ପୁଣି କ'ଣ ? ଏଇଟା ଗୋଟାଏ ଉପନିବେଶ ନା କାଉଁରୀ ନଗର ?

ମାଲିକ - ବିଦେଶୀ ଇଞ୍ଜିନିୟର ଓ ଦେଶୀ ତାନ୍ତ୍ରିକମାନଙ୍କର ସହଯୋଗରେ ତିଆରି ହେଇଚି ସେଇ ଉଡନ୍ତା ପାହାଡଟା। ପୃଥିବୀର ସବୁ ମନ୍ତ୍ର, ସବୁ ଶ୍ଳୋକ, ସବୁ ନୀତିବାକ୍ୟ ଟେପ୍ ରେକର୍ଡ କରାହୋଇ ସବୁବେଳେ ସେଠି ବାଜୁଛି।

ଭୃତ୍ୟ - ସେଥିପାଇଁ ଏଠିକି ଆସିଲା ପରେ ଲାଗୁଛି ମଣିଷ ଅମୃତର ସନ୍ତାନ।

ମାଲିକ - ଆହୁରି ଅନେକ କିଛି ଲାଗିବ । ଯିବ? ଯିବ ସେଇ ଉଡନ୍ତା ପାହାଡ ଉପରକୁ ? ସେଇଠି ଅମୃତର ଝରଣା ଅଛି। ଅମୃତ ରସପାନ କଲେ ସତ୍ୟର ଚରମରେ ପହଞ୍ଚି ହୁଏ।

ଭୃତ୍ୟ - ରକ୍ତ ଆଉ ଜମାଟ ବାନ୍ଧିବ ନାହିଁ ?

ମାଲିକ - ନା ଏଇଠି ଖାଲି ଉନ୍ମୁକ୍ତ ପବନର ସ୍ପର୍ଶ। ଅଭଙ୍ଗ ଆକାଶର ସ୍ୱପ୍ନ।

ଭୃତ୍ୟ - ଏମିତି ଗୋଟେ ଅଲୌକିକ ଘଟଣା ପାଇଁ ମୁଁ ଅନେକ ଦିନରୁ ଅପେକ୍ଷା କରିଛି।"(୧୬)

ଭୃତ୍ୟ କେଉଁ ଆବହମାନ କାଳରୁ ମାଲିକ ଦ୍ୱାରା ଅତ୍ୟାଚାର ପାଇ ଆସୁଛି। ତାର ସବୁ ଆବଶ୍ୟକତା ପୂରଣ କରିବେ କହି ମାଲିକ ଠକି ଦେଉଛି । ବିଚରା ଭୃତ୍ୟ କୌଣସି ପ୍ରକାର ପ୍ରତିବାଦ ମଧ୍ୟ କରିପାରେନି। ଲୋଭକୁ ବଢ଼ାଇ ଦେଇ ସ୍ୱପ୍ନରୁ କାଣିଚାଏ ଦେଖାଇ ସତେ ଯେମିତି ମାୟାଜାଲ ବୁଣିଦିଏ।

ମାଲିକ - ରାସ୍ତା ସାରା କାଉଁରୀ ଝରଣାର ମାୟା... ତା'ପରେ ଆଉ ଏକ ଛୋଟିଆ ଢାଲୁ ପାହାଡ। ତା'ପରେ ଯାଇ ଉଡନ୍ତା ପାହାଡ। ସେଇଠି ଝରୁଛି ସ୍ୱପ୍ନର ପ୍ରପାତ... ତା' ଭିତରେ ଦିଶୁଚି ଉଡ଼ନ୍ତା ପାହାଡ଼ର ଦର୍ଜା। ମେଘରେ ତିଆରି। ତାକୁ ଡେଇଁଲେ ମିଳିବ ଗୋଟିଏ ସୁବର୍ଣ୍ଣର ଦୁର୍ଗ। ଦୁର୍ଗ ଭିତରେ ଗୋଟିଏ ପ୍ରବାଳର

କୋଠରୀ । କୋଠରୀ ଭିତରେ ଏକ ଫୁଲର ସିନ୍ଦୁକ। ସିନ୍ଦୁକ ଭିତରେ ପୁଣି ଦେଢ଼ ଗଜ ଇନ୍ଦ୍ରଧନୁରେ ଢାଙ୍କି ହୋଇ ଦଶ ଆଙ୍ଗୁଳ ଲମ୍ବା ପଦାର୍ଥ ଅଛି। ତାକୁ ଧରିପାରିଲେ ମୁକ୍ତି ମିଳିଯିବ। (ଟିକିଏ ରହି) ଦେଖ... ସେଇଠିକି ଯାଉ ଯାଉ ଯଦି ଗୋଡ ଖସିଯାଏ ସବୁ ଶେଷ । ପୁଣିଥରେ ଚିନ୍ତାକର।"(୧୭)

ସବୁବେଳେ ଉଚ୍ଚଶ୍ରେଣୀ ନିମ୍ନଶ୍ରେଣୀକୁ ଦୟନୀୟ କରେ, ଯନ୍ତ୍ରଣାରେ ବଞ୍ଚିବାକୁ ଛାଡି ଦିଏ। ଦୁଃଖ ଯନ୍ତ୍ରଣାରେ ଅଣନିଶ୍ୱାସୀ ହୋଇ ଭୃତ୍ୟ ଯେତେ କହିଲେ ମଧ ତାର ଯୁଗ ଯନ୍ତ୍ରଣାର କୌଣସି ପ୍ରକାର ସମାଧାନ ନାହିଁ। ଆଦର୍ଶ ପଛରେ ଗୋଡାଇ ଗୋଡାଇ ଯନ୍ତ୍ରଣାରୂପକ ଲୁହକୁ ପାନ କରି ମଧ୍ୟ ତା' ପ୍ରତି କୌଣସି ପ୍ରକାର ସହାନୁଭୂତି ନାହିଁ। ମାଲିକ କେବଳ ରାସ୍ତାଟିଏ ଖୋଜେ ଭୃତ୍ୟକୁ ଅତ୍ୟାଚାର କରିବା ପାଇଁ। ସ୍ୱପ୍ନ ଦେଖାଇ ସ୍ୱପ୍ନକୁ ଅଧାରୁ ଭାଙ୍ଗି ଦେଇ ବିଶ୍ୱାସ ଓ ଭରସାକୁ ଭାଙ୍ଗିଦିଏ। ସର୍ବହରା ପରି ଭୃତ୍ୟ ନିଃସ୍ୱ ହୋଇଯାଏ। ଅଭିମାନ, ଅଭିଯୋଗ ସତେ ଯେମିତି ଭୃତ୍ୟର ଅଭିଧାନରେ ଲେଖା ନାହିଁ । କେବଳ ଆଦର୍ଶର ବନ୍ୟାରେ ଭାସିବା ଛଡା ଅନ୍ୟ ଉପାୟ ପାଏ ନାହିଁ ଭୃତ୍ୟ। ସାଧନା, ତପସ୍ୟା, ତ୍ୟାଗର ଜୀବନ ବଞ୍ଚିଲେ ମଧ ଆକାଶ କୁସୁମ ଭଳି ଧଳା ଧଳା ମେଘର ଆବରଣ ମଧରେ ପହଁରିବା ଛଡା ଅନ୍ୟ କିଛି ନାହିଁ। ଯେପରି-

ଭୃତ୍ୟ - ତମେ ବେଶୀଦିନ ଏମିତି ଆଉ ବୁଢ଼ିଆଣୀ ଜାଲ ଭିତରକୁ କୀଟମାନଙ୍କୁ ଡାକି ଆଣି ପାରିବନି।

ମାଲିକ - ଦିନେ ଯେତେବେଳେ ଆଦର୍ଶ ଆଉ ସ୍ୱପ୍ନର ବୁଢ଼ିଆଣୀ ଜାଲ ଭିତରେ ପଡିସଢ଼ି ମରିବା ପାଇଁ ରାଜି ...

ଭୃତ୍ୟ - ତମେ ନିଜେ ନିଜେ ଜାଲରେ ପଡିବ, ଏଇତ ! ତମେ ନିଜେ ମଧ ଗୋଟିଏ କାଚର ଶାମୁକା ଭିତରେ ବନ୍ଦୀ ! ଲୁଚିଛି.... ଗୋଡ ଦି ଟା ଦିଶୁଛି !!

ମାଲିକ - ଚୁପ୍‌କର ! ତମେ ବର୍ତ୍ତମାନ ମୃତ ହେବା ସମୟ ଆସିଗଲାଣି। ଅବଶ୍ୟ ସତ୍ୟର ପ୍ରତିଷ୍ଠା ପାଇଁ ବାରମ୍ବାର ଏମିତି କରିବାକୁ ପଡେ। ଅନ୍ଧାରକୁ ଭାଙ୍ଗିବା ପାଇଁ ସୂର୍ଯ୍ୟଙ୍କୁ ବାରମ୍ବାର ଆସିବାକୁ ପଡେ। ତମେ ସୂର୍ଯ୍ୟ ! ତମର ଅଜସ୍ର ପ୍ରତିଭା ! ତମେ ସେଇ ଅମ୍ଳାନ ଜ୍ୟୋତି !!

ଭୃତ୍ୟ - ଆଉ ଦେଖିବିନି ସପନ !

ମାଲିକ - ତମେ ସ୍ୱପ୍ନ ଦେଖିବାକୁ ଭଲ ପାଅ ବୋଲି ଏଇଠିକି ଆସିଥିଲ। ତମ ବିଶ୍ୱାସ, ତମ କଳ୍ପନା, ତମ ଇଚ୍ଛା ... ସବୁ ଗୋଟିଏ ପ୍ରଜାପତି। ତମେ ସ୍ୱପ୍ନ ଦେଖିବା ଛାଡିଦେଲେ ବଞ୍ଚିପାରିବନି।

ଭୃତ୍ୟ - ତା' ହେଲେ ମୁଁ ମରିବାକୁ ଚାହେଁ।

ମାଲିକ - ଆଉ ଥରେ ଭାବିଦେଖ। ଆଉ ଗୋଟିଏ ଚାନ୍ସ ନିଅ।

ଭୃତ୍ୟ - ନା, ଆଉ ନୁହେଁ, ମୁଁ ମରିଯାଉଛି। ଏଣିକି ନୀତି ମୂଲ୍ୟବୋଧ, ବିଶ୍ୱାସ ଓ ଆଦର୍ଶ ମାନଙ୍କର ମଧ ମୃତ୍ୟୁହେଲା ବୋଲି ଘୋଷଣା କରାଯିବ। (ଚିତ୍କାର କରି ଘୋଷଣା କଲା ଭଳି) ମୁଁ ବିଶ୍ୱାସ କରି ଏଇ ଉପନିବେଶରେ ମରୁଛି। ଆଦର୍ଶର ନିଆଁରେ ପୋଡି ହେଇ ମରୁଛି, ହେ ନିଷ୍ପାପ ସରଳତାର କମ୍ବଳ ଘୋଡାଇ ହେଇ ଶୋଇଥିବା ମଣିଷମାନେ ! ମୋ ସହିତ ତମର ମଧ ମୃତ୍ୟୁ ହେଲା।"(୧୮)

ଏହି ଏକାଙ୍କିକା ନାଟ୍ୟକାର ରମେଶ ପାଣିଗ୍ରାହୀଙ୍କର କପୋଳ କଳ୍ପିତ। ପ୍ରତ୍ୟେକେ ଜୀବନ ସାରା ହୁଏତ ମାଲିକ ଅଥବା ଭୃତ୍ୟ। ମୂଲ୍ୟବୋଧକୁ ଉଭୟେ ବିଶ୍ୱାସ କରନ୍ତି କିନ୍ତୁ ବିପରୀତ ଭାବେ ଭୃତ୍ୟର ଜୀବନ ମୂଲ୍ୟବୋଧକୁ ନେଇ ଗଢ଼ା ହୁଏ। ମାଲିକ ମୂଲ୍ୟବୋଧକୁ ଅସ୍ତ୍ର ରୂପେ ବ୍ୟବହାର କରି ଅନ୍ୟକୁ ଭୃତ୍ୟ କରାଏ। ଏଠାରେ ଗୋଟିଏ କଥା ସ୍ପଷ୍ଟ ହୋଇଯାଏ ଭୃତ୍ୟ କଦାଚିତ ସାମ୍ୟବାଦୀ ସମାଜର ସ୍ୱପ୍ନ ଦେଖିପାରିବ ନାହିଁ ଏବଂ ମାଲିକ ମଧ ତାହା କେବେ ସାକାର ହେବାକୁ ଦେବ ନାହିଁ। କର୍ତ୍ତୃତ୍ୱ ଜାହିର କରିବା ମାଲିକର କାମ। ଶତ ଚେଷ୍ଟା କରି ମଧ ଭୃତ୍ୟ କେବେ ମାଲିକ ହୋଇପାରିବ ନାହିଁ। ସେ କେବଳ ଭୃତ୍ୟ ହୋଇ ରହିବ ଏବଂ ମାଲିକ ମାଲିକ ହୋଇ ରହିବ। ସମୟ ଓ ସୁଯୋଗର ପରିସ୍ଥିତି ଭୃତ୍ୟ ମାଲିକ ବା ମାଲିକ ଭୃତ୍ୟ ହୋଇପାରେ ଆଉ ସବୁ ଯେମିତି ଭ୍ରମ ଓ ପ୍ରହେଳିକା।

ଶ୍ରୀ ଶ୍ରୀ ମହାଲକ୍ଷ୍ମୀ ପୂଜା

ନାଟ୍ୟକାରଙ୍କର ଏହି ଏକାଙ୍କିକାଟି ସାଧାରଣତଃ ପରୀକ୍ଷାମୂଳକ ଅଟେ। ଏହି ଏକାଙ୍କିକାରେ ତିନୋଟି କିମ୍ବା ଚାରୋଟି ସ୍ତରରେ ମନ୍ତବ୍ୟକୁ ପରିପ୍ରକାଶ କରାଯାଇଛି। ଏହି ଏକାଙ୍କିକାଟି କେବଳ ମହିଳାମାନଙ୍କ ଦ୍ୱାରା ଅଭିନୀତ ହେବା ସହିତ ଏଠାରେ ମହିଳାମାନଙ୍କ ବସ୍ତୁବାଦୀ ଓ ମାଟିମନସ୍କ ତଥା ଅର୍ଥ ସଂଚୟ ଅଭିପ୍ରାୟ ଗୁଡିକୁ ଦେଖାଇ ଦିଆଯାଇଛି।

ନାଟ୍ୟକାର ଯେଉଁ ଭାଷାରେ ଲକ୍ଷ୍ମୀ ପୂଜା ସହିତ ଅର୍ଥ ସଂଚୟ ପ୍ରକ୍ରିୟାକୁ

ସମାଲେଚନା କରିଛନ୍ତି ସେଥିରୁ ଏକ ବ୍ୟଙ୍ଗୋକ୍ତି ସ୍ପଷ୍ଟ ହୁଏ। ଏହାର ମୁଖବନ୍ଧରେ ପୁନଶ୍ଚ ସେ ଲେଖିଛନ୍ତି- "ଲକ୍ଷ୍ମୀପୂଜା ଭାରତୀୟ ଲୋକାଚାରାର ଅନ୍ତର୍ଭୁକ୍ତ ଏକ ରିଚୁଆଲ (ritual) । ଓଡିଶାରେ ମାର୍ଗଶୀର ମାସରେ ଗୁରୁବାର ମାଣବସା ପର୍ବ ସହିତ 'fertility myth'ର ଏକ ସମ୍ପର୍କ ଅଛି। ପୁଣି ସେହି ପର୍ବରେ ପାଠ କରାଯାଉଥିବା ବଳରାମ ଦାସଙ୍କ ଲକ୍ଷ୍ମୀପୁରାଣ ଶୁଣିଲେ ଅର୍ଥ ଓ ଭୋଗଲିପ୍ସୁ ମଣିଷମାନଙ୍କ ପ୍ରତି ଗୋଟାଏ ବ୍ୟଙ୍ଗୋକ୍ତି କରାଯାଇଛି ବୋଲି ବୁଝିହୁଏ। କାଳକ୍ରମେ ତାଙ୍କର ବ୍ୟଙ୍ଗାଚାରଣ ଓଡିଆଙ୍କ ଘରର ସାଇତା ପୋଥି ହୋଇ ରହିଯାଇଛି । ନାଟକ 'ଶ୍ରୀ ଶ୍ରୀ ମହାଲକ୍ଷ୍ମୀ ପୂଜା' ସେଇ ଶ୍ଳେଷାତ୍ମକ ସ୍ୱରରେ ଏକ ସାଂପ୍ରତିକ ଉଚ୍ଚାରଣ।"[୧୯]

'ଶ୍ରୀ ଶ୍ରୀ ମହାଲକ୍ଷ୍ମୀ ପୂଜା' ଘଟଣାସ୍ଥଳୀ ହେଉଛି ଭୁବନେଶ୍ୱର ଏବଂ ଏହାର ମୁଖ୍ୟ ଚରିତ୍ର ଶର୍ବରୀ ପଟ୍ଟନାୟକ। ଶର୍ବରୀ ଯେଉଁ କଲେଜରେ ପାଠପଢ଼େ ସେଇଠି ବହୁ ଅଣହିନ୍ଦୁ ଓ ଅଣଓଡ଼ିଆ ଛାତ୍ର ପଢ଼ନ୍ତି। ସେମାନେ ମହାଲକ୍ଷ୍ମୀଙ୍କୁ ଏବଂ ସେ ପୁରୀ ଶ୍ରୀମନ୍ଦିରରେ ପୂଜିତ ବୋଲି ଜାଣନ୍ତି ନାହିଁ। ଶର୍ବରୀ ସେମାନଙ୍କୁ ବୁଝାଇବାକୁ ଚେଷ୍ଟା କରୁଛି ଯେ ମହାଲକ୍ଷ୍ମୀଙ୍କର ଚାରୋଟି ହାତ ଅଛି ଏବଂ ସେ ସଫାଧଳା ପାଟ ପିନ୍ଧି ମାର୍ଗଶୀର ମାସ ଗୁରୁବାର ସକାଳୁ ପୁରୀ ମନ୍ଦିରୁ ବାହାରି ଭୁବନେଶ୍ୱର ଆସି ଘର ଘର ବୁଲନ୍ତି। ଅଣହିନ୍ଦୁ ବାନ୍ଧବୀମାନେ ଏକଥା ଶୁଣି ହସିଲେ ଏବଂ ତାଚ୍ଛଲ୍ୟ କଲେ। ତେଣୁ ଶର୍ବରୀ ସେମାନଙ୍କୁ ଚାଲେଞ୍ଜ୍ କରି କହିଲା- ଏଇ ଗୁରୁବାର ଦିନ ଲକ୍ଷ୍ମୀ ସକାଳୁ ଆସିଲେ ତାଙ୍କର ଫଟୋ ଉଠାଇ ସେ ସେମାନଙ୍କୁ ଦେଖାଇ ଦେବ। କାହା କାହା ଘରକୁ ଗଲେ ତାହା ମଧ୍ୟ ମୋବାଇଲ କ୍ୟାମେରାରେ ଭିଡ଼ିଓ ସୁଟିଂ କରି ଦେଖେଇଦେବ।

ମାର୍ଗଶୀର ମାସ ଗୁରୁବାର ସକାଳୁ ଗାଧୋଇ ପାଧୋଇ ମୁଣ୍ଡ ସାଙ୍ଖୋ କରି ଶର୍ବରୀ ଯେତେବେଳେ ଶାଢ଼ୀ ପିନ୍ଧି ବାହାରିଲା ତାର ସାନ ଭଉଣୀ ଶର୍ମିଳା ଆଶ୍ଚର୍ଯ୍ୟ ହୋଇ ସାମନ୍ତରାୟପୁର ଛକ ପାଖରେ ଆସି ପହଞ୍ଚିଗଲା। ଲକ୍ଷ୍ମୀ କାହା କାହା ଘରକୁ ଗଲେ ଆଉ କଣ ହେଲା ଦେଖାଇ ଦେବାର ବ୍ୟବସ୍ଥା ଥିଲା କିନ୍ତୁ ତା ହେଲା ନାହିଁ। ତାଙ୍କ କଲେଜର ଝିଅ ଇତିଶ୍ରୀ ବାମପନ୍ଥୀ ଚିନ୍ତାଧାରାର ଝିଅ। ତାର ଧାରଣା ମହାଲକ୍ଷ୍ମୀ ପୁଞ୍ଜିପତିମାନଙ୍କ ସହାୟତା କରୁଥିବାରୁ ସେ ତାଙ୍କ ଦଳର ଶତ୍ରୁ। ତେଣୁ ମହାଲକ୍ଷ୍ମୀ ପୁରୀରୁ ଆସି ଭୁବନେଶ୍ୱରରେ ଯାହା ସବୁ କରିବେ ସେସବୁକୁ ସେ ଭଣ୍ଡୁର କରିବ ଏବଂ ଇତିର ସାଙ୍ଗ ଏଲୋରା ମାଇକ୍ରୋଫୋନ ଧରି ମହାଲକ୍ଷ୍ମୀଙ୍କ ବିରୋଧରେ ପ୍ରଚାର ଆରମ୍ଭ କରିଦେଲା। ଭୁବନେଶ୍ୱର ରାଜଧାନୀ ହୋଇଥିବାରୁ ଏଲୋରା ଓ ଇତିର କିଏବି କଥା ଶୁଣିଲେ ନାହିଁ। ମନ୍ଦାକିନୀ ଓ ସୁଜାତା ମଧ୍ୟବୟସ୍କା ରୋଟାରୀ ସଦସ୍ୟା ଓ ଲେଖିକା। ସେମାନେ ଦୁଇଜଣ ରାଜନୀତି କରୁଥିବା ମହିଳା ମହାଲକ୍ଷ୍ମୀଙ୍କୁ ସମ୍ବର୍ଦ୍ଧନା

ଜଣାଇବା ପାଇଁ କନଫରେନ୍ସ ରୁମ ଭଡ଼ା ନେଇଛନ୍ତି ଏବଂ ରାଜନୈତିକ ସ୍ତରରେ ମହାଲକ୍ଷ୍ମୀଙ୍କ ପାଖରେ କିଛି ଦାବି ମଧ୍ୟ ଉପସ୍ଥାପନ କରିବେ ତେଣୁ ଏହି ମହାସଭାର ଆୟୋଜନ କରାଯାଇଥିଲା । ଆଶ୍ଚର୍ଯ୍ୟର କଥା ଶ୍ରୀ ଶ୍ରୀ ମହାଲକ୍ଷ୍ମୀ ତାଙ୍କ ପାରମ୍ପରିକ ପୋଷାକ ସହିତ ମୁକୁଟ ପିନ୍ଧି ସଭାର ମଣ୍ଡପ ଉପରେ ବିଜେ ହେଲେ ଏବଂ ମାଇକ୍ରୋଫୋନରେ ଘୋଷଣା କଲେ ଯେ ତାଙ୍କର ପୂଜାକୁ ଜାତୀୟକରଣ କରାଯିବ । ମହାଲକ୍ଷ୍ମୀଙ୍କ ତରଫରୁ ପ୍ରସ୍ତାବ ଆସିଥିବା ଯୋଗୁଁ ଦେଶରେ 'ସୁବର୍ଣ୍ଣଯୁଗ' ଆସିଗଲା ବୋଲି କଥାଟା ଚାରିଆଡ଼େ ପ୍ରଘଟ ହୋଇଗଲା ଏବଂ ସେଇବର୍ଷ ଆଇ.ଏ.ଏସ୍. ପରୀକ୍ଷାରେ ମହାଲକ୍ଷ୍ମୀ ପୂଜାର ଜାତୀୟକରଣ ଉପରେ ପ୍ରବଂଧ ଲେଖିବାକୁ ପ୍ରଶ୍ନ ପଡ଼ିଥିଲା । ଏକଥା ଦୁଇଜଣ ପରୀକ୍ଷାର୍ଥୀ ସ୍ୱାତୀ ଓ ସସ୍ମିତାଙ୍କ ଆଲୋଚନାରୁ ଜଣାପଡୁଥିଲା । ଜାତୀୟକରଣର ବିଭିନ୍ନ ଉପଯୋଗିତା ଓ ଫଳାଫଳ ସଂପର୍କରେ ସେମାନେ ଆଲୋଚନା କରୁଥିଲେ-

ସସ୍ମିତା - ଶ୍ରୀ ଶ୍ରୀ ମହାଲକ୍ଷ୍ମୀପୂଜାର ଜାତୀୟକରଣ ପରେ କଳରେ ଆଉ ପାଣି ଆସିବ ନାହିଁ ।

ସ୍ୱାତୀ - ମୁସ୍କିଲ ହେଲା ।

ସସ୍ମିତା - କଳରୁ ଖାଲି ରସ ଝରିବ । ସୋମବାର ନଡ଼ିଆରସ, ମଙ୍ଗଳବାର ଲେମ୍ବୁରସ, ବୁଧବାର କମଳା ରସ, ଗୁରୁବାର ନାରଙ୍ଗ ରସ, ଶୁକ୍ରବାର ଆଖୁରସ, ଶନିବାର ଅଙ୍ଗୁର ରସ ଓ ରବିବାର ଗୋରସ ।

ସ୍ୱାତୀ - ଇସ୍ ତା ହେଲେ ତ ଗୁଡ଼ାଏ ଅସୁବିଧା ହେବ ।

ସସ୍ମିତା - ତୁ ବୁଝୁନୁ! ଅସୁବିଧା ନ ରହିଲେ ସୁବିଧା ଗୁଡ଼ିକୁ ଫିଲ୍ କରି ହେବନି ।

ସ୍ୱାତୀ - ଏ ପୃଥିବୀର ସ୍ୱାସ୍ଥ୍ୟ ସମସ୍ୟାକୁ ମା ଲକ୍ଷ୍ମୀ ବିପନ୍ନ କରି ଦେଇ ଗଲେ ତାହେଲେ । ଏତେ ରସ ଝରିଲେ ମାଛି ଭଣଭଣ ହେବେନି ? ସେଇଠୁ ଯୋଉ ସବୁ ରୋଗ ହେବ ସେଥିରେ ତ ଦିନରେ ଶୃଙ୍ଗାର ରସ ଓ ରାତିରେ ବିରହ ରସ ଝରିବ ?"[୨୦]

ପ୍ରଗତିବାଦୀ ଚିନ୍ତାଧାରାର ଲୋକମାନେ ଭାବିଲେ କମ୍ୟୁନିଷ୍ଟ ସରକାରଙ୍କ ଏହା ଏକ ମାରଣନୀତି ଯାହାକରିବା ଫଳରେ ପ୍ରଗତି ପଥରେ କଣ୍ଟା ହୋଇ ରହିଯିବ । କିନ୍ତୁ ଅନ୍ୟମାନେ ଭାବିଲେ ଯେ ଓଡ଼ିଶାରେ ସୁବର୍ଣ୍ଣ ଯୁଗ ଆସିଗଲା । ଏଣୁ ଓଡ଼ିଶାରେ ଆଉ ମରୁଡ଼ି, ବନ୍ୟା ଓ ବାତ୍ୟା ହେବନାହିଁ । ସର୍ବହରା ଶବ୍ଦଟି ମଧ୍ୟ ଭାଷାକୋଷରୁ ଉଠିଗଲା । ଏଣେ ଶ୍ରୀ ଶ୍ରୀ ମହାଲକ୍ଷ୍ମୀ ଏସବୁ ଭିତରେ ଲୋକଙ୍କ ମନକଥା

ବୁଝିପାରିଥିଲେ। ତେଣୁ ସେ ସେଠାରେ ଉପସ୍ଥିତ ଥିବା ଜନତାଙ୍କୁ କହିଲେ, ତୁମମାନଙ୍କୁ ସମୟ ଦିଆଗଲା ଯାହା ଦର୍କାର ମାଗିନିଅ ଏହା କହି ଦର୍ଶକମାନଙ୍କୁ କ୍ଷୀରି ବାଣ୍ଟିଲେ।

ଓଡ଼ିଶାର ଲୋକେ ଭିକାରୀ ବୋଲି ମହାଲକ୍ଷ୍ମୀ ଜାଣିଥିଲେ। କିନ୍ତୁ ଦୁଇ ମିନିଟ୍ ଭିତରେ କ'ଣ ମାଗିବା ଉଚିତ୍ ଓଡ଼ିଶାର ଲୋକ ଜାଣିନଥିଲେ। ଭାରତବର୍ଷର ଅନ୍ୟାନ୍ୟ ଧନୀ ପ୍ରଦେଶଗୁଡ଼ିକ ମାଗିବାରେ ଏବଂ ଲୁଟିବାରେ ଯେତିକି ପେଶାଦାରୀ ଉପସ୍ଥିତ ବୁଦ୍ଧି ଦେଖାନ୍ତି, ଓଡ଼ିଆ ମହିଳାମାନେ ସେପରି ବୁଦ୍ଧିର ଖେଳ ଖେଳିପାରନ୍ତି ନାହିଁ। କଲେଜ ଝିଅ ତ ସହଜେ କମ୍ ବୟସର। କିନ୍ତୁ ସୁଜାତା ମନ୍ଦାକିନୀ ପରି ମଧ୍ୟ ବୟସ୍କା ରାଜନେତ୍ରୀମାନେ ମଧ୍ୟ ହତୋତ୍ସାହ ହୋଇଗଲେ। ତାପରେ ଯିଏ ବା ଯାହା ମାଗିଥାନ୍ତେ ସମସ୍ତଙ୍କ ଆଗରେ ବା କେମିତି ମାଗିବେ? ଏଣୁ ମାଗିବା ପାଇଁ କୁଣ୍ଠା ପ୍ରକାଶ କଲେ। ମହାଲକ୍ଷ୍ମୀ ପୁନର୍ବାର ଅଭୟବାଣୀ ଦେଇ କହିଲେ- "ଆଦୌ ଲଜ୍ଜା କରନ୍ତୁ ନାହିଁ। କାରଣ ବଡ଼ ପାଟିରେ ମାଗିଲେ ସୁଦ୍ଧା ତୁମର ପ୍ରାର୍ଥନା ମୋ ଛଡ଼ା ଆଉ କେହି ଶୁଣି ପାରିବେ ନାହିଁ।"(୨୧)

ପରଶ୍ରୀକାତରତା ଏବଂ ହୀନମନ୍ୟତାର ଶିକାର ହୋଇଥିବା ଓଡ଼ିଆ ମହିଳାମାନେ ଶ୍ରୀ ମହାଲକ୍ଷ୍ମୀଙ୍କ ଠାରୁ ଅଭୟବାଣୀ ପାଇ ସାରିଲା ପରେ ଯାହା ମାଗିଲେ ତାହା ପୃଥିବୀର ଆଉ କୋଉ ମହିଳା ମାଗି ନଥିବେ। ସସ୍ମିତା ଚାହେଁ ସେ ଏକା ଆଇଏଏସ୍ ପାଉ ଏବଂ ସ୍ୱାତୀ ଫେଲ୍ ହୋଇଯାଉ। ଶର୍ବରୀ ଚାହେଁ ସୁବୋଧ ଭାଇ ସାଙ୍ଗରେ ତାର ବାହାଘର ହେଉ ଏବଂ ତା ସାନଭଉଣୀ ଶର୍ମିଳା ଚାହେଁ ସୁବୋଧ ଭାଇ ଭଳିଆ ବଜାରୀ ସାଙ୍ଗରେ ତା' ଅପାର ବାହାଘର କେବେ ନ ହେଉ। ଇତିଶ୍ରୀ ଚାହେଁ ସର୍ବହରା ପାର୍ଟି ମୂଳପୋଛ ହୋଇଯାଉ ଏବଂ ଏଲୋରା ଚାହେଁ ତାଙ୍କ ପାର୍ଟିର କ୍ଷମତା ବଢୁ। ଏପରିକି ସୁଜାତା ମନ୍ଦାକିନୀ ବାହାରକୁ ଅନ୍ତରଙ୍ଗ ବାନ୍ଧବୀ ଭଳି ଦେଖାଯାଉଥିଲେ ମଧ୍ୟ ପରସ୍ପରଙ୍କ ମଧ୍ୟରେ ତ୍ୟାଗର ବନ୍ଧୁତା ନାହିଁ। ସୁଜାତା ଚାହାନ୍ତି, ମନ୍ଦାକିନୀ ଯାହା ପାଇବେ ତାକୁ ତା'ଠାରୁ ଦୁଇଗୁଣ ଅଧିକା ମିଳୁ।

ମାଗିବାର ଏହି ବଦାନ୍ୟତା ଦେଖି ମହାଲକ୍ଷ୍ମୀ ବିଶେଷ ପ୍ରୀତ ହେଇନାହାନ୍ତି। ତେଣୁ ଉପସ୍ଥିତ ମହିଳାମାନେ ମାଗି ମାଗି ମା'ଙ୍କର ଶଙ୍ଖ, ଚକ୍ର, ଗଦା, ପଦ୍ମ ମଧ୍ୟ ନେଇଗଲେ। ତାପରେ ତାଙ୍କର ହାତ, ଗୋଡ଼, ଚକ୍ଷୁ, କର୍ଣ୍ଣ, ମାଂସ, ମଜ୍ଜା ଓ ଅସ୍ଥି ମଧ୍ୟ ମାଗିବା ଆରମ୍ଭ କରିଦେଲେ। ସେତିକିବେଳେ ମହାଲକ୍ଷ୍ମୀ ବୁଝିପାରିଲେ ଯେ ଏମାନେ ଶ୍ରୀ ଓ ଶାନ୍ତି ମାଗିବା ଜାଣନ୍ତି ନାହିଁ ଏବଂ ଯାହା ମାଗୁଛନ୍ତି, ସେଥିରେ ମହାଲକ୍ଷ୍ମୀଙ୍କର ଅସ୍ତିତ୍ୱ ମଧ୍ୟ ବିପନ୍ନ କରିଦେବାର ସମ୍ଭାବନା ଅଛି। ଅତଏବ କ୍ରୁଦ୍ଧା ହୋଇ ଶ୍ରୀ ଶ୍ରୀ ମହାଲକ୍ଷ୍ମୀ ଚିତ୍କାର କରି କହିଲେ- "ନା, ସବୁ ପୋଡ଼ିଯାଉ। ସବୁ ଧ୍ୱଂସ ହୋଇଯାଉ।

ତାପରେ ତମେ ସବୁ ବୁଝିବ ଗଢ଼ିବା କେତେ ଯନ୍ତ୍ରଣାଦାୟକ। ପାଇବା ଓ ରଖିବା କେତେ ସମସ୍ୟାମୟ। ଏଇଠି ମୁଁ ଦେଖୁଛି, ଦାନ ହିଁ ସମସ୍ୟା। ଏଣୁ ମୁଁ କିଛି ଦେବିନାହିଁ। ଦେଇ ଦେଇ ମୋର ଭଣ୍ଡାର ଶୂନ୍ୟ। ନେଇ ନେଇ ତମେ ସବୁ ଅସହାୟ ଓ ସମସ୍ୟାମୟ। ତେଣୁ ମୁଁ ଆଜି ଆସିଚି ସର୍ବଗ୍ରାସୀ ହୋଇ, ମତେ ଏଣିକି ଦିଅ, ଦିଅ ତମର ଈର୍ଷା ଓ ଅସୂୟା ରିପୁ ଆଉ ଅହଂକାର, ଦେହ ଓ ମନ ବିତ୍ତ ଲାଳସା ସବୁ ଆଜି ମୁଁ ନେଇଯିବି। ଏଣିକି ମୁଁ ନେବି। ତମେ ପୁଣିଥରେ ଶୂନ୍ୟ ହେଲା ପର୍ଯ୍ୟନ୍ତ ! ମୋର ଆଜିର ପୂଜା ପାଇଁ ନୈବେଦ୍ୟ।"[୨୨]

ଏହି ଏକାଙ୍କିକାରେ ଶ୍ରୀ ଶ୍ରୀ ମହାଲକ୍ଷ୍ମୀ ପୂଜା ନାରୀମାନଙ୍କର ବସ୍ତୁବାଦୀ ପ୍ରଲୋଭନ ସଂପର୍କରେ ଏକ ବ୍ୟଙ୍ଗାତ୍ମକ ସୃଷ୍ଟି ଭାବେ ଗ୍ରହଣ କରାଯାଇଛି। ଏଥିରେ ରାଜନୈତିକ ଚେତନା ପ୍ରସଙ୍ଗ ସ୍ପଷ୍ଟ ବାରିହୁଏ। ଏଥିରେ ଦୁଇଟି ପୃଥିବୀ, ଦୁଇଟି ସ୍ତରର ଅର୍ଥ ଏବଂ ଦୁଇଟି ଶ୍ରେଣୀର ସାମାଜିକ ବାର୍ତ୍ତା ଦେଖିବାକୁ ମିଳେ। ଅର୍ଥନୀତି ଓ ବସ୍ତୁବାଦୀ ପ୍ରାଧାନ୍ୟକୁ ବ୍ୟଙ୍ଗ ଭାବରେ ଉପସ୍ଥାପନ କରାଯିବା ସହିତ ଭୋଗ ଓ ତ୍ୟାଗ ସାମ୍ନାରେ ଭୋଗର ହିଁ ଜୟ ହୋଇଛି।

ସକାଳର ମେଘ

ଏହି ଏକାଙ୍କିକାଟି ଦୁଇଜଣ ସ୍ୱାମୀ ସ୍ତ୍ରୀଙ୍କ କଳହକୁ ନେଇ ସଂଗଠିତ ହୋଇଛି। ନବଘନ ବାବୁ ଏକାଙ୍କିକାର ନାୟକ। ଯେକି ପିଲାଟି ଦିନରୁ ବହୁ କଷ୍ଟବରଣ କରି ଓ.ଏଫ୍.ଏସ୍ ପାଇଛନ୍ତି ଏବଂ ସିନିୟର କମରସିଆଲ ଟ୍ୟାକ୍ସ ଅଫିସର ଭାବେ ପରିଚିତ। ସେ ବହୁ ଟଙ୍କା ତଥା ଭୂସମ୍ପତ୍ତିର ଅଧିକାରୀ। କିନ୍ତୁ ସବୁ ଥାଇ ମଧ୍ୟ ତାଙ୍କ ମନରେ ତିଳେ ସୁଦ୍ଧା ଗର୍ବ ତଥା ଅହଂକାର ନାହିଁ। ଅତଏବ ସେ ଫମ୍ପା ଆଭିଜାତ୍ୟକୁ ଦେଖାଇବାକୁ ଜମା ପସନ୍ଦ କରନ୍ତିନି। ପତ୍ନୀ ତାଙ୍କର ହେମାଙ୍ଗିନୀ। ଧନୀଘରର ଝିଅ ତଥା ଇଂରାଜୀ ମିଡ଼ିଅମ୍‌ରେ ପାଠ ପଢ଼ିଥିବା ଯୋଗୁଁ ତାଙ୍କ ପାଦ ଭୂଇଁଠୁ ଦୁଇପାଦ ଉପରେ ଥାଏ। ସମ୍ଭ୍ରାନ୍ତ ଭାବନା ଦେଖାଇବାକୁ ଭାରି ଭଲ ପାଆନ୍ତି। ଝିଅ ହେଉଛି ବେବୀ। ସେ ବି ଆଧୁନିକା କିନ୍ତୁ ଦେଖାଇବାର ସୁଯୋଗ ପାଇନି। ପାଇଲେ ମାଙ୍କଠୁ ବି ଚାରିପାଦ ଆଗରେ ରହିବ। ବେବୀର ଜନ୍ମଦିନ ପାଳନ କାର୍ଯ୍ୟକ୍ରମକୁ ନେଇ ଓ.ଏଫ୍.ଏସ୍‌ଙ୍କ ଘର କୋଳାହଳମୟ ହୋଇଉଠିଛି। ନବଘନବାବୁ ଚାହାନ୍ତି ଠାକୁରଙ୍କୁ ଖିରୀ ପୂଜା କରି ଜନ୍ମଦିନ ପାଳନ କରିବେ କିନ୍ତୁ ସ୍ତ୍ରୀ ହେମା ସଂପୂର୍ଣ୍ଣ ଅତ୍ୟାଧୁନିକ ଶୈଳୀରେ 'happy birthday' କରିବାକୁ ଚାହାନ୍ତି। ସେ ସମସ୍ତଙ୍କୁ ନିମନ୍ତ୍ରଣ ଦେବେ ଏବଂ ସହରର ଛୋଟ ବଡ଼ ସବୁ ଅଫିସରଙ୍କୁ ଡକା ହେବ। ଆକାଶବାଣୀ ନିର୍ଦ୍ଦେଶକ ଆସିଲେ ସେ ଝିଅର ବାର୍ଥ ଡ଼େ ବୋଲି ଗୋଟାଏ କ୍ଷୁଦ୍ର ସମ୍ବାଦ କାର୍ଯ୍ୟକ୍ରମ

ରୂପେ ଆକାଶବାଣୀରେ ପରିବେଷଣ କରାଯିବ ବୋଲି ସେ ଚାହାନ୍ତି । ସହରର ପୋଲିସ୍ ଡି.ଏସ୍.ପିଙ୍କୁ ଡକା ହେଲା ବାର୍ଡ଼ଡ଼େ ସଂପର୍କରେ ଗୋଟିଏ କ୍ଷୁଦ୍ର ସମ୍ବାଦ ପରିବେଷଣ କରିବା ପାଇଁ । ଏ ଯୋଜନାରେ ନବଘନ ବାବୁ କିନ୍ତୁ ପଛଘୁଞ୍ଚା ଦେଇଛନ୍ତି । ସମସ୍ତଙ୍କର ରୁଚି ଅରୁଚି ମଧ୍ୟରେ ଜନ୍ମଦିନ ଖୁବ୍ ଆଡ଼ମ୍ବରରେ ପାଳନ ହୁଏ ।

ଏହି ପାଳନ ଅବସରରେ ଆସି ପହଞ୍ଚିଛନ୍ତି ଦିଲ୍ଲୀର ନେଲି ଆଣ୍ଟି ଆଉ ତାଙ୍କ ସ୍ୱାମୀ । ସେ ଆସିବା ପରେ ତାଙ୍କର ଦିଲ୍ଲୀ ଗିରି ଦେଖାଇବାକୁ ବେଶି ସମୟ ନେଇନାହାନ୍ତି । ବରଂ ତାଙ୍କ ସ୍ୱାମୀ ଦାମୀ କୋଟ ଓ ଶାଲ୍ ଆଣି ଦେଇଥିବାରୁ ତାଙ୍କ ଭିତରେ ପ୍ରେମ ସଂପର୍କ ଭଲ ରହିଛି ଏବଂ ତାଙ୍କ ଝିଅ କୁନ୍‌ମୁନି କଲେଜ ସ୍ପୋର୍ଟସରେ ଭାଗ ନେଇଛି ବୋଲି କହି 'ସପ୍ତଶର୍ଯ୍ୟା' ଫିଲ୍ମରେ କବାଲି ନାଚିଥିଲା ସେ କଥା ମଧ୍ୟ କହି କୁନମୁନି ବେବୀ ଅପେକ୍ଷା କେତେ ସଂସ୍କୃତି ସଂପନ୍ନ ଝିଅ ତାହାର ସୂଚନା ପରିବେଷଣ କରିଛନ୍ତି । ଧିରେ ଧିରେ ପ୍ରସଙ୍ଗଟି ବ୍ୟକ୍ତିଗତ ସ୍ତରକୁ ଚାଲିଆସିଛି । ହେମାଙ୍ଗିନୀ ଓ ଝିଅ ବେବୀ ନବଘନ ବାବୁଙ୍କୁ ତାଙ୍କର ସ୍ୱାମୀ ଓ ବାପା ହେବା ପାଇଁ ଅଯୋଗ୍ୟ କହି ଧିକ୍‌କାର କରିଛନ୍ତି ଏବଂ ବେବୀ ନିଜ ବୟଫ୍ରେଣ୍ଡକୁ ଆଣିବାପାଇଁ ଗାଡ଼ି ନେଇ ଚାଲିଯାଇଛି । ନବଘନ ବାବୁ ମଧ୍ୟ ବିରକ୍ତି ହୋଇ ଅଫିସ୍ ଗାଡ଼ି ନେଇ ବାହାରି ଗଲାବେଳେ ସେ ଦେଖିବାକୁ ପାଇଛନ୍ତି ତାଙ୍କର ଅତ୍ୟାଧୁନିକା ଦିଗହରା ଝିଅ ନିଜର ବୟଫ୍ରେଣ୍ଡ ପ୍ରବୀରକୁ ନେଇ ପୁରୀ ସମୁଦ୍ର କୂଳରେ ରାଜମହଲ ହୋଟେଲ୍‌ରେ ମଦ୍ୟପାନ କରି ବେହୋସ ହୋଇ ପଡ଼ିଛି । ତା'ର ଏପରି ଅବସ୍ଥାରେ ସେ ତାକୁ ଉଦ୍ଧାର କରି ଘରକୁ ଆଣିଛନ୍ତି ।

ଏଠାରେ ସକାଳର ଆକାଶରେ ମେଘ ଉଠିଛି ପରି ନବଘନ ବାବୁଙ୍କ ଘରେ ମଧ୍ୟ ମେଘ ଉଠିଛି ସତ କିନ୍ତୁ ପାରିବାରିକ ମେଘ କିଛି କ୍ଷଣ ମଧ୍ୟରେ ଅପସରି ଯାଇଛି । ଏଠାରେ ନବଘନବାବୁ ତାଙ୍କ ସ୍ତ୍ରୀଙ୍କୁ କହିଛନ୍ତି ସ୍ୱାଧୀନତା ଦେବାରେ ଆପତ୍ତି ନାହିଁ ବରଂ ନିଜ ସ୍ୱାଧୀନତାର ଅପପ୍ରୟୋଗ କରିବା ଖରାପ । ହେମାଙ୍ଗିନୀ ଦେବୀ ମନେ ମନେ ଲଜ୍ଜିତ ହୋଇଛନ୍ତି । ଜନ୍ମଦିନ ହୁଏ ଖୁସିର ସହ ଏକାଠି ହୋଇ ପାଳନ କରିବା ପାଇଁ ପରସ୍ପର ପ୍ରତି ସ୍ନେହ ଆଦର ସହିତ । ଜନ୍ମଦିନରେ ପୁଅ ସାଙ୍ଗମାନଙ୍କ ସହିତ ନାଚିବା, ବିଅର ବୋତଲକୁ ହଲେଇ ଫେଣର ଫୁଆରା ତିଆରି କରିବା ଏବଂ ଅତିଦାମୀ କେକ୍ କିଣିବା କେବଳ ଅତିରଞ୍ଜିତ ହେବା ବ୍ୟତୀତ ଅନ୍ୟ କିଛି ନୁହେଁ ।

ଏକାଙ୍କିକାକାରଙ୍କ ଭାଷାରେ- "କହିବାକୁ ଗଲେ 'ସକାଳର ମେଘ'ରେ ସାମାଜିକ ବ୍ୟଙ୍ଗ ବିଶେଷ ତୀବ୍ର ନୁହେଁ ବରଂ ଏହାକୁ ଏକ ହାସ୍ୟରସାତ୍ମକ ଏକାଙ୍କିକା ରୂପେ ଗ୍ରହଣ କରାଯାଇପାରେ । ଆମ ସମାଜର ଦୁର୍ନୀତି ଯୋଗୁଁ ଆଖି ଆଗରେ ଅନେକ

ଅଯୋଗ୍ୟ, ଅପଦାର୍ଥ ରାତାରାତି ଧନୀ ହୋଇ ଯାଇଛନ୍ତି। ରାଜଧାନୀରେ କୋଠା କରିବାଠାରୁ ଆରମ୍ଭ କରି ଯାହା କଲେ ଲୋକେ ସେମାନଙ୍କୁ ସଂଭ୍ରାନ୍ତ ବୋଲି କହିବେ ସେୟା କରିବାରେ ବ୍ୟସ୍ତ। ବସ୍ତୁନିଷ୍ଠ ସମାଜରେ ଏମାନଙ୍କୁ ବିତ୍ତଶାଳୀ ବୋଲି ବିଶେଷ ସ୍ଥାନ ଦିଆଯାଉଅଛି। ଏହା ସାଂସ୍କୃତିକ ଅବକ୍ଷୟର ସମୟ ହୋଇଥିବାରୁ ଅନ୍ୟଙ୍କୁ ଓ ନିଜ ବ୍ୟକ୍ତିତ୍ୱକୁ ନଷ୍ଟ କରି ଧନୀ ହେବା ପାଇଁ ଲୋକେ ଆଗ୍ରହୀ। ତାପରେ ନୂଆ ନୂଆ ଫେସନ କିଣାଯାଏ। ଏହା ଆମ ପାଇଁ ଏକ ହାସ୍ୟକର ପରିସ୍ଥିତି ସୃଷ୍ଟି କରେ ବୋଲି ମୋ ଧାରଣା।"[୨୩]

ଏବଂ ପୃଥିବୀ ଅନ୍ଧକାର ହେଲା

ଏହି ଏକାଙ୍କିକା ନାଟ୍ୟକାରଙ୍କର ଏକାଙ୍କିକାତ୍ରୟୀ ମଧ୍ୟରୁ ପ୍ରଥମ ଏକାଙ୍କିକା। ଗୋଟିଏ ମଧ୍ୟବିତ୍ତ ପାରିବାରିକ ଜୀବନର ସଂଗ୍ରାମ ଉପରେ ଆଧାରିତ ଏକାଙ୍କିକାଗୁଚ୍ଛ। ଏହା ଅପ୍ରୀତିକର ନାଟକ ସଂକଳନରେ ସ୍ଥାନିତ ହୋଇଛି।

- ଏବଂ ପୃଥିବୀ ଅନ୍ଧକାର ହେଲା
- ଗେଣ୍ଡା
- ଜୁଲି ଓ ଅଭିଜିତ୍‌ମାନଙ୍କ ପାଇଁ

ଗୋଟିଏ ମଧ୍ୟବିତ୍ତ ପରିବାରର ସୁଖ, ଦୁଃଖ, ଦାରିଦ୍ର୍ୟ ଛୋଟ ଛୋଟ ଅଭିମାନ ଓ ମୂଲ୍ୟବୋଧ ସହିତ ସଂଗ୍ରାମ ଓ ପତନର କାହାଣୀ ଏହି ଏକାଙ୍କିକାତ୍ରୟୀ ମଧ୍ୟରେ ସ୍ଥାନ ପାଇଛି। ଏହି ଏକାଙ୍କିକାରେ ପ୍ରଥମ ଏକାଙ୍କିକାର 'ଏବଂ ପୃଥିବୀ ଅନ୍ଧକାର ହେଲା'ରେ ଅଭିଜିତ୍ ପାଠ ପଢ଼ିଛି ଏବଂ ଦାରିଦ୍ର୍ୟ ସତ୍ତ୍ୱେ ତାର ସଂସ୍କାର ମଧ୍ୟ ରହିଛି। ତା ଭଉଣୀ ଜୁଲି ସମରେନ୍ଦ୍ର ସାଙ୍ଗରେ ପ୍ରେମର ଖେଳ ଖେଳୁ ଖେଳୁ ଧୋକା ଖାଇଛି। ବାପା ହେଉଛନ୍ତି ସୀତାନାଥ ନାୟକ ତିନିବର୍ଷ ତଳେ ସତେଜ ଥିଲେ ସତ କିନ୍ତୁ ବର୍ତ୍ତମାନ ସେ ଜୁଲିର ବାହାଘର ସଂପର୍କରେ ଚିନ୍ତା କରି କରି ଦୁର୍ବଳ ହୋଇ ପଡ଼ିଛନ୍ତି। ଦିନଥିଲା ଜୁଲି ଓ ଅଭିଜିତ ପୂର୍ବେ ବହୁ ହସଖୁସିରେ ଚଳୁଥିଲେ। ମା'କୁ ଲୁଚାଇ ଆଳୁଭଜା ଚୋରି କରି ଖାଉଥିଲେ। ଜୁଲି ବାହା ହୋଇ ଚାଲିଗଲେ ତାକୁ ବେଶି ଆଳୁଭଜା ମିଳିବ ଭାବିକି ଅଭି ବହୁତ ଖୁସି ହୋଇଯାଏ। କିନ୍ତୁ ସମୟ ପରିବର୍ତ୍ତନଶୀଳ। ଜୁଲି ବଡ଼ଥିବାରୁ ଚାକିରି ପାଇଁ ବାହାରକୁ ଗଲା। ସୀତାନାଥ ବାବୁଙ୍କ ବୟସ ହୋଇଯାଇଥିବାରୁ ସେ ବହୁ ଚିନ୍ତିତ ରହୁଥିଲେ। ଏପଟେ ସେ ଭାବିଥିଲେ ଅଭିଟା ପାଠପଢ଼ି ଚାକିରି କଲେ ତାଙ୍କ ଚିନ୍ତା ଯିବ କାରଣ ସମାଜରୁ ବାହାରି ଜୁଲି ଚାକିରି ପାଇଁ ଯାଇଥିବାରୁ ଚାରିଆଡ଼େ ତାର ନାମ ବଦନାମ୍। କିନ୍ତୁ ଅଭି ଚାକିରି ନକରି ମଧ୍ୟ ବାପାଙ୍କ ସଙ୍ଗେ କଟୁ ଯୁକ୍ତି କରିଛି। ବାପା ସୀତାନାଥ ଏବଂ ପୁଅ ଅଭିଜିତ୍‌ଙ୍କ ମଧ୍ୟରେ

ବାକ୍‌ଯୁଦ୍ଧ ଚରମ ସୀମାରେ ପହଞ୍ଚିଛି । ଜନ୍ମ କଲା ବାପାକୁ ପୁଅ ଅଭି ମଧ୍ୟ ଚିହ୍ନିପାରିନାହିଁ । ସରଳ, ନିରୀହ ସୀତାନାଥଙ୍କୁ ପୁଅ ଅଭିଜିତ୍ ପଶୁ ତୁଲ୍ୟ ବ୍ୟବହାର କରିଛି ।

ନିଜେ ଚାକିରି ପାଇପାରୁ ନଥିବାରୁ ମନରେ ଗଭୀର କ୍ଷୋଭ ରହିବା ସହିତ ଭଉଣୀ ଅଧରାତିଯାଏ ଚାକିରିରୁ ଫେରୁଥିବାରୁ ତା ମନରେ ମଧ୍ୟ ଭୟ ରହିଛି । କିନ୍ତୁ ସେ ବିକାଶ ଭଳି ନିଜର ଥିବା ଦ୍ୱନ୍ଦ୍ୱ ସହ ନିଜେ ସଂଘର୍ଷ କରୁଛି । ସେଠୁ ଫିଟିବାର ବାଟକୁ ଖୋଜିବାର ପ୍ରୟାସ ଜାରି ରଖିଛି । କିନ୍ତୁ ସକାଳ ସଂଧ୍ୟା ଭଳି ସମୟ ଗଡ଼ି ଚାଲିଛି ମାତ୍ର ଅଭିର ମନର ଦ୍ୱନ୍ଦ୍ୱର ଶେଷ ହେଉନାହିଁ । ବାପା ସୀତାନାଥ କହନ୍ତି ମୁର୍ଖ ଅଭି ବଡ଼ ଭଉଣୀଟା ଚାକିରି କରୁଛି ବୋଲି ଈର୍ଷାରେ ଜଳି ଯାଉଛି ।

ଜୁଲି ଓ ଅଭିଜିତ୍‌ମାନଙ୍କ ପାଇଁ

ଏକାଙ୍କିକା ତ୍ରୟୀର ଦ୍ୱିତୀୟ ଏକାଙ୍କିକା 'ଜୁଲି ଓ ଅଭିଜିତମାନଙ୍କ ପାଇଁ' ଏଥିରେ ସୀତାନାଥଙ୍କ ପରିବାରରେ ଘଟିଥିବା ଗୋଟିଏ ରାତିର ଘଟଣା ବର୍ଣ୍ଣନା କରାଯାଇଛି ଅତି ସାବଲୀଳ ଭଙ୍ଗୀରେ । ଏହା ପ୍ରଥମ ଏକାଙ୍କିକାର ପରବର୍ତ୍ତୀ ରୂପ । ରାତି ଆଠଟା ହୋଇଗଲାଣି ତଥାପି ଜୁଲି ଫେରିନାହିଁ । ବୃଦ୍ଧ ଦମ୍ପତ୍ତି ସୀତାନାଥ ଓ ମାଳତୀଙ୍କୁ ନିଦ ହେଉନାହିଁ । ପାଞ୍ଚଟି ସନ୍ତାନଙ୍କ କଥା ଚିନ୍ତା କରି କରି । ସେମାନେ ଜୁଲିର ଭବିଷ୍ୟତ କଥା ଚିନ୍ତା କରନ୍ତି । ବିପର୍ଯ୍ୟସ୍ତ ପରିବାର, ଅନିଶ୍ଚିତ ପିଲାଙ୍କ ଭବିଷ୍ୟତ ବେଳେବେଳେ ମନେପଡ଼ିଯାଏ ପଛକଥା ଗୁଡ଼ାକ । ତରକାରୀ ହୁଏ ଖାଇବାପାଇଁ କେହି ନଥିଲେ ଏବେ ପରିବାର ବଡ଼ କିନ୍ତୁ ଖାଇବାକୁ ମିଳୁନାହିଁ । ଆର୍ଥିକ ଦୁରାବସ୍ଥା ସବୁ ସମସ୍ୟାର ମୂଳକାରଣ ।

ଜୁଲି ରାତି ଅଧରେ ଘରକୁ ଫେରେ । ଦୁଇ ଦୁଇଭଉଣୀ ଭିତରେ ପ୍ରବଳ ଯୁକ୍ତି ହୁଏ । ଅଭିଜିତ୍ ଭଦ୍ରାମୀର ସୀମା ଟପିଯିବାରୁ ଜୁଲି ବାଧ୍ୟ ହୋଇ ଅଭିକୁ ହାତ ଉଠାଇ ଚାପୁଡ଼ାଟେ ମାରିଦିଏ । କିନ୍ତୁ ଅଭି ସାନ ହୋଇଥିବାରୁ ହାତ ଉଠାଇବାକୁ ସାହସ କରେନା । ସକାଳୁ ଯେତେବେଳେ ଜୁଲି ତା' ଭାଇକୁ ଉଠେଇବା ପାଇଁ ଯାଏ ତା ଅଯୋଗ୍ୟ ଅକ୍ଷମ ଭାଇଟିର ମୁହଁକୁ ଚାହିଁ ଆବେଗ ଓ ସମ୍ବେଦନାରେ ବିଚଳିତ ହୋଇଯାଏ । ଅଭିଜିତ୍ ମଧ୍ୟ ରାତିର ଘଟଣା ପାଇଁ ଉଠି କାନ୍ଦି ପକାଏ । ଭାଇକୁ କାନ୍ଦୁଥିବାର ଦେଖି ବଡ଼ ପାଟିରେ କାନ୍ଦିବାରୁ ଜୁଲି ସାନଭାଇକୁ କ୍ଷମା କରିଦିଏ ଆଉ ମନରେ ଥିବା ଈର୍ଷାକୁ ପୋଛିଦିଏ ।

ଗେଣ୍ଡା

ଏହା ଏକାଙ୍କିକା ତ୍ରୟୀର ଏହା ହେଉଛି ତୃତୀୟ ଏକାଙ୍କିକା । ଏହି ଏକାଙ୍କିକାଟି ଝଙ୍କାର ପତ୍ରିକାରେ ପ୍ରକାଶ ପାଇଥିଲା । ଏହି ଏକାଙ୍କିକାଟି National

Book Trust of India ର ଏକ ଭାରତୀୟ ଏକାଙ୍କିକା ସଂକଳନରେ ବିଭିନ୍ନ ଭାଷାରେ ମଧ୍ୟ ଅନୁଦିତ ହୋଇ ସ୍ଥାନ ପାଇଛି। ଏହି ଏକାଙ୍କିକାରେ ମା' ମାଳତୀ ଓ ପୁଅ ଅଭିଜିତ୍‌ର ବୟସ ୨୪। ଚାକିରି ନଥିବାରୁ ଅଭି ଘରେ ଚୁପ୍‌ଚାପ୍ ବସିରହେ ଯାହା ମା'ଙ୍କୁ ବହୁତ ବାଧେ। କାରଣ ବାପା ଓ ଜୁଲି ବ୍ୟବହାରରେ କାଳେ ଅଭି ମନରେ କଷ୍ଟ ହେଉଥିବ ଭାବି ମା' ମନଦୁଃଖ କରନ୍ତି। ଅଭିଜିତ କିନ୍ତୁ ସମସ୍ତଙ୍କର ବ୍ୟବହାରରେ ସଂପୂର୍ଣ୍ଣ ଅଭ୍ୟସ୍ତ। ସେ ନିଜକୁ 'ବୁଲା କୁକୁର' ଭାବେ କଳନା କରିସାରିଥିଲା। ଘରେ ଖାଇବାକୁ ଡାକିଲେ ସେ କହେ- "ତମେ ସବୁ ଖାଇସାର। ଯାହା ବଳିବ ମୋ ପତରରେ ଫୋପାଡ଼ି ହେଲେ ଯଥେଷ୍ଟ।"(୨୪)

ଯନ୍ତ୍ରଣା ଜର୍ଜରିତ ଅଭି କିନ୍ତୁ ବିବଶ ତଥା ଅସହାୟ। ମା' ତାର କଷ୍ଟକୁ ଭୁଲାଇବାକୁଯାଇ ପିଲାବେଳ କଥା କହନ୍ତି। କିନ୍ତୁ ସେଥିରେ ମଧ୍ୟ ତାର ନୀରବ ବିଦ୍ରୋହ। ମା' କହନ୍ତି ଯେ ସେ ପିଲାବେଳେ ଖାଲି କାନ୍ଦୁଥିଲା। ଏବେ ଯେମିତି ଦୁଷ୍ଟାମୀ କରୁଛି ସେତେବେଳେ ସେ ମଧ୍ୟ ଅଝଟ କରୁଥିଲା ଯେପରି-

ଅଭିଜିତ୍ - ଖାଲି କାନ୍ଦୁଥିଲି ନା କାନ୍ଦି କାନ୍ଦି କିଛି ମାଗୁଥିଲି ?

ମାଳତୀ - ହଁ, ମାଗୁଥିଲୁ ! ଏବଂ ବେଳେ ବେଳେ ଅଦ୍ଭୁତ ପ୍ରଶ୍ନ ପଚାରୁଥିଲୁ।

ଅଭିଜିତ୍ - କଣ ମାଗୁଥିଲି ? ଆକାଶର ଚାନ୍ଦ ?

ମାଳତୀ - ନା, ଆମ ଘର ସାମ୍ନାରେ ଜଣେ କଣ୍ଟ୍ରାକ୍ଟରଙ୍କର ବଡ଼ କୋଠାଘରଟେ ଥାଏ। ଦିନେ ଘରେ ଆସି ତୁ ଜିଦ୍ ଧରି ବସିଲୁ ଯାଇ ତାଙ୍କର ଦି ମହଲା ଉପରେ ବସିବୁ... ନାଇଁ ନାଇଁ ତାଙ୍କ ଦି' ମହଲା ଉପରେ ରହିବୁ।

ଅଭି - ତା ପରେ ବାପା ଆସି ଖୁବ୍ ପିଟି ଥିବେ

ମାଳତୀ - ପିଟିବେ କାହିକି ମ ?

ଅଭି - ଆଉ କଣ କୋଠା ଘରଟେ ଗଢ଼େଇ ଦେଲେ ?"(୨୫)

ନିମ୍ନମଧ୍ୟବିତ୍ତ ପରିବାରର ସ୍ୱପ୍ନ ସାକାର କରିବାର ଅକ୍ଷମଣୀୟ ଚିତ୍ରଟି 'ଗେଣ୍ଡା' ଏକାଙ୍କିକାରେ ପ୍ରତିଫଳିତ। 'ଗେଣ୍ଡା' ଯେଭଳି ବିଦ୍ରୋହ କରିବା ପାଇଁ ମୁଣ୍ଡ ଟୁଙ୍ଗାରି ବାହାରିଥାଏ ଏବଂ ପୁଣି ତାର ମୁଣ୍ଡକୁ ଭର୍ତ୍ତି କରିଦିଏ ଠିକ୍ ସେହିପରି ନିମ୍ନମଧ୍ୟବିତ୍ତ ପରିବାରର ସଦସ୍ୟମାନେ ଅନେକ ସମୟରେ ସମାଜ ବିରୁଦ୍ଧରେ ବିଦ୍ରୋହ କରିବାର ଇଚ୍ଛା ଥିଲେ ମଧ୍ୟ ସ୍ୱରଟିକୁ ଚାପି ଦିଅନ୍ତି। ଏଠାରେ ସମାଜରେ ନିଜର ପରିଚୟ ଖୋଜି ଅବସନ୍ନ ହୋଇପଡ଼ିଛି ଅଭି ତେଣୁ ସମାଜ ତଥା ପରିବାର ବିରୁଦ୍ଧରେ ବିଦ୍ରୋହର ପ୍ରତିଧ୍ୱନି ଉଠାଇଛି। ସେ କହେ ମନ୍ଦାକିନୀର କଥା। ମନ୍ଦାକିନୀ ଗୋଟିଏ

ଚରିତ୍ରହୀନା ରାଜନୈତିକ ନେତ୍ରୀ ଭାବେ ସହରସାରା ତଥା ଜିଲ୍ଲାରେ ମଧ ତାର ନାଁ ରହିଛି। ଶହେ ଦୁଇଶହ କୋଟିର ମାଲିକାଣୀ ଭାବରେ। ତେଣୁ ସେ ଚାହେଁ ତାକୁ ସୁପାରିଶ କରି ହେଉ କି ତାକୁ ପଟେଇ ତା ସଙ୍ଗେ ବିବାହ କରିଦେଲେ ଭାଗ୍ୟ ବନିଯିବ। କିନ୍ତୁ ତାକୁ ମା' ମାଳତୀ ଚରିତ୍ରହୀନା କହି ଘୃଣା କରନ୍ତି। ଅଭି କିନ୍ତୁ ମା'ଙ୍କର ଏହି ବକ୍ତବ୍ୟକୁ ନାସପନ୍ଦ କରେ। କିନ୍ତୁ ଜୁଲି ଘରକୁ ଲେଟ୍‌ରେ ଫେରିଲେ ତା ପଟ ନିଅନ୍ତି ଆଉ କିଛି କହନ୍ତିନି। ସେ ଏସବୁ ବୁଝିପାରେ ନାହିଁ ସେତିକି ବେଳେ ଗେଣ୍ଡାର ମୁହଁ ପରି ନିଜର କ୍ରୋଧକୁ ଲୁଚେଇ ଦିଏ ଭିତରର ଟାଣୁଆ ଖୋଳ ଭିତରେ ଅସହାୟ ନୀରବ ପ୍ରତିଧ୍ୱନି ଦେଖାଇ।

ଏକାଙ୍କିକାର ଅନ୍ତିମ ପର୍ଯ୍ୟାୟରେ ପ୍ରତିବାଦ କରି ଅଭିଜିତ୍ ପରିବାର ଏବଂ ସଂସାରର ଛଳନା, ପ୍ରତାରଣା, ହତାଶା ଏବଂ ଯନ୍ତ୍ରଣା ଠାରୁ ଅନେକ ଦୂର ଚାଲିଯିବା ପାଇଁ ଚିତ୍କାର କରି କହିଛି । ସେ ନିଜକୁ ନିଜେ ଅଗ୍ନି ଯୁଗର ନାୟକ ଏବଂ ନଚିକେତା ବୋଲି ପରିଚୟ ଦେଇଛି।

ଗୋଟିଏ ସାଧାରଣ ପରିଚୟ ଖୋଜୁଥିବା ନିମ୍ନ ମଧ୍ୟବିତ୍ତ ପରିବାରର ଏହି ବିଦ୍ରୋହୀ ଅଭି ଶେଷ ପର୍ଯ୍ୟନ୍ତ ସଂଗ୍ରାମ କରିଛି କିନ୍ତୁ କିଛି ଫଳ ପାଇନି ବରଂ ସମାଜ ପ୍ରତି ତା'ର ନୀରବ ବିଦ୍ରୋହ ଉଗ୍ରରୂପ ଧାରଣ କରିଛି। ନାଟ୍ୟକାରଙ୍କ ସୃଷ୍ଟି ସମ୍ଭାର ମଧ୍ୟରେ ଅଭି ହେଉଛି ଜଣେ ବିଦ୍ରୋହୀ ତଥା ଶକ୍ତିଶାଳୀ ଚରିତ୍ର।

ଯାହା ସବୁ ବୁଝାପଡ଼େ ନାହିଁ

ଏହି ଏକାଙ୍କିକାଟି ଅନ୍ନପୂର୍ଣ୍ଣା ରଂଗମଞ୍ଚ ଦ୍ୱାରା ଆୟୋଜିତ ହୋଇ କ୍ଷୁଦ୍ର ନାଟକ ପ୍ରତିଯୋଗୀତାରେ ପ୍ରଥମ ସ୍ଥାନ ଅଧିକାର କରିଥିଲା। କଳାହାଣ୍ଡିର ମରୁଡ଼ି ଏବଂ ମା' ଟିଏ ତାର ଶିଶୁକୁ ବିକ୍ରୀ କରି ଦେଇଥିବା ଘଟଣାକୁ କେନ୍ଦ୍ରକରି ନାଟକଟି ଲିଖିତ।

୧୯୮୫ ମସିହା ପର୍ଯ୍ୟନ୍ତ ଓଡ଼ିଆ ନାଟ୍ୟ ସାହିତ୍ୟରେ କୌଣସି ଏକାଙ୍କିକାର ବିଷୟବସ୍ତୁ ଶିଶୁବିକ୍ରୀ ଘଟଣା ଉପରେ ଆଧାରିତ ହୋଇ ଲେଖା ହୋଇନଥିଲା। 'ଯାହା ସବୁ ବୁଝା ପଡ଼େନାହିଁ'ର ଆରମ୍ଭରେ ଛଅଜଣ ଅଭିନେତା ଓ ଜଣେ ଅଭିନେତ୍ରୀ ଏକାପରି ପୋଷାକ ପିନ୍ଧି କଳା ପରଦାରେ ଗୋଟିଏ ପଟୁ ଆସିବେ ବନ୍ଦନା ଗାଇ ଏବଂ ନାଚି ନାଚି।

ସମସ୍ତ ଅଭିନେତା -

ଜୟ ଜୟ ଗଣେଶ ଠାକୁର / ପ୍ରଭୁନିଅ ପ୍ରଣାମ ଆମର
ଦେବଦେବୀ ଯିଏ ଯେତେ ଅଛ / ସତ ହୁଅ ନହେଲେ ବା ମିଛ

ସୁମରଣ କରି ତୁମ ନାମ / ଆରମ୍ଭିଲୁ ଏହି କାର୍ଯ୍ୟକ୍ରମ
ତୁମ୍ଭ ଦୟା ଥିଲେ ଆମ୍ଭଠାରେ / ବଜ୍ରପାତ ନ ହେବ ଏଠାରେ
ହେବନାହିଁ କିଛି ଅଘଟଣ / ପାପ ଯେତେ ହୋଇବ ଖଣ୍ଡନ
ପ୍ରଭୁ ଅଟ କରୁଣା ବାରିଧି / ତୁମ ନାମେ କାର୍ଯ୍ୟ ହୁଏ ସିଦ୍ଧି
ସଭାଜନଙ୍କର ଶୁଭ ହେଉ / ଧନ ଜନ ଗୋପ ଲକ୍ଷ୍ମୀ ଥାଉ
ରଜାଙ୍କର ସିଂହାସନ ରହୁ / କଟୁଆଳ ମଧ୍ୟ ବଞ୍ଚିଥାଉ
ଆକାଶରୁ ଝରାଅ ବର୍ଷା / ଭରିଦିଅ ପଖାଳର କଂସା
ଅନାହାରରେ ନ ମରନ୍ତୁ କେହି / ଫସଲରେ ହସୁ ଫଟା ଭୂଇଁ
ଗଣେଶଙ୍କୁ ଏତିକି ମାଗୁଣି / ଗାଁଆ ସବୁ ନ ହେଉ ମଶାଣି।"

ସାମୁହିକ ଭାବେ ଅଭିନେତାମାନେ ଏହି ବନ୍ଦନା ଗାଇଲା ପରେ ସଂଳାପ ମାଧ୍ୟମରେ ନାଟକର ପ୍ରସ୍ତାବନାଟି ଉପସ୍ଥାପନ କରୁଛନ୍ତି। ଯାହା ସବୁ ପୃଥିବୀରେ ଘଟୁଛି ଖବର କାଗଜ ପଢ଼ିଲେ ବି ଜଣା ପଡୁନାହିଁ।

ଦଣ୍ଡନାଟର ଢୋଲ ବାଜିବ ଏବଂ ଚାରିଜଣ ଅଭିନେତା ଚାରୋଟି ହିଡ଼ ପରି ଶୋଇ ଗୋଟିଏ ଧାନ କିଆରି ତିଆରି କରିବେ। ତାପରେ ପୁଣି ଜଣେ ବଳଦ ହେବେ ଓ ଜଣେ ଅଭିନେତା ଚାଷ କରିବେ। ଘରେ ଡାଲି ନାହିଁ ବୋଲି ଦଶବର୍ଷର ପୁଅ ଖାଉନି ବୋଲି ଚିନ୍ତା କରିବା ଭିତରେ ଗୋଟିଏ ଗାଁର ମରୁଡି। ବର୍ଷା ନ ହେବାର ହତାଶା ଇତ୍ୟାଦି ଘଟଣା ଚିତ୍ରଣ କରାଯାଉଛି। ତାପରେ ସାହୁକାର ଆସି ଘନିଆ, ବିଶି ଇତ୍ୟାଦିଙ୍କୁ ଅଇଁଠୁ ପ୍ରଧାନର ଠିକଣା ମାଗୁଚି। ଅଇଁଠୁର ସ୍ତ୍ରୀ ଧୋବଲି ସେଇଠି ଥିଲା। ମରୁଡିରେ ତାର ଜମି ପଥର ହେଇ ଫାଟି ଯାଉଛି। ଡାଲି ଟିକିଏ ନାହିଁ ବୋଲି ପୁଅ ତାର ନଖାଇ ଘରେ ରଷି ବସିଛି। ଆଉ ଘୋଟଣା ନେଇ ଅଇଁଠୁ ନିଜକୁ ଧିକ୍କାର କରି କହୁଛି-

ଅଇଁଠୁ – "ଦଶବର୍ଷର ପୁଅଟା ମୋର! ଗୋଟେ ବୋଲି ପୁଅ! ତାକୁ ବି ମୁଠାଏ ଖାଇବାକୁ ଦେଇପାରିଲିନି, ଧିକ୍ ମୋ ଜୀବନ!

ଧୋବଲୀ – ତୁ ଆଉ ମନସ୍ତାପ କରନି ଅଇଁଠୁ। ଗ୍ରାମଦେବୀଙ୍କ ଠାରେ କୁକୁଡା ବଳି ଦେବି ବୋଲି କହିଛି। ଯୋଉ ଦିନ ବର୍ଷା ହେବ, ସେଦିନ ଭୋଗ ଲଗେଇବି ମା' ପିତେଇଶୁଣୀଙ୍କୁ।"[୨୬]

ୟାରି ଭିତରେ ଜଣେ ସରକାରୀ ଅଫିସର, ଆଉ ଜଣେ ସାମ୍ବାଦିକ ଆସିଛନ୍ତି ମରୁଡି ଖବର ବୁଝି କେନ୍ଦ୍ରରୁ ପଇସା ଆଣିବା ପାଇଁ। କେନ୍ଦ୍ରରୁ ପଇସା ଆସିଲେ ପକେଟ ଗରମ ହେବ। ରାମମୂର୍ତ୍ତି ସାହୁକାରକୁ ଅଫିସ୍ ର ବିଭିନ୍ନ ପ୍ରଶ୍ନ ପଚାରିବାରୁ

କୁମୁଟି ଲୋକଟି ଆଉ କିଛି ଉପାୟ ନ ପାଇ ତଦନ୍ତକାରୀ ଅଫିସରଙ୍କୁ କିଛି ସୁନା ଗହଣା ଦେବାର ବ୍ୟବସ୍ଥା କରୁଛି। ସେମାନେ ଗଲାପରେ ସାମ୍ବାଦିକ ଜଣକ ପ୍ରକୃତ ମରୁଡି ଖବରଟା ଜାଣିପାରୁ ନାହାନ୍ତି। ବର୍ତ୍ତମାନ ଦୋଷଟା କାହାର କିଛି ବୁଝା ପଡୁନି। ସେ ଅଫିସରର, ସାହୁକାରର, ଅଇଁଠୁ ପ୍ରଧାନର ନା ଗୋବିନ୍ଦ ଦଲେଇର ? ଏଥିରେ ଆଜ୍ଞା ଆପଣମାନେ ସମସ୍ତେ ଏକ ପାଖିଆ କରି କହିଦେବେ ଯେ ଅଫିସର ଗୁଡାକ ଖରାପ ! ସରକାର ଦୁର୍ଭିକ୍ଷ ଅଞ୍ଚଳକୁ କିଛି ସାହାଯ୍ୟ କରୁନାହାନ୍ତି। କଣ ଯେ କରିବ ବୁଝା ପଡୁନି।

ପରବର୍ତ୍ତୀ ଦୃଶ୍ୟରେ ପରିଡା ମାଷ୍ଟ୍ରେ ଆସି କହୁଛନ୍ତି- "କେନ୍ଦ୍ର ସରକାର ଅଠର କୋଟି ଟଙ୍କା ପଠେଇଛନ୍ତି ମରୁଡି ଅଞ୍ଚଳ ଖାଦ୍ୟବ୍ୟବସ୍ଥା କରିବା ପାଇଁ । ଏମ୍.ଏଲ.ଏ.ଙ୍କ ଘରେ ଦି, ଚାରି ଦିନ ରହି ଆସିଛି। ଆମେ ହେଲୁ ଭାଇ ଏ ଏରିଆର ପୁରୁଣା କର୍ମୀ ! ଗତ ଇଲେକ୍ସନରେ ବୋମା ଫୁଟି ବାଁ ଆଖିଟା ନଷ୍ଟ ହୋଇଗଲା। ସରକାର ଆମକୁ ଏମିତି କଣଟା ଦେଇ ପକେଇବେକି ? ଗାନ୍ଧୀଙ୍କ ସେବକ ଥିଲୁ, ରହିବୁ । ଗୋଟାଏ ଆଦର୍ଶ ପଛରେ ଗୋଡେଇଛୁ ଖାଲି। ବୁଝିଲ।"(୨୭)

ଏତିକିବେଳେ ମରୁଡି ଅଞ୍ଚଳରେ ଗୋଟିଏ ଶୋଭାଯାତ୍ରା ବାହାରିଲା। କେନାଲ ଦିଅ, ପାଣି ଦିଅ, ନହେଲେ ଗାଦି ଛାଡ... ଶୋଷକ ଦଳ ରାଜ୍ୟ ଛାଡ... ରାଜ୍ୟ ଛାଡରେ ରାଜ୍ୟ ଛାଡ । ଏ ଅବସ୍ଥାରେ ସମାଜର ମଙ୍ଗଳ ଚାହୁଁଥିବା ବିଶି ପରିଡା ମାଷ୍ଟ୍ରଙ୍କୁ କହୁଚି, ଏ ପିଲାମାନେ ଶୋଭାଯାତ୍ରା ବାହାର କରି ପାଟିତୁଣ୍ଡ କରୁଛନ୍ତି ବୋଲି କିଛି କିଛି କାମ ହଉଚି। ନହେଲେ କିଛି ହୁଅନ୍ତା ନାହିଁ। କିନ୍ତୁ ପରିଡା ମାଷ୍ଟ୍ରେ ଏ ଶୋଭାଯାତ୍ରା ଆଉ ବିପ୍ଳବରେ ଆଦୌ ବିଶ୍ୱାସ କରନ୍ତି ନାହିଁ। ସେଇଥିପାଇଁ ସେ କହିଛନ୍ତି- "ଇସ୍ ପୁରା ଦେଶଟା ନଷ୍ଟ ହୋଇଗଲା। ଗାଁ ଲୋକେ ସୁଖରେ ଥିଲେ। କଣ ଦରକାର ଥିଲା କାମଦାମ ଛାଡି ପ୍ରସେସନରେ ବାହାରି ପଡିବା ? କାହା ଘରେ ଗୋଟେ ମରିଗଲେ କୋକେଇ ଉଠେଇବାକୁ କେହି ନାହିଁ। ଭୋଜିଟା ହେଲେ ପରଷିବା ଲୋକ ନାହାନ୍ତି। ବାହାରି ପଡିଲେ ବାନା ଖଣ୍ଡେ ଧରି ଦେଶକୁ ଉଦ୍ଧାର କରି ପକେଇବେ।"(୨୮)

ଅଇଁଠୁ ଆଉ ଧୋବଲୀର ତେଲଲୁଣର ପରିବାର ଏପଟେ ୧୦ ବର୍ଷର ପୁଅ ଖାଇବାକୁ ପିଇବାକୁ କିଛି ନାହିଁ। ବଡ଼ ଦୁର୍ଦ୍ଦିନରେ ଚଳୁଛନ୍ତି। ଦିନକୁ ଦିନ ଅଇଁଠୁର ଦୁଃଖ ବଢ଼ିବାରେ ଲାଗିଛି। ପୁଅ ଖାଇବାକୁ ମାଗିଲେ ଦେଇ ପାରୁନି ଏଣେ ରାମମୂର୍ତ୍ତି ସାହୁକାର ଟଙ୍କା କରଜ ଦେଇ ଚକ୍ରବୃଦ୍ଧି ହାରରେ କଳନ୍ତର ନବାରେ ଓସ୍ତାଦ । ତାକୁ ଟଙ୍କା ଦରକାର ଥିଲା ତେଣୁ ସେ ଅଫିସରଙ୍କୁ ଅଇଁଠୁ ସାହୁର ପୁଅ

କଥା କହିଦେଲା ଫଳରେ ଅଫିସର ଅଇଁଠୁକୁ ଆସି ଅନୁରୋଧ କରିଛନ୍ତି ଛୁଆଟି ପାଇଁ।

ଅଫିସର - ତୋର କିଛି ବ୍ୟସ୍ତହେବାର ନାହିଁରେ ଅଇଁଠୁ। ତୋ ପୁଅ ଦାୟିତ୍ୱ ଆମର । ପିଲାଟି ଭୁବନେଶ୍ୱରରେ ରହିଲେ ତୋର କୁଳ ଉଜ୍ୱଳ ହେଇଯିବରେ। ଆମର କଣ ହେବ ?

ଅଇଁଠୁ - ବାବୁ ମୋର ଗୋଟିଏ ବୋଲି ପୁଅ।

ଅଫିସର - ସେଇ ଗୋଟାକୁ ତ ମଣିଷ କରିବାକୁ ଶକ୍ତି ନାହିଁ।

ଅଇଁଠୁ - ତାକୁ ତିନିଦିନ ହେଲା ଜର ହେଇଚି ବାବୁ!

ଅଫିସର - ଜର ହେଇଚି ହୋଇଥାଉ। ଭୁବନେଶ୍ୱର ବଡ଼ ଡାକ୍ତରଖାନାରେ ତାର ଚିକିତ୍ସା ହବ। ଏଇଠି ତୁ ତା ପାଇଁ ପଇସାକର ଔଷଧ ମଧ୍ୟ କିଣି ପାରିବୁନାହିଁ।

ଅଇଁଠୁ - ତମେ ଯା' କହୁଚ ଠିକ୍ ଯେ ବାବୁ! ତା ମା' ଛାଡ଼ିବ ?

ଅଫିସର - ଆଉ ସବୁ ମା'ଗୁଡ଼ା ସେମିତି ! ଘରେ ପିଲାଙ୍କୁ ଆବୋରି ବସିଥିବେ, ହେଲେ ଦବାକୁ ହାଣ୍ଡିରେ ଭାତ ନଥିବ। ଆରେ ତୁ ତ ଇଆଡୁ ଇଆଡୁ ପିଲାଟାକୁ ପଠାଇଦେବୁ। ବାବୁ ଜିପ୍ ଧରି ଡାକବଙ୍ଗଳାରେ ଅପେକ୍ଷା କରିଛନ୍ତି ନେଇ ଚାଲିଯିବ। ମନଟାଣ କରି ପିଲାଟାକୁ ପଠେଇ ଦେ' ଦେଖିବୁ ତାର ଭବିଷ୍ୟତ ଏକାବାରେ ଉଜ୍ଜ୍ୱଳ ହୋଇଯିବ।

ଅଇଁଠୁ - ବାବୁ ମୋର ଘର ଭାସିଯିବ।

ଅଫିସର - ଧେତ୍ ! ବୁଢ଼ାଟିଏ ହେଲୁଣି, ପୁଅଟାର ଭବିଷ୍ୟତ କଥା ଜାଣିପାରୁନୁ ? ସେମାନେ ପରା ତତେ ଛଅଶହ ଟଙ୍କା ଦେବେ।"[୨୯]

ଓଡ଼ିଆ ନାଟ୍ୟ ସାହିତ୍ୟରେ ଏହା ପ୍ରଥମ ଛୁଆ ବିକ୍ରି ଉପରେ ଆଧାରିତ ଏକାଙ୍କିକା। ୧୯୮୫ ମସିହା ପରଠାରୁ ଓଡ଼ିଶାରେ ଭ୍ରୁଣହତ୍ୟା କରାଯାଇଛି ଏବଂ ଜନ୍ମ ହୋଇଥିବା ଛୁଆମାନଙ୍କୁ ଅବାଞ୍ଛିତ ଭାବେ ବିକ୍ରି କରାଯାଉଛି। ଶିଶୁ ଏଠାରେ ବଜାରର ପଣ୍ୟଦ୍ରବ୍ୟ ପାଲଟିଛି। କିନ୍ତୁ କାହାର ସାହସ ନାହିଁ ଲେଖିବା ପାଇଁ ଅଥଚ ଶ୍ରୀ ରମେଶ ପାଣିଗ୍ରାହୀ ଜଣେ ଆଧୁନିକ ନାଟ୍ୟକାର ଭାବେ ସମାଜର ଏହି କୁତ୍ସିତ ପ୍ରଥା ଉପରେ ପ୍ରଥମ ଥର ପାଇଁ ନିଜ ଏକାଙ୍କିକା ମାଧ୍ୟମରେ ବିଦ୍ରୋହ ଘୋଷଣା କରିଛନ୍ତି।

ରାସ୍ତାସବୁ ବନ୍ଦ

ଏହି ଏକାଙ୍କିକାଟି ନିର୍ଦ୍ଦେଶକ ସ୍ୱର୍ଗତ ରାଇଚରଣ ଦାସଙ୍କ ତତ୍ତ୍ୱାବଧାନରେ

ଅଫିସର୍ସ କ୍ଲବଦ୍ୱାରା ଅଭିନୀତ ହୋଇ (୧୯୮୫)ରେ କଲିକତାରେ ପୁରସ୍କୃତ ହୋଇଥିଲା। ଏହି ଏକାଙ୍କିକାର ଭାବକଳ୍ପ ସ୍ୱାଧୀନତା ପରବର୍ତ୍ତୀ ସମୟର ରାଜନୈତିକ ଆଦର୍ଶ ଓ ମୂଲ୍ୟବୋଧର ବିଘଟନ ତଥା ଅଧା ଗଢ଼ା ସ୍ୱପ୍ନର ହତ୍ୟା ଉପରେ ଆଧାରିତ ଅଟେ।

ସ୍ୱାଧୀନତା ପାଇଁ ନିଜ ଜୀବନକୁ ଅର୍ପଣ କରି ସ୍ୱାଧୀନତା ସଂଗ୍ରାମୀ ମଧୁ ତ୍ରିପାଠୀ ଦେଶର କୌଣସି ରାଜନୈତିକ କ୍ଷମତାକୁ ଆତ୍ମସାତ୍ ନକରି ମନ ତଥା ଆତ୍ମାକୁ ଶୁଦ୍ଧ କରିବା ପାଇଁ ଚାଲି ଯାଇଛନ୍ତି ଋଷିକେଶ ଓ ହିମାଳୟ। କିନ୍ତୁ ଚାଳିଶି ବର୍ଷ ପରେ ଫେରି ଦେଖନ୍ତି ଓଡ଼ିଶାରେ ରାଜନୈତିକ ଓ ସାମାଜିକ କ୍ଷେତ୍ରରେ ଘୋର ପରିବର୍ତ୍ତନ ଘଟିଛି ଓ ଓଡ଼ିଶାର ମୁଖ୍ୟମାନଙ୍କ ଅବସ୍ଥା ସଂକଟାପନ୍ନ ସ୍ଥିତିରେ ଅଛି।

ଦୀର୍ଘ ଚାଳିଶି ବର୍ଷ ପରେ ଫେରିଥିବା ମଧୁ ତ୍ରିପାଠୀଙ୍କୁ ସମ୍ବର୍ଦ୍ଧନା କରାଇବା ପାଇଁ ଏବଂ ସେ ଗୋଟିଏ ଆଶ୍ରମ ଖୋଲିବା ପାଇଁ ଭୁବନେଶ୍ୱର ନିକଟସ୍ଥ କୌଣସି ଏକ ନଦୀ କୂଳରେ ଶ୍ମଶାନ ପାଖରେ ତାଙ୍କର ଆଶ୍ରମ ପାଇଁ କେନ୍ଦ୍ର ସରକାର ସ୍ଥାନ ଚିହ୍ନଟ କରିବା ସହିତ ଏକ ସଭାର ଆୟୋଜନ କରାଯାଇଛି ତାଙ୍କୁ ତାମ୍ରଫଳକ ଓ ପାଟବସ୍ତ୍ର ଦେବାପାଇଁ। କିନ୍ତୁ ମଧୁ ତ୍ରିପାଠୀ ରାଜନୈତିକ ସମ୍ମାନରେ ବିଶ୍ୱାସ କରୁନଥିଲେ। ବରଂ ସେ କହିଥିଲେ- "ଏ ତାମ୍ରଫଳକ ଏ ପାଟବସ୍ତ୍ର ଏବଂ କରତାଳ ଚାହିଁ ନଥିଲି ବୋଲି ଚାଳିଶ ବର୍ଷ ହେଲା ମୁଁ ଅଜ୍ଞାତ ସ୍ଥାନରେ ରହି ତପସ୍ୟା କରୁଥିଲି। କ୍ଷମତାକୁ ମୁଁ ଘୃଣା କରେ। ଏ ସମ୍ମାନର କଣ ବା ଅର୍ଥ ଅଛି ତା ମଧ୍ୟ ମୁଁ ଜାଣେନା। ଦୟାକରି ମତେ ତମେ ମାନେ ଛାଡ଼ିଦିଅ।"(୩୦)

ଅର୍ଥାତ୍ କ୍ଷମତାକୁ ତାଙ୍କୁ ଆଣିବା ପାଇଁ ନେତାମାନେ ଆୟୋଜିତ ସମ୍ବର୍ଦ୍ଧନା ଉତ୍ସବରେ ଭାଷଣ ଦେଇଥିଲେ ଯାହାଫଳରେ ସେ କ୍ଷମତାକୁ ଘୃଣା କରନ୍ତି ବୋଲି କହିଥିଲେ। କାରଣ ତାଙ୍କର କ୍ଷମତା ପାଇଁ ଲୋଭଥିଲେ ସେ ଚାଳିଶ ବର୍ଷ ହେଲା ହିମାଳୟରେ ରହିନଥାନ୍ତେ। ଏବେ କେବଳ ରାଜନୈତିକ ସମାଜକୁ ପରିବର୍ତ୍ତନ କରାଇବା ଆଶାରେ ଫେରିଛନ୍ତି ମଧୁ ତ୍ରିପାଠୀ। ସମାଜ ଓ ମଣିଷକୁ ରୂପାନ୍ତରିତ କରିବାର ସ୍ୱପ୍ନ ତାଙ୍କର ରହିଛି। ତାଙ୍କର ବିଶ୍ୱାସ ଯେ ବସ୍ତୁନିଷ୍ଠ ମାନସିକତା ଓ ବ୍ୟକ୍ତି ଆତ୍ମସ୍ୱାର୍ଥର ଉର୍ଦ୍ଧ୍ୱରେ ମାତୃଭୂମିକୁ ରଖି ଯଦି ରାଜନୀତିକ କ୍ଷମତାକୁ ବ୍ୟବହାର କରାଯାଏ ତା'ହେଲେ ସ୍ୱାଧୀନୋତ୍ତର ଓଡ଼ିଶାରେ ଏକ ସୁବର୍ଣ୍ଣ ଯୁଗ ଆସିପାରେ।

ସବୁ ସରିଲା ପରେ ମଧୁ ତ୍ରିପାଠୀ କହିଲେ ଯେ ସେ ରାଜନୈତିକ ଓ ଶାସନ କ୍ଷମତାରେ ଆଶାବାଦୀ କିମ୍ବା ଲୋଭୀ ନୁହନ୍ତି ବରଂ ସମ୍ବର୍ଦ୍ଧନା ସ୍ଥାନରେ ସେ କେବଳ ମାତ୍ର ଗୋଟିଏ ଆଶ୍ରମ ଖୋଲିବେ ବୋଲି କହିଥିଲେ ସେତେବେଳେ

ନେତାମାନେ ଚିନ୍ତାରେ ପଡ଼ିଯାଇଥିଲେ ।

ନେତା-୧ - ଭାଇ ଏ ଲୋକ କ'ଣ ଆମକୁ ସମସ୍ତଙ୍କ ଆଗରେ ବେଜିତ କଲାଣି ? ମଣିଷ ଯାଙ୍କୁ ଆଚ୍ଛା ସମ୍ବର୍ଦ୍ଧନା ଜଣେଇଲା ।

ନେତା -୨ - ଏ ଜାଗାଟା ତାକୁ କେମିତି ଦେଇଦେବା ? ଏଇଠି ପରା କର୍ଣ୍ଣାଟକର ଶିଳ୍ପପତି ଆସି ଗୋଟାଏ ରବର ଫ୍ୟାକ୍ଟରୀ କରିବେ ବୋଲି ସ୍ଥିର ହୋଇଚି ।

ନେତା-୧ - ସ୍ଥିର ହେଇଚି କଣ ? ସେମାନେ ପାର୍ଟିକୁ ଟଙ୍କା ଦେଇସାରିଲେଣି ।

ନେତା-୨ - ଭାରି ମୁସ୍କିଲ ହେଲା । ଏଣେ ବୁଢ଼ା କହୁଛି ଏଇଠି ଗୋଟେ ଆଶ୍ରମ କରିବ ।"[୩୧]

ମଧୁ ତ୍ରିପାଠୀଙ୍କ ଏପରି ନିସ୍ୱାର୍ଥ କାର୍ଯ୍ୟକୁ ସବୁ ନେତା ମହଲରେ ପସନ୍ଦ କରାଯାଇନି ବରଂ ସେ ସମାଲୋଚନାର ସରହଦ ମଧ୍ୟକୁ ଚାଲି ଆସିଛନ୍ତି । କିଏ ତାଙ୍କୁ ଗାନ୍ଧୀଙ୍କ ଆଗମନ ସଙ୍ଗେ ତୁଳନା କରୁଚି ତ ପୁଣି କିଏ ତାଙ୍କ ଆଗମନରେ ସେମାନଙ୍କ ମଧ୍ୟରେ ଉପୁଜିଲା ସମସ୍ୟାକୁ ନେଇ ଚିନ୍ତା କରିଛି । ଏତିକି ବେଳେ ଆଶ୍ରାମ ପାଖ ଶ୍ମଶାନରୁ ଗୋଟିଏ କଙ୍କାଳ ବାହାରି ଆସିଛି ଏବଂ ସବୁ ଭୟଭୀତ ହୋଇଯାଇଛନ୍ତି । ମଧୁ ତ୍ରିପାଠୀଙ୍କୁ ଏ ବିଷୟରେ ପଚାରିଛନ୍ତି ତ ସେ କହିଛନ୍ତି ମାଟି ଉପରେ ଲକ୍ଷ ଲକ୍ଷ କଙ୍କାଳ ପୋତି ହୋଇଛି ଅବଶ୍ୟ ମାଟି ଉପରେ ତ କୋଟି କୋଟି କଙ୍କାଳ ବୁଲୁଛନ୍ତି ଏଥିରେ ଭୟ କରିବା କଥା କିଛି ନୁହେଁ ।

ଯୁବକ ଏବଂ ମଧୁ ତ୍ରିପାଠୀଙ୍କ ବାର୍ତ୍ତାଳାପ ମଧ୍ୟରେ ଯୁବକଟିର ପୂର୍ବଜନ୍ମର କଥା ମନେ ପଡ଼ିଯାଇଛି । ବିଂଶ ଶତାବ୍ଦୀର ଛାତ୍ର ଆନ୍ଦୋଳନରେ ତାକୁ ସଂନ୍ତ୍ରାସବାଦୀ ବୋଲି କହି ସରକାରୀ ପୋଲିସ ହତ୍ୟା କରିଲେ ।

ଯୁବକ - ମୁଁ ନିଜକୁ ସନ୍ତ୍ରାସବାଦୀ ବୋଲି ପରିଚୟ ଦେବାକୁ ଚାହେଁନା । ମୁଁ ଅମର ରାୟ । ଶାନ୍ତିକାମୀ ଲୋକଟିଏ । ମନେ କରନ୍ତୁ, ମୁଁ ଦେଶ ବିଷୟରେ କିଛି ଚିନ୍ତା କରେନା । ମୁଁ ଅମର ରାୟ । ଓଡ଼ିଶାର ବାଲେଶ୍ୱରରେ ଜନ୍ମ... ବିଧବା ମା'କୁ ପୋଷିବା ପାଇଁ କିରାଣୀ ଚାକିରିଟିଏ କରିଥିଲି । ମୁଁ ଦେଶ ଖବର ରଖେନା... ସିନେମା ଦେଖେନା...ଖବର କାଗଜ ପଢ଼େନା ଅଥଚ... ଅଥଚ... ସେମାନେ ମତେ ପିଟି ପିଟି ମାରିଦେଲେ ମୁଁ ଜାଣିପାରୁନି...

ମଧୁ - ତା ମାନେ ? ଇଂରେଜମାନଙ୍କ ଉପରକୁ ଟେକା ପଥର ଫୋପାଡ଼ିନା ? ସତ୍ୟାଗ୍ରହ କରିନା ? ନେତାଜୀ ସୁଭାଷ ଚନ୍ଦ୍ରଙ୍କ

ସାଙ୍ଗରେ ମାର୍ଚ୍ଚ କରିଯାଇନା ?

ଯୁବକ - ଜଣେ ଶାନ୍ତିକାମୀ ନିରୀହ ନାଗରିକ ଭାବରେ ମୁଁ ବଞ୍ଚିବାକୁ ଚାହିଁଥିଲି। କୌଣସି କଥାରେ ମୁଣ୍ଡ ପୁରେଇ ନାହିଁ। ସକାଳେ ଜୀବିକା ପାଇଁ ଅଫିସ ଯାଏ ଆଉ ସଂଧ୍ୟାରେ ଫେରିଆସି ମୋର କୋରଡ଼ ଭିତରେ ପଶିଯାଇ ପଛ ଧାଡ଼ିରେ ଠିଆହୁଏ। ସମସ୍ତଙ୍କ ଆଢୁଆଳରେ ରହି ଟିକିଏ ଶାନ୍ତିରେ ବଂଚିବାକୁ ଚାହିଁଥିଲି। ଅଶାନ୍ତିକୁ ଡ଼ରି ମୁଁ ନିଶବ୍ଦରେ ବଞ୍ଚିଥିଲି। କେବେ ଅଭଦ୍ର କଥା କହିନାହିଁ। ବଡ଼ପାଟିରେ ଚିତ୍କାର କରିନାହିଁ ... କେବେ କିଛି ଆପତ୍ତି ଅଭିଯୋଗ କରିନାହିଁ। ତଥାପି ସେମାନେ ମତେ ମାରି ପକେଇଲେ। କୁହନ୍ତୁ... କୁହନ୍ତୁ କାହିଁକି ?"(୩୨)

ବର୍ତ୍ତମାନ ଏକାଙ୍କିକାଟିର ବିଷୟ ଅମର ରାୟ ଉପରେ କେନ୍ଦ୍ରୀତ ହୋଇଛି। ଜନଗହଳି ଆଢୁଆଳରୁ ଜଣେ ବୃଦ୍ଧାଆସି ତାଙ୍କ ପୁଅ କୁଆଡ଼େ ଗଲା ବୋଲି ଖୋଜିଛନ୍ତି। ଯେକି ଅମରର ମା ବୋଲି ଜଣାପଡ଼ିଛନ୍ତି ଏବଂ ଏଥିରେ ଯୁବକ ଅମରର କାହାଣୀକୁ ପଛକୁ ନିଆଯାଇଛି ଯେଉଁଠାରେ କଲେଜ ସାଙ୍ଗ ଗୋଟିଏ ଝିଅ ସହ ଅମରର ବାର୍ତ୍ତାଳାପ ହୋଇଛି। ପରେ ପରେ ଝିଅଟିକୁ ଜଣେ ବ୍ୟକ୍ତି ଗୋବିନ୍ଦ ମହାନ୍ତି ଅମର ରାୟର ଘର ଠିକଣା ପଚାରିଛନ୍ତି ଏବଂ ଝିଅଟି ମଧ୍ୟ ଖୁସିରେ ତାଙ୍କୁ ଆଣି ଅମର ରହୁଥିବା ଭଡ଼ାଘରେ ପହଞ୍ଚାଇ ଦେଇଛନ୍ତି। ସେ ଲୋକଟି ରିଲିଫ୍ ବାଣ୍ଟୁଛି କହି ଗୋଟିଏ ବସ୍ତା ଥୋଇ ଚାଲିଯାଇଛି। ପରେ ପୋଲିସ ଆସି ଅମର ରାୟ ଘର ଖାନତଲାସ କରି ସେ ବସ୍ତାଟିକୁ ଖୋଲିଛନ୍ତି ସେଥିରେ ଗଞ୍ଜେଇ ଓ ଚରସ ଥିବାରୁ ଅମରକୁ ବାନ୍ଧି ନେଇଯାଇଛନ୍ତି ଏବଂ ଏ ବିଷୟରେ ପଚାରି ତାଙ୍କୁ ବହୁତ ପିଟିଛନ୍ତି ଓ ପିଟିପିଟି ମାରି ଦେଇଛନ୍ତି। ଏକାଙ୍କିକାଟିର ଶେଷରେ ଜଣାପଡୁଛି ଶ୍ମଶାନରେ ସେହି ଜାଗାଟିକୁ ମଧୁ ତ୍ରିପାଠୀଙ୍କ ଆଶ୍ରମ ପାଇଁ ଦିଆଯାଉନାହିଁ ବରଂ ଦିଆଯାଉଛି କର୍ଣ୍ଣାଟକର ରବର କମ୍ପାନୀକୁ।

ଏଥିରେ ନାଟ୍ୟକାର ସାଂପ୍ରତିକ ସମାଜରେ ସତ୍ୟ ଓ ଛଳନା, ମୁହଁ ଓ ମୁଖା କିମ୍ବା ଘୋଷିତ ମୂଲ୍ୟବୋଧ ଏବଂ ତାର ପ୍ରୟୋଗିକରଣ ମଧ୍ୟରେ ଯେଉଁ ଦୂରତ୍ୱ ରହିଛି, ତାହା ହିଁ ସାମାଜିକ ଅଧଃପତନର କାରଣ ବୋଲି ଦର୍ଶାଇଛନ୍ତି। ମୂଲ୍ୟବୋଧର ଅଧଃପତନ ହିଁ ଆଜିର ସମାଜରେ ମୁଖ୍ୟ ବିଷୟ ପାଲଟି ଯାଇଛି। ଏଥିରେ ସାମାଜିକ ଆଦର୍ଶର କଥା କୁହାଯାଇଛି।

ବୁଦ୍ଧ

'ବୁଦ୍ଧ' ନାଟ୍ୟକାରଙ୍କର ଅନ୍ୟତମ ଅନାଟକ ଅଟେ। ଏହା ୧୯୭୨ ମସିହା

ସମାବେଶ ପତ୍ରିକାର ପୂଜା ସଂଖ୍ୟାରେ ପ୍ରକାଶ ପାଇଥିଲା । ସେ ଅନାଟକର ବ୍ୟବହାର ନାଟକରେ ପ୍ରଥମେ କରିଥିଲେ । ଏହି ଏକାଙ୍କିକାର 'ବୁଦ୍ଧ' ଜଣେ ଐତିହାସିକ ମହାପୁରୁଷ ଏବଂ ସାଂପ୍ରତିକ ମୂଲ୍ୟବୋଧରେ ବିଶ୍ୱାସ ରଖୁନଥିବା ଜଣେ ପୁରୁଷ ସହିତ ଜଣେ ପ୍ରତୀକ ଭାବେ ମଧ୍ୟ ପ୍ରତିନିଧିତ୍ୱ କରିଛନ୍ତି । ଏଥିରେ ବୌଦ୍ଧଧର୍ମ ବା ବୁଦ୍ଧଙ୍କର କୌଣସି ଜୀବନୀ ସନ୍ନିବିଷ୍ଟ ହୋଇନାହିଁ । ଏହାର ମୁଖ୍ୟ ଚରିତ୍ର ଏକ ଛକ । ଏହି ଏକାଙ୍କିକାଟି ନବରଙ୍ଗପୁରର ଗୋଟେ ଛକରେ ଭୁବନେଶ୍ୱର ଦଳେଇଙ୍କ ନିର୍ଦ୍ଦେଶନାରେ ପ୍ରଥମେ ଅଭିନୀତ ହୋଇଛି । ଏହାର ମୁଖ୍ୟ ଚରିତ୍ର ହେଉଛି ଏକ ଛକ ଯେକି ଧ୍ୟାନମଗ୍ନ ଅବସ୍ଥାରେ ବସିଛନ୍ତି ଓ ତାଙ୍କ ଚାରିପଟୁ ଚାରୋଟି ରାସ୍ତା ସେଠି ମିଶିଛି । ପୂର୍ବ, ପଶ୍ଚିମ, ଉତ୍ତର ଓ ଦକ୍ଷିଣ ଚାରିପଟରେ ପଦଯାତ୍ରୀମାନେ ଆସି ଚରିତ୍ର ଛକକୁ କହୁଛନ୍ତି ଯେ ସେମାନେ ନିଜ ନିଜ ଲକ୍ଷ୍ୟ ସ୍ଥଳରେ ପହଞ୍ଚିପାରୁନାହାନ୍ତି ।

ଏଠାରେ କେଉଁ ନାରୀର ଚରିତ୍ରର ସ୍ଖଳନ ଘଟିଛି, କେଉଁ ଏକ ଯୁବକର ହୃଦୟ ଭାଙ୍ଗିଯାଇଛି ଏବଂ ପଦଯାତ୍ରୀମାନେ ନିଜ ଲକ୍ଷ୍ୟସ୍ଥଳରେ ପହଞ୍ଚିବାର ରାସ୍ତା ବିଷୟରେ ପଚାରୁଛନ୍ତି ତାର ବ୍ୟଞ୍ଜନାରେ ନାଟ୍ୟକାର କୁହନ୍ତି- ଦୁର୍ଘଟଣା ପରେ ମହାପୁରୁଷମାନଙ୍କର ମାର୍ଗଗୁଡ଼ିକ ଅକାମୀ ହୋଇଯିବାରୁ ପୃଥିବୀର କୌଣସି ରାସ୍ତା ଚାଲିବା ପାଇଁ ଯୋଗ୍ୟ ନୁହେଁ ତେଣୁ ଯୀଶୁ, ମହମ୍ମଦ, ମହାତ୍ମାଗାନ୍ଧୀ ଭଳି ମହାପୁରୁଷମାନେ ଦେଖାଇଥିବା ରାସ୍ତାଗୁଡ଼ିକ ସଂକଟାପନ୍ନ ହୋଇପଡ଼ିଛି । ଛକ ପାଖକୁ ଯେଉଁ ପଦଯାତ୍ରୀ ଚରିତ୍ରଟି ଆସିଛି, ତାଙ୍କ କାନ୍ଧରେ ଗୋଟିଏ ବ୍ୟାଗ ଝୁଲୁଛି । ଲାଗୁଛି ଯେମିତି ତାହା ଜ୍ଞାନର ବୁଜୁଳି । ଏ ଅନାଟକର ମୁଖବନ୍ଧରେ 'ବୁଦ୍ଧ ପଢ଼ିବା ଆଗରୁ'ରେ ନାଟ୍ୟକାର ଲେଖିଛନ୍ତି- "ଦେହର ପ୍ରାଥମିକ ଦାବି ପୂର୍ଣ୍ଣ ହେବା ଦିନଠାରୁ ମଣିଷ ବୋଧହୁଏ ଦେହାତୀତର ଚିନ୍ତା କରିଆସିଛି । ଏ ପୃଥିବୀକୁ ଯେ କେହିବି ଆସିଛି ତାକୁ କ୍ରୁଶବିଦ୍ଧ ହେବାକୁ ପଡ଼େ । ଜନ୍ମ ହେଲେ ମୃତ୍ୟୁ ମଧ୍ୟ ଅବଶ୍ୟାମ୍ଭବୀ ହୋଇଯାଏ । ପ୍ରଜ୍ଞାସିଦ୍ଧ ରାସ୍ତାଗୁଡ଼ିକ ସତେ ଯେମିତି ଭାଙ୍ଗିରୁଜି ଚୁରମାର ହୋଇଯାଏ । ବିଶ୍ୱାସର ଭିତ୍ତିଭୂମି ଅଚିରେ ଭୁଷୁଡ଼ି ପଡ଼େ । ରାସ୍ତାରେ ଚାଲିଲେ ଦୁର୍ଘଟଣାଗ୍ରସ୍ତ ହେବାକୁ ପଡ଼େ । ସୁଗମ ରାସ୍ତା ପାଇଁ ବିପ୍ଳବ କରିବାକୁ ପଡ଼େ । କାରଣ ଛକରେ ମିଶୁଥିବା ସବୁ ରାସ୍ତା ଦୁର୍ଘଟଣାଗ୍ରସ୍ତ ଅଟେ । ଅନିଶ୍ଚିତତା ମଧ୍ୟରେ ମନୁଷ୍ୟ ଜୀବନ ଗତି କରିଥାଏ ।"[୩୩] 'ବୁଦ୍ଧ' ଅନାଟକରେ ଚାରିପଟର ରାସ୍ତାଗୁଡ଼ିକ ଦୁର୍ଘଟଣାଗ୍ରସ୍ତ ହୋଇ ଭାଙ୍ଗିଯିବାର ବ୍ୟଞ୍ଜନା ଭିତରେ ନାଟ୍ୟକାର ଏହି ମର୍ମଟିକୁ ବ୍ୟାଖ୍ୟା କରିଛନ୍ତି । ଖୋଜିବା-ପାଇବା ଓ ହରେଇବା, ଗଢ଼ିବା-ଯୋଡ଼ିବା ଭିତରେ ଓ ପୁଣିଥରେ ଯୋଜନା କରିବା ଏକ କରୁଣ, ହାସ୍ୟକର, ଉଦ୍ଭଟ ଅବସ୍ଥା ।

ଏକପଟେ ହିପ୍ପୀ ଏବଂ ପୁଞ୍ଜିବାଦୀ ବିରୋଧି ଆନ୍ଦୋଳନ, ଠିକ୍ ସେହିପରି ଅନ୍ୟପଟରେ ହିଂସାତ୍ମକ ନକ୍ସଲ ବର୍ବରକାଣ୍ଡ। ଏହାରି ଭିତରେ ନୂତନ ରାସ୍ତା ଖୋଜିବା ଯେମିତି ଅସହ୍ୟ ତଥା ଦୁର୍ବିସହ ହୋଇପଡ଼ିଥିଲା

ସେହି ପରିପ୍ରେକ୍ଷୀରେ ନାଟ୍ୟକାରଙ୍କର ବୁଦ୍ଧ ଏକାଙ୍କିକାଟି ଲେଖାଯାଇଥିଲା।

ବିଶ୍ୱମ୍ଭର ସେନାପତି ଓ ଦର୍ପଣ ଉପାଖ୍ୟାନମ୍

ଏହି ଏକାଙ୍କିକାରେ ଉତ୍ତର ବୟସ୍କ ବ୍ୟକ୍ତି ବିଶ୍ୱମ୍ଭରର ଦର୍ପଣ ସାଙ୍ଗରେ ଆଳାପ ଉପରେ ପର୍ଯ୍ୟବସିତ ଅଟେ। ଜୀବନର ସାୟାହ୍ନରେ ପହଞ୍ଚସାରିବା ପରେ ମଧ୍ୟ ତାଙ୍କର ଯୌବନ ମନ ପୁଣିଥରେ ସେହି ରଂଗିନ୍ ଦୁନିଆରେ ହଜିଯିବା ପାଇଁ ଚାହିଁଛନ୍ତି। ସେ ନିଜ ବାର୍ଦ୍ଧକ୍ୟକୁ ଏଡ଼ାଇ ଦେବା ପାଇଁ ସଂପୂର୍ଣ୍ଣ ବ୍ୟସ୍ତ। ନିଜ ପୁଅ ମଣ୍ଟୁର ଜାମା ପିନ୍ଧିଲା ବେଳେ ସେ ନିଜକୁ ଅଠର ବର୍ଷର ଯୁବକ ବୋଲି ଭାବନ୍ତି। କିନ୍ତୁ ପୁଅ ସାମ୍ନାକୁ ଆସିଲାବେଳେ ନିଜକୁ ବୃଦ୍ଧାବସ୍ଥାରେ ପାଆନ୍ତି। ନିଜ ଅବଚେତନ ମନରେ ସେ ରଙ୍ଗୀନ ପ୍ରଜାପତି ପରି ଉଡ଼ି ବୟସକୁ କାବୁରେ ରଖିଦେବାର ପ୍ରୟାସ ମଧ୍ୟରେ ସେ କେବେବି ମୃତ୍ୟୁ ଚେତନାଟିକୁ ଦେଖିପାରନ୍ତି ନାହିଁ।

ବିଶ୍ୱମ୍ଭରବାବୁ ସମୟକୁ ବାନ୍ଧି ରଖିବାପାଇଁ ଡାକ୍ତର ଡକାଇ ମୁହଁଟାକୁ ପ୍ଲାଷ୍ଟିକ ସର୍ଜରୀ କରିବା ପାଇଁ ପରାମର୍ଶ ନିଅନ୍ତି। ଇମ୍ପୋର୍ଟେଡ୍ କନାର କପଡ଼ାରେ ପ୍ୟାଣ୍ଟ କରି ପିନ୍ଧିବେ ବୋଲି ମନେ କରନ୍ତି । ଅର୍ଥାତ୍ ବିଶ୍ୱମ୍ଭର ବାବୁ ନିଜେ ନିଜ ଅବଚେତନ ସହ ସଂଘର୍ଷ କରନ୍ତି। ଏହି ସଂଘର୍ଷ ଭିତରେ କେତେବେଳେ ଯେ ମୃତ୍ୟୁ ପ୍ରତି ତାଙ୍କର ରୋମାଣ୍ଟିକ୍ ଆକର୍ଷଣ ଆସିଯାଇଥିଲା ସେ ଜାଣିପାରିନଥିଲେ। ସେ ନିଜ ବିରୁଦ୍ଧରେ ସଂଗ୍ରାମ ଜାରି କଲାପରେ ପୁଣି ସମୟ ବିରୁଦ୍ଧରେ ବିପ୍ଳବ ଆରମ୍ଭ କରି ଦେଇଛନ୍ତି।

ବିଶ୍ୱମ୍ଭର କିନ୍ତୁ ଆପ୍ରାଣ ଚେଷ୍ଟା କରୁଛନ୍ତି, 'ଯୁବ ସାଂସ୍କୃତିକ ଚେତନା' ପରିଷଦର ସଭାପତି ହୋଇ ଯୌବନକୁ ବଜାୟ ରଖିବେ। ଆମେରିକାର କାଓବୟ ମାନେ ଯେମିତି ହ୍ୟାଟ୍ ଓ ପ୍ୟାଣ୍ଟ ପିନ୍ଧୁଛନ୍ତି ସେମିତି ପିନ୍ଧିବେ ବୋଲି ସେ ସ୍ୱପ୍ନ ଦେଖିଛନ୍ତି। ତାଙ୍କ ପୁଅ ମଣ୍ଟୁର ସାଂଗ ସୀତାକାନ୍ତଙ୍କୁ ସେ ନିଜର ଏହି ସ୍ୱପ୍ନ କଥା କହନ୍ତି। ଏକବିଂଶ ଶତାବ୍ଦୀ ଆସିବାପାଇଁ ଆହୁରି ୨୯ ବର୍ଷ ବାକିଥିଲେ ମଧ୍ୟ ସେ ଏକବିଂଶ ଶତାବ୍ଦୀର ମଣିଷ ହେବା ପାଇଁ ଆଗେଇ ଆସନ୍ତି ଫେଶନ୍ ଶୋଭାଯାତ୍ରା ସର୍କ୍ୟୁଲାର ରୋଡ଼ ଆଡ଼କୁ... ଜହ୍ନ ଯେଉଁଠି କଥା କହି ଫୁଲ ହୋଇଯାଏ, ଝରଣା ଯେଉଁଠି ଇନ୍ଦ୍ରଧନୁ ହୋଇ ବହିଯାଏ, ଅମୃତ ପିଇବା ପାଇଁ ମୁଁ ତା କୂଳକୁ ଯିବି।"(୩୪)

ସମୟରୂପକ ନଈକୁ ଥରେ ଅତିକ୍ରମ କରିସାରିଲାପରେ ପ୍ରତ୍ୟାବର୍ତ୍ତନ ଅସମ୍ଭବ। ଠିକ୍ ସେହିପରି ବୟସ ଗଡ଼ିଗଲାପରେ ପୁଣିଥରେ ଯୌବନପ୍ରାପ୍ତିର ଆଶା

ଆକାଶକୁସୁମ ପରି। ସମୟ ସାଙ୍ଗରେ ସଂଗ୍ରାମ କେବଳ ମନର ଭ୍ରମ ଅଟେ। ଜୀର୍ଣ୍ଣ ଶରୀରରେ ଆବରଣ ହୋଇଥିବା ମନଟା ଯେତେ ଯୌବନ ହେଲେ ମଧ୍ୟ ମନରୁ ଦ୍ୱନ୍ଦ୍ୱ ବାହାରି ଯାଇ ହୁଏନି। ଏଠାରେ ନାଟ୍ୟକାର ଆଭ୍ୟନ୍ତର ବ୍ୟକ୍ତିସତ୍ତାର ପରିଚୟ ଦେଇ ମନୁଷ୍ୟର ଅସ୍ତିତ୍ୱକୁ ଦର୍ଶାଇଛନ୍ତି।

ଯେସନେ କୀଟ ଉର୍ଣ୍ଣନାଭି

ନାଟ୍ୟକାରଙ୍କ ଏହି ଏକାଙ୍କିକାଟି ସଂପୂର୍ଣ୍ଣ ପରୀକ୍ଷାମୂଳକ ଅଟେ। ଏହି ଏକାଙ୍କିକାରେ ରମେଶ ପାଣିଗ୍ରାହୀ ନାମକ ନାଟ୍ୟକାରର ମୃତ୍ୟୁ ଉପରେ ଆଧାରିତ ହୋଇଥିବାରୁ ଏହାକୁ କେହି କେହି ଆତ୍ମ-ସଚେତନ (self-reflexive) ଶୈଳୀର ଏକାଙ୍କିକା ମଧ୍ୟ କୁହନ୍ତି। ଏଠାରେ ବାରଜଣ ରମେଶ ପାଣିଗ୍ରାହୀ ଏକା ପ୍ରକାର ପୋଷାକ ପିନ୍ଧି ମଞ୍ଚ ଉପରକୁ ଆସି ବାମରୁ ଡାହାଣ କ୍ରମରେ ଠିଆ ହେଲେ ଏବଂ ସେମାନଙ୍କ ମଧ୍ୟରୁ ଜଣେ ମୂର୍ଚ୍ଛା ହୋଇ ପଡ଼ିଗଲା ତଳେ, ସାମ୍ନାରେ। ବର୍ତ୍ତମାନ ରମେଶ ପାଣିଗ୍ରାହୀଙ୍କର ଏଗାର ଜଣ ବିଭକ୍ତ ସତ୍ତା ଏକା ସାଙ୍ଗରେ କହିବାକୁ ଆରମ୍ଭ କଲେ ଗୋଟିଏ କବିତା, ଅଭିନେତା ନହେଲେ, ନିଜକୁ ଏଗାର ଭାଗରେ ବିଭକ୍ତ ନକଲେ, ଏପରି ଏକ ସଂଳାପିତ ସୌଭାଗ୍ୟ ବା ମିଳିବ କାହାକୁ। ନିଜେ ନିଜେ ବିଚ୍ଛୁରିତ ଆଲୋକର ଚିତାଗ୍ନିରେ ଜଳିବାକୁ।

ଏଥିରୁ ବୁଝାପଡ଼େ ଯେ ବାରଟି ସତ୍ତାରେ ବିଭକ୍ତ ହୋଇଯାଉଛି ଗୋଟିଏ ସତ୍ତା। ବ୍ୟକ୍ତି ସତ୍ତାର ବିଭକ୍ତିକରଣ ଘଟିବା ପରେ ସମସ୍ତ ବିଭକ୍ତ ସତ୍ତାମାନେ ତନ୍ତରେ ଲୁଗା ବୁଣିବା ଶବ୍ଦ ସହିତ ସମନ୍ୱୟ ରକ୍ଷା କରି ଆଙ୍ଗିକ ଅଭିନୟରେ କାଳ୍ପନିକ ବସ୍ତ୍ର ବୟନ କରୁଛନ୍ତି। ଉର୍ଣ୍ଣନାଭି ନିଜ ବାସଗୃହ ନିର୍ମାଣ କରି ସେଥିରେ ଲୀଳା କଲାଭଳି ସବୁ ଚରିତ୍ରମାନ କାଳ୍ପନିକ ରାସ୍ତାମାନ ନିର୍ମାଣ କରି ଘୂର୍ଣ୍ଣାୟମାନ ହୋଇ ବ୍ୟବସ୍ଥିତ ହେଉଛନ୍ତି। ଛ' ଫୁଟ ଉଚ୍ଚର ମଞ୍ଚର ପଶ୍ଚାତଭାଗରୁ ବାଚିକ ଅଭିନୟ ଆରମ୍ଭ ହେଉଛି। ଜଣେ ନାରୀ ଓ ଦୁଇଜଣ ପୁରୁଷ ଚରିତ୍ର (ଅଜିତ୍ ଓ ଜୟଦେବ) ରମେଶ ପାଣିଗ୍ରାହୀ ନାମକ ନାମବାଚକ ଚରିତ୍ରଟିକୁ ମାରିବାକୁ ତନ୍ତ୍ରର ସାହାଯ୍ୟ ନେଉଛନ୍ତି। ନାଟ୍ୟସାହିତ୍ୟ ଜଗତରେ ତନ୍ତ୍ର ପ୍ରୟୋଗ କରି ନାଟ୍ୟକାରର ପ୍ରତିଭାକୁ ନିଷ୍ପ୍ରଭ କରିବା ଏକ ବ୍ୟତିକ୍ରମ ବ୍ୟାପାର। ମାରିବାର କାଳ୍ପନିକ ସନ୍ତୋଷ ପରେ କେଉଁ ବ୍ୟକ୍ତିସତ୍ତାଟିର ବାସ୍ତବ ମୃତ୍ୟୁ ଘଟୁଛି ତାହା ସନ୍ଦେହାତ୍ମକ ଥିବାରୁ ଅଜିତ୍ ନାମକ ସଂହାରୀକାରୀ ଚରିତ୍ରର ବ୍ୟକ୍ତିତ୍ୱ ହେଉଛି- "ସେ ଶଳା ବରହମପୁରୀ ନାଟ୍ୟକାର ମରୁନି କାହିଁକି ? ଅନ୍ୟ ଏକ ଚରିତ୍ର କହୁଛି ମରିନି ବୋଲି କେମିତି କହିବ ? ଆତ୍ମସତ୍ତାଟି ଏମିତି ଏଗାର ଭାଗ ହେବାପରେ, ସିଏ କେଉଁଠି ଅଛି ଆମେ କେମିତି ଜାଣିବୁ।"[୩୫]

ନାଟ୍ୟକାର ଦିନେ ପତ୍ନୀ ସୁହାସିନୀଙ୍କୁ କହୁଛନ୍ତି ଯେ କାଲି ରାତିରେ ତାଙ୍କର ମୃତ୍ୟୁ ହୋଇଯାଇଛି ଏବଂ ତାଙ୍କୁ ଅଳିଆ ଗଦାରେ ଫୋପାଡ଼ି ଦେଇଛନ୍ତି। ସ୍ତ୍ରୀ ତାଙ୍କର ଡରି ଯାଇଛନ୍ତି ଏବଂ ଓଝା ଦ୍ୱାରା ପୂଜା କରିବା କଥା କହିଛନ୍ତି। ନାଟ୍ୟକାରଙ୍କର ଏଭଳି ଭାବରେ ବ୍ୟକ୍ତିସତ୍ତାରେ ପତ୍ନୀ ଚିନ୍ତିତ ହୋଇ ପଡ଼ିଛନ୍ତି। ନାଟ୍ୟକାର ପ୍ରତ୍ୟୁତ୍ତରରେ ହସି ଦେଇଛନ୍ତି।

ସୁହାସିନୀ - ଏ ମା'। କିଏ ଗୋଟେ ହସିଲାଣି !! ଏୟ ! ଭୂତ ହୋଇଗଲନା କ'ଣ ? ହସୁଛ କୋଉଠୁ ? ସେଇ ଆକାଶରୁ ?

ନାଟ୍ୟକାର - ଆଉ କୋଉଠିକି ଯିବ ସୁହାସିନୀ? କୌଣସି ପାର୍ଥିବ ମୋହ ତ ମତେ ଆକର୍ଷଣ କରିପାରେନା। ଖାଲି ନାଟକଟିଏ କର... ଗୋଟିଏ ରଂଗମଂଚ... ଯାହା ଭିତରର ଆଲୁଅରେ ମୁଁ ବନ୍ଦୀ ହୋଇ ରହିଯାଏ। ଆଗରେ ଥାଏ ଗୋଟେ ବଡ଼ ସମାଜ। ମୃତ୍ୟୁ ପର୍ଯ୍ୟନ୍ତ ଲମ୍ବିଥିବା ଗୋଟିଏ ରାସ୍ତା ପରି ମନେହୁଏ ଏ ରଂଗମଞ୍ଚ ଓ କେତେବେଳେ ମନେହୁଏ, ପାଦ ତଳର ମାଟି ପରି... ଆଉ, କେତେବେଳେ ମୁଣ୍ଡ ଉପରେ ଲିଭୁ ନଥିବା ତାରା ଭର୍ତ୍ତି ଆକାଶ ପରି.. ଏ ସଂଳାପ କହିଲାବେଳେକୁ ସୁହାସିନୀ ତାଙ୍କ କଳ୍ପନା ରାଜ୍ୟରେ ଥିବେ। ଆଉ କୁଆଡ଼େ ଆକାଶକୁ ଚାହିଁ ରହିଥିବେ।"(୩୬)

ଏହି ଏକାଙ୍କିକାରେ ସ୍ଥିତିବାଦୀ ଚେତନାର ମାନସିକ ବିଭକ୍ତିକରଣ ଘଟିଛି। ନାଟ୍ୟକାର ଏଠାରେ ନିଜ ଅନ୍ତର୍ନିହିତ ମୃତ୍ୟୁସତ୍ତାର ବିଶ୍ଳେଷଣ ସ୍ଥିତିବାଦୀ ଦର୍ଶନ ମାଧ୍ୟମରେ କରିଛନ୍ତି। କେହି ମାରିଦେବା ପୂର୍ବରୁ ନିଜେ ନିଜକୁ ନିଃଶେଷ କରିବା ପାଇଁ ଚେଷ୍ଟା କରିବା ସହିତ ନିଜର ଆଭ୍ୟନ୍ତରୀଣ ଯୁକ୍ତିକୁ ଏବଂ ମନସ୍ତାତ୍ତ୍ୱିକ ଅନୁଭୂତିର ଜାଲକୁ ଯେସନେ କୀଟ ଉର୍ଣ୍ଣନାଭ ଭଳି ଏକାଙ୍କିକାଟି ରଚନା କରାଯାଇଛି।

ନାଟ୍ୟକାରଙ୍କ ପ୍ରତିଟି ଏକାଙ୍କିକାରେ ରହିଛି ଭିନ୍ନ ଧରଣର ସ୍ୱାଦ। କେତେବେଳେ ସେ ସମ୍ବେଦନଶୀଳ ମାନବଟିଏ ପରି ଚରିତ୍ରକୁ ଓହ୍ଲାଇଆସି ସମାଜର ପରିସ୍ଥିତି ସହ ଖାପଖୁଆଇ ଚଳିଯାଆନ୍ତି, ତ ପୁଣି କେତେବେଳେ ବିଦ୍ରୋହୀ ସାଜି ସମାଜରେ ପ୍ରଚଳିତ ଫର୍ମ ଓ ଏଷ୍ଟାବ୍ଲିଶ୍‌ମେଣ୍ଟ ବିରୁଦ୍ଧରେ ସ୍ୱର ଉତ୍ତୋଳନ କରନ୍ତି ତ ପୁଣି କେତେବେଳେ ନିରୀହ ମଣିଷଟିଏ ସାଜି ପୋଲିସ ଗୁଳିରେ ମରି କଙ୍କାଳ ହୋଇଯିବାଟା ସାର ମଣନ୍ତି। ତଥାପି ସଂଘର୍ଷ କରିବାର ମନଟି ମରିପାରେନି। ନିଜ ଅପାରଗତାରୁ ହେଉ କିମ୍ବା ସମାଜରୁ ତଡ଼ାଖାଇ ହେଉ ସେ ସମାଜର କୋଣ

ଅନୁକୋଣର ଚରିତ୍ରଗୁଡ଼ିକୁ ସାଉଁଟି ଆଣି ସୃଷ୍ଟିର କଳେବର ମଣ୍ଡନ କରନ୍ତି ଏହି ସାଲିସ୍ ବିହୀନ ନାଟ୍ୟକାର। ସେ ଜୀବନର ପ୍ରତିଟି ଭାବକୁ ସ୍ୱାଗତ କରିଛନ୍ତି ଏବଂ ଏବେ ମଧ୍ୟ ତାଙ୍କ ଲେଖନୀ ଚଳଚଞ୍ଚଳ ରହିଛି।

(ଖ) ଶୈଳୀ ଓ ବକ୍ତବ୍ୟରେ ପରୀକ୍ଷାଧର୍ମୀ ଦୃଷ୍ଟିକୋଣ

ଏହି ଗବେଷଣା ନିବନ୍ଧଟିର ବିଭିନ୍ନ ପର୍ଯ୍ୟାୟରେ ନାଟ୍ୟକାର ରମେଶ ପ୍ରସାଦ ପାଣିଗ୍ରାହୀ ନାଟକ ଓ ଏକାଙ୍କିକା କ୍ଷେତ୍ରରେ କିପରି ବିଭିନ୍ନ ପରୀକ୍ଷା ନିରୀକ୍ଷା କରିଛନ୍ତି ତାହା ଆଲୋଚନା କରାଯାଇଛି। ଏଠାରେ କେବଳ ତାଙ୍କ ଏକାଙ୍କିକାଗୁଡିକର ଶୈଳୀ ସଂପର୍କରେ ଆଲୋଚନା କରାଯିବ।

ନାଟ୍ୟକାରଙ୍କ ସୃଷ୍ଟି ସମ୍ଭାରରେ ଏକାଙ୍କିକାଗୁଡିକ ଏକ ସ୍ୱତନ୍ତ୍ର ସ୍ଥାନ ଦାବି କରନ୍ତି। 'ଉଡନ୍ତା ପାହାଡର ଦର୍ଜା' ଓ 'ଅପ୍ରୀତିକର ନାଟକ', 'ଦେଖୁ ଦେଖୁ ଅଦୃଶ୍ୟ' ଏବଂ 'ବୁନ୍ଦାଏ ପାଣିରେ ସମୁଦ୍ର' ଏହି ଚାରୋଟି ଏକାଙ୍କିକା ଗ୍ରନ୍ଥରେ ତାଙ୍କର ଏକାଙ୍କିକାଗୁଡିକ ସ୍ଥାନିତ। କିନ୍ତୁ ପ୍ରଥମ ଦୁଇଟି ଗ୍ରନ୍ଥ ବଜାରରେ ଉପଲବ୍ଧ ହେଉନାହିଁ। ଏହାପରେ ଖୁବ୍ ନିକଟରେ ତାଙ୍କର ଦୁଇଟି ଏକାଙ୍କିକା ଗୁଚ୍ଛ ପ୍ରକାଶିତ ହୋଇଛି। 'ବୁନ୍ଦାଏ ପାଣିରେ ସମୁଦ୍ର' ଓ 'ଦେଖୁ ଦେଖୁ ଅଦୃଶ୍ୟ' ତାଙ୍କର ଦୁଇଟି ନୂତନ ଗ୍ରନ୍ଥ। ଏଥିରେ 'ଉଡନ୍ତା ପାହାଡର ଦର୍ଜା' ଓ 'ଅପ୍ରୀତିକର ନାଟକ'ର ଏକାଙ୍କିକା ଗୁଡିକ ପୁନଃମୁଦ୍ରିତ ହୋଇଅଛି। ପୁଣି କିଛି ନୂତନ ଏକାଙ୍କିକା ମଧ୍ୟ ଏଥିରେ ସ୍ଥାନିତ ହୋଇଅଛି।ଏହି ଗ୍ରନ୍ଥ ଦୁଇଟି ଉପରେ ନିର୍ଭର କରି ଏହି ଅଧ୍ୟାୟରେ ଏହି ଗବେଷିକା ନାଟ୍ୟକାରଙ୍କର ଶୈଳୀ ଉପରେ ଆଲୋକପାତ କରିଛି।

'ବୁନ୍ଦାଏ ପାଣିରେ ସମୁଦ୍ର' ଆକାଶବାଣୀ କଟକ କେନ୍ଦ୍ରରୁ ବହୁବାର ପ୍ରସାରିତ। ଏଥିରେ ଜଣେ ସୁଶିକ୍ଷିତ ଆଇ.ଏ.ଏସ୍. ଅଫିସର୍ ତାଙ୍କର ବୃଦ୍ଧ ପିତାଙ୍କୁ ଆଶ୍ରୟ ଦେଇ ନପାରି ଗୋଟିଏ ବୃଦ୍ଧାଶ୍ରମକୁ ପଠାଇ ଦେଇଛନ୍ତି। ଅତି ବାଲ୍ୟକାଳରୁ ଆଇ.ଏ.ଏସ୍ ସନ୍ଦିପ୍‌ଙ୍କ ମାତୃବିୟୋଗ ଘଟିଛି। ବାପା ଜଣେ ସ୍କୁଲ ଶିକ୍ଷକ। ପୁଅ ସନ୍ଦିପ୍‌କୁ ଉପନିଷଦ୍ ଯୁଗର ନୀତି ଓ ଆଦର୍ଶ ଶିକ୍ଷା ଦେଇ ଇଂରାଜୀ ବ୍ୟାକରଣ ପଢ଼ାଇ ମଣିଷ କରାଇଛନ୍ତି। ପୁଅ ବର୍ତ୍ତମାନ ଜଣେ ଉଚ୍ଚପଦସ୍ଥ କର୍ମଚାରୀ। ଦିନେ ଦିନେ ବୃଦ୍ଧ ସନାତନ ତାଙ୍କ ନାତି ମିକୁକୁ 'ଗୁରୁବ୍ରହ୍ମା ଗୁରୁବିଷ୍ଣୁ' ଶ୍ଳୋକଟି ଶିଖାଉଛନ୍ତି। ଏକଥା ଶୁଣି ତାଙ୍କ ବୋହୂ ଶମିତା ସନାତନଙ୍କୁ ଅନାବଶ୍ୟକ କଥା କହୁଛନ୍ତି ବୋଲି ପ୍ରତିବାଦ କରିଛନ୍ତି। ଆଧୁନିକ ଯୁଗରେ କୌଣସି ସଂସ୍କୃତ ଶ୍ଳୋକ ଘୋଷିବା ପାଇଁ କାହାର ସମୟ ନ ଥାଏ ବୋଲି ସେ ଯୁକ୍ତି ବାଢ଼ିଛନ୍ତି। ଏଗୁଡିକ ଉତ୍ତର ଆଧୁନିକ ସଭ୍ୟତାରେ ଅନାବଶ୍ୟକ ଓ ଅପ୍ରାସଙ୍ଗିକ ବୋଲି କହି ଶ୍ୱଶୁରଙ୍କୁ ବରଂ ବୃଦ୍ଧାଶ୍ରମକୁ ପଠାଇ ଦିଆଯାଇଛି। ନାତି ମିକୁ କିନ୍ତୁ ଜେଜେଙ୍କର

ଆଦର୍ଶ ଦ୍ୱାରା ଅନୁପ୍ରାଣିତ। ନାତି ମିକୁ ଜେଜେଙ୍କୁ ସବୁବେଳେ ମନେ ପକାଉଛି ଓ ସେ କୌଣସି ଶ୍ଳୋକ ଘୋଷୁ ନାହିଁ। ସନାତନ ବୃଦ୍ଧାଶ୍ରମକୁ ଯାଇ ଅନ୍ୟ ସବୁ ବୃଦ୍ଧମାନଙ୍କ ଅସହାୟତାକୁ ସହ୍ୟ କରିପାରିନାହାନ୍ତି। ତେଣୁ ସେ ବୃଦ୍ଧାଶ୍ରମରୁ ବିନା ଅନୁମତିରେ ଚାଲିଯାଇଛନ୍ତି। ସନାତନଙ୍କର ଅନୁପସ୍ଥିତି ଆଶ୍ରମରେ ଅନେକ ଉତ୍କଣ୍ଠା ସୃଷ୍ଟି କରିଛି। ସେ ଜଣେ ପଦସ୍ଥ ଅଫିସରଙ୍କ ବାପା ହୋଇଥିବାରୁ କର୍ତ୍ତୃପକ୍ଷ ବିଶେଷ ଖୋଜାଖୋଜି କରିଛନ୍ତି।

ଦିନେ ସମୁଦ୍ର କୂଳରେ ବୁଲୁ ବୁଲୁ ସନାତନ ନିଜକୁ ନିଜେ କହିଛନ୍ତି- "ମୁଁ ଯେତେବେଳେ ଜରାନିବାସକୁ ଗଲି ସମୁଦ୍ର ତମକୁ ମୁଁ ସାଙ୍ଗରେ ନେଇ ଯାଇଥିଲି। କେମିତି ତମଭଳି ଏତେ ବଡ ସମୁଦ୍ରକୁ ନେଇଥିଲି ଜାଣିଚ? ଏଇ ଛାତିରେ ପୁରେଇ, ଛାତିରେ ଭର୍ତ୍ତି କରିଥିଲି ଏ ପୃଥିବୀର ତିନିଭାଗ ଲୁଣିଆ ପାଣି ଆଉ ଭାଗେ ସ୍ଥଳ ଭାଗରେ ଗୋଟେ.... ବଗିଚା... ଗୋଟେ ଜହ୍ନ ଆଉ କିଛି ତାରା... ଗୋଟେ ଶୁଖିଲା ପାହାଡ଼ିଆ ଭୂମିରେ ଜହ୍ନ ଆଉ ତାରା ଖଂଜିବା ପାଇଁ ଅନେକ ଯୁଦ୍ଧ କରିବାକୁ ପଡିଛି... ଯୁଝି... ଯୁଝି... ହାତ ମୁଠାରେ ଧରିଥିବା ବାଲିପରି ଝରିଯାଇଚି ଜୀବନ! (ହାତରେ ମୁଠାଏ ପାଣି ଧରିଲେ ସନାତନ। ଟେକିଧରିଲେ ଆଞ୍ଜୁଳିଏ ପାଣି ସୂର୍ଯ୍ୟାସ୍ତ ଆଡକୁ)

ଆସ ସମୁଦ୍ର! ମୋ ଛାତି ଭିତରକୁ ଆସ। ଆସ ମୋର ଆଖି ଭିତରକୁ..... ଆଉ ଆସିଲା ବେଳେ ଏ ସୂର୍ଯ୍ୟାସ୍ତଟାକୁ ସାଙ୍ଗରେ ନେଇ ଆସ। ମତେ ଆଂଜୁଳାଏ ପାଣି କରିଦିଅ..... ଲବଣାକ୍ତ ଜଳ.....! ଲୁହର ସମୁଦ୍ର!

ପଛପଟୁ ପ୍ରବେଶ କଲା ମିକୁ। ଜେଜେଙ୍କୁ ଏଇଠି ଦେଖି ଖୁସି ହୋଇଗଲା। ଡାକିଲା-

ମିକୁ - ତମେ ମତେ ଠକି ଦେଇ ଗଲ ଜେଜେ.....

ସନାତନ - କଣ ଆଉ କହିବିରେ ମିକୁ? ଶୁଖିଲା ଭୂଇଁରେ ଜହ୍ନ ଆଉ ତାରା ଖଂଜୁ ଖଂଜୁ ତୋ ବାପା ପରା ମତେ ଉଠେଇ ନେଇ ମରୁଭୂମିର ଡଷ୍ଟବିନ୍‌ରେ ଫୋପାଡି ଦେଲା।

ମିକୁ - ତମେ ମତେ ପ୍ରମିଶ୍ କରିଥିଲେ ଦବ ବୋଲି ଦିଅ ସେ ଜିନିଷଟା.... ତା'ପରେ ଯୁଆଡେ ଯିବ...ଯିବ।

ସନାତନ - (ଆଂଜୁଳାଧରି) ଏଇ ଆଂଜୁଳେ ପାଣିରେ ସମୁଦ୍ରଟାକୁ ଧରିଥିଲି ଗଡିଗଲାଣି... ଆଉ ବୁନ୍ଦାଏ ଅଛି... ଏଇ ବୁନ୍ଦାଏ ନେଇଯା'... ହାତ ଦେଖା ! (ମିକୁ ହାତ ବଢେଇଲା)

ଏ ପାଣିରେ ତତେ ମୁଁ ସମୁଦ୍ରଟେ ଦେଇଦେଲି। ମନେ ରଖିବୁ, ବୁନ୍ଦାଏ ସମୁଦ୍ରମାନେ ପୃଥିବୀର ତିନିଭାଗ ପାଣି।

ମିକୁ - ଜାଣିଚି ଜେଜେ !

ସନାତନ - ତିନିଭାଗ ଲୁଣିଆ ପାଣି । ମାନେ... ଜୀବନରେ ତିନିଭାଗ ଲୁହ, ତା'ରି ଭିତରେ ଓଦା ମଣିଷମାନଙ୍କୁ ଖୋଜିବୁ ! ଆଜିକାଲି ଆଉ ମଣିଷ ଖୋଜିବା ପାଇଁ ଆଉ କାହାର ସମୟ ନାହିଁ । ତୁ କିନ୍ତୁ ଖୋଜିବୁ । [୩୭] (ସମସ୍ତେ ଫ୍ରିଜ)

ମିକୁ ହେଉଛି ଏକ ଉତ୍ତର ଦାୟାଦ ଯିଏ ଫେରେଇ ଆଣିବ ହଜିଥିବା ଆଦର୍ଶ ଓ ମୂଲ୍ୟବୋଧକୁ ଯାହାକୁ ଏଠାରେ ଅତି ବାସ୍ତବତାର ସହ ଚିତ୍ରଣ କରାଯାଇଛି । ଏହି ଏକାଙ୍କିକାଟି ଆକାଶବାଣୀରେ ଶ୍ରୋତାମାନଙ୍କ ଅନୁରୋଧ କ୍ରମେ ପ୍ରସାରିତ ।

ଆକାଶବାଣୀରୁ ପ୍ରସାରିତ ଆଉ ଗୋଟିଏ ପରୀକ୍ଷାମୂଳକ ଏକାଙ୍କିକା ହେଉଛି 'ଗୋପବନ୍ଧୁଙ୍କ ଗଛ' । ୧୯୯୯ ମସିହାର ମହାବାତ୍ୟାରେ ଗୋବର ଗାଡିଆ ଗାଁର ସବୁକିଛି ବିଧ୍ୱସ୍ତ ହୋଇ ଯାଇଛି ।। ସାଙ୍ଗରେ ଉପୁଡିଯାଇଛି ଗୋଟିଏ ବିଶ୍ୱାସର ଆମ୍ବଗଛ ଯାହାକୁ କି ଅନେକ ଦିନ ତଳେ ଗୋପବନ୍ଧୁ ଦାସ ଲଗାଇଥିଲେ । ଲୋକମାନେ ତାକୁ ଆଦର୍ଶର ଗଛ ବୋଲି ମାନୁଥିଲେ । ଏହି ଗଛ ମୂଳେ ଅନେକ ଗ୍ରାମ୍ୟ ବିବାଦ ସମାଧାନ ହୋଇଛି । ଗଛଟି ଉପୁଡି ପଡିବା ପରେ ଗାଁର ସମସ୍ତ ଆଦର୍ଶ ମଧ୍ୟ ଉପୁଡି ଯାଇଛି । ଗାଁ ଲୋକେ ଏହି ଗଛଟିକୁ ପୁଣିଥରେ ସିଧାକରି ଠିଆ କରିବାକୁ ଚେଷ୍ଟା କରିଛନ୍ତି । କିନ୍ତୁ ପୋଲିସ ଭାବିଛି ଗାଁ ଲୋକମାନେ ମିଶି ଗୋଟେ ସରକାରୀ ଗଛକୁ ଉପାଡି ଦେଇଛନ୍ତି । ଏଥିପାଇଁ ପୋଲିସ ଆସି ଗାଁର ମୁଖିଆ ଏବଂ ଅନ୍ୟମାନଙ୍କୁ ଜେଲ୍‌କୁ ବାନ୍ଧି ନେଇଯାଇଛି ।

ଉପରେ ଯେଉଁ ଦୁଇଟି ଏକାଙ୍କିକାର ଆଲୋଚନା କରାଗଲା ସେଥିରେ ବିଶେଷ ଶୈଳୀଗତ ପରୀକ୍ଷା କରାଯାଇନାହିଁ ସତ କିନ୍ତୁ କାହାଣୀ ଦୃଷ୍ଟିରୁ ଏହି ଦୁଇଟି ଏକାଙ୍କିକା ଅଲଗା ଅଲଗା । ସାଂପ୍ରତିକ ସଭ୍ୟତାର ଅବକ୍ଷୟ ଓ ମାନବିକତାର ମୂଲ୍ୟବୋଧ ଏହି ଦୁଇଟି ଏକାଙ୍କିକାର ପ୍ରଧାନ ଉପଜୀବ୍ୟ । ଏହି ଦୁଇଟି ଏକାଙ୍କିକାର ମୁଖ୍ୟ ଧର୍ମ ହେଉଛି ଶ୍ଳେଷ । ଓଡିଆ ଏକାଙ୍କିକା ସାହିତ୍ୟରେ କୌଣସି ନାଟ୍ୟକାର ଏ ପ୍ରକାର ଶ୍ଳେଷଧର୍ମୀ ଏକାଙ୍କିକା ଲେଖିନାହାନ୍ତି ।

ନାଟ୍ୟକାର ରମେଶ ପ୍ରସାଦ ପାଣିଗ୍ରାହୀଙ୍କ ଆଉ ଏକ ଉଲ୍ଲେଖଯୋଗ୍ୟ ଏକାଙ୍କିକା 'ଯେସନେ କୀଟ ଉର୍ଣ୍ଣନାଭି' । ଏହି ଏକାଙ୍କିକା 'ଝଙ୍କାର' ପତ୍ରିକାରେ ୧୯୯୪ ମସିହା ଡିସେମ୍ବର ମାସରେ ପ୍ରକାଶ ପାଇଛି । ବାରଜଣ ରମେଶ ପାଣିଗ୍ରାହୀ ଏକାପ୍ରକାର ପୋଷାକ ପିନ୍ଧି ମଞ୍ଚ ଉପରକୁ ଆସି ବାମରୁ ଡାହାଣ କ୍ରମରେ ଠିଆ ହୋଇଥିବା ମଧ୍ୟରେ ସେମାନଙ୍କ ମଧ୍ୟରୁ ଜଣେ ମୂର୍ଚ୍ଛା ହୋଇ ପଡିଯାଇଛି । ବାକି

ଏଗାରଜଣ ସମବେତ ସ୍ୱରରେ ଗୋଟିଏ କବିତା ଆବୃତ୍ତି କରିଛନ୍ତି। ସେମାନେ କହିଛନ୍ତି- "ଅଭିନେତା ନ ହେଲେ ନିଜକୁ ଏଗାର ଭାଗରେ ବିଭକ୍ତ ନକଲେ ଏପରି ଏକ ସଂଳାପିତ ସୌଭାଗ୍ୟ ବା ମିଳିବ କାହାକୁ। ନିଜେ ନିଜର ବିଚ୍ଛୁରିତ ଆଲୋକର ଚେତାଗ୍ନିରେ ଜଳିବ।"(୩୮)

ଏହି ଏକାଙ୍କିକାଟିରେ ଗୋଟିଏ ମୁଖ୍ୟ ବ୍ୟକ୍ତି ସତ୍ତା ବାରଟି ଉପସତ୍ତାରେ ବିଭକ୍ତ ହୋଇଅଛି। ଏହା ଉତ୍ତର ଆଧୁନିକ ମନସ୍ତତ୍ତ୍ୱର ଏକ ଉଲ୍ଲେଖଯୋଗ୍ୟ ତତ୍ତ୍ୱ। ସାମ୍ପ୍ରତିକ ଜୀବନର ବହୁବିଧ ଜଟିଳତା ଓ ସଂଘାତ ଭିତରେ ମଣିଷ ବିଭିନ୍ନ ଭୂମିକାରେ ଅଭିନୟ କରିବା ପାଇଁ ବାଧ୍ୟ ହୁଏ। ସେହିପରି ମଣିଷର ଅନ୍ତଃସତ୍ତା ମଧ୍ୟ ବିଭିନ୍ନ ଭାବରେ ବିଖଣ୍ଡିତ ହୁଏ। ମଣିଷ ମନର ଯେତେ ସବୁ ଦ୍ୱନ୍ଦ୍ୱ ଗୋଟିଏ କାର୍ଯ୍ୟ କରିବିକି ନାହିଁ- ଏହାର ଯେଉଁ ଅନିଶ୍ଚିତତା ସେହି ଗୁଡିକ ଏହାର ପ୍ରଭାବ ଦ୍ୱାରା ମଣିଷ ଭିତରେ ବିଭିନ୍ନ ଖଣ୍ଡିତାଂଶରେ ବିଭକ୍ତ । ନାଟ୍ୟକାର ଏହି ଏକାଙ୍କିକାର ନାମକୁ ବ୍ୟବହାର କରିବାର କାରଣ ହେଉଛି ଯେ ସେ ନିଜେ ଗୋଟିଏ ବିଭକ୍ତ ବ୍ୟକ୍ତିସତ୍ତା। ତାଙ୍କର ବାହାର ସାମାଜିକ ସତ୍ତା ବାରଭାଗରେ ବିଭକ୍ତ ହେବା ସହିତ ଘଟଣାର ସଂଘାତରେ ବ୍ୟକ୍ତି ସତ୍ତାଟି ବିଚ୍ଛୁରିତ ହୋଇଯାଇଛି।

ଏହି ଏକାଙ୍କିକାରେ ନାଟ୍ୟକାରଙ୍କୁ ହତ୍ୟା କରିବା ପାଇଁ ଗୋଟିଏ ଚକ୍ରାନ୍ତ କରାଯାଇଛି। ଚକ୍ରାନ୍ତଟି ଧିରେ ଧିରେ ରହସ୍ୟମୟ ହୋଇଉଠିଛି। ସନ୍ଦେହ ଓ ବାସ୍ତବତାର ଗୋଧୂଳିରେ ବ୍ୟକ୍ତି ସତ୍ତାଟିକୁ ହତ୍ୟା କରିବାର ଚକ୍ରାନ୍ତ ଅଧିକ ରହସ୍ୟମୟ ହୋଇ ଉଠୁଛି। ଏହି କାରଣରୁ ପୋଲିସ୍ ଆସିବା ଏବଂ ଅନୁସନ୍ଧାନ କରିବା ଯୁକ୍ତିଯୁକ୍ତ। ଗୋଟିଏ ଟେଲିଭିଜନ ଚ୍ୟାନେଲ୍‌ରେ ଡିଟେକ୍ଟିଭ ଯାଞ୍ଚ କର୍ତ୍ତା ଏହି ଦାୟିତ୍ୱ ନେଉଛନ୍ତି।

ରମେଶ ପାଣିଗ୍ରାହୀଙ୍କର ବିଭିନ୍ନ ବ୍ୟକ୍ତିସତ୍ତା କହିଲେ ଯାତ୍ରାବାଲା ରମେଶ ପାଣିଗ୍ରାହୀ, ପ୍ରାବନ୍ଧିକ ରମେଶ ପାଣିଗ୍ରାହୀ, ବୌଦ୍ଧିକ ରମେଶ ପାଣିଗ୍ରାହୀ, ନିର୍ଦ୍ଦେଶକ ରମେଶ ପାଣିଗ୍ରାହୀ, ରୋମାଣ୍ଟିକ୍ ରମେଶ ପାଣିଗ୍ରାହୀ, ବିପ୍ଳବୀ ରମେଶ ପାଣିଗ୍ରାହୀ। ଏହିପରି ଅନେକ ଭୂମିକାରେ ସେ ନିଜକୁ ବିଭକ୍ତ କରିଛନ୍ତି। କିନ୍ତୁ ତାଙ୍କର ଅନ୍ତଃସତ୍ତା କହିଲେ ତାଙ୍କ ଭିତରେ ଥିବା ରୋମାଣ୍ଟିକ ବ୍ୟକ୍ତିସତ୍ତା ଯାହାକି ସ୍ୱପ୍ନ ଦେଖୁଥିଲା ବେଳେ ତାଙ୍କ ଭିତରେ ବିପ୍ଳବ ସତ୍ତା ଚିରାଚରିତ ପ୍ରଥା ଓ ରୁଚିକୁ ଭାଙ୍ଗିବା ପାଇଁ ଚେଷ୍ଟା କରୁଛି। ତାଙ୍କ ଭିତରେ ଥିବା ବିଭିନ୍ନ ଅନୁଭୂତି, ଚେତନା, ଦର୍ଶନ ତତ୍ତ୍ୱ ଏବଂ ବିଭିନ୍ନ ଆବେଗ ଯଦି ଗୋଟିଏ ଗୋଟିଏ ଚରିତ୍ର ହୁଅନ୍ତି ତା' ହେଲେ ନାଟ୍ୟକାର ରମେଶ ପାଣିଗ୍ରାହୀ ବାର ଭାଗରେ ବିଭକ୍ତ ହୋଇଯିବାର ସମ୍ଭାବନା ଅପ୍ରାସଂଗିକ ମନେ ହେବ ନାହିଁ।

ଗୋଟିଏ ଊର୍ଣ୍ଣନାଭି ହିଁ ଯେପରି ନିଜ ଚାରିପଟେ ଜାଲ ବୁଣି ତାରି ଭିତରେ ଅବସ୍ଥାନ କରୁଛି, ସେହିପରି ନାଟ୍ୟକାର ନିଜ ମୁଣ୍ଡ ଭିତର ବିଭିନ୍ନ କାହଣୀ ବାହାର କରି ତା'ରି ଭିତରେ ଅବସ୍ଥାନ କରିଛନ୍ତି। ଅନ୍ୟ ଭାଷାରେ କହିବାକୁ ଗଲେ ଯେସନେ ଊର୍ଣ୍ଣନାଭି ଜାଲ ବୁଣେ ତେସନେ ନାଟ୍ୟକାର କାହାଣୀର ଇନ୍ଦ୍ରଜାଲ ବୁଣେ।

୧୯୯୪ ମସିହାରେ ଏହି ଏକାଙ୍କିକାଟି ପ୍ରକାଶିତ ହେଲାପରେ ୨୦୧୭ ମସିହାରେ ଏହି ନାମରେ ତାଙ୍କର ଗୋଟିଏ ନାଟକ ପ୍ରକାଶ ପାଇଛି। ନାଟକ 'ଯେସନେ କୀଟ ଊର୍ଣ୍ଣନାଭି'ରେ ବାରଜଣ ବ୍ୟକ୍ତିସତ୍ତା ନାହାନ୍ତି। ଏହା ମଧ୍ୟ ଗୋଟିଏ ନାଟ୍ୟକାର ଚରିତ୍ର ଉପରେ ଆଧାରିତ। ଏହାକୁ ନାଟ୍ୟକାର meta theatre ବୋଲି କହିଛନ୍ତି। meta theatre ର ସଂଜ୍ଞା ନିରୂପଣ କରିବାକୁ ଯାଇ ମୁଖବନ୍ଧରେ ଲେଖିଛନ୍ତି- Stuart- Meta Theatre is a convenient name for the quality on force in a play which challenges theatres claim to be simply realistic- to be nothing but a mirror in which we view the actions and sufferings of characters like ourselves, suspending our disbelief in their reality. Meta Theatre begins by sharpening our awareness of the unlikeness of life to dramatic ant; It may end by making us aware of life's uncanny likeness to ant or illusion by calling Attention to the strangeness, artificiality, illusoriness or arbitrariness – in short the theatricality-of the life we live. It makes those frames and boundaries that conversional dramatic realism would hide."[୩୯]

ଅତି ସରଳ ଭାଷାରେ କହିବାକୁ meta theatre ହେଉଛି ନାଟକ ସଂର୍ପକରେ ନାଟକ। ଏହି ଦୃଷ୍ଟିରୁ ସମଗ୍ର ଓଡିଆ ନାଟ୍ୟ ସାହିତ୍ୟରେ ଏହା ଏକ ନୂତନ ପରୀକ୍ଷା। ମୁଖବନ୍ଧରେ ନାଟ୍ୟକାର ପାଣିଗ୍ରାହୀ କହିଛନ୍ତି- "ମୁଁ ସାଦୃଶ୍ୟର ଉପାଦାନ ଥିବା ନାଟକ ଆଦୌ ଲେଖେନାହିଁ। ମୋ ନାଟକରେ ଭିନ୍ନତା ଥାଏ। ଖୋଜି ଖୋଜି ଓଡିଆରେ ଯାହା ଲେଖାଯାଇ ନାହିଁ ସେପରି ନାଟକ ମୁଁ ଲେଖେ। ମୋର ବିଶ୍ୱାସ, ସେଇ ସେଇକଥାକୁ ବାରମ୍ବାର ଲେଖିଲେ ପୁରସ୍କାର ମିଳିପାରେ କିନ୍ତୁ ଓଡିଆ ନାଟକର ଅଗ୍ରଗତି ହେବନାହିଁ। ଏ ଦେଶର ନାଟ୍ୟ ସଂସ୍କୃତିକୁ ପାଦେ ଆଗେଇ ନେବା ପାଇଁ ଆମକୁ ଅମଡା ବାଟରେ ଚାଲିବାକୁ ପଡିବ।"[୪୦]

ଏସବୁ ଦୃଷ୍ଟିରୁ ଦେଖିଲେ ସ୍ପଷ୍ଟ ପ୍ରତୀୟମାନ ହୁଏ ଯେ ଆଧୁନିକ ସମୟର ସମସ୍ତ ନାଟ୍ୟକାରଙ୍କ ଅପେକ୍ଷା ରମେଶ ପାଣିଗ୍ରାହୀଙ୍କ ଏକାଙ୍କିକା, ଅନାଟକ ଓ

ଅଣୁନାଟକ ଗୁଡ଼ିକରେ ଶୈଳୀ ପ୍ରୟୋଗ ଅତ୍ୟନ୍ତ ଉଗ୍ର । ନାଟ୍ୟକାର ରମେଶ ପାଣିଗ୍ରାହୀଙ୍କ ଅନାଟକ, ଅଣୁନାଟକ ଓ ପ୍ରତିନାଟକ ଭାରତର ଅନ୍ୟ କୌଣସି ନାଟ୍ୟକାରଙ୍କ ରଚନାରେ ଉପଲବ୍ଧ ହୁଏ ନାହିଁ । ଏ ସଂପର୍କରେ ଏହି ଗବେଷଣା ନିବନ୍ଧର ତୃତୀୟ ପରିଚ୍ଛେଦରେ ଆଲୋଚନା କରାଯାଇଅଛି ।

ସଂକେତସୂଚୀ

୧. Esslin Martin : Theatre of the Absurd, 1968, Harmondsworth, Pelican Book, P-389-390.

୨. ପାଣିଗ୍ରାହୀ ରମେଶ ପ୍ରସାଦ : 'ସେ ମରିଗଲେ' ମୁଖବନ୍ଧ, ପ୍ରଜାପତିର ଅରଣ୍ୟ, ଅପୂର୍ବ, ୨୦୧୩ ।

୩. ପାଣିଗ୍ରାହୀ ରମେଶ ପ୍ରସାଦ : 'ସେ ମରିଗଲେ', ଓଡ଼ିଶା ବୁକ୍ ଷ୍ଟୋର୍, କଟକ, ୧୯୮୦, ପୃ-୮୯ ।

୪. ତତ୍ରୈବ, ପୃ-୧୨୧ ।

୫. ତତ୍ରୈବ, ପୃ-୧୨୧ ।

୬. ପାଣିଗ୍ରାହୀ ରମେଶ ପ୍ରସାଦ : 'କେଜାଣି କାହିଁକି କେଉଁଠି କିପରି କେତେବେଳେ', ଅପ୍ରୀତିକର ନାଟକ, ୧୯୮୧, ଓଡ଼ିଶା ବୁକ୍ ଷ୍ଟୋର, କଟକ, ପୃ-୧୬୯ ।

୭. ତତ୍ରୈବ, ପୃ-୧୫୯-୧୬୦ ।

୮. ତତ୍ରୈବ, ପୃ-୧୬୮ ।

୯. ପାଣିଗ୍ରାହୀ ରମେଶ ପ୍ରସାଦ : 'ପଶୁ', ଏକ ପ୍ରାକ୍ କଥନୀ, ଅପ୍ରୀତିକର ନାଟକ, ଓଡ଼ିଶା ବୁକ୍ ଷ୍ଟୋର, କଟକ, ୧୯୮୧ ।

୧୦. Winer Lucy : The Drama Review, Vol. 18, No-14, P-86.

୧୧. Kostelenetz Richard : The Theatre of mixed means, 1968, The dial Press, New York, P-33.

୧୨. ପାଣିଗ୍ରାହୀ ରମେଶ ପ୍ରସାଦ : 'ଉଡ଼ନ୍ତା ପାହାଡ଼ର ଦର୍ଜା', ଉପକ୍ରମଣିକା, ଉଡ଼ନ୍ତା ପାହାଡ଼ର ଦର୍ଜା, ଓଡ଼ିଶା ବୁକ୍ ଷ୍ଟୋର, ୧୯୮୦, କଟକ, ପୃ-୧୩୪-୧୩୫ ।

୧୩. ତତ୍ରୈବ, ପୃ-୧୪୫-୧୪୬

୧୪. ତତ୍ରୈବ, ପୃ-୧୪୬

୧୫. ତତ୍ରୈବ, ପୃ-୧୪୭

୧୬. ତତ୍ରୈବ, ପୃ-୧୪୮-୧୪୯

୧୭. ତତ୍ରୈବ, ପୃ-୧୪୯-୧୫୦

୧୮. ତତ୍ରୈବ, ପୃ-୧୬୦

୧୯. ପାଣିଗ୍ରାହୀ ରମେଶ ପ୍ରସାଦ : 'ଲକ୍ଷ୍ମୀ ପୂଜା ପ୍ରସଂଗ', ମୁଖବଂଧ, 'ଶ୍ରୀ ଶ୍ରୀ ମହାଲକ୍ଷ୍ମୀ ପୂଜା', ଓଡ଼ିଶା ବୁକ୍ ଷ୍ଟୋର, ୧୯୮୦, କଟକ, ପୃ- ଖ ।

୨୦. ତତ୍ରୈବ, ପୃ-୩୪-୩୫।

୨୧. ତତ୍ରୈବ, ପୃ-୪୫

୨୨. ତତ୍ରୈବ, ପୃ-୫୫

୨୩. ପାଣିଗ୍ରାହୀ ରମେଶ ପ୍ରସାଦ : 'ସକାଳର ମେଘ' ଅପ୍ରୀତିକର ନାଟକ, ସୂଚନା, ଓଡ଼ିଶା ବୁକ୍ ଷ୍ଟୋର, କଟକ, ୧୯୮୧, ପୃ-୯୧-୯୨

୨୪. ପାଣିଗ୍ରାହୀ ରମେଶ ପ୍ରସାଦ : ଗେଣ୍ଡା, ଅପ୍ରୀତିକର ନାଟକ, ଓଡ଼ିଶା ବୁକ୍ ଷ୍ଟୋର, ୧୯୮୧, କଟକ, ପୃ-୧୧୩।

୨୫. ତତ୍ରୈବ, ପୃ-୧୨୮।

୨୬. ପାଣିଗ୍ରାହୀ ରମେଶ ପ୍ରସାଦ : ଯାହାସବୁ ବୁଝାପଡ଼େ ନାହିଁ, ଅପ୍ରକାଶିତ ପାଣ୍ଡୁଲିପି, ପୃ-୬

୨୭. ତତ୍ରୈବ, ପୃ-୧୦

୨୮. ତତ୍ରୈବ, ପୃ-୧୧

୨୯. ତତ୍ରୈବ, ପୃ-୧୨

୩୦. ପାଣିଗ୍ରାହୀ ରମେଶ ପ୍ରସାଦ : 'ରାସ୍ତାସବୁ ବନ୍ଦ', ସପ୍ତତରଙ୍ଗ, ସଂ- ସଦାନନ୍ଦ ନାୟକ, ତାରା ତାରିଣୀ ପୁସ୍ତକାଳୟ, ବ୍ରହ୍ମପୁର, ୨୦୦୨, ପୃ-୧୦୫।

୩୧. ତତ୍ରୈବ, ପୃ-୧୦୬।

୩୨. ତତ୍ରୈବ, ପୃ-୧୧୨-୧୧୩।

୩୩. ପାଣିଗ୍ରାହୀ ରମେଶ ପ୍ରସାଦ : 'ବୁଦ୍ଧ', ବୁଦ୍ଧ ପଢ଼ିବା ଆଗରୁ, ଅପ୍ରୀତିକର ନାଟକ, ଓଡ଼ିଶା ବୁକ୍ ଷ୍ଟୋର, କଟକ,୧୯୮୧, ପୃ-୪୯।

୩୪. ପାଣିଗ୍ରାହୀ ରମେଶ ପ୍ରସାଦ : 'ବିଶ୍ୱମ୍ଭର ସେନାପତି ଓ ଦର୍ପଣ ଉପାଖ୍ୟାନମ୍', ଉଡ଼ନ୍ତା ପାହାଡ଼ର ଦର୍ଜା, ଓଡ଼ିଶା ବୁକ୍ ଷ୍ଟୋର, କଟକ, ୧୯୮୦, ପୃ-୭୫।

୩୫. ପାଣିଗ୍ରାହୀ ରମେଶ ପ୍ରସାଦ : ଯେସନେ କୀଟ ଉର୍ଣ୍ଣନାଭି, ଝଙ୍କାର, ଡ଼ିସେମ୍ବର-୧୯୯୪, ପୃ-୧୦୪୨।

୩୬. ତତ୍ରୈବ, ପୃ-୧୦୪୫।

୩୭. ପାଣିଗ୍ରାହୀ ରମେଶ ପ୍ରସାଦ : 'ବୁନ୍ଦାଏ ପାଣିରେ ସମୁଦ୍ର', ଲେଖାଲେଖି, ବି.ଏଲ-୮, ଭି.ଏସ.ଏସ୍. ନଗର, ଭୁବନେଶ୍ୱର,୨୦୧୬।

୩୮. ପାଣିଗ୍ରାହୀ ରମେଶ ପ୍ରସାଦ : 'ଯେସନେ କୀଟ ଉର୍ଣ୍ଣନାଭି', ପ୍ରଜାପତିର ଅରଣ୍ୟ, ଅପୂର୍ବା ପ୍ରକାଶନ, ଭୁବନେଶ୍ୱର, ୨୦୧୩, ପୃ-୩୯୨।

୩୯. Stuart Davis, Shakespeare class at Cornell University, Spring, 1999, P- 1.

୪୦. ପାଣିଗ୍ରାହୀ ରମେଶ ପ୍ରସାଦ : 'ଯେସନେ କୀଟ ଉର୍ଣ୍ଣନାଭି', ମୁଖବନ୍ଧ, ପ୍ରଜାପତିର ଅରଣ୍ୟ, ଅପୂର୍ବା ପ୍ରକାଶନ, ଭୁବନେଶ୍ୱର, ୨୦୧୩।

ଉପସଂହାର

ନାଟକ ହେଉଛି ଜୀବନର ଅଭିନୟାତ୍ମକ ସୃଷ୍ଟି ଓ ଏହାର ଉପସ୍ଥାପନ ଜୀବନର ଅନୁଭୂତି। ସର୍ବୋପରି କହିବାକୁ ଗଲେ ନାଟକ ସମାଜିକ ଚଳଣିର ଦର୍ପଣ ଓ ସତ୍ୟର ପ୍ରତିଫଳନ। ସମାଜରେ ଥିବା ଦୋଷଗୁଣ, ଭଲମନ୍ଦ, ହସକାନ୍ଦ, ସୁଖଦୁଃଖର ସେଇ ପ୍ରତିଟି ପରିପ୍ରକାଶ ଥାଏ ନାଟକରେ। ତେଣୁ ଏହା ସବୁସ୍ତରର ଲୋକଙ୍କୁ ଆମୋଦିତ କରିପାରୁଛି। ନାଟକରେ ମନୁଷ୍ୟର ଚିତ୍ତବିନୋଦନ ସହ ନିବିଡ଼ ସମାଜନିଷ୍ଠ ଦୃଷ୍ଟିଭଙ୍ଗୀ ପ୍ରକାଶପାଏ। କର୍ମକ୍ଲାନ୍ତ ମନୁଷ୍ୟ ମନରୁ ଅବସାଦ ଦୁଃଖ ଓ ଦୁଃଶ୍ଚିନ୍ତା ଅପନୋଦନ କରିବା ଓ ତା'ସମ୍ମୁଖରେ ନିର୍ମଳ ରସୋପଚାରର ସାମଗ୍ରୀ ବାଢ଼ିପାରୁଥିବା ହେତୁ ଜାତି, ଧର୍ମ, ବର୍ଣ୍ଣ ଓ ସମ୍ପ୍ରଦାୟ ନିର୍ବିଶେଷରେ ନାଟକ ସମସ୍ତଙ୍କର ଆଦରଣୀୟ ହୋଇପାରିଛି।

ନାଟକରେ ନୂତନତାର ପର୍ବ ଆରମ୍ଭ ହୁଏ ୧୯୫୦ ମସିହା ପରଠାରୁ। ଏ ସମୟକୁ ଐତିହାସିକ ଓ ପୌରାଣିକ ନାଟକର ଯୁଗ ବିଦାୟ ନେଲାଣି। ବାସ୍ତବବାଦୀ ନାଟ୍ୟ ଧାରାର ସମାନ୍ତରାଳ ରୀତିରେ ଆଉ ଏକ ନାଟ୍ୟ ପ୍ରବୃତ୍ତି ଏ କାଳରେ ଆତ୍ମପ୍ରକାଶ କରିଛି। ଯାହାକି ମଣିଷର ଅନ୍ତର୍ନିହିତ ବାସ୍ତବତାକୁ ରୂପ ଦେବାରେ ସମର୍ଥ। ଏହା ସାଙ୍ଗକୁ ସ୍ୱାଧୀନତାର ମୋହଭଙ୍ଗ ଘଟୁଥିଲା ଅସହାୟ ସ୍ୱପ୍ନବାଦୀ ସାଧାରଣ ଜନତାର। ସମାଜଜୀବନର ଧାରା ପରିବର୍ତ୍ତିତ ହେବା ସହ ନୂଆ ସମସ୍ୟାମାନ ଜନ୍ମ ଦେଇଥିଲା। ମଣିଷର ସାମାଜିକ ତଥା ନୀତିଗତ ସମସ୍ୟାଗୁଡ଼ିକ ମୁଣ୍ଡଟେକି ଉଠିଥିଲା। କିନ୍ତୁ ବ୍ୟକ୍ତିଗତ ସ୍ତରଠାରୁ ବହୁ ଉର୍ଦ୍ଧ୍ୱରେ ଥିଲା ସାମ୍ୟବାଦର ସ୍ୱର, ଶ୍ରେଣୀ ସଂଘର୍ଷ, ମାର୍କ୍ସ ଓ ଫ୍ରଏଡ୍ ଚିନ୍ତାଧାରା ତଥା ବିଶ୍ୱଯୁଦ୍ଧର ଘନଘଟା ଓ ତା'ପରବର୍ତ୍ତୀ କାଳର ଆତଙ୍କ। ଏ କାଳରେ ଶାନ୍ତି ପାଇଁ ବିଶ୍ୱର ଆର୍ତ୍ତଚିତ୍କାର ମାନବବାଦର ନବ ମୂଲ୍ୟାୟନ ଘଟାଇ ନାଟକକୁ ସମୃଦ୍ଧ କରିଛି। ୧୯୭୦ ମସିହା ବେଳକୁ ବ୍ୟବସାୟିକ ରଙ୍ଗମଞ୍ଚର ପାଦପ୍ରଦୀପ ଲିଭିଯାଇଛି ଏବଂ ଗ୍ରୁପ ଥିଏଟରମାନ ଗଢ଼ିଉଠିଛି। ନବନାଟ୍ୟଧାରା ବା ନୂତନ ନାଟ୍ୟ ଆନ୍ଦୋଳନ ଧିରେ ଧିରେ ମୁଣ୍ଡଟେକିଛି। ସିନେମା ଟେଲିଭିଜନର ପ୍ରସାର ଫଳରେ ଏହି ଗ୍ରୁପ ଥିଏଟରର ପ୍ରସାର ଲାଭ କରିଛି। ଯାହା ଫଳରେ ନାଟକର ଅଙ୍ଗ ଓ ଆତ୍ମାକୁ

ନେଇ ନାନା ପରୀକ୍ଷା ନିରୀକ୍ଷା କରାଯାଇଛି। ମନୋରଞ୍ଜନଙ୍କ 'ଆଗାମୀ' ଏହି ନୂତନ ନାଟ୍ୟଧାରାର ଶୁଭଶଙ୍ଖ ବାଦନ କରିଥିଲା। ବିଜୟ ମିଶ୍ରଙ୍କ 'ଶବବାହକମାନେ', ବିଶ୍ୱଜିତ ଦାସଙ୍କ 'ମୃଗୟା', ରମେଶ ପାଣିଗ୍ରାହୀଙ୍କ 'ମୁଁ ଆମ୍ଭେ ଆମ୍ଭେମାନେ', କାର୍ତ୍ତିକ ରଥଙ୍କ 'ଜୀବନ ଯଜ୍ଞ' ପ୍ରଭୃତିରେ ଏହାର ଧ୍ୱନି ପ୍ରତିଫଳିତ ହୋଇଛି। ନାଟକର ପରିବର୍ତ୍ତନ ସହିତ ମଞ୍ଚ ଉପସ୍ଥାପନା ଶୈଳୀରେ ମଧ୍ୟ ପରିବର୍ତ୍ତନ ଦେଖାଦେଇଛି। **multiset design** ଓ **oneset design** କୁ ନାଟକ ଆଦରି ନେଇଥିବା ବେଳେ ସାମ୍ପ୍ରତିକ କାଳର ନାଟକରେ ମୁକ୍ତଧାରା ଅନୁସୃତ ହେଉଛି। ଉପରୋକ୍ତ ପ୍ରତ୍ୟେକ ନାଟକକୁ ଆଧୁନିକ ନାଟକର ବିଚାର କାଳ ମଧ୍ୟରେ ଉଦାହରଣ ରୂପେ ବ୍ୟବହାର କରାଯାଇପାରେ।

ଏଥିରୁ ସ୍ପଷ୍ଟ ହୁଏ ଯେ ସ୍ୱାଧୀନତା ପରବର୍ତ୍ତୀ ସମୟର ନାଟକ କେବଳ ମଞ୍ଚ ସଜ୍ଜାରେ ପରିବର୍ତ୍ତନ ଆଣିବା ସହିତ, ନାଟକର ଭାବକଳ୍ପ ଓ ଆଙ୍ଗୀକରେ ମଧ୍ୟ ବହୁ ପରିବର୍ତ୍ତନ ଆସିଛି। ଏହି ନିବନ୍ଧରେ ପରୀକ୍ଷାମୂଳକ ନାଟ୍ୟଯୁଗର ନୂତନ ବାର୍ତ୍ତାବହ ରମେଶ ପ୍ରସାଦ ପାଣିଗ୍ରାହୀଙ୍କର ନାଟ୍ୟ ସମୂହକୁ ଆଲୋଚନା କରାଯାଇଛି। ଶ୍ରୀ ପାଣିଗ୍ରାହୀ ସାମ୍ପ୍ରତିକ ନାଟକ ତଥା ବିଂଶ ଶତକର ଷଷ୍ଠ ଓ ସପ୍ତମ ଦଶକର ନାଟ୍ୟଧାରାରେ ଏକ ବହୁ ଚର୍ଚ୍ଚିତ ନାମ। ଛାତ୍ରାବସ୍ଥାରୁ ସେ ନାଟକ ରଚନା କରି ଅଗଣିତ ପାଠକ ତଥା ଦର୍ଶକମାନଙ୍କର ଶ୍ରଦ୍ଧାଭାଜନ ହୋଇ ପାରିଥିଲେ। ସେ କେବଳ ଯାତ୍ରା ଲେଖକ ନୁହନ୍ତି ବରଂ ସେ ବୃତ୍ତିରେ ଜଣେ ଇଂରାଜୀ ଅଧ୍ୟାପକ।

ସେ ଏକାଧାରାରେ ଜଣେ ନାଟ୍ୟକାର, ନିର୍ଦ୍ଦେଶକ, ଗବେଷକ, ଗୀତିକାର ଓ ସମାଲୋଚକ। ସେ ଇଂରାଜୀ ନାଟକ ବିଶେଷ କରି ମାର୍କିନ ନାଟକ ସମ୍ପର୍କରେ ଓ ପାଶ୍ଚାତ୍ୟ ରଙ୍ଗମଞ୍ଚର ପରିବର୍ତ୍ତନ ସମ୍ପର୍କରେ ଗଭୀର ଅଧ୍ୟୟନ କରିଛନ୍ତି। ମଞ୍ଚ, ସଂଳାପ, ଚରିତ୍ର ଓ କଥାବସ୍ତୁ ଆଦି ସବୁ ବିଭାଗର ତାଙ୍କର ନୂତନତାର ସ୍ପର୍ଶ ଦୃଷ୍ଟିଗୋଚର ହୁଏ। କାହାଣୀଠାରୁ ଚରିତ୍ର ତାଙ୍କ ନାଟକରେ ଗୁରୁତ୍ୱପୂର୍ଣ୍ଣ। ପ୍ରତ୍ୟେକ ଚରିତ୍ର ଅନ୍ୟଠାରୁ ସ୍ୱତନ୍ତ୍ର। ନୂତନ ଚିନ୍ତାଧାରା ନେଇ ସେ ନାଟକର କଥାବସ୍ତୁ ପରିକଳ୍ପିତ କରନ୍ତି। ଓଡ଼ିଶାର ପାରମ୍ପରିକ ଯାତ୍ରା ମଞ୍ଚରେ ସେ କରିଛନ୍ତି ନୂତନତାର ସଂଚାର। ମଞ୍ଚ ବ୍ୟକ୍ତିତ୍ୱ ପିଟର ବ୍ରୁକ୍ ଓ ଆର୍ଟୁଙ୍କ ମଞ୍ଚ ଅଭିଜ୍ଞତାକୁ ନେଇ ସେ ନାଟକ ପରିବେଷଣ କ୍ଷେତ୍ରରେ ଶୂନ୍ୟମଞ୍ଚର ପରୀକ୍ଷା କରି ସଫଳ ହୋଇଛନ୍ତି। ବହୁମୁଖୀ ପ୍ରତିଭାର ଅଧିକାରୀ ନାଟ୍ୟକାର ରମେଶ ପ୍ରସାଦ ପାଣିଗ୍ରାହୀ ଆକାଶବାଣୀର ଜଣେ ସ୍ୱୀକୃତିପ୍ରାପ୍ତ ଗୀତିକାର ଅଟନ୍ତି। ସଙ୍ଗୀତର ଆବେଦନ ଯାତ୍ରା ନାଟକରେ ସେ ଉପଲବ୍ଧି କରିଛନ୍ତି। ତେଣୁ ତାଙ୍କ ନାଟକରେ ସ୍ୱର ସଂଯୋଜନା ପ୍ରାୟତଃ ଦୃଷ୍ଟିଗୋଚର ହୁଏ।

ସ୍ୱାଧୀନତା ପରବର୍ତ୍ତୀ ଓଡ଼ିଆ ନାଟକଗୁଡ଼ିକୁ ଦୁଇଟି ପର୍ଯ୍ୟାୟରେ ବିଭକ୍ତ କରାଯାଇପାରେ। (କ) ବ୍ୟବସାୟିକ ରଙ୍ଗମଞ୍ଚ ଅଭିନୀତ ନାଟକ (ଖ) ସୌଖୀନ ନାଟ୍ୟଦଳ ପରିବେଷଣ କରୁଥିବା ପରୀକ୍ଷାମୂଳକ ନାଟକ । ସ୍ୱାଧୀନତା ପରବର୍ତ୍ତୀ ସମୟର ନାଟକରେ କେବଳ ମଞ୍ଚ କଳା କ୍ଷେତ୍ରରେ ପରିବର୍ତ୍ତନ ଆସିନି ନାଟକର ଭାବକଳ୍ପ ଓ ଆଙ୍ଗିକରେ ମଧ୍ୟ ବହୁ ପରିବର୍ତ୍ତନ ଆସିଛି। ଆଲୋଚନାରୁ ଜଣାଯାଏ ରମେଶ ପ୍ରସାଦ ପାଣିଗ୍ରାହୀ ପରୀକ୍ଷାମୂଳକ ନାଟକ କ୍ଷେତ୍ରରେ ନୂତନତାର ବାର୍ତ୍ତାବହ।

ସ୍ୱାଧୀନତା ପୂର୍ବ ଓ ପରର ମୂଲ୍ୟବୋଧ ଭିତ୍ତିକ ସଂଘର୍ଷକୁ ଆଧାରକରି ରଚନା କରାଯାଇଥିବା ପ୍ରଥମ ନାଟକ 'ମୁକ୍ତିମଣ୍ଡପ'। ଏହି ନାଟକର ବହୁ ସାମାଜିକ ସମସ୍ୟା ସ୍ଥାନ ପାଇଛି ଯେପରିକି ମାର୍କ୍ସୀୟ ଚିନ୍ତାଧାରା। 'ବିନ୍ଦୁ ଓ ବଳୟ'ର ନାଟକର ବ୍ରେଖ୍‌ଟୀୟ ଶୈଳୀର ପ୍ରୟୋଗ କରାଯାଇଛି। 'ମୁଁ, ଆମ୍ଭେ ଓ ଆମ୍ଭେମାନେ'ରେ ଚିତ୍ରକଳ୍ପ ତଥା ପ୍ରତୀକର ସମନ୍ୱୟ ଘଟିଛି। 'ଧୃତରାଷ୍ଟ୍ରର ଆଖି'ରେ ମିଥ୍‌ର ସଫଳ ପ୍ରୟୋଗ ହୋଇଛି। 'ମହାନାଟକ' ଓଡ଼ିଆ ନାଟକର ମୋଡ଼ ପରିବର୍ତ୍ତନ କରିଥିବା ନବନାଟ୍ୟଧାରାର ଶ୍ରେଷ୍ଠ କୃତି। ଏଥିରେ ଲୋକନାଟ୍ୟ ଶୈଳୀର ପରୀକ୍ଷା କରାଯାଇଛି। ଉଭଟ ନାଟ୍ୟଶୈଳୀରେ 'ଜଣେ ମହାପୁରୁଷଙ୍କ ଜନ୍ମମୃତ୍ୟୁ ସମ୍ପର୍କରେ' ରଚିତ। ପ୍ରେମ ବିବାହ କରି ବ୍ରାହ୍ମଣ ଘରୁ ବୋହୂ ଆଣି, ଜାତିପ୍ରଥା ବିରୁଦ୍ଧରେ ପ୍ରତିବାଦ, 'ଅନ୍ଧନଦୀର ସୁଅ'ରେ ସମାଜ ବିରୁଦ୍ଧରେ ସଦାଶିବର ବିଦ୍ରୋହ, 'କମଳପୁର ଡାକଘର' ନାଟକରେ ମିଶ୍ରଙ୍କ ଅସାଧୁତା ବିଷୟରେ ଦୋଳଗୋବିନ୍ଦଙ୍କ ପ୍ରତିବାଦ, 'ମହାନାଟକ'ର ମୃତବ୍ୟକ୍ତିର ପ୍ରତିବାଦ ପ୍ରଭୃତି ତାଙ୍କ ନାଟ୍ୟ ଚିନ୍ତାରେ ନୂତନତାର ସଂଚାର କରିଛି। ସେହିପରି 'ହାତୀକୁ ହୋମିଓପ୍ୟାଥି' ନାଟକରେ ନାଟ୍ୟକାର ଏକ ନୂତନ କଥନ ଭଙ୍ଗୀର ପ୍ରତିରୂପ ଭାବରେ ତଥା ମଞ୍ଚ ବିମ୍ବ ଭାବରେ ହାତୀକୁ ଉପସ୍ଥାପନ କରିଛନ୍ତି ।

ଯାତ୍ରାକାର ଭାବରେ ରମେଶ ପାଣିଗ୍ରାହୀ ଅନନ୍ୟ ସିଦ୍ଧିର ଅଧିକାରୀ। ତାଙ୍କର ପ୍ରତ୍ୟେକ ଯାତ୍ରାରେ ନୂତନତ୍ୱ ପରିଦୃଷ୍ଟ ହୁଏ। ଯାତ୍ରାର ମଞ୍ଚ, ସଂଳାପ, ଚରିତ୍ର କଥାବସ୍ତୁ ପ୍ରଭୃତିରେ ତାଙ୍କର ବହୁପାଠିତାର ଦୃଷ୍ଟାନ୍ତ ମିଳେ। ଯାତ୍ରାରେ ସେ ମିଥ୍‌ର ପ୍ରୟୋଗ କରିଛନ୍ତି । ଏକାଧିକ ମଞ୍ଚକୁ ନେଇ ଯାତ୍ରାରେ ପରୀକ୍ଷା ମଧ୍ୟ କରିଛନ୍ତି। ତୁଳସୀ ଗଣନାଟ୍ୟ ପାଇଁ ତାଙ୍କ ଦ୍ୱାରା ଲିଖିତ 'ଲକ୍ଷଣର ତିନିଗାର' ନାଟକର ଓଡ଼ିଆ ଗଣନାଟ୍ୟ ମଞ୍ଚରେ ଏକ ପରିବର୍ତ୍ତନ ଆଣିଥିଲା। 'ଶ୍ରୀକୃଷ୍ଣ ଆସୁଛନ୍ତି' ଯାତ୍ରା ନାଟକର ଆଖ୍ୟାନ କୌଶଳ ଓ ଘଟଣା ବିନ୍ୟାସ କୌଣସି ଓଡ଼ିଆ ଯାତ୍ରା ନାଟକରେ ଦେଖିବାକୁ ମିଳେନାହିଁ। 'ଡନ୍' ନାମକ ଏକ ଅପାଙ୍‌କ୍ତେୟ ଚରିତ୍ରକୁ ନାଟକର ସୂତ୍ରଧର ଭୂମିକାରେ ଅବତୀର୍ଣ୍ଣ

କରିବାର ଉଦାହରଣ ସମଗ୍ର ଭାରତୀୟ ସାହିତ୍ୟରେ ବିରଳ। ମୃତ୍ୟୁ ଚେତନାକୁ ସେ ଯାତ୍ରାରେ ପ୍ରୟୋଗ ଓ ପରୀକ୍ଷା କରି ସଫଳ ହୋଇଛନ୍ତି।

ଏକାଙ୍କିକାର ସ୍ରଷ୍ଟା ଭାବେ ରମେଶ ପାଣିଗ୍ରାହୀ ମଧ୍ୟ କୃତିତ୍ୱର ଅଧିକାରୀ। ସେ ଏକାଙ୍କିକା ଶବ୍ଦଟିକୁ ସହଜରେ ଗ୍ରହଣ କରିପାରିନାହାନ୍ତି। ତାଙ୍କର ଏକାଙ୍କିକା ଗୁଡ଼ିକ ଦୁଇଟି ଗ୍ରନ୍ଥରେ ସନ୍ନିବେଶିତ । ତାହା ହେଲା- (କ) ଉଡ଼ନ୍ତା ପାହାଡ଼ର ଦର୍ଜା (ଖ) ଅପ୍ରୀତିକର ନାଟକ। କିନ୍ତୁ ସେଥିରେ କେତେକ ଏକାଙ୍କିକାକୁ ସେ ଅନାଟକ ଆଖ୍ୟା ଦେଇଛନ୍ତି। ଏହାବ୍ୟତୀତ ତାଙ୍କର କେତେକ କ୍ଷୁଦ୍ର ନାଟକ ଓ ଅଣୁନାଟକ ମଧ୍ୟ ରହିଛି। ନିକଟରେ ତାଙ୍କର 'ବୁନ୍ଦାଏ ପାଣିରେ ସମୁଦ୍ର' ଓ 'ଦେଖୁ ଦେଖୁ ଅଦୃଶ୍ୟ' ଶୀର୍ଷକ ଦୁଇଟି ଏକାଙ୍କିକା ଗ୍ରନ୍ଥ ପ୍ରକାଶ ପାଇଛି। 'ଯେସନେ କୀଟ ଉର୍ଣ୍ଣନାଭି'ରେ ସେ ଆତ୍ମ-ସଚେତନ ଶୈଳୀର ପ୍ରୟୋଗ କରିଛନ୍ତି। 'ବୁନ୍ଦାଏ ପାଣିରେ ସମୁଦ୍ର', 'ଗୋପବନ୍ଧୁଙ୍କ ଗଛ' ଏକାଙ୍କିକା ଦ୍ୱୟର ମୁଖ୍ୟ ଧର୍ମ ହେଉଛି ଶ୍ଲେଷ। ଏଥିରେ ସାମ୍ପ୍ରତିକ ସଭ୍ୟତାର ଅବକ୍ଷୟ ଓ ମାନବିକ ମୂଲ୍ୟବୋଧର କଥା କୁହାଯାଇଛି। ସେ ୨୫ ଟି ଅନାଟକ, ଅଣୁନାଟକ ଓ ପ୍ରତିନାଟକର ସ୍ରଷ୍ଟା।

ଆଲୋଚନାରୁ ଜଣାଯାଏ ରମେଶ ପ୍ରସାଦ ପାଣିଗ୍ରାହୀ ନବନାଟ୍ୟ ଆନ୍ଦୋଳନର ଜଣେ ସଫଳ ଓ ବଳିଷ୍ଠ ପ୍ରବର୍ତ୍ତକ। ତାଙ୍କ ନାଟକଗୁଡ଼ିକ ପରୀକ୍ଷାଧର୍ମୀ ଏବଂ ପ୍ରତୀକାତ୍ମକ। ପରିବର୍ତ୍ତନର ସ୍ୱର ତାଙ୍କ ନାଟକରେ ବାରିହୋଇପଡ଼େ। ଶ୍ରୀଯୁକ୍ତ ପାଣିଗ୍ରାହୀଙ୍କ ନାଟକ ଗୁଡ଼ିକରେ ରୁଗ୍ଣ ସମାଜ ବ୍ୟବସ୍ଥା, ରାଜନୈତିକ ଚକ୍ରାନ୍ତ, ବ୍ୟଙ୍ଗଧର୍ମୀ ଦୃଷ୍ଟିକୋଣ, ଆଦର୍ଶବାଦ ଓ ମାନବିକତାର ଏକ ଫେଣ୍ଟାଫେଣ୍ଟି ରୂପ ଦେଖିବାକୁ ମିଳିଥାଏ। ଦ୍ୱନ୍ଦ୍ୱ, ଉତ୍କଣ୍ଠା ମଞ୍ଚସଜ୍ଜା, କଥାବସ୍ତୁ ତଥା ସଂଳାପ ଦୃଷ୍ଟିରୁ ତାଙ୍କର ନାଟକ ଓ ଏକାଙ୍କିକାଗୁଡ଼ିକ ନୂତନତ୍ୱର ସ୍ୱାକ୍ଷର ବହନ କରିଛି।

ଉକ୍ତ ଗବେଷଣା ପ୍ରକଳ୍ପଟିରେ ସ୍ୱାଧୀନତା ପରବର୍ତ୍ତୀ କାଳର ସେହି ପ୍ରତିଭାଧର ନାଟ୍ୟକାରମାନଙ୍କର ନୂତନ ନାଟ୍ୟଦିଗନ୍ତର ବୈଶିଷ୍ଟ୍ୟଗୁଡ଼ିକ ସଂପର୍କରେ ବିଶ୍ଳେଷଣ କରାଯାଇଛି।

■

ପରିଶିଷ୍ଟ

ନାଟ୍ୟକାରଙ୍କ ସହ ସାକ୍ଷାତ୍‌କାର

ପ୍ରଶ୍ନ-୧ : ସମାଜ ପରିବର୍ତ୍ତନ ପାଇଁ ଆପଣ ନାଟକ ଲେଖନ୍ତି ନା ନାଟକ ବିନା ଆପଣ ନିଃସ୍ୱ -ସେଥିପାଇଁ ଲେଖନ୍ତି ?

ଉତ୍ତର : ପ୍ରଥମେ ଗୀତି କବିତା ଲେଖୁଥିଲି। ତାପରେ ଗଳ୍ପ, ୧୯୬୩ ମସିହାରୁ ନାଟକ ଲେଖୁଛି। ନିଜର କଳ୍ପନାଗୁଡ଼ିକୁ ଅଭିବ୍ୟକ୍ତ କଲାବେଳେ ତାକୁ ନାଟକୀୟ ଶୈଳୀରେ ଲେଖୁ ଲେଖୁ ସେଗୁଡ଼ିକ ନାଟକ ହୋଇଯାଇଛି, ମୋ'ସ୍ୱପ୍ନରେ ସମାଜ ଯେପରି ହେବା କଥା ତାହା ସେପରି ହୋଇନଥିବାରୁ ମୁଁ ସମାଜର ମୋଡ଼ ପରିବର୍ତ୍ତନ କରିବା ପାଇଁ ଆଉଥରେ ସ୍ୱପ୍ନ ଦେଖେ, ତାହା ସୃଜନଶୀଳ ସ୍ୱପ୍ନ। ଏ ସ୍ୱପ୍ନ ଦେଖିବା ମୋର ଅଭ୍ୟାସ। ପୃଥିବୀରେ ଏତେ ଲୋକ ଲେଖୁଛନ୍ତି। ସମାଜ ଏମିତି କେତେ ବଦଳିଛି ? ତଥାପି ମୁଁ ବଞ୍ଚିଥିବା ସମାଜଟି ମୋ'ସ୍ୱପ୍ନର ସମାଜ ଭଳିଆ ହେଉ- ଏମିତି ଗୋଟେ ଅଙ୍ଗୀକାର ମୋ'ଲେଖାରୁ ଆପେ ଆପେ ବାହାରିଯାଏ। ନାଟକଟି ଶିଳ୍ପ ଦୃଷ୍ଟିରୁ ଯେପରି ସୁନ୍ଦର ହେଉ ବୋଲି ମୁଁ ଭାବେ, ମୁଁ ବଞ୍ଚିଥିବା ସମାଜର ସେହିପରି ଏକ ଶୈଳ୍ପିକ ସୌନ୍ଦର୍ଯ୍ୟ ଉପଲବ୍ଧ ହେଉ ସେପରି ମୁଁ ଭାବି ଆସିଛି ନାଟକ ବିନା ମୁଁ ନିଃସ୍ୱ ନୁହେଁ, ପ୍ରବନ୍ଧ ଲେଖୁଛି। ଏ ଭିତରେ ''ଧୂପକାଠିର ଘର'' ବୋଲି ଗୋଟିଏ ଉପନ୍ୟାସ ମଧ୍ୟ ପ୍ରକାଶ ପାଇଛି। ମଞ୍ଚ ଉପରୁ ନାଟକ ମରିଗଲେ ମୁଁ ସିନେମା ପାଇଁ ଲେଖେ, ଟେଲିଭିଜନ ପାଇଁ ଲେଖେ, ରେଡ଼ିଓ ପାଇଁ ଲେଖେ।

ପ୍ରଶ୍ନ : ନାଟକଟିର ନାମ 'ମୁଁ ଆମ୍ଭେ ଓ ଆମ୍ଭେମାନେ' ରଖିବାର କାରଣ କ'ଣ ? ଆପଣଙ୍କର ଏଇ ନାମକରଣରେ କିଛି ବ୍ୟକ୍ତିଗତ କିମ୍ବା ସାମାଜିକ ସମ୍ପର୍କର ଇଙ୍ଗିତ ଅଛି କି ?

ଉତ୍ତର : ନାଟକର ନାମକରଣ ସହିତ ଅନେକ ଅନ୍ଧବିଶ୍ୱାସ ସଂଶ୍ଳିଷ୍ଟ। ଯେଉଁଠି ନାଟକଟିକୁ ବ୍ୟବସାୟିକ ଭିତ୍ତିରେ ମଞ୍ଚସ୍ଥ କରାଯାଏ, ବା ଟିକେଟ ବିକ୍ରୀ କରି ନାଟକ ପ୍ରଦର୍ଶନର ଖର୍ଚ୍ଚ ଭରଣା କରିବାକୁ ପଡ଼େ ସେଇଠି ନାଟ୍ୟକାର ଅଧିକ ସଂଖ୍ୟାରେ ଦର୍ଶକମାନଙ୍କୁ ଆକର୍ଷଣ କରିବାକୁ ଚାହେଁ। ଏଥିପାଇଁ ୭ଅକ୍ଷର, ୯ଅକ୍ଷର ଓ ୧୧ ଅକ୍ଷର ବିଶିଷ୍ଟ ନାମଟିଏ ଆବଶ୍ୟକ। ଯାତ୍ରା ନାଟକ ଲେଖିଲାବେଳେ ଦଳ ପକ୍ଷରୁ ସେପରି ଗୋଟିଏ ଅନୁରୋଧ ଆସେ। ମନଇଚ୍ଛା ନାଁ ଦେଲେ ସେମାନେ ବଦଳାଇ ଦିଅନ୍ତି। କାରଣ ନାଟକଟିକୁ ଆମୋଦପ୍ରମୋଦ ବଜାରରେ ବିକ୍ରୀ ହେବ ସେମିତି ଗୋଟିଏ ନାମ ବାଛିବାକୁ ପଡ଼େ ବ୍ୟବସାୟିକ ଦଳକୁ, ଗଣ ସମାଜ ପାଇଁ ଉଦ୍ଦିଷ୍ଟ କଳାରେ ବିଜ୍ଞାପନ ଓ ପ୍ରଚାରର ପ୍ରାଧାନ୍ୟ ବେଶୀ। ତେଣୁ ସୃଜନଶୀଳ ସ୍ରଷ୍ଟାର ସ୍ୱାତନ୍ତ୍ର୍ୟ ରହେନାହିଁ। ଖାଦ୍ୟ ହେଉ କି ପୋଷାକ ହେଉ କି ଗୀତ କ୍ୟାସେଟ୍ ବା ନାଟକ/ସିନେମା ଏଗୁଡ଼ିକ 'ବ୍ରାଣ୍ଡ ନେମ୍'ରେ ଚାଲେ।

'ମୁଁ ଆମ୍ଭେ ଓ ଆମ୍ଭେମାନେ' ଯେଉଁ ୧୯୬୮ ମସିହାରେ ଲେଖାହୋଇ ମଞ୍ଚସ୍ଥ ହେଲା ସେ ବର୍ଷ 'ବନହଂସୀ' ଓ 'ଶବବାହକମାନେ' ମଧ ମଞ୍ଚସ୍ଥ ହୋଇଥିଲା। 'ତୁଠ ପଥର', 'ଲାଲ ଚାବୁକ', 'ଘର ସଂସାର', 'ସୁନା ଭାଉଜ', 'ତୋଳା କନିଆ', 'ଅଶାନ୍ତଗ୍ରହ' ପ୍ରଭୃତି ପାଞ୍ଚ ଅକ୍ଷରିଆ ନାମକରଣର ବଜାରରେ 'ମୁଁ, ଆମ୍ଭେ ଓ ଆମ୍ଭେମାନେ' ଅଲଗା ଲାଗିବ ବୋଲି ଭାବିଥିଲି। ମୋର ଦରକାର ଥିଲା ଏମିତି ଗୋଟିଏ ନାଁ, ଯାହା ନାଟକକୁ ଏକ ସାହିତ୍ୟିକ ମର୍ଯ୍ୟାଦା ଦେବ, ଏବଂ ନାଟକର ଭାବକଳ୍ପଟିକୁ ଚିହ୍ନଟ କରୁଥିବ। ଏହି ନାଟକର ମୁଖ୍ୟ ଭାବକଳ୍ପ ହେଲା ପ୍ରତୀକ୍ଷା। ମୁଁ, ଆମ୍ଭେ ଦୁହେଁ ଏବଂ ଆମେ ସମସ୍ତେ ସ୍ୱାଧୀନତା ପ୍ରାପ୍ତିର ୨୧ ବର୍ଷ ପରେ ଅପେକ୍ଷା କରିଛେ-କେବେ ଆସିବ ସେଇ ବସ୍‌ଟି -ଯେଉଁଠି ଆମ ସମସ୍ତଙ୍କୁ ନେଇଯିବ ସାମାଜିକ ସାମ୍ୟ ଓ ଅର୍ଥନୈତିକ ସ୍ୱାଧୀନତାର ସେଇ ଉଦ୍ଦିଷ୍ଟ ଠିକଣା ପାଖକୁ, କିନ୍ତୁ ନାଟକଟା ସରିଗଲା। ଜନତାର ସ୍ୱପ୍ନ ସାକାର ହେଲା ନାହିଁ, ବସ୍‌ଟି ଆସିଲା ନାହିଁ, ଅତି ସଚେତନ ଭାବରେ

ମୁଁ ଗୋଟିଏ ନାଟକ ମାଧ୍ୟମରେ ସମଗ୍ର ଜନତାର 'ବିଫଳ ପ୍ରତୀକ୍ଷା' ଓ 'ସ୍ୱପ୍ନଭଙ୍ଗ'କୁ ରୂପ ଦେଉଥିଲି ବାସ୍ତବତାକୁ ପ୍ରତୀକ ଭାବେ ପ୍ରୟୋଗ କରି।

ପ୍ରଶ୍ନ-୩ : ଆପଣଙ୍କର ପ୍ରତିଟି ନାଟକର କଥା, ଗଠନ ଶୈଳୀ ଓ ସଂଳାପରେ ବିଦ୍ରୋହର ପ୍ରତିଧ୍ୱନି ଶୁଭେ, କାହିଁକି ଆପଣ ଏପରି ବିଦ୍ରୋହୀ ହୋଇ ଉଠିଛନ୍ତି ?

ଉତ୍ତର : ଜଣେ ବିଦ୍ରୋହ କରେ କାହିଁକି ? ପ୍ରଚଳିତ ବ୍ୟବସ୍ଥାକୁ ଭାଙ୍ଗି ଦେବାକୁ ପ୍ରୟାସ କରେ କାହିଁକି ? ମଣିଷର ଆଚରଣ କିପରି ହେବା ଉଚିତ, ସାମାଜିକ ନ୍ୟାୟ କିପରି ମିଳିବା ଉଚିତ, ଅର୍ଥନୈତିକ ଅସମାନତା କିପରି ଦୂରୀଭୂତ ହେବ ଓ 'ସର୍ବେ ଭବନ୍ତୁ ସୁଖୀନଃ'ର ବୈଦିକ ମୂଲ୍ୟବୋଧଟି କିପରି ସାକାର ହେବ- ଏ ସବୁ ଚିନ୍ତା ମୋ'ମୁଣ୍ଡକୁ ଆକ୍ରାନ୍ତ କରୁଥିଲା। ମୁଁ ବଞ୍ଚିଥିବା ସମାଜରୁ ଏସବୁ ଆଶା କରୁଥିଲି। କିନ୍ତୁ ମୋ'ଚାରିପଟେ ଅଯୋଗ୍ୟ ମାନଙ୍କୁ ଦେଖିଲି ସେମାନେ ସ୍ୱାଧୀନତା ପରବର୍ତ୍ତୀ ସମାଜର ମୁଣ୍ଡିଆଳ ସାଜିଛନ୍ତି, ସମାଜ ସେବାକୁ ସେମାନେ ସ୍ୱାର୍ଥ ହାସଲ କରିବାର ମାଧ୍ୟମ ବୋଲି ମନେ କରୁଛନ୍ତି, ଏସବୁ ଦେଖି ଦେଖି ପ୍ରଚଳିତ ବ୍ୟବସ୍ଥା ବିରୁଦ୍ଧରେ ମୁଁ ସ୍ୱର ଉତ୍ତୋଳନ କରୁଥିଲି।

ଦ୍ୱିତୀୟତଃ ଓଡ଼ିଆ ନାଟକକୁ ବିଶ୍ୱସ୍ତରରେ ନାଟକ ସାଙ୍ଗରେ ସମାନ୍ତର ଭାବେ ଗଢ଼ି ତୋଳିବାର ଗୋଟିଏ ସ୍ୱପ୍ନଥିଲା, କିନ୍ତୁ ମୁଁ ଦେଖିଲି ଓଡ଼ିଆ ନାଟକର ଦୃଶ୍ୟସଜ୍ଜା, ଯେଉଁ ସୌଖୀନ ଅନୁଷ୍ଠାନଗୁଡ଼ିକ ନାଟକ କରୁଥିଲେ ସେମାନେ ସେଇ ବ୍ୟବସାୟିକ ମଞ୍ଚର ନାଟକ ଗୁଡ଼ିକୁ ହିଁ ପୁନର୍ବାର ମଞ୍ଚସ୍ଥ କରୁଥିଲେ। ମୁଁ ଚାହୁଁଥିଲି ନାଟକଟା ଅନ୍ୟ ପ୍ରକାର ହେଉ, ଇଂରାଜୀ, ଫରାସୀ, ଋଷିଆ ଓ ଆମେରିକାର ନାଟକ ଭଳିଆ ହେଉ। କିନ୍ତୁ ମୁଣ୍ଡିଆଳମାନେ ମତେ ନାଟକ କରିବା ପାଇଁ ସୁଯୋଗ ଦେଉନଥିଲେ। ତେଣୁ ମୁଁ ସ୍ୱର ଉତ୍ତୋଳନ କରିବା ପାଇଁ ବାଧ୍ୟ ହେଉଥିଲି, ପ୍ରତିବାଦ କରୁଥିଲି।

ସମାଜରେ ଖାଲି ମୁଣ୍ଡ ଟୁଙ୍ଗାରି 'ହଁ' ମାରୁଥିବା ନାଗରିକ ମାନଙ୍କର ସଂଖ୍ୟା ବଢ଼ିଗଲେ ସ୍ଥାଣୁତ୍ୱ ବଢ଼ିଚାଲିବ। ପ୍ରତିବାଦର

ସ୍ୱର ନ ଉଠିଲେ ସଚେତନତା ଆସିବ କୁଆଡୁ ?

ପ୍ରଶ୍ନ-୪ : ଆପଣଙ୍କ ଲିଖିତ ନାଟକ, ଏକାଙ୍କିକା ଓ ଯାତ୍ରା ଦ୍ୱାରା ସମାଜରେ କଣ ପରିବର୍ତ୍ତନ ଆସିଛି ବୋଲି ଆପଣ ଭାବୁଛନ୍ତି ?

ଉତ୍ତର : ଅନେକ ପରିବର୍ତ୍ତନ ଆସିଛି, ପ୍ରଥମତଃ ସ୍ୱାଧୀନତା ପରବର୍ତ୍ତୀ ମଣିଷ ନିଜ ଅଧିକାର ସମ୍ପର୍କରେ ସଚେତନ ହୋଇଛି । ସାମାଜିକ, ରାଜନୈତିକ ଓ ଆର୍ଥନୀତିକ ସ୍ତରରେ ଲୁଣ୍ଠିତ ଓ ପ୍ରତାରିତ ହେଉଥିବା ଗ୍ରାମ୍ୟଜନତା ଅଧିକ ସଚେତନତାର ସହିତ ଜୀବନ ଯାପନ କରିବାର ମନ୍ତ୍ର ଶିଖିଛନ୍ତି । ମୋ'ନାଟକର ବ୍ୟଙ୍ଗ ଓ ପ୍ରତିବାଦ ପଛରେ ଏକ ସକରାତ୍ମକ ସମାଜଗଠନର ଆଦର୍ଶ ଅନ୍ତର୍ନିହିତ ହୋଇରହିଛି ।

ଏହାଛଡ଼ା ନାଟକର ଶୈଳୀରେ ମୁଁ ଯେଉଁ ପରିବର୍ତ୍ତନ ସବୁ ଆଣିଛି ତାହାଦ୍ୱାରା ନାଟ୍ୟକାର ରତିରଞ୍ଜନ ମିଶ୍ର, ଡ.ସୁବୋଧ ପଟ୍ଟନାୟକ, ଶଙ୍କର ତ୍ରିପାଠୀ ଓ ବିଜୟ ଶତପଥୀ ପ୍ରଭୃତି ପ୍ରଭାବିତ, ମୋର 'ମହାନାଟକ' ଦେଖି ରାଉରକେଲାରେ 'ଲୋକନାଟକ ମହୋତ୍ସବ' ଆରମ୍ଭ ହୋଇଛି । ଏହା ଓଡ଼ିଆ ନାଟକ କ୍ଷେତ୍ରରେ ଏକ ଆନ୍ଦୋଳନ ସୃଷ୍ଟି କରିଛି ।

ପ୍ରଶ୍ନ-୫ : ଆପଣ ଜଣେ ଯୁକ୍ତିବାଦୀ ମଣିଷ, ଯଥା ସମ୍ଭବ ସତ କହିବା ପାଇଁ ପଶ୍ଚାତ୍‌ପଦ ହୁଅନ୍ତି ନାହିଁ, ଏଥିପାଇଁ ଆପଣ ଅସୁବିଧାର ସମ୍ମୁଖୀନ ହୋଇଛନ୍ତି କି ?

ଉତ୍ତର : ପ୍ରଚୁର ଅସୁବିଧାର ସମ୍ମୁଖୀନ ହେଇଚି ସତ କହିବା ପାଇଁ, ଅପ୍ରମେୟ ଅବହେଳାର ଶିକାର ହୋଇଛି ସତ କହିବା ପାଇଁ, ଅପମାନ କରାଯାଇଛି ମୋର ସୃଷ୍ଟିଗୁଡ଼ିକୁ । ଏଇଥିରୁ ମୁଁ ବୁଝିପାରୁଛି ସତ୍ୟ ସନ୍ଧାନୀର ସଂଗ୍ରାମ କଠୋର ଓ କ୍ଳାନ୍ତିକର । କାରଣ ସତ୍ୟ ସନ୍ଧାନୀର ପ୍ରତିଜ୍ଞା ଯୋଦ୍ଧାର ପ୍ରତିଜ୍ଞା କିମ୍ବା ମୃତ ସ୍ୱାମୀର ଅନୁଗାମିନୀ ହୋଇଥିବା ସତୀ ନାରୀର ପ୍ରତିଜ୍ଞା ଠାରୁ ଅଧିକ ଟାଣ । କାରଣ ଯୋଦ୍ଧା କିଛି ଘଣ୍ଟା ପାଇଁ ଲଢ଼େ । ମୃତ୍ୟୁ ସହିତ ସତୀ ନାରୀର ସଂଗ୍ରାମ ଚାଲିଥାଏ । ତାଙ୍କ ଜୀବନ ଥିବା ପର୍ଯ୍ୟନ୍ତ ଏ ସଂଗ୍ରାମର ବିରତି ନାହିଁ ।

ପ୍ରଶ୍ନ-୬ : ଏକାଙ୍କିକା 'ଉଡ଼ନ୍ତା ପାହାଡ଼ର ଦର୍ଜା' ଲେଖିବା ପାଇଁ କାହିଁକି

ଇଚ୍ଛା କଲେ ? ଏହା ପଛରେ କୌଣସି ରହସ୍ୟ ଥିଲେ ତାକୁ ଅନାବରଣ କରନ୍ତୁ, ନା ଏହା କେବଳ କପୋଳକଳ୍ପିତ ?

ଉତ୍ତର : 'ଉଡ଼ନ୍ତା ପାହାଡ଼ର ଦର୍ଜା' ଏକ ଦର୍ଶନ ଭିତ୍ତିକ ନାଟକ। ଏହାର ଦର୍ଶନ ପ୍ରାୟତଃ ସମାଜତାତ୍ତ୍ୱିକ। ଆମର ସାମାଜିକ ଚଳଣିର ପ୍ରତ୍ୟେକ ସ୍ତରରେ ଆମେ ଦେଖିବାକୁ ପାଉଛୁ- କିଛି ମଣିଷ ନିଜ ପ୍ରଭୁତ୍ୱ ବିସ୍ତାର କରି ଚାଲିଛନ୍ତି-ବାହୁବଳରେ, ଅର୍ଥ ବଳରେ, ରାଜନୈତିକ କ୍ଷମତା ବଳରେ ହେଉ କି ଅପରାଧ ବଳରେ। ସେମାନେ ମନକୁ ମନ ମାଲିକ ହୋଇଯାଆନ୍ତି ଏବଂ ଅନ୍ୟମାନଙ୍କୁ ଭୃତ୍ୟ ବୋଲି ମନେ କରନ୍ତି। ଏଣୁ ମୁଁ ଭାବିଲି, ଏ ପୃଥିବୀରେ ଦୁଇ ପ୍ରକାର ଲୋକ ଅଛନ୍ତି: ମାଲିକ ଓ ଭୃତ୍ୟ, ମାଲିକମାନେ ଚିରକାଳ ଭୃତ୍ୟ ମାନଙ୍କୁ ଶୋଷଣ କରି ଆସିଛନ୍ତି। ସେମାନଙ୍କୁ ମିଛ ସ୍ୱପ୍ନ ଦେଖାଇ ପ୍ରତାରଣା କରିଛନ୍ତି, କହିଛନ୍ତି ଉଡ଼ନ୍ତା ପାହାଡ଼ ଅଛି। ସେଥିରେ ଗୋଟେ ଦର୍ଜା ଅଛି। ସେଇ ଦର୍ଜା ଭିତର ଦେଇ ଉଡ଼ନ୍ତା ପାହାଡ଼ ଭଳି ଗୋଟିଏ ସ୍ୱପ୍ନ ପାଖରେ ପହଞ୍ଚି ହେବ। ସେଇଠି ଜରା ଆଉ ମୃତ୍ୟୁ ନାହିଁ। କିଏ କାହାଠାରୁ ବଡ଼ ନୁହନ୍ତି ଉଡ଼ନ୍ତା ପାହାଡ଼ରେ, ସେଇଠି ସ୍ୱର୍ଗର ପାରିଜାତ ଫୁଟେ। ସେଇଠି ସମସ୍ତେ ଅମର, ଭୃତ୍ୟ ମାଲିକ ଦେଖାଉଥିବା ଉଡ଼ନ୍ତା ପାହାଡ଼ର ଦର୍ଜା ଦେଖିନପାରି ବିଦ୍ରୋହ କରିଛି। ଏଥିରେ ଗୋଟିଏ ପଟେ ମାଲିକ ଓ ଭୃତ୍ୟ, ଶୋଷକ ଓ ଶୋଷିତର ଦ୍ୱନ୍ଦ୍ୱ ଚାଲିଛି ଏବଂ ଅନ୍ୟପଟେ ଥିବା ଲୋକମାନେ ନଥିବା ଲୋକଙ୍କୁ ଭୃତ୍ୟ ପରି ବ୍ୟବହାର କରି ସେମାନଙ୍କୁ ସ୍ୱପ୍ନ ଦେଖାଇ ପ୍ରତାରଣା କରୁଛନ୍ତି। ଏଣୁ ଏହି ଏକାଙ୍କିକାରେ ଗୋଟାଏ ପଟେ ବାସ୍ତବତାର ରୂପକଳ୍ପିକ ନାଟ୍ୟରୂପ ରହିଥିଲା ବେଳେ ଅନ୍ୟ ଏକ ସ୍ତରରେ ଅତିକଳ୍ପନା ପ୍ରୟୋଗର ଉଦାହରଣ ମିଳିବ।

ପ୍ରଶ୍ନ-୭ : ଓଡ଼ିଶାର ଲେଖକମାନେ ପାଶ୍ଚାତ୍ୟ ସାହିତ୍ୟ ଦ୍ୱାରା ପ୍ରଭାବିତ, ଆପଣ ମଧ୍ୟ, ଆମ ଦେଶର ସାହିତ୍ୟରେ କ'ଣ ଅଭାବ ଅଛି ?

ଉତ୍ତର : ପାଶ୍ଚାତ୍ୟ ସାହିତ୍ୟ କହିଲେ ପ୍ରାୟ ୨୦/୨୫ଟି ୟୁରୋପୀୟ, ଆମେରିକୀୟ ଓ ଆଫ୍ରିକୀୟ ଦେଶଗୁଡ଼ିକର ସାହିତ୍ୟକୁ ବୁଝାଯାଏ। ସେମାନେ ବହୁ ପ୍ରକାର ସାହିତ୍ୟ ପରୀକ୍ଷା କରିଥାନ୍ତି, ସେପରି

ପରୀକ୍ଷା ଆମ ଦେଶରେ ସାହିତ୍ୟରେ ମିଳେ ନାହିଁ, ଆମର ସଂସ୍କୃତ ସାହିତ୍ୟରେ ମଧ୍ୟ ଭବଭୂତି ଓ କାଳିଦାସ ବିଭିନ୍ନ ଶୈଳୀଗତ ପରୀକ୍ଷା କରିଛନ୍ତି ଓ ସେଗୁଡ଼ିକ ଦ୍ୱାରା ୟୁରୋପୀୟ ସାହିତ୍ୟ ଓ ନାଟକ ପ୍ରଭାବିତ। ଆମ ସାହିତ୍ୟକୁ ବିଶ୍ୱଧାରାରେ ସାମିଲ କରିବା ପାଇଁ ଆମେ ପାଶ୍ଚାତ୍ୟ ଶୈଳୀଗୁଡ଼ିକୁ ଅଧ୍ୟୟନ କରିବା ଉଚିତ ଏବଂ ଆମର ସଂସ୍କୃତ ଶୈଳୀ ସହିତ ସେଗୁଡ଼ିକର ସମ୍ପର୍କ କଣ ପରୀକ୍ଷା କରି ଜାଣିବା ଉଚିତ। ପାଶ୍ଚାତ୍ୟ ଶୈଳୀଗୁଡ଼ିକ ଯେ ଆମଠୁ ଅଧିକ ଉନ୍ନତ ଏପରି ଏକ ହୀନମନ୍ୟତା ମୋର ନାହିଁ। ତଥାପି ମୁଁ ପାଶ୍ଚାତ୍ୟ ନାଟକ ପଢ଼େ ଏବଂ ସେଗୁଡ଼ିକ କିପରି ଭବଭୂତିଙ୍କ ଦ୍ୱାରା ବହୁ ଆଗରୁ ପରୀକ୍ଷିତ ତାହା ମଧ୍ୟ ଜାଣିବାର ସୁଯୋଗ ପାଏ।

ପ୍ରଶ୍ନ-୮ : ଆମ ସାହିତ୍ୟକୁ କିଛି ଲେଖକ ସରଳ ନ କରି ବିଭିନ୍ନ ତତ୍ତ୍ୱ ଓ ବାଦ ଯୋଡ଼ି ଦେଇ ଏହାର ପରିସରକୁ ଜଟିଳ ଓ ଦୁର୍ବୋଧ କରୁଛନ୍ତି। ଏହା କ'ଣ ଯଥାର୍ଥ ?

ଉତ୍ତର : ଆଗକାଳର ଯେଉଁ ସରଳ ଜୀବନ ଥିଲା ତାହା ବଦଳି ଗଲାଣି, ଯୁଗ ବଦଳୁଛି, ସଭ୍ୟତା ବଦଳୁଛି, ଆମେରିକାରେ, ଇଂଲଣ୍ଡରେ ଯାହା ଘଟୁଛି, ଆମର ଦିଲ୍ଲୀ, ବମ୍ବେ ଓ ଚେନ୍ନାଇରେ ତାହା ଘଟୁଛି, ସହରଗୁଡ଼ିକରେ ଯାହା ଘଟୁଛି ଗ୍ରାମାଞ୍ଚଳରେ ତାକୁ ଅନୁକରଣ କରାଯାଉଛି। ଆମର ଖାଦ୍ୟ ଓ ପୋଷାକରେ, ଏବଂ ରୁଚିରେ ଯେଉଁ ପରିବର୍ତ୍ତନ ଆସୁଛି ତାର ପ୍ରତିଫଳନ ଦେଖାଯାଉଛି ସାହିତ୍ୟରେ, ତେଣୁ ପୂର୍ବର ସେଇ ସରଳ ଓ ସିଧାସଳଖ ବର୍ଣ୍ଣନା ବଦଳରେ ଆଜିର ଲେଖକ ବିଭିନ୍ନ ଶୈଳୀର କାରୁକାର୍ଯ୍ୟ କରି ତାକୁ ଜଟିଳ କଲା ପରି ମନେ ହେଉଛି, ଆମର ଯନ୍ତ୍ରପାତି, ଆମର ପ୍ରଯୁକ୍ତି ବିଦ୍ୟା ଓ ଆମର ଶିଳ୍ପରେ ଯେପରି ଆଧୁନିକୀକରଣ କରାଯାଉଛି, ଆମ ସାହିତ୍ୟର ବର୍ଣ୍ଣନା ଶୈଳୀରେ ମଧ୍ୟ ସେହି ଜଟିଳତା ପ୍ରବେଶ କରୁଛି। ଆଜିର ବିଶ୍ୱ ଏକ ବୃହତ ଗ୍ରାମରେ ପରିଣତ ହୋଇଛି। ଏହି ବିଶ୍ୱ ଗ୍ରାମର ଗୋଟିଏ ସାହିରେ ଯାହା ପ୍ରଚଳିତ, ଅନ୍ୟ ସାହିରେ ସେହି ଶୈଳୀ ଓ ସେହି ରୁଚି ମଧ୍ୟ ପ୍ରଚଳିତ ହେବ। ଏପରି କଲେ ହିଁ ଆମେ ନିଜକୁ ଆଧୁନିକ

ବୋଲି ଏବଂ ବିଶ୍ୱଚିନ୍ତାର ସମସାମୟିକ ବୋଲି ପରିଗଣିତ କରିପାରିବା ।

ପ୍ରଶ୍ନ-୯ : ଆପଣଙ୍କ ନାଟକର ନାୟିକାମାନେ ଶକ୍ତିଶାଳୀ । ଜୀବନର କଟୁ ତିକ୍ତ ସ୍ୱାଦ ପାଇଁ ସେମାନେ ବହୁ ଅଭିଜ୍ଞତାର ଅବଗ୍ରାହୀ । ତଥାପି ସେମାନେ ଏତେ ଅଶାନ୍ତ କାହିଁକି ? କାହିଁକି ଏତେ ଅଶାନ୍ତି ଭିତରେ ସେମାନେ କାଳତିପାତ କରୁଛନ୍ତି ?

ଉତ୍ତର : ମୋ ସମୟର ଯେତେ ଔପନ୍ୟାସିକ, ଗାଳ୍ପିକ ଓ ନାଟ୍ୟକାର ଅଛନ୍ତି ସମସ୍ତେ ନାରୀ ଚରିତ୍ର ମାନଙ୍କୁ କନ୍ଦାଇ, ଯନ୍ତ୍ରଣା ଦେଇ ଅଯଥା ଦୁଃଖାନ୍ତ ନାଟକ ତିଆରି କରି ବାହାବା ନେଇଛନ୍ତି, ଉପନ୍ୟାସ, ଗଳ୍ପ ଓ ନାଟକର ଉପଭୋକ୍ତାମାନେ ଓଡ଼ିଶାରେ ନାରୀର ଏକ ନିର୍ଯ୍ୟାତିତା ରୂପ ହିଁ ଉପଭୋଗ୍ୟ ବୋଲି ମନେ କରନ୍ତି, ମୁଁ କିନ୍ତୁ ମୋ'ନାଟକରେ ନାରୀକୁ ଏକ ସଚେତନ ମଣିଷ ଭାବରେ ଚିତ୍ରଣ କରିବାକୁ ଚେଷ୍ଟା କରିଛି, ଫଳରେ 'ଆତ୍ମଲିପି'ର ଶେଲୀ ଦାସ, 'ଜାତୀୟ ସଙ୍କଟ'ର ଦୀପା ଓ 'ପକା କମ୍ବଳ ପୋତଛତା'ର ଲଳିତା ପରି ପ୍ରଗତିଶୀଳା ଓ ପୁରୁଷଙ୍କ ସହିତ ତାଳ ଦେଇ ଗତି କରୁଥିବା ନାୟିକା ସୃଷ୍ଟି ହୋଇଛନ୍ତି । ମୁଁ ଲେଖୁଥିବା ସମୟରେ ଓଡ଼ିଶାରେ ବାମାବାଦୀ ଆନ୍ଦୋଳନ ଆରମ୍ଭ ହୋଇଛି । "ମୁଁ, ଆମ୍ଭେ ଓ ଆମ୍ଭେମାନେ" ନାଟକର ନାୟିକା ବନ୍ୟା ସେଇଥିପାଇଁ ଲୁଗା ବଦଳାଇଲା ପରି ସ୍ୱାମୀ ବଦଳାଉଛି । ତଥାପି ଏମାନେ ଯେ ସମ୍ପୂର୍ଣ୍ଣ ଚିନ୍ତାମୁକ୍ତ, ଏକଥା କୁହାଯାଇପାରିବ ନାହିଁ । ନାରୀ ଯେତେ ଅଧିକ ବାମାବାଦୀ ହେବ, ସେତେ ଅଧିକ ସଂଗ୍ରାମ କରିବାକୁ ପଡ଼ିବ ଓ ତାକୁ ସେଥିପାଇଁ ଅଶାନ୍ତ ପରିବେଶର ସାମ୍ନା କରିବାକୁ ପଡ଼ିବ, ଏଣୁ ନାରୀ କଦାପି ଏପରି ମନସ୍ତାତ୍ତ୍ୱିକ ଅଶାନ୍ତି ପାଖରୁ ନିସ୍ତାର ପାଏ ନାହିଁ ।

ପ୍ରଶ୍ନ-୧୦ : ଆପଣଙ୍କ ସମଗ୍ର ନାଟ୍ୟକୃତି ଭିତରେ ସୃଷ୍ଟି କରାଯାଇଥିବା ନାରୀ ଚରିତ୍ରମାନଙ୍କୁ ଲକ୍ଷ୍ୟ କଲାପରେ ମୋର ବ୍ୟକ୍ତିଗତ ପ୍ରଶ୍ନ-ଆପଣ ସାମ୍ପ୍ରତିକ କାଳର ନାରୀମାନଙ୍କୁ କି ବାର୍ତ୍ତା ଦେବେ ?

ଉତ୍ତର : ସାମ୍ପ୍ରତିକ କାଳରେ ମଧ୍ୟ ଅନେକ ନାରୀ ଅଛନ୍ତି ଯେଉଁମାନେ ସୀତା/ ସାବିତ୍ରୀର ଆଦର୍ଶକୁ ଉଜ୍ଜୀବିତ କରି ରଖିବା ପାଇଁ ବହୁ

ଯନ୍ତ୍ରଣାକୁ ସହ୍ୟ କରୁଛନ୍ତି । ପୁରୁଷର ଅତ୍ୟାଚାରକୁ 'କ୍ଷମୟା ଧରିତ୍ରୀ' ପରି ସହ୍ୟ କରୁଛନ୍ତି । ମନସ୍ତତ୍ତ୍ୱବିତ୍‌ମାନେ କହୁଛନ୍ତି ନାରୀମାନେ ଯନ୍ତ୍ରଣା ଭୋଗି ଆନନ୍ଦ ପାଉଛନ୍ତି, ତେଣୁ ସହିବାର ପରିମାଣ ଟିକିଏ କମ୍ କରନ୍ତୁ ।

ପ୍ରଶ୍ନ-୧୧ : ଆପଣଙ୍କ ସମସ୍ତ ନାଟକରେ ଥିବା ନାୟିକାମାନଙ୍କଠାରୁ ଉର୍ମିଳା ଭିନ୍ନ । ସହନଶୀଳତାରେ ସେ ସମସ୍ତଙ୍କୁ ଅତିକ୍ରମ କରିଯାଇଛନ୍ତି କାହିଁକି ?

ଉତ୍ତର : 'ଉର୍ମିଳା' ମୋର ଏ ପର୍ଯ୍ୟନ୍ତ ପ୍ରକାଶ ପାଇଥିବା ନାଟକଗୁଡ଼ିକୁ ମଧ୍ୟରେ ଶେଷ ନାଟକ । ୨୦୧୮ରେ ପ୍ରକାଶ ପାଇଛି । 'ଉର୍ମିଳା' ସମ୍ପର୍କରେ ବାଲ୍ମିକୀ ରାମାୟଣରେ ଚାରିଧାଡ଼ି ଲେଖାଯାଇଛି । କିନ୍ତୁ ତେଲୁଗୁ ରାମାୟଣରେ ଉର୍ମିଳା ଚରିତ୍ର ତାଙ୍କ ବଡ଼ ଭଉଣୀ ସୀତାଙ୍କଠାରୁ ମଧ୍ୟ ବଡ଼ । ତାଙ୍କୁ ତ୍ୟାଗ ଓ ସହନଶୀଳତାର ଜୀବନ୍ତ ଉଦାହରଣ ରୂପେ ଚିତ୍ରିତ କରାଯାଇଛି । ମୁଁ ବହୁ ଗ୍ରନ୍ଥ ଅଧ୍ୟୟନ କରି ଲକ୍ଷ୍ମଣଙ୍କ ପତ୍ନୀ ଉର୍ମିଳାଙ୍କ ସହନଶକ୍ତିର ପରାକାଷ୍ଠା ଦେଖାଇବା ପାଇଁ ଚେଷ୍ଟା କରିଛି ।

ପ୍ରଶ୍ନ-୧୨ : ଧରାକୋଟ ମାଟି ଓ ଗଞ୍ଜାମ ପାଣି ପବନକୁ ବହୁଦିନରୁ ଛାଡ଼ି ସାରିଲେଣି । ଏବେ ରସୁଲଗଡ଼ର ବାସିନ୍ଦା । ଆପଣଙ୍କ ଜନ୍ମମାଟିରେ ମୁଣ୍ଡଟେକି ଉଠୁଥିବା ନୂଆ ପ୍ରଜନ୍ମର ସାହିତ୍ୟକାମାନଙ୍କୁ କ'ଣ କହିବେ ?

ଉତ୍ତର : ଧରାକୋଟର ରାଜା କୃଷ୍ଣସିଂହ ସାରଳା ମହାଭାରତର ପ୍ରକ୍ଷିପ୍ତାଂଶଗୁଡ଼ିକ ଉପରେ କ୍ଷୁବ୍ଧ ହୋଇ ମୂଳ ସଂସ୍କୃତ ମହାଭାରତକୁ ଓଡ଼ିଆରେ ଅନୁବାଦ କରିଥିଲେ । ବହୁ ପୁରାଣର ରଚୟିତା ସିଏ । ନନ୍ଦ ବଂଶୀୟ ଏଇ ରାଜା ସାରା ଓଡ଼ିଶାର ଧର୍ମୀୟ ଭାବନାରେ ସଂସ୍କାର ଆଣିଥିଲେ । ଏବେକାର ପୀଢ଼ିର ସାହିତ୍ୟାନୁରାଗୀମାନେ ନିଜକୁ ସମଗ୍ର ଓଡ଼ିଶାର ବୋଲି ମନେ କରନ୍ତୁ ଏବଂ ସମଗ୍ର ଓଡ଼ିଶାର ସାହିତ୍ୟକୁ ଆଗକୁ ବଢ଼ାଇବା ପାଇଁ ଚେଷ୍ଟା କରନ୍ତୁ । ପରିବର୍ତ୍ତନ ପାଇଁ ପଥ ପରିଷ୍କାର କରନ୍ତୁ ।

ପ୍ରଶ୍ନ-୧୩ : ମୋ'ମତରେ ଆପଣ ଓଡ଼ିଆ ନାଟ୍ୟ ସାହିତ୍ୟର ସର୍ବ ବରିଷ୍ଠ ନାଟ୍ୟକାର ଗୁରୁ ଦ୍ରୋଣାଚାର୍ଯ୍ୟଙ୍କ ପରି ଯଦି ଶିଷ୍ୟ ଅର୍ଜୁନଙ୍କୁ କିଛି

ଦେବାକୁ ଚାହିଁବେ କ'ଣ ଦେବାକୁ ଶ୍ରେୟ ମଣିବେ ?

ଉତ୍ତର : ଦେବା ପାଇଁ ସେପରି କିଛି ଚମତ୍କାର ମନ୍ତ୍ର ମୋ'ପାଖରେ ନାହିଁ। ତଥାପି କହିବି - ନିଷ୍ପାପର ଭାବରେ କମ୍ ଲେଖନ୍ତୁ ଓ ବେଶୀ ସମୟ ସମାଜପତିମାନଙ୍କ ପାଖରେ ଲାଙ୍ଗୁଡ଼ ହଲେଇବା କାମରେ ବ୍ୟସ୍ତ ରହନ୍ତୁ। ସଫଳତା ଆପଣଙ୍କ ଦୁଆର ଖଟ୍‌ଖଟ୍ କରିବ।

ପ୍ରଶ୍ନ-୧୪ : ଆପଣଙ୍କ ନାଟକଗୁଡ଼ିକରେ ସ୍ଥାନ-କାଳ -ପାତ୍ର ମଧ୍ୟରୁ ସ୍ଥାନଟି ସବୁବେଳେ ପ୍ରଧାନ, ସହରର ରାସ୍ତା, ଛକ ଏବଂ ସମୁଦ୍ର କୂଳର ବାଲି, ଖୋଲା ଆକାଶ ପ୍ରଭୃତି ଆପଣଙ୍କର ନାଟ୍ୟ ସ୍ଥାନ, ନାଟ୍ୟ ମଞ୍ଚ ପାଇଁ ଏଗୁଡ଼ା ଆବଶ୍ୟକ ନା ଏସବୁ ସ୍ଥାନ ପ୍ରତି ଆପଣଙ୍କର ସ୍ୱତନ୍ତ୍ର ଆକର୍ଷଣ ରହିଛି ?

ଉତ୍ତର : ମୁଁ ଯେଉଁ ସମୟରେ ନାଟକ ଲେଖିବା ଆରମ୍ଭ କଲି (୧୯୬୩ ମସିହା) ସେତେବେଳେ ଓଡ଼ିଆ ନାଟକର ସୁବର୍ଣ୍ଣଯୁଗ ଚାଲିଥିଲା। ଓଡ଼ିଶାରେ ଛ'ଟି ବ୍ୟବସାୟିକ ରଙ୍ଗମଞ୍ଚ ମଞ୍ଚସ୍ଥ କରୁଥିଲେ। ସବୁ ଦୃଶ୍ୟ ପରଦା ସାମ୍ନାରେ ମଞ୍ଚସ୍ଥ ହେଉଥିଲା। ସେଗୁଡ଼ିକ ଚିତ୍ରିତ ପରଦା। ଚାଳଘର, ଚାଳ ଉପରେ କଖାରୁ ଡଙ୍କ, ସେଇଠି ମାଙ୍କଡ଼ ବସିଛି। ତା'ପରେ ଆକାଶ, ଆକାଶରେ ପକ୍ଷୀ ମାନେ ଉଡ଼ିଯାଉଥିବା ଦୃଶ୍ୟ। ତା'ଉପରେ ଉଡ଼ାଜାହାଜ ଉଡୁଛି। ଏ ସବୁ ଦୃଶ୍ୟ ଥାଇ ଗୋଟେ ଚିତ୍ରିତ ପରଦା ଝୁଲେଇ ତା'ସାମ୍ନାରେ ଅଭିନୟ କଲେ ଜଣାଯାଉଥିଲା ତାହା ଏକ ଗ୍ରାମର ଚାଳଘର ଭିତରେ ଘଟୁଥିବା ଘଟଣା। ଏପରି ଚିତ୍ରିତ ପରଦା ସାମ୍ନା ଅଭିନୟ ଦେଖି ଦେଖି ଦର୍ଶକ ଖୋଲା ଆକାଶଟିଏ, ନଦୀଟିଏ, ପୁଷ୍କରିଣୀଟିଏ, ବରଗଛଟିଏ ଦେଖିଲେ ଖୁସି ହୋଇ ତାଳି ମାରୁଥିଲେ। ତେଣୁ ମୋ'ନାଟକରେ ମୁଁ ଖୋଲା ଆକାଶ, ଓ ସମୁଦ୍ର କୂଳ ଦେଖେଇ ଦର୍ଶକମାନଙ୍କୁ ଆକର୍ଷଣ କରିବାକୁ ଚାହୁଁଥିଲି।

ପ୍ରଶ୍ନ-୧୫ : ''ଯେସନେ କୀଟ ଉର୍ଣ୍ଣନାଭି'' ନାଟକର ନାଟ୍ୟକାର ଚରିତ୍ର ସ୍ରଷ୍ଟାଙ୍କର ଏକ ପ୍ରତିରୂପ ନା ତାହା ଏକ କାଳ୍ପନିକ ଚରିତ୍ର ?

ଉତ୍ତର : ଏହା ନାଟ୍ୟରଚନା ସମ୍ପର୍କରେ ଲେଖା ଯାଇଥିବା ଏକ ନାଟକ, ନାଟ୍ୟକାର ସେଥିପାଇଁ ଏକ ଚରିତ୍ର। ଏହାକୁ 'ମେଟାଥିଏଟର'

କୁହାଯାଏ। ଲୁଇଜି ପିରାନ୍ଦେଲୋ ନାମକ ଜଣେ ଇତାଲୀୟ ନାଟ୍ୟକାର 'ସିକ୍ସ କ୍ୟାରେକ୍ଟରସ୍ ଇନ୍ ସର୍ଚ୍ଚ ଅଫ୍ ଏନ୍ ଅଥର୍' ବା 'ଲେଖକଙ୍କୁ ଖୋଜୁଥିବା ଛ' ଜଣ ଚରିତ୍ର'' ବୋଲି ଏପରି ଏକ ନାଟକ ଲେଖି ନୋବେଲ୍ ପୁରସ୍କାର ପାଇଛନ୍ତି। ୧୯୭୬ ମସିହାରେ ମୁଁ 'ଆତ୍ମଲିପି' ନାମକ ନାଟକଟିଏ ଲେଖିଥିଲି। ତାହା ମଧ୍ୟ ନାଟକ ସମ୍ପର୍କରେ ନାଟକ ଓ ତାହା ଗୋଟିଏ ସର୍ବଭାରତୀୟ ପ୍ରତିଯୋଗିତାରେ ପ୍ରଥମ ପୁରସ୍କାର ପାଇଥିଲା।

'ଯେସନେ କୀଟ ଉର୍ଣ୍ଣନାଭି' ଗୋଟେ ଆତ୍ମସଚେତନତାତ୍ମକ **(self-reflexive)** ନାଟକ। ଏଥିରେ ଗୋଟିଏ ନାଟକକୁ ପ୍ରଥମେ ଅରିନ୍ଦମ ଲେଖୁଛି ଓ ପରେ ତାର ସାନଭାଇ ଅରବିନ୍ଦ ଆସି ଆଉଥରେ ଲେଖୁଛି। ଏଥିପାଇଁ ଦୁଇ ଭାଇଙ୍କ ମଧ୍ୟରେ ଝଗଡ଼ା ହେଉଛି ଏବଂ ବଡ଼ ଭାଇ ଅରିନ୍ଦମ ତା'ସାନଭାଇ ଅରବିନ୍ଦକୁ ମାରିଦେଉଛି। ପଚାରିଲେ କହୁଚି, ''ଅରବିନ୍ଦ ମୋର ଭାଇ ନୁହେ, ମୋ'ଭିତରେ ଥିବା ଅବଦମିତ ବନ୍ୟ ପ୍ରବୃତ୍ତି ଓ ହିଂସ୍ରତାର ପ୍ରତୀକ ହେଉଛି ଅରବିନ୍ଦ, ମୁଁ ତାକୁ ମାରିନାହିଁ। ମୋ'ଭିତରେ ଲୁକ୍କାୟିତ ଅବସ୍ଥାରେ ଥିବା ସମସ୍ତ ହିଂସ୍ର ଓ ଅସାମାଜିକ ତତ୍ତ୍ୱଗୁଡ଼ିକୁ ମୁଁ ମାରିଦେଇଛି, ନାଟକର ସତ୍ୟତା ଓ ନାଟକ ତିଆରି କରୁଥିବା 'ମାୟା'ର ସତ୍ୟତା ସମ୍ପର୍କରେ ଏହା ଏକ ଜଟିଳ ନାଟକ, ଓଡ଼ିଆ ନାଟକକୁ ବିଶ୍ୱସ୍ତରୀୟ ନାଟକ ପାଖରେ ପହଞ୍ଚାଇବା ପାଇଁ ଏଇ ନାଟକ ମାଧ୍ୟମରେ ପ୍ରୟାସ କରାଯାଇଅଛି।

ପ୍ରଶ୍ନ-୧୬ : ଆପଣଙ୍କ ନାଟକଗୁଡ଼ିକରେ ଅଧିକାଂଶ ସ୍ଥଳରେ ଜଣେ ବୟୋଜ୍ୟେଷ୍ଠ ବୃଦ୍ଧଙ୍କ ଚରିତ୍ର ଦେଖିବାକୁ ମିଳେ। ଯୁବ ସମ୍ପ୍ରଦାୟଙ୍କ ଗହଣରେ ସେମାନେ ଉତ୍ପୀଡ଼ିତ ମନେ କରନ୍ତି କାହିଁକି ?

ଉତ୍ତର : ସମାଜରେ ବୟୋଜ୍ୟେଷ୍ଠମାନଙ୍କୁ ଯେତିକି ସମ୍ମାନ ଦିଆଯିବା କଥା ତାହା ଦିଆଯାଉନାହିଁ ବରଂ ସେମାନେ ଅପ୍ରଚଳିତ ମୁଦ୍ରା ପରି ଅବାନ୍ତର ଭାବେ ବଂଚିଛନ୍ତି, ଶତକଡ଼ା ୮୦ ଭାଗ ଶିକ୍ଷିତ ପରିବାରରେ ସନ୍ତାନମାନେ ବୃଦ୍ଧ ପିତାମାତାଙ୍କୁ ଛାଡ଼ି ବିଦେଶରେ ରହୁଛନ୍ତି ହଠାତ୍ ବଡ଼ଚାକିରୀ ପାଇ ଯାଇଥିବା ମଧ୍ୟବିତ୍ତ ଘରର

ପୁଅମାନେ ବାପା-ମା'ଙ୍କ ପାଇଁ 'ଡାକମୁନ୍‌ସୀ' ହୋଇ ବ୍ୟବହାର କରୁଛନ୍ତି। ଏମାନଙ୍କ ନାଟ୍ୟଚିତ୍ର ଆଙ୍କିଲାବେଳେ ବୃଦ୍ଧ ଚରିତ୍ର ଆବଶ୍ୟକ ହେଉଛି।

ପ୍ରଶ୍ନ-୧୭ : ଆପଣ ନାଟ୍ୟ ଚରିତ୍ରମାନଙ୍କ ମଧ୍ୟରୁ ଚନ୍ଦ୍ରୋଦୟ ଦ୍ୱିବେଦୀ ଏକ ବଳିଷ୍ଠ ଚରିତ୍ର। ଜଣେ ବିଶିଷ୍ଟ ଓଡ଼ିଶୀ ଗୁରୁ ହୋଇ ମଧ୍ୟ ଜାତିଆଣ ଭେଦଭାବକୁ ସେ ଗୁରୁତ୍ୱ ଦେଇଛନ୍ତି। ସଙ୍ଗୀତ ଶିକ୍ଷା କରିବା ପାଇଁ କିଛି ଜାତିଆଣ ଭେଦଭାବ ଥାଏ କି ?

ଉତ୍ତର : ନା, କିନ୍ତୁ ଚଂଦ୍ରୋଦୟ କେବଳ ଓଡ଼ିଶୀ ଶାସ୍ତ୍ରୀୟ ସଙ୍ଗୀତର ଗୁରୁ ନୁହନ୍ତି, ସେ ସାତଭାୟାରେ ଗୋଟିଏ ଗୁରୁକୁଳ ଆଶ୍ରମ ପ୍ରତିଷ୍ଠା କରିଛନ୍ତି। ସେଠାରେ କେବଳ ବ୍ରାହ୍ମଣ ପୁଅମାନଙ୍କୁ ବୈଦିକ କର୍ମକାଣ୍ଡ ଶିକ୍ଷାଦିଆଯାଏ। ବୈଦିକ କର୍ମକାଣ୍ଡ କରିବା ପାଇଁ କେବଳ ବ୍ରାହ୍ମଣ ଘରର ପୁଅମାନେ ହିଁ ଉପଯୁକ୍ତ ବୋଲି ସେ ଭାବନ୍ତି।

ପ୍ରଶ୍ନ-୧୮ : ପ୍ରତି ନାଟକରେ ଚରିତ୍ରମାନଙ୍କ ସଂଳାପ ପଛରେ ନାଟ୍ୟକାରଙ୍କ ଗୋଟିଏ ନିରବ ସ୍ୱର ଅନ୍ତର୍ନିହିତ ଥାଏ, ତାହା ପ୍ରକୃତରେ ନାଟ୍ୟକାରର ନା ଏ ସମାଜର ନିରବ ଲୋକମାନଙ୍କ ଅନ୍ତଃସ୍ୱର ?

ଉତ୍ତର : ଗଳ୍ପ, ଉପନ୍ୟାସ ଓ କବିତାରେ ଲେଖକର ସ୍ୱର ସ୍ପଷ୍ଟରୂପେ ଶୁଭେ, ନାଟକରେ ସେଇ ସ୍ୱରଟି ବିଭିନ୍ନ ଚରିତ୍ର ମଧ୍ୟରେ ବାଣ୍ଟି ହେଇଯାଏ। ତଥାପି ସମୟେ ସମୟେ ନାଟ୍ୟକାର କେଉଁ ଗୋଟିଏ ନିର୍ଦ୍ଦିଷ୍ଟ ଚରିତ୍ର ଭିତରେ ପଶି ତାର ନିଜ କଥା କହିଦିଏ, କେବେ କେବେ ନାଟ୍ୟକାରର ବକ୍ତବ୍ୟ ସମାଜର ମୂକ ଲୋକମାନଙ୍କର ବକ୍ତବ୍ୟ ସହିତ ସମାନ ହୋଇଯାଏ।

ପ୍ରଶ୍ନ-୧୯ : ଆପଣଙ୍କ ନାଟକଗୁଡ଼ିକରେ ଏକାଧିକ ଚରିତ୍ର ମନସ୍ତାତ୍ତ୍ୱିକ ସ୍ଥିତିକୁ ନାଟ୍ୟାୟିତ କରନ୍ତି। ଏହା ପଛରେ କିଛି ବ୍ୟକ୍ତିଗତ କାରଣ ରହିଛି ନା ଏହାଦ୍ୱାରା ଆପଣ ସମାଜକୁ କିଛି ନିର୍ଦ୍ଦେଶ ଦେଉଛନ୍ତି ?

ଉତ୍ତର : ମୁଁ ନାଟକରେ / ଚରିତ୍ରଗୁଡ଼ିକର ମନସ୍ତାତ୍ତ୍ୱିକ ପ୍ରୟୋଗ ସମ୍ପର୍କରେ ଗବେଷଣା କରି ପିଏଚ୍.ଡି. ପାଇଛି। ଫ୍ରଏଡ୍, ୟୁଙ୍ଗ, ଆଡ୍‌ଲର, ଏରିକ୍ ଫ୍ରମ, କାରେନ୍ ହର୍ଣ୍ଣି ଓ ଆର.ଡ଼ି.ଲ୍ୟାଙ୍ଗ୍ ପ୍ରଭୃତି ମନସ୍ତତ୍ତ୍ୱବିତ୍‌ମାନଙ୍କୁ ବାରମ୍ବାର ପଢ଼ିଛି। ସେଥିପାଇଁ ହୁଏତ ମୋ

ନାଟକରେ ମନସ୍ତାତ୍ତ୍ୱିକ ଅବସ୍ଥା ଓ ଅନୁଭବ ଗୁଡ଼ିକର ନାଟ୍ୟାୟନର ଉଦାହରଣ ମିଳୁଥିବ। ଏଥିରେ ସମାଜ ପ୍ରତି ମୋର କୌଣସି ବାର୍ତ୍ତା / ନିର୍ଦ୍ଦେଶ ନାହିଁ।

ପ୍ରଶ୍ନ-୨୦ : ଆପଣଙ୍କ ଜୀବନରେ ଓ ପରିବେଶରେ ଯଦି କଳାର ସମ୍ଭାର ନଥାନ୍ତା, ତା'ହେଲେ ଆପଣ କ'ଣ ହେବା ପାଇଁ ଚେଷ୍ଟା କରିଥାନ୍ତେ ?

ଉତ୍ତର : ମନର ଅସୁମାରୀ କଳ୍ପନାକୁ ଅଭିବ୍ୟକ୍ତ କରିବାକୁ ଇଚ୍ଛା କରୁ କରୁ ଜଣେ ଲେଖକ ହେଇଯାଏ। ସମସ୍ତେ ସଠିକ୍ ଭାବେ ନିଜକୁ ପ୍ରକାଶ କରିପାରନ୍ତି ନାହିଁ। କଳ୍ପନାଗୁଡ଼ିକ ବିଭିନ୍ନ ଜାତିର। ଗୋଟିଏ କଳ୍ପନା ଚିତ୍ରଟିଏ ଆଙ୍କିବାକୁ ବାଧ୍ୟ କରେ ତ, ଆଉ ଗୋଟିଏ କଳ୍ପନା ଗୀତଟିଏ ଗାଇବାକୁ କିମ୍ବା ସ୍ୱର ସଂଯୋଜନା କରିବାକୁ ବାଧ୍ୟ କରେ। ଗୋଟିଏ କଳ୍ପନାକୁ ରୂପ ଦେବା ପାଇଁ କବିତାକୁ ମାଧ୍ୟମ କରିବାକୁ ହୁଏତ ଆଉ ଗୋଟିଏ କଳ୍ପନାକୁ ଲେଖିବା ପାଇଁ ଉପନ୍ୟାସ କିମ୍ବା ନାଟକର ମାଧ୍ୟମ ଆବଶ୍ୟକ ହୁଏ। ମୁଁ କେତେବେଳେ କେଉଁ କଳାକୁ ଆଶ୍ରୟ କରି ନିଜ କଳ୍ପନାଗୁଡ଼ିକୁ ଅଭିବ୍ୟକ୍ତ କରେ। ଅଭିବ୍ୟକ୍ତ କରିବାର ମଧ୍ୟ ଗୋଟେ କଳା ଥାଏ। ଏଇଟା ଭଗବାନଙ୍କ କୃପାରୁ ଆସେ କି ଅଭ୍ୟାସ ବଳରେ ଆସେ ମୁଁ ଜାଣିବାକୁ ଚେଷ୍ଟା କରିନି। ବାର ବର୍ଷ ବୟସରୁ ଆଜି ଯାଏଁ ମୋର ନିଜସ୍ୱ ବୋଲି କିଛି ଅନୁଭୂତି ନାହିଁ। ସବୁ ଅନ୍ତରଙ୍ଗ ଅନୁଭୂତିକୁ, ସବୁ ବ୍ୟକ୍ତିଗତ ନିରୋଳା ମୁହୂର୍ତ୍ତଗୁଡ଼ିକୁ ଏକାନ୍ତ ଅଭିଜ୍ଞତାଗୁଡ଼ିକୁ ମୋ'ଲେଖା ମାଧ୍ୟମରେ କହି ଦେବାର ପ୍ରତିଶ୍ରୁତି ଦେଇଚି ସମାଜକୁ। ଯଦି ପ୍ରକାଶ କରିବାର କଳାଟି ଜାଣିନଥାନ୍ତି ବୋଧହୁଏ ପାଗଳ ହୋଇ ଯାଇଥାନ୍ତି। ଆଉ କଣ ହେଇଥାନ୍ତି ଜାଣିପାରୁନି।

■

ସହାୟକ ଗ୍ରନ୍ଥସୂଚୀ

୧.	ଅନୁଭବର ଦର୍ପଣରେ ଓଡ଼ିଆ ନାଟକ	: ପ୍ର. ଓଡ଼ିଶା ସାହିତ୍ୟ ଏକାଡ଼େମୀ, ଭୁବନେଶ୍ୱର
୨.	ଆଧୁନିକ ଓଡ଼ିଆ ନାଟ୍ୟ ସାହିତ୍ୟ	: ପ୍ରକାଶକ: ଓଡ଼ିଶା ସାହିତ୍ୟ ଏକାଡ଼େମୀ, ୧୯୮୨
୩.	ଗଞ୍ଜାମ କଳାପରିଷଦ ସ୍ମରଣିକା	: ସଂ. ସୀତାରାମ ମହାପାତ୍ର ଓ ବିହାର ପଟ୍ଟନାୟକ, ୧୯୮୩
୪.	ଚଇନି, ଡ. ରତ୍ନାକର	: ଉଭଟ ନାଟ୍ୟ ପରମ୍ପରା
୫.	ଚୌଧୁରୀ, ଡ. ବିଜୟ କୁମାର	: ବିଜୟ ମିଶ୍ରଙ୍କ ନାଟକର ପରୀକ୍ଷା ଓ ପ୍ରୟୋଗ, ଆର୍ଯ୍ୟ ପ୍ରକାଶନ, କଟକ-୧୨, ୨୦୦୭
୬.	ତ୍ରିପାଠୀ, ବ୍ୟୋମକେଶ	: ନିଜକଥା: ଏକ, ଦୁଇ, ତିନି, ବ୍ୟୋମକେଶ ତ୍ରିପାଠୀ ନାଟକାବଳୀ, ୧ମ ଭାଗ, ସଂ. ବିଶ୍ୱକେଶ ତ୍ରିପାଠୀ, ଜ୍ଞାନଯୁଗ ପବ୍ଲିକେଶନ, ଭୁବନେଶ୍ୱର, ୨୦୦୮
୭.	ଦାଶ, କୃଷ୍ଣଚନ୍ଦ୍ର	: ମଞ୍ଚଧାରା, ଓଡ଼ିଶା ଥିଏଟର, ସଂ. ଗୌରାଙ୍ଗଚରଣ ଦାଶ, ଫ୍ରେଣ୍ଡସ୍ ପବ୍ଲିଶର୍ସ, ବିନୋଦ ବିହାରୀ, କଟକ, ୧୯୯୧
୮.	ଦାସ, ସର୍ବେଶ୍ୱର	: ନାଟକ ବିଚାର
		: ନାଟକ ଓ ନାଟ୍ୟକଳା, କୋଣାର୍କ ପବ୍ଲିଶର୍ସ, ବିନୋଦବିହାରୀ, କଟକ-୨
		: ଓଡ଼ିଆ ନାଟ୍ୟ ସାହିତ୍ୟ, ଓଡ଼ିଶା ରାଜ୍ୟ ପାଠ୍ୟପୁସ୍ତକ ପ୍ରଣୟନ ଓ ପ୍ରକାଶନ

ସଂସ୍ଥା, ଭୁବନେଶ୍ୱର

୯. ଦାସ, ଡ. ହେମନ୍ତ କୁମାର : ଓଡ଼ିଆ ନାଟକର ବିକାଶଧାରା,
: ନୂତନ ଧରାତଳର ନାଟକ, ଦିବ୍ୟଦୂତ ପ୍ରକାଶନୀ, ରାଜାବଗିଚା, କଟକ-୯, ୨୦୧୫
: ଓଡ଼ିଆ ନାଟକ: ଉଦ୍‌ଭବ ଓ ବିକାଶ, ଓଡ଼ିଶା ବୁକ୍ ଷ୍ଟୋର୍, ବିନୋଦ ବିହାରୀ, କଟକ-୨
: ଓଡ଼ିଆ ନାଟକର ଉତ୍ତର ଆଧୁନିକ ପର୍ବ, ବିଦ୍ୟାପୁରୀ, ବାଲୁବଜାର, କଟକ
: ଓଡ଼ିଶା ରଙ୍ଗମଞ୍ଚର ବିକାଶଧାରା, ଓଡ଼ିଶା ସଂଗୀତ ନାଟକ ଏକାଡ଼େମୀ, ଭୁବନେଶ୍ୱର
: ଓଡ଼ିଆ ନାଟକର ବିକାଶଧାରା, ସାଥୀ ମହଲ, ୧୯୮୩

୧୦. ପଟ୍ଟନାୟକ, ଅନନ୍ତ : ରଚନା ସମଗ୍ର, ୩ୟ ଭାଗ, (ନାଟକ) ସଂ. ଅମରେଶ ପଟ୍ଟନାୟକ, ଆର୍ଯ୍ୟ ପ୍ରକାଶନ, କଟକ, ୨୦୦୦

୧୧. ପଟ୍ଟନାୟକ କାଳୀଚରଣ : କୁମ୍ଭାରଚକ, ୧ମ ସଂସ୍କରଣ, କଟକ ଷ୍ଟୁଡ଼େଣ୍ଟସ୍ ଷ୍ଟୋର।

୧୨. ପ୍ରଧାନ, ଡ. ଚୌଧୁରୀ ଅଜୟ : ନୂଆ ନୂଆ ନୀରବତା (ନାଟକ: ସର୍ଜନାତ୍ମକ ସମାଲୋଚନା), ଆରୋହୀ, କଲ୍ୟାଣ ନଗର, କଟକ-୧୩, ୨୦୦୦

୧୩. ପ୍ରଧାନ ପ୍ର. କୃଷ୍ଣଚନ୍ଦ୍ର, ଚର୍ଚ୍ଚି, ଡ. ବାୟାମନୁ: ନାଟ୍ୟକାର ରମେଶ ପାଣିଗ୍ରାହୀ: ସ୍ରଷ୍ଟା ଓ ସୃଷ୍ଟି, ସତ୍ୟନାରାୟଣ ବୁକ୍‌ଷ୍ଟୋର, ବିନୋଦ ବିହାରୀ, କଟକ-୨, ୨୦୧୩

୧୪. ପାଣିଗ୍ରାହୀ, ଡ. ରମେଶପ୍ରସାଦ : ରାବଣ: ସାଂସ୍କୃତିକ ଅପରିହାସ୍ୟୀକରଣର ପ୍ରଥମ ଦସ୍ତାବି,

ଅନନ୍ତ ପଟ୍ଟନାୟକଙ୍କ ରଚନା ସମଗ୍ର, ତୃତୀୟ ଭାଗ (ନାଟକ), ସଂ: ଅମରେଶ ପଟ୍ଟନାୟକ, ଆର୍ଯ୍ୟ ପ୍ରକାଶନ, ୨୦୦୦

: ଆଧୁନିକ ଓଡ଼ିଆ ନାଟକର ଆରମ୍ଭ : ଅନନ୍ତ ପଟ୍ଟନାୟକଙ୍କ 'ଚିରି ଅନ୍ଧାର ରାତି' ଏକବିଂଶ ଶତାବ୍ଦୀ, ୨ୟ ବର୍ଷ, ୧୦ମ ସଂଖ୍ୟା, ଅକ୍ଟୋବର, ୧୯୯୫

: ଓଡ଼ିଆ ଏକାଙ୍କିକାର ପରୀକ୍ଷା ଧର୍ମିତା, ସାହିତ୍ୟ ପତ୍ର, ରେଭେନ୍ସା ମହାବିଦ୍ୟାଳୟ, କଟକ, ୧୯୮୪

: ମୁକ୍ତଧାରାର ନାଟକ, ଓଡ଼ିଆ ନାଟକରେ ଭାବକଳ୍ପ ଓ ରୂପ ବିନ୍ୟାସ, ଫ୍ରେଣ୍ଡସ୍ ପବ୍ଲିଶର୍ସ, ବିନୋଦ ବିହାରୀ, କଟକ-୨

୧୫. ପାଣିଗ୍ରାହୀ, ଡ. ପ୍ରତିମା : ଓଡ଼ିଆ ନାଟ୍ୟଜଗତକୁ ରମେଶ ପ୍ରସାଦ ପାଣିଗ୍ରାହୀଙ୍କ ଦାନ (ଅପ୍ରକାଶିତ ନିବନ୍ଧ, ବ୍ରହ୍ମପୁର ବିଶ୍ୱବିଦ୍ୟାଳୟ)

୧୬. ବରାଳ, ଅବନୀ କୁମାର : 'ଚିରି ଅନ୍ଧାର ରାତିର ଗ୍ରୀନ୍ ରୁମ୍', ଚିରି ଅନ୍ଧାର ରାତି, ୧୯୯୦ ପ୍ରିୟଦର୍ଶୀ, ଅନନ୍ତ ଆଲୋକ, ଶଙ୍କରପୁର, କଟକ

: ଆସିଚି ମୁଁ ଆସିଚି, କବି ଅନନ୍ତ ପଟ୍ଟନାୟକ, 'ଅନନ୍ତ ଆଲୋକ', କଟକ, ୨୦୦୪

୧୭. ବରାଳ, ପ୍ରସନ୍ନ କୁମାର : ସଂ. ସ୍ୱାଧୀନତା ପରବର୍ତ୍ତୀ ଓଡ଼ିଆ ନାଟକ, ନ୍ୟାସ୍‌ନାଲ୍ ବୁକ୍ ଟ୍ରଷ୍ଟ ଅଫ୍ ଇଣ୍ଡିଆ, ନୂଆଦିଲ୍ଲୀ, ୨୦୦୭

୧୮. ବାଡ଼ତ୍ୟା, ଡ. ସନକ କୁମାର : ସାଂପ୍ରତିକ ଓଡ଼ିଆ ନାଟକର ପ୍ରେକ୍ଷାପଟ୍ଟରେ ରମେଶ ପାଣିଗ୍ରାହୀ: ଏକ ଅଧ୍ୟୟନ (ଅପ୍ରକାଶିତ

ଗବେଷଣା ନିବନ୍ଧ, ବ୍ରହ୍ମପୁର ବିଶ୍ୱବିଦ୍ୟାଳୟ), ୧୯୯୬

୧୯. ବେହେରା, ଗୁରୁଚରଣ : ଅତିକଳ୍ପନା ଓ ରମେଶ ପାଣିଗ୍ରାହୀଙ୍କ ନାଟକ, ଓଡ଼ିଶା ଥିଏଟର, ସଂ. ଗୌରାଙ୍ଗ ଚରଣ ଦାଶ, କଣ୍ଢେଇ ଘର, କୁଟାରିମୁଣ୍ଡା, ଖମାର, ଅନୁଗୋଳ, ୨୦୦୨

୨୦. ମହାନ୍ତି ଗୋବିନ୍ଦ ଚନ୍ଦ୍ର : ଓଡ଼ିଶାରେ ସାମନ୍ତବାଦୀ ପ୍ରଥା ବିରୋଧରେ ସଂଗ୍ରାମ ଓ କମ୍ୟୁନିଷ୍ଟ ପାର୍ଟିର ଭୂମିକା, ଭଗବତୀ ବିଶେଷାଙ୍କ, ନୂଆ ଦୁନିଆ, ୧୯୨୫

୨୧. ମାନସିଂ ମାୟାଧର : ଓଡ଼ିଆ ସାହିତ୍ୟର ଇତିହାସ, ଗ୍ରନ୍ଥ ମନ୍ଦିର, ସଂସ୍କରଣ ୨୦୧୬

୨୨. ମିଶ୍ର, ପ୍ର. ସଂଘମିତ୍ରା : ମଞ୍ଚ ମଣିଷ ବ୍ୟୋମକେଶ, ବ୍ୟୋମକେଶ ତ୍ରିପାଠୀ ନାଟକାବଳୀ, ୧ମ ଭାଗ, ସଂ. ବିଶ୍ୱକେଶ ତ୍ରିପାଠୀ, ଜ୍ଞାନଯୁଗ ପବ୍ଲିକେଶନ, ଭୁବନେଶ୍ୱର, ୨୦୦୮

: ରମେଶ ପାଣିଗ୍ରାହୀଙ୍କ ନାଟକରେ ନାରୀ ଚରିତ୍ର: ଏକ ଅନୁଧ୍ୟାନ, ନାଟକ: ସୀମା ଓ ସମ୍ଭାବନା, ଅଗ୍ରଦୂତ, କଟକ, ୧୯୯୯

୨୩. ମିଶ୍ର, ଡ. ସ୍ୱରାଜଲକ୍ଷ୍ମୀ : 'ଭୂମିକା', ଧୃତରାଷ୍ଟ୍ରର ଆଖି, ରମେଶ ପ୍ରସାଦ ପାଣିଗ୍ରାହୀ, ଓଡ଼ିଶା ବୁକ୍ ଷ୍ଟୋର, କଟକ, ୨୦୦୩

୨୪. ମିଶ୍ର, ହରିହର : ନାଟକ ସମଗ୍ର

୨୫. ମିଶ୍ର, ଅଧ୍ୟାପକ ଗିରୀଶଚନ୍ଦ୍ର : ଓଡ଼ିଆ ଏକାଙ୍କିକା: ଧରା ଓ ଧାରା, ଆର୍ଯ୍ୟ ପ୍ରକାଶନ, ଲିଙ୍କ୍ ରୋଡ୍, କଟକ-୧୨

୨୬. ମିଶ୍ର, ଡ. ସୌଭାଗ୍ୟ, ମିଶ୍ର, ଡ. ଗଣେଶ୍ୱର: ବିଶ୍ୱସାହିତ୍ୟ ପରିଚୟ, ଓଡ଼ିଶା ରାଜ୍ୟ ପାଠ୍ୟପୁସ୍ତକ ପ୍ରଣୟନ ଓ ପ୍ରକାଶନ ସଂସ୍ଥା, ଭୁବନେଶ୍ୱର

୨୭. ମୁଦାଲି, ପ୍ର. ସମର, ଦାସ, ମାନସ : ଅନ୍ତରଙ୍ଗ ଆଳାପ, ସଂ., ପ୍ରକାଶିକା- ମଧୁମିତା ମହାପାତ୍ର, ୨୦୦୮, ରାଉରକେଲା-୧୪,

୨୮. ରଥ, ଡ. କିରଣବାଳା : ଉତ୍ତର ଷାଠିଏର ଓଡ଼ିଆ ନାଟକ ଓ ରଂଗମଞ୍ଚର ସମୟ ସ୍ପନ୍ଦନ, ସଂପାଦନା: ଡ. ଧରଣୀଧର ନାୟକ, ଓଡ଼ିଆ ବିଭାଗ, ବାପା ଭୈରବାନନ୍ଦ ମହାବିଦ୍ୟାଳୟ (ୟୁଜିସି ସହଭାଗିତାରେ), ଚଣ୍ଡିଖୋଲ

୨୯. ରଥ, ଡ. ବନମାଳୀ : ଭାରତୀୟ ସାହିତ୍ୟତତ୍ତ୍ୱ, ଓଡ଼ିଶା ରାଜ୍ୟ ପାଠ୍ୟପୁସ୍ତକ ପ୍ରଣୟନ ଓ ପ୍ରକାଶନ ସଂସ୍ଥା, ଭୁବନେଶ୍ୱର, ୧୯୯୩

୩୦. ରଥ, ଗୋପାଳକୃଷ୍ଣ (ଆତ୍ରେୟ) : ସୂଚନା ଜଣେ ମହାପୁରୁଷଙ୍କ ଜନ୍ମ ଓ ମୃତ୍ୟୁ ସଂପର୍କରେ, ରମେଶ ପ୍ରସାଦ ପାଣିଗ୍ରାହୀ, ବିଜୟ ବୁକ୍‌ଷ୍ଟୋର୍, ବ୍ରହ୍ମପୁର, ୧୯୭୩

୩୧. ସାହୁ, ଡ. ରୁକ୍ମିଣୀ : ସ୍ୱାଧୀନତା ପରବର୍ତ୍ତୀ ଓଡ଼ିଆ ନାଟକର ନବ ମୂଲ୍ୟାୟନ, କାବ୍ୟଲୋକ, ଭୁବନେଶ୍ୱର-୨

୩୨. ସାହୁ, ଡ. ନାରାୟଣ : ମନୋରଞ୍ଜନଙ୍କ ନାଟ୍ୟଦିଗନ୍ତ
: ସ୍ୱାଧୀନତା ପରବର୍ତ୍ତୀ ଓଡ଼ିଆ ନାଟକ, ଫ୍ରେଣ୍ଡସ୍ ପବ୍ଲିଶର୍ସ, ବିନୋଦ ବିହାରୀ, କଟକ-୨
: ନାଟକ ତତ୍ତ୍ୱ ବିଚାର, ବିଦ୍ୟାପୁରୀ, ବାଲୁବଜାର, କଟକ-୨

୩୩. ସୂତାର, ଅଜୟ କୁମାର : ରମେଶ ପାଣିଗ୍ରାହୀଙ୍କ ଯାତ୍ରା ନାଟକରେ ପ୍ରୟୋଗ ଓ ପରୀକ୍ଷା, (ଅପ୍ରକାଶିତ ଗବେଷଣା ନିବନ୍ଧ)

୩୪. ସେଠୀ, ଡ. ନାରାୟଣ : ୧୯୬୦ ମସିହା ପରବର୍ତ୍ତୀ ଓଡ଼ିଆ ନାଟ୍ୟସାହିତ୍ୟର ଗତି ଓ ପ୍ରକୃତି, ବାବାଜୀ ଚରଣ ସାହୁ, ଜାନକୀ ପ୍ରକାଶନୀ, ସୁନ୍ଦରଗଡ଼, ୧୯୯୯

୩୫. ଶତପଥୀ, ଡ. ବିଜୟ କୁମାର : ସ୍ୱାଧୀନତା ପରବର୍ତ୍ତୀ ଓଡ଼ିଆ ନାଟକରେ ପ୍ରୟୋଗ ଓ ପରୀକ୍ଷା, ଓଡ଼ିଶା ଥିଏଟର, ସଂ. ଗୌରାଙ୍ଗଚରଣ ଦାସ, ଫ୍ରେଣ୍ଡସ୍ ପବ୍ଲିଶର୍ସ, କଟକ, ୧୯୯୧

: ମନୋରଞ୍ଜନ ଦାସଙ୍କ ଏକାଙ୍କିକା: ଏକ ଦୃଷ୍ଟିପାତ, ସଂ. ମନୋରଞ୍ଜନ ଦାସଙ୍କ ଶ୍ରେଷ୍ଠ ଏକାଙ୍କିକା, ଫ୍ରେଣ୍ଡସ୍ ପବ୍ଲିଶର୍ସ, କଟକ, ୧୯୯୭

: ନୂତନ ମୂଲ୍ୟବୋଧର ନାଟକ, ଫ୍ରେଣ୍ଡସ୍ ପବ୍ଲିଶର୍ସ, କଟକ

: ଓଡ଼ିଆ ସାହିତ୍ୟରେ ପ୍ରଗତିବାଦୀ ଧାରା, ଓଡ଼ିଶା ବୁକ୍‌ଷ୍ଟୋର୍, ୧୯୮୫, ବାଲୁବଜାର, କଟକ

: ରକ୍ତମାଟିର ସ୍ଥାପତ୍ୟ ଓ ଅନ୍ତର୍ଦୃଷ୍ଟି, ସାହିତ୍ୟ ସଂଗ୍ରହ ପ୍ରତିଷ୍ଠାନ, ବିନୋଦ ବିହାରୀ, କଟକ, ୧୯୯୪

୩୬. ଶତପଥୀ, ଡ. ଦେବୀପ୍ରସାଦ : ଉତ୍ତର ଆଧୁନିକତା: ବିଚାର ଓ ବିତର୍କ, ଅଗ୍ରଦୂତ, କଟକ

: ସ୍ୱାଧୀନତା ପରବର୍ତ୍ତୀ ଓଡ଼ିଆ ନାଟକରେ ଲୋକଉପାଦାନର ପ୍ରୟୋଗ, ପ୍ରାଚୀ ସାହିତ୍ୟ ପ୍ରତିଷ୍ଠାନ, ୧ମ ସଂସ୍କରଣ, ୨୦୧୯

୩୭. ହରିଚନ୍ଦନ, ନୀଳାଦ୍ରିଭୂଷଣ : ଓଡ଼ିଆ ନାଟକରେ ଇତିହାସ, ଫ୍ରେଣ୍ଡସ୍ ପବ୍ଲିଶର୍ସ, ବିନୋଦ ବିହାରୀ, କଟକ-୨, ୧୯୮୯

: ଜଟାୟୁର ଛିନ୍ନ ଡେଣା, ଆର୍ଯ୍ୟ ପ୍ରକାଶନ, ୧୯୯୮

ENGLISH

1. Ann Swinfen : In defence of Fantasy: A study of the General in English and American

2.	Anthony S. Abbott	:	Literature since 1945, Routledge and Kegan Paul, London, 1984 The Vital Lie: Reality and Illusion in Modern Drama, The University of Alabama Press, London, 1989
3.	Eugene Ionesco	:	The Avantgarde Theatre, World Theatre VIII, No. 3, (Autumn, 1954)
4.	Gerald Weales	:	Jumping off place America Drama in the 1960s, (1989), Quoted in Mamata Mohanty Megan Terry and Concept of Transformation, 2010 A.P.H. Publishing Corporation, 4435-36/7, Assani Road, Daryagang, New Delhi
5.	In Defence of Fantasy	:	A Study of the gener in English and American Literature since 1945, Routledge and Kegan Paul, London, 1984
6.	Luncharsky A.V.	:	Lexin on Art and Literature
7.	Martin Esslin	:	Theatre of the absurd, Harmondswath, Pelican Book, 1968
8.	Mohapatra Sitakanta	:	Comparative Indian Literature, Vol-I, Ed. K.M. George, New Delhi, Sangeet Natak Akademi, 1985
9.	Peter Burger	:	Theory of the Avantgarde (Eng. Tr), Minnesota University Press, Minnesota, 1984
10.	Richard Ellman and Charles Feidelson (Ed): Modern Tradition, Background of Modern Literature, Oxford University Press, London, 1965		

11. Richard Kostelneitz : The Theatre of Mined Means, The Dial Press, New York, 1968

12. Rosemary Jackson : Fantasy: The Literature of Suversion, Methuen, London and New York, 1981

13. Stuard Davis : Shakespeare Class at Cornell University, Spring, 1991

14. Williums Raymond : Marxism and Literature, P.P.H., New Delhi

ଓଡ଼ିଆ ପତ୍ରପତ୍ରିକା

୧. ଅଭିମନ୍ୟୁ : ନବରବି, ପୂଜା ସଂଖ୍ୟା- ୨୦୦୬, ଭୁବନେଶ୍ୱର

୨. ଇସ୍ତାହାର : ରମେଶ ପ୍ରସାଦ ପାଣିଗ୍ରାହୀ, ଓଡ଼ିଆ ନବନାଟ୍ୟ ଆନ୍ଦୋଳନ: ସ୍ଥାନ କାଳ ଓ ପାତ୍ର, (ପ୍ରଥମ ଭାଗ), ପୂଜା ସଂଖ୍ୟା- ୧୯୮୪

୩. କୋଣାର୍କ : ସ୍ୱାଧୀନତା ପରବର୍ତ୍ତୀ କାଳର ନିଜ ନାଟକ ସଂପର୍କରେ, ବିଶ୍ୱଜିତ ଦାସ, ୧୩୬ ସଂଖ୍ୟା, ଫେବୃୟାରୀ-ମାର୍ଚ୍ଚ-ଏପ୍ରିଲ- ୨୦୦୫

୪. କୋଣାର୍କ : ଅପରାହ୍ନର ଛାଇ, ବିଜୟ ମିଶ୍ର, ୧୩୬ ସଂଖ୍ୟା, ଫେବୃୟାରୀ-ମାର୍ଚ୍ଚ-ଏପ୍ରିଲ- ୨୦୦୫

୫. କୋଣାର୍କ : ପରିବର୍ତ୍ତିତ ସାମାଜିକ ସ୍ଥିତି ଓ ବ୍ୟକ୍ତିଜୀବନରେ ଦୃଶ୍ୟକାବ୍ୟର ଭୂମିକା, ଓଡ଼ିଶା ସାହିତ୍ୟ ଏକାଡ଼େମୀ, ମେ-ଜୁଲାଇ ୧୯୯୮

୬. କୋଣାର୍କ : ସ୍ୱାଧୀନତା ପରବର୍ତ୍ତୀ କାଳର ଓଡ଼ିଆ ନାଟ୍ୟ ସମ୍ଭାରକୁ ଋଦ୍ଧିମନ୍ତ କରିବାରେ ମୋ ନାଟକର ଅବଦାନ, ରମେଶ ପ୍ରସାଦ ପାଣିଗ୍ରାହୀ, ସଂଖ୍ୟା- ୧୩୬, ଫେବୃୟାରୀ-ମାର୍ଚ୍ଚ-ଏପ୍ରିଲ ୨୦୦୫

୭.	ଗଂଜାମ କଳା ପରିଷଦ ସ୍ମରଣିକା	: ସଂ. ସୀତାରାମ ମହାପାତ୍ର ଓ ନିହାର ପଟ୍ଟନାୟକ, ୧୯୮୩
୮.	ଝଙ୍କାର	: ସ୍ୱାଧୀନତା ପରବର୍ତ୍ତୀ ଓଡ଼ିଆ ନାଟକ, ଏପ୍ରିଲ-୧୯୭୯
୯.	ଝଙ୍କାର	: ମନୋରଂଜନ ଦାସ, ସୃଜନୀର ସୃଜନ କଥା, ପୂଜା ସଂଖ୍ୟା, ୧୯୯୭
୧୦.	ଦ୍ୱାସୁପର୍ଣ୍ଣା	: ଧୂପକାଠିର ଘର, ରମେଶ ପ୍ରସାଦ ପାଣିଗ୍ରାହୀ, ମହାପୂଜା ବିଶେଷାଙ୍କ, ୨୦୦୬
୧୧.	ନବପତ୍ର	: ଲୋକନାଟକ ମହୋତ୍ସବ: ଏକ ସିଂହାବଲୋକନ, କୃଷ୍ଣଚନ୍ଦ୍ର ମିଶ୍ର, ୧୪୧ଶ ବର୍ଷ, ରାଉରକେଲା, ନଭେମ୍ବର-ଡିସେମ୍ବର, ୨୦୦୩
୧୨.	ନବପତ୍ର	: ଆଧୁନିକ ନାଟକ: ଏକ ଧାରଣା, ଡ. ପ୍ରଫୁଲ୍ଲ କୁମାର ମହାନ୍ତି, ପଞ୍ଚମ ଲୋକନାଟକ, ସ୍ୱତନ୍ତ୍ର ସଂଖ୍ୟା, ୧୯୮୦
୧୩.	ନବପତ୍ର	: ସ୍ୱାଧୀନତା ପରବର୍ତ୍ତୀ ଓଡ଼ିଆ ନାଟକ, ପ୍ରମୋଦ କୁମାର ତ୍ରିପାଠୀ, ଜାନୁଆରୀ, ୧୯୮୩
୧୪.	ନବରବି	: ଅଭିମନ୍ୟୁ, ରମେଶ ପ୍ରସାଦ ପାଣିଗ୍ରାହୀ, ପୂଜା ସଂଖ୍ୟା, ୨୦୦୬
୧୫.	ପ୍ରଜନ୍ମ	: ସଂ. ଟିକିଲି ବାବୁ, ପ୍ରଥମ ବର୍ଷ, ପ୍ରଥମ ସଂଖ୍ୟା, ଖୁସି ପ୍ରକାଶନୀ, ଭୁବନେଶ୍ୱର, ସେପ୍ଟେମ୍ବର-ଅକ୍ଟୋବର ୨୦୧୭
୧୬.	ପ୍ରବୁଦ୍ଧ କଳିଙ୍ଗ	: ଦ୍ୱିତୀୟ ବର୍ଷ, ନବବର୍ଷ ସଂଖ୍ୟା, ୨୦୦୯ରେ ପ୍ରକାଶିତ ଅନ୍ତରଙ୍ଗ ଆଳାପ ।

BLACK EAGLE BOOKS

www.blackeaglebooks.org
info@blackeaglebooks.org

Black Eagle Books, an independent publisher, was founded as a nonprofit organization in April, 2019. It is our mission to connect and engage the Indian diaspora and the world at large with the best of works of world literature published on a collaborative platform, with special emphasis on foregrounding Contemporary Classics and New Writing.

www.ingramcontent.com/pod-product-compliance
Lightning Source LLC
Chambersburg PA
CBHW060553080526
44585CB00013B/546
* 9 7 8 1 6 4 5 6 0 7 0 9 0 *